GOLDMANN

Buch

Im Sommer des Jahres 1929 heiratet die Studentin Anne Morrow den amerikanischen Nationalhelden Charles Lindbergh. Zwei Jahre zuvor, 1927, hatte dieser durch seinen sensationellen Flug über den Atlantik von sich reden gemacht. An der Seite ihres berühmten Mannes beginnt für die junge Anne ein Leben im Rampenlicht. Es ist ein aufregendes und bewegtes Leben voller Liebe, Abenteuer und persönlicher Triumphe. Mit ihrem Mann bricht Anne, die bald selbst Fliegerin wird, immer wieder zu abenteuerlichen Flugexpeditionen auf. Sie lernt fremde Länder und Kontinente kennen, und zu ihrem Freundes- und Bekanntenkreis zählen bald so berühmte Zeitgenossen wie Amelia Earhart, Franklin Roosevelt, Antoine de Saint-Exupéry, Frida Kahlo, Joseph Kennedy und Vita Sackville-West.

Doch Anne muß auch die Schattenseiten des Ruhms und ihre ganz persönlichen Tragödien erleben. 1932 wird ihr erstgeborener Sohn entführt und ermordet. Bald darauf fällt ihr Mann wegen umstrittener politischer Äußerungen bei der Öffentlichkeit in Ungnade. Die Lindberghs ziehen sich zurück und widmen sich ganz dem Familienleben. Es folgen Jahre der Stille, in denen Anne zu ihrer eigentlichen Berufung findet – dem Schreiben. Sie veröffentlicht insgesamt 13 Bücher – Romane, Reportagen, Reiseberichte und Gedichte. Mit ihrem berühmten Buch *Muscheln in meiner Hand* gelingt ihr als Schriftstellerin der internationale Durchbruch.

Mit den Wolken will ich ziehen – in ihrer einfühlsamen, sorgfältig recherchierten Biographie zeichnet Dorothy Herrmann das facettenreiche Porträt einer der ungewöhnlichsten und interessantesten Frauen unseres Jahrhunderts.

Autorin

Die amerikanische Autorin und Journalistin Dorothy Herrmann hat sich in den USA als Biographin bereits einen Namen gemacht. Sie lebt mit ihrem Mann in New Hope, Pennsylvania.

Dorothy Hermann

Mit den Wolken will ich ziehen

Das Leben der Anne Morrow Lindbergh

Aus dem Amerikanischen
von Gloria Ernst

GOLDMANN VERLAG

Deutsche Erstveröffentlichung

Die Originalausgabe erschien unter dem Titel
»Anne Morrow Lindbergh. A Gift for Life«
im Verlag Ticknor & Fields, New York

Wir danken dem Piper Verlag
für die freundliche Genehmigung
des Abdrucks aus folgenden Werken
von Anne Morrow Lindbergh:
Halte das Herz fest. Die Hochzeit (© 1962),
Bring mir das Einhorn (© 1972),
Stunden von Gold, Stunden von Blei (© 1973),
Verschlossene Räume – offene Türen (© 1975),
Blume und Nessel (© 1984).

Umwelthinweis:
Alle bedruckten Materialien dieses Taschenbuches
sind chlorfrei und umweltschonend.
Das Papier enthält Recycling-Anteile.

Der Goldmann Verlag
ist ein Unternehmen der Verlagsgruppe Bertelsmann

Umschlaggestaltung: Design Team München
Umschlagphoto: UPI/Bettmann
Satz: IBV Satz- und Datentechnik GmbH, Berlin
Druck: Pressedruck, Augsburg
Verlagsnummer: 42363
Redaktion: Irene Nießen
AR · Herstellung: Peter Papenbrok
Made in Germany
ISBN 3-442-42363-5

1 3 5 7 9 10 8 6 4 2

Für
Lucille Fletcher Wallop

… Wohin du gehst, dahin gehe auch ich,
und wo du bleibst, da bleibe auch ich.
Dein Volk ist mein Volk,
und dein Gott ist mein Gott.
Wo du stirbst, da sterbe auch ich,
da will ich begraben sein.
Der Herr soll mir dies und das antun –
nur der Tod wird mich von dir scheiden.

Ruth I, 16–17

Frauen haben über Jahrhunderte hinweg
als Spiegel gedient
mit der magischen und köstlichen Kraft,
das Bild des Mannes
in doppelter Größe wiederzugeben.

Virginia Woolf
Ein Zimmer für sich allein

Vorwort

An einem späten Frühlingsnachmittag des Jahres 1929 schlängelte sich eine Handvoll Gäste an einer Gruppe von Reportern vorbei, die am Tor einer georgianischen Villa am Stadtrand von Englewood, New Jersey, warteten, doch nicht eingelassen wurden. Als die Gäste das palastartige Heim von Dwight Morrow, dem amerikanischen Botschafter in Mexiko, und seiner Frau Elizabeth betraten, nahmen viele von ihnen immer noch an, man hätte sie zu einem diplomatischen Empfang geladen. Sobald sie jedoch ins Wohnzimmer kamen, erkannten sie zu ihrer Überraschung, daß man sie aus einem vollkommen anderen Grund hergebeten hatte. Der Pastor der Morrows, Dr. William Adams Brown vom Union Theological Seminary, war zugegen. Neben ihm stand ein hochgewachsener, jungenhafter, gutaussehender blonder junger Mann. Es war Charles Lindbergh, der mit seinem Alleinflug nonstop von New York nach Paris zwei Jahre zuvor die gesamte Welt in Erstaunen versetzt hatte.

Sobald alle geladenen Gäste versammelt waren, betrat Anne, eine der Töchter der Morrows, am Arme ihres Vaters den Raum. Sie trug ein weißes Hochzeitskleid aus Chiffon. Auf ihrem dunklen Haar saß ein Hütchen aus Brüsseler Spitze mit einem kleinen durchsichtigen Schleier, der zum Teil ihr Gesicht verbarg. In der Hand hielt sie einen Strauß aus Akelei und Rittersporn, den ihre ältere Schwester an diesem Morgen im Garten der Familie gepflückt hatte. Im Gegensatz zu ihrem Bräutigam, der einem Prinzen aus einem nordischen Märchen glich, war sie zierlich und dunkelhaarig. Sie wirkte scheu, unsicher, ja beinahe kindlich. Man hätte sie für unscheinbar halten können, wären da nicht ihre strahlend veilchenblauen Augen gewesen, die alles um sie herum begierig in sich aufzunehmen schienen. Als sie neben ihren berühmten Bräutigam trat, um ihm das Jawort zu geben, verschleierten Tränen ihren Blick.

Die Hochzeitsfeier dauerte nicht lange. Fast schien es sogar, als könnten die Gastgeber das Ende kaum erwarten. Obwohl die Morrows sehr wohlhabend waren, war die Feier alles andere als verschwenderisch. Es gab keine Musik, keinen Tanz, kein wohlkomponiertes Hochzeitsmenü mit vielen Gängen und französischem Champagner. Statt dessen bot man den Gästen ein Stück von der Hochzeitstorte an, dazu ein Glas Ginger-ale oder Wasser, um auf das Brautpaar anzustoßen.

Nachdem die frischvermählten Eheleute ein paar Minuten mit ihren Gästen geplaudert hatten, entschuldigten sie sich und gingen nach oben, um sich umzuziehen. Kurz darauf verließen sie in einem Automobil das Anwesen. Damit die wartende Presse nicht auf sie aufmerksam wurde, legte Anne sich auf den Boden des Wagens. Als sich das Tor öffnete und das Automobil mit den Lindberghs hindurchfuhr, machten sich die meisten Reporter nicht einmal die Mühe, ihm hinterherzublicken.

Erst als Arthur Springer, Dwight Morrows Privatsekretär, Stunden später zum Tor hinunterging, um ihnen eine Erklärung vorzulesen, erkannten die Zeitungsleute, wie man sie hinters Licht geführt hatte.

»Mr. und Mrs. Dwight W. Morrow geben die Vermählung ihrer Tochter Anne mit Charles A. Lindbergh am 27. Mai 1929 in Englewood, New Jersey, bekannt«, verlas Springer. Dann drehte er sich auf dem Absatz um und ging, ohne irgendwelche Fragen zu beantworten, ins Haus zurück.

Die Reporter stöhnten.

»Mein Gott, wir fliegen alle raus«, sagte jemand. »›Lucky Lindy‹ hat eben geheiratet, und wir haben es nicht einmal gemerkt!«

Am 21. Mai 1927 hatte Charles Augustus Lindbergh in der *Spirit of St. Louis* seinen spektakulären Alleinflug über den Atlantik nach Paris beendet. Er wurde über Nacht zum Helden. Wo er auch hinging, wurde er gefeiert, bejubelt, fotografiert, geehrt und von Scharen ehrfürchtiger Bewunderer umringt. Viele Verehrerinnen wünschten sich nichts sehnlicher, als ihn zu heiraten. Die Frauen waren versessen darauf, »Lucky Lindy« kennenzulernen, und manche mieteten sich sogar in Hotelzimmern ein, aus denen er gerade ausgezogen war, so daß sie in seiner Badewanne baden und in seinem Bett schlafen konnten.

Als zwei Jahre nach seinem Flug die Nachricht durchsickerte, daß sich Lindbergh verlobt hatte, geriet die Welt abermals in helle Aufregung. Wer war die glückliche Frau, die sich diesen begehrenswertesten aller Junggesellen geangelt hatte? War sie ein Typ wie Clara Bow mit vollen roten Lippen und kurzem Rock, der den Blick auf die Schenkel freigab? Oder eine engagierte Kollegin, eine Fliegerin wie Amelia Earhart, die mit ihren Flugkünsten gerade Schlagzeilen machte? Wie sich herausstellte, war Lindberghs Wahl für jedermann eine Überraschung. Er hatte sich Anne Morrow ausgesucht. Sie war die zweite Tochter von Dwight Whitney Morrow, des Multimillionärs, der kürzlich zum Botschafter in Mexiko ernannt worden war.

Die scheue, doch feinfühlige und gebildete Anne hatte Lindbergh auf einem Galaempfang kennengelernt, den ihr Vater zu Ehren des Fliegers in der amerikanischen Botschaft in Mexico City gab. Sie empfand großen Respekt für ihn und brachte ihm gegenüber kaum ein Wort heraus. Wie er viele Jahre später einem Freund gestand, fühlte er sich hauptsächlich deshalb zu dieser kleinen, belesenen jungen Frau hingezogen, weil sie, anders als die zahllosen weiblichen Wesen, die um seine Aufmerksamkeit wetteiferten, weder mit ihm »flirtete« noch versuchte, ihn in irgendwelches dummes Geschwätz über Flugzeuge zu verwikkeln.

Sie waren ein ungleiches Paar. Als fliegerisches und technisches Genie sehnte sich Lindbergh stets nach Abenteuern und nach neuen Herausforderungen, während sich Anne als Intellektuelle am liebsten in der Welt der Bücher und Gedanken bewegte. Er war Realist und neigte dazu, seine innersten Gefühle zu verbergen, sie hingegen verlieh ihrem Seelenleben in Gedichten, Tagebüchern und Briefen an ihre Familie und ihre Freunde Ausdruck. Dennoch verbanden diese beiden so verschiedenen Persönlichkeiten viele Gemeinsamkeiten. Obwohl die Öffentlichkeit sie als Traumpaar in einer märchenhaften Romanze sah, waren beide scheue und äußerst zurückgezogene Menschen, die sich danach sehnten, ein, wie sie es nannten, »ganz normales bürgerliches Leben« zu führen. Obwohl beide behaupteten, jegliche Publicity zu hassen, achteten sie doch sehr darauf, was für ein Image sie in der Öffentlichkeit hatten. Von den 20er Jahren bis in die 40er Jahre beherrschten sie die Schlagzeilen und verkehrten mit vielen bedeutenden Menschen, von denen einige später ebenso umstritten sein sollten wie sie selbst. Zu ihren Freunden zählten der Herzog und die Herzogin von Windsor, J. Pierpont Morgan, Henry Ford, Lady Nancy Astor, Harold Nicolson und seine Frau, die Schriftstellerin Vita Sackville-West, Alexis Carrel, Robert Goddard, ebenso wie die Präsidenten Kennedy und Johnson. Obwohl die meisten dieser Menschen von Lindberghs Ruhm angezogen wurden, waren einige von ihnen auch aufrichtige Bewunderer von Anne, deren faszinierende Bücher über die Flugabenteuer, die sie mit ihrem Mann erlebte, ihr eine große Leserschaft und das Lob der Kritik einbrachten.

Als am 1. März 1932 ihr 20 Monate alter Sohn Charles jr. entführt wurde, trauerten viele Menschen so, als hätte jemand in ihrer eigenen Familie ein Kind verloren. Später dann, als sich viele Amerikaner gegen die Lindberghs wandten, weil sie vor dem Zweiten Weltkrieg isolationistische Ansichten geäußert hatten, gingen die Leute mit Charles härter ins Gericht als mit Anne.

Während man ihn verdächtigte, Sympathisant der Nazis und Antisemit zu sein, wurde Anne lediglich als fehlgeleitete und allzu ergebene Ehefrau betrachtet. Ihr größter Fehler – und welche Frau hatte dafür kein Verständnis – war, daß sie es aus blinder Liebe nicht fertigbrachte, in irgendeiner Weise kritische Töne über ihren Ehemann verlauten zu lassen.

Die Tatsache, daß die Ehe der Lindberghs ein Teil des amerikanischen Mythos wurde, ist hauptsächlich auf Anne Morrow Lindberghs außergewöhnliche literarische Begabung zurückzuführen. Nur wenige andere Schriftsteller haben ein Leben geführt, das derart reich dokumentiert ist. In ihren Tagebüchern und unzähligen Briefen, ihren Romanen und Essays, die alle ein poetisches und idealistisches Bild ihres Lebens mit Charles zeichnen, schöpfte Anne fast ausschließlich aus ihren eigenen Erfahrungen. Ihre Sehnsüchte und ihre Naturliebe sind oft in einem Prosastil beschrieben, der wie Poesie klingt. Für viele Frauen ließ ihr berühmter Bestseller *Muscheln in meiner Hand,* der 1955 veröffentlicht wurde, die stille Rebellion erahnen, die die Frauenbewegung der 60er Jahre ankündigte.

Die Lindberghs veröffentlichten gemeinsam Tausende von Seiten über ihr Leben und ihre Ansichten. Gleichzeitig gewährten sie nur selten Interviews und weigerten sich, mit Biographen oder mit Journalisten zusammenzuarbeiten, die den immer noch unbeantworteten Fragen nach der Vergangenheit der beiden Lindberghs nachgingen. Sie ließen ihre privaten Unterlagen in der Sterling Library der Yale University unter Verschluß halten, und wann immer das Gerücht aufkam, jemand plane, eine Biographie über Charles Lindbergh jr. zu schreiben, wiesen sie ihre Freunde an, keinerlei Auskünfte zu geben, wenn sie weiterhin mit ihnen befreundet bleiben wollten. Offensichtlich sollten nur ihre eigenen Ansichten Gültigkeit haben; dadurch daß sie so ausführlich über sich selbst schrieben, versuchten sie sicherzustellen, daß die Nachwelt sie in positivem Licht sah.

Da Anne Morrow Lindbergh über ihr Leben von früh an peinlich genau Buch führte, hat die Frage, ob es überhaupt einer Biographie über sie bedarf, durchaus ihre Berechtigung. Warum sollte man nicht ihre eigenen Gedanken und Beobachtungen für sich sprechen lassen? Doch so ehrlich und freimütig Anne in ihren Werken auch erscheint, gibt es da doch Punkte in ihrem Leben, die im dunkeln bleiben. Zum Beispiel, inwieweit die Tatsache, daß sie die Ehefrau von Charles Lindbergh war, ihre Entwicklung als Frau und Schriftstellerin beeinflußte. Hat sie ihre eigene schriftstellerische Arbeit oft beiseite gelegt, um Teile der Bücher und Reden ihres Mannes zu schreiben, wie ihr einige Kritiker unterstellen? War ihre Zuneigung zu Lindbergh die ganze Ehe hindurch gleich stark? Oder erkaltete ihre Liebe in dem gleichen Maße, in dem seine politischen Ansichten und seine zunehmende Unpopularität sie und ihre Kinder zu einem Nomadenleben und zu immer stärkerer Isolation verdammten?

Welche Auswirkung hatte die Entführung und Ermordung ihres Sohnes auf ihr Leben – auf ihr Verhältnis zu ihren später geborenen Kindern, ihren Glauben an ihr Land und ihre Einstellung gegenüber der amerikanischen Öffentlichkeit und der Presse? Und wie wurde sie mit der anhaltenden morbiden Neugier fertig, die die Öffentlichkeit gegenüber dem Verbrechen zeigte? Obwohl die Hinrichtung von Bruno Hauptmann vor mehr als einem halben Jahrhundert stattfand, sind auch heute noch eine Reihe von Kriminalisten der Ansicht, daß er mit der Entführung und Ermordung des Lindbergh-Babys nichts zu tun hatte. Andere hingegen sind von seiner Schuld überzeugt. Ob er das Verbrechen allein begangen hat oder ob er, wie wiederum andere glauben, lediglich ein Rädchen im Getriebe eines ausgefeilten Mechanismus war, ist ebenfalls umstritten. Auch die Frage, ob ein Mitglied des Dienstpersonals der Lindberghs oder der Morrows an dem Verbrechen beteiligt war, ist nie restlos geklärt worden.

Eine unvoreingenommene Biographie über Anne Morrow Lindbergh muß immer noch geschrieben werden. Abgesehen von dem Interesse, das die Öffentlichkeit ihr als Ehefrau von Charles Lindbergh und Mutter eines bekannten Verbrechensopfers entgegenbringt, ist sie auch für sich allein gesehen eine bedeutende Persönlichkeit. Viele ihrer Bücher waren zu ihrer Zeit Bestseller und wurden von zahlreichen Literaturkritikern hochgelobt, aber es existieren nur wenige kritische Beurteilungen ihres literarischen Werks. Diese Vernachlässigung seitens der Rezensenten scheint ein großes Versehen zu sein, denn Anne schrieb, abgesehen von der ausführlichen Darstellung ihres Lebens als Mrs. Charles Lindbergh, über eine Reihe faszinierender Themen, darunter auch über die frühen Tage der Luftfahrt und die Welt ihrer Jugend. Ihre präzisen Schilderungen dessen, was man fühlt, wenn man sich mit einem kleinen Flugzeug hoch über der Erde bewegt, sind selten von jemand anderem erreicht worden. Dies trifft auch auf ihren geistigen und literarischen Mentor Antoine de Saint-Exupéry oder die kenianische Fliegerin Beryl Markham zu. Nach der Veröffentlichung ihres ersten Buches, *Ich fliege mit meinem Mann,* das einen Landvermessungsflug beschreibt, den sie und Lindbergh nach China unternommen hatten, bemerkte ein Kritiker: »Sie besitzt den stillen Mut eines Eroberers, das Gespür eines Künstlers für das Schöne und die sprachliche Begabung eines Poeten. Nur sehr wenige Reisebeschreibungen enthalten mehr interessantes Material, und noch weniger sind so anmutig und zauberhaft geschrieben.«[1] Man könnte noch hinzufügen, daß in den Pioniertagen der Fliegerei, als viele Menschen Angst vor dem Fliegen hatten, Annes plastische Schilderungen ihrer weiten Reisen in einem kleinen Flugzeug den Leuten dabei halfen, ihre Furcht vor dieser neuen Art der Fortbewegung zu überwinden.

Anne Morrow Lindbergh, die trotz ihrer umfangreichen autobiographischen Bücher eine höchst zurückgezogene Frau ist, hat erklärt, daß zu ihren Lebzeiten keine Biographie über sie veröffentlicht werden dürfe. Dieser Wunsch gibt Anlaß zu Vermutungen. Glaubt sie, daß sich, da sie selbst ihre und ihres Ehemanns beste Biographin ist, niemand erlauben darf, ihr Leben aufzuzeichnen? Oder fürchtet sie, daß ein anderer Autor vielleicht tiefer schürfen könnte, als sie selbst das getan hat, und möglicherweise die strahlende Lindbergh-Legende, die zu schaffen sie sich ihr Leben lang bemüht hat, anzuzweifeln begönne?

Was auch immer die Motive für ihren Wunsch sein mögen, es sollte eine ehrliche Darstellung ihres Lebens geschrieben werden. Über ihre literarischen Leistungen hinaus war ihre Ehe mit Charles Lindbergh eine Liebesgeschichte, die nicht nur den Verlust ihres Sohnes überdauerte, sondern auch den Verlust von Lindberghs Ansehen, als er sich gegen einen Eintritt der Vereinigten Staaten in den Zweiten Weltkrieg aussprach. Sie überdauerte auch die beständige Rastlosigkeit und Unruhe in ihrem Leben. Trotz dieser Belastungen schien Annes Liebe zu ihrem Ehemann niemals nachzulassen. Waren es sein Ruhm und sein Charisma, die sie in seinem Bann hielten? Oder ihr Mangel an Selbstachtung? War sie die Verkörperung der »perfekten Ehefrau«? Oder eine Frau, die ihre eigene Identität und ihr bemerkenswertes Talent dem Image ihres Mannes geopfert hat?

Heutzutage, da man im Begriff ist, die Rolle von Frau und Mann neu zu bewerten, bietet die Geschichte von Anne Morrow Lindbergh vielleicht neue Einsichten in das Wesen von Liebe und Ehe und wird vielleicht Männer und Frauen dazu veranlassen, ihre eigenen Beziehungen zu überprüfen.

Kapitel 1
»Die schlafende Prinzessin«

Es war Anne Morrows Glück wie auch ihr Pech, daß ihr Vater, Dwight Whitney Morrow, einer der berühmtesten Männer seiner Zeit war. Im Verlaufe seiner langen und außergewöhnlichen Karriere war er Teilhaber des Bankhauses Morgan, amerikanischer Botschafter in Mexiko und Senator von New Jersey gewesen. Darüber hinaus war Dwight Morrow auch sehr wohlhabend. Er war so reich, daß er, als er während der Depression starb, New Jersey vor dem Ruin bewahrte – die Erbschaftssteuern[1] von über einer Million Dollar, die nach seinem Tod anfielen, brachten den Staat mit etwa 400 000 Dollar in die schwarzen Zahlen.

Wie die meisten Kinder prominenter Personen, hatte Anne zu ihrem berühmten Vater ein zwiespältiges Verhältnis. Einerseits liebte sie ihn und war stolz auf seine Bildung. Andererseits wußte sie, daß sie alles andere als der wichtigste Mensch in seinem Leben war. Im Grunde nahm er kaum Notiz von ihr. Sie bekam ihn einzig und allein beim Frühstück zu Gesicht.

Es war eine Mahlzeit, die sie fürchtete.

Während sie ihr Frühstück einnahm, hörte sie, wie er, eine patriotische Melodie pfeifend, mit kleinen, energischen Schritten die Treppe herunterkam. Sie wußte, daß es ihre Pflicht war, in dem Augenblick, in dem er das Frühstückszimmer betrat, vom Tisch aufzuspringen und ihm mit einem Kuß einen guten Morgen zu wünschen. Da von ihrem Bruder und ihren Schwestern das gleiche erwartet wurde, gab es dabei stets eine wilde Balgerei. Wenn Anne ihm endlich den Kuß gegeben hatte, setzte sie sich wieder an den Tisch und aß weiter. Kurz darauf wurde sie von ihrem Vater unterbrochen, der, da er nicht ganz sicher war, welches von seinen Kindern ihn begrüßt hatte, darauf bestand, daß sie aufstand und ihm noch einen Kuß gab[2].

Obwohl Anne sich danach sehnte, von ihrem Vater beachtet zu werden, machten sie seine Küsse verlegen. Sie hinterließen stets einen nassen Fleck auf ihrer Wange, den sie, sobald sie sich unbeobachtet glaubte, wegzuwischen versuchte.

Dann kam der Teil des Frühstücks, den sie am meisten haßte. Sobald ihr Vater die weichgekochten Frühstückseier vertilgt hatte, unterzog er seine Kinder einem Test. Die Geschwister waren zu viert, Anne war die Zweitälteste.

Dwight Morrow wandte sich seiner ältesten Tochter Elisabeth, einer blonden Schönheit wie von Botticelli gemalt, zu und fragte: »Wen magst du lieber, deine Mutter oder deinen Vater?«

Anne wand sich zu diesem Zeitpunkt vor Furcht bereits auf ihrem Stuhl. Sie wußte, daß ihr Vater ihr die gleiche Frage stellen würde, und der Gedanke daran machte ihr angst.

»Ich mag Mutter am liebsten – und *gleich* nach Mutter kommst du«, antwortete Elisabeth freimütig und sah ihrem Vater dabei geradewegs in die Augen.

Dwight Morrow lachte daraufhin laut, so als sei ihre Antwort für ihn der beste Witz der Welt. Für Anne, die nervös darauf wartete, daß sie an die Reihe kam, war es offensichtlich, daß er die schonungslose Offenheit ihrer Schwester bewunderte. Er schien nicht im geringsten verletzt zu sein. Doch Anne war von Natur aus ängstlich und zurückhaltend. Sie war ein Mensch, der gerne im Hintergrund blieb, der die Leute beschwichtigte und der versuchte, eine angenehme Stimmung aufrechtzuerhalten. Elisabeth hingegen war ganz das Gegenteil – praktisch denkend, unabhängig und furchtlos.

Die durchdringend blickenden blauen Augen ihres Vater hefteten sich als nächstes auf sie.

»Nun, Anne, jetzt zu dir. Wen magst du am liebsten, deine Mutter oder mich?«

»Ich mag euch beide gleich gern«, sagte Anne rasch.

»Nun, Anne, sag mir die Wahrheit. Wen magst du am liebsten?« beharrte er lächelnd.

»Aber ich mag dich... *anders!*«

»Nun... Anne.«

Derweil er in sich hineinlachte, stellte er ihr noch mehrmals diese Frage, bis er schließlich mit einem gespielten Seufzen aufgab und sie aufforderte, ihm noch einen Kuß zu geben.

Anne, die ihrem Vater nun zum dritten Mal an diesem Morgen einen flüchtigen Kuß auf die Wange drückte, war erleichtert, daß sie es hatte vermeiden können, ihm die Wahrheit zu sagen, nämlich, daß sie – wie Elisabeth – ihre Mutter am meisten liebte. Wenn sie ihm aber anvertraute, was sie wirklich fühlte, dann würde er vielleicht damit aufhören, sie zu necken und Küsse zu fordern, was, so sehr sie es auch haßte, doch bedeutete, daß er sich wenigstens ihrer Existenz bewußt war[3].

Es war nicht so, daß Dwight Morrow seine Kinder nicht geliebt hätte. Doch wie viele beschäftigte, ehrgeizige Männer war er einfach zu sehr von seinen zahlreichen intellektuellen, geschäftlichen und politischen Interessen in Anspruch genommen, um ihnen in seinem Leben den gebührenden Platz einzuräumen. Was er an Zeit erübrigen konnte, verbrachte er mit seiner Ehefrau Elizabeth, die er leidenschaftlich liebte. Seine Frau erwiderte seine Leidenschaft, obwohl man Dwight Morrow kaum als einen körperlich anziehenden Mann bezeichnen konnte. Im Grunde hätte man ihn sogar häßlich nennen können. Einer seiner Zeitgenossen, Richter Learned Hand, ging sogar so weit zu sagen, er wäre »körperlich ziemlich abstoßend«[4]. Mit seiner kleinen Statur, dem unpassend großen Kopf und einem Arm, der, nachdem er ihn sich in der Kindheit einmal gebrochen hatte, schlecht zusammengewachsen war, wirkte er zwergenhaft, ja beinahe mißgestaltet. Elegante, gutsitzende Kleidung hätte seine körperlichen Mängel vielleicht kaschieren können, doch seine Sachen waren stets zerknittert. Trotz seines merkwürdigen Erscheinungsbildes und seiner Gleichgültigkeit als Vater galt Dwight Morrow in der Öffentlichkeit als brillanter und charmanter Mann. Er schlug die Leute mit seiner Rhetorik nicht nur in seinen Bann, sondern war darüber hinaus auch ein hervorragender Diplomat, der voll und ganz in seinem Beruf aufging.

Seine Zerstreutheit, die von seiner Arbeitsbesessenheit herrührte, war legendär. Man erzählte sich, daß er einmal, als er ein Bad nahm, seinen Kammerdiener herbeirief, um ihn zu fragen, warum die Seife denn nicht richtig schäume; sein Diener machte ihn darauf aufmerksam, daß er immer noch seinen Pyjama trug[5].

Doch, um es mit den Worten seines engen Freundes, dem politischen Kolumnisten Walter Lippmann zu sagen, Dwight Morrow war eine »Persönlichkeit des öffentlichen Lebens der ersten Kategorie«. Tatsächlich empfanden viele seiner Zeitgenossen vor Dwight Morrow sogar noch mehr Achtung als vor dem Präsidenten der Vereinigten Staaten, wobei sie keinen Zweifel hegten, daß er eines Tages in dieses Amt gewählt werden würde.

Ein Besucher in Next Day Hill, dem 22,5 Hektar großen Anwesen in Englewood, New Jersey, mit seinen gepflegten Gartenanlagen, den eleganten Möbeln und der Armee von Bediensteten, wäre wahrscheinlich auf den Gedanken gekommen, daß dieser geistesabwesend wirkende kleine Mann seinen Reichtum geerbt hatte. Doch das war nicht der Fall. Morrow hatte sich sein Vermögen aus eigener Kraft erarbeitet.

Dwight Morrow wurde am 11. Januar 1873 im Marshall College in Huntington, West Virginia, geboren, wo sein Vater James Elmore Morrow zwei Jahre zuvor den Posten des Präsidenten angenommen hatte. Trotz des eindrucksvollen Titels war das

Gehalt eines College-Präsidenten nur sehr niedrig. James hatte diese Stelle aus einem ganz bestimmten Grund angenommen: Er und seine Frau Clara und ihre immer größer werdende Familie (sie sollten schließlich acht Kinder haben) konnten auf dem Campus kostenlos wohnen.

Als Morrow zwei Jahre alt war, nahm sein Vater eine Stelle als Mathematiklehrer an der Oakdale Academy in Allegeny am Ohio an, das später ein Ortsteil von Pittsburgh wurde. Allegeny war eine Industriestadt, mit Fabriken, so weit das Auge reicht. Der nahegelegene Ohio war schwarz von Kohlenstaub. Es war kein schöner oder anregender Ort[6].

Seinen überragenden mathematischen Verstand hatte Morrow von seinem Vater geerbt, ebenso seine Sammelleidenschaft in bezug auf Bücher. Zu Claras Entsetzen gab James, der auch in Hebräisch und Latein wohl bewandert war, das wenige Geld, das das Paar übrig hatte, für seltene Bücher aus.

Der frühreife und brillante Morrow machte mit vierzehn Jahren seinen Abschluß auf der High School. Von Anfang an scheint er ein vielschichtiger Charakter gewesen zu sein. Er war ein intelligenter, freundlicher Junge, hinter dessen Unermüdlichkeit – unter seinen Klassenkameraden war er als »Bulldog Morrow« bekannt – und Optimismus sich heftige innere Spannungen verbargen. Seinem Biographen Harold Nicolson zufolge litt er sein ganzes Leben an Kopfschmerzen.

Nachdem er in West Point abgelehnt worden war und ein kurzes, frustrierendes Semester auf dem Washington and Jefferson College verbracht hatte, begann Morrow 1891 am Amherst College zu studieren. Er wurde Klassensprecher, und hier zeigte sich vielleicht zum ersten Mal auch sein Talent, sich Freunde zu machen und Menschen zu beeinflussen. Es gelang ihm sogar, eine enge Bekanntschaft mit dem stillen und zurückhaltenden Calvin Coolidge zu knüpfen, von dem bekannt war, wie schwierig ein Kontakt zu ihm herzustellen war.

Jemand, der ebenfalls zu seinen Freunden zählte, war Elizabeth Reeve Cutter, die Morrow im Frühjahr 1893 bei einer Tanzveranstaltung an der Mädchenschule in Amherst kennenlernte. Zu dieser Zeit besuchte Elizabeth das Smith College im nahegelegenen Northampton. Elizabeth, die aus Cleveland stammte, war eine zierliche, sensible junge Frau mit starken Augenbrauen und einem kleinen, zusammengekniffenen Mund, der den Leuten den Eindruck vermittelte, sie wäre ein unangenehmer Mensch. Ganz im Gegenteil war sie jedoch eine herzliche, mitteilsame, gebildete junge Frau. Wie Morrow besaß sie eine Überfülle an Energie. Sie konnte es nicht ertragen, allein zu sein, und mußte ständig Menschen um sich haben.

Morrow war von der geselligen jungen Frau mit ihrer hohen Gesinnung stark angezogen. Bald begann er sie in Northampton zu besuchen.

Obwohl sich Elizabeth zu Morrow hingezogen fühlte, hatte sie, was seine Eignung als Ehemann anging, offensichtlich ihre Zweifel. Bevor er sie dazu bringen konnte, ihn zu heiraten, war »Bulldog Morrow« gezwungen, Betty (oder, wie er sie nannte, Betsey) zehn Jahre lang den Hof zu machen. Anscheinend glaubte Betty, er schätze Literatur und Kunst nicht ebenso wie sie und sei für sie nicht kultiviert genug. Außerdem schien sie der Meinung, er sei den Wünschen und Gefühlen anderer Menschen gegenüber zu verschlossen.

Eine Zeitlang fühlte sich Elizabeth mehr zu Morrows älterem Bruder Jay hingezogen, obgleich sich Morrow dieser Schwärmerei glücklicherweise nicht bewußt war.

Nachdem Elizabeth auf dem Smith College mit Auszeichnung ihren Abschluß gemacht hatte, nahm sie an einer Privatschule in Cleveland eine Lehrtätigkeit an. Ihr Vater war zu dieser Zeit bei schlechter Gesundheit. In der Hoffnung, wieder zu Kräften zu kommen, nahm er seine Familie auf eine ausgedehnte Reise nach Europa mit. Die Cutters blieben ein Jahr lang in Paris. Elizabeth studierte an der Sorbonne und später in Florenz. Während ihrer Abwesenheit bombardierte Morrow sie mit Briefen, die offensichtlich so brillant geschrieben waren, daß Elizabeth bald begann, »seinen Verstand und seinen Charakter mit dem ihrer Freunde zu vergleichen, die dem äußeren Anschein nach kultivierter waren als er«.

1901, nach ihrer Rückkehr in die Vereinigten Staaten, verlobten sich Morrow und Elizabeth. Sie kannten sich jetzt bereits seit acht Jahren. Doch selbst zu diesem Zeitpunkt war sie sich noch nicht völlig sicher. Jedenfalls bestand sie auf einer verlängerten Verlobungszeit, kapitulierte schließlich jedoch, und die beiden heirateten am 16. Juni 1903.

Nach der Hochzeit lebte das Paar in Englewood, New Jersey, einer kleinen Stadt im Bergen County, die von New York City aus gesehen auf der anderen Seite des Hudson River lag. Morrow arbeitete in New York als Firmenanwalt für Reed, Simpson, Thacher and Barlett, einem öffentlichen Versorgungsunternehmen. Ihr erstes Haus, das sie von einem Arzt gemietet hatten, befand sich in der Spring Lane. Zu diesem Zeitpunkt waren sie noch so arm, daß sie sich Möbel aus den Packkisten bauten, in denen ihre Hochzeitsgeschenke eingetroffen waren. Ihre erstes Kind, Elisabeth Reeve, kam am 17. März 1904 zur Welt. Zwei Jahre später, am 22. Juni 1906, wurde Anne Spencer geboren. Ihr Sohn, Dwight Whitney jr. folgte Anne mit zwei Jahren Abstand am 28. November 1908. Constance Cutter, die Jüngste, wurde am 27. Juni 1913 geboren.

Mit der Mutterschaft verschwanden alle Zweifel, die Elizabeth an ihrem Mann noch gehabt haben mochte. Wenige Monate nach Elisabeths Geburt schrieb sie in ihr Tagebuch: »Wieder ein wunderbarer Abend in Zweisamkeit, nur Dwight und ich. Wir sind miteinander so glücklich, wie das zwei Menschen nur sein können.«[7]

Im Frühjahr 1909, als Anne drei Jahre alt war, zogen die Morrows in ein neues Haus, das weiter oben am Hügel, in der Palisade Avenue lag. Das neue Haus, es war groß und überladen verziert, stand auf einem Grundstück mit wunderschönen alten, schattenspendenden Bäumen. Inzwischen hatten die Morrows in Englewood Kontakte geknüpft. Obwohl die meisten ihrer Freunde, wie sie selbst, Ehepaare aus der Mittelschicht waren, pflegten sie zudem mit einigen reichen Leuten freundschaftlichen Umgang. Zu diesen zählte unter anderem auch Thomas W. Lamont, der Teilhaber des renommierten Bankhauses J. P. Morgan and Company war.

1912, als Anne sechs Jahre alt war, begann ihr Vater seines Berufes als Firmenanwalt müde zu werden. Während er sich nach einer neuen Betätigung umsah, erwogen Mitglieder von J. P. Morgan and Company gerade, ein neues Senior-Mitglied in den Mitarbeiterstab aufzunehmen. Lamont schlug Henry P. Davison, einem weiteren Teilhaber der Firma, Morrow vor, doch Davison, der Morrow nur flüchtig kannte, hielt ihn für ungeeignet.

Ein Jahr später bat der auf das Wohl der Gemeinde bedachte Dwight Morrow in einer eindringlichen Rede die Bürger von Englewood, eine Million Dollar für den Wiederaufbau des örtlichen Krankenhauses zu spenden. Zufällig war bei dieser Versammlung auch Henry P. Davison anwesend. Er war von Morrows Intelligenz ebenso tief beeindruckt wie von seiner Fähigkeit, seine Mitbürger zum Spenden zu bewegen. Als sich Davison ein paar Wochen später während eines Wolkenbruchs eine Straße in Englewood entlangkämpfte, stieß er mit einem sehr kleinen Mann zusammen, dessen Regenschirm sich mit dem seinen verhakte. Es stellte sich heraus, daß der Besitzer des anderen Regenschirms Dwight Morrow war. Davison, der sich an die Eloquenz von Morrows Rede zugunsten des Krankenhauses erinnerte, ging, nachdem er seinen Schirm befreit hatte, ins Büro und erklärte Lamont, daß er seine Meinung über Morrows Eignung geändert hätte. Gemeinsam sprachen sie bei J. P. Morgan das Thema einer Einstellung Morrows an, und ein paar Tage später erfolgte ein Angebot. Würde Mr. Dwight Morrow in Erwägung ziehen, bei J. P. Morgan and Company tätig zu werden? Ihm wurde auch in Aussicht gestellt, unter Umständen Teilhaber zu werden.

Im Gegensatz zu den meisten anderen Menschen, die bei einer solchen Gelegenheit sofort zugegriffen hätten, versetzte Morgans Angebot Morrow in helle Aufregung. Tagelang quälte er sich mit der Überlegung herum, ob er diese Stellung annehmen sollte. »Dies entsprang seinem Bestreben, sicherzustellen, daß seine neue Karriere, so vielversprechend sie auch sein mochte, nicht mit jenen Werten in Konflikt geriet, die er für ein rechtschaffenes Leben als unabdingbar erkannt hatte«[8], berichtet Nicolson. Als Dwight Morrow und Betty noch in ihrem bescheidenen Haus in der Spring Lane wohnten, wachte er einmal mitten in der Nacht auf, um seiner Frau einen Alptraum zu schildern: »Es war wirklich schrecklich. Alles war so deutlich, so entsetzlich. Er kam mir wirklich vor, Betsey, er kam mir so *wirklich* vor... Ich habe geträumt, Betsey, wir wären reich. Aber *ungeheuer* reich.«[9] Bei dem frommen schottischen Presbyterianer Morrow wurde dieser Konflikt zwischen Materialismus und geistigen Werten so heftig, daß er ihn an den Rand eines Nervenzusammenbruchs trieb. Er mußte für drei Wochen auf die Bermudas fahren, um sein »geistiges Gleichgewicht« wiederzuerlangen, obwohl vielleicht allein schon die Tatsache, daß er einen luxuriösen Inselurlaub machte, zeigte, daß Morrow mit sich ins reine gekommen war[10]. Jedenfalls beschloß er schließlich, das Angebot anzunehmen.

Morrow trat am 15. April 1914 seine neue Stelle bei J. P. Morgan and Company an. Schon einige Monate später wurde er Teilhaber. Seinem Biographen zufolge wurde er durch seine neue Tätigkeit jedoch keineswegs »in Hochstimmung versetzt«, sondern von Sehnsucht nach seinem alten Beruf geplagt, der ihm lediglich 35 000 Dollar im Jahr eingebracht hatte. Diese standen in deutlichem Kontrast zu den fünf Millionen Dollar im Jahr, die er schließlich als Morgan-Teilhaber verdienen sollte.

Morrow stellte sich zwar allmählich auf seine neue Tätigkeit und die Aussicht auf ungeheuren Reichtum ein, doch er versuchte seinen Grundsätzen treu zu bleiben. Er erzählte seinen Kindern gerne: »Die Welt teilt sich in Menschen, die etwas tun, und Menschen, die die Anerkennung bekommen. Versucht wenn möglich zur ersten Gruppe zu gehören, dort gibt es weit weniger Konkurrenz.«

Obwohl die Morrows niemals extravagante Vorlieben hatten, wie das bei ihren Freunden J. P. Morgan und Pierre du Pont der Fall war, erlagen sie dennoch bald dem Lebensstil der wirklich Reichen. Ihr neues Heim, Next Day Hill, das auf 22,5 Hektar Grund in Englewood, New Jersey, stand und von ihrem Freund, dem Architekten Chester Aldrich, entworfen worden war, war ein prunkvoller, doch keineswegs protziger Bau. Es gab dort holzgetäfelte Zimmer, dicke Velours-Teppiche, Gemälde des berühmten schottischen Künstlers Sir Henry Raeburn und eine riesige, kathedralenähnliche Bibliothek mit Tausenden von Büchern. Durch das Anwesen floß ein Bach, der sich hier und da in kleinen Wasserfällen ergoß. Die weitläufigen Grünanlagen waren stets tadellos gepflegt. Es gab Chauffeure, Kammerdiener und Privatsekretäre.

Jeden Winter fuhr Morrow mit der Familie nach Nassau auf die Bahamas. Als die Kinder älter wurden und er Teilhaber von Morgan geworden war, nahm er sie oft auf Geschäftsreisen ins Ausland mit. Die Reisen nach Europa waren keine einfachen Vergnügungsfahrten, sondern dazu bestimmt, seine Kinder in Geschichte zu unterrichten und mit fremden Kulturen bekannt zu machen. Er wies seine Kinder oftmals an, sich nicht wie Touristen zu benehmen, sondern wie »gemächliche Beobachter«.

Sich zu bilden und zu lesen waren seine Leidenschaften. Seine

Tochter Elisabeth erinnert sich nach seinem Tod daran, wie er, umgeben von seinen »phantastischen Röllchen aus Papier«[11], in seinem alten Lehnsessel im Wohnzimmer saß und las. Morrow hatte die exzentrische Angewohnheit, Fidibusse aus Papier herzustellen, um dadurch die Ausgaben für Streichhölzer zu sparen. Er pflegte von einem Blatt Papier eine Ecke abzureißen, das Stück zusammenzurollen, es in sein Ohr zu stecken und später dann auf den Boden zu werfen. Daraufhin riß er von einem frischen Blatt ein Stück Papier ab und stellte einen neuen Fidibus her.

Dwight und Elizabeth hielten ihre Kinder an, sich auf dem höchsten moralischen und intellektuellen Niveau zu bewegen. Jeden Abend wurde gebetet und danach aus klassischen Werken oder Sagen vorgelesen. Beide Eltern besuchten regelmäßig den Gottesdienst in der presbyterianischen Kirche am Ort. Die Kinder gingen am Sonntag nicht nur zur Sonntagsschule, sondern begannen diesen Tag auch mit Gebeten am Bett ihrer Eltern.

Wenn Dwight Morrow seine Kinder beim Frühstück nicht gerade neckte, dann prüfte er ihre mathematischen Fähigkeiten. Später schildert Anne: »Noch heute ist alles in mir ausgelöscht wie in dem vor Panik erstarrten Kinderverstand, wenn jemand mich plötzlich fragt: ›Wieviel ist sieben mal acht?‹ «[12]

In ihren Tagebüchern und Briefen porträtierte Anne ihre Familie in idealisierter Weise, so als würde sie sie einer liebevollen, eng verbundenen, lebhaften Sippe aus einem Roman von Dikkens nachbilden. Bis zu einem gewissen Grad entsprach diese Beschreibung der Wahrheit, doch ihre Familie besaß auch eine dunklere Seite, die sie in ihren Büchern niemals erwähnte.

Ihr schüchterner jüngerer Bruder Dwight jr. litt an einer schweren Psychose, die schon früh auftrat. Freunden und Klassenkameraden zufolge verfiel er als Schüler in Groton immer wieder in einen Zustand, der wohl als manisch-depressiv angesehen werden muß[13].

Es ist nicht bekannt, ob die Krankheit durch biochemische oder psychische Faktoren – zum Beispiel die Tatsache, als einziger Sohn im Schatten seines brillanten Vaters leben zu müssen – bedingt war. In seiner frühen Jugend neigte Dwight jr. dazu, Stimmen zu hören, und mußte mehrmals ins Krankenhaus eingewiesen werden.

Verständlicherweise stellte seine Krankheit für die Familie eine starke Belastung dar. Obwohl die Morrows alles taten, um ihm zu helfen, schien Betty Morrow ihren Sohn mit der Zeit für seinen Zustand selbst verantwortlich zu machen. »Sie war nicht allzu nett zu ihm«, erklärte Mina Curtiss, eine enge Freundin der Familie, ein paar Jahre später gegenüber Harold Nicolson. (Obwohl Nicolson, nachdem er Dwight kennengelernt hatte, ihn anfangs als »plumpen kleinen jungen Mann mit Kneifer« beschrieb, der heftig stotterte, äußerte er sein Urteil rasch und befand ihn schließlich sogar für intelligent.[14]) Im Gegensatz zu ihrer Mutter war Anne ihrem Bruder weiterhin vorbehaltlos zugetan. »Sie liebte ihn wirklich und war stets hilfsbereit und verständnisvoll«, berichtete ein Freund. »Anne war für Dwight der wunderbarste Mensch der Welt.«[15]

Elisabeths Krankheit war eine weitere Quelle der Sorge für die Familie. Als kleines Mädchen hatte sie sich ein rheumatisches Fieber zugezogen, das mit Gelenkschmerzen und einer Entzündung des Herzbeutels und der Herzklappen einherging. Die Morrows bemerkten es zwar nicht sofort, doch die Krankheit schädigte eine der Herzklappen schwer. Dadurch wurde Elisabeth besonders anfällig für schwere Infektionen. Sie kränkelte oft und mußte tagelang das Bett hüten. Da sie von Natur aus gefühlsbetont und launisch war, wurde sie, wenn sie krank war, noch nervöser und erregbarer.

Bei zwei kränklichen Kindern, einem arbeitswütigen Vater, der von seiner Energie regelrecht aufgefressen wurde, und einer Mutter, die ihrem Kummer durch unablässige Aktivitäten und gesellschaftliche Kontakte entfloh, war die Familie der Morrows wohl kaum so glücklich und unbeschwert, wie Anne sie in ihren frühen Tagebüchern darstellte. Sie wirkten, wenn man den Worten eines Freundes glauben darf, ganz im Gegenteil »eher wie eine Gruppe nervöser Vollblüter«. Anders als ihre Mutter schien Anne mit den Problemen der Familie dadurch zurechtzukommen, daß sie sich in sich selbst zurückzog. Sie war von Natur aus ein scheues Kind, dem es schwerfiel, mit Menschen, die nicht zur Familie gehörten, zu reden.

Auf der Miss Chapin's School, einem privaten Mädchenpensionat in New York City, das seine Schülerinnen auf das College vorbereitete, hatte sie Schwierigkeiten, mit den anderen Mädchen in Kontakt zu kommen. Daheim suchte sie Zuflucht in einer Phantasiewelt, schrieb Märchendramen, in denen Elisabeth, Constance und Dwight jr. die Akteure waren.

Wie viele junge Mädchen stand Anne ihrer Mutter und ihren beiden Schwester emotional näher als ihrem vielbeschäftigten Vater und dem Bruder, dessen Reaktionen schwer vorherzusehen waren. Von ihren beiden Schwestern fühlte sie sich besonders mit Elisabeth verbunden, die, wenn sie nicht krank war, sehr geistreich, kühn und mitteilsam sein konnte. Das Band zwischen den beiden Mädchen war so stark, daß sie sich, als ihre Mutter ihnen aus dem Roman *Ben-Hur* jene Szenen vorlas, die in den Leprakrankensiedlungen spielen, beide darüber Sorgen zu machen begannen, sie könnten selbst Lepra bekommen. »Anne versprach feierlich, daß sie, falls sie sich mit Lepra infizieren sollte, sofort Elisabeth berühren würde, worauf Elisabeth versprach, das gleiche bei Anne zu tun. Dann konnten sie, wenn man sie verbannen würde, wenigstens zusammenbleiben«[16], erinnerte sich Elisabeth später.

Wie das bei Schwestern oft der Fall ist, bestand zwischen den beiden älteren Mädchen eine starke, unausgesprochene Rivalität. Anne betrachtete die sieben Jahre jüngere Constance nicht als ernsthafte Konkurrentin, doch die Unterschiede zwischen Elisabeth und ihr selbst waren ihr schmerzhaft bewußt. Elisabeth war nicht nur klug, kultiviert und geistreich, sie war auch eine auffallend anziehende Blondine, die auf reizvolle Weise ätherisch wirkte, was zum Teil wohl auch auf ihre schwache Gesundheit zurückzuführen war. Sie war etwas größer als Anne, die das unscheinbare Äußere ihrer Mutter und die kleine Statur ihres Vaters geerbt hatte. Als die Schwestern älter wurden und begannen, sich zu Rendezvous zu verabreden, war Anne sich sicher, daß die Männer Elisabeth vorziehen würden.

Trotz all ihrer Bildung, der Reisen und des Reichtums fühlte sich Anne hoffnungslos unreif. Im Vergleich zu den aufmüpfigen jungen Frauen ihrer Zeit, die aufgerollte Strümpfe und kurze Röcke trugen und ihre sexuellen Reize bewußt ausspielten, schienen sie und selbst die ältere Elisabeth ein Klosterleben zu führen. Sie waren »schlafende Prinzessinnen«. »Erst im College merkte ich allmählich, wie sehr ich der ›behüteten Emelyne‹ in Chaucer's *Knights Tale* glich, die in einem ummauerten Garten lebte«, schrieb sie später. Obwohl sie es nur ungern zugab, sehnte sie sich nach jemandem, der die Mauer einriß und sie befreite[17]. Sie spürte ebenfalls dunkel, daß er – der »Schöne Prinz«, von dem die anderen Mädchen in der Schule immer schwärmten – nicht einfach ein ganz gewöhnliches männliches Wesen sein konnte. Im Gegenteil, es mußte jemand sein, der genauso berühmt und mächtig war wie ihr Vater[18].

Kapitel 2
»Ein moderner Galahad«

Die ängstliche und verträumte junge Frau, die zusah, wie im Paradise Pond, dem Teich des Smith College in Northampton, Massachusetts, die Herbstblätter trieben, sehnte sich danach, auf irgendeinem anderen College als Erstsemester eingeschrieben zu sein. Sie wollte ein Klassenzimmer oder einen Schlafsaal betreten können, ohne daß gleich jeder wußte, wer sie war. Sie sehnte sich auch danach, unabhängig zu sein. Sie hatte sogar einige Monate zuvor den Mut aufgebracht, ihrer Mutter zu sagen, daß sie nicht auf das Smith, die Alma mater von Elizabeth Morrow, gehen wolle. Als ihre Mutter den Grund dafür wissen wollte, hatte sie erwidert, sie wolle nicht unentwegt mit ihr und ihrer Schwester Elisabeth, die bereits am Smith immatrikuliert war und zwischenzeitlich auf der Dekansliste stand, verglichen werden.

»Ich möchte nach Vassar gehen!« erklärte sie der schockierten Elizabeth Morrow.

Ihr Wunsch war augenblicklich abgeschlagen worden. Mrs. Morrow, die Kuratorin des Colleges und erste weibliche Aufsichtsratsvorsitzende war, konnte es nicht billigen, daß eine ihrer Töchter ein anderes College besuchte, vor allem nicht einen Siebengestirn-Rivalen wie Vassar. Anne wurde deshalb, entgegen ihrem eigenen Wunsch, im Herbst 1924 auf das Smith geschickt.

Obwohl sie nach außen hin gehorsam und gewissenhaft war, schien sie sich unbewußt doch zu wehren, denn sie litt unter einer furchtbaren Prüfungsangst, die sich selbst durch sorgfältige Vorbereitung nicht mildern ließ, wie sie ihrer Mutter in verschiedenen Briefen zu erklären versuchte.

Allmählich jedoch begann ihr das Leben im College zu gefallen, obwohl der Prüfungsstreß weiterhin an ihren Kräften zehrte.

Zu der Zeit, als Anne das College besuchte, vollzog sich, was die Bildung der Frauen betraf, eine Art Revolution. Wie William Allan Neilson, der Präsident des Smith College bemerkte, war der Weg zur höheren Bildung, der von den Feministinnen des 19. Jahrhunderts[1] geebnet worden war, »zu einer Hauptstraße geworden«, die allerdings immer noch nur von einer privilegierten Schicht begangen werden konnte. Im Jahre 1920 waren 431 000 Frauen in Colleges und Universitäten eingeschrieben – das waren beinahe 45 Prozent aller Collegestudenten insgesamt. Auf die Generation von Frauen, die um eine höhere Bildung gekämpft hatte, folgte eine Generation, die das Erreichte mehr oder weniger für selbstverständlich nahm. In den 20er Jahren diskutierte man nicht mehr darüber, ob Frauen ein College besuchen sollten, sondern darüber, welche Art von Bildung am besten geeignet sei, um sie auf die Zukunft vorzubereiten. Für viele Frauen bestand diese Zukunft sowohl in der Ehe wie auch in einem Beruf. Im Falle eines Siebengestirn-College wie dem Smith wurde die Theorie aber derart überbetont, daß man von den Frauen, die dort ihren Abschluß machten, behauptete, sie hätten ihren »Altjungferntitel« erworben.

Obwohl Anne im Zweifel war, ob sie je einen Mann oder einen Beruf bekommen würde, war sie, was ihre literarischen Fähigkeiten anging, zuversichtlicher. Sie hatte begonnen, sich für das Schreiben zu interessieren, als sie in ihrem zweiten Semester einen Kurs bei Mina Kirstein belegte. Die bekannte zeitgenössische Schriftstellerin, die ihre Bücher unter ihrem Ehenamen Mina Curtiss veröffentlichte, ermutigte sie nachhaltig in ihren literarischen Bemühungen und wurde später eine treue Freundin von Anne.

Anne arbeitete weiterhin hart in ihren College-Kursen, doch die Angst, die sie überfiel, wann immer sie eine Prüfung ablegen mußte, quälte sie weiter. Ihre Noten waren deshalb kaum mehr als durchschnittlich. Ihr Unvermögen, akademischen Ruhm zu erringen, erschütterte ihr schwaches Selbstbewußtsein noch mehr. Immer wieder verglich sie sich mit ihren brillanten Eltern und der schönen, intelligenten Elisabeth. Sie sehnte sich danach, irgend etwas Besonderes zu leisten, das ihnen – und ihr selbst – beweisen würde, daß sie ebenso klug und außergewöhnlich war wie sie.

Ihr einziger Trost war, daß Mina Curtiss ihr sagte, sie hätte schriftstellerisches Talent. Sie hörte nicht auf, ihr Werk zu loben, und erklärte ihr sogar, einiges davon wäre so gut, daß es veröffentlicht werden sollte. Trotz dieser Ermutigung wurde Anne jedoch von Selbstzweifeln gequält und vertraute 1927 ihrem Tagebuch an: »Ich will schreiben – ich will schreiben – ich will schreiben, und ich werde es nie, nie tun. Ich weiß das und bin darüber todunglücklich, es scheint mir, als wäre nichts anderes von Belang. Was ich auch tue, immer ist es da, eine unsagbare Sehnsucht, die mir zuflüstert: ›Schreib dies – schreib das – Schreib! –‹ und ich *kann es einfach nicht*. Es fehlt mir an Talent, Zeit, Kraft und ausdauernder Phantasie. Ich wollte, irgend jemand würde mir brutal sagen: ›Sie können nie irgend etwas schreiben. Beschäftigen Sie sich doch lieber mit Gartenarbeit!‹ «[2]

Obwohl sie glaubte, kein Talent zu haben, schrieb Anne weiterhin Essays, Geschichten und Gedichte. Schließlich wurden mehrere ihrer literarischen Arbeiten in der Zeitschrift *Smith College Monthly* veröffentlicht. Die erste, »A Six O'clock Story for Constance«, erschien in der Aprilausgabe von 1927. In derselben Ausgabe wurde auch »Grand Opera«, eine Besprechung von Edna St. Vincent Millays Text zur Musik von Deems Taylor, abgedruckt. Diesen Beiträgen folgten zwei weitere Prosawerke. Das eine war der preisgekrönte Essay »Madame d'Houdetot«, der in der Oktoberausgabe veröffentlicht wurde, das andere, die preisgekrönte Geschichte »Lida was Beautiful«, erschien im Juni 1928, ihrem Abschlußjahr. Zusätzlich ließ sie zwischen Oktober 1926 und Juni 1928 acht Gedichte in der College-Zeitschrift veröffentlichen. Dazu zählten auch »Caprice«, »Unicorn«, »Letter with a Foreign Stamp« und »Remembrance«, das nach der Bekanntgabe ihrer Verlobung mit Charles Lindbergh[3] im *Literary Digest* erneut abgedruckt werden sollte.

Es überrascht nicht, daß einige ihrer Gedichte ihre erwachende Sexualität offenbaren. In einer Verszeile schreibt sie über ein sittsames »braunhaariges Quäkermädchen«, das davon träumt, »eine scharlachrote spanische Tänzerin« zu sein. In anderen Gedichten enthüllt sie ihr heimliches Verlangen, ihrer liebevollen, aber erdrückenden Familie zu entrinnen und gleichzeitig etwas Außergewöhnliches zu vollbringen, das ihr deren Bewunderung einbringen würde. Sie ersann nicht nur »silberne Vögel« und »einen plötzlichen Flügelschlag in silbernem Flug«, sondern stellte sich auch vor, wie sie auf einem Einhorn mit »glänzend polierten« Hufen reitend im Mondlicht über die Dächer schwebte. Das Einhorn sollte ein Bild werden, das in ihrem Werk immer wieder auftaucht. Es war offensichtlich, daß es für sie, selbst als junge Frau schon, eine besondere Bedeutung hatte. Der Legende nach ist dieses wunderschöne, wilde weiße Tier, das einem Pferd oder einer Ziege ähnelt, sehr schwer zu fangen. Es ist nur möglich, wenn ihm eine Jungfrau in den Weg geworfen wird. Nachdem ihr das Einhorn in den Schoß gesprungen ist, säugt sie es und führt es dann in einen königlichen Palast.

Während ihrer College-Zeit schrieb Anne viele Briefe. Ihre liebste Briefpartnerin war ihre Mutter, der gegenüber sie jedoch auch gemischte Gefühle hegte. Einerseits vergötterte sie sie und wollte ihr in Lebensstil und Kultiviertheit nacheifern, andererseits empfand sie Groll gegen sie, da sie spürte, daß sie niemals an die erstaunliche Energie und den Verstand ihrer Mutter heranreichen würde. Auch ihre Sicherheit im Umgang mit anderen Menschen schienen für Anne unerreichbar.

Ihre anderen Briefpartner waren hauptsächlich ihre beiden Schwestern. Vor allem im Jahre 1926, als Elisabeth für ein Semester nach Frankreich ging, um an der Universität von Grenoble Sprachen zu studieren, kam es mit ihr zu einem regen Briefaustausch. Anne vermißte Elisabeth, die durch ihre Abwesenheit nun kaum mehr eine Konkurrenz darstellte, sehr. Sie gab ihrer Zuneigung in einer Reihe von langen, liebevollen Briefen Ausdruck. Zur selben Zeit begann sie auch regelmäßig Tagebuch zu führen. Bereits vor ihrem Eintritt ins College hatte sie sporadisch Eintragungen gemacht.

In späteren Jahren äußerte sich Anne zum Unterschied zwischen diesen beiden Formen des persönlichen Schreibens. »Selbstverständlich besteht ein Unterschied zwischen Tagebüchern und Briefen«, bemerkte sie.

> Briefe werden gewöhnlich nicht nur geschrieben, um sich dem Empfänger mitzuteilen, sondern auch, um ihn zu unterhalten oder zu erheitern. Die Wahrheit ist hier also manchmal verschleiert oder gefärbt. Tagebücher hingegen schreibt man für sich selbst, und sie zeigen den Schreiber so, wie er für sich allein ist. Meine Tagebücher, glaube ich, wurden in erster Linie geschrieben, nicht um die Erfahrung festzuhalten, sondern um sie auszukosten, um sie noch realer, sichtbarer und greifbarer zu machen als im tatsächlichen Leben. Denn in unserer Familie war ein Erlebnis nicht abgeschlossen, nicht wirklich erlebt, wenn man es nicht niederschrieb oder mit einem anderen teilte.[4]

Die scheue, nachdenkliche Anne, die mehr damit beschäftigt war, über eine Erfahrung zu schreiben als sie tatsächlich zu leben, war zu dieser Zeit eine schlanke, junge Frau, die ihr dunkles, widerspenstiges Haar zu einem langen Pferdeschwanz gebunden trug. Ihre Garderobe war teuer, aber nicht besonders modisch. Sie bevorzugte einfache Kleider und Blusen mit weißem gestärktem Kragen. Ihre Gedankenwelt und die Sicherheit ihrer Familie zog sie den Tanzveranstaltungen, Parties und anderen gesellschaftlichen Ereignissen, die ihre Klassenkameradinnen liebten, vor. Menschen, die ihr zum ersten Mal begegneten, waren oftmals über ihre Zurückhaltung und ihren Wunsch nach Ungestörtheit verwundert. Sie taute ihnen gegenüber erst auf, wenn sie sich sicher war, welche Gefühle sie ihr entgegenbrachten. Dennoch gelang es einigen ihrer Mitstudentinnen, ihre Zurückhaltung aufzubrechen und sich mit ihr anzufreunden. Zu ihren Freundinnen zählte auch eine unsichere und bedrückte Erstsemester-Studentin namens Frances Smith, die sich, als Anne sich in ihrem Abschlußjahr befand, an sie klammerte und oft ihren Rat suchte.

Annes Freundeskreis auf dem Smith College bestand jedoch nicht nur aus Frauen. Wie viele junge Mädchen traf sie sich mit einigen Söhnen von Freunden der Familie oder verabredete sich gelegentlich mit einem Freund ihres Bruders Dwight. Keiner dieser jungen Männer konnte jedoch romantische Gefühle bei ihr wecken. Insgeheim bezeichnete sie sie als »mittelmäßige« Jungen, denen Elan, Intelligenz und Charakter fehlte. Es war nicht überraschend, daß es diesen Männern nicht gelang, ihr Interesse zu erregen. Sie, die zu sehr behütet und in sexueller Hinsicht naiv war, fand die Vorstellung einer intimen Verbindung mit einem Mann erschreckend. Selbst wenn sie jemanden kennenlernte, der sie körperlich anzog, welche Chance hatte er schon gegen ihren Vater? Da Dwight Morrow ein so mächtiger und berühmter Mann war, fürchtete sie, daß es für sie schwerer als für andere Frauen sein würde, sich zu verlieben und zu heiraten. Nachdem sie einmal auf dem Campus die Ehefrau eines Englischlehrers, die glücklich verheiratet war, besucht hatte, vertraute sie Elisabeth an: »Wünschst du dir nicht auch oft, daß du diese Heiraterei schon hinter dir hättest? Ich wäre bereit, das Verliebtsein und die Flitterwochen usw. zu opfern, wenn ich einfach in ein Alltagsleben wie das ihrige hineinspringen könnte. Ein Heim, ein netter Mann (wenn nötig) und ein Kind – alles geregelt und alltäglich, keine Romanze, sondern eine Art göttliche Eintönigkeit.«[5]

Ironischerweise sollte sie schon bald in eine Beziehung hineingeraten, die das ganze Gegenteil dieser mädchenhaften Vorstellungen war.

Den 20. und 21. Mai 1927 verbrachte Anne größtenteils in der Bibliothek des Smith College. Sie arbeitete an einem Aufsatz über Erasmus von Rotterdam. Während sie in ihre Arbeit vertieft war, richtete in den Vereinigten Staaten jedermann seine Aufmerksamkeit auf einen ganz besonderen Mann.

Am Freitagmorgen, dem 20. Mai 1927, startete ein Postflugzeugpilot, der 25jährige Charles Augustus Lindbergh jr., von der schlammigen Rollbahn des Roosevelt Field auf Long Island. Mit seiner einmotorigen Maschine, der *Spirit of St. Louis,* nahm er Kurs auf Paris. Die Öffentlichkeit begeisterte es, daß er den gefährlichen 3500-Meilen-Flug nonstop und allein absolvieren wollte.

Sobald sein überladenes Flugzeug die Telefonleitungen in der Nähe des Roosevelt Field mit kaum sieben Meter Abstand überflogen hatte, setzten sich die Leute im ganzen Land an ihre kleinen Detektorempfänger, um den Neuigkeiten von seinem Flug über den Atlantik zu lauschen. Jene, die in der Nähe der Flugroute wohnten, stürzten aus ihren Häusern, kletterten auf Bäume oder sogar Hausdächer, um einen Blick auf sein kleines silbriges Flugzeug zu erhaschen. Würde er es schaffen? Würde er die Kälte und Dunkelheit überleben, den Nebel, den Regen und den Wind? Und würde es ihm gelingen zu landen, bevor sein Treibstoff und seine Kräfte zu Ende gingen? In Amerika, England, Paris und auf der ganzen Welt warteten die Menschen auf die Nachricht, daß man sein Flugzeug gesichtet hatte. Vierzigtausend Boxfans, die den Kampf der beiden Schwergewichtler Maloney und Sharkey im Yankee Stadion in New York verfolgten, erhoben sich an diesem Abend von ihren Sitzen und senkten ihre Köpfe, als der Ansager sie bat, für »Lindy« zu beten. Der Humorist Will Rogers, der selbst Flieger war, sprach Millionen von Amerikanern aus dem Herzen, als er in seiner landesweit veröffentlichten Zeitungskolumne schrieb: »Heute werden keine Witze gemacht. Ein schlanker, hochgewachsener, schüchterner, lächelnder amerikanischer Junge befindet sich irgendwo mitten über dem Atlantischen Ozean, dort, wohin sich noch kein einziges menschliches Westen gewagt hat.«

Als Lindbergh dreiunddreißigeinhalb Stunden nach dem Start mit der *Spirit of St. Louis* auf dem Flugplatz Le Bourget ein kleines Stück nördlich von Paris landete, waren die Menschen vor Bewunderung und Freude ganz aus dem Häuschen. Der Bürgermeister von Paris war von der heroischen Leistung des Fliegers so begeistert, daß er ihm sofort die Schlüssel zu den Bordellen der Stadt anbot, was Lindbergh freundlich ablehnte[6]. Auf den Straßen und in den Cafés von Paris sangen die Leute die ganze Nacht *»Le jeune Américain, il l'a fait, nom d'un chien.«* (»Mein Gott, er hat es geschafft!«)

Es war, wie ein Beobachter ausführte, »als wäre Icarus schließlich doch ans Ziel gekommen, ein kühner junger Mann hatte ganz allein das Unerreichbare erreicht«[7]. Die Amerikaner waren vor Stolz und Begeisterung natürlich völlig überwältigt. Einer ihrer Landsleute hatte nicht nur das Unmögliche geschafft, er nahm seinen Triumph auch mit bezaubernder Bescheidenheit und mit Anstand entgegen.

In wenig mehr als einem Tag wurde Charles Lindbergh, der Farmerjunge aus Minnesota, von einem unbekannten Postpiloten zu einer historischen Gestalt. Der hochgewachsene und gutaussehende junge Mann mit dem scheuen Lächeln und einer widerspenstigen blonden Haarlocke über seiner Stirn fesselte die Phantasie von Millionen.

Es gab noch andere Gründe für seinen Heldenstatus. In den zynischen 20er Jahren wünschten sich die Leute verzweifelt etwas, zu dem sie aufblicken konnten. Die Amerikaner, die nach dem Ersten Weltkrieg müde, ernüchtert und enttäuscht waren, sehnten sich nach einem Helden, der ihnen ein neues Selbstbewußtsein vermittelte. Lindbergh mit seinen scharfgeschnittenen, ansprechenden Gesichtszügen, seiner ruhigen Würde und Bescheidenheit schien dafür wie geschaffen. Dieser kühne Amerikaner von 25 Jahren, dieser »Junge, der aus dem Nichts kam«, wie ihn die Leute oftmals nannten, hatte etwas geschafft, was unmöglich schien, noch dazu *allein,* was bester amerikanischer Tradition entsprach.

»Eine desillusionierte Nation, die von billigen heroischen Worten, Skandalen und Verbrechen gelebt hatte, lehnte sich nun gegen die geringe Wertschätzung auf, die sie sich der menschlichen Natur entgegenzubringen erlaubt hatte«, schrieb Frederick Lewis Allen in *Only Yesterday: An Informal History of the Nineteen Twenties.*

> Jahrelang war das amerikanische Volk in geistiger Hinsicht regelrecht ausgehungert... Romantik, Ritterlichkeit und Selbsthingabe waren ihres Nimbus beraubt worden, es hatte sich erwiesen, daß die Helden der Geschichte auf tönernen Füßen gestanden hatten... Etwas, das dieses Volk brauchte... fehlte in seinem Leben. Und dann plötzlich kam Lindbergh. Romantik, Ritterlichkeit, Selbsthingabe – da waren sie, verkörpert in einem modernen Galahad für eine Generation, die den Galahads abgeschworen hatte.[8]

Die Zeitungen in aller Welt berichteten tagelang ausführlich von Lindbergh und seiner überragenden Leistung. Als er in die Vereinigten Staaten zurückkehrte, wurde er in New York von 200 Booten und 75 Flugzeugen empfangen. Bei der anschließenden Parade auf dem Broadway warfen die Menschen 1800 Tonnen Konfetti. Einem Historiker zufolge war »das Interesse an ihm so groß, daß die Zeitungen des Landes etwa 25 000 Tonnen Druckerschwärze mehr als sonst verbrauchten… Millionen von Amerikanern in Tausenden von Kirchen überall im Land senkten an diesem Sonntagmorgen den Kopf zum Dankgebet für ihn, und es gab nur wenige Predigten, in denen er nicht erwähnt wurde. In vielen ging es sogar nur um ihn…«[9]. Viertausend Dichter schufen Gedichte zu seinen Ehren. Ein neuer Tanz wurde nach ihm benannt (der Lindy Hop), und hastig komponierte Lieder mit Titeln wie »Oh, Charlie Is My Darling« und »Lucky Lindy« verkündeten seinen neuen Status als Weltstar. Er wurde mit Glückwünschen überschüttet. Insgesamt erhielt er dreieinhalb Millionen Briefe und etwa 100 000 Telegramme. Eine Stadt in Texas erhielt seinen Namen; Straßen, Schulen und Restaurants wurden nach ihm benannt. Sein Foto wurde in Klassenzimmern und Tausenden von Häusern aufgestellt. In St. Louis schlugen sich Frauen um einen Maiskolben, von dem er kurz zuvor abgebissen hatte.

Man schenkte ihm ein Flugzeug, Hunde, Affen, eine Krötenechse, diamantene Krawattennadeln und gehäkelte Zierdeckchen. Außerdem erhielt er unzählige Heiratsangebote. Der Zeitungsbaron William Randolph Hearst bot Lindbergh einen Vertrag über eineinhalb Millionen an, wenn er die Hauptrolle in einem Film über das Fliegen spielte, doch Lindbergh lehnte das lukrative Angebot ab. Weit davon entfernt, enttäuscht zu sein, schenkte Hearst dem Flieger zwei antike Erd- und Himmelskugeln, die Charles Lindbergh einmal beiläufig in Hearsts Wohnung bewundert hatte. Sie waren annähernd 50 000 Dollar wert, doch Lindbergh schickte sie, zusammen mit den Wagenladungen von Geschenken, Trophäen und Medaillen, die er erhalten hatte, der Missouri Historical Society, damit sie dort in einer ständigen Ausstellung gezeigt werden konnten.

Der nun berühmte Lindbergh merkte bald, daß er seine Hemden nicht in die Wäscherei geben durfte, denn von dort bekam er sie niemals wieder. Auch seine Schecks wurden nie eingelöst. Die Leute behielten sie einfach als Andenken, als Erinnerung daran, daß das Leben mehr sein konnte als die Verbrechen, die frustrierende Arbeit, die billige Theatralik und die bedeutungslosen sexuellen Affären des übersättigten Jazz-Zeitalters.

Aufgrund von Lindberghs Bescheidenheit und Anspruchslosigkeit änderte sich über Nacht das Bild, das die Öffentlichkeit von Piloten hatte. Jetzt hielt man einen Flieger nicht mehr für einen verrückten Draufgänger, der Geschichten über seine fliegerischen Heldentaten im Ersten Weltkrieg zum besten gab. Lindbergh stellte das Musterbeispiel des neuen Piloten dar – ein Flieger in Friedenszeiten, der der amerikanischen Wirtschaft einen spektatulären Dienst erwies, denn sein heroischer Flug bedeutete für die eben flügge gewordenen Verkehrsfluggesellschaften einen Schub nach vorn. Binnen weniger Wochen nach seinem historischen Flug befanden sich in den USA überall Flugzeug- und Maschinenfabriken im Bau. Flugschulen und Lufttaxidienste konnten die Nachfrage gar nicht mehr befriedigen. Die Leute kauften Flugzeugaktien en masse. Wie es ein Angestellter einer Fluggesellschaft zu dieser Zeit beschrieb, »hatte sich die Luftfahrt von einer pittoresken aeronautischen Bewegung mit unsicherer Vermögenslage zu einem etablierten Wirtschaftszweig entwickelt«[10].

»Keinem lebenden Amerikaner – und keinem toten, könnte man beinahe sagen, außer vielleicht Abraham Lincoln – stand solch unerschütterliche Treue zur Seite«, stellte Frederick Lewis Allen fest. »Wenn man irgend etwas, das Lindbergh getan hat, anzweifelte, dann wußte man, daß man seine Zuhörer gegen sich hatte. Denn Lindbergh war ein Gott.«[11]

Der junge Mann jedoch, der das Ziel all dieser Aufmerksamkeit war, war nicht darauf vorbereitet, bekannt und berühmt zu sein. Obwohl er unleugbar genau das besaß, was der Schriftsteller Tom Wolfe später als »das richtige Zeug« beschreiben sollte, jene Eigenschaft, die über bloße Tapferkeit und Mut hinausging, war Charles Augustus Lindbergh jr. nicht der Typ von Mensch, der sich in seiner Berühmtheit sonnte. Wie er später sagte, bekam er von all »diesem Heldenquatsch« langsam die Nase so voll, daß er das Gefühl hatte, er müsse »Zeter und Mordio schreien«. Im Grunde war er nämlich ein sehr komplizierter und widersprüchlicher Mann, der bis zum Ende seiner Tage für beinahe jeden, der ihn kannte, ein Rätsel bleiben sollte. Wie der Historiker Max Lerner viele Jahre später sagte, »war er ein Mensch, dessen Charakter unergründlich war. Ich bezweifle, ob ihn irgend jemand, außer vielleicht seine Frau, wirklich gekannt hat. Ich bin mir nicht sicher, ob er sich überhaupt selbst je richtig kannte.«[12]

Charles Augustus Lindbergh jr. wurde am 4. Februar 1902 in Detroit, Michigan, geboren. Er war das einzige Kind von Charles Augustus Lindbergh sen., eines verschlossenen und unnahbaren, doch erfolgreichen Anwalts aus Little Falls, Minnesota, und von Evangeline Lodge Land, einer attraktiven, intelligenten, aber reservierten jungen Frau, die an der Little Falls High School für kurze Zeit Chemie unterrichtet hatte. Evangeline war bei der Eheschließung 25 Jahre alt, ihr Ehemann 42. Sie war die zweite Frau von Lindbergh senior. Seine erste Frau, Mary LaFond, war im Alter von 31 Jahren nach einer Operation, bei der ein Unterleibstumor entfernt worden war, gestorben. Sie hatte ihm drei Töchter geboren: Lillian, Edith, die mit zehn Monaten starb, und Eva.

Charles' Vorfahren väterlicherseits waren Schweden, die 1859 nach Minnesota einwanderten. Sein Großvater Ola Månsson, der den Namen Lindbergh angenommen hatte, nachdem er

Schweden verlassen hatte, war in seiner Heimat eine bekannte Persönlichkeit gewesen – er war einer der Vorsitzenden des Riksdag, des schwedischen Parlaments, und außerdem ein enger Freund des Königs gewesen. Mütterlicherseits war die Familie englischer, schottischer und irischer Abstammung.

Charles Lindbergh verbrachte eine einsame und unglückliche Kindheit. Schon bald nach der Hochzeit entdeckten seine Eltern, daß sie nicht zusammenpaßten. Seiner Halbschwester Eva zufolge waren ihr Vater und ihre Stiefmutter zwar »geistig, aber nicht gefühlsmäßig im Einklang«. Evangeline war eine nervöse, launische und zurückgezogene Frau, während Lindbergh sen., um es mit den Worten seines Biographen Bruce L. Larson zu sagen, »jene Art von Mann war, der überhaupt keine Gefühle zeigen konnte«[13]. Ihm schien nichts an menschlicher Gesellschaft zu liegen. Einen großen Teil seiner Freizeit verbrachte er mit Lesen. Vor allem die Bücher von Charles Darwin und Herbert Spencer hatten es ihm angetan. Spencer war der erste, der die Theorie des Sozialdarwinismus aufgestellt hatte. Diese ging davon aus, daß Darwins Evolutionstheorie auch auf die menschliche Gesellschaft angewendet werden konnte.

Als Charles fünf Jahre alt war, trennten sich seine Eltern. Da Lindbergh sen., ein Republikaner, inzwischen jedoch ins amerikanische Repräsentantenhaus gewählt worden war, ließen sich die Lindberghs nicht scheiden. Um des schönen Scheins willen trafen sie sich gelegentlich in Washington oder Little Falls und schliefen dann in getrennten Zimmern im selben Haus. Seine Eltern bemühten sich aufrichtig, dem jungen Charles das Gefühl zu geben, daß sie einander weiterhin respektierten und daß ihre Trennung keinen Einfluß auf ihre Liebe zu ihm hatte. Zwangsläufig berührte ihr seltsamer Lebensstil ihn jedoch tief, obwohl er über ihre Trennung in der Öffentlichkeit niemals sprach. Ein paar Jahre später stellte er lediglich fest, daß die Beziehung seiner Eltern zueinander »eine tragische Situation« gewesen sei. Für die überaus gebildete Mutter, die überdies auch noch mit ihrer Familie in enger Verbindung stand, »war Minnesota, dessen Pionierzeit erst eine Generation zurücklag, nicht der rechte Ort gewesen«[14].

Vielleicht hatte Charles' Bemerkung auch etwas damit zu tun, daß das Gefühl intellektueller Überlegenheit, das seine Mutter zeigte, ihm eine normale Erziehung unmöglich machte. Was auch immer sie privat von ihrem Ehemann halten mochte, Evangeline war sich ihrer Position als Ehefrau eines Kongreßmitgliedes durchaus bewußt. Sie war eine Frau, die eine kühle Höflichkeit an den Tag legte und überaus stolz auf ihre wissenschaftliche Ausbildung war. Von den Einwohnern von Little Falls, die sie als gesellschaftlich und geistig unterlegen ansah, hielt sie sich fern, nur zu wenigen Nachbarn hielt sie losen Kontakt. Charles riet sie immer davon ab, sich mit anderen Jungen seines Alters abzugeben.

Das einzige, was Charles' Eltern gemeinsam zu haben schienen, war ein geradezu fanatischer Stoizismus, den sie auch ihrem Sohn anerzogen. Lindbergh sen. ließ sich einmal eine Bruchoperation ohne Narkose durchführen. Entschlossen, daß sein Sohn ebensowenig auf fremde Hilfe angewiesen sein sollte, weigerte er sich, dem Jungen zu helfen, als er in der Nähe der Farm der Familie in den Mississippi gefallen war. Er verließ sich darauf, daß der kleine Charles schwimmen konnte, was glücklicherweise der Fall war. Obwohl Evangeline eine überfürsorgliche Mutter war, die ihr Kind abgöttisch liebte, zeigte sie ihm gegenüber ihre Gefühle nicht offen. Bis zu ihrem Lebensende reichte sie ihrem Sohn, anstatt ihm einen Kuß zu geben, die Hand, wenn sie ihm eine gute Nacht wünschte. Als unglückliche Frau kompensierte sie ihre gescheiterte Ehe zweifellos dadurch, daß sie ihr einziges Kind zum Mittelpunkt ihres Lebens machte.

In Evangelines Familie legte man traditionell ebenso großen Wert auf Stoizismus und Selbstvertrauen wie in der ihres Mannes. Evangelines Vater, Dr. Charles Henry Land, war in Detroit ein bekannter Zahnarzt und Erfinder. Er war einer der ersten, der im zahntechnischen Bereich Porzellan verwendete. Der kleine Mann, der langsam eine Glatze bekam und einen weißen Schnurrbart hatte, war ein Ikonoklast. Wie Lindbergh sen. glaubte er an Darwins Theorien und machte sich über viele Aspekte der Amtskirche lustig.

Charles liebte es als Kind, in den Laborräumen seines Großvaters Land, die sich im Erdgeschoß seines kleinen, grau gestrichenen Hauses in Detroit befanden, zu arbeiten. Dort konnte er Ton brennen, elektrische Batterien herstellen, Blei schmelzen und mit Hilfe seines Großvaters und seines Onkels, eines Bergbauingenieurs, auch einige gefährlichere Experimente durchführen. Die beiden Männer vertieften sich gerne in lange Diskussionen über die Wissenschaft. Charles hörte ihnen begeistert zu, wenn sie über Edisons und Marconis Erfindungen, die Theorien von Darwin, die wunderbaren Flugexperimente von Wilbur und Orville Wright sprachen. Wie Charles' Vater sollte Dr. Land großen Einfluß auf Charles behalten. Bis zu seinem Lebensende trat Charles Lindbergh für viele Überzeugungen seines Vaters und seines Großvaters ein. So war er Anhänger des Sozialdarwinismus, empfand Ehrfurcht vor der Wissenschaft und Technik und hatte eine Abneigung gegen Filme, weil sie nach Dr. Lands Ansicht ein falsches und verdorbenes Bild der Welt schufen.

Als äußerst unabhängige Denker und »Einzelgänger« stimmten Charles' Vater und sein Großvater in vielen Punkten nicht überein. Unterschiedliche Auffassungen hatten sie insbesondere in politischer Hinsicht. Die Lands waren konservative Republikaner, die an die Berechtigung des Privateigentums glaubten, während Lindbergh sen. ein aufrührerischer und progressiver Republikaner war, der mit zunehmendem Alter eine immer antikapitalistischere Haltung einnahm und die großen Geldkartelle leidenschaftlich bekämpfte.

Während seiner fünf Amtszeiten im Kongreß war der Abgeordnete Lindbergh der Überzeugung, daß der Wohlstand des Landes sich auf die Arbeit der Farmer gründete. Er trat deshalb unerschütterlich für die Interessen der Farmer im mittleren Westen ein. Er rief nach umfassenden Reformen in der Finanzpolitik der Regierung, der Banken und der Wirtschaft. Außerdem forderte er eine Verstaatlichung der Transport- und öffentlichen Versorgungsbetriebe.

1913 veröffentlichte er ein Buch mit dem Titel *Banking and Currency and the Money Trust,* in dem er die »unfairen Praktiken« privater Bankhäuser wie die der Rockefellers und J. P. Morgans angriff. Er fürchtete, die Banken könnten ein gemeinsames Projekt, den sogenannten Aldrich-Plan, durchsetzen, der sie schließlich in die Lage versetzen würde, die Vereinigten Staaten zu kontrollieren. Er befürchtete sogar, daß die Banken zur Wahrung ihrer finanziellen Interessen im Ausland die USA in einen Krieg treiben könnten[15].

Als Kongreßabgeordneter beging Lindbergh sen. den schweren politischen Fehler, die Rolle der römisch-katholischen Kirche in den Vereinigten Staaten zu hinterfragen. Durch Berichte der Free Press Defense League schockiert, die der Kirche vorwarf, sie würde versuchen, unabhängige Institutionen wie öffentliche Schulen und die freie Presse zu zerstören und die Trennung von Kirche und Staat aufzuheben, verlangte er im Parlament eine »genaue und unparteiliche Untersuchung« der Angelegenheit. Laut Bruce Larson »sollte Lindberghs bekannt ehrlicher Charakter die Aufrichtigkeit seiner Motive bestärken, doch in gewisser Hinsicht war es politisch naiv, eine solch kontroverse Resolution zu fordern. Obwohl niemals eine Untersuchung durchgeführt wurde, mußte mit einer Reaktion gegen Lindbergh gerechnet werden... Nach Meinung seiner Freunde und Biographen... ›gab es nichts, was mit größerer Sicherheit seine politische Niederlage herbeiführte‹.«[16]

1917 gab Lindbergh seinen Sitz im Kongreß auf und bewarb sich 1918 um das Amt des Gouverneurs in Minnesota. Es wurde eine der bittersten Kampagnen der amerikanischen Geschichte. Da Charles Lindbergh sen. sich gegen den Eintritt der USA in den Ersten Weltkrieg aussprach und sich weigerte, eine anti-deutsche Haltung einzunehmen, wurde er, wenn er auf Versammlungen redete, mit faulen Eiern beworfen und symbolisch gehängt. Man nannte ihn »Anarchist und Bolschewist«, »religionsfeindlich«, »Verräter«, »Idiot« und Schlimmeres. Schließlich schoß man sogar auf ihn. Sein Buch mit dem Titel *Why is Your Country at War,* das er auf eigene Kosten veröffentlichte, wurde konfisziert und er wegen »Volksverhetzung« verhaftet, obwohl niemals eine formelle Anklage gegen ihn erhoben wurde.

Als er die Vorwahl um nur 50000 Stimmen gegen den amtierenden republikanischen Gouverneur Joseph A. Burnquist verlor, war kaum jemand überrascht. Obwohl er sich während der Kampagne tapfer verhielt – so hatte er seiner Tochter Eva geschrieben, sie müsse »damit rechnen, daß ich ins Gefängnis komme und dafür, daß ich kein Werkzeug sein will, um Menschen zu täuschen, möglicherweise auch erschossen werde«[17] –, besaß er ein so kühles und exzentrisches Wesen, daß es ihm nicht gelang, Sympathie und Mitgefühl zu wecken[18].

Charles jr., der sich damals im Teenageralter befand, fungierte während eines Großteils der Kampagne seines Vaters als dessen Chauffeur. Später wurde berichtet, daß der 16jährige Junge »wenig Interesse an den Reden, dem Gejohle, dem Beifall und dem Hohn oder den Tumulten zu haben schien«. Er pflegte »während der Versammlungen beim Auto zu bleiben und am Motor herumzubasteln«[19]. Sowohl Lindbergh sen. als auch sein Sohn ertrugen die Erniedrigungen gleichmütig. Der junge Charles entdeckte bereits zu dieser Zeit, daß er mit Streß und Unsicherheit leichter fertig wurde, wenn er sich in die klare und präzise Welt der Wissenschaft und Technik zurückzog, die für ihn viel einfacher zu verstehen und zu kontrollieren war als die Welt der unvorhersagbaren menschlichen Emotionen.

Charles Lindbergh jr. verbrachte die ersten vier Jahre seines Lebens in Little Falls, Minnesota. Nachdem sein Vater als Abgeordneter in den Kongreß gewählt worden war, hielt sich seine Familie selten mehr als ein paar Monate hintereinander am selben Ort auf. Er verbrachte die Winter jeweils in Washington, wo er sich nicht wohl fühlte, weil er in der Stadt »nicht mit dem Gewehr auf die Jagd gehen konnte«. Die Sommer verbrachte er stets in Minnesota. Seine Schulausbildung verlief unregelmäßig, was dem unsteten Lebensstil seines Vaters zuzuschreiben war. Als Kind und junger Mann besuchte er von Washington bis Kalifornien zwölf verschiedene öffentliche wie private Schulen. Da er ein äußerst uninteressierter Schüler war, glänzte er an keiner dieser zahlreichen Schulen mit besonderen Leistungen.

Von den vielen Orten, in denen Lindbergh während seiner Jugend wohnte, war ihm Little Falls der liebste. Es lag, von Wäldern und Flüssen umgeben, im Zentrum eines von Farmern und Holzfällern bewohnten Gebiets. Er entwickelte dort eine tiefe Liebe zur Natur und den wildlebenden Tieren, die wohl zum Teil auch eine Flucht war, denn er hatte wenig persönlichen Kontakt zu seinen Klassenkameraden und Lehrern. An Veranstaltungen, die außerhalb des Stundenplans lagen, nahm er genausowenig teil wie an den Parties, die von seinen Altersgenossen gegeben wurden. Abgesehen von seinem ungeselligen Naturell lag vielleicht einer der Gründe für seine Zurückgezogenheit darin, daß er es haßte, sich fein anzuziehen. Wie er sich später erinnerte, veranstaltete er, als man ihn in Little Falls das erste Mal zur Kirche mitnahm, ein solches Theater, weil ihn seine Mutter »in neue, unbequeme Kleider gesteckt« hatte, daß er niemals wieder zum Gottesdienst mitzukommen brauchte. »Dieser Zwischenfall ließ mich auch der Religion gegenüber zum Skeptiker werden, der die Wohltätigkeit Gottes in Frage stellte«[20], schrieb er.

Seine Klassenkameraden an der Little Falls High School bestätigten später auch, daß sie ihn niemals in einem weißen Hemd, sondern stets nur äußerst legerer Kleidung gesehen hätten[21]. Selbst seine Verwandten mußten einräumen, daß er »schüchtern und ein wenig seltsam« war. Lindbergh war ein junger Mann, der stets allein war, keine Freunde hatte, weder rauchte noch trank, sich wie ein Besessener um körperliche Fitneß bemühte und sich nicht für Mädchen interessierte. »Seine Mutter ist sein einziges ›Mädchen‹«[22], beteuerte seine Tante 1927, kurz nach dem berühmten Flug ihres Neffen, gegenüber einem Reporter.

Nach seinem Abschluß auf der Little Falls High School beschloß er 1920, an der University of Wisconsin Maschinenbau zu studieren. Dieser Entschluß erwies sich als Fehler, da er, wie er später selbst zugab, die Universität »wahrscheinlich mehr wegen der nahegelegenen Seen als wegen ihres hohen Standards im Maschinenbau«[23] gewählt hatte. Da er schon immer ein schlechter Schüler gewesen war, bekam er in allen Fächern, außer in den handwerklichen, erbärmlich schlechte Noten. Deshalb beschloß er mitten in seinem zweiten Studienjahr, sein Studium abzubrechen, um einer Exmatrikulation zuvorzukommen.

Lindbergh jr., der Motorradfan, der die Bewohner von Little Falls schon öfters in Angst und Schrecken versetzt hatte, weil er mit halsbrecherischer Geschwindigkeit durch die Stadt gerast war, setzte sich auf seine Excelsior und fuhr zur Nebraska Aircraft Corporation in Lincoln. Er hatte entschieden, was er mit seinem Leben anfangen wollte. Als Junge hatte er in Minnesota auf der Farm seines Vaters im hohen Gras gelegen und die weißen Wolken betrachtet, wie sie über ihn dahinzogen. »Wie wunderbar wäre es doch, dachte ich, wenn ich ein Flugzeug hätte – Schwingen, mit denen ich bis zu den Wolken fliegen und ihre Höhlen und Schluchten erforschen könnte – Schwingen wie dieser Falke, der über mir kreist. Dann würde ich auf dem Wind reiten und mit dem Himmel eins werden...«

Als er einige Zeit später zum ersten Mal ein Flugzeug hörte, hatte er zunächst geglaubt, es sei jenes Automobil, das schon den ganzen Sommer über immer wieder am Haus vorbeigefahren war. Plötzlich erkannte er, daß kein Automotor diesen merkwürdigen Ton erzeugen konnte. »Ich rannte ans Fenster und kletterte auf das geteerte Dach. Es war ein Flugzeug...! In weniger als zweihundert Metern Entfernung flog da ein Doppeldekker stromaufwärts unter den höheren Ästen der Bäume entlang – es war eine zerbrechliche, komplizierte Konstruktion. Der Pilot saß vorne zwischen Verstrebungen und Drähten im Freien. Ich sah zu, wie es rasch außer Sichtweite kam, dann schoß ich die Treppe hinunter, um meiner Mutter davon zu erzählen.«

Kurze Zeit später nahm ihn seine Mutter zu einem Flugtag in Fort Meyer, Virginia, mit. Dieses Erlebnis faszinierte ihn so sehr, daß er unbedingt selbst Pilot werden wollte.

Um für die Lincoln-Standard-Flugzeuge, die die Firma baute, Werbung zu machen, gaben die bei der Firma angestellten Piloten auch Flugunterricht. Lindbergh meldete sich sofort an. Am 9. April 1922 machte er seinen ersten Flug als Passagier in einer Standard. Wenige Tage später erhielt er in demselben Flugzeug von einem gewissen I. O. Biffle, einem schwierigen und anspruchsvollem ehemaligen Militärflieger, seinen ersten Unterricht.

»Die Anfangszeit meiner Fliegerei war für mich eine bislang unvorstellbare Erfahrung«, erinnerte er sich später. »Da breitete sich die Erde unter mir aus, ein Planet, auf dem ich lebte, von dem ich mich aber erstaunlicherweise erhoben hatte. Er war die Heimat meines Körpers. Aber ich fühlte mich im Flugzeug von meinem Körper merkwürdig getrennt. Ich war mir niemals der ganzen Welt mehr gewahr und meiner selbst weniger gewahr.«[24]

»Das Leben eines Fliegers schien mir ideal«, fügte er hinzu. »Es erforderte Geschicklichkeit. Es bedeutete Abenteuer. Der Flieger konnte die letzten Entwicklungen der Technik nützen...

Ich konnte einen majestätischen Berggipfel umkreisen, die Kavernen einer Wolke erkunden, ich konnte auf dem Flugplatz einer Stadt landen und dort andere von der Zukunft der Fliegerei überzeugen. Während des Fliegens schien es mir manchmal, als sei ich dem Schicksal aller Sterblichen – zumindest teilweise – enthoben, da ich wie ein Gott auf die Erde hinunterblicken konnte.«[25]

Und obwohl er es ungern zugab, schien er auch wie ein solcher verehrt zu werden, denn mit dem Ende des Ersten Weltkrieges war die Luftfahrt erst 15 Jahre alt und die Bewunderung, die man den Piloten entgegenbrachte, groß. Oder, wie es ein Luftfahrthistoriker ausdrückte: »Die einzige moderne Entsprechung zu den Fliegern während dieses ersten Nachkriegsjahrzehnts waren die ersten Astronauten. Während der Dekade nach dem Ersten Weltkrieg berichtete man über jeden Flug. Ein Rekordflug oder ein Sieg in einem Wettfliegen war das Äquivalent zu den Meisterschaftsspielen im Baseball oder einem Titelkampf im Boxen. Der Krieg hatte ein neues Bedürfnis nach Helden entstehen lassen, die Luftfahrt konnte sie liefern... Die Fliegerhelden der Zwanziger konnten buchstäblich kein Unrecht tun.«[26]

Für junge Männer und Frauen jener Zeit bedeutete Fliegen Freiheit und Romantik. Es war aber auch äußerst gefährlich. Wie die Statistik bewies, währte das Leben eines Piloten oft nicht lange – ungefähr 800 Flugstunden.

In den 20er Jahren hatte die große Mehrheit der Bevölkerung noch keine Erfahrung mit der Fliegerei. 1914 flogen nur reiche Sportler, oftmals in bizarrer Fliegerkleidung, die auf der Suche nach einem Hochgefühl waren. Zwar waren 1919 schließlich Tausende von Flugzeugen aus Armeebeständen zu haben, doch nur wenige Leute erwarben eine Maschine. Betrieb und Unterhaltung waren teurer als bei einer Jacht und außerdem viel gefährlicher. »Der Mensch ist nicht zum Fliegen gemacht«, war die Meinung der meisten Amerikaner, die jeden, der es wagte, ein

Flugzeug zu besteigen, offensichtlich für einen potentiellen Selbstmörder hielten. Zwar existierte die kommerzielle Luftfahrt in den Vereinigten Staaten schon vor 1927, doch war diese Tatsache in der Öffentlichkeit kaum publik geworden.

Lindbergh wurde einer jener wenigen Auserwählten, die den Himmel beherrschen sollten. In dem Bewußtsein, daß die Fliegerei ein gefährlicher Beruf war, lernte er allmählich seine Höhenangst zu überwinden, indem er einen hohen Wasserturm in der Nähe der Farm hinaufstieg. Wenn er ein paar Sprossen hinaufgeklettert war, pflegte er anzuhalten und hinunterzublicken. Dabei versuchte er, seine »Unsicherheit, die mit jedem Meter Höhe wuchs, mit Hilfe des Verstandes zu überwinden«[27]. Diese Desensibilisierungstechnik war erfolgreich, und er wurde rasch nicht nur ein erfahrener Pilot, sondern auch Kunstflieger. Er lernte, auf den Tragflächen spazierenzugehen, und wurde Fallschirmspringer. Seine Kunststücke waren so atemberaubend, daß er bald als der »tollkühne Lindbergh« angekündigt wurde. Von seinen Fliegerkollegen in der Flugschau wurde er wegen seiner schlanken und hohen Statur – er maß einsneunzig – allerdings »Slim« genannt. Seine Spezialitäten waren der doppelte Fallschirmsprung und ein spektakuläres Flugmanöver, das darin bestand, daß er mit seinem Flugzeug hoch in die Luft aufstieg, dann im Sturzflug wieder herunterkam und die Maschine erst im letzten Augenblick so knapp über dem Boden abfing, daß das Fahrwerk manchmal hohes Gras berührte[28].

Obwohl er bei der Vorführung dieser todesmutigen Kunststücke zuerst ebenso nervös war wie anfangs beim Fliegen, redete er sich ein, daß er seine Leidenschaft nicht wie viele seiner Kollegen mit dem Leben bezahlen müßte. Er war der festen Überzeugung, daß er nicht die gleichen Fehler machen würde. Psychologen sollten dies später »magisches Denken« nennen. Wie viele Draufgänger fühlte er sich vielleicht nur dann wirklich lebendig, wenn er etwas Gefährliches tat. Ob dies einer angeborenen Liebe für den Nervenkitzel zuzuschreiben war, einer Todessehnsucht als Folge seiner unglücklichen Familiensituation oder seines Naturells, bleibt nur zu vermuten.

Der gefährliche Beruf des Schaufliegens, den Lindbergh ergriff, war bei vielen erfahrenen Piloten, die mit einer Lust aufs Fliegen aus dem Ersten Weltkrieg zurückgekehrt waren und nichts hatten, womit sie sich ihren Lebensunterhalt verdienen konnten, eine beliebte Beschäftigung geworden. Da sie nicht bereit waren, ihr abenteuerliches und nervenaufreibendes Leben für eines aufzugeben, das in Routine und Sicherheit verlief, kauften viele von ihnen leichtgebaute überschüssige Flugzeuge von der US-Armee und zogen damit zu Jahrmärkten und überall dorthin, wo sie mit ihren Flugkunststücken Leute anziehen konnten. Richtig Geld verdienten sie jedoch, wenn sie Passagiere mitnahmen. Der Preis hierfür betrug gewöhnlich »zehn Dollar für zehn Minuten«.

Lindbergh absolvierte seinen ersten Alleinflug im April 1923, als er in Georgia sein erstes Flugzeug kaufte. Es war ein Schulflugzeug aus dem Ersten Weltkrieg, eine Curtis Jenny, die man nach einem Unfall wieder zusammengeflickt hatte. Bald begann er sich seinen Lebensunterhalt als Flieger auf Kunstflugschauen im Mittleren Westen zu verdienen. Der Preis, den er dafür verlangte, daß er Menschen mit dem Reiz des Fliegens bekannt machte, war niedriger als bei den meisten Kunstfliegern: Er nahm Passagiere für fünf Dollar pro Flug mit. Seinen ersten Passagier hätte er allerdings beinahe umgebracht, als er beim Start fast ein paar Bäume und eine Hügelkuppe gestreift hätte, doch bei den folgenden Flügen zeigte sich schon bald sein Können.

1924 trat er in die Armee ein, um die Militärflugschule in Brooks Field, San Antonio, Texas, besuchen zu können. Entschlossen, es diesmal richtig zu machen, beschloß er, sich seinen Studien ernsthaft zu widmen. Er machte in seiner Klasse schließlich als Zweitbester den Abschluß. In Kelly Field, wohin er zur weiteren Ausbildung kommandiert wurde, war er sogar noch erfolgreicher. Er schloß als Lehrgangsbester ab. Im März 1925 wurde er zum Lieutenant der Army Air Service Reserve ernannt.

Inzwischen war er nicht nur ein erstklassiger Pilot geworden, sondern er spielte seinen Mitmenschen auch leidenschaftlich gerne Streiche. Seine Vorliebe für derbe Späße schien keine Grenzen zu kennen. Obwohl es in den 20er Jahren große Mode war, anderen Menschen Streiche zu spielen, waren die von Lindbergh eher grausam und feindselig als spaßig. Zweifellos waren sie für ihn ein Ventil, die Wut und die Verwirrung abzulassen, die er angesichts seiner traumatischen Familiensituation empfand, über die er aber niemals offen sprach. Seine Mitkadetten in Brooks and Kelly erfuhren bald, daß es unangenehm sein konnte, ihn als Stubengenossen zu haben. Er spritzte schlafenden Männern Berge von Rasierschaum in den offenen Mund und setzte heimlich Grashüpfer in die Betten jener Kadetten, von denen er wußte, daß sie sich vor Insekten zu Tode fürchteten[29]. Einmal mußte die gesamte Kaserne mehrere Tage lang im Freien schlafen, weil er einem Kadetten einen toten Skunk in den Kopfkissenbezug gesteckt hatte.

Während seiner Zeit in Brooks wurde Lindbergh von seiner Mutter mit Briefen bombardiert. Zweifellos fürchtete sie, daß er nun im Alter von 22 Jahren rasch erwachsen würde und sie im Begriff stand, ihn zu verlieren – in den frühen 20er Jahren hatte ihn Evangeline einmal auf einer zehntägigen Schauflugtour durch Süd-Minnesota begleitet und jede einzelne Minute davon genossen.

Als immer wieder Briefe kamen, nahmen laut Brendan Gill, einem seiner Biographen, »seine Mitkadetten auf Grund der vielen Post, die er erhielt, an, daß ihm eine junge Dame heftig nachstellte«[30]. Daraufhin

> bat er seine Mutter inständig, ihm Peinlichkeiten zu ersparen, und ihm auch weiterhin so oft zu schreiben wie bisher. Sie erwiderte, daß sie eine Lösung für dieses Problem hätte: Sie würde die Briefe an ihn in einer Reihe verschiedener Handschriften adressieren. Schau! sagte sie – jetzt werden sie dich beneiden, weil sie denken, du hättest eine Menge Verehrerinnen, und in Wirklichkeit bin es nur ich. In dem Vorschlag lag Koketterie. Dies war manchmal auch aus den Briefen herauszulesen, vor allem, wenn sie andeutete, daß unbekannte Bewunderer aufgetaucht und von ihr abgewiesen worden waren... Als sich im Sommer 1927 die Reporter auf die Stadt [Little Falls] stürzten und sich auf die Suche nach jedem Stückchen Information über Lindberghs Vergangenheit machten, konnten sich nur wenige Einwohner an mehr erinnern, als daß er technisch begabt war, gerne Motorrad fuhr und niemals Rendezvous hatte. So wenig sich Evangeline dessen bewußt sein mochte, war ihr Bedürfnis, ihren Sohn abzusondern und zu beherrschen, doch sehr stark. Charles gehörte ihr, und der Beweis dafür ist, daß 27 Jahre lang keine andere Frau auch nur auf Armeslänge an ihn herankam. Nur wenige Mütter stehen so lange im Mittelpunkt des Lebens ihrer Söhne.[31]

Äußerlich mochte es den Anschein gehabt haben, daß Lindbergh seine Mutter verehrte, doch es gibt Beweise, daß er sich auch von ihrem übersteigerten Besitzanspruch erstickt fühlte. Kürzlich erklärte seine jüngere Tochter Reeve Lindbergh in einem Interview, daß ein Grund für den historischen Atlantikflug ihres Vaters möglicherweise darin lag, daß er von seiner Mutter »wegkommen« wollte. Reeve schickte ihrer Bemerkung voraus, daß diese »nicht ganz ernst zu nehmen«[32] sei, doch in Anbetracht von Evangelines übertriebener Liebe und Lindberghs lebenslanger Rastlosigkeit bietet diese Bemerkung vielleicht mehr Einsicht in Lindberghs rätselhaften Charakter, als seine Tochter zuzugestehen bereit war.

Nach Brooks wurde Lindbergh von der Robertson Aircraft Company in St. Louis als Chefpilot für die Poststrecke nach Chicago eingestellt. Seinen Antrittsflug südlich von Chicago machte er am 15. April 1926.

In den 20er Jahren waren amerikanische Frauen begeistert, wann immer sie einen Luftpostpiloten über ihre Köpfe dahinfliegen sahen. Die wilden Flieger galten als die tapfersten und faszinierendsten aller Männer, zweifellos deshalb, weil sie einen sehr gefährlichen Beruf ausübten. Da es an Bord keine Funkgeräte gab und die Wettervorhersagen nicht verläßlich waren, konnten die Piloten nicht wissen, ob sie, wenn sie im Nebel oder bei schlechten Witterungsbedingungen landen wollten, auf freie Bahn oder einen Schuppen, Hochspannungsdrähte oder einen Berg treffen würden. Unglücklicherweise trafen sie oft auf Hindernisse, und von den ersten 40 Luftpostfliegern sollten schließlich 31 ums Leben kommen.

Charles Lindbergh jr. war nicht unter den Toten. Es gelang ihm, zwei Notlandungen bei Tage und zwei nächtliche Abstürze zu überleben, weil er in letzter Sekunde mit dem Fallschirm ausstieg. Trotz seines Glücks konnte er sich nicht vorstellen, als Luftpostflieger weiterzumachen. »Es gab nichts, womit man sich messen konnte«, sagte er später einmal, wobei er den Tod ganz offensichtlich vergessen hatte. In jenem Jahr begann er, während einer seiner Postflüge über die Möglichkeit von Langstreckenflügen nachzudenken. Er ertappte sich »verblüfft« bei der Überlegung, daß er »nonstop von New York nach Paris fliegen konnte«.

Er war nicht der erste Flieger, dem diese Idee in den Sinn kam. Sieben Jahre lang hatten amerikanische und französische Piloten erfolglos versucht, den Orteig-Preis von 25 000 Dollar zu erringen. Der Preis war von Raymond Orteig ausgesetzt worden, einem rundlichen Franzosen mittleren Alters, der die Brevoort- und Lafayette-Hotels in New York City betrieb. Orteig träumte davon, Frankreich und die Vereinigten Staaten auf dem Luftweg miteinander zu verbinden. Er erklärte, daß der Geldpreis »dem ersten Flieger, der in einem Land- oder Wasserflugzeug (das schwerer als Luft sein mußte) den Atlantik von Paris oder der Küste Frankreichs aus nach New York, oder von New York aus nach Paris oder der Küste Frankreichs überquerte«, verliehen würde.

Ursprünglich hatte Orteig diese Herausforderung 1919 unter dem Vorbehalt aufgestellt, daß der Flug innerhalb der nächsten fünf Jahre erfolgt sein müßte. Während dieser Zeit hatte niemand sein Angebot aufgegriffen. In den frühen 20er Jahren waren die Flugzeugmotoren für eine so lange Flugstrecke noch nicht stark genug. Selbst jene Piloten, die in Erwägung zogen, es zu versuchen, wußten, daß ihnen, falls etwas schiefgehen sollte, der Tod im Atlantischen Ozean sicher war. Tatsächlich verloren sieben oder acht Jahre später, als die Flieger ernsthaft begannen, sich um den Preis zu bewerben, sechs Männer ihr Leben. Dazu gehörten auch zwei Besatzungsmitglieder einer Mannschaft von vier Männern, die von dem kleinen, liebenswürdigen französischen Flieger-As, Captain René Fonck, angeführt wurde. Die Männer verbrannten, als Foncks riesiger, elegant ausgestatteter Doppeldecker, der von dem berühmten Luftfahrtingenieur Igor Sikorsky entworfen worden war, kurz nach dem Start abstürzte. (Unverzagt plante Fonck einen weiteren Versuch mit einem anderen von Sikorsky entworfenen Flugzeug im Frühjahr). Die anderen Opfer waren Lieutenant Commander Noel Davis und Lieutenant Stanton H. Wooster (ihr stark überladenes Flugzeug, die *American Legion,* stürzte beim Start während eines Testfluges auf dem Langley Field ab) und zwei französische Flieger, Captain Charles Nungesser und François Coli, beide Kriegshelden und erfahrene Piloten. Am 8. Mai, ein paar Wochen, bevor Lindbergh seinen historischen Flug unternahm, startete ihre französische Levasseur, *L'Oiseau Blanc* (der Weiße Vogel), ein einmotoriger Doppeldecker, vom Flugplatz Le Bourget in der Nähe vor Paris. Die Maschine wurde später an der irischen Küste gesichtet und tauchte dann nie wieder auf.

1927 bewarb sich ein weiterer Flieger um den Orteig-Preis. Es war Commander Richard E. Byrd, der die Welt im vorangegangenen Jahr in Erstaunen versetzt hatte, als er den Nordpol überflogen hatte, was später allerdings angezweifelt wurde. Sein Flugzeug, die *America,* eine riesige dreimotorige Fokker, stürzte am 26. April nach ihrem ersten Testflug ab. Byrd brach sich dabei das linke Handgelenk. Die Verletzungen der anderen Crew-Mitglieder waren, mit Ausnahme des berühmten Testpiloten Anthony J. Fokker, der unverletzt blieb, schwerer, doch schließlich kamen alle wieder auf die Beine.

Als Lindbergh die Einzelheiten des Fonck-Absturzes studierte, erkannte er, daß die riesige dreimotorige Maschine überladen gewesen war. Es hatten sich zwei schwere Funkgeräte an Bord befunden, außerdem ein Bett und ein Herd, damit sich die Crew auf dem Flug eine warme Mahlzeit zubereiten konnte. Die Flieger hatten überdies Geschenke für ihre französischen Freunde dabei, einschließlich eines Dutzends Croissants, die in einer amerikanischen Bäckerei hergestellt worden waren und in letzter Minute vor dem Start an Bord gebracht wurden. Dazu war die Kanzel mit rotem Leder ausgeschlagen. Obwohl all diese zweifellos sehr nett war, erkannte Lindbergh, daß dieser ganze Luxus nur unnötiges Gewicht bedeutete.

Seiner Meinung nach konnte der Flug aber einem einzelnen Flieger in einer sehr viel leichteren Maschine gelingen. »Ein einmotoriges Flugzeug hätte eine größere Reichweite und schien mir auch dem Piloten größere Sicherheit zu bieten«, erklärte er später. Während er auf der Poststrecke zwischen St. Louis und Chicago hin- und herflog, gelangte er zu der Überzeugung, daß er nonstop von New York nach Paris fliegen und den Orteig-Preis gewinnen konnte. Doch für den Erfolg waren zwei Dinge unbedingt erforderlich: Er brauchte für eine solch lange, äußerst gefährliche Reise das richtige Flugzeug, und er würde auf die Hilfe von Sponsoren angewiesen sein, um es zu bekommen.

Lindbergh, der charmant und mitteilsam sein konnte, wenn es ihm half, ein Ziel zu erreichen, gelang es, ein paar reiche und auf das Wohl ihrer Heimatstadt bedachte Geschäftsleute aus St. Louis zu überzeugen, ihr Geld in ein geeignetes Flugzeug zu investieren. Es gab überhaupt keine bessere Werbung für ihre Stadt, als ihm dabei zu helfen, nonstop nach Paris zu fliegen, erklärte er ihnen. Nachdem er von mehreren bekannten Flugzeugherstellern Absagen erhalten hatte, war es ihm schließlich gelungen, bei der Ryan Aircraft Company, einer kleinen Firma in San Diego, von der noch niemand etwas gehört hatte, die aber trotz des risikoreichen Unterfangens daran interessiert war, mit ihm ins Geschäft zu kommen, einen Eindecker zu erwerben. Er sollte nur 6000 Dollar kosten, zuzüglich der Kosten für den Motor und die Instrumente. Wie es jemand wenig schmeichelhaft ausdrückte, war das Flugzeug »ein einziger gigantischer Benzintank mit Tragflächen, einem Propeller und einem Notsitz«. Dies war zwar eine akkurate Beschreibung, die aber unerwähnt ließ, daß das Flugzeug über einen starken neuen Wright J-5 Whirlwind, 225 h.p., verfügte, ein luftgekühlter Motor, den Lindbergh mit hellseherischer Voraussicht als den ersten wirklich verläßlichen Flugzeugmotor erkannt hatte. Ohne diesen neuen Motor hätte der Flug von 1927 sehr wohl in einer Katastrophe enden können[33].

Die Höchstgeschwindigkeit des Flugzeugs betrug 217 Stundenkilometer. Es verfügte über eine Reichweite von fast 6400 Kilometern. Das waren 800 Kilometer mehr als die 5600 Kilometer von New York nach Paris. Harold Bixby, ein Bankier, der zu den Sponsoren gehörte, schlug vor, man solle das Flugzeug zu Ehren der Stadt, ihrer Bürger und der acht Geschäftsleute von St. Louis, die das Unternehmen erst ermöglicht hatten, *Spirit of St. Louis* nennen.

Obwohl Lindbergh eng mit Donald Hall, dem jungen Chef-Ingenieur und Konstrukteur von Ryan, zusammenarbeitete, traf er die letzten Entscheidungen über die Konstruktion des Flugzeuges allein. Da er folgerte, daß die Lage des Treibstofftanks bei einem Absturz entscheidend für seine Überlebenschancen sein würde, bestand er darauf, daß man den Haupttank vorn statt hinter dem Cockpit anbrachte. Dies bedeutete aber, daß ihm dadurch die Sicht versperrt wurde und er während des Flugs durch ein Periskop hinaussehen mußte.

Das Gewicht blieb allerdings der entscheidende Faktor bei der Frage um Leben und Tod. Anders als seine Vorgänger, die aufgrund ihrer Liebe zu prunkvoller Ausstattung zum Scheitern verurteilt gewesen waren, beschloß er, weder einen Sextanten noch ein Funkgerät mitzunehmen. Auch auf einen Fallschirm, eine Nachtflugausrüstung und auf spezielle Verpflegung verzichtete er – seine einzige Nahrung während des langen Flugs sollten fünf Sandwiches und zwei Feldflaschen Wasser sein. Er nahm auch keine anderen unnötigen Gegenstände mit, nicht einmal ein Rasiermesser oder eine Zahnbürste hatte er dabei. Um ein paar Gramm Gewicht einzusparen, beschnitt er sogar die Ränder seiner Karten. Er würde den gefährlichen Ozean allein mit Hilfe der Koppelnavigation überfliegen. Als Bekleidung trug er lediglich seinen Fliegeranzug. Außerdem nahm er eine Armbanduhr mit, die seinem Großvater gehört hatte.

Es war sich sehr wohl bewußt, daß er sich beeilen mußte, denn Byrds dreimotorige Fokker wurde gerade repariert, und zwei weitere Flieger-Asse, Clarence D. Chamberlain* und Bert Acosta, die mit einer Wright-Bellanca bereits den Maximalflugzeit-

* Chamberlain sollte zwei Wochen später mit einem Passagier an Bord folgen und Lindberghs Rekord um etwa 800 Kilometer überbieten. Er machte schließlich in einem Sumpfgebiet bei Eisleben in Deutschland eine Bruchlandung. Drei Wochen nach Lindberghs Flug sollte auch Byrd mit drei Begleitern einen weiteren Transatlantikflug durchführen. Er entkam dabei nur knapp dem Tod, als sein Flugzeug bei schlechtem Wetter über dem Ozean in der Nähe einer französischen Küstenstadt abstürzte.

weltrekord um fast sechs Stunden gebrochen hatten, hielten sich bereit, jeden Augenblick nach Paris aufzubrechen.

Am 11. Mai 1927 startete Lindbergh von San Diego aus mit der *Spirit of St. Louis* und kam am nächsten Tag auf dem St. Louis Lambert Field an. Dort mußte er seine Sponsoren überzeugen, daß keine Zeit für die geplanten Taufzeremonien blieb, da seine Mitbewerber sich ebenfalls für einen Start vorbereiteten. Am selben Tag noch brach er nach Long Island auf und landete am 12. Mai auf dem Curtiss Field, wo schon Hunderte von Reportern und Fotografen auf ihn warteten. Zu seinem Entsetzen liefen einige von ihnen auf die Rollbahn, auf der er landen wollte. Da die *Spirit of St. Louis* wie andere Flugzeuge dieser Zeit keine Bremsen hatte und auf dem Boden schwer zu steuern war, mußte Lindbergh seinen Landeanflug abbrechen und in sicherer Entfernung landen. Als er jedoch zum Hangar rollte, drängten sich die Reporter um das Flugzeug, und er bekam Angst, daß jemand von seinem Propeller getroffen werden könnte.

Obwohl Charles Lindbergh allen Respekt vor Reportern verloren hatte, als sie seinen Vater wegen dessen kriegsablehnender Haltung angegriffen hatten, war er sich auch darüber klar, daß sie jetzt für ihn Werbung machten. »Aber ich wollte ja Publicity für den St. Louis – New York-Paris-Flug«, gab er ein paar Jahre später offen zu.

> Das gehörte zu meinem Plan. Ich wollte die öffentliche Aufmerksamkeit auf die Fliegerei lenken. Mein persönlicher Einfluß würde dadurch größer, und ich hätte bessere Verdienstmöglichkeiten. Ich fand es sehr erheiternd, meinen Namen auf den Titelseiten der größten Zeitungen Amerikas gedruckt zu sehen und die Worte des Lobes über meinen Transkontinentalflug zu lesen. Daher war mir die Zeit, die ich mit der Presse verbrachte, zunächst nicht zu schade. Ich beantwortete alle nur möglichen Fragen über mein Flugzeug und meinen Flug und

versuchte, über Fragen, die mir zu dumm oder zu persönlich schienen, hinwegzulachen. Die Ungenauigkeit und Sensationslust vieler Artikel, die aus meinen Interviews entstanden, erschütterte mich. So etwas war mir in San Diego oder St. Louis nicht begegnet. Man legte mir Dinge in den Mund, die ich niemals gesagt oder gedacht hatte.[34]

In den 20er Jahren hatte man die Prinzipien der Massenproduktion von der Herstellung von Autos auch auf die Produktion von Nachrichten und Ideen übertragen. Es gab weniger Zeitungen, und diese rühmten sich einer größeren Auflage als jene im vorangegangenen Jahrzehnt. Die Mehrzahl dieser Publikationen war, da sie zunehmend Material der neu gegründeten Nachrichtenagenturen verwendeten und manche Artikel in mehreren Blättern gleichzeitig erschienen, vereinheitlicht worden. Im ganzen Land schlossen sich Zeitungen zu Verlagsgruppen zusammen, die unter mehr oder weniger zentraler Kontrolle standen. 1927 schließlich hatte der Erfolg der Pressekonzerne von Hearst und Scripps-Howard und das Bestreben, Geschäftskosten zu reduzieren, dazu geführt, daß nicht weniger als 55 dieser Verlagsgruppen, die 230 Tageszeitungen mit einer Gesamtauflage von über 13 Millionen kontrollierten, entstanden waren.

Gleichzeitig hatten sich weitere landesweite Nachrichtenmagazine mit enorm hohen Auflagen etabliert. Außerdem war da noch das neue Phänomen der Rundfunkübertragungen, so daß, als Lindbergh später im Triumph in die Vereinigten Staaten heimkehrte, jeder seine Rede im eigenen Wohnzimmer verfolgen konnte. Wie Frederick Lewis Allen es ausdrückte, war

> die Meinung der Nation wie niemals zuvor zu einem Instrument geworden, auf dem einige wenige Menschen spielen konnten... Sie entdeckten – diese Erkenntnis verdankten sie den erfolgreichen Sensationsblättern –, daß die Öffentlichkeit dazu neigte, zu einem be-

> stimmten Zeitpunkt von ein und derselben Sache begeistert zu sein. Verleger und Redakteure stellten fest, daß sie, wann immer ein Prozeß stattfand oder sich ein Unglück ereignet hatte, mehr Exemplare verkauften, wenn sie bei der Berichterstattung sämtliche Potentiale ausschöpften. ... Diese Entdeckung nutzen sie weidlich aus. So bekam Lindberghs Flug mehr Beachtung in der Presse als der Waffenstillstand und der Untergang des deutschen Kaiserreiches ... Wenn sich also etwas ereignet hatte, das die Meinung der Öffentlichkeit anzusprechen versprach, so wurde es in riesigen Schlagzeilen präsentiert. ... und (es sei denn, man war ein verbissener Individualist) man genoß das Gefühl, im selben Ton zu schwingen, der die Massen begeisterte.[35]

Die 20er Jahre waren auch ein Jahrzehnt, in dem die Privatsphäre fast aller prominenter Personen regelmäßig von Zeitungsfotografen verletzt wurde. Das Blitzlicht war ein aufdringliches Gerät, bei dem Magnesium durch einen Funken entzündet wurde und dann mit einem grellen Leuchten explodierte, woraufhin regelmäßig dichter, beißender weißer Rauch in die Luft stieg.

Während dieser Ära waren die Sensationsblätter mehr bebildert, als das bei den modernen Zeitungen der Fall ist. Der Fotograf, bestrebt, die unersättliche Neugier der Öffentlichkeit, was das Leben der Reichen und Berühmten anging, zu befriedigen, machte es sich zur Aufgabe, in einem günstigen Augenblick so viele Fotos wie möglich von jenen Leuten zu schießen, die für die Leser von Interesse waren. Beliebte Themen waren außerdem Unfälle, Unglücke und Morde[36].

»Das Zeitungsmachen war vollkommen anders«, erinnerte sich Alex Handy, ein Fotograf des *New York Daily Express*, der auch ausführlich über Lindberghs Start vom Roosevelt Field berichtete. »Die Konkurrenz war hart, und man mußte wissen, was man wollte, um schnelle und spektakuläre Fotos zu machen. Wir arbeiteten mit Fotoplatten und mit Magnesiumpulver. Wir mußten uns unsere eigene Blitzlichtausstattung herstellen. Die Arbeit mit der Kamera war schwierig, eine echte Herausforderung.«[37]

Obwohl Charles Lindbergh für sich und seinen Flug vielleicht Publicity gewollt hatte, hatte er sicherlich nicht die Absicht gehabt, zur »Geschichte der Woche« oder ständig belagert zu werden. Bei seiner Ankunft auf dem Curtiss Field war er entsetzt gewesen, als er von Reportern mit Fragen bombardiert wurde, die er entweder für dumm hielt oder von denen er glaubte, sie gingen die Öffentlichkeit nichts an. So wurde er zum Beispiel gefragt, ob er eine Freundin hätte oder ob er eine Kaninchenpfote auf die Reise mitnehmen wollte. Tags darauf steigerte sich sein Widerwille regelrecht zu Haß, als seine Mutter, beunruhigt durch die reißerischen Artikel, die berichteten, daß seine Aussichten, den Flug zu überstehen, gering seien, nach New York kam, um ihm vielleicht zum letzten Mal Lebewohl zu sagen. Sein Vater war bereits 1924 an einem Gehirntumor gestorben, ein Tod, den Lindbergh stoisch zu akzeptieren versucht hatte.

Obwohl Mutter und Sohn der Presse einen Gefallen taten und sich fotografieren ließen, weigerten sie sich, sich auf eine Art und Weise ablichten zu lassen, von der Lindbergh das Gefühl hatte, sie könnte als »rührselig« oder »sentimental« ausgelegt werden. Als er jedoch am nächsten Morgen die Zeitungen zur Hand nahm, entdeckte er zu seinem Entsetzen, daß eines der Sensationsblätter tatsächlich so weit gegangen war, eine Frau mittleren Alters und einen jungen Mann, die einander umarmten, Modell stehen zu lassen und die Fotos von seinem Gesicht und dem seiner Mutter über die Gesichter der Modelle zu retuschieren. »Ich hielt das für kläglich sentimental und unehrlich von den Zeitungen«, schrieb er später. »In New York begann ich zu begreifen, wieviel Unverantwortlichkeit und Zügellosigkeit sich hinter der glänzenden Maske, die ›Freiheit der Presse‹ genannt wird, verstecken kann.«[38]

Als er am 20. Mai 1927 um 7.54 Uhr Ortszeit vom Roosevelt Field startete, hatte er bereits 23 Stunden nicht mehr geschlafen. Zeitungsreporter, die über den Start berichten sollten, hatten die ganze Nacht in seinem Hotel lautstark gepokert und ihn so vom Schlafen abgehalten. Am zweiten Tag des 33½stündigen Fluges war er manchmal so erschöpft, daß er in der verzweifelten Anstrengung, wach zu bleiben, die Augen mit seinen Fingern offenhalten mußte. Während jenes endlosen Tages glitt er manchmal in einen seltsamen tranceähnlichen Zustand hinüber, in dem er weder wach war noch schlief. In diesem Zustand sah er Gestalten, die »plötzlich im Heck des Flugzeugs« auftauchten, »als ich durch eine Nebelbank flog. Ich sah sie ganz klar, obwohl ich starr nach vorn blickte. Durchsichtig, nebelartig, mit halb menschlichen Formen, bewegten sie sich nach Gutdünken durch die Flugzeugwände herein und hinaus. Einer oder zwei von ihnen kamen nach vorn, um mit mir zu sprechen und sich dann wieder hinten der Gruppe anzuschließen«[39]. Später erinnert er sich: »Es war die einzige Gelegenheit in meinem Leben, bei der ich Geister sah und mit ihnen sprach.«

Als er schließlich in die Realität zurückkehrte, entdeckte er unter sich ein paar Schleppnetzfischer. In geringer Höhe überflog er dann den, der ihm am nächsten war. Voller Freude sah er, wie ein Gesicht aus einem der Bullaugen zu ihm hochstarrte. Während er nahe an den Schleppnetzfischer heranflog, lehnte er sich aus dem Cockpit und brüllte: »Wo geht's nach Irland?« Doch er Mann reagierte nicht.

Enttäuscht drehte er in die Richtung ab, in der er das europäische Festland vermutete. Er sollte recht behalten. Eine Stunde später sah er Land, das er mit Hilfe seiner Karte als Südwestküste Irlands identifizierte. Es war ein erhebendes Gefühl für ihn, als er darüber hinwegflog und sah, wie die Menschen aus ihren Häusern stürzten, um ihm zuzuwinken und ihn anzufeuern.

Am Samstag, dem 21. Mai 1927, setzte die *Spirit of St. Louis* in der Dunkelheit auf dem Flugplatz Le Bourget nordöstlich von Paris auf. Es war 22.24 Uhr. Der bleiche und erschöpfte Lindbergh ließ, da er der Meinung war, es sei niemand da, um ihn zu empfangen, das Flugzeug auf ein paar Hangars zurollen. Plötzlich stürmten 100 000 begeisterte Franzosen auf ihn zu und jubelten: »Lindbergh! Lindbergh! Lindbergh!«

In diesem Augenblick hatte sich das Leben von Charles Augustus Lindbergh für immer verändert. Er war zum berühmtesten Mann der Welt geworden. Wie sich herausstellen sollte, war es jedoch ein Faustischer Handel. Nachdem er in Le Bourget gelandet war, wurde er zwar mit Ruhm, Lobhudelei und Reichtümern überhäuft, doch er verlor dafür etwas Wertvolles – nämlich seine Privatsphäre. Eine begeisterte Öffentlichkeit, die überzeugt war, daß er ihr gehörte, forderte lautstark, jede Einzelheit aus seinem Privatleben zu erfahren.

Es war das Ende eines einfachen, freien Lebens, in dem er fliegen konnte, wohin er wollte, ohne daß sich jemand darum kümmerte. Plötzlich war er gezwungen, sich statt der legeren Kleidung, die er stets bevorzugt hatte, einen formellen Stil zuzulegen. Statt in seinem Schlafsack zu nächtigen, mußte er sich nun in die prächtigsten Zimmer einer amerikanischen Botschaft oder eines Luxushotels begeben. Gewöhnliche Bürger waren hingerissen, wenn sie ihm die Hand schütteln durften, aber auch Präsidenten und Königen ging es nicht anders. Obwohl sich Lindbergh insgeheim von dieser Aufmerksamkeit geschmeichelt fühlte und sich die Bekanntschaften, die der Ruhm ihm ermöglichte, zunutze machte, verachtete er sie auch, denn sie beraubten ihn seiner persönlichen Freiheit und Unabhängigkeit. Nur in einem Flugzeug, hoch oben über jener Welt, die ihn unablässig bedrängte, konnte er allein sein und zu seinem früheren Selbst zurückfinden. »Allmählich begann ich zu verstehen, daß man Ruhm gewinnen, aber dabei das Leben verlieren kann. Und Leben bedeutet mir mehr als Ruhm«[40], schrieb er. Oft warf er, wenn er wieder einmal nach einem Empfang, bei dem man zu seinen Ehren eine eintönige Rede nach der anderen gehalten hatte, in sein luxuriöses Hotelzimmer zurückkehrte, voller Abscheu sein Kopfkissen vom Bett, packte seine Decke und schlief auf dem Fußboden.

Hätte Anne Morrow von den ungeheuren innerlichen Spannungen, unter denen Charles Lindbergh stand, gewußt, dann hätte sie ihn vielleicht interessanter gefunden. Doch anders als die meisten ihrer Klassenkameradinnen, die schon bei der bloßen Erwähnung seines Namens in Ohnmacht fielen, blieb sie von dem Rummel, der um ihn gemacht wurde, unbeeindruckt. Zum einen fand sie den Spitznamen »Lucky Lindy« dämlich. Zum anderen wußte sie schon beim Ansehen der Fotos in den Zeitungen, daß er überhaupt nicht ihr Typ war. Der hochgewachsene Junggeselle mit den hängenden Schultern, dem zerzausten blonden Haar und dem schüchternen, gezwungenen Lächeln sah überhaupt nicht »intellektuell« aus. Schließlich kam sie in ihrem Tagebuch zu dem Schluß, daß er wahrscheinlich »der Baseballspieler-Typ« war.

Mittlerweile hatte der junge Flieger auf ein anderes Mitglied der Familie Morrow großen Eindruck gemacht – auf Dwight Morrow. Dieser hatte die Gelegenheit gehabt, Lindbergh persönlich kennenzulernen.

1925 hatte Calvin Coolidge, der nach Hardings Tod 1923 Präsident geworden war, seinen Freund Morrow gebeten, Vorsitzender des Aircraft Board des Präsidenten zu werden. Dieser Kommission fiel die Aufgabe zu, die Bedeutung von Flugzeugen für die nationale Verteidigung zu untersuchen.

Unter Morrows Leitung hatte die Kommission Empfehlungen für den weiteren militärischen Einsatz von Flugzeugen erarbeitet. Sie wies die Idee einer eigenen Truppengattung zurück und änderte statt dessen den Namen des Army Air Service in Army

Air Corps, um dessen größer gewordene Bedeutung hervorzuheben. Im selben Jahr hatten Morrows Freunde Daniel und Harry Guggenheim die Guggenheim Foundation for the Promotion of Aeronautics ins Leben gerufen. Ron Chernow, der Verfasser von *The House of Morgan*, schreibt dazu: »Durch Morrow konnten sie Coolidge dazu bewegen, das (Guggenheim-) Geld zugunsten der Regierung zu akzeptieren und die Flugzeugentwicklung voranzutreiben«[41].

Nach dem historischen Flug entsandte Coolidge das Schlachtschiff *Memphis*, das Flaggschiff der amerikanischen Flotte in Europa, um Lindbergh und die *Spirit of St. Louis* in die Vereinigten Staaten zurückzuholen. Man verlieh ihm das Distinguished Flying Cross, übrigens das erste in der Geschichte der USA, das ihn darüber hinaus auch zum Colonel im United States Officers Reserve Corps machte.

Während der Zeit seines pompös gestalteten Empfangs in Washington wurde Lindbergh vom Präsidenten eingeladen, im provisorischen Weißen Haus am Dupont Circle 15 zu wohnen. (Die Coolidges lebten dort vorübergehend, weil das Dach des Weißen Hauses repariert wurde.) Der politisch scharfsinnige Coolidge spürte, daß Lindberghs Ruhm ein großer Gewinn für die Flugzeugindustrie, die damals noch in den Kinderschuhen steckte, sein würde. Er wollte unbedingt, daß der junge Flieger seinen Freund Dwight Morrow kennenlernte, der als Vorsitzender des Aircraft Board den Rahmen für das Wachstum der Luftfahrt absteckte.

Obwohl Charles Lindbergh sen. einen großen Teil seines Lebens damit verbrachte, gegen Männer wie Dwight Morrow zu kämpfen, schien sein Sohn die feindselige Einstellung seines Vaters gegenüber der kleinen Gruppe von Männern, die einen großen Teil des Reichtums und der Wirtschaft der Vereinigten Staaten kontrollierten, nicht zu teilen. Er mochte Morrow auf der Stelle. Morrow war nicht nur charmant, sondern versprach ihm auch, ihn in seinen Bemühungen um die amerikanische Luftfahrt zu unterstützen. Zudem hatte er viele wohlhabende und einflußreiche Freunde, die auch bereit waren, Lindbergh finanziell zu unterstützen. So machte Morrow den Flieger zum Beispiel mit Harry Guggenheim bekannt, der bald Lindberghs dreimonatige Amerika-Rundreise in der *Spirit of St. Louis* finanzieren sollte. Morrow selbst wurde Lindberghs Finanzberater[42]. Man kann sich denken, was Lindberghs Vater von einem solchen Arrangement gehalten hätte.

Noch während Lindberghs Besuch fragte Coolidge Morrow, ob er Botschafter in Mexiko werden wolle. Morrow hatte, was sein Leben betraf, ein weiteres Mal die Ruhelosigkeit gepackt, und er gab sich hinsichtlich der Wall Street keinen Illusionen mehr hin. Offenbar hatte es auch schon Gerüchte über seine Unzufriedenheit gegeben. Morrow erklärte Coolidge schließlich, daß er von dessen Angebot sehr angetan sei. Einen Monat später wurde das Angebot dann von offizieller Seite an ihn herangetragen.

Anne war begeistert, als sie die Neuigkeit erfuhr, obwohl sie der Gedanke, daß ihre Mutter und ihr Vater so weit wegzogen, beunruhigte. Insbesondere machte sie sich Sorgen um ihre Mutter, die immer noch Bitterkeit darüber empfand, daß Coolidge, nachdem er Präsident geworden war, ihrem Mann keinen Ministerposten angeboten hatte.

Zu Elizabeth Morrows Kummer kam hinzu, daß sie weit entfernt von ihrem erst kürzlich erworbenen New Yorker Apartment in der East Sixty-sixth Street leben mußten. Das Apartment war eine elegante Zweitwohnung, die sie ebenso liebte wie Next Day Hill, den Familienwohnsitz. Die Neuerwerbung, die man aber kaum als kleine gemütliche Wohnung bezeichnen konnte, besaß eine marmorne Empfangshalle, einen Salon, eine Bibliothek und einen Ballsaal, dazu fünfzehn Schlafzimmer, alle mit einem wunderbaren Ausblick auf den Central Park.

Als pflichtbewußte Ehefrau stellte Mrs. Morrow jedoch ihre eigenen Wünsche nicht über die Bedürfnisse ihres Mannes. Das Ehepaar brach schließlich am 19. Oktober mit Constance und ihrem weißen West Highland Terrier Daffin nach Mexiko auf.

Elizabeth Morrow formulierte es noch milde, als sie schrieb, daß die Stellung des amerikanischen Botschafters in Mexiko, die ihr Mann jetzt innehatte, »eine harte Aufgabe« war. Die Beziehungen zwischen den Vereinigten Staaten und Mexiko waren nie schlechter gewesen. Der Präsident von Mexiko, Plutarco Elias Calles, wurde von Coolidges Beratern als Kommunist angesehen. Viele Amerikaner empörten sich über die Politik der mexikanischen Regierung, die darin bestand, Kircheneigentum zu verstaatlichen, konfessionelle Schulen zu schließen und die Auslandsschulden nicht zu begleichen.

Morrow wußte, daß mehr als sein Intellekt und seine ehrlichen Absichten nötig sein würden, um die Spannungen zwischen den Vereinigten Staaten und Mexiko abzubauen. Er brauchte ein Wunder, und, Glück für seine Karriere, es gelang ihm, eines zu bewirken. Bevor er die Vereinigten Staaten verließ, befolgte er den Rat seines guten Freundes Walter Lippmann und lud Charles Lindbergh ein, ihn in seinem eleganten Apartment in Manhattan zu besuchen. Während dieser Begegnung schlug er vor, daß der Flieger mit der *Spirit of St. Louis* von New York nach Mexico City fliegen solle.

Lindbergh sagte ihm sofort seine Hilfe zu. Nachdem er die von Guggenheim finanzierte Tour mit der *Spirit of St. Louis* durch die Vereinigten Staaten beendet hatte, wollte er noch einen weiteren Nonstop-Langstreckenflug machen, bevor er sein geliebtes Flugzeug an ein Museum verschenkte. Der Flug nach Mexiko erweckte sein Interesse, denn er würde nicht nur jene Geste der Freundschaft gegenüber Mexiko sein, die Morrow brauchte, sondern würde Lindbergh auch in die Lage versetzen, »noch klarer die Möglichkeiten moderner Flugzeuge demonstrieren«[43] zu können. Da dieser Flug im Winter erfolgen sollte, würden völlig andere Wetterbedingungen als auf seinem Flug im Frühjahr von New York nach Paris herrschen. Außerdem würde er ein Gebiet überfliegen, das schwindelerregende Berge, eine flache Küstenlinie und Hochebenen umfaßte. »Ich wollte mit diesen Bedingungen experimentieren«, schrieb er später, »und wenn möglich zeigen, daß das Fliegen unter ihnen nützlich sein konnte.« Außerdem fügte er noch hinzu, daß er »jede Gelegenheit zu fliegen liebte, besonders in der *Spirit of St. Louis*«.

Morrow war bestürzt, als er erfuhr, daß der Flug von fast 3400 Kilometern ohne Zwischenlandung erfolgen sollte. Er hielt das für viel zu gefährlich und schlug deshalb vor, Lindbergh solle die Strecke in kleineren Etappen zurücklegen, so wie er auch verfahren war, als er nach seinem historischen Flug quer durch die USA geflogen war und dabei in jedem Staat gelandet war. Doch Lindbergh stimmte dem nicht zu. »Ich antwortete ihm jedoch, daß er die fliegerischen Probleme ruhig mir überlassen und sich keine Sorgen machen solle.«[44]

Am 13. Dezember um 12.25 Uhr startete Charles Lindbergh vom Bolling Field in Washington aus zu seinem Flug nach Mexiko. Bis zum folgenden Tag verlief alles glatt. Doch als er mit seinem Flugzeug über die Berge ins Tal von Mexiko hineinflog, wußte er plötzlich nicht mehr, wo er war. »Selbst die besten Karten von Mexiko, die ich hatte kaufen können, zeigten nur sehr wenige Details«, schrieb er später. »Gerade schwarze Linien stellten Eisenbahnstrecken dar, die die wellenförmigen blauen Linien der Flüsse kreuzten. Ich war nicht imstande, sie mit den Eisenbahnlinien und den trockenen Flußbetten unter mir in Übereinstimmung zu bringen.« Während er über ein kleines staubiges Dorf flog, hoffte Lindbergh, daß ein Schild am dortigen Bahnhof ihm einen Hinweis auf dessen Namen geben würde. Er ließ die *Spirit of St. Louis* mit gedrosseltem Motor hinuntergleiten, um es lesen zu können. »Der Name des Ortes war CABALLEROS. Ich entfaltete meine Karte, während ich wieder an Höhe gewann. Ich konnte kein Caballeros finden. Ein zu kleiner Ort, dachte ich. Ich flog über kaktusbestandene Wege bis zum nächsten Dorf. Auch sein Name war CABALLEROS! Ich versuchte es mit einer kleinen Stadt: das gleiche Ergebnis. Alle Bahnhöfe in Mexiko schienen den gleichen Namen zu tragen. Doch allmählich begann ich nach meiner schlaflosen Nacht zu begreifen, daß ›Caballeros‹ eine bestimmte Örtlichkeit für Männer bedeutete.«[45]

Später überflog er eine Stadt, und nachdem er auf geringe Höhe hinuntergegangen war, konnte er die Worte » ›Hotel Toluca‹ seitlich an einem Gebäude lesen«. Als er seine Karte zu Rate zog, sah er, daß Toluca nur ungefähr 35 Meilen von Mexico City entfernt lag.

Als Lindbergh zum geplanten Zeitpunkt nicht auf dem Valubuena Flughafen in Mexico City eintraf, wurde Dwight Morrow verständlicherweise unruhig. Er und Präsident Calles, den Morrow, als man sie einander vorstellte, mit der traditionellen romanischen Umarmung und zwei Küssen begrüßt und dadurch von seinen guten Absichten überzeugt hatte, warteten schon seit 8.30 Uhr auf dem Flughafen. Als die Stunden langsam verstrichen, beschlich die 150 000 Mexikaner, die gekommen waren, um den weltberühmten Flieger zu sehen, eine böse Ahnung. Schließlich hielt Morrow es nicht länger aus. Er brach sein höfliches Geplauder mit Calles ab, stieg von der Haupttribüne, die man für die Würdenträger errichtet hatte, herunter und begann nervös auf dem Flugfeld auf und ab zu gehen. Es war drückend heiß, und sein kleines ernstes Gesicht war schweißüberströmt. Zweifellos versuchte er sich gerade eine diplomatische Rede zurechtzulegen, in der er den Mexikanern erklären mußte, warum ein Mann, der keine Schwierigkeiten gehabt hatte, nach Paris zu fliegen, anscheinend nicht in der Lage war, Mexico City zu finden.

Um 14.44 Uhr war dann plötzlich das quälende Warten vorbei. Die gewaltige Menge brüllte vor Begeisterung, als der Motor der *Spirit of St. Louis* über ihren Köpfen zu hören war. Lindbergh hatte 27 Stunden und 15 Minuten für den ersten Nonstopflug von Washington D. C. nach Mexiko City gebraucht, eine Reise, die mit dem Zug normalerweise über eine Woche dauerte. »Es war absolut begeisternd, als das Flugzeug zur Erde niederschwebte«, schrieb Betty Morrow an jenem Abend in ihr Tagebuch. »Dwight brachte ihn (Lindbergh) zum Präsidenten, der ihn willkommen hieß und ihm die Schlüssel der Stadt überreichte. Lindbergh sagte ganz schlicht nur ›danke‹. Die Menge auf dem Feld, die vor Freude schrie und brüllte, war unbeschreiblich. Als wir zum Auto gingen, riß man uns fast die Kleider vom Leibe... ständig flogen Blumen und Konfetti.«[46]

Als Anne und Elisabeth während ihrer Weihnachtsferien mit dem Zug nach Mexico City fuhren, wohnte Lindbergh bei den Morrows in der Botschaft. Anne war noch nie zuvor in Mexico gewesen. Sie war verzaubert, als der Zug die Grenze von Texas mit seinen Beifußgewächsen, den Kakteen und dem Sand überquerte und nach Mexico mit seinen leuchtenden Blüten, den bunt bemalten Häusern, den majestätischen Bergen, den Maisfeldern und den ausladenden Tälern hineinfuhr. Sie empfand das Land als ein »Wunder von Wärme, Sonne und Farbe«.

Die üppige Sinnlichkeit der mexikanischen Landschaft wühlte sie auf. In ihrem Tagebuch kann man beschwörende Beschreibungen der Bauern mit ihren Strohhüten und der Bäuerinnen in ihren farbenfrohen, ausladenden Röcken lesen, die einen schon fast sexuellen Unterton besitzen. »Plötzlich, als wir aus der Schlucht und auf den Hügeln waren, löste sich der Nebel auf. Strahlende Sonne... Eine Frau hielt uns einen Korb mit Orangen und Zitronen entgegen, die in der Sonne glänzten. Es war warm – köstlich, unglaublich warm... Man konnte den Mantel ausziehen, die Sonne durchwärmte einen bis ins Mark.«[47]

Sie und Elisabeth kamen am Abend in Mexico City an und wurden am Bahnhof von Constance und Dwight Morrow, der überaus gut gelaunt war, weil ihm der größte diplomatische Coup des Jahres gelungen war, abgeholt. Bevor sie überhaupt eine Gelegenheit zum Ausruhen hatten, mußten sie sich auch schon zu einem Galaempfang in der Botschaft zu Ehren Lindberghs einfinden.

Als Anne auf dem überfüllten Empfang dem Mann, von dem die ganze Welt sprach, begegnete, mußte sie erkennen, daß sie ihn wahrscheinlich falsch eingeschätzt hatte. »Ich sah vor einer mächtigen Steinsäule – wiederum auf rotem Plüsch – einen großen, schlanken jungen Mann im Abendanzug stehen – viel schlanker, viel größer, viel gesetzter, als ich erwartet hatte. Ein sehr feines Gesicht, ganz und gar nicht wie diese grinsenden ›Lindy‹-Bilder – ein entschlossener Mund, klare, offene blaue Augen, blondes Haar, gesunde Farbe«[48], vertraute sie ihrem Tagebuch an. Dieser Abschnitt ist so glatt und geschliffen, daß er vor seiner Veröffentlichung, die fast 45 Jahre später stattfand, vermutlich überarbeitet wurde.

Als Anne und der junge Flieger einander vorgestellt wurden, lächelte er nicht. Er verbeugte sich ungelenk und schüttelte ihr die Hand. Während er sich der nächsten Person in der Reihe zuwandte, wurde Anne von neuen, ihr unbekannten Gefühlen aufgewühlt. Sie hatte soeben die harte, maskuline Hand des unglaublich tapferen – und gutaussehenden – Fliegers berührt, der als erster Mensch der Geschichte ohne Zwischenstop von New York nach Paris geflogen war. Und nun fragte sie sich wie Millionen anderer törichter, verliebter Frauen schon vor ihr, wie es wohl sein würde, wenn er sie in seinen Armen hielte.

KAPITEL 3
»Die Romanze des Jahrhunderts«

Anne war noch immer ganz verwirrt, als sie, Elisabeth, ihr Vater und Charles Lindbergh sich, nachdem die Gäste gegangen waren, um den großen steinernen Kamin in der Botschaft versammelten. Obwohl sie sich danach sehnte, etwas Charmantes und Brillantes zu sagen, das die Aufmerksamkeit dieses gefeierten Mannes erregen würde, saß sie stumm und verlegen da. Ihre ältere Schwester Elisabeth hingegen unterhielt sich ohne Scheu mit Lindbergh. Es erschien Anne einfach unfair, daß gutaussehende Männer bei Elisabeth immer ihre besten Seiten zum Vorschein brachten, während sie sich von ihnen »erschreckt« und dadurch unbeholfener und kindlicher denn je fühlte.

Obwohl sich Lindbergh dessen nicht bewußt war, taxierte ihn die stille, dunkelhaarige junge Frau. Während sie ihn beobachtete, wie er steif neben dem Schreibtisch stand und von einem Fuß auf den anderen trat, kam sie zu dem Schluß, daß er trotz seines ungeheuren Ruhms und seines männlichen Aussehens beinahe ebenso unbeholfen und schüchtern war wie sie selbst. »Er ist sehr, sehr jung und furchtbar schüchtern – schaute immer geradeaus und sprach in kurzen, direkten Sätzen, die rasch und schneidend herauskamen«, notierte sie später in ihrem Tagebuch. »Man fand keinen Punkt zum Einhaken bei seinen Sätzen: sie waren Feststellungen von Tatsachen, mit verblüffend ehrlicher Direktheit vorgetragen, nicht darauf angelegt zu gefallen, einfach nackte, schlichte Antworten und Feststellungen ohne den Versuch, einer Unterhaltung weiterzuhelfen. Es war verblüffend – atemberaubend. Ich konnte nicht sprechen. Was für eine Art von Mann war das?«[1]

Als sie und ihre Familie am nächsten Morgen zum Flugplatz fuhren, um Lindberghs Mutter abzuholen, die in einem großen silbernen dreimotorigen Ford-Flugzeug aus San Antonio, Texas, angereist war, um an den Festlichkeiten teilzunehmen, war sie immer noch ganz verwirrt. Anne war gespannt darauf, sie kennenzulernen. Den Zeitungsberichten hatte sie entnommen, daß seine Mutter die einzige Frau war, der der Pilot verpflichtet war. Doch was für eine Art Mensch war sie? Hochgewachsen und lebhaft, eine »Direktorin« wie Elisabeth oder ihre Mutter? Als Evangeline Lindbergh aus dem Flugzeug stieg, stellte Anne mit gewisser Erleichterung fest, daß sie eine »kleine, scheue Frau mit einem lieben Gesicht« war. Sie hätte eine ältere Ausgabe ihrer selbst sein können, denn Mrs. Lindbergh war nicht nur eine zurückhaltende, sondern auch eine sehr gebildete Frau. Wie Anne war sie belesen und liebte es, Briefe zu schreiben.

Auch äußerlich besaßen die Frauen eine gewisse Ähnlichkeit. Obwohl Evangeline etwas größer als Anne war, konnte man sie beide doch als zierlich bezeichnen, und, wie Kenneth S. Davis, einer von Lindberghs Biographen, betonte, waren sie sich in ihren Gesichtszügen auf unheimliche Weise ähnlich. »In ihren (Annes) Augen lag oft ein verletzter, in sich gekehrter Blick, nicht unähnlich dem, den man auf vielen Fotos der Mutter des Helden sehen konnte«[2], bemerkte er.

Anne hatte keine Schwierigkeiten, sich mit Mrs. Lindbergh zu unterhalten, die sie erfrischend bescheiden und realistisch fand. Da Evangeline die Tochter eines Botschafters offensichtlich als gesellschaftlich und intellektuell gleichgestellt betrachtete, ließ sie ihre Maske hochmütiger Unnahbarkeit fallen und zeigte sich äußerst entspannt und charmant. Sie vertraute Anne an, daß das ungeheure Aufsehen, das man wegen der großen Leistung ihres

Sohnes machte, ihrer Meinung nach schon an Lächerlichkeit grenzte. In Charles Lindberghs Nähe fühlte sich Anne jedoch immer noch unwohl und verlegen. Lindbergh ging es offensichtlich genauso. »Er meidet uns – zumindest mich – ebenso wie ich ihn meide, denn ich kann ihn nicht wie einen gewöhnlichen Menschen behandeln (und ich will ihn nicht wie einen außergewöhnlichen behandeln), so gehe ich ihm eben nach Möglichkeit aus dem Weg.«[3]

Ein paar Tage später bot Lindbergh an, die gesamte Familie Morrow auf einen Flug in der dreimotorigen Fordmaschine mitzunehmen, mit der seine Mutter aus San Antonio gekommen war. Es ist nicht bekannt, ob Anne schon einmal geflogen war, doch von Lindbergh, dem berühmtesten Flieger der Welt, eingeladen zu werden, war eine aufregende Sache. Als das Flugzeug »vogelgleich, wie die Träume vom Fliegen« hoch über Mexico City aufstieg, empfand sie es als »ein vollkommenes, ein ungeheuer starkes Erlebnis«. Zweifellos war sie wie seinerzeit ihr Pilot sofort von der kraftvollen Majestät des Fliegens und dem Gefühl, sich weit über der Welt der Sterblichen zu befinden, fasziniert. Vom Flugzeug aus gesehen schrumpften selbst die ehrwürdigen Ruinen der Azteken rasch auf Streichholzgröße zusammen.

Doch beim Fliegen verspürte sie noch etwas anderes, das sie aber niemals öffentlich erwähnte. Es war dessen gleichsam sexuelle Natur. Es hing mit der rasenden Geschwindigkeit und der Kraft zusammen, die sie spürte, als das Flugzeug auf der Rollbahn beschleunigte, gefolgt von angstvollen Augenblicken, als es vom Boden abhob und mit seinem steilen Aufstieg begann. Dann schließlich war da das Gefühl der Erleichterung und des Glücks, als die Maschine sicher in eine neue Dimension hineinflog und sie nicht länger an die Erde gebunden war, sondern durch die Wolken schwebte.

Dieses ekstatische Gefühl wurde durch die Tatsache, daß ihr

Pilot der berühmteste Flieger der Welt und dazu ein ungewöhnlich gutaussehender Mann war, natürlich noch verstärkt. Obwohl noch andere Familienmitglieder auf diesem Flug dabei waren, kam es ihr vor, als wäre diese Erfahrung ein romantischer Auftakt zu etwas Intimem, das vielleicht zwischen ihr und Lindbergh geschehen würde. Als Lindbergh das Flugzeug wieder aufsetzte, wußte sie, daß sie »nicht wieder glücklich sein«[4] würde, bis sie sich abermals mit ihm in der Luft befand.

Doch ihr nächster gemeinsamer Flug sollte erst im Oktober des folgenden Jahres stattfinden. Drei Tage nach Weihnachten, am 28. Dezember 1927, brach der junge Flieger nach Mittel- und Südamerika auf, um den Rest seiner Mission des guten Willens, die die Kontinente der westlichen Hemisphäre auf dem Luftweg verbinden sollte, zu erfüllen. Als Anne in der Dunkelheit des frühen Morgens beobachtete, wie die *Spirit of St. Louis* als Gruß an ihre Familie, die zum Flugplatz gekommen war, um ihn zu verabschieden, vor dem Steigen noch einmal kurz niederging, war sie sich sicher, daß sie Lindbergh niemals wiedersehen würde. Dennoch fühlte sie sich beim bloßen Gedanken, daß ein solcher Mann existierte und daß sie das Privileg gehabt hatte, ihn kennenzulernen, fröhlich und ein wenig merkwürdig. Sie wußte, daß ihre Welt, wie sie sie stets erlebt hatte, nicht mehr dieselbe sein würde. »Der Eindruck von diesem klaren, direkten, geraden Jungen – wie hat er alle anderen Männer aus meinem Blickfeld gefegt, die ich je kannte, all die Pseudointellektuellen, die weltmännisch Kultivierten, die in Posen erstarrten – all die Leute, die ›gewollt künstlerischen‹ Leute. Mein ganzes Leben, ja meine ganze Welt – meine kleine gestickte mit Borten eingefaßte Welt ist zerschlagen... Wolken und Sterne und Vögel – ich muß zwanzig Jahre lang mit gesenktem Kopf durchs Leben gegangen sein, den Blick auf Pfützen geheftet.«[5]

Sie wußte nun, daß ihre Gefühle für Charles Lindbergh und das Fliegen untrennbar miteinander verknüpft waren. Von diesem Zeitpunkt an schwor sie, nur noch himmelwärts zu blicken, zu jener erhebenden neuen Welt, die seine Sphäre war, ein Reich, das nicht nur Abenteuer und Freiheit versprach, sondern auch sexuelle Erregung.

Mit ihrer Rückkehr ans Smith College zu ihrem Abschlußsemester brach rasch die Realität wieder über sie herein. Frances Smith, die junge, unsichere Erstsemesterstudentin, die sich mit ihr angefreundet hatte, war plötzlich verschwunden. Da Anne wußte, daß Frances unter schweren Depressionen litt, fürchtete sie, sie könnte Selbstmord begangen haben. Schuldgefühle quälten sie, weil sie Frances zwar eine gute Freundin gewesen war und mit ihr ausführlich über ihre Probleme gesprochen hatte, darüber hinaus jedoch nichts unternommen hatte, um ihr zu helfen. Kriminalbeamte und Reporter kamen ins College, um die Studentinnen zu befragen. Als die Wochen vergingen, und man Frances immer noch nicht gefunden hatte, begann Anne unter Schlaflosigkeit zu leiden. Jeden Morgen wachte sie um 4.30 Uhr auf. Den Rest der Nacht verbrachte sie dann damit, daß sie Gedichte aufsagte und sich jede Einzelheit ihrer Begegnung mit Lindbergh in Mexico City ins Gedächtnis rief.

Anne begann sich auf krankhafte Weise mit Frances zu identifizieren und litt zeitweise unter der Wahnvorstellung, man würde sie beobachten. Obwohl sie es in ihrem Tagebuch nicht erwähnt, muß sie gefürchtet haben, daß sie wie ihr Bruder einen Nervenzusammenbruch erleiden könnte.

»Das grauenhafte Gefühl der Tragödie – nicht der Tragödie, sondern eines nackten, verzweifelten Entsetzens, das nicht von einem wich; keine Tränen, nur dieses nackte, schwarze Entsetzen überall, wie eine verbrannte, verkohlte Landschaft…

Gibt es überhaupt *irgend etwas* Schönes, Gutes, Liebenswertes auf dieser Welt, wenn solche Dinge geschehen können?

Ein Alptraum von Reportern, Zeitungen, Berichten, Anhaltspunkten, Detektiven, Befragungen...«[6], schrieb sie in ihr Tagebuch. Sie wußte zu diesem Zeitpunkt nicht, daß das Verschwinden von Frances Smith nur der Auftakt zu einer weitaus größeren Katastrophe sein sollte, der sie später in ihrem Leben gegenüberstehen würde.

Ihr Kummer wurde noch dadurch vergrößert, daß ihr Bruder, Dwight jr., der inzwischen das Amherst College, die Alma mater seines Vaters besuchte, wieder »sehr krank« geworden war. Obwohl sie in ihrem veröffentlichten Tagebuch den Grund nicht näher benennt, hatte er zweifellos einen weiteren Nervenzusammenbruch erlitten.

Glücklicherweise erlangte Dwight innerhalb weniger Monate sein emotionales Gleichgewicht wieder, doch Annes Befürchtungen bezüglich ihrer Freundin erwiesen sich als richtig. Frances Smiths Leiche wurde später aus dem Connecticut River geborgen.

Anne hatte gerade wieder das Gefühl, Kontrolle über ihr Leben zu haben, da erfuhr sie, daß Charles Lindbergh die Familie Morrow in Deacon Brown's Point, dem neuerbauten Sommersitz der Familie auf der Insel North Haven in Maine, besuchen wollte. In Anbetracht ihrer Gefühle hätte sie die Gelegenheit, den Flieger wiederzusehen, glücklich machen müssen, doch statt dessen erfüllte sie sein Besuch mit Furcht. Er kam nicht, um sie, sondern Elisabeth zu sehen. Anne war überzeugt, daß er ihre wunderschöne, lebhafte 24jährige Schwester liebte. Der Gedanke, daß Elisabeth eine Beziehung mit Lindbergh eingehen könnte, machte sie vor Eifersucht rasend. Zu ihrem Schmerz kam hinzu, daß sie ihre Schwester, die sie einmal mit einem »Flecken Sonnenlicht« verglichen hatte, sehr liebte. In einer gefühlsbetonten Passage vertraute sie ihrem Tagebuch an:

Er wird sich ganz natürlich E. zuwenden, die er gern hat und mit der er sich wohl fühlt. Ich werde mich mehr und mehr zurückziehen, weil ich mich im Weg fühle, dumm, nutzlos und (im Grund meines eitlen Herzens) hoffend, daß das vielleicht ein Irrtum ist und ich vermißt werde. Aber man vermißt mich nicht. Sie bemerken mich nie, interessieren sich immer mehr füreinander, und du mußt immer sorgloser und glücklicher erscheinen, obwohl du jede Kleinigkeit bemerkst und lange Kämpfe mit dir ausfichst, um die Eifersucht niederzutreten, dir selbst einzureden, daß das alles nur recht und billig ist.[7]

Zu dieser Zeit fand Anne allmählich eine gewisse Anerkennung als Schriftstellerin. Ihr Gedicht »Height« wurde gerade in der Märzausgabe des *Scribner's Magazine* veröffentlicht. Außerdem gewann sie nicht nur einen, sondern gleich zwei begehrte Literaturpreise[8]. Trotzdem schienen ihr ihre literarischen Erfolge wenig Genugtuung zu verschaffen. Ebenso spielte es für sie keine Rolle, daß sich mehrere junge Männer für sie interessierten.

Im Vergleich zu der bezaubernd schönen Welt, in der, wie sie glaubte, Elisabeth und Charles Lindbergh lebten, empfand sie ihr eigenes Leben als langweilig und uninteressant. Da sie ängstlich und ohne jeden Unternehmungsgeist war, während die beiden lebensprühend und aktiv waren, konnte sie unmöglich hoffen, auf derselben hohen Bewußtseinsebene zu leben wie sie.

In der Passage, in der Anne beschreibt, wie sie gebannt in einem Filmtheater in Northampton saß und einen Film über Lindberghs große Leistungen sah, werden sowohl ihre Fixierung auf den Flieger als auch ihre Minderwertigkeitskomplexe auf schmerzliche Weise offenbar:

Überwältigend. Ich saß niedergeschmettert vor Staunen da, vergegenwärtigte mir alles noch einmal und sagte zu mir selber: »Bin ich diesem Jungen je begegnet? Wie sollte ich ihn oder es je begreifen können? Dazu bin ich viel zu klein.«

> Ich muß mir immer wieder vorsagen. *Mach deine Welt wichtig* – sie ist zwar klein, aber du mußt darin etwas finden... Das Nächstliegende ist vielleicht, daß ich mich nützlich machen und glücklich sein könnte, indem ich versuche, in den Menschen die Liebe zu den Dingen zu wecken (durch Unterrichten oder auf andere Weise – Schreiben *vielleicht*) (und vielleicht auch durch eine Familie und Kinder), die mir am wichtigsten sind: die Schönheit, Ruhe und Vollkommenheit von Blumen, Vögeln oder Musik, von etwas Geschriebenem, von manchen Leuten – ein Hauch von Vollkommenheit in allem.[9]

Obwohl das körperliche Verlangen nach dem Flieger in ihr brannte und sie vom Glanz seiner Legende gebannt war, schien Anne alle Hoffnung aufgegeben zu haben, daß er in ihr je etwas anderes als die kleine Schwester von Elisabeth sehen könnte. Sie war überzeugt, daß die Ältere den größten Preis errungen hätte, so wie sie schon immer alles bekommen hatte, das Anne sich gewünscht hatte.

Im Juni 1928, nachdem sie ihren Abschluß auf dem Smith College mit besonderer Auszeichnung gemacht hatte, verbrachte Anne den Sommer mit ihren Eltern auf Deacon Brown's Point. Obwohl sie das große, elegant möblierte, mit Holzschindeln gedeckte Haus liebte, das einen großartigen Ausblick auf die See und auf herrliche Dalienbeete bot, überfielen sie, während sie darauf wartete, daß Lindbergh Elisabeth besuchte, wieder quälende Sehnsucht und Zweifel.

Ihre Stimmung besserte sich keineswegs, als sie zusehen mußte, wie ihre ältere Schwester als Vorbereitung auf Lindberghs Besuch die Südstaatenschönheit spielte. Sie hatte darin sichtlich Erfolg, denn eine Legion von Verehrern, denen sie allabendlich vorlas, wetteiferten um ihre Aufmerksamkeit. Eine weitere Quelle der Spannung war ihre Mutter, deren überschäumende Energie und Vitalität ihr stets das Gefühl vermittelten, klein und unbedeutend zu sein. Anne fühlte sich ihrer Mutter verbunden, wenn sie sich schrieben. Die Vertrautheit, die sie in den Briefen miteinander verband, verflüchtigte sich aber jedesmal, sobald sie sich im selben Haus aufhielten. Dann verhielten sie sich zueinander zurückhaltend und reserviert. Wie üblich gab sich Anne dafür die Schuld: »Warum komme ich Menschen in Briefen näher? Vielleicht werfe ich in Briefen etwas von dem Ballast ab, den ich mit mir herumschleppe.«[10]

Während Anne zusah, wie Elisabeths Kavaliere lächelten, wenn ihre Schwester auch nur den Mund aufmachte, mahnte sie sich, daß sie das Gefühl der Eifersucht ersticken mußte, wenn Lindbergh die Familie besuchte.

In gewisser Weise war es eine Erleichterung für sie, als eine Verwandte anrief, um ihr zu sagen, daß Lindbergh überhaupt nicht nach North Haven kommen würde. Elisabeth war nach New York gefahren, wo Lindbergh sie besuchen wollte.

Anne versuchte sich daraufhin einzureden, daß ihr das nichts ausmachte. Sie schrieb in ihr Tagebuch:

> Es war wie das plötzliche Herabfallen, das man im Traum erlebt – klatschbum – und du bist aufgewacht.
>
> Aber jetzt ist es nicht mehr schlimm. »Als ich es fürchtete, kam es.« Es war unvermeidlich, und nun habe ich mich fast damit abgefunden.
>
> Der Zahn ist gezogen.
>
> Dieser Traum ist friedlich gestorben – eine rasche Beerdigung steht bevor.[11]

Wie viele Menschen, die sich abgewiesen fühlen, flüchtete sie sich in den Humor. Sie blieb die halbe Nacht auf, um mit ihrer Schwester Constance herumzualbern und sich mit ihr Elisabeths und Lindberghs Hochzeit bis ins kleinste Detail auszumalen.

Ihrem Tagebuch vertraute sie an: »Ich möchte verheiratet sein, aber ich werde es nie, niemals sein.«

Wie genau die Beziehung zwischen Lindbergh und Elisabeth verlief und was der Grund für ihre Auflösung war, ist unbekannt. Sicher ist jedoch, daß drei Monate später, kurz nachdem Anne Anfang Oktober aus ihrem Sommerurlaub nach Englewood zurückgekehrt war, das Telefon klingelte. Die Haushälterin sagte ihr, es sei ein Anrufer am Apparat, der sie sprechen wollte. Zu ihrer höchsten Überraschung und Verwirrung war es Lindbergh. Er wollte, daß sie ihn sobald wie möglich bei einem Flug begleitete.

Anne mußte ihn vertrösten. Sie tat dies nicht, weil sie nicht mehr in ihn verliebt war, sondern weil sie sich, wie es der Zufall wollte, für eine kleinere Operation ins presbyterianische Krankenhaus begeben mußte.

Kaum eine Woche später, als sie wieder entlassen worden war, traf Lindbergh in einem Auto mit Chauffeur ein, um ihr zu sagen, daß er sie zu einem Flug über New York mitnehmen wollte. Obwohl Anne bei dem Gedanken an ein Wiedersehen mit Lindbergh entzückt war, schwand ihre Begeisterung, sobald sie ihm tatsächlich gegenüberstand und er sie fragte, wann Elisabeth von ihrer Auslandsreise zurückkehren würde. Sie war überzeugt, daß er sie nur besuchen gekommen war, weil Elisabeth nicht verfügbar war. Ihre alten Gefühle der Minderwertigkeit und der Eifersucht brachen wieder hervor. In einem seltenen Zustand des Zorns beschrieb sie ihn später in einem Brief an ihre Schwester Con als »kalt – den kühlsten Mann, dem ich je begegnet bin«.

Obwohl seine Reserviertheit und sein mangelndes Einfühlungsvermögen sie abstießen, konnte sie gegen die körperliche Macht, die er über sie hatte, nicht ankämpfen. Ein paar Tage später traf sie sich mit ihm wie geplant im New Yorker Apartment eines Freundes ihres Vaters. Sie fuhren in Lindberghs Auto, einem neuen schwarzen Franklin Sedan, zum Guggenheim-Anwesen auf Long Island, wo er wohnte. Diese Geheimhaltung sei nötig, hatte Lindbergh ihr bei ihrem letzten Treffen erklärt, da sie, falls sie von irgendeinem der örtlichen Flughäfen starteten, in der Presse »am nächsten Tag als Verlobte bezeichnet« werden würden. Für Anne war der tiefere Sinn seiner Worte offensichtlich.

Vielleicht in der Hoffnung, den Eindruck zu erwecken, daß sie nicht im geringsten an ihm interessiert sei, putzte sie sich mit einer bizarren Fliegerkleidung heraus. Diese bestand aus Constances Reithosen, einer Wollbluse ihrer Mutter, grauen Golfsocken ihres Vaters, einem roten Ledermantel, ihrem Straßenhut und hochhackigen Schuhen – sie hatte sich überlegt, ob sie Stiefel anziehen sollte, doch dann entschieden, daß diese zu plump wären.

Als sie ihm von ihrem Entschluß, keine Stiefel zu tragen erzählte, grinste er und meinte, »Stiefel hätten mich rascher zur Erde sinken lassen, für den Fall, daß wir abspringen müßten. ›Aber ich hoffe, daß uns das erspart bleibt!‹«[12]

Es erwies sich, daß sie ihre Kleidung höchst unbesonnen gewählt hatte. Denn als sie auf dem großartigen Anwesen der Guggenheims mit seinen weiten Rasenflächen, den Pfauen, prunkvollen Zimmern und den religiösen Plastiken eintrafen, bat man sie, zum Mittagessen zu bleiben. Sie hatte nicht damit gerechnet, in solch eleganter Umgebung zu speisen, und weigerte sich, ihren Ledermantel abzulegen, obwohl sie darin fast »zerschmolz«. »Es war unvergleichlich – ich in dem Aufzug und die Madonnen!«[13] schrieb sie Constance.

Während der stundenlangen Fahrt zum Guggenheim-Anwesen scheint ihre Haltung Lindbergh gegenüber eine Wandlung erfahren zu haben. »Ich entdeckte, daß ich mit ihm *vollkommen* natürlich sein, ihm alles sagen konnte, *kein bißchen* Angst mehr hatte. Die Verehrung, der nordische Gott – sie waren weg. Ich verstehe gar nicht, warum ich ihn bisher so gesehen habe. Er ist einfach *sehr* nett und vollkommen natürlich…«[14]

Nach dem Mittagessen ließ Lindbergh Anne bei den Guggenheims zurück, die sie mit Geschichten von Streichen erfreuten, die »Slim«, wie sie ihn nannten, der Familie gespielt hatte. Er selbst fuhr zum Roosevelt Field, um ein Flugzeug zu holen. Bald landete ein silberner De-Havilland-Moth-Zweidecker auf dem Feld hinter dem Haus der Guggenheims, und Lindbergh stieg heraus. Nachdem er Anne Helm, Schutzbrille und einen Fallschirm gegeben hatte – »Und springen Sie *ja nicht*, ohne daß ich es Ihnen sage«, mahnte er grinsend –, nahm er sie auf einen Flug über Long Island mit.

Für Anne war dieser zweite Flug ein noch stärkeres Aphrodisiakum als der erste. Die De-Havilland war ein offenes Flugzeug mit Doppelsteuerung. Lindbergh, der sie einen Teil des Weges zu den Guggenheims sein Auto hatte fahren lassen, zeigte nun sogar noch deutlicher, daß er Vertrauen in ihre technischen Fähigkeiten hatte. Nach einer kurzen Einweisung erlaubte er ihr, mit ihm zusammen das Flugzeug zu fliegen. Zunächst fürchtete sie sich, doch dann, »als ich merkte, daß die Geschichte funktionierte, hatte ich plötzlich keine Angst mehr«, schrieb sie Constance. »Komisch war, daß ich das Flugzeug nicht auf geradem Kurs halten konnte. In der Luft existieren ungeheure Kräfte, das macht man sich gar nicht klar. Ich wurde zum schwerfälligen, störrischen Elefanten.«

Diesem ersten Flug sollten in den nächsten Monaten, in denen sie und Lindbergh sich weiterhin trafen, noch viele andere folgen. Ihre Verabredungen erfolgten natürlich geheim. Seit seinem Flug nach Paris, als er einer der ersten »Megastars der Medien« geworden war, mißtraute Lindbergh den Presseleuten noch mehr als vorher. Sie ließen ihm wegen der Interviews, die sie mit ihm machen wollten, keine Ruhe und erfanden weiterhin Geschichten, um die Auflagen ihrer Zeitungen in die Höhe zu treiben. Er erzählte Anne von seinem Haß auf die Presse, und nun lebte auch sie in der ständigen Furcht, sie könnte zur Zielscheibe der Regenbogenpresse werden. Sie hatte solche Angst, ihre Verabredungen mit Lindbergh könnten publik werden, daß sie, wenn sie in ihren Briefen auf ihn Bezug nahm, den Decknamen Boyd zu verwenden begann. Sie bat sogar Constance, die jetzt zu ihrer engsten Vertrauten geworden war, ihrer Mutter gegenüber nicht zu erwähnen, daß sie sich mit Lindbergh traf. Dies war das erste Mal, daß sie sich seinetwegen gegen ihre eigene Familie stellte. Diese Kluft sollte mit den Jahren noch größer werden.

Der Mythos von Charles Lindbergh, dem gutaussehenden, kühnen jungen Amerikaner, der der meistbewunderte Mann der Welt war, verwirrte sie noch immer. Sie konnte nicht glauben, daß er sich unter allen Frauen der Welt, einschließlich ihrer wunderschönen Schwester, die sich in Gesellschaft perfekt zu bewegen wußte, ausgerechnet sie als seine Flugpartnerin ausgesucht hatte. Ganz wie bei ihrer Mutter, die sich wegen Dwight Morrows mangelnder Geistesbildung Gedanken gemacht hatte, gab es auch bei Anne Augenblicke, in denen sie sich mit fürchterlichen Zweifeln quälte, ob er als Mann zu ihr paßte. »Er schlägt niemals ein Buch auf, oder? Wie ihn das von unserer Welt trennt!« gestand sie Constance. »Der Gedanke daran ist gräßlich – eine gräßliche Kluft. Meinst du, daß es uns jemals gelingen könnte, die zu überbrücken, um ihn wahrhaftig gut kennenzulernen? Oh, mir ist bange – schrecklich bange. Ich möchte ihn nicht wiedersehen. Es ist furchtbar bestürzend, jemanden gern zu haben, der das absolute Gegenteil von einem selber ist.«[15]

In diesen Augenblicken der Unsicherheit dachte sie manchmal, Lindbergh sei ein taktloser junger Mann, alles andere als belesen und häufig dazu aufgelegt, den Leuten geschmacklose Streiche zu spielen. Wie ihr eigener Vater auch, hatte er wenig Sinn für Musik oder Poesie. »Manchmal wieder sagt er etwas, was einem einen echten Hieb versetzen kann, z. B. ›Ja, er mochte Gedichte: als Junge hatte er Robert W. Service gelesen!‹ (das verletzt einen *schrecklich*)...«[16]

Aber sie war sich auch bewußt, daß er »für das Wesentliche in unserem Leben Verständnis hat. Er ist erstaunlich aufgeschlossen – blickt weit über die Grenzen seiner Welt hinaus, ja, auch die unsere ist ihm durchaus zugänglich.«[17]

Aber worin seine wahre Macht über sie bestand, verschwieg sie Constance diskret. Sein hochgewachsener, schlanker, fester Körper, das zerzauste blonde Haar und die kobaltblauen Augen ließen sie schwach werden. Gleichzeitig befürchtete sie, er könnte sie plötzlich nicht mehr attraktiv finden. Es war eine mächtige sexuelle Anziehung, die nie nachließ und die natürlich durch seine ungeheure Berühmtheit und die Tatsache verstärkt wurde, daß sie, mit Ausnahme seiner Mutter, die einzige Frau war, die er je in seine Nähe hatte kommen lassen.

»Ich glaube nicht, daß meine Eltern eine Ahnung hatten, warum sie sich ineinander verliebten«, sagte ihre Tochter Reeve viele Jahre später. »Zum großen Teil war es eine leidenschaftliche körperliche Anziehung, die von beiden stets als unerklärlich beschrieben wurde.«[18]

Doch obwohl er aussah wie ein Filmstar und ihn eine Aura intensiver Sexualität umgab, war Charles Lindbergh kein Frauenheld. Er, der für Millionen von Frauen eine romantische Figur war, hatte im Gegenteil keinerlei Erfahrungen, was Beziehungen anging. Allerdings scheint es nach seiner eigenen Darstellung nach wahrscheinlich, daß er bereits sexuelle Erfahrungen mit Prostituierten hatte. »Die Beziehungen eines herumreisenden Fliegers zu Frauen waren oberflächlicher Art«, erinnert er sich mit offensichtlichem Abscheu in seinen posthum veröffentlichen Memoiren *Stationen meines Lebens*. Er erinnert sich darin auch, daß, als er Fliegerkadett wurde, »sich die Beziehungen eines Soldaten zu Frauen meist auf geschäftlicher Basis abwickelten«[19]. In seinem Buch bleibt er aber, was seine eigenen sexuellen Aktivitäten anging, bewußt vage. Er vermittelt dabei den Eindruck, er sei bei seiner Eheschließung zwar nicht direkt unerfahren gewesen, hätte sich jedoch zu eifrig der Fliegerei gewidmet, um noch Zeit für Rendezvous zu haben. Doch, wie er betonte, stellte er nach seinem Transatlantikflug fest, daß er plötzlich Zeit hatte, um sich mit »Mädchen« zu treffen, selbst wenn er wußte, daß jede Beziehung, die er mit einer Frau hatte, »durch die Aufmerksamkeit der Presse übertrieben und verkompliziert« würde. Die nämlich hatte ihn zu dieser Zeit bereits mit wenigstens einem Dutzend Frauen verlobt.

Es gab noch einen anderen Grund, weshalb sich Charles Augustus Lindbergh zu Anne Spencer Morrow hingezogen fühlte, und der konnte kaum romantisch genannt werden. Als überzeugter Sozialdarwinist schrieb er, lange nachdem diese Theorie Anfang dieses Jahrhunderts aus der Mode gekommen war, in seinen späten Jahren über seinen Entschluß zu heiraten:

> Ein Mädchen sollte natürlich einer gesunden Familie entstammen. Meine Erfahrung in der Tierhaltung auf unserer Farm hat mich die Bedeutung guter Erbanlagen gelehrt. Ich wußte, daß die Qualitäten des Vaters, der Mutter und der anderen Vorfahren unweigerlich in der Nachkommenschaft zutagetreten, wenn auch in Mischformen... Man mußte kein Wissenschaftler sein, um die überwältigende Bedeutung der Gene und Chromosomen zu begreifen. Wenn man die Mütter und Väter sah, konnte man eine Menge über ihre Nachkommenschaft aussagen. Ich fand es interessant, mich einmal genau umzusehen, indem ich auch die Ansichten Andersdenkender als gegeben annahm. Natürlich waren die Beziehungen zwischen Vererbung und Umwelt sehr subtil; Schulung und Training auf allen Gebieten hatten sicher Auswirkungen auf den Charakter. Doch man konnte die Züge der Eltern im Gesicht eines Sohnes oder einer Tochter wiederfinden. Eine nervöse Tochter hatte mindestens einen nervösen Elternteil, manchmal auch zwei.
>
> ...Die körperlichen Charakteristiken, die mich bei einer Frau anzogen, waren nicht schwer zu beschreiben – gute Gesundheit, gute Figur, gute Augen, gutes Gehör. Solche Qualitäten ließen sich wie Spezifikationen eines Flugzeugs aufzählen. Das Mädchen, das ich heira-

ten würde, müßte gern fliegen, weil ich sie auf meinen zukünftigen Flugexpeditionen mitnehmen wollte.[20]

Nach seinem Flug wurde Lindbergh vielen prominenten Politikern und Geschäftsleuten, die wie er selbst an der Entwicklung der Luftfahrt interessiert waren, vorgestellt. Wie er später in *Stationen meines Lebens* schrieb, war es offensichtlich, daß sie mehr als das Interesse an diesem neuen Industriezweig verband:

> Es gibt das Sprichwort: »Gleich und Gleich gesellt sich gern«. Während ich damals daran dachte, geschah doch offensichtlich eben genau das. Die Männer, mit denen ich in Kontakt kam, und ich waren die Speerspitzen des wissenschaftlichen, technischen und materiellen Fortschritts. Wahrscheinlich verkörperten unsere genetischen Anlagen verschiedene Kombinationen körperlicher und geistiger Fähigkeiten, die uns zu dem machten, was wir waren, und uns das tun ließen, was wir taten. So war es nur logisch anzunehmen, daß die Tochter, die ich heiratete, eben diese Charakteristika auch besitzen würde und daß diese sich bei unseren Nachkommen mit meinen Anlagen kombinierten und verstärkten.[21]

Ironischerweise entgingen Lindbergh, der so leidenschaftlich an die Eugenik und den Sozialdarwinismus glaubte, die schweren psychischen und körperlichen Krankheiten, mit denen die Familie der Morrows belastet war. Tatsächlich scheint er nicht die geringste Ahnung von diesen Problemen gehabt zu haben. Man muß sich fragen, ob er seine Erbmasse ebenso begeistert mit der ihren vermischt hätte, wenn er von der dunkleren Seite der Familie gewußt hätte.

Wie Anne ursprünglich vermutet hatte, war nicht sie es, die Charles Lindbergh anfangs beeindruckte, sondern Elisabeth, die einzige Morrow-Tochter, die bei äußerst schwacher Gesundheit war. »Die zweite Tochter, Anne, war blauäugig, dunkelhaarig und außerordentlich hübsch, aber sie hielt sich sehr im Hintergrund, so, als ruhte sie in dem Schatten, den die spritzige Lebhaftigkeit ihrer älteren Schwester Elisabeth warf«, schrieb Lindbergh später in einem wenig schmeichelhaften Vergleich. »Anne war einundzwanzig und in der Mitte ihres letzten College-Jahres. Sie wirkte sehr jung, sah eher nach High School als nach College aus und hatte in meinem Bewußtsein keinen tieferen Eindruck hinterlassen. Ich war daher außerordentlich überrascht, als ich Monate nach dem Besuch bei ihnen bemerkte, daß Anne immer wieder in meinen Gedanken auftauchte. Im Herbst 1928 begann ich Pläne zu schmieden, sie wiederzusehen.«[22]

Aufgrund der Gespräche seiner Mitkadetten und Fliegerkameraden in den Umkleideräumen wußte er von der aphrodisierenden Wirkung, die das Fliegen auf Frauen hatte. Er kam deshalb zu dem Schluß, daß der schnellste Weg, sein Ziel zu erreichen, darin bestand, Anne auf einen Flug mitzunehmen. »Eine Verabredung mit einem Mädchen bedeutet für den Piloten eines Flugzeuges kaum eine Schwierigkeit, wenn er nur die richtige Methode anwandte. Ich wußte das aus den Erfahrungen anderer«, gab er viele Jahre später zu. »Man fragte einfach, ob sie einen kleinen Rundflug mitmachen wolle. Die Fliegerei war romantisch, abenteuerlich und spektakulär; und, ausgenommen bei ängstlichen Geschöpfen, brauchte man die Einladung kaum zu wiederholen...«[23]

Auch für Anne gab es noch einen anderen Grund, weshalb sie sich von Charles Lindbergh angezogen fühlte, und der hatte nichts mit Romantik und sexueller Leidenschaft zu tun. Ihr, die stets mit ihrer Mutter und Elisabeth konkurrierte, war es endlich gelungen, die beiden in den Schatten zu stellen, indem sie sich mit dem weltberühmten Helden traf. Und was war besser geeignet, die Aufmerksamkeit ihres Vaters, der sie nie beachtet hatte, zu gewinnen, als eine Romanze mit einem Mann zu beginnen, der noch weit berühmter und mächtiger war als er selbst. Zum ersten Mal in ihrem Leben war sie der Star der Familie, das goldene Mädchen, diejenige mit dem glanzvollen Leben.

Im November 1928 fuhr Anne nach Mexico City, um dort ihre Eltern zu besuchen. Nach einem Jagdausflug in Chihuahua kam Lindbergh ebenfalls dorthin, was die Presse zu vielen Spekulationen veranlaßte. Der kleinen Armee von Reportern, die sich um sein Flugzeug drängten und ihn mit Fragen nach dem Grund dieses erneuten Mexiko-Besuchs bombardierten, erklärte er einfach, ihm habe dieses Land bei seinem ersten Besuch so gut gefallen, daß er so bald wie möglich dorthin zurückkehren wollte. Die nächsten fünfzehn Tage verbrachte er bei Anne und ihren Eltern. Er wohnte am Wochenende in dem neuerworbenen Sommerhaus in Cuernavaca. Von dort nahm er Mrs. Morrow sogar einmal in seinem Curtiss-Falcon-Doppeldecker mit.

Obwohl die mexikanischen Zeitungen meldeten, Lindbergh wolle Anne heiraten, dementierte die amerikanische Botschaft immer wieder, daß der Flieger mit einem »Mitglied der Familie Morrow« verlobt sei. Anne selbst log ihren Verwandten vor, daß an den Gerüchten nicht das geringste wahr sei.

Und was war mit dem anderen »Mitglied der Familie Morrow«, mit Elisabeth? Auf ihrer Auslandsreise zog sie sich eine schwere Bronchopneumonie zu und war gezwungen, ein Sanatorium aufzusuchen. Obwohl Anne tief beunruhigt war, als sie von der Krankheit ihrer Schwester erfuhr, war ihr doch auch daran gelegen, daß sie in London blieb, also weit weg von Mexiko und Lindbergh. Mehrmals bat sie ihre Schwester inständig, nicht nach Hause zu kommen, bevor sie nicht völlig gesund sei.

Elisabeth reiste Ende November dennoch aus England ab. Zur weiteren Erholung wollte sie sich auf Long Island im Hause von Russell Leffingwell, einem Teilhaber von Morgan, aufhalten. Offensichtlich hatte sie vorgehabt, in der Weihnachtszeit, wenn die Familie wieder aus Mexico City zurück war, auf den Familienwohnsitz in Englewood zurückzukehren. Wieder versuchte Anne ihrer Schwester die kurze Reise von Long Island nach New Jersey auszureden. »Ich finde das vollkommen natürlich, daß Du Dich elend fühlst und keine Widerstandskraft hast. Ich verstehe gar nicht, *wie* Du schon so früh diese Reise machen konntest. Mir erscheint das geradezu selbstmörderisch«, mahnte sie Elisabeth in einem Brief. »Und wenn es bei den Leffingwells gemütlich ist und Du dort Ruhe hast, bleib *selbstverständlich*. An Weihnachten wird viel los sein, und man kann ja nicht ruhig bleiben, wenn Mutter vor Energie platzt...«[24]

Zu Annes Erleichterung beschloß Elisabeth schließlich, auf Long Island zu bleiben.

Im Dezember wurden Annes kühnste Träume wahr. Lindbergh machte ihr einen Heiratsantrag. Obwohl sie sich in einem Glückstaumel hätte befinden müssen, scheint die Vorstellung, einen Mann zu heiraten, der sich so stark von ihr unterschied, sie plötzlich in eine düstere, nachdenkliche Stimmung versetzt zu haben. »Allem Anschein nach werde ich Charles Lindbergh heiraten«[25], schrieb sie Corliss Lamont, dem Sohn von Thomas Lamont, einem Teilhaber von Morgan. »Das muß Dir wahnsinnig komisch vorkommen, wie mir selber, wenn ich an meine Vorstellungen über das Heiraten denke... Wünsch mir kein Glück – ich erwarte gar keines... Wünsch mir Mut und Kraft und Sinn für Humor – ich werde sie brauchen.«

Daß eine Frau diese Sätze über ihre kurz bevorstehende Hochzeit schrieb, ist merkwürdig. Wie ihre Mutter, die gezögert hatte, ihren Vater zu heiraten, hegte Anne ernste Zweifel, daß Charles Lindbergh der passende Ehemann war. Wie ihr schmerzhaft bewußt war, gehörte er weder ihrer Gesellschaftsschicht an, noch besaß er ihre Bildung. Sie wußte, daß viele ihrer Freunde nicht verstehen konnten, was sie an ihm fand, und sich über »seine Humorlosigkeit, seine Streiche, sein eingleisiges Denken«[26]

lustig machten. Dennoch erschien ihr der Gedanke, den Heiratsantrag abzuweisen, unerträglich. Zwei Monate später, am 12. Februar 1929, wurde die Sensation schließlich offiziell bekanntgegeben. Dwight Morrow bestellte die Presse in die amerikanische Botschaft in Mexico City und verkündete: »Der Botschafter und Mrs. Morrow geben die Verlobung ihrer Tochter Anne Spencer Morrow mit Colonel Charles A. Lindbergh bekannt.«

Obwohl sich Morrow weigerte, Ort und Zeitpunkt der Hochzeit zu nennen, begann die Presse sofort zu spekulieren, daß die beiden in Mexico City heiraten würden.

Es gibt Hinweise dafür, daß die Morrows gar nicht so erfreut darüber waren, daß sich Anne Charles Lindbergh zum Ehemann gewählt hatte. Als Lindbergh das erste Mal mit ihnen in Mexico City speiste, war das Dienstpersonal vor Aufregung ganz aus dem Häuschen. Nachdem der Abend vorbei war und Lindbergh sich auf sein Zimmer zurückgezogen hatte, brachte Betty Morrows Dienstmädchen ihr den Löffel, den der Flieger beim Abendessen benutzt hatte. Das Mädchen erklärte, sie hätte gedacht, Mrs. Morrow würde den Löffel vielleicht gerne als Erinnerung behalten. Betty Morrow lächelte jedoch nur nachsichtig, und gab ihrem Dienstmädchen den Silberlöffel schweigend zurück[27].

»Meine Mutter war überrascht, als ich erklärte, ich würde Charles Lindbergh heiraten«, gab Anne viele Jahre später zu, »aber sie zeigte sich der Situation gewachsen und sagte: ›Anne, dir wird der Himmel gehören.‹ «[28]

Da Dwight und Betty Morrow mit Präsidenten, Königen und allen möglichen anderen bedeutenden Menschen freundschaftlichen Umgang pflegten, konnte man von ihnen kaum erwarten, daß sie dem Flieger gegenüber dasselbe ehrfürchtige Verhalten zeigten wie der Durchschnittsamerikaner. Sie, die kultiviert und belesen waren, betrachteten ihn möglicherweise als zu naiv und ungebildet. »Obwohl die Morrows selbst von bescheidener Herkunft waren, waren sie dennoch kultivierte und vornehme Menschen«, berichtete Mina Curtiss, Annes Freundin und Ratgeberin vom Smith College, Harold Nicolson, kurz nachdem das Paar geheiratet hatte. »Folglich behandelten sie Lindbergh, der einer niedrigeren Gesellschaftsschicht entstammte, mit reservierter Höflichkeit. Er selbst war schlicht, aber kein einfacher Mensch. Auf seine Frau Anne kam eine schwierige Aufgabe zu.«[29] Was Mrs. Curtiss anging, so gehörten sie und Betty Morrow zu den wenigen Frauen, die sich weigerten, sich von der »Lindbergh-Hysterie« mitreißen zu lassen. Mrs. Curtiss meinte schroff: »Lindbergh war wirklich nicht mehr als ein Mechaniker. Wäre da nicht 1927 der einsame Adlerflug über den Atlantik gewesen, so würde er jetzt wohl eine Tankstelle am Rande von St. Louis betreiben.«

Dwight Morrow hatte sich von den jungen Männern, mit denen Anne und Elisabeth sich verabredeten, immer unbeeindruckt gezeigt. Doch Charles Lindbergh schien er als »netten, sauberen Jungen«, der weder trank noch rauchte und auch kein Schürzenjäger war, zu billigen. Als Anne allerdings ankündigte, daß sie und der Flieger heiraten wollten, verschlug es Morrow die Sprache – möglicherweise deshalb, weil er sich durch den ungeheuren Ruhm und Glanz seines zukünftigen Schwiegersohns bedroht fühlte. Viele Jahre später erinnerte sich Anne ebenfalls an die wenig begeisterte Reaktion ihres Vaters auf ihren Verlobten. »Er will Anne heiraten? Was wissen wir denn über diesen jungen Mann?«[30] Er bestand jedenfalls darauf, daß das Paar sich zuerst offiziell verlobte, um einander besser kennenzulernen.

Mit der Nachricht von ihrer Verlobung an die Presse endete auch Anne Morrows Privatleben. Als Verlobte der »besten Partie des Jahrhunderts« plötzlich unter die Augen der Öffentlichkeit gezerrt, wurde diese scheue, in sich gekehrte junge Frau zum Ziel rücksichtsloser Publicity und Spekulation. Jedermann wollte mehr über die »poetische« Miss Morrow erfahren, die die Zuneigung eines Mannes gewonnen hatte, der, zusammen mit dem

Prinz von Wales, als einer der begehrenswertesten Junggesellen der Welt galt.

Ein Foto von Anne, auf dem sie verwirrt und wild in die Kamera blickt, so als hätte sie jemand gewaltsam dazu gezwungen, erschien in zahlreichen Zeitschriften mit der unvermeidlichen Bildunterschrift: »Die zukünftige Gefährtin des einsamen Adlers«. Ein weiteres Lieblingsmotiv der Redakteure jener Zeit war ein Foto von Lindbergh zusammen mit seinen zukünftigen Schwiegereltern Dwight und Betty Morrow und deren jüngster Tochter Constance. Es zeigt die vier steif auf der Veranda der amerikanischen Botschaft in Mexiko sitzend und grimmig in verschiedene Richtungen starrend.

Für die frivolen, das Vergnügen liebenden jungen Frauen der 20er Jahre muß Anne Morrows Verlobung mit Amerikas begehrenswertestem Junggesellen ein Schock gewesen sein. Denn der »Einsame Adler« hatte nicht eine befreite, sexuell erfahrene Frau als »seine Gefährtin« ausgewählt, sondern eine scheue, zurückhaltende Kindfrau, die traditionellen Werten verhaftet war. War das nicht, wie die Moralisten zu dieser Zeit der entfesselten Jugend Amerikas predigten, ein Argument für die Rückkehr der »altmodischen Weiblichkeit«?

Die dreimonatige Verlobungszeit des Paares bestand aus Aufregung, Geheimhaltung und gegenseitigem Kennenlernen. Es scheint, als hätte Dwight Morrow recht gehabt, als er darauf bestand, daß die beiden nicht sofort heirateten.

Anne stand weiterhin im Mittelpunkt der weltweiten Aufmerksamkeit. Tausende von Menschen schrieben ihr Briefe, gratulierten ihr und boten ihr Ratschläge für das Eheleben an. Wo sie auch hinging, stürzten sich die Menschen auf sie und versicherten ihr, welches Glück sie doch habe, die zukünftige Ehefrau von Amerikas größtem Helden zu sein.

Reporter verfolgten das gefeierte Paar auf Schritt und Tritt.

Schließlich boten die Skrupellosesten von ihnen der Dienerschaft der Morrows Geld für Informationen aus dem Privatleben des Brautpaares an. Andere kletterten über die Dächer benachbarter Häuser, in der Hoffnung, einen Blick auf das Liebespaar im Garten des Hauses der Morrows in Cuernavaca zu erhaschen. Wieder andere erfanden Berichte, die in keiner Weise den Tatsachen entsprachen. Das Vorgehen der Reporter erzürnte Lindbergh. »Schon vor meiner Verlobung waren meine Beziehung zur Presse schwierig«, schrieb er später. »Nun, danach erschienen sie mir überhaupt unerträglich.«[31]

Während eine narzistischere Frau dieses Theater vielleicht als prickelnd empfunden hätte, war es für Anne ein Martyrium. »Aus dem schöpferischen Dunkel der Anonymität eines behüteten Familienlebens und dem mir vertrauten Umgang«, schrieb sie, »war ich plötzlich hinausgestoßen worden in das grelle Scheinwerferlicht einer leeren Bühne. Sogar in den Tagen unseres ersten Verliebtseins blieb uns die Freiheit der privaten Zurückgezogenheit verwehrt. Dadurch, daß wir der Öffentlichkeit derart erbarmungslos ausgeliefert waren, war es mir kaum möglich, diesen Fremdling gut genug kennenzulernen, um mir sicher zu sein, daß ich ihn heiraten wollte. Die Abnormität unseres Lebens erklärt viele meiner Zweifel während der Verlobungszeit.«[32]

Wenn das Paar Belästigungen vermeiden wollte, mußte es auf so alltägliche Dinge wie zum Beispiel einen Spaziergang zu machen, Einkaufen zu gehen oder in einem Restaurant zu essen, verzichten. Wagten sie sich dennoch in die Öffentlichkeit hinaus, dann verkleideten sie sich, in der Hoffnung, nicht erkannt zu werden.

Der einzige Ort, an dem sie vor den Schaulustigen sicher waren, war das Flugzeug. Doch wie Anne bald entdeckte, zeigte sich auch der Himmel, der ihr immer wie ein exotischer, aufregender Ort erschienen war, nicht ohne Gefahren.

Ende Februar, nach einem Picknick auf der Prärie in der Nähe von Mexico City, verlor Lindberghs Flugzeug, das er sich ausgeliehen hatte, beim Start ein Rad. Da eine Ladung auf nur einem Rad die Maschine gefährlich instabil gemacht und sie sich bei der Landung wahrscheinlich überschlagen hätte, blieb er mehrere Stunden lang in der Luft, um den Treibstoff zu verbrauchen. Er wollte so das Risiko einer Explosion beim Aufprall minimieren. Zusätzlich stopfte er alle Sitzkissen um Anne herum und sagte ihr, sie solle sich, wenn das Flugzeug den Boden berührte, unten am Sitz festhalten. Obwohl er mit dem einen Rad geschickt landete, stellte sich das Flugzeug etwa 30 Meter nachdem die Achse Bodenkontakt bekommen hatte, auf den Kopf.

Lindbergh kugelte sich bei der Bruchlandung die Schulter aus, Anne blieb unverletzt. Sie hatte während der ganzen Zeit keine Angst gehabt. Erst kurz vor der Landung verspürte sie »einen schrecklichen Augenblick lang... Panik«. Nur der Gedanke, daß sie in den Augen ihres zukünftigen Ehemannes als Feigling erscheinen könnte, machte es ihr möglich, ihre Fassung zu bewahren. Sie sagte fortwährend zu sich selbst: »Das ist nun der Test. Angenommen, du stehst ihn nicht durch. Du bist in seinen Augen dann einfach erledigt. Angenommen, ich schaffe es nicht. Angenommen, ich *schaffe es nicht*...«[33]

Doch obwohl ihre Verlobung von Widrigkeiten beeinträchtigt wurde, lernte Anne allmählich, sich bei Charles, wie sie ihn nun nannte, wohl zu fühlen. Wenn sie mit ihm allein war, dann neckten sie sich gegenseitig, und Anne war von der natürlichen und ungezwungenen Art, mit der er sie behandelte, und von seinem Sinn für Humor, den andere oft taktlos fanden, bezaubert. Da er wußte, daß sie stets auf ihr Gewicht achtete, türmte er beim Abendessen Dosen mit Nüssen neben ihrem Teller auf. Er ahmte sie auch auf sehr amüsante Weise nach, wie sie ihm, als er sie und ihre Familie in Mexico City das erste Mal in einem Flugzeug mitgenommen hatte, »schöne Augen gemacht« hatte.

Doch sie merkte auch bald, daß er ernsthaft sein konnte. Sie führten viele nachdenkliche Gespräche über Religion und die Menschen, die sie kannten. Anders als das bei ihrer nervösen, hektischen Familie der Fall war, erhielt sie von ihm kurze und treffende Antworten und sachliche Reaktionen, die ihr das Gefühl von Klarheit, Ruhe und Zuverlässigkeit vermittelten.

Mitte März schließlich war sie in der Lage, Constance zu schreiben: »Ich bin *sicher, sicher*, daß alles seine Richtigkeit hat, und die Ängste sind nun keine *Zweifel* mehr.«[34]

Anne und Charles heirateten am 27. Mai 1929 vor dem Kamin im großen Salon auf Next Day Hill. Nachdem es ihnen gelungen war, der Presse zu entwischen, flohen sie nicht in die Luft, wie die Reporter erwartet hatten, sondern aufs Meer. In Maine gingen sie heimlich an Bord der *Mouette*, einer zwölf Meter langen gecharterten Motorjacht, auf der sie ungestört ihre Flitterwochen zu verbringen hofften.

Während Anne ihrem Ehemann gebannt zusah, wie er das Boot aus dem Hafen steuerte, konnte sie gar nicht glauben, daß sie nun Mrs. Charles Lindbergh war. Von nun an würde sie erfahren, was es bedeutete, mit einem der berühmtesten Männer der Welt verheiratet zu sein.

Kapitel 4
Höhenflüge

Die geheimen Flitterwochen von Anne und Charles fanden zwei Tage später ein abruptes Ende. Reporter und Fotografen hatten von einem Flugboot aus die *Mouette* in York Harbour entdeckt. Als Anne das Flugboot sah, zog sie sich zwar rasch in die Kabine zurück, doch Lindbergh war gezwungen, an Deck zu bleiben, um das Boot zu steuern. Nachdem die Jacht vor Anker gegangen war, umkreisten Zeitungsleute sie mehr als sechs Stunden lang mit einem Schnellboot. Einer der Reporter schrie ihnen zu, daß er sie ungestört ihre Flitterwochen beenden ließe, wenn er nur kurz an Bord kommen und das Paar fotografieren dürfe. Lindbergh stand mit versteinertem Gesicht am Ruder. Um den Reportern zu entkommen, steuerte er die Jacht aus dem Hafen auf die offene See hinaus. Schließlich drehte das Schnellboot ab, ohne daß die Reporter die Gelegenheit gehabt hatten, Fotos zu machen. Lindbergh und Anne aber mußten eine unruhige Nacht auf dem Meer verbringen. Die See war rauh, und das Geräusch stampfender Wellen und zersplitternden Porzellans riß sie immer wieder aus dem Schlaf.

Die Abneigung der Lindberghs gegen die Presse, von der Anne sich wie bei einem »Räuber-und-Gendarm«-Spiel verfolgt fühlte und sich dabei wie ein »entsprungener Zuchthäusler« vorkam, verstärkte sich noch, als sie sich nach ihren Flitterwochen das erste Mal in der Öffentlichkeit zeigten. Dies geschah bei einer Veranstaltung auf dem Mitchel Field, Long Island, zugunsten der

Guggenheim-Stiftung. Die Stiftung, für die Lindbergh nun für ein Gehalt von 25 000 Dollar im Jahr als Berater tätig war, war gegründet worden, um für die kommerzielle Luftfahrt zu werben. Um die Öffentlichkeit zu überzeugen, daß Fliegen eine sichere und bequeme Art des Reisens war, unternahmen Anne und Charles bei dieser Veranstaltung einen kurzen Demonstrationsflug. Als sie aus dem Flugzeug stiegen, drängten sich die Reporter um Lindbergh. Einer von ihnen fragte provokant: »Stimmt es, daß Mrs. Lindbergh schwanger ist?«

Charles Lindbergh wurde daraufhin rot vor Zorn und ging wortlos davon.

Empört über die unablässige Neugier der Presse in bezug auf sein Privatleben, ging Lindbergh den Reportern aus dem Weg, wo immer er konnte. Vielleicht wäre er, wie einige Freunde betonen, gar nicht Gegenstand solch heftiger Spekulationen gewesen, wenn er sich bereit erklärt hätte, ein paar Interviews zu geben. Er warnte Anne: »Erwähne nie etwas, das die Spatzen morgen nicht von den Dächern pfeifen dürfen, schreibe nie ein Wort, das du ungern auf der ersten Seite einer Zeitung wiederfinden würdest.«[1]

Für seine Frau, die daran gewöhnt war, in den Briefen an ihre Familie und in ihrem Tagebuch ihre innersten Gefühle zu offenbaren, bedeutete dies eine große Einschränkung. »Die Vorsicht verbot jegliche spontanen Äußerungen«, schrieb sie. »Ich war davon überzeugt, daß ich ihn und mich vor der Einmischung in unser Privatleben bewahren mußte. Doch was für ein Opfer, nie mehr aufrichtig und ehrlich zu sprechen und zu schreiben!«[2]

Da Anne zu dieser Zeit noch eifrig darum bemüht war, ihren frischangetrauten Ehemann zufriedenzustellen, und deshalb seinen Wunsch nach Ungestörtheit über ihr Bedürfnis, sich mitzuteilen, stellte, schien es ihr überhaupt nicht in den Sinn gekommen zu sein, sich zu widersetzen. Drei Jahre lang jedenfalls legte sie gehorsam ihr Tagebuch beiseite. Während dieser Zeit läßt sich kein einziger Eintrag finden. Ihre Briefe an ihre Schwester und ihre Mutter, die einst eine Quelle des Trostes und ein großes Vergnügen gewesen waren, klangen nun gestelzt und prosaisch, angefüllt mit trivialen Beschreibungen der kleinen Begebenheiten ihres Alltags.

Die Ehe der Lindberghs war eine konservative Verbindung, in der Charles dominierte. Er, der Aktive, unendlich Rastlose und Abenteuerlustige, bestimmte das Tempo, Anne hatte sich ihm anzupassen. Wie sie später zugab, hatte sie sich daran gewöhnt, von ihrem brillanten und charismatischen Vater, ihrer willensstarken, tatkräftigen Mutter und ihrer wunderschönen, überaus gewandten Schwester Elisabeth dominiert zu werden. Wahrscheinlich erwartete sie in den Anfangsjahren ihrer Ehe gar nicht, daß sie als ebenbürtige Partnerin akzeptiert werden würde. Sie sah ihren Mann vielmehr als »Ritter in schimmernder Wehr« und sich selbst als seinen »ergebenen Pagen«[3]. Das bedeutete für sie natürlich, ihn auf allen seinen Flugreisen zu begleiten, egal ob sie sich dazu nun körperlich und seelisch in der Lage fühlte oder nicht.

Nach den Flitterwochen nahmen Anne und Charles am 7. Juli 1929 zusammen mit Amelia Earhart, die 1928 als erste Frau mit dem Flugzeug den Atlantik überquert hatte, und Mary Pickford, dem Stummfilmstar, an den Festlichkeiten teil, die anläßlich der Einweihung der neuen Route der Transcontinental Air Transport zwischen New York und Los Angeles stattfanden. Transcontinental Air Transport (oder TAT) trug den Spitznamen »Lindbergh-Linie«. Sie war eine Vorläuferin von TWA und eine der ersten Luftlinien, die ihr Streckennetz über den gesamten Kontinent hinweg ausbaute, obwohl die Passagiere in der Anfangszeit noch einen Teil der Reise mit der Pennsylvania- und der Santa Fe-Eisenbahn zurücklegen mußten.

Lindbergh höchstpersönlich flog das erste Passagierflugzeug von Los Angeles nach Winslow in Arizona. Auch beim ersten

Flug wieder zurück in den Westen nach Los Angeles saß er am Steuerknüppel. Dies sollte der skeptischen Öffentlichkeit demonstrieren, daß die gerade gegründete Luftfahrtgesellschaften eine sichere und vor allem zeitsparende Methode des Reisens boten. Anne half dabei, diesen Eindruck zu verstärken. Sie saß in der elegant ausgestatteten Kabine der riesigen dreimotorigen Ford-Maschine und erklärte den nervösen Passagieren, daß das Fliegen eine vollkommen sichere und zuverlässige Sache sei. Das Flugzeug verfüge über drei Motoren, und so etwas wie »Luftlöcher« gebe es nicht.

Im August 1929 besuchten sie die Cleveland Air Races, an denen Lindbergh als Mitglied der »High Hat«-Kunstflugstaffel teilnahm. Obwohl sich Anne auf das Ereignis gefreut hatte, fand sie das Wettfliegen nach den ersten Tagen »sterbenslangweilig«. Der ganze Rummel und die vielen Menschen, die stets bei Lindberghs Flugkunststücken zusahen, begannen ihr auf die Nerven zu fallen.

Ihre Stimmung sank noch weiter, als sie erfuhr, daß die großen dreimotorigen Ford-Maschinen der TAT anscheinend doch nicht so sicher waren, wie sie den Passagieren versichert hatte: Eine von ihnen war auf dem Flug von Albuquerque nach Los Angeles abgestürzt. Sie und Charles hatten sich eigentlich auf einen Besuch bei ihren Eltern auf ihrem Sommersitz in North Haven gefreut, doch nun kam diese Reise nicht mehr in Frage. Sie würden ihr Familientreffen verschieben müssen, um einen Rettungsflug nach Albuquerque zu unternehmen und nach Überlebenden zu suchen. Als sie schließlich mit einer geliehenen Lockhead Vega in New Mexico eintrafen, hatte man das Wrack bereits am Mount Williams gefunden. Es gab keine Überlebenden.

Das Unglücksflugzeug ließ Anne keine Ruhe mehr. »Ich habe schon so viel darüber nachgedacht, daß es zu einer fixen Idee geworden ist«, schrieb sie ihrer Mutter. »Es scheint so schrecklich und geht mir so nah. Ich kann mir alles bildhaft vorstellen: das

Flugzeug, den Flug, den Piloten, die Familien, wie sie sich von all den Passagieren verabschieden... Mir scheint es als das schrecklichste Unglück in der Luftfahrtsgeschichte, weil das Beste, was in jeder Hinsicht geleistet werden kann, auf dieser Linie geleistet wird.«

Der Gedanke, das Fliegen aufzugeben, weil es zu gefährlich war, schien ihr jedoch niemals gekommen zu sein. Entgegen ihrem nach außen ängstlichen Auftreten war sie in Wirklichkeit eine tapfere und lebhafte Frau, die es fast ebenso wie ihr Ehemann liebte, sich in die Luft zu erheben. Abgesehen davon haßte sie den Gedanken, länger als ein paar Stunden von ihm getrennt zu sein. »Mit meinem Mann zu fliegen warf eine Art hellen goldenen Glanz auf alles«, sagte sie einmal. »Vielleicht weil uns so zumute ist – Charles und mir –, wenn wir uns allein zusammen davonmachen können. Alles übergoldet.«[5]

Im September unternahmen sie und Charles auf Bitten von Juan Trippe einen Flug nach Mittel- und Südamerika. Trippe war Direktor der neu eingerichteten Pan American Airways. Er wollte, daß Lindbergh den Luftpostdienst von Puerto Rico nach Surinam einweihte. Dies sollte das erste Mal sein, daß die Post von den Vereinigten Staaten per Flugzeug auf das südamerikanische Festland transportiert wurde.

Ende der 20er Jahre war Juan Terry Trippe in Washington als der wichtigste junge Mann auf dem Gebiet der zivilen Luftfahrt hochgejubelt worden. Juan, ein ebensolcher Draufgänger wie Träumer[6], war der Sohn eines reichen New Yorker Investmentbankiers. Wie Lindbergh hatte er sein Herz an die Fliegerei verloren, seit er als kleiner Junge sein erstes Wettfliegen sah. Schon im Alter von 17 Jahren lernte er selbst fliegen, und nachdem er im Ersten Weltkrieg als Pilot in der Navy gedient hatte, machte er 1920 seinen Abschluß in Yale. Mit einer Größe von über einsachtzig und einem Gewicht von beinahe hundert Kilo war Trippe ein guter Sportler gewesen, der sich besonders beim Rudern, beim Golf und beim Football hervorgetan hatte. Ein Autounfall, bei dem er eine schwere Rückgratverletzung erlitt, änderte sein Leben. Die Operation, der er sich unterziehen mußte und die eine der ersten ihrer Art war, verlief zwar erfolgreich, doch seine Tage als Sportler waren Vergangenheit. Somit wurde das Fliegen zu seinem einzigen körperlichen Ausgleich. 1925 baute er mit Unterstützung einiger reicher Freunde die Eastern Air Transport auf. Zwei Jahre später kam er seinem Ziel, eine Überseefluglinie zu betreiben, ein Stück näher, als er zwei Fluggesellschaften kaufte, aus denen schließlich die Pan American Airways entstand. Der umgängliche, gebildete Trippe, der nicht gerade den Eindruck vermittelte, ein besonders geschickter Geschäftsmann zu sein, war fest entschlossen, die Luftfahrt zu einem Multi-Millionen-Dollar-Geschäft zu machen.

Als Lindbergh im September 1929 nach Mittel- und Südamerika flog, hatte er bereits die Foreign Airmail Route No. 5 von Miami nach Panama eröffnet. Zudem hatte er bei Pan American einen Vertrag als technischer Berater mit einem Gehalt von 10000 Dollar im Jahr unterschrieben. Man hatte ihm dort außerdem die Option eingeräumt, Pan-Am-Aktien zu einem Vorzugspreis zu kaufen. Auch bei TAT, die ihm als technischem Berater ebenfalls 10000 Dollar im Jahr zahlten, konnte er Aktien zu einem Preis erwerben, der weit unter dem Nennwert lag. Dieses Angebot, das er rasch annahm, sollte ihn schließlich in die Lage versetzen, noch vor 1930 fast die erste Million zu machen.

Sobald sich die Lindberghs und Trippe der Maschine näherten, war dem gebannten Publikum klar, daß dies keine gewöhnliche Flugreise war. Die Lindberghs waren für ihren groß angekündigten Start in Florida in eleganter Zivilkleidung erschienen. Charles, der an der Steuerung saß, trug einen grauen Geschäftsanzug, Anne ein blaues Reisekostüm aus Seide. Trippe trug, weil er hoffte, die reichen Amerikaner, denen sie auf der Reise begegnen würden, damit beeindrucken zu können, einen Tropenanzug. Die festliche Atmosphäre wurde durch die Rosenbouquets, die die Kabine des Amphibienflugzeugs, einer zweimotorigen Sikorsky S-38, schmückten, noch betont.

Trotz des Glanzes und des großen Aufwandes war die Reise selbst unerfreulich. Da Lindbergh einen genauen Plan einhalten mußte, nach dem er die Post abzuliefern hatte, befanden sie sich oft stundenlang in der Luft, wobei sie gewöhnlich nur wenig Verpflegung an Bord hatten. Bei ihren häufigen Zwischenstops zum Auftanken hielt man zwar endlose Reden und drückte ihnen frische Blumen in die Hand, doch niemand kam auf die Idee, ihnen etwas zu essen anzubieten.

Laut Robert Daley, Juan Trippes Biographen, wollte Lindbergh, der eine Luftbildkamera mitgenommen hatte, beim Anflug auf Venezuela ein paar Bilder machen.

> Aber dies gestaltete sich von der S-38 aus wegen ihrer recht merkwürdigen Konstruktion als äußerst schwierig. Der Flugzeugrumpf war wie ein Schuh geformt, der Pilot saß oben bei den Schnürsenkeln, die Passagiere hinter ihm…
>
> Da Lindbergh vom Pilotencockpit aus nicht in der Lage war, die Perspektiven zu bekommen, die er sich vorstellte, kroch er nach vorne durch »den Schuh«, öffnete eine Luke… und richtete sich im Luftschraubenstrahl auf. Ihm wurde dabei fast die Kleidung vom Leib gerissen. Das Flugzeug flog in einer Höhe von 500 Metern und mit einer Geschwindigkeit von etwa 110 Meilen pro Stunde. Offensichtlich gefiel auch diese Perspektive Lindbergh nicht. Zum allgemeinen Entsetzen stieg er aus der Luke und begann über die Zehen des »Schuhs« nach vorn zur Spitze, dort wo der Anker verstaut war, zu kriechen. Er hatte keinen Fallschirm dabei. Lindbergh balancierte auf Händen und Knien oben auf der Motorhaube im Wind, bis er schließlich seine Fotos machte… Seine frischangetraute Braut sah zu, wie er zurückkroch und wieder hinter die Steuerung schlüpfte, doch sie sagte nichts…[7]

Viele Jahre später, als Daley Anne fragte, ob sie Angst gehabt hätte, als ihr waghalsiger Ehemann damals das Flugzeug verließ, um Fotos zu machen, und die Maschine dabei dem Copiloten Charles Lorber überließ, verneinte sie. »Er war ein Held. Ich glaubte nicht, daß ihm wirklich etwas passieren könnte. Ich war sehr jung und außerdem sehr verliebt.«[8]

Charles Lindbergh hatte 1927 im Anschluß an seine Goodwillreise nach Mexico City diesen Teil der Welt schon einmal beflogen. Für Anne hingegen war es der erste Flug über dieser Region. Der Anblick der zerklüfteten Berglandschaft inspirierte sie zu einer ihrer schönsten Beschreibungen:

> Wir stiegen auf der linken Seite über dem Hafen auf (türkisfarbene Riff-Wasser-Formation), überflogen mehrere Berge auf diesem Landvorsprung… wir stiegen höher und höher, und plötzlich waren wir unvermutet über den Berggipfeln, und unten zu ihren Füßen kräuselte sich die See in dunstigem Veilchenblau… und dazu noch hoch aufgetürmt große, goldene Wolken, die sich über den Bergen zusammenballten, hinreißend schön und ungezügelt – unberührt.[9]

Mitte Oktober, nach ihrer Rückkehr in die Vereinigten Staaten, begann Anne unter Übelkeit zu leiden. Sie suchte den Arzt der Familie auf, der ihre Vermutung bestätigte. Sie war schwanger. Der Doktor riet Anne, ihr Baby in einem Krankenhaus in New York zur Welt zu bringen, doch sowohl sie als auch Charles wollten, daß es im Haus ihrer Eltern in Englewood geboren wurde. Zweifellos nahmen sie an, daß das gut bewachte Anwesen ihnen größeren Schutz vor der Presse und den Schaulustigen bieten würde als ein Zimmer auf einer Entbindungsstation.

Anne war erstaunt, daß ihre Familie und ihre Freunde sich keineswegs überrascht zeigten, daß sie schon nach fünf Ehemonaten schwanger geworden war. Alle schienen diese Tatsache als »Selbstverständlichkeit« zu akzeptieren, schrieb sie ihrer Mutter und fügte hinzu: »Ich nehme an, die meisten Menschen sehen das als eine normale Folge einer Heirat, und ich… fühle mich einfach nicht verheiratet. Wir haben kein ›kleines Zimmer‹, das wir himmelblau oder sonstwie überstreichen können. Ich nähe keine ›winzigen Kleider‹, und alles erscheint mir eher erstaunlich, unfaßbar und lächerlich.«[10]

Lächerlich oder nicht, Anne hatte jedenfalls nicht die Absicht, daß ihre Schwangerschaft ihren Flugreisen mit Charles ein Ende setzte.

Im November 1929, kurz nachdem Anne erfahren hatte, daß sie ein Baby erwartete, beschloß Lindbergh, daß er nicht nur die erste kommerzielle Fluglinie zwischen Kalifornien und New York etablieren, sondern auch den transkontinentalen Flugrekord verbessern wollte. Das Flugzeug, das er verwenden wollte, war eine Lockhead Sirius, die nach seinen genauen Angaben in Burbank, Kalifornien, gebaut wurde. Die *Sirius* war ein Zweisitzer und besaß dreimal so viel PS wie die *Spirit of St. Louis*[11]. Anne verspürte zwar immer noch heftige morgendliche Übelkeit, flog aber mit Charles nach Kalifornien, um die Maschine zu übernehmen.

In Hollywood verbrachten die Lindberghs mehrere Tage als Gäste im Haus von Jack Maddux, der Leiter der westlichen Niederlassung von Transcontinental Air Transport war. Maddux sollte schließlich einer der Gründer von TWA werden. Zur selben Zeit war auch Amelia Earhart als Gast auf Maddux' Anwesen. Die hochgewachsene und attraktive Earhart mit ihrer jungenhaften Frisur und dem entwaffnenden Lächeln sah Charles Lindbergh auffallend ähnlich. Diese Tatsache hatte einige Reporter sogar dazu ermutigt, ihr den Spitznamen »Lady Lindy« zu geben. Obwohl Amelia Earhart der Vergleich peinlich war – ihrer Meinung nach entbehrte er jeder Grundlage –, erstaunte Anne die große Ähnlichkeit zwischen ihrem Ehemann und Amelia Earhart. Sie wirkten wie Geschwister.

Die Lindberghs hatten Amelia Earhart schon sechs Wochen nach ihrer Hochzeit in Winslow, Arizona, bei der Gründung der TAT kennengelernt. Anne beschrieb Amelia Earhart damals als »*sehr* sympathisch, intelligent, nett und amüsant«. Während ihres Besuchs bei den Maddux lernte sie Amelia Earhart noch besser kennen. In einem Brief an Constance beschrieb sie die Fliegerin als »eine erstaunliche Person – ganz genauso unerhört wie C., finde ich. Sie besitzt die Klarheit im Denken, hat einen objektiven Blick, ein ausgeglichenes Temperament und ist sachlich wie ein Wissenschaftler. Und außerdem mag ich sie.«[12]

Auch Amelia Earhart war von Anne sehr angetan. Sie beschreibt sie später als von »kleiner Gestalt«, mit »einer bezaubernden Würde, wenn sie von Menschen umgeben ist... Ihre Kleidung ist schlicht, so wie ihre direkte Art... In ihren Mundwinkeln scheint sich stets ein Lächeln zu verbergen.«[13] Sie war aber auch der Meinung, daß »unter ihrer Sanftheit ein starker Charakter verborgen ist, der körperlichen wie geistigen Gefahren mit Verstand begegnet«.

Laut Doris Reich, einer von Amelia Earharts Biographinnen, »brachte Amelia (Charles Lindberghs) fliegerischem Können uneingeschränkte Bewunderung entgegen. Als Menschen mochte sie ihn jedoch weniger. Als Amelia Earhart mit Norah (ihrer Sekretärin) aus New York abreiste, hatte sie dreizehn Gepäckstücke, die ihre Sommer- und Wintergarderobe enthielten, dabei. Dazu kam das, was Amelia ihr ›Reisebüro‹ nannte. Lindbergh sah dem Aufbruch mißbilligend zu.«[14] Amelia Earhart schrieb dazu:

> Während wir zu erklären versuchten, weshalb wir soviel Gepäck benötigten, schien er (Lindbergh) einen Vergleich mit dem Gepäck einer typischen Lindbergh-Reise anzustellen.
>
> Er wandte sich seiner Frau mit einem Grinsen zu. »Laß dich hiervon bloß nicht auf irgendwelche dummen Ideen bringen«, warnte er.

Reich betonte auch, daß Amelia Earhart, anders als Anne, nicht zugelassen hätte, daß ihr Ehemann bestimmte, wieviel Gepäck sie auf eine Reise mitnehmen dürfe.

Amelia Earhart hielt Lindberghs Streiche für nicht besonders komisch. Sie fand sie nicht nur lästig, sondern war auch der Meinung, daß sie eine feindselige Einstellung gegenüber anderen Menschen, einschließlich jenen, die ihm nahestanden, zeigten. Ihrem zukünftigen Ehemann, dem Verleger George Palmer Putnam, schilderte sie einen besonders kindischen Streich Lindberghs, der sich in diesem Fall gegen Anne gerichtet hatte. Wie aus der folgenden Darstellung hervorgeht, genoß es Earhart ganz offensichtlich, daß Anne den Spieß hatte umdrehen können.

> Anne, der Colonel und AE (Amelia Earhart) waren gemeinsam im Hause von Jack Maddux in Hollywood zu Gast. Eines Abends saßen sie in der Nähe des Kühlschranks beisammen. Anne und AE tranken Buttermilch. Lindbergh, der neben seiner Frau stand und ein Tomatensandwich mampfte, hatte die plötzliche Eingebung, aus einem Glas, das er in der Hand hielt, Wasser auf die Schulter seiner Frau tröpfeln zu lassen.
>
> Anne trug ein bezauberndes Kleid aus hellblauer Seide. Bekanntlich hinterläßt Wasser auf Seide Flecken. AE sah, wie Anne zunehmend unglücklicher wirkte – doch kein Aufbegehren, nicht einmal ein leiser Klagelaut kam über ihre Lippen. AE sagt oft, daß Anne Lindbergh sich wirklich viel gefallen läßt.
>
> Da erhob sich Anne und stellte sich an die Tür, den Rücken den anderen zugekehrt und den Kopf auf ihrem Arm ruhend. AE glaubte erschreckt, daß das Unmögliche geschehen war und Anne weinte. Aber Anne dachte nur über eine Lösung ihres Problems nach. In dem Augenblick, in dem sie ihr einfiel, setzte sie sie auch in die Tat um. Sofort – und mit überraschender Konsequenz.
>
> Mit einer einzigen schwungvollen Bewegung wirbelte sie herum und

schüttete – ganz einfach – den Inhalt ihres Glases Buttermilch direkt über den blauen Serge-Anzug des Colonels. Es war einfach eine herrliche Schweinerei! Lindberghs Gesicht zeigte zuerst höchstes Erstaunen, dann grinste er breit, warf den Kopf zurück und brüllte schließlich vor Lachen. Der Streich ging auf seine Kosten!

AE vermutete stets, daß kein Teil von Annes Garderobe jemals wieder Flecken bekommen hat – zumindest nicht auf diese Art und Weise.[15]

George Palmer Putnam, der *Wir zwei*, Lindberghs ersten Bericht über seinen historischen Flug herausgegeben hatte, beurteilte ihn ebenfalls wenig schmeichelhaft. Nach zahlreichen langweiligen Geschäftsessen mit dem Flieger, bei denen dieser ausschließlich über sein Flugprojekt geredet hatte, kam der kultivierte und gebildete Putnam zu dem Schluß, daß der Flieger wenig für Literatur, Geschichte oder Musik übrig habe. Der Esprit anderer Menschen oder eine gepflegte Unterhaltung interessierten ihn nicht – seine Vorstellung von Humor sei von der groben Sorte, er liebe derbe Späße und Streiche.

Putnams Ansicht nach war eine der auffälligsten Eigenschaften von Lindberghs verwirrender Persönlichkeit seine »Eingleisigkeit«, die ihn befähigte, ohne abzuschweifen, einzig und allein an das zu denken, was gerade wichtig war. »Der Kern von Lindberghs Wesen bildet das vollkommene Fehlen von Phantasie, und zwar in jenem subjektiven Sinn, in dem diese Eigenschaft gewöhnlich gemeint ist«, bemerkte er. »Es mag sein, daß das ein Glück für ihn ist. Gewiß ist das Befreitsein von dieser Sensitivität – jener Eigenschaft, die einen Menschen dazu befähigt, sich im Geiste auszumalen, was als nächstes geschehen wird oder geschehen könnte – besonders hilfreich, wenn man solchen Leistungen, wie jenen, die Lindberghs berechtigten Ruhm begründet haben, ruhig begegnen und sie gezielt ausführen will.«[16]

Wenn Lindbergh keine Phantasie gehabt haben sollte, dann machte seine Frau diesen Mangel mehr als wett. Sie war eine äußerst feinfühlige Beobachterin und besaß die geradezu unheimliche Fähigkeit, ihre Umgebung mit all ihren Nuancen zu spüren und diese Empfindungen und Beobachtungen niederzuschreiben. Vor ihrer Ehe wurde ihr literarisches Talent hauptsächlich von ihrer Familie, ihren College-Lehrern und Klassenkameraden geschätzt, doch nun vermittelte ihr Ehemann ihr eine neue Sichtweise der Welt und ihrer Grenzen, die sich auf ihr Leben und ihre schriftstellerische Tätigkeit auswirken sollte.

Anders als die meisten Piloten, die entweder allein oder in Begleitung anderer Männer flogen, bestand Lindbergh darauf, daß seine Frau ihn auf fast allen seinen Flügen begleitete. Er wollte, daß Anne mit ihm gemeinsam die abenteuerliche Welt der Fliegerei erlebte. Außerdem wollte er jederzeit die Annehmlichkeit ihrer Gesellschaft haben. Natürlich war es für ihn keine neue Erfahrung, eine Frau auf seinen Reisen dabeizuhaben. 1913 waren er und seine Mutter gemeinsam nach Panama gefahren, um sich den im Bau befindlichen Kanal anzusehen. Drei Jahre später, 1916, verbrachten sie einen ganzen Monat auf einer gemeinsamen Fahrt nach Kalifornien. Evangeline hatte entschieden, daß dies eine »wunderbare erzieherische Erfahrung« für ihren Sohn sein würde, obwohl das gleichzeitig bedeutete, daß er sein vorletztes Jahr an einer High-School in einem anderen Bundesstaat würde beenden müssen. Lindbergh erinnerte sich später, daß das Erlebnis, mit dem neuen Saxon-Six seines Vaters in den Westen zu fahren, »das bis dahin größte Abenteuer meines Lebens«[17] war.

Als Lindbergh Pilot geworden war, flog Evangeline, die ebenfalls vom Fliegen begeistert war, oft mit ihm. Anfang der 20er Jahre begleitete sie ihn auch auf eine Kunstflugtour durch den Mittleren Westen. Ein Foto, das Mutter und Sohn in Fliegerkleidung zeigt, besitzt eine unheimliche Ähnlichkeit mit einem Bild, das einige Jahre später von Anne und Charles kurz vor dem Start zu einem ihrer Vermessungsflüge aufgenommen wurde. Es gibt jedoch einen wichtigen Unterschied. Auf dem Bild mit seiner

Mutter blickt Lindbergh grimmig und ernst, während er auf dem mit seiner Frau glücklich wirkt und sich ganz offensichtlich über ihre Begleitung freut.

Sobald Lindbergh Anne kennengelernt hatte, ersetzte sie seine Mutter als Reisegefährtin. Bei der Erkundung neuer Flugrouten für TAT, Pan American und Transcontinental and Western (TAW) wurde sie seine Copilotin und Navigatorin. Während er auf der Suche nach den alten Wohnstätten der Felsenbewohner im Südwesten Amerikas Hunderte von Fotos machte[18], hielt Anne ihren Curtiss-Falcon-Doppeldecker in stabiler Lage. Nachdem er im Verlaufe ihrer Reisen in Yucatan etwas entdeckt hatte, das eine Stadt der Mayas zu sein schien, kehrte sie zusammen mit ihm, einem bekannten Archäologen und zwei weiteren Männern dorthin zurück, um die Ruine in der mittelamerikanischen Wildnis zu erforschen und zu fotografieren. Die Expedition, die von der Carnegie Institution of Washington finanziell unterstützt wurde, erwies sich als äußerst anstrengend, denn sie mußten viele Flugstunden in niedriger Höhe und über wildem und tückischem Terrain absolvieren. Als einzige Frau in dieser Gruppe von fünf Mitgliedern verrichtete Anne mehr als nur ihren Anteil an der Arbeit und schuftete ebenso hart wie alle anderen[19]. Es war eine erhebende Erfahrung für sie, die ihr nur ermöglicht wurde, weil ihr Ehemann an ihre Fähigkeiten und ihren Mut glaubte. Die Ruinen, die sie filmten, entpuppten sich tatsächlich als vergessene Stadt der Mayas. Lindbergh schuf sich mit dieser Entdeckung einen Namen als »Pionier der Luftarchäologie«.

Auf Drängen ihres Ehemanns unternahm Anne bald ihren ersten Flug in einem Segelflugzeug. Lindbergh, den die Möglichkeiten des Fliegens ohne Motorkraft schon lange faszinierten, hatte in Los Angeles einen Freund, Hawley Bowlus. Dieser hatte ein Fluggerät gebaut, das er »sail plane« nannte. Mit seinen langen Tragflächen und dem winzigen Korpus erinnerte es Anne an eine große Seemöwe. Lindbergh flog mehrere Male damit. Er war derart begeistert, daß auch Anne bereit war, es zu versuchen, obwohl sie nun schon seit einigen Monaten schwanger war. Zuerst absolvierte sie ein paar Probeflüge in einem Übungssegelflugzeug, das von einem Auto an einem Seil über das Rollfeld gezogen wurde. Anschließend wählte Lindbergh die höchste Anhöhe in der Gegend, Soldedad Mountain, als geeignetsten Startplatz für das Segelflugzeug mit seiner schwangeren Frau aus. Anne, die ihrem Mann blind vertraute, hielt diesen Berg für »ideal«, wenngleich noch nie jemand von dort gestartet war. Jahre später gab sie zu: »In Wirklichkeit fürchtete ich mich zu Tode, wenn ich allein in meinem Segelflugzeug saß und es losging – den Berg hinunter – aber Angst konnte ich vor meinem Ritter nicht gestehen. Doch war ich erst einmal in der Luft, geriet ich in Ekstase – eine Erfahrung, die ich nie vergessen oder bereut habe.«[20]

Nach einer eintägigen Schulung erhielt Anne als erste Frau der Vereinigten Staaten den Segelflugschein erster Klasse.

Am Ostersonntag 1920 half Anne, die jetzt schon im siebten Monat schwanger war, Lindbergh, den Geschwindigkeitsrekord von Los Angeles nach New York zu brechen. In der Lockheed *Sirius* flogen sie die Strecke in 14¾ Stunden. Sie unterboten somit den bis dahin bestehenden Rekord um drei Stunden. Selbst wenn Anne nicht schwanger gewesen wäre, wäre der Flug eine Qual gewesen. Es herrschte größtenteils stürmisches Wetter. Deshalb, und weil laut Kenneth Davis, einem von Lindberghs Biographen, ein weiterer Zweck dieses Fluges darin bestand, zu beweisen, daß es »am sichersten und schnellsten« war, so hoch wie möglich zu fliegen, führte Lindbergh die Maschine in eine für damalige Verhältnisse große Höhe. Das Paar hatte keinen Sauerstoff an Bord, und mit der Zeit drangen Benzindämpfe ins Cockpit. Anne wurde es deshalb schlecht. Während der letzten Stunden des Fluges hatte sie starke Schmerzen. Obwohl sie sich mehrmals überlegt hatte, ihren Mann zu bitten, sofort zu landen, riß sie sich zusammen, weil sie den Rekordversuch nicht gefährden wollte. »Ich erwartete ein Baby und war einfach schrecklich luftkrank, doch ich wußte, daß ich mich nicht beklagen durfte, weil das den Rekord verderben und darüberhinaus beweisen würde, daß ich eine schwache Frau war, was ich ebenfalls nicht wollte«[21], erinnerte sie sich später.

Als sie in New York landeten, wurde sie sofort von Reportern umringt. Anne bat Charles deshalb, die Presse so bald wie möglich loszuwerden. Sie wollte nicht, daß jemand sah, in welch schlechter körperlicher Verfassung sie sich befand. Lindbergh willigte ein, und als die Presseleute ihn zu seinem Rekordflug interviewen wollten, erklärte er kurz angebunden, daß es sich lediglich um ein »Experiment im Fliegen in großer Höhe«[22] gehandelt hätte. Obwohl die meisten der Reporter inzwischen das Flugfeld verlassen hatten, blieben doch einige lange genug, um zu sehen, wie Anne aus der *Sirius* gehoben und zu einem wartenden Auto getragen wurde[23].

Als verschiedene Berichte über Annes Probleme während des Fluges in den Zeitungen erschienen – in einer Zeitung wurde sogar behauptet, sie hätte einen Nervenzusammenbruch erlitten –, ließ Lindbergh die Behauptungen entschieden dementieren. Leonard Mosley, einer von Lindberghs Biographen, wies darauf hin, daß Anne erst viele Jahre später zugab, daß die Gerüchte wahr waren. Sie gestand mit der Einsicht, die sie in 40 Jahren gewonnen hatte, daß es wohl nicht vernünftig gewesen war, zu fliegen, während sie sich in einem solch fortgeschrittenen Stadium der Schwangerschaft befand. »Sicher, da ich nur schwer glauben konnte, verheiratet zu sein, konnte ich mir kaum vorstellen, daß ich ein Baby erwartete. All das Herumfliegen in offenen Cockpits… einen transkontinentalen Rekordflug… zu unternehmen… war, so meine ich heute, eine Herausforderung des Schicksals. Aber ich fühlte mich jung und stark und unverwundbar.«[24]

Und, so könnte man hinzufügen, bestrebt, ihren anspruchsvollen Ehemann zufriedenzustellen, der sich der Risiken einer Schwangerschaft ebenfalls nicht bewußt gewesen zu sein schien.

Danach entschied Anne klugerweise, daß sie mit Charles keine weiteren Flüge mehr unternehmen wollte, bis ihr Kind auf der Welt war. Sie beherzigte den Rat ihres Arztes und zog sich für die letzten beiden Monate nach Next Day Hill zurück.

Doch es sollte sich herausstellen, daß der Familiensitz alles andere als ein sicherer Hafen war. Dwight Morrow, der jetzt nicht mehr Botschafter war, befand sich mitten in einer hektischen Wahlkampfkampagne für die Vorwahlen in New Jersey. Er war äußerst nervös. Die Belastung des Wahlkampfs hatte ihn sehr mitgenommen, und er verbrachte viel Zeit damit, hinter verschlossenen Türen mit seinen Beratern vertrauliche Gespräche zu führen.

Elisabeth war ebenfalls zu Hause. Sie war wieder einmal krank und deshalb höchst deprimiert. Einige Monate zuvor hatte sie zusammen mit ihrer Freundin Constance Chilton in Englewood einen Kindergarten eröffnet, der als »The Little School« bekannt wurde. Sie leitete den Kindergarten mit Begeisterung, bis sie einen weiteren leichten Herzanfall erlitt. Der Arzt bestand darauf, daß sie in Next Day Hill längere Zeit das Bett hütete.

Vielleicht waren der Anblick ihres ehemaligen Verehrers und ihrer glücklichen, schwangeren Schwester mehr, als Elisabeth ertragen konnte. Sie entschloß sich jedenfalls urplötzlich, nach North Haven zu fahren, da sie sich dort besser erholen könnte als in Englewood. Anne schrieb ihr oft. Es waren optimistische, fröhliche Briefe, in denen sie Elisabeth zu überzeugen versuchte, daß sie eines Tages wieder richtig gesund werden würde. Sie schrieb ihr auch, daß Charles und das Baby zwar »das Wunderbarste sind, das es gibt«, doch Elisabeth würde sicher auch bald ihr Eheglück finden.

Zu den Spannungen im Haushalt kam hinzu, daß Anne und Charles in der Villa ihrer Eltern beobachtet wurden. Die Situation war zwar nicht neu, denn schon früher hatten Reporter den Hausangestellten Geld dafür geboten, wenn sie ihnen Einzelheiten aus dem Privatleben des jungen Paares berichteten. Als Anne und Charles noch verlobt gewesen waren, hatte eine Zeitung sogar einen Handwerker bestochen, ein Bündel Briefe, die Anne an ihren Verlobten geschrieben hatte, zu stehlen. Außerdem hatte sich kürzlich herausgestellt, daß es sich bei einem von Mrs. Morrow persönlich eingestellten Diener gar nicht um einen Diener, sondern um einen Reporter handelte[25].

Anne, die von den ständigen Belästigungen durch die Zeitungen genug hatte, teilte ihrer Schwiegermutter in einem Brief mit, daß Lindbergh ihr, wenn das Baby geboren war, eine verschlüsselte Nachricht telegraphieren würde. Bei einem Mädchen würde das Telegramm lauten VORSCHLAGE ANNAHME DER VERTRAGSBEDINGUNGEN, bei einem Jungen VORSCHLAGE ERWERB DER BESITZUNG. Beide Botschaften würden mit »Reuben Lloyd« unterzeichnet sein.

Am 22. Juni 1930, ihrem 24. Geburtstag, brachte Anne einen Sohn zur Welt. Die Tatsache, daß es ein Junge war, entzückte das junge Paar. Vor allem Lindbergh war begeistert. Sie entschlossen sich, ihren Sohn Charles Augustus jr. zu nennen.

Charles Augustus jr. wurde unverzüglich zum »Medienstar«. Es ist wohl keine Übertreibung, zu sagen, daß noch kein Kind so im Mittelpunkt des öffentlichen Interesses gestanden hat. Als die Lindberghs aufgrund eines plötzlichen Sinneswandels schon am 22. Juni der Presse die Geburt ihres Sohnes bekanntgaben, stürzten Reporter, die mehrere Tage lang vor den Toren des Morrow-Anwesens gewartet hatten, zu ihren Autos, um zu den nächstgelegenen Telefonen und Telegraphenstationen zu rasen. Rundfunksprecher traten an ihre Mikrophone und sendeten die Nachricht von Station zu Station. Schon bald konnte man im Radio ein Lied hören, in dem die Ankunft des neuen Erdenbürgers, den die Presse »Little Eaglet« getauft hatte, besungen wurde.

Binnen einer Stunde nach Bekanntgabe der Geburt des Babys begannen Tausende von Grußbotschaften in Next Day Hill einzugehen. Hunderte von Fremden fuhren vor das Tor des Anwesens der Morrows, um ihre Glückwünsche zu überbringen. Dem Kind wurden so viele Geschenke geschickt, daß Anne und Charles zum Schluß keinen Platz mehr dafür hatten.

Würdenträger aus der ganzen Welt überschütteten das Paar mit Telegrammen. Aus Mexico City, wo Anne und Charles sich kennengelernt hatten, schickte Präsident Ortiz Rubio seine persönlichen Glückwünsche. Er verband sie mit den besten Wünschen des ganzen mexikanischen Volkes. Die Franzosen, die Lindbergh besonders schätzten, »adoptierten« seinen neugeborenen Sohn unverzüglich. In Englewood überreichten Kinder aus dem Ort den Wachleuten auf dem Morrow-Anwesen Sträuße wilder Blumen, die sie für »Lindys Baby« gepflückt hatten. Da man keine Fremden hereinließ, nicht einmal Kinder, versuchte ein findiger Mann sich dadurch Zugang zu verschaffen, daß er behauptete, einen Kinderwagen auszuliefern, den Anne und Charles bestellt hätten. Er mußte mit seinem Kinderwagen ebenfalls draußen bleiben.

Doch zusammen mit den Gratulationen kamen häßliche Gerüchte auf. Es wurde sogar behauptet, daß der kleine Charles Augustus schrecklich deformiert sei und wie ein Monster aussah. Dies sei auch der Grund dafür, weshalb die Lindberghs es nicht gestatteten, daß man ihn fotografierte. Um dieser Geschichte ein Ende zu machen, übergab Lindbergh der Presse Fotos des Jungen – sie zeigten ein blondes, entzückendes und offensichtlich völlig normales Kind. Natürlich hatte das wiederum zur Folge, daß man jetzt noch mehr Fotos verlangte.

Als Anne ihren Sohn zum ersten Mal sah, war sie entsetzt, da sie glaubte, das Baby sehe mit »einer Nase, die über das ganze Gesicht reichte«, aus wie sie. Doch bei genauerem Hinsehen entdeckte sie, wie sie ihrer Schwiegermutter schrieb, dann zu ihrer Freude, daß Charles jr. von seinem Vater den Mund und das gespaltene Kinn geerbt hatte. Sein einziger Schönheitsfehler – und der war unbedeutend – war, daß zwei Zehen seines rechten Fußes leicht übereinanderstanden.

Obwohl das junge Paar sich hatte erweichen lassen und der Presse die Geburt bekanntgegeben hatte, sollten noch 16 Tage vergehen, bis Lindbergh den Reportern den Namen des Kindes verkündete und ihnen weitere Fotos, die er selbst geschossen hatte, übergab. Er erklärte außerdem, daß er mit mehreren New Yorker Sensationsblättern, die wiederholt empörende und verletzende Geschichten über ihn und seine Frau gedruckt hatten, nicht mehr sprechen würde[26].

Zur Freude des Paares ließ die Presse sie die nächsten paar Monate nach der Geburt ihres Kindes weitgehend in Ruhe. Obwohl sie immer noch nicht in Restaurants gehen konnten, ohne sofort von begeisterten Menschen umringt zu werden, konnten sie nun doch gelegentlich einen ungestörten Abend im Theater genießen, wenn sie zu einfallsreichen Verkleidungen Zuflucht nahmen. Anne verbrauchte dabei Unmengen von Lippenstift, während Lindbergh sich sogar einen falschen Schnurrbart zugelegt hatte.

Jedesmal, wenn Anne Charles jr., dem sie spontan den Kosenamen »das fette Schäfchen« gegeben hatte, im Arm wiegte, versuchte sie sich einzureden, daß sie wie jede andere junge Frau war, die einen Mann und ein Baby hatte.

Kapitel 5
»Sie ist die Bemannung«

Anne liebte ihren kleinen Sohn abgöttisch. Sie hatte jedoch nicht die Absicht, ihre Flüge mit Charles aufzugeben und sich allein ihrer Mutterrolle zu widmen. Obwohl sie nun mehr als ein Jahr verheiratet war, empfand sie, wenn sie mit ihrem Mann allein in einem Flugzeug saß, immer noch die gleichen Gefühle wie bei ihrem ersten Flug. Zusammen zu fliegen bedeutete, daß sie nichts trennte, nicht einmal sein Beruf. Charles ließ sie sowohl an seiner Welt teilhaben als auch an seinen Zukunftsvisionen, die die Luftfahrt betrafen. Aber es gab noch einen anderen Grund, weshalb Anne leidenschaftlich gerne mit ihrem Mann flog. Wenn sie sich in einem Flugzeug befanden, wo er ganz klar der Pilot und Meister war, schien das, was die beiden in ihrer Persönlichkeit, Herkunft und Bildung unterschied, zu verschwinden. Er war dann nicht mehr der Charles Lindbergh, der das College abgebrochen hatte, der keinen Sinn für Kunst hatte und den Leuten geschmacklose Streiche spielte, sondern ein Flugpionier, der vor ihren Augen neue Rekorde aufstellte, bedeutende archäologische Entdeckungen machte und die Geheimnisse des Firmaments entschlüsselte.

Nachdem sie sich einen Monat lang von der Geburt erholt hatte, was während der Stillzeit durch einen schmerzhaften Abszeß in der Brust erschwert wurde, begann Anne Ende August wieder mit ihrem Mann zu fliegen. Oder, wie sie in einem Brief an ihre Schwiegermutter erklärte: »Ich bin aus dem Bett beinahe sofort in ein Flugzeug gehüpft.«[1]

Anne badete ihr Baby zwar, zog es auch an und fütterte es, doch hauptsächlich war eine junge schottische Kinderpflegerin namens Betty Gow für seine Betreuung verantwortlich. Wie viele junge Mütter war Anne im Umgang mit ihrem Kind anfangs sehr unsicher und verließ sich bei der Pflege völlig auf ihre Mutter und Betty. Als das Baby einmal krank war, wußte sie nicht, was sie tun sollte. Es war Mrs. Morrow, die den Jungen schließlich zu einem Kinderarzt bringen mußte. Mit dem Baby zu schmusen, kam ihr unnatürlich vor. Sie schrieb Elisabeth: »Ich will meins (mein Kind) in keiner Weise ›*verhätscheln*‹. Vielleicht stimmt also auch mit mir etwas nicht ganz. Ich spreche gerne mit ihm und versuche, seine Aufmerksamkeit auf mich zu lenken.«[2]

Daß Anne sich auf eine Kinderpflegerin verließ und eine etwas kühle Haltung gegenüber dem Baby einnahm, war für diese Zeit und für die Gesellschaftsschicht nicht ungewöhnlich. In den 30er Jahren engagierten viele gutsituierte Amerikanerinnen Kindermädchen für ihre Kinder, um es den reichen europäischen Frauen nachzutun. Außerdem befolgten sie sklavisch die Ratschläge von Dr. John B. Watson, eines Kinderpsychologen, der in seiner 1928 veröffentlichten Studie *Psychological Care of Infant and Child* dafür eintrat, daß man Kinder wie Erwachsene behandeln sollte. »Umarmen und küssen Sie Ihre Kinder niemals, nehmen Sie sie niemals auf den Schoß«, mahnte Watson. »Wenn es schon unvermeidlich ist, dann geben Sie ihnen beim Gute-Nacht-Sagen einen einzigen Kuß auf die Stirn. Geben Sie ihnen morgens die Hand. Tätscheln Sie ihnen den Kopf, wenn sie irgendeine schwierige Aufgabe besonders gut gelöst haben.« Der Psychologe war nämlich der Meinung, daß verhätschelte Kinder bald zu Mamakindern würden. »Bringen Sie dem Kind so schnell wie möglich bei, alles selbst zu machen... Schaffen Sie eine Routine, die es darauf vorbereitet, mit zwei Jahren in die Welt hinauszuziehen.«[3] Trotz ihrer anfänglichen Unsicherheit gegenüber dem Baby schienen Anne, die eine liebende Mutter war, Watsons strenge Ratschläge zu belustigen. Sie erklärte Elisabeth in demselben Brief, daß das Baby das »Gehätschel« gar nicht mochte, sondern »es stößt und boxt mit seinen Fäusten, vielleicht ist also auch mit ihm etwas nicht so, wie es sein soll! Ein neuer Mutter-Kind-Komplex für Watson.«

Wenn die Lindberghs nicht gerade unterwegs waren, dann verbrachten sie immer noch die meiste Zeit in Next Day Hill. Wenn man bedenkt, daß Anne nun 25 und Charles 29 Jahre alt war, erscheint es merkwürdig unerwachsen, daß sie immer noch bei ihren Eltern lebten. Jedenfalls stand dieser Lebensstil im Widerspruch zu Lindberghs enormer Berühmtheit und seinem steigenden Reichtum. Wie viele erwachsene Kinder, die sich weigern, das warme Nest zu verlassen, wohnte das berühmte Paar zweifellos auch deshalb bei den Eltern, weil sich ihnen dort ein leichtes, beinahe müßiges Leben bot.

Auf dem Anwesen, zu dem 29 Bedienstete gehörten, brauchten Anne und Charles keinen Finger rühren. Es wurde nicht nur unverzüglich für ihre körperlichen Bedürfnisse gesorgt, man schützte sie auch vor der neugierigen Presse und einer Öffentlichkeit, die sie inzwischen verabscheuten. Darüber hinaus erhielten Anne und Charles von den gesellschaftlich gewandten Morrows auch Ratschläge, wie sie mit Würdenträgern und anderen Berühmtheiten umgehen sollten, denen sie im Verlaufe ihrer Reisen begegneten. Als Finanzgenie war Dwight Morrow außerdem seinem Schwiegersohn eine unschätzbare Hilfe bei der Verwaltung seines schnell wachsenden Vermögens.

Die Entscheidung, sich von solchem Luxus und Schutz zu trennen, war sicher nicht leicht. Doch nach der Geburt von Charles jr. beschlossen Anne und Charles, daß es nun Zeit war, aus dem Haus der Morrows auszuziehen. Sie begannen sich nach einem Grundstück auf dem Lande umzusehen. Zuerst suchten sie in den Palisades, dann auch in anderen Teilen New Jerseys. Im September schließlich wurden sie fündig, als sie über ein

Stück Land in den Vorbergen von Sourland Mountain flogen. Es lag in der Nähe von Hopewell und etwa zehn Meilen nördlich von Princeton. Nach ihrer Landung kletterten sie auf einen Baum am Berghang. Laut Lindbergh blickten sie auf »den Platz, auf dem wir schließlich unser Haus bauten«, hinab. Daraufhin beschlossen sie, 160 Hektar bewaldetes Land zu kaufen. Das Grundstück lag weitab von den Hauptverkehrsstraßen und war nur über ungeteerte steinige Feldwege zu erreichen, die durch dichte Eichenwälder und über Bäche und Felder führten. Im Keller ihres neuen Zuhauses sollte ein biologisches Laboratorium untergebracht sein, wo Lindbergh wissenschaftliche Experimente durchführen konnte, für die er sich neuerdings interessierte. Da das Haus jedoch nicht vor November fertiggestellt werden konnte, mieteten sie sich während der Bauzeit in der Nähe von Princeton ein kleines Bauernhaus. Vor diesem lag ein Feld, das als behelfsmäßige Start- und Landebahn diente.

Anne war angesichts der Vorstellung, daß sie endlich ein eigenes Zuhause haben würde, begeistert. »Unser eigenes Heim – Stellen Sie sich das nur vor!« schrieb sie Evangeline.

Dennoch gab es für sie, so sehr sie Lindbergh auch anbetete und sich darauf freute, gemeinsam mit ihm ihr Traumhaus zu bauen, Augenblicke, in denen sie sich danach sehnte, allein und ungestört durch Ehemann und Kind zu sein. Da es ihr schwerfiel, wenn nicht sogar unmöglich war, offen zu sagen, wenn ihr an ihrem Ehemann etwas nicht paßte, verlieh sie ihren negativen Gefühlen, wenn überhaupt, nur indirekt Ausdruck. Zum Beispiel beschrieb sie in einem sehr gefühlsbetonten Brief an Constance, welch erlesenes Vergnügen es gewesen war, allein ein César-Franck-Konzert zu besuchen, und wie wunderbar sie es fand, ihre Eindrücke für sich allein zu haben. Hätte sie diese Erfahrung allerdings mit jemandem teilen müssen, dann wäre, wie sie hinzufügte, ihre Wahl auf Constance gefallen, denn diese stand ihr von allen ihren Geschwistern geistig am nächsten.

Der fehlende Begleiter, auf den sie in ihrem Brief anspielt, war natürlich ihr Ehemann. Ebenso wie George Palmer Putnam hatte auch sie erkannt, daß Lindbergh klassische Musik langweilig fand. Zweifellos war das auch einer der Gründe, weshalb sie gern allein zu Konzerten ging. Kindische Streiche auszuhecken entsprach dagegen schon eher dem, was er sich unter einem schönen Zeitvertreib vorstellte. Kürzlich erst hatte er Gäste auf Deacon Brown's Point aus ihren Kanus gekippt. Anne selbst blieb eines seiner bevorzugten Opfer. Aus irgendeinem Grund hielt er es für unerhört komisch, ihr jedesmal, wenn sie das Haus betrat, den Hut vom Kopf zu schnappen. Außerdem zog er sie gnadenlos auf, wenn sie Strümpfe trug. Obwohl sie seine Faxen, wenn sie jemandem davon erzählte, stets mit einem Lachen abtat, muß ihr zu diesem Zeitpunkt inzwischen klar gewesen sein, daß sich ihr Ehemann oft wie ein Heranwachsender benahm.

Während sich ihr Haus im Bau befand, wohnten die Lindberghs in ihrem Bauernhaus in Princeton oder in Next Day Hill. Auch Elisabeth, die gerade von einer Reise nach Nassau zurückgekehrt war, lebte wieder bei ihren Eltern. Anne war glücklich, ihre zarte, oftmals traurige Schwester in gelöster Stimmung zu sehen, was wohl an einem neuen Verehrer lag. Anne machte sich jedoch auch Sorgen, daß diese Romanze Elisabeth emotional zu sehr aufwühlen und ihr deshalb schaden könnte. »Es ist schön, sie wieder so zu sehen – wenn es sie nicht zu müde macht«, gestand sie Constance. »Aber es ist ziemlich anstrengend gewesen zu versuchen 1) sie physisch nicht zu sehr aufzuregen, um sie gefühlsmäßig nicht zu sehr durcheinanderzubringen und 2) sie gefühlsmäßig nicht zu sehr aufzuregen, um sie physisch nicht zu sehr durcheinanderzubringen. Kapiert?«[4]

Ihre Rollen hatten sich nun vertauscht. Diesmal war es die reizende, königliche Elisabeth, die sich minderwertig fühlte und eifersüchtig war. Obwohl Anne dies niemals erwähnte, war es wohl nicht der neue Verehrer, sondern der Anblick ihrer jüngeren Schwester mit ihrem gutaussehenden, weltberühmten Ehemann und dem reizenden kleinen Jungen, der Elisabeths aufgewühlten, beinahe manischen Zustand herbeiführte.

Während Elisabeth aufgrund ihres schwachen Herzens und ihrer nervösen Stimmungslage ans Haus gebunden war, verbrachte Anne ihr Leben in zunehmendem Maße in den Lüften. Ihr Mann brachte ihr das Fliegen bei. In seiner üblichen schonungslosen und praktischen Art hatte er ihr mitgeteilt, sie müsse, sollte ihm während eines Fluges etwas passieren, jederzeit in der Lage sein, das Flugzeug sicher zu landen. Andere Frauen wären über die Vorstellung, selbst ein Flugzeug zu fliegen, erschrocken gewesen. Dies gilt um so mehr, als die Maschinen, die die Lindberghs flogen, vom heutigen Standpunkt aus gesehen zerbrechlich und technisch unausgereift waren. Anne jedoch war begeistert, denn sie war ja schon immer gerne geflogen[5]. Amelia Earhart vertraute sie einmal an, daß sie sich bereits als kleines Mädchen, schon lange, bevor sie Lindbergh begegnet war, danach gesehnt hatte, fliegen zu lernen.

Ihren Flugunterricht erhielt Anne auf einem Bird-Doppeldekker. Diesen Flugzeugtyp fand ihr Mann ideal für sie, da die Maschine so klein war, daß sie »in einem Baum landen konnte«[6]. Sie und Lindbergh verbrachten viele Stunden in dem Doppeldecker. Lindbergh lehrte sie all die Dinge, die sie im Verlaufe eines Fluges im Kopf haben mußte. Wie vorherzusehen, war er ein strenger Lehrer. Anne war oft entmutigt und über die hohen Anforderungen, die er stellte, verärgert. Sie tat jedoch alles in ihrer Macht Stehende, um ihn zufriedenzustellen. »Ich wollte schrecklich gern den Erwartungen meines Mannes gerecht werden«[7], sagte sie später einmal.

Damals wurden die meisten weiblichen Flugschüler von ihren Fluglehrern verhätschelt. Eine Unterrichtseinheit, die länger als eine Stunde dauerte, wurde in der Regel als zu hart für eine Frau angesehen. Lindbergh jedoch übte mit seiner Frau stundenlang. Schließlich erklärte er, sie sei nun soweit, um allein einen kleinen Rundflug zu machen. Anfangs waren ihre Landungen eine holperiger als die andere. Während sie überglücklich war, einfach heil zur Erde zurückzukehren, bestand der Perfektionist Lindbergh darauf, daß sie so lange weiterübte, bis ihr tadellose Dreipunktlandungen gelangen.

Ihren ersten längeren Alleinflug absolvierte sie vom Long Island Aviation Club zum Teterboro Flughafen. Als sie in New Jersey aus dem Cockpit kletterte, fühlte sie sich »wie eine Königin«[8]. Im Mai 1931 erhielt sie schließlich ihren Flugschein. Ihre Tage als Flugschülerin waren damit jedoch noch lange nicht vorbei. Sie lernte, ein Radiogerät zu bedienen. Allein dieser Kurs dauerte viele Wochen. Außerdem lernte sie bei Harold Gatty, Wiley Posts Navigator auf seinem Flug um die Welt, zu navigieren und zu morsen.

All dies geschah zu einem bestimmten Zweck. Da Lindbergh daran interessiert war, neue Luftstraßen zu finden, hatte er Juan Trippe von Pan American Airways vorgeschlagen, über Kanada und Alaska nach China zu fliegen, um der kommerziellen Luftfahrt einen neuen Weg in den Osten zu eröffnen. Anne sollte dabei seine Copilotin sein und auf der mehrere Monate dauernden Reise, in deren Verlauf sie viele noch auf keiner Landkarte verzeichnete Regionen überfliegen würden, als Bordfunker und Navigator dienen. Trippe war von dem Projekt höchst begeistert. Falls Lindbergh Erfolg hatte, bedeutete das, daß Flüge über Gebiete weit im Norden, den kürzesten interkontinentalen Routen, also möglich waren.

Obwohl Anne über die Aussicht, mit ihrem Ehemann einen solchen Flug zu unternehmen, hocherfreut war, beunruhigte es sie, daß sie den einjährigen Charlie, wie sie ihn nannte, den Sommer über bei Betty und ihren Eltern in North Haven zurücklassen mußte, wo sie ihn eigentlich in guten Händen wußte. Sie bat

Mrs. Morrow, das Kind jeden Monat zu fotografieren und genau über seine Fortschritte Buch zu führen, damit sie bei ihrer Rückkehr sehen konnte, wie es sich in der Zwischenzeit entwikkelt hatte. Sie war auch sehr darum besorgt, daß die Morrows und das Dienstpersonal den Jungen vor Reportern oder Schaulustigen abschirmten. Dazu hatte sie genügend Grund. Im März war Daffin, der weiße West Highland-Terrier, den die Morrows nach Mexico City mitgenommen hatten und der Annes liebstes Schoßtier war, von Schaulustigen, die mit einem Auto in den vorderen Hof von Next Day Hill hineingerast waren, getötet worden. Die Leute hatten sich nicht einmal die Mühe gemacht, anzuhalten, nachdem sie das Tier überfahren hatten. Ihre Gefühllosigkeit hatte Anne schrecklich aufgeregt. Sie, die stets ruhig und kontrolliert blieb, schrieb Constance, der unnötige Tod des Hundes ließe sie »vor Wut kochen«.

Dwight Morrow, der im vorangegangenen November einen überwältigenden Wahlsieg errungen hatte, war inzwischen Senator von New Jersey. Obwohl er als amerikanischer Botschafter in Mexiko äußerst erfolgreich gewesen war, waren die letzten Monate seines Aufenthalts von Spannungen belastet gewesen, da es ernsthafte Meinungsverschiedenheiten mit Präsident Pascual Oritz Rubio, Calles Nachfolger, wegen der mexikanischen Schulden gegenüber den USA gegeben hatte.

Von den vielen harten und zähen Verhandlungen erschöpft, war er in die Vereinigten Staaten zurückgekehrt und hatte dort sofort mit seinem Wahlkampf um das Amt des Senators von New Jersey begonnen. Die Kampagne selbst sollte noch mehr an seinen Kräften zehren, denn ein zentraler Punkt war das heikle Thema der Prohibition. Morrow war einer der ersten Politiker, der eine vorbehaltlose Aufhebung des 18. Nachtragsgesetzes befürwortete, doch diese Ansicht sollte ihn noch viel Kraft und Nerven kosten.

Es war vielleicht kein Zufall, daß Dwight Morrow vehement

für eine Aufhebung der Prohibition eintrat, denn er hatte inzwischen selbst Alkoholprobleme. Wie ernst dieses Problem war, und aus welchem Grund er trank, ist nicht bekannt. Tatsache ist, daß es Ende der 20er Jahre zunehmend in Mode gekommen war zu trinken. Die Leute hielten Badewannen-Gin-Parties ab, und Betrunkene gehörten zum Straßenbild. Als die wirtschaftlichen Probleme während der Depression immer drückender wurden, versuchten immer mehr Amerikaner ihre finanziellen Sorgen im Alkohol zu ertränken. Der Alkoholismus war so weit verbreitet, daß »es schien, die öffentliche Moral sei zusammengebrochen«.

Was den Hinweis auf Morrows Alkoholismus betrifft, so vertraute nach Morrows Tod zumindest ein enger Freund seinem Biographen Harold Nicolson an, daß Morrow »ziemlich viel trank«[9]. Nicolson selbst beschrieb Morrow einmal als »schlauen und selbstsüchtigen kleinen *Parvenü*, der sich zu Tode gesoffen hat[10]« – eine häßliche und fragwürdige Bemerkung, da Nicolson weder in seiner Biographie über Morrow noch in den Briefen, die er an seine Frau Vita Sackville-West schrieb, während er in Next Day Hill für diese Biographie recherchierte, auf dieses Problem angespielt hatte.

Ob der Kampf um das Senatorenamt Dwight Morrows Alkoholproblem verursacht oder verschlimmert hatte, kann man nur vermuten. Eindeutig stand er unter großem Streß und begann zu dieser Zeit wieder unter Schlaflosigkeit und unerträglichen Kopfschmerzen zu leiden. Seine Frau machte sich große Sorgen um ihn. »Dwight ist so müde; so entmutigt; so *wütend*, daß er in dieser Senats-Kampagne gefangen ist. Er ist erschöpft, will das Ganze eigentlich gar nicht und wäre wohl froh, wenn er verlieren würde«[11], vertraute sie ihrem Tagebuch an.

Wie Morrow befürchtet hatte, wurde der Druck auf ihn noch stärker, als er zum Senator gewählt wurde. Völlig durcheinander, vielleicht aber auch in der Hoffnung, nicht noch einmal aufgestellt zu werden, schockierte er seine Anhänger dadurch, daß er gegen Lebensmittelhilfen für Bedürftige, gegen die Vergabe von Pensionen für Soldaten und gegen strengere Auflagen für die öffentlichen Versorgungsbetriebe stimmte. Ein Journalist gab dem allgemeinen Empfinden treffend Ausdruck, als er schrieb, Morrow habe »sein Leben damit zugebracht, sich einen Ruf als großer Liberaler zu erwerben, nur um ihn dann innerhalb dreier Monate im Senat zu zerstören«. Morrow wurde durch solche Kritik schwer getroffen. Er bemühte sich, gewissenhaft zu arbeiten, und es ging ihm gegen den Strich, über ein Thema abstimmen zu müssen, über das er so gut wie nichts wußte.

Etwas, womit er sich besonders auseinandersetzte, war das Arbeitsproblem. Er arbeitete viele Nächte durch und studierte umfangreiche Abhandlungen und Studien zu diesem Thema. Schließlich kam es soweit, daß die stets umsichtige Betty ihn daran erinnern mußte, daß auch er seinen Schlaf brauche. »Das ist doch Unsinn«, erwiderte er. »Die meisten Menschen haben, was das Schlafen angeht, eine übertriebene Vorstellung. Wenn ich zwei Stunden Schlaf bekomme, dann reicht mir das.«[12]

Trotz dieser Behauptung war ihm bewußt, daß er überarbeitet war und seine körperliche und geistige Gesundheit darunter zu leiden begann. Inmitten eines fröhlichen Familientreffens am 4. Juli 1931, umgeben von seiner Frau, seinen Kindern und seinem kleinen Enkel, wandte er sich seinem Schwiegersohn zu und sagte düster: »Charles, mach dir niemals zuviel Gedanken. Es schadet nur dem Verstand.«[13]

Am 27. Juli, drei Wochen nach diesem Familientreffen, waren die Lindberghs schließlich soweit, um von College Point auf Long Island aus zu ihrem Vermessungflug starten zu können. Anne vergaß ihre Sorgen wegen Charlie und der Situation zu Hause vorübergehend, als sie und Charles in das Doppelcockpit der *Sirius* kletterten, die man gerade von einem Landungssteg hinunter in den Long Island Sound gerollt hatte. Seit ihrem letzten großen Flug war die *Sirius* umgebaut worden. Sie war nun mit großen Schwimmern für Landungen auf dem Wasser ausgestattet, so daß Anne das Flugzeug selbst »klein und zierlich« erschien. Die Anbringung der Schwimmer war notwendig gewesen, weil es in den weitgehend kartografisch noch nicht erfaßten Gebieten, die sie überfliegen würden, Tausende von Seen und Meeresarmen gab. Die Schwimmer hatten jedoch noch eine weitere Funktion: sie enthielten den größten Teil des Treibstoffes. Mit dem Benzin, das sie an Bord hatten, konnten sie fast 3200 Kilometer zurücklegen.

Unter dem Jubel und dem Beifall der riesigen Menschenmenge, die sich zum Start versammelt hatte, beschleunigte die *Sirius* auf dem Long Island Sound. Von ihren Schwimmern spritzte Gischt auf, was an diesem drückend heißen Hochsommertag ein erfrischender Augenblick war. Bald nach dem Start war das elegante schwarze Flugzeug mit seinen auffallend orangefarbenen Tragflächen nur noch ein Punkt am Himmel, dann schließlich war es überhaupt nicht mehr zu sehen.

Das Paar, das endlich wieder einmal allein war, machte sich auf den Weg nach Washington, D. C., um sich dort die nötigen Papiere und Genehmigungen zu besorgen. Dann flogen sie zum Sommerwohnsitz der Familie in Maine, um Annes Eltern und Charlie auf Wiedersehen zu sagen. Als sie sich North Haven näherten und aus ihren Cockpits auf die Erde hinunterblickten, konnten sie fast die gesamte Einwohnerschaft des Ortes, die ihre Landung von Booten im Hafen aus beobachtete, sehen. Dieses eine Mal machte es Anne, die große Menschenansammlungen haßte, nichts aus, von so vielen Leuten empfangen zu werden. Diese Schar neugieriger Zuschauer bestand nämlich hauptsächlich aus Freunden und Nachbarn, die sie alle schon seit ihrer Kindheit kannte.

Die Lindberghs verbrachten die Nacht in Deacon Brown's Point. Vor dem Zubettgehen saßen sie noch lange vor dem Kamin und beantworteten alle Fragen, die die Morrows zu ihrer geplanten Reise stellten. Ihre Eltern, berichtete Anne später, waren von ihrer Fachkenntnis, was das Kurzwellenradio anging, beeindruckt. Anne selbst freute sich sehr, daß Lindbergh stets sie antworten ließ, wenn ein Familienmitglied eine Frage über dieses Gerät stellte, obwohl sie sich, wie sie später allen erzählte, absolut sicher war, daß sie über die Funktechnik weit weniger wußte als er.

Als sie am nächsten Morgen starteten, konnte Anne die Landschaft, in der sie ihre Kindheit verbracht hatte, aus der Vogelperspektive betrachten. Später beschrieb sie diese Erfahrung in ihrem ersten Buch *Ich fliege mit meinem Mann:*

> Die Insel, die unter uns hinabsank, während wir in die Luft stiegen, lag ruhig und vollkommen da, in starrer Klarheit gegen das dunkle Meer abgegrenzt. Während ich das alles mit meinem Blick umfaßte, genoß ich die tiefste Befriedigung. Es war mein, als hielte ich es wie einen Apfel in meiner Hand. All seine verschiedensten Teile gehörten mir zugleich. Die Menge auf dem Landungsplatz, das kleine schaukelnde Schiff im Hafen, aus dem meine Familie uns zuwinkte, das weiße Haus an der Landspitze, wo mein Kind schlief. Welches Entzücken, das alles zugleich zu sehen! So, wie man, wenn man von jemand Abschied nimmt, versucht, alles an ihm mit einem Blick zu umfassen.[14]

Zu diesem Zeitpunkt konnte sie noch nicht wissen, daß sie einen Menschen nie wiedersehen würde. Es war ein nervöser kleiner Mann, der ihnen wie wild von einem Boot aus zujubelte – ihr Vater Dwight Morrow.

Von North Haven aus flogen die Lindberghs nach Ottawa, wo sie sich mit mehreren berühmten kanadischen Fliegern, Forschern und Meteorologen zum Abendessen treffen wollten. Als sie landeten, war Anne ausgesprochen zufrieden mit sich. Der Funkverkehr hatte ihr keine Schwierigkeiten bereitet; es war ihr gelungen, sich bei zwei Stationen vorschriftsmäßig zu melden. Da sie sich ihrer technischen Fähigkeiten allerdings immer noch nicht sicher war, machte sie sich Gedanken, wie sie ihrer Aufgabe besser gerecht werden konnte. Ihre Arbeit war nämlich sehr kompliziert. Robert Daley schrieb in seiner Biographie über Juan Trippe:

> Das von der Pan Am im Jahre 1931 benutzte Funkgerät mußte, wenn man eine Nachricht senden oder empfangen wollte, praktisch jedesmal neu zusammengesetzt und wieder auseinandergenommen werden. Um die Frequenzen zu wechseln, mußte man eine passende Übertragungsspule einsetzen. Die *Sirius* hatte davon sechs an Bord. Ein zweiter Satz mit Spulen mußte wiederum eingebaut werden, um das Gerät empfangsbereit zu machen. Sie (Anne) lernte außerdem, die Schleppantenne rein- und rauszukurbeln; die Antenne hatte an ihrem Ende ein schweres Kugelgewicht und mußte für jede Frequenz in einer ganz bestimmten Länge herausgekurbelt werden. Zum Beispiel entsprachen 48 Windendrehungen 3,130 KiloHertz. Das Funkgerät selbst arbeitete mit 400 Volt, und Anne mußte darauf gefaßt sein, jedesmal, wenn sie daran arbeitete, einen Schlag zu bekommen, der sie fast aus ihrem Sitz riß.[15]

Später auf dem Flug war Anne überglücklich, als ein Funker, beeindruckt von ihrer Geschicklichkeit beim Empfangen und Senden von Nachrichten, ihr über Funk mitteilte, »Kein Mann hätte das besser machen können«. Sie hatte das Gefühl, das sei das höchste Lob, das ihr jemand aussprechen konnte.

Das größte Kompliment jedoch war das von ihrem Mann. Beim Abendessen in Ottawa versuchten einige der altgedienten kanadischen Piloten, Lindbergh die Route, die er ursprünglich ausgearbeitet hatte, auszureden. Sie argumentierten, sie sei zu trostlos und zu gefährlich, außerdem landschaftlich wenig reizvoll. Lindbergh hielt jedoch hartnäckig an seinem ursprünglichen Plan fest, von Ottawa aus nach Moose Factory, dann weiter zur Hudson Bay, von dort nach Baker Lake und dann Richtung Norden zur Arktis zu fliegen. Als einer der Flieger die Frechheit besaß, zu erwidern, er hielte die Reise streckenweise für so gefährlich, daß er nicht auf den Gedanken käme, seine Ehefrau mitzunehmen, lächelte Lindbergh Anne an und sagte: »Sie dürfen nicht vergessen, daß sie die Bemannung ist.«[16]

Als sie Lindberghs Bemerkung hörte, war Anne von Stolz und Freude überwältigt. »Hatte ich also die Stufe erreicht, wo man mich Männern gleichstellte?« fragte sie sich bebend.

Anne, die sich sicher fühlte, jetzt, da sie wußte, daß ihr Mann sie jedem erfahrenen männlichen Piloten ebenbürtig betrachtete, flog mit ihm am nächsten Morgen nach Baker Lake, einem entlegenen kanadischen Fellhandelsposten 1500 Meilen nordwestlich von Ottawa. Das Empfangskomitee bestand aus einem Mitglied der kanadischen berittenen Polizei und ein paar Eskimos in Parkas mit spitzen Kapuzen als Schutz vor den Moskitoschwärmen. Als sie aus dem Flugzeug stieg, starrten die Eskimos sie neugierig an. Sie war die erste Frau, die je bis zu diesem Handelsposten gekommen war.

Das Leben an diesem abgelegenen Ort erinnerte Anne an ein Gefängnis. An jenem Abend, als sie und Lindbergh die *Sirius*, die man auf den Strand hinaufgezogen hatte, überprüften, überfiel sie plötzlich der panische Gedanke, es könnte ihnen genauso ergehen wie den Männern, die immer davon sprachen, von Baker Lake fortzugehen, es aber dann doch nie taten.

> Wie schrecklich, hier zurückgelassen zu werden, dachte ich, mit einem Blick auf die gelbroten Flügel unseres Flugzeugs. Es sah so zahm und haustierartig aus, als es da so gelassen ans Ufer gekettet lag wie nur irgendein Hofhund. Ich konnte kaum glauben, daß Kraft und

Freiheit in diesem glatten Leib verborgen waren wie Leben und Tod im glänzenden Mantel eines Geschosses – daß es auf einen Fingerdruck zu brüllendem Leben erwachen und, einmal losgelöst, sich leicht wie ein Borkenstückchen, das sich im Bach unter einem Stein verfangen hat, aufsteigen werde, sobald die Strömung es faßte. Jetzt, mit schlafendem Motor, die Schwimmer im Sand ruhend, die Flügel am Ufer vertäut, sah es ebenso erdgebunden aus wie wir. Und es war unsere einzige Hoffnung, zu entkommen. Ich wandte mich der *Sirius* zu und sagte mit stummer Leidenschaft »Du mußt uns hier rauskriegen.«[17]

Am Abend des 4. August brachen sie wieder auf und flogen von Baker Lake in eine starre Welt hinein, in der die Sonne niemals unterzugehen schien. Die öde, baumlose Tundra wurde nur von bedrohlichen, eisigen Seen unterbrochen. Die Landschaft war monoton, nichts schien sich zu bewegen. Wäre da nicht das Vibrieren des Motors gewesen, das Anne durch ihre Fußsohlen hindurch spürte, dann wäre auch sie sich völlig bewegungslos vorgekommen, »gefangen, erstarrt in der zeitlosen Ewigkeit des Nordens«.

Sie hatten geplant, in Point Barrow, Alaska, dem nördlichsten Punkt ihrer Reise, aufzutanken. Doch als sie dort eintrafen, mußten sie feststellen, daß das Versorgungsboot mit Treibstoff an Bord, das einmal im Jahr vorbeikam, 150 Kilometer weiter südlich vor der Küste im Eis festsaß. Nachdem sie ihre elektrisch beheizbaren Fliegeranzüge angezogen hatten, starteten sie wieder. Das Land der Mitternachtssonne hinter sich lassend, machte sie sich auf den Weg zu der kleinen Bergwerkstadt Nome.

Als sie noch eineinhalb Stunden von ihrem Ziel entfernt waren, begann es langsam dunkel zu werden. Lindbergh, der offensichtlich beunruhigt war, reichte Anne, die müde und eingezwängt im hinteren Cockpit saß, einen Zettel, auf den er mit

Bleistift geschrieben hatte: WANN WIRD ES IN NOME DUNKEL?

Anne versuchte daraufhin wiederholt, mit Nome Kontakt aufzunehmen, doch sie bekam keine Antwort. Lindbergh schaltete die Armaturenbeleuchtung ein. Ihr Treibstoffvorrat ging langsam zur Neige. Vor ihnen waren nur hohe Berggipfel zu sehen. Plötzlich bekam Anne vor der heranziehenden Schwärze schreckliche Angst. Obwohl es ihnen schließlich gelungen war, mit Nome eine Funkverbindung herzustellen, war ihnen klar, daß es finster sein würde, bis sie endlich dort ankamen. Auf den Bergen um sie herum waren bereits dichte Nebelschwaden aufgezogen.

Plötzlich drosselte Lindbergh den Motor und ging mit der *Sirius* in den Sinkflug. Er schrie Anne zu, daß sie landen müßten.

»Wo sind wir?« fragte Anne.

»Ich weiß nicht genau – irgendwo an der Nordostküste der Seward-Halbinsel«, war seine knappe Antwort.

Als er in einer steilen Kurve auf unbekanntes Wasser zuflog, konnte Anne gerade noch per Funk ihre ungefähre Position durchgeben. Sie holte die Funkantenne so schnell ein, daß ihr der Arm weh tat. Dann bereitete sie sich auf die Landung vor.

Lindbergh hatte aus der Luft die düsteren Umrisse einer Lagune entdeckt, auf deren dunklen Fluten sie dann schließlich auch landeten. In der Entfernung konnten sie die schwarze Silhouette einer Küste ausmachen. Als sie noch ungefähr einen Kilometer davon entfernt waren, stellte Lindbergh den Motor ab, kletterte auf einen der Schwimmer und warf den Anker aus. Obwohl er mit einem Platschen ins Wasser tauchte, schwamm das Seil auf der Wasseroberfläche. Entsetzt erkannten die Lindberghs, daß die Wassertiefe dort, wo sie gelandet waren, nur etwa einen Meter betrug. Sie breiteten ihre Fallschirme, Fliegeranzüge und Schlafsäcke im Gepäckabteil des Flugzeugs aus und legten sich schlafen.

Nach dem Start am nächsten Morgen landeten sie schließlich in Nome und verbrachten den Tag damit, die ehemalige Goldgräberstadt zu erkunden. Die Stadt hatte ihre Blütezeit im letzten Jahrzehnt des vergangenen Jahrhunderts erlebt, als man in den nahegelegenen Bächen und an der Küste Gold gefunden hatte. Nach dem Auftanken flogen sie über die Beringsee nach Karaginski Island, einen Fellhandelsposten in der Nähe der Küste von Kamtschatka. Anne fühlte sich dort wie zu Hause. Die Leute erinnerten sie an die Dorfbewohner und Trapper, die sie in Point Barrow getroffen hatte. Eine von den Frauen bat Anne, ihr ein paar Bilder von ihrem Sohn zu zeigen. Als sie die Fotos gemeinsam ansahen, fühlte Anne sich Charlie wieder nahe, und später schrieb sie: »Als ich sie verließ, schien mir mein Junge näher zu sein, weil sie seine Photographien gesehen und ich von ihm erzählt hatte.«

Kapitel 6

»Ein sehr bedeutender Mann«

Im September schließlich trafen sie in Tokio ein, wo sie zweieinhalb Wochen bleiben wollten. Sie besuchten den amerikanischen Botschafter, den japanischen Premierminister und andere Würdenträger. Trotz der offiziellen Pflichten fanden sie Zeit, um in einem Teegarten bei einer japanischen Teezeremonie zuzusehen, die Anne »ein neues Verständnis für die Kunst und die Schönheit im alltäglichen Leben vermittelte« und sie tief bewegte: »Bisweilen sollte man sich von der Hast des täglichen Einerleis zurückziehen. An einem Ort der Stille und Einfachheit sollte man mit ein paar Freunden sitzen und, während man zusammen Tee trank, die Schönheit, die einen umgibt, betrachten.«[1]

Sie waren jetzt schon seit mehr als zwei Monaten unterwegs. Anne hatte inzwischen große Sehnsucht nach ihrem Kind. »Ich fürchte, daß ich jetzt lieber zu Hause beim Baby wäre«, schrieb sie Evangeline Lindbergh. »Ich habe eigentlich schon damit gerechnet, im Herbst wieder zurück zu sein. Aber vor Charles kann ich mich nicht zu sehr anstellen – das ist so unsportlich –, vor allem, da die Reise ein so wundervolles Erlebnis *ist*. Aber jetzt, da der Sommer vorbei ist, denke ich ziemlich häufig an das Baby. Man wird uns jeden Augenblick holen: weitere Stadtbesichtigungen. Herzliche Grüße, und *bitte* besuchen Sie Charlie.«[2]

Sie, die keine »Spielverderberin« sein wollte, verschwieg ihrem Mann, daß sie ihr Kind vermißte. Man fragte sich, ob Lindbergh mit ihr je über ihren Sohn und die Gewissensbisse, die sie verspürte, weil sie ihn allein gelassen hatte, sprach oder ob er zu sehr mit Flugrouten, Treibstoffproblemen und Landeplätzen beschäftigt war. Lindbergh jedenfalls hatte geplant, daß Anne mit ihm weiter nach Nanking fliegen sollte. Dort begegneten ihnen, wie sie bald feststellen mußten, noch viel mehr Gefahren. Der Jangtse mit seiner Länge von 5500 Kilometern führte Hochwasser, und ein riesiger See aus gelbem Wasser und Schlamm hatte das Jangtse-Tal überflutet. Die Menschen starben zu Tausenden an Hunger und Epedemien, die Ernten wurden zerstört, und das Vieh ertrank in den Fluten.

Von der Katastrophe entsetzt, boten die Lindberghs den Chinesen und der National Flood Relief Commission ihre Hilfe an. Sie unternahmen mehrere Flüge, um die betroffenen Gebiete auf Karten zu verzeichnen. Lindbergh bot darüber hinaus an, Ärzte und medizinische Versorgungsgüter einzufliegen, eine Geste, die ihn fast das Leben kosten sollte. Er war gerade mit seinem Flugzeug, das Medikamente und außerdem einen chinesischen und einen amerikanischen Arzt – Anne hatte ihren Platz zur Verfügung gestellt – an Bord hatte, auf dem Wasser in der Nähe der überfluteten Stadtmauern von Hinghwa gelandet, als die hungernden Chinesen die Medizin, die auf einen Sampan umgeladen wurde, fälschlich für Lebensmittel hielten. Von dem merkwürdig aussehenden Flugzeug angezogen, erschienen wie aus dem Nichts plötzlich Hunderte von chinesischen Wohnbooten – »wie Fliegen an einem Sommertag«. Einige der ausgehungerten Menschen erreichten die *Sirius* und kletterten auf die Schwimmer, so daß ihr Gewicht das Flugzeug zum Umkippen zu bringen drohte. Da zog Lindbergh einen Revolver und feuerte in die Luft. Auf diese Weise gelang es ihm, die Dorfbewohner lange genug auf Distanz zu halten, um ins Cockpit zu klettern und starten zu können.

Sieben Tage später entkamen Anne und Charles nur knapp dem Tod, als sie sich für einen weiteren medizinischen Hilfsflug vom britischen Flugzeugträger *Hermes* aus vorbereiteten. Ein Kran, mit dem die *Sirius* in den Jangtse hinabgelassen wurde, blockierte, und das Flugzeug mit Anne und Charles im Cockpit kippte und drohte in die Fluten zu stürzen.

Charles brüllte Anne zu, aus dem Flugzeug zu springen. Ohne zu zögern kam sie der Aufforderung nach. Nachdem er sich vergewissert hatte, daß Anne im Wasser war, sprang auch Lindbergh in den stinkenden, schnell dahinfließenden Jangtse. Als er wieder an die Oberfläche kam, meinte er: »Da paddelt Klein-Anne-Pan ganz vergnügt vor sich hin wie eine kleine Schlammschildkröte.«[3] Das Paar schwamm rasch zu einem Rettungsboot und kletterte hinein. Als Anne wieder an Bord der *Hermes* war, eilte sie in ihre Kabine, trank eine Tasse Bouillon und heißen Brandy und nahm eine Dosis Rizinusöl, um die Keime aus dem Fluß abzutöten.

Zu ihrer Überraschung hatte sich Anne während dieses Vorfalls ruhig und gelassen gefühlt, obwohl sie wußte, daß sie beinahe von der Tragfläche des kippenden Flugzeugs getroffen worden wäre. »Ich war ganz aufgekratzt, denn ich hatte vor einem Unglück Angst gehabt und auch davor, völlig verschreckt aus dem Leben gerissen zu werden«, schrieb sie Elisabeth später. »Ich jedenfalls möchte nicht laut schreiend sterben. Aber ich glaube nicht, daß einem das passiert – es bleibt einem erspart. Bei einem Unglück hat man zum Angsthaben oder zum langen Überleben keine Zeit. Es ist innerhalb von drei Sekunden vorbei; selbst dann, wenn man die Gefahr erkennt, wie das bei mir der Fall war, erschreckt es einen überhaupt nicht – man ist irgendwo außerhalb. C. sagt jedenfalls, auch wenn ich getroffen worden wäre, hätte ich nicht schwer verletzt werden können. Es war nicht so gefährlich, wie es einen Moment lang ausgesehen hat.«[4]

Die *Sirius* war bei dieser Panne schwer beschädigt worden. Anne war angesichts der Verzögerung durch größere Reparaturarbeiten deprimiert. Wieder wurde sie von Sehnsucht nach ihrem Baby gepackt, und sie schrieb ihrer älteren Schwester verzweifelt: »Wie lange wird die Reparatur dauern, und *wann* werden wir nach Hause kommen?«[5]

Anne und Charles hatten vor, das Flugzeug in Shanghai wieder flugtauglich machen zu lassen. Am 5. Oktober jedoch, sie befanden sich immer noch an Bord der *Hermes*, erhielt Anne von ihrer Mutter ein Telegramm, in dem sie ihr mitteilte, daß ihr Vater gestorben war.

Das Telegramm enthielt keine weiteren Einzelheiten. Erst Wochen später, als Anne schließlich nach Englewood zurückgekehrt war, erfuhr sie Näheres. Offensichtlich hatte Dwight Morrow am 10. September, während Anne in Japan mit Besichtigungen beschäftigt war, beim gemeinsamen Mittagessen mit seiner Frau und dem Zeitungsverleger Roy Howard auf seiner Yacht in Maine einen leichten Schlaganfall erlitten. Sein rechter Arm und sein rechtes Bein waren kurzzeitig gelähmt gewesen. Die Ärzte, die ihn untersuchten, hatten den Ernst der Lage offensichtlich nicht erkannt. Sie diagnostizierten einen Gefäßkrampf.

Am nächsten Tag machte Morrow, der sich wieder völlig gesund fühlte, in seinem hektischen Lebensstil weiter. Da er wegen der wachsenden Arbeitslosigkeit und der weltweiten Rezession sehr besorgt war, litt er wieder verstärkt unter Schlaflosigkeit. Am 2. Oktober 1931, während Anne Elisabeth gerade ihre Begegnung mit dem Tod auf dem Jangtse beschrieb, versicherte Dwight Morrow, der in einem Pullman-Wagen von Washington nach New York eine schlaflose Nacht verbracht hatte, einem Mitpassagier den Grund für seine Schlaflosigkeit: »Ich wache ständig mit dem Gedanken auf, in was für einem fürchterlichen Chaos die Welt doch streckt.«[6] Am Nachmittag dieses Tages mußte er in Englewood bei einem großen Empfang für seinen Senatorkollegen aus New Jersey seine Pflichten als Gastgeber wahrnehmen. Er schüttelte Tausenden von Menschen die Hand.

Am folgenden Abend hielt er bei einem Abendessen im Commodore Hotel in New York eine Rede.

Als er an jenem Abend spät nach Englewood zurückkehrte, war im Haus schon alles dunkel, und er ging, zweifellos schon mit dem Gedanken an die Verpflichtungen des nächsten Tages, zu Bett.

Am Montagmorgen, dem 5. Oktober, konnte Dwight Morrow weder von seiner Frau noch von den Dienern geweckt werden. Irgendwann in der Nacht hatte er eine Gehirnblutung erlitten und war in tiefe Bewußtlosigkeit gefallen. Am Nachmittag schließlich trat der Tod ein.

Sein Tod im Alter von 58 Jahren war für die amerikanische Nation ein Schock. Es war das Gerücht umgegangen, daß er der republikanische Präsidentschaftskandidat für die Wahlen 1932 sein würde. Viele Leute waren sich sicher, daß er die Wahl auch gewonnen hätte.

Die Rundfunksendungen überall in den Vereinigten Staaten wurden unterbrochen, um seinen Tod zu melden. Die *New York Times* brachte auf der ersten Seite einen Nachruf.

Als Morrows Freund Walter Lippmann von der Neuigkeit hörte, schrieb er ein paar Stunden später: »Ich brauche mehr Abstand, als ich im ersten Schock angesichts der Nachricht von Dwight Morrows Tod aufbringen kann, um eine Würdigung des Menschen oder auch nur eine Beschreibung seiner Fähigkeiten zu versuchen. Für solche Dinge ist es ein zu trauriger Tag.«[7] Ein paar Jahre später lieferte Harold Nicolson, Morrows Biograph, eine faszinierende Zusammenfassung des Charakters dieses komplexen und dynamischen, doch nie ganz faßbaren Mannes: »Er hatte eine Spur Verrücktheit oder Epilepsie an sich, etwas, das nicht menschlich, nicht normal war… Er besaß den Verstand eines Super-Verbrechers und den Charakter eines Heiligen. Es besteht überhaupt kein Zweifel, daß er ein sehr bedeutender Mann war.«[8]

Als Lindbergh vom Tod seines Schwiegervaters erfuhr, brach er seinen Flug sofort ab. Er kümmerte sich darum, daß die *Sirius* per Schiff zur Lockheed Air Factory zurückgebracht wurde, und buchte eine Überfahrt auf einem Schiff, das von Shanghai nach Seattle fuhr. Ihm war klar, daß weder seine Frau noch das Flugzeug in der Lage waren, die Reise wie geplant zu Ende zu führen.

Der plötzliche Verlust ihres Vaters bedrückte Anne schwer. Doch wenn sie auch versucht war, ihren Gefühlen freien Lauf zu lassen, hielten sie Lindberghs Sachlichkeit und kühle Distanz davon ab. »Für mich ist es durch Charles und durch fremde Menschen sehr viel einfacher gewesen, mich in eine gewisse Ruhe zu retten. Es ist mir unvorstellbar, was es für Euch und jeden zu Hause bedeutet haben muß«, schrieb sie Constance, nachdem sie in den Vereinigten Staaten eingetroffen war und sich darauf vorbereitete, nach Englewood zurückzufliegen. »Aber ich will nicht noch einmal davon anfangen, obgleich es für mich unfaßbar ist, daß Daddy, der in bezug auf den Tod am großartigsten sein würde, nicht dasein kann und uns dessen Wirklichkeit zu erklären und aufzuzeigen. Er würde ihn ruhig, gründlich und vernünftig betrachten. Ich kann nur versuchen, ihn als eine Art großen Zyklus, der sich in der Welt bewegt, anzusehen – einen riesigen, unpersönlichen Zyklus von Geburt, Leben und Tod.«[9]

Ein Gegengewicht zu ihrer Trauer war das Glücksgefühl, das sie darüber empfand, wieder mit ihrem Kind vereint zu sein. Sie hatte es fast zweieinhalb Monate lang nicht mehr gesehen. Obwohl Charlie seine Eltern nicht wiederzuerkennen schien, fürchtete er sich auch nicht vor ihnen. Anne war selig, als sie merkte, daß Lindbergh, der bislang ein sehr zurückhaltender Vater gewesen war, seinem Sohn plötzlich große Aufmerksamkeit widmete. Er fütterte das Kind mit Marmeladentoast von seinem eigenen Teller und ließ es gerne »zur Decke fliegen«, was dem

Baby scheinbar ebensoviel Vergnügen bereitete wie seinem Vater die richtige Fliegerei.

Lindbergh gestand Anne, daß der Junge »hübsch und ganz interessant« war. Er gab ihm den Spitznamen »Buster«, und als Charlie zu sprechen anfing, war er höchst amüsiert darüber, daß das Kind ihn »Hei« nannte.

Froh, wieder daheim bei ihrem Sohn zu sein, verbrachte Anne einen ruhigen Winter mit häuslichen Tätigkeiten und mit Schreiben. Sie hatte begonnen, an einem Bericht über ihre Reise zu arbeiten.

Wenn sie nicht gerade am Schreibtisch saß, gab sie der Einrichtung ihres neuen Heims nördlich von Hopewell den letzten Schliff. Sie planten, im Februar dort einzuziehen.

In diesem Monat wurde Lindbergh gebeten, über das Columbia-and-National-Broadcasting-Sendernetz eine Rede zugunsten der Flutkatastrophenhilfe für China zu halten. Seiner Meinung nach war Anne jedoch viel besser als er dafür geeignet, über die verheerenden Zustände, deren Zeugen sie gewesen waren, zu sprechen. Deshalb drängte er sie, an seiner Stelle die Rede zu halten. Obwohl Anne immer noch von Schüchternheit und Lampenfieber geplagt wurde, empfand sie es doch als so dringlich, die Öffentlichkeit über die Notlage des chinesischen Volkes zu informieren, daß sie schließlich ihre Zustimmung gab.

Es war das erste Mal, daß sie im Rundfunk sprach. Den Zuhörern fiel jedoch keine Spur von Nervosität auf, als ihre angenehme, schön modulierte Stimme mit einer perfekten Aussprache über den Äther kam.

In ihrer Rede beschrieb sie, wie das verwüstete Gebiet von der Luft aus ausgesehen hatte und wie ihr Mann nur knapp den ausgehungerten Menschen, die das Flugzeug stürmten, in dem er Medikamente transportiert hatte, entkommen war. Während sie sprach, lächelte Lindbergh, der neben ihr saß, zustimmend, um sie zu ermutigen.

Zu Annes Überraschung war nicht nur ihre Rede ein Erfolg, sondern man nannte sie sogar eine »Rundfunkpersönlichkeit«. »Eine der besten Rundfunkstimmen, die ich je gehört habe, ist die von Mrs. Charles Lindbergh«, verkündete John Carlile, der Produktionsdirektor von Columbia. »Sie besitzt das, was wir Rundfunkleute ›eine universale Stimme‹ nennen, also eine Stimme, die sich nicht zu offensichtlich auf irgendeine geographische Region festlegen läßt.«

Doch nicht einmal dieser Erfolg konnte Annes Gedanken vom Tod ihres Vaters ablenken. Abgesehen von ihrer eigenen Trauer bedrückte sie auch der Kummer ihrer Mutter, und sie empfand es als ihre Aufgabe, ihr dabei zu helfen, sich ein neues Leben aufzubauen. Das würde nicht leicht sein, denn die Morrows waren ein solch hingebungsvolles, vollkommen zueinander passendes Paar gewesen, das sich so leidenschaftlich liebte, daß ihr alles vereinnahmendes Glück selbst ihren Kindern das Gefühl vermittelt hatte, aus ihrem Leben ausgeschlossen zu sein. Vielleicht war es eine Folge ihrer familiären Probleme, daß Anne ein Magenleiden bekam, oder, wie sie es beschrieb, »eine Art Fleischvergiftung«, die sie während der ersten Dezemberhälfte ans Bett fesselte.

Ungefähr zu dieser Zeit erfuhr Anne, daß sie wieder schwanger war. Doch auch diese Neuigkeit konnte sie nicht aufheitern. Lediglich Charlie, inzwischen »ein kräftiger, selbständiger Junge, der auf seinen festen kleinen Beinen herumwackelt«[10], vermochte sie aus ihren düsteren Gedanken und ihrer Apathie zu reißen. Allein der Anblick seiner goldenen Locken erfüllte sie mit Freude. »Ich weiß, daß Sie sagten, er sehe einfach wie er selber aus, und mehr könne man nicht verlangen«, schrieb sie Evangeline Lindbergh, »aber es macht mich wirklich glücklich, daß er Charles ähnelt. Seine Haare werden lockiger und heller. Er schaut einen ganz verschmitzt an.«[11]

Doch anders als sein offensichtlich unbesiegbarer Vater war

Charles Augustus Lindbergh jr. verwundbar und hilflos. Er war ein Kleinkind, das sich hinsetzte und weinte, wenn ihn in Elisabeths Kindergarten, in den er nun ging, ein Grobian verhauen hatte. Anne berichtete Constance später: »Er war völlig verstört; daß ihm irgend jemand *absichtlich* weh tat – das war ihm in seinem Leben noch nicht begegnet«[12].

Kapitel 7
»Anne, man hat unser Baby geraubt«

Anne und Charles hatten immer noch Probleme, vollkommen auf sich gestellt zu leben. Sie wohnten deshalb nicht die ganze Zeit in ihrem Haus in Hopewell, sondern hatten die Angewohnheit, unter der Woche auf Next Day Hill zu bleiben, am Samstag nachmittag zu ihrem Haus zu fahren und am Montag morgen nach Englewood zurückzukehren. Sie verlängerten ihren Aufenthalt auf dem Land nur selten bis Dienstag, weil Lindbergh neben seiner Beratertätigkeit in der Luftfahrtindustrie nun auch noch mit dem berühmten französischen Chirurgen Alex Carrel am Rockefeller Institut in New York an der Entwicklung einer Perfusionspumpe, einem Vorläufer des künstlichen Herzens, arbeitete.

Da Lindbergh von Kindheit an von der Biologie fasziniert gewesen war, begann er nach seinen langen transkontinentalen Vermessungsflügen von 1928 ab sich intensiv mit diesem Bereich zu beschäftigen. »Damals begann mein Verstand, der oft richtungslos umherschweifte, sich wieder mit Kindheitsfragen nach Leben und Tod zu befassen...«, schrieb er viele Jahre später. »Die Fliegerei zeigte, welche Wunder der Mensch vollbringen konnte. Wenn es ihm gelang, mit Flügeln zu fliegen, was man einmal für unmöglich gehalten hatte, warum sollte er nicht lernen, für immer zu leben? Mit der Wissenschaft, die ihm nun zur Verfügung stand, schien nichts außerhalb seiner Möglichkeiten zu sein.«[1]

Es ist wohl nicht überraschend, daß sich seine experimentellen Interessen bald darauf konzentrierten, einen Weg zu finden, Elisabeths Herzleiden zu heilen. Kurz nach seiner Hochzeit hatten die Ärzte die Ursache für ihre chronische Erschöpfung und Schwäche herausgefunden. Sie diagnostizierten eine Herzschädigung, die als Folge des rheumatischen Fiebers aufgetreten war, das sie in ihrer Kindheit gehabt hatte, und rieten Elisabeth dringend, ein Jahr lang Bettruhe einzuhalten.

In seinen weitschweifenden Schriften nahm Lindbergh niemals Bezug auf seine Gefühle gegenüber Elisabeth. Er spricht von ihr in seiner üblichen unverbindlichen Art als der »älteren Schwester meiner Frau«, doch aus seinem Verhalten geht ganz klar hervor, daß ihm ihre Krankheit große Sorge machte und er ihr unbedingt helfen wollte. Ob seine Motive über das medizinische Interesse hinausgingen und von noch vorhandenen romantischen Gefühlen herrührten, ist schwer zu sagen. Jedenfalls erhielt er, als er sich bei Elisabeths Arzt erkundigte, ob man ihr nicht durch eine Operation helfen könnte, zur Antwort, daß man das Herz nicht lange genug ruhigstellen könne, um eine Operation durchzuführen, da ja das Blut weiter durch den Körper zirkulieren müsse. Medizinisch war dies zu der Zeit jedoch noch nicht möglich.

Lindbergh erfuhr bald, daß sich Alexis Carrel, der Leiter der chirurgischen Abteilung des Rockefeller Institutes war und 1912 den Nobelpreis für seine Forschungen auf dem Gebiet Gefäßchirurgie, Transfusion und Organtransplantation erhalten hatte, ebenfalls für dieses vielschichtige medizinische Problem interessierte. So bald wie möglich arrangierte er ein Treffen mit Carrel. Beim Mittagessen erklärte ihm der weltberühmte Chirurg dann, daß es weit schwieriger war, das Problem zu lösen, als es vielleicht vordergründig erscheinen mochte. Carrel hatte fast zwei Jahrzehnte lang versucht, einen Apparat zu konstruieren, mit dessen Hilfe es möglich sein sollte, isolierte Organe ohne das

Risiko einer Infektion mit Blut oder Nährflüssigkeit zu durchströmen. Um ihm die Probleme deutlich zu machen, nahm Carrel den Flieger auf einen Rundgang durch seine Laborräume mit. Dabei zeigte er ihm auch die Instrumente und medizinischen Geräte, die er bisher entwickelt hatte.

Lindbergh war zwar von den biologischen Techniken des Arztes beeindruckt, doch »erstaunt von der Primitivität der Apparate«, die man ihm zeigte. Er erklärte Carrel, daß er gerne dabei helfen würde, eine effizientere Perfusionspumpe zu konstruieren. Zu seiner Freude erhielt er die Erlaubnis, die Laboreinrichtungen benutzen zu dürfen. »Mein Verständnis für technische Probleme gestattete es mir, einem Mann helfen zu können, der zugleich Philosoph, Mystiker und einer der großen experimentellen Chirurgen der Welt war«[2], erinnerte er sich später.

Der andere Grund, weshalb das Paar stets pünktlich am Montag nach Englewood zurückkehrte, war, daß Anne soviel Zeit wie möglich mit ihrer Mutter verbringen wollte. Die ehemals so lebhafte Mrs. Morrow hatte nach dem plötzlichen Tod ihres Ehemannes ihren Lebensmut verloren. Montags, dem Tag, an dem Dwight Morrow gestorben war, war sie immer besonders niedergeschlagen.

Anne freute sich aber auch sehr auf die Wochenenden in Hopewell. Ihr Selbstbewußtsein als Mutter hatte sich inzwischen gefestigt, so daß sie nunmehr eigenständig für ihr Baby sorgte, während Betty, das Kindermädchen, in Englewood zurückblieb. Charlie oder »das fette Schäfchen«, wie sie ihn immer noch gerne nannte, plapperte die ersten Worte, und Anne war jedesmal überglücklich, wenn sie ihn nach seiner »Mami«, anstatt nach seiner jungen schottischen Kinderpflegerin rufen hörte. Ein noch größeres Vergnügen war es für sie, zuzusehen, wenn ihr Mann mit dem Kind spielte. Obwohl Charlie jr. immer noch ein Kleinkind war, zeigte der Junge bereits jene geistige Eigenständigkeit, die schon Lindberghs Vater seinem Sohn vermittelt hatte und die dieser wiederum an seinen eigenen Sohn weitergeben wollte.

Die Mutterschaft hatte Annes Leben und ihre Ehe grundlegend verändert. Die Briefe an ihre Schwiegermutter und ihre Schwestern enthielten jetzt keine glühenden Beschreibungen von Lindberghs Leistungen und ihren gemeinsamen fliegerischen Abenteuern mehr. Statt dessen war ihre Korrespondenz fast ausschließlich Charlie gewidmet, seinen ersten Schritten, seinen ersten Worten, seiner Beziehung zu ihr und Charles.

Obwohl Anne weiterhin an einem Buch über ihre abgebrochene Flugreise in den Orient arbeitete und deswegen mit ein paar Verlegern in Kontakt getreten war, erwähnte sie das Manuskript gegenüber ihren zahlreichen Briefpartnern nur beiläufig. Sie war ganz von Charlie und dem Staunen, das sie empfand, wenn sie zusah, wie er sich entwickelte, gefangengenommen.

Diese Mutterfreuden fanden am düsteren, windigen Abend des 1. März 1932 ein tragisches Ende.

Ende Februar beschlossen die Lindberghs, wieder einmal übers Wochenende nach Hopewell zu fahren. Sie waren zwei Wochen lang nicht mehr in ihrem Haus gewesen und wollten dort etwas Zeit miteinander verbringen. Am Samstag nachmittag, dem 27. Februar, fuhren Anne, Charlie und Miss Root, eine Hausangestellte ihrer Mutter, aus Englewood ab. Als Chauffeur fungierte Henry Ellerton, einer von Mrs. Morrows Fahrern.

Etwa um halb sechs bog das Automobil in die 800 Meter lange und gewundene Auffahrt zu ihrem Haus ein, das von 160 Hektar Wald und Wiesen umgeben war. Annes 20 Monate alter Sohn hatte sich auf dem Sitz neben sie gekuschelt.

Oliver Whateley, der freundliche Butler der Lindberghs, und seine Frau Elsie, die Haushälterin, empfingen sie an der Tür. Nachdem Anne mit dem Paar ein paar liebenswürdige Worte gewechselt hatte, brachte sie Charlie nach oben in sein Kinderzimmer. Anne fütterte und badete den Kleinen, wobei ihr Miss Root und Elsie halfen. Um sieben Uhr dann, zu seiner üblichen Schlafenszeit, brachte sie ihn ins Bett.

Das weiß verputzte Haus, das entfernt an eine französische Villa erinnerte, war ein großes, weitläufiges zweieinhalbstöckiges Gebäude aus einheimischem Gestein. Die Zimmer selbst waren jedoch nach heutigen Maßstäben relativ klein und eng. Das viele dunkle Holz, das Lindbergh für die Innenausstattung persönlich ausgesucht hatte, trug dazu bei, eine düstere, dunkle Atmosphäre zu schaffen, die die dichten Wälder ringsum noch verstärkten.

Das Paar hatte das Kinderzimmer sorgfältig geplant. Obwohl es ziemlich klein war, war es sehr sonnig. Es besaß drei Fenster, zwei davon waren Schiebefenster, das dritte war ein nach Süden gelegenes Flügelfenster. Charlie nahm seine Mahlzeiten an einem kleinen Tisch aus Ahornholz ein, der in der Mitte des Kinderzimmers stand. Er schlief in einem Kinderbettchen, das ebenfalls aus Ahornholz war. Ein Paravent in Rosa und Grün, bedruckt mit fröhlichen Bildern von Haustieren, war um das Kinderbettchen gestellt, damit das Kind keinen Zug bekam. Außerdem befand sich im Zimmer auch noch ein Kamin mit blauweißen holländischen Kacheln. Auf dem Kaminsims standen eine verzierte Uhr, ein Hahn und mehrere andere Vögel aus Porzellan. Die Spielsachen wurden in einer großen Holzkiste unter dem Flügelfenster aufbewahrt.

Nachdem Anne das Baby zu Bett gebracht hatte, schloß und verriegelte sie alle Fensterläden außer jene des Eckfensters. Diese hatten sich verzogen und ließen sich nicht ganz schließen. Bevor sie das Zimmer verließ, öffnete sie das Flügelfenster noch einen Spalt.

An diesem Wochenende war Charlie leicht erkältet. Er hatte sich den Schnupfen, wie Anne glaubte, auf der Autofahrt nach Hopewell eingefangen. Am Montagmorgen war er immer noch krank. Als sich sein Zustand bis Mittag nicht gebessert hatte, telefonierte Anne mit Betty Gow in Englewood und teilte ihr mit, daß sie nicht wie geplant nach Next Day Hill zurückfahren würden. Sie meinte, die Erkältung des Kindes würde sich vielleicht verschlimmern, wenn es eine längere Fahrt in einem zugigen Auto machen müsse. Wie sie der Polizei später erzählte, hatte sie dem Kindermädchen weder gesagt, daß sie am Dienstag nach Englewood zurückkehren würden, noch die junge Frau darum gebeten, nach Hopewell zu kommen, um ihr zu helfen*.

Als Anne am folgenden Morgen aufwachte, fühlte sie sich erschöpft und fiebrig, so als würde sie ebenfalls krank werden. Was Charlie anging, so war sein Schnupfen zwar nicht schlimmer geworden, doch es beunruhigte Anne, daß sich die Erkältung bei ihm nun auf die Bronchien gelegt hatte. Da sie sich zu unwohl fühlte, um allein für ein krankes Kleinkind zu sorgen, beschloß sie, Betty doch zu bitten, nach Hopewell zu kommen. Wie sie später vor der Polizei betonte, hatte sie dem Kindermädchen gegenüber nicht geäußert, zu welchem Zeitpunkt sie wieder nach Englewood zurückkehren wollte. Obwohl Betty eigentlich mit dem Zug nach Hopewell hatte fahren wollen, hatte Mrs. Morrow darauf bestanden, daß Henry, der Chauffeur, sie brachte. Also rief Betty Anne noch einmal an und teilte ihr diese Änderung mit. Betty und der Chauffeur trafen dann um etwa 13.30 Uhr ein.

Im Verlauf des Tages schien sich der Gesundheitszustand des Kindes zu bessern. Deshalb ließ Anne, die sich selbst nun auch etwas besser fühlte, ihren Sohn in der Obhut seines Kindermäd-

* Annes Aussage entlastete Betty, die nach der Entführung von Charles Augustus jr. für die Polizei eine der Hauptverdächtigen war. Der Verdacht richtete sich gegen sie, wie auch auf die Whateleys und andere Hausangestellte der Lindberghs und der Morrows, da das Kind noch niemals zuvor in einer Dienstagnacht im Haus übernachtet hatte und die Entführer nicht nur genau wußten, wann sie zuschlagen mußten, sondern auch die genaue Lage seines Zimmers kannten. Nach ausgedehnten Verhören jedoch kam die Polizei zu dem Schluß, daß Betty »ein höchst feinfühliges Mädchen mit guter Moral... erhaben über irgendeine Verbindung zu den Tätern« sei. Sie wurde, ebenso wie die Whateleys, nicht länger verdächtigt.

chens zurück, um allein einen Spaziergang die lange, gewundene Auffahrt entlang zu machen.

Als sie zurückkehrte, blickte sie zu den Kinderzimmerfenstern hoch und hoffte, ihren kleinen Jungen dort zu sehen. Doch er war nicht am Fenster. Also bückte sie sich, hob ein paar Kieselsteine auf und warf sie gegen die Scheibe. Wenig später erschien Betty am Fenster, und als sie Anne von unten herauflächeln sah, verschwand sie und kam kurz danach mit Charlie auf dem Arm wieder zurück. Anne winkte ihm zu und lächelte, und Betty hob seinen kleinen, rundlichen Arm zum Gruß.

Als Anne später im Wohnzimmer ihren Nachmittagstee trank, brachte das Kindermädchen den Kleinen herunter, damit er ihr Gesellschaft leistete. Er tollte auf dem Fußboden herum und verschwand dann in die Küche, wo er Mrs. Whateley mit einem herzlichen »Hallo Elsie« begrüßte. Wie Betty sich später erinnerte, sauste Charlie in der Küche herum, bevor sie ihn an der Hand zu fassen bekam und wieder ins Kinderzimmer brachte. Dort las sie ihm etwas vor und gab ihm dann sein Abendessen. Er war noch beim Essen, als Anne nach oben kam, um ihn fürs Zubettgehen fertigzumachen. Sie und Betty träufelten ihm Tropfen in die Nase, rieben ihm die Brust ein und verabreichten ihm seine Medizin. Um sicherzugehen, daß er nachts nicht fror, beschlossen sie, ihm ein hochgeschlossenes Flanellhemd anzuziehen. Anne spielte noch etwas mit ihrem Sohn, während Betty aus einem alten Nachthemd von Elsie ein Kinderhemd schneiderte. Nachdem sie es ihm übergezogen hatten, legten sie ihn ins Bett und deckten ihn zu. Es war inzwischen 19.30 Uhr, also etwas später, als Charlie normalerweise zu Bett gebracht wurde. Schließlich schlossen Mutter und Kindermädchen alle Fensterläden, außer jenen, die verzogen waren. Anne verließ das Kinderzimmer vor Betty, die zu diesem Zeitpunkt weder ein Fenster geöffnet noch das Licht ausgeschaltet hatte. Anne, die wußte, daß ihr Mann in etwa einer Stunde nach Hause kommen würde, wollte noch ein wenig an ihrem Manuskript arbeiten. Sie hatte ihrem Bericht in letzter Zeit nicht viel Aufmerksamkeit widmen können, da sie zu sehr damit beschäftigt gewesen war, Kondolenzbriefe, die aus Anlaß des Todes ihres Vaters eingetroffen waren, zu beantworten.

Während sie an diesem Vorfrühlingsabend an ihrem Schreibtisch saß und schrieb, lauschte sie immer wieder, ob sie das Auto ihres Mannes hörte. Es war eine kalte, feuchte Nacht, und der Wind heulte. Deshalb war es schwierig, verschiedene Geräusche voneinander zu unterscheiden. Einmal glaubte sie, Reifen auf dem Kies knirschen zu hören, doch dann merkte sie, daß sie sich getäuscht haben mußte, denn Lindbergh kam erst fünfzehn Minuten später, um etwa 20.25 Uhr, die Auffahrt heraufgefahren. Er kündigte sich mit einem Hupen an.

Gleich nach seiner Ankunft aß er zu Abend. Danach saßen sie beide eine Weile vor dem Kamin im Wohnzimmer und sprachen über die Ereignisse des Tages. Es war kurz nach neun, als Lindbergh plötzlich ihr Gespräch unterbrach.

»Was war das?« fragte er.

»Was meinst du denn, Charles?«

»Ich dachte, ich hätte etwas gehört. Es klang wie splitterndes Holz«, antwortete er.

»Ich habe nichts gehört«, erwiderte sie.

Charles Lindbergh stand jedoch nicht auf, um zu sehen, woher das Geräusch gekommen war. Ein paar Minuten später gingen die Eheleute nach oben und führten ihre Unterhaltung etwa eine Viertelstunde lang in ihrem Schlafzimmer fort. Dann nahm Lindbergh ein Bad. Nachdem er sich wieder angezogen hatte, sagte er Anne, daß er zum Lesen nach unten gehen wolle.

Anne ließ sich nun selbst ein Bad ein. Die Erkältungsbeschwerden waren wieder da. Sie beschloß deshalb, früh ins Bett zu gehen. Da sie ihr Zahnpulver im Kinderbadezimmer stehengelassen hatte, ging sie den Flur entlang und holte es, ohne Licht zu machen. Nachdem sie sich die Zähne geputzt hatte, klingelte sie nach Elsie und bat sie, ihr eine heiße Limonade zu machen.

Es war jetzt zehn Uhr. Um diese Zeit sah Betty stets noch ein letztes Mal nach dem Baby. An diesem Abend hatte sie, nachdem sie die Kleidung des Kindes in seinem Badezimmer gewaschen hatte, um etwa acht Uhr zu ihm hineingeschaut. Der Kleine hatte fest geschlafen und gleichmäßig geatmet. Symptome eines Bronchialkatarrhs waren bei ihm nicht zu erkennen gewesen. Sie hatte die Bettdecke mit zwei großen Sicherheitsnadeln an der Matratze befestigt und dann das Licht im Badezimmer gelöscht.

Bevor Betty das Kinderzimmer betrat, machte sie im Badezimmer Licht, um ins Zimmer blicken zu können, ohne das Kind aufzuwecken. Im Kinderzimmer selbst war es kalt. Also schloß sie zuerst das französische Fenster und steckte den elektrischen Heizofen ein. Nachdem sie sich ein paar Sekunden lang die Hände gewärmt hatte, wandte sie sich dem Kinderbettchen zu. Sie erschrak. Irgend etwas stimmte nicht. Das leise, gleichmäßige Atmen des Kindes war nicht zu hören. Ihr erster Gedanke war, daß es unter seiner Bettdecke erstickt war. Doch im schwachen Glühen des elektrischen Heizofens entdeckte sie etwas, das fast ebenso alarmierend war. Das Kind lag nicht in seinem Bettchen. Sie begann hektisch das ganze Kinderbett nach dem kleinen Körper abzutasten.

Dabei versuchte sie sich einzureden, daß nichts Schlimmes passiert war. Der Colonel liebte es doch, anderen einen Streich zu spielen, war es nicht so? Vielleicht war er nach oben geschlichen und hatte das Baby »gestohlen«, als sie und Mrs. Lindbergh gerade nicht achtgaben, nur um sich auf ihre Kosten zu amüsieren.

Rasch ging sie durch den Korridor zum Schlafzimmer der Lindberghs. Anne kam gerade aus dem Badezimmer.

»Haben Sie den Jungen, Mrs. Lindbergh?«

»Nein«, erwiderte Anne.

Anne war zu diesem Zeitpunkt noch nicht beunruhigt. Wie Betty dachte sie, Charles hätte das Kind aus Spaß aus seinem Bettchen genommen.

»Vielleicht hat ihn Colonel Lindbergh«, sagte sie. »Wo ist Colonel Lindbergh?«

Betty stürzte nach unten, um Lindbergh zu suchen. Sie fand ihn an seinem Schreibtisch. Die Lampe brannte, und er las in irgendwelchen Papieren.

»Colonel Lindbergh, haben Sie das Baby? Bitte halten Sie mich nicht zum Narren«, japste Betty von der Tür her.

»Das Baby? Liegt es denn nicht in seinem Bett?« Lindberghs Gesicht zeigte Verwirrung, als er von seiner Arbeit aufblickte.

»Nein.«

Lindbergh sprang von seinem Stuhl auf und rannte die Treppe hinauf, wo er Anne begegnete, die gerade aus dem Kinderzimmer kam.

»Charles, hast du das Baby?« fragte sie, obwohl sein grimmiges Gesicht Bände sprach.

Ohne zu antworten, stürmte Lindbergh ins Kinderzimmer. Als er das leere Bettchen sah, rannte er zurück in sein Schlafzimmer, riß die Tür seines Schranks auf und zog eine Springfield heraus.

Er kehrte ins Kinderzimmer zurück, Anne und Betty folgten dicht hinter ihm.

Wieder warf er einen Blick auf das leere Bettchen.

»Anne, man hat unser Baby geraubt«, sagte er.

»O mein Gott...«, flüsterte Anne.

Da sie immer noch nicht glauben konnte, was ihr Mann eben gesagt hatte, begann sie wie wild das Bettzeug des Babys zu durchsuchen, die Schränke mit seinen Kleidungsstücken und die große Kiste unter dem Flügelfenster, die all seine Spielsachen enthielt.

Inzwischen hatten die Whateleys von Betty erfahren, daß Charlie verschwunden war. Als Elsie die Nachricht hörte, rannte sie die Treppe hinauf zum Kinderzimmer, wo sie Anne vorfand, die wie in Trance in ihrem Nachthemd umherwanderte.

»Sie müssen sich etwas anziehen, Mrs. Lindbergh«, sagte Elsie sanft.

Anne kehrte in ihr Schlafzimmer zurück. Elsie folgte ihr auf dem Fuß. Spontan stieß sie eines der Fenster auf, lehnte sich weit hinaus und spähte in die düstere, undurchdringliche Nacht hinaus. Plötzlich glaubte sie draußen einen Schrei zu hören. »Das war eine Katze, Mrs. Lindbergh«, sagte Elsie.

Schweren Herzens zog Anne sich an. Mit Bettys und Elsies Hilfe begann sie jeden Schrank, jede Kommodenschublade, alle Ecken und Winkel des Hauses nach ihrem 20 Monate alten Sohn zu durchsuchen.

Ergebnislos kehrten sie und die Hausangestellten ins Wohnzimmer zurück. Elsie und Betty erkannten, daß Anne immer noch unter Schock stand. Ihre einzige Sorge galt jetzt ihrem Kind und der Frage, ob derjenige, der ihren Sohn entführt hatte, ihn auch gut behandelte. Sie hätten sie gerne getröstet, doch sie wußten, daß das unter diesen Umständen sinnlos war.

Da das Kind im Haus nicht zu finden war, schlüpfte Lindbergh eilig in seine schwarze Jacke, die er oft beim Fliegen anhatte. Mit dem Gewehr in der Hand ging er in die Nacht hinaus. Unter dem Kinderzimmerfenster entdeckte er eine kaputte Leiter. Ihm war sofort klar, daß sie, als der Entführer mit Charlie vom ersten Stock herabgestiegen war, diesem Gewicht nicht standgehalten hatte. Da es zu dunkel und stürmisch war, um die Umgebung abzusuchen, kehrte er ins Haus zurück und rief die Staatspolizei an.

Nachdem die Polizisten eingetroffen waren, suchten sie den Boden mit Taschenlampen ab und entdeckten die Einzelteile einer selbstgebauten Ausziehleiter, die etwa 20 Meter vom Kinderzimmer entfernt lagen. Die grob zusammengezimmerte Leiter, deren Sprossen in viel größeren Abständen eingesetzt waren als üblich, war eine geniale Konstruktion: Der mittlere und obere Teil konnte in den unteren Teil hineingeklappt werden, so daß die Leiter bequem von einem Mann zu tragen war. Die oberste Sprosse und einer der Handläufe des unteren Abschnittes waren dort, wo dieser mit dem Mittelteil verbunden war, durchgebrochen. Lindbergh hielt es für möglich, daß dies das Geräusch von splitterndem Holz verursacht haben konnte, das er gehört hatte, als er mit Anne vor dem Kamin im Wohnzimmer gesessen und sich unterhalten hatte.

Kurz zuvor hatte Lindbergh im Kinderzimmer einen Umschlag auf dem Heizkörpergitter bemerkt. Er bestand darauf, daß er ungeöffnet blieb, bis ihn ein Experte von der Spurensicherung geprüft hatte. Kurz nach Mitternacht traf der Experte endlich ein. Er untersuchte den Umschlag mit der darin enthaltenen Nachricht auf Fingerabdrücke, doch es waren keine zu finden. Dann händigte man Lindbergh die Nachricht aus, die in einer offensichtlich sehr verstellten Handschrift mit Bleistift geschrieben war. Sie lautete:

> Sehr geehrter Herr
> halten sie 50 000 $ bereit davon 25 000 $ in 20 $ Scheinen 15 000 $ in 10 $ Scheinen und 10 000 $ in 5 $ Scheinen Nach 2–4 Tagen werden wir sie informieren wie sie das Geld übergeben müssen Schweigen sie und sagen sie nix der Polizei Für das Kind wird gut gesorgt
> Zeichen für alle Briefe sind Signatur und drei Löcher

Die Signatur selbst kam Lindbergh wie auch allen anderen sehr merkwürdig vor. Sie bestand aus zwei ineinanderverschlungenen blauen Kreisen. In dem Teil, in dem sie sich überschnitten, befand sich ein rot ausgemaltes Oval. Das sonderbare Zeichen war von drei quadratischen Löchern in waagerechter Linie durchbohrt.

Kapitel 8
»Er war so ein vergnügter, gebieterischer, sicherer kleiner Junge«

Nachdem Anne und Charles die Nachricht mit der fehlerhaften Rechtschreibung und dem schwerfälligen Satzbau gelesen hatten, war ihnen klar, daß ihr Sohn entführt worden war. Die Täter gehörten vermutlich zu einer jener Verbrecherbanden, für die Anfang der 30er Jahre Lösegelderpressungen zu einem einträglichen Geschäft geworden waren. Da die Opfer fast immer unverletzt freigelassen wurden, versuchten die Lindberghs sich damit zu trösten, daß sie, wenn sie die geforderte Summe zahlten, Charlie unversehrt zurückbekamen.

Inzwischen hatte man die Nachricht von der Entführung Charles Augustus Lindberghs jr. publik gemacht. In den Kirchen im ganzen Land, sogar im Rundfunk wurde für das entführte Kind gebetet. William T. Manning, der Bischof von New York, schickte seinen Geistlichen den Text eines Gebetes, das sofort gesprochen werden sollte. »In einem Fall wie diesem können wir nicht bis zur Sonntagsmesse warten«, mahnte er. Im Madison Square Garden wurde ein Baseballspiel unterbrochen, und die Leute wurden aufgefordert, sich zu einem dreiminütigen stillen Gebet für das Wohlergehen des Kindes und dessen sichere Rückkehr zu erheben.

Herbert Hoover, der gerade Urlaub auf der Präsidenten-Jacht

Sequioa machte, sah sich außerstande, unter diesen Umständen seine Ferien zu genießen. Er schickte unverzüglich einen seiner Agenten in Glen Cove Springs, Florida, an Land, um sich die neuesten Ermittlungsergebnisse zu beschaffen.

Er war gewiß nicht der einzige, der auf dem laufenden gehalten werden wollte. Die *New York Times* berichtete, daß an einem einzigen Tag 3331 Menschen bei ihr angerufen und um weitere Informationen nachgefragt hätten. In New York City beteten alle Schulkinder gemeinsam für die sichere Rückkehr von Charles Lindbergh jr., während gleichzeitig 600 besorgte Mütter von der Polizei verlangten, Kriminalbeamte in Zivil abzustellen, um ihre Kinder beim Spielen im Central Park zu bewachen. Die 500 Schützlinge des St.-Michael-Waisenhauses bei Hopewell beteten täglich, daß man das Lindbergh-Baby wie ein Findelkind vor die Tür des Waisenhauses legen möge. An der Columbia Universität erklärten sich die Mitglieder des Footballteams bereit, eine »Kidnapping-Streife« zu bilden. Ihre Aufgabe sahen sie darin, Kinder zu bewachen, bei denen die Gefahr bestand, daß sie Opfer einer Entführung werden könnten. Inzwischen organisierten Studenten der Universität von Princeton in der Umgebung von Hopewell Suchaktionen. Detekteien wie Pinkerton und Benjamin Kerin konnten mit der Nachfrage nach ihren Diensten nicht mehr Schritt halten und mußten ihr Personal vervierfachen. In mehreren Bundesstaaten bereiteten die Parlamente spezielle Anti-Kidnapping-Gesetze vor.

Überall in den Vereinigten Staaten hielten die Menschen nach Charles Augustus Lindbergh jr. Ausschau. Es kamen unzählige Gerüchte auf. Überall wurden Kinder, die wie der kleine Lindbergh-Junge aussahen, in vorbeifahrenden Autos gesichtet. Der Eigentümer eines Zigarettengeschäftes in Jersey City erklärte der Polizei, er sei sich ganz sicher, den Entführer gesehen zu haben. Er hatte nämlich einen Mann, der in seinem Laden telefoniert hatte, belauscht. Das, was dieser Mann gesagt hatte, sei so zweideutig gewesen, daß es nur die Botschaft eines Entführers an seine Komplizen gewesen sein konnte. Überall suchten Männer und Frauen Busse, Straßenbahnwagen, U-Bahnwaggons und einsame Gegenden nach einem hellblonden, blauäugigen Kind ab, auf das folgende, in allen Bundesstaaten veröffentlichte Beschreibung, paßte: »Zum Zeitpunkt seiner Entführung trug der Junge einen weißen Schlafanzug. Er kann bereits laufen und sprechen, beherrscht allerdings nur wenige einfache Wörter, wie sie für den Wortschatz eines Kindes, das gerade sprechen lernt, typisch sind. Sein Haar gleicht dem seines Vaters, doch seine Augen und Gesichtszüge sind, unter Berücksichtigung der Pausbäkkigkeit seines Babygesichtes, die seiner Mutter. Er hat ein Grübchen am Kinn.«

Das Fernsehen, das zu dieser Zeit noch in den Kinderschuhen steckte, wurde bei der Suche ebenfalls aktiv. Station W2XAB sendete von 14 bis 18 Uhr ununterbrochen und am Abend dann in 15minütigem Abstand das Bild des Kindes. Der Sender, der im Gebäude des Columbia Broadcasting System in der Madison Avenue untergebracht war, hatte eine Reichweite von 1600 Kilometern, und von mehreren tausend Fernsehzuschauern berichteten viele, sie hätten das Bild deutlich und scharf empfangen können.

Als die Piloten in New Jersey und New York, unter ihnen viele persönliche Freunde Lindberghs, von der Entführung hörten, flogen sie die Gegend um Hopewell auf der Suche nach möglichen Hinweisen weiträumig ab. Zu diesen fliegenden Suchtrupps zählten auch die »Quiet Birdmen«, eine geheime Bruderschaft berühmter Flieger, in der auch Lindbergh Mitglied war.

Artikel über den Fortgang der Ermittlungen im Fall Lindbergh beherrschten tagelang die Titelseiten aller Zeitungen im Land. In New York, Philadelphia und Chicago verzeichneten die Zeitungen 20 Prozent höhere Auflagen. Die Associated Press, die United Press und Hearst's INS schickten täglich mindestens 10000

Wörter über ihre Telegrafennetze. Da die Reporter oft keine Neuigkeiten hatten, kauten sie die bereits bekannten Einzelheiten des Falles endlos wieder. Sie stellten ausgefallene Theorien auf und spekulierten über neue Entwicklungen, selbst wenn es gar keine gab. Auf der verzweifelten Suche nach Material interviewten sie Menschen, die überhaupt nichts mit dem Fall zu tun hatten. Auch Albert Einstein, der seine Heimreise nach Deutschland antreten wollte, wurde befragt. Der Lage gewachsen, kommentierte der berühmte Wissenschaftler, er sei der Meinung, daß eine Entführung »ein Zeichen mangelnder geistiger Gesundheit in der gesellschaftlichen Entwicklung sei und nicht ein Mangel von Gesetzen«[1].

Unter den Reichen und Mächtigen im Lande begann die Angst umzugehen, man könnte auch sie oder ihre Kinder kidnappen. Kurz nach der Entführung wurden 250 Leibwächter eingestellt, um die Ehefrauen und Kinder der Morgan-Teilhaber zu beschützen. Wie ein Historiker des bekannten Bankhauses berichtet, sollten sich später »viele ihrer Enkel daran erinnern, wie sie, umgeben von Reichtum und bewaffneten Leibwächtern, aufwuchsen«[2].

Die »kleine Gloria« Vanderbilt, das reichste Kind der Vereinigten Staaten, wurde im Sherry Netherland Hotel in New York rund um die Uhr bewacht. Ihre wunderschöne, aber mittellose Mutter und ihre sagenhaft reiche Tante lieferten sich damals eine gigantische Schlacht um das Sorgerecht für sie. Laut Barbara Goldsmith, die den Sorgerechtsprozeß eingehend untersucht hat, war Gloria »Ziel einer Entführungs- und Morddrohung« geworden. Barbara Goldsmith Ansicht nach war das verschreckte und eigentümliche Verhalten der »kleinen Gloria« während des Streits um das Sorgerecht eine direkte Folge der Lindbergh-Entführung. Das Mädchen hatte Todesangst, ebenfalls entführt zu werden.

Auch andere Mitglieder der Familie Morrow fürchteten um

ihre Sicherheit. Nachdem die Familie von Charles' Verschwinden erfahren hatte, wurde auch Constance, die inzwischen auf das Smith College in Northampton, Massachusetts, ging, ständig bewacht. Drei Jahre zuvor, als sie noch an der Milton Academy war, hatten Erpresser gedroht, sie umzubringen, falls die Morrows nicht 50 000 Dollars zahlten. Um eine Entführung unmöglich zu machen, hatte Lindbergh Constance unverzüglich aus der Schule abgeholt und mit dem Flugzeug nach Deacon Brown's Point in North Haven in Sicherheit gebracht.

Mrs. Morrow, die eine Reihe anonymer Briefe mit der Drohung »Sie sind die Nächste« erhielt, fürchtete ebenfalls um ihre Sicherheit. Next Day Hill wurde unter Polizeischutz gestellt, obwohl sie und Elisabeth zu Anne nach Hopewell gefahren waren.

Doch die Entführung von Charles Lindbergh jr. war nicht nur für die Familie Morrow und für andere Millionäre und deren Sprößlinge von besonderer Bedeutung. Viele Amerikaner beschäftigten sich auf geradezu krankhafte Weise mit der Entführung. Sie fuhren nach Hunterdon County, um sich das Haus anzusehen, aus dem das Kind entführt worden war. Wenn sie dann zu ihrer großen Enttäuschung feststellten, daß man sie nicht einmal in die Nähe des Anwesens kommen ließ, campierten sie am Bahnhof und erzählten jedem, der es hören wollte, ihre Theorien über die Entführung.

Für einige kommerzielle Fluglinien im Nordosten der USA wurde das Haus zu einer Touristenattraktion. Piloten, die sich auf dem Weg nach Washington befanden, flogen über dem Hügel eine extra Schleife und legten sich dann steil in die Kurve, damit die Passagiere einen langen Blick auf »das Unglückhaus«, wie die Zeitungen das Heim der Lindberghs nun nannten, werfen konnten.

Gouverneure und andere Würdenträger kamen, um Anne, Charles und Mrs. Morrow ihr Mitgefühl auszusprechen. Einige, die Publicity suchten, ließen sich neben einer Leiter fotografieren, von der sie später dann behaupteten, es sei diejenige Leiter gewesen, die die Kidnapper benutzt hätten.

Anne und Charles erhielten Tausende von Briefen. In manchen gab man ihnen Ratschläge, andere waren bösartig und stellten die These auf, daß wahrscheinlich Dwight Morrow jr., dessen geistige Instabilität inzwischen bekannt geworden war, das Verbrechen begangen hätte. Dabei sei er von Elisabeth und Mrs. Morrow unterstützt worden, weil diese auf Anne und ihr Kind eifersüchtig gewesen wären. Zwei Tage nach der Entführung erhielt Anne ein Telegramm, in dem stand, daß es dem Kind gutgehe und es sich in der Obhut einer ausgebildeten Kinderpflegerin befinde. Bis zum 8. April schließlich hatten sie und Charles 38 000 Briefe erhalten. In 12 000 davon wurde von Träumen berichtet, in 11 500 sprachen die Verfasser ihr Mitgefühl aus, in 9500 wurden Vermutungen geäußert, und 5000 stammten von Spinnern, die Geld im Austausch für ihren Sohn forderten oder, zu Annes Entsetzen, sogar ihre eigenen Kinder als Ersatz anboten.

Doch viele der Briefeschreiber waren ganz normale Leute, die über die Entführung des Jungen empört waren und dem jungen Paar wirklich helfen wollten. Zu diesen zählte auch ein Mann aus Florida, der den Lindberghs zu ihrem Schutz per Bahnexpreß einen deutschen Schäferhund schickte. Als der Stationsvorsteher Lindbergh informierte, daß der Hund abgeholt werden könnte, erwiderte der Flieger, er könne dieses Geschenk unmöglich annehmen. Schließlich nahm ein Angestellter der Western Union den Hund mit zu sich nach Hause. Es war im übrigen schon der zweite Wachhund gewesen, den man Anne und Charles angeboten hatte.

Das große Mitgefühl und die Sorge um Charles Augustus Lindbergh jr. waren für sich genommen vielleicht ungewöhnlich, denn er war nicht das einzige prominente Entführungsopfer der 20er und beginnenden 30er Jahre. Während der Depression, als viele Menschen vor dem finanziellen Ruin standen und deshalb verzweifelt waren, waren Entführungen mit Lösegeldforderungen ein äußerst lukratives Verbrechen geworden. Neben dem während der Prohibition verbotenen Verkauf von Alkohol, der Prostitution und dem Drogenhandel nahmen sie einen vorderen Platz in der Verbrechensstatistik ein. Seit 1920 hatte man in den Vereinigten Staaten mehr als 2000 Menschen entführt und gegen Lösegeldzahlungen wieder freigelassen; mehrere Millionen Dollar waren von den unglücklichen Opfern oder ihren Verwandten erpreßt worden. Wie ein Beobachter betonte, bedeutete »die Lindbergh-Entführung ein perfektes Symbol für die Depression, denn sie zeigte, daß ein Einzelner – ganz gleich, wer das nun war – sein eigenes Schicksal nicht steuern konnte«[3].

In einer Zeit, in der Verbrechen zur Tagesordnung gehörten, war es den Leuten ganz einfach egal, wenn Gangster sich gegenseitig kidnappten oder umbrachten. Dieser Zynismus verwandelte sich jedoch in Empörung, als Ende Mai 1924 Nathan Leopold und Richard Loeb, zwei reiche, gebildete junge Homosexuelle, den 14jährigen Bobby Franks entführten und ermordeten. Die Entführer hatten zwar ein Lösegeld gefordert, das Bobbys Vater in dem Glauben, sein Sohn sei noch am Leben, auch bezahlt hatte, das Geld war jedoch nicht der eigentliche Grund für die Tat gewesen. Das Motiv war vielmehr die Herausforderung, das perfekte Verbrechen zu begehen, was den beiden sadistischen jungen Männern bewiesen hätte, daß sie Übermenschen wären.

Vier Jahre später schockierte eine weitere aufsehenerregende Entführung die Öffentlichkeit. 1928 verschwand die hübsche zwölfjährige Marion Parker. Bald erhielt ihr Vater, ein reicher Bankier, eine Lösegeldforderung, in der armselige 1500 Dollar für ihre Freilassung verlangt wurden. Er zahlte das Lösegeld unverzüglich, mußte dann aber entdecken, daß seine Tochter nicht nur ermordet, sondern auch brutal verstümmelt worden war –

ihre Beine waren unterhalb der Hüften abgetrennt worden. Ihr Mörder – ein 18jähriger Bankbote namens William Hickman – gestand später der Polizei, er habe Marion entführt und getötet, weil er die 1500 Dollar brauchte, um aufs College gehen zu können[4].

So tragisch diese beiden Entführungen mit tödlichem Ausgang auch waren, sie berührten die Öffentlichkeit nicht so sehr wie die Entführung von Charles Augustus Lindbergh jr. Wenn »Lucky Lindy« mit seinem Ruhm und seinem Reichtum nicht hatte verhindern können, daß man ihm sein Kind direkt vor seiner Nase entführte, wie sollte da der Durchschnittsbürger mit seinen begrenzten Mitteln seine eigenen Kinder beschützen? Nervöse Eltern mahnten ihre Kinder, sich niemals von Fremden ansprechen zu lassen, keine Süßigkeiten anzunehmen und schon gar nicht mitzugehen. Laut Barbara Goldsmith, die zu jener Zeit selbst noch ein Kind war, spürten »viele Kinder damals überall um sich herum die Angst und machten sie zu der ihren... Nachts lag ich wach in meinem Bett und wartete – ich wußte, daß dies die Nacht war, in der die Leiter gegen mein Schlafzimmerfenster gelehnt und man mich *holen* würde«[5].

Alle konnten sich nur über die ruhige, würdevolle Art wundern, mit der sich sowohl Anne wie auch Charles in dieser Situation bewegten. Es wurde berichtet, daß Anne sich zwar hinlegte, aber keinen Schlaf finden konnte. Außerdem litt sie immer noch unter ihrer Erkältung. Man hatte zwar einen Arzt gerufen, es gab aber keine Anzeichen dafür, daß sie sich am Rande eines Nervenzusammenbruchs befand. Ironischerweise wurde das Wetter nach der Entführung wunderschön, der Himmel war strahlend blau, und die Sonne schien warm. Dennoch kam Anne selten aus dem Haus. Hin und wieder konnte man ihr weißes, angespanntes Gesicht sehen, wie es ängstlich aus einem der oberen Fenster spähte. »Wie ein zerstreuter Geist von einem zum anderen Zimmer flatternd«[6], beschrieb sie ein Staatspolizist, der im Haus

Dienst tat. Von Lindbergh wird andererseits berichtet, er habe sich in Aktivitäten gestürzt und sich intensiv mit dem Fall beschäftigt. Obwohl die Polizei davon abriet, leitete er persönlich die Suche nach seinem Sohn, ging jeder Spur, jedem Hinweis nach, der Licht auf die Sache zu werfen versprach. An Schlaf dachte er in dieser Zeit so gut wie gar nicht.

Seine Hyperaktivität ist in Anbetracht der Umstände verständlich. Das Selbstbild dieses Mannes, der fünf Jahre zuvor allein über den Atlantik geflogen und wie die meisten erstklassigen Piloten ein Egomane war, hatte schwer gelitten. Er war nun nicht mehr gottähnlich, »ein Meister des Himmels«, sondern ein Mensch, dessen Verwundbarkeit für Millionen von Menschen deutlich geworden war. Anstatt sich seinem Kummer und seiner Hilflosigkeit angesichts des Verschwindens des Jungen zu stellen und die Ermittlungen den Experten zu überlassen, riß er ihre Aufgaben an sich und behinderte sie dadurch. Er begann mit der gleichen Entschlossenheit nach seinem Sohn zu suchen, die ihn einst dazu befähigt hatte, von New York nach Paris zu fliegen. Nachdem er der Polizei erklärt hatte, sie dürfe nichts ohne seine Erlaubnis unternehmen, nahm er mit Betrügern, Gangstern und Scharlatanen Kontakt auf.

Als die Nachricht von der Entführung bekannt wurde, strömte eine Armee von Reportern und Fotografen nach Hopewell zum Haus der Lindberghs. Da Lindbergh die Presseleute zum ersten Mal als seine Verbündeten und nicht als seine Feinde ansah, begrüßte er sie persönlich und bot ihnen Kaffee und Sandwiches an. Er spürte, daß die Reporter, die er vormals so verachtet hatte, ihm und seiner Frau nun eine Hilfe sein konnten. Sie würden drucken, was die Entführer dem Kind nach Annes Wunsch zu essen geben sollten. Außerdem konnten sie auch andere Botschaften, die zur sicheren Rückkehr des Kindes beitragen könnten, weiterleiten.

Geschmeichelt von Lindberghs plötzlicher Kooperationsbereitschaft, beschrieb die Presse das Paar in bestmöglichem Licht. Der 30jährige Charles wurde als ein Mann dargestellt, der seinem Image als weltberühmter Held, der die Entführer gnadenlos verfolgte, vollkommen gerecht wurde. Die 26jährige Anne wurde als »die gequälte Mutter« beschrieben, deren Leben sich ausschließlich um das Wohl ihrer Familie drehte und die natürlich bereit war, bis ans Ende der Welt zu gehen, um ihren Sohn wiederzubekommen.

MUTTER BEGEGNET SCHWERER PRÜFUNG MIT RUHIGER STÄRKE

Wenn der kleine Charles Augustus Lindbergh in seiner fremden Umgebung ebenso tapfer ist wie seine Mutter, dann ist er in der Tat ein sehr tapferer kleiner Kerl. Anne Morrow Lindberghs Leben seit ihrer Hochzeit mit dem Einsamen Adler war voll von jenen Dingen, die Nerven wie Drahtseile erfordern... Tausende von Kameralinsen waren auf sie gerichtet. Tausende von Fernschreibern, von Schreibmaschinen zeichneten jedes Detail ihres privaten und öffentlichen Lebens auf. Sie blieb stets ruhig, freundlich...

Sie hält ihre angespannten Nerven unter Kontrolle. Sie behält einen klaren Kopf, um bei der größten Menschenjagd der Geschichte die Anweisungen zu geben, die auch immer von ihr verlangt werden mögen. Sie steht angriffsbereit. Doch sie kann weder etwas essen noch kann sie schlafen. Vom Tag des Verschwindens ihres Babys an trug sie ein schlichtes marineblaues Kleid mit weißem Kragen. Sie hat einen blaukarierten Schal um ihr dunkles Haar gebunden, damit sie sich jederzeit auf den Weg machen kann – bis ans Ende der Welt, wenn es notwendig sein sollte.[7]

> **MUTTER MIT HAUSHALTSPFLICHTEN BESCHÄFTIGT DER KAMPFGEIST ALLEIN ERLAUBT MRS. LINDBERGH ERSCHÖPFUNG UND VERZWEIFLUNG ZU BESIEGEN**
>
> Kein Kampf in der Geschichte der Mutterschaft wurde je mutiger geführt als jener, den Anne Lindbergh nun austrägt. Sie ist freundlich wie immer. Sie sorgt für die körperlichen Bedürfnisse der Staatspolizei von New Jersey, jener entschlossenen Männer, die ihre Arbeit und ihr Leben der Aufgabe gewidmet haben, ihren Sohn zu finden.
>
> Und so erledigt sie ihre hausfraulichen Aufgaben. Sie gibt ihnen Essen... Sie sorgt dafür, daß sie es bequem haben... Ihr Heim ist ihre Festung...
>
> Ihr Körper ist müde... Es ist ihr Geist, der die Maschine ihres Körpers weiterlaufen läßt – der Geist einer geborenen Kämpferin, die nicht aufgibt, bis das Schicksal den Gong schlägt...
>
> Es gab Zeiten, zu denen Colonel Charles Lindbergh jener Mut, der ihm in aller Welt den höchsten Beifall eingebracht hat, verlassen haben mag. Aber Anne Lindberghs Tapferkeit war unerschütterlich. Irgendwo draußen im großen Ungewissen ist ihr Kind. Wenn sie es findet, dann kann sie an Essen, Ruhe und Schlaf denken, und an jene Dinge, die die Mutter-Maschinen zum Wohle ihrer Kinder in Betrieb halten.[8]

Was Anne anging, so brauchte die Presse nichts zu erfinden. Sie zeigte in der alptraumhaften Situation tatsächlich eine wahrhaft bewundernswerte Würde und Tapferkeit. Wie sie es später selbst beschrieb, ging es in dem Haus, das die Polizei von New Jersey, die die Ermittlungen leitete, in eine »Polizeistation« umgewandelt hatte, zu wie in »einem Tollhaus«. Berittene Polizisten zuhauf, ununterbrochen läutete das Telefon. Nachts waren überall auf dem Boden Matratzen ausgelegt. Als es davon nicht mehr genügend gab, schliefen die Leute auf Zeitungen und Decken. Über ihre Köpfe brummten ohne Unterlaß Flugzeuge hinweg.

Wenn es Anne endlich einmal gelang, sich auszuruhen, dann drängten oft Kriminalbeamte in ihr Schlafzimmer, um eine Lagebesprechung abzuhalten. Barmherzigerweise schienen die Tatsache ihrer zweiten Schwangerschaft und die scheinbare Irrealität der Situation eine betäubende Wirkung auf sie zu haben. »Es ist so entsetzlich unwirklich, daß ich gar nichts fühle«[9], schrieb sie. »Die Zeit steht seit jenem Dienstag abend still. Es ist, als hätte damals eine einzige lange Nacht oder ein endlos langer Tag begonnen.«[10]

Sofort nachdem Anne entdeckt hatte, daß sich Charlie nicht in seinem Bett befand, hatte sie mit ihrer Mutter und mit ihrer Schwiegermutter telefoniert. Obwohl sie von der schlimmen Neuigkeit erschüttert war, beschloß Mrs. Lindbergh, genau wie ihr Sohn, sich nicht der Verzweiflung hinzugeben. Während er sich um sein Kind bemühte und auch versuchte, sein Gefühl der Stärke wiederzubekommen, indem er die Suche nach dem Jungen persönlich beaufsichtigte, lebte seine Mutter ihr Leben, als sei nichts geschehen. Sie gab an der Cass Technical High School in Detroit weiter Chemieunterricht, so wie sie es fünf Jahre zuvor auch getan hatte, als Lindbergh auf dem Flughafen Le Bourget gelandet war.

Mrs. Morrow aber, die eben aus Cleveland zurückgekehrt war, wo sie Annes Großmutter besucht hatte, kam sofort nach Hopewell. Der einzige Raum, in dem noch Platz war, war Betty Gows Zimmer. Dort saßen Mutter und Tochter oft beisammen und versuchten vergeblich, einander zu trösten. Anne tat die Gegenwart ihrer Mutter wohl. Mrs. Morrow wußte, wie sie in dieser Zeit des Wartens und Hoffens mit ihrer Tochter umgehen mußte, und dafür war Anne ihr sehr dankbar. Ihre Mutter versuchte nie, sie zu trösten, wenn sie das Gefühl hatte, Anne könne in Tränen ausbrechen. Außerdem sorgte sie dafür, daß ihre Tochter genügend Ruhe bekam. Da die Nachmittage besonders lang und zermürbend waren, schlug die praktisch denkende Mrs. Morrow vor, sie und Anne sollten nachmittags immer ein Nickerchen machen, damit die Zeit schneller verging. Obwohl sie ihre eigenen Gefühle zurückhielt, gab Mrs. Morrow bei einer einzigen Gelegenheit ihren Emotionen nach. Sie gestand ihrer Tochter, daß sie sich innigst wünschte, ihr erstes und einziges Enkelkind möge an einem Montag, dem Todestag ihres Mannes, zurückgebracht werden. Sie glaubte, daß das ihrem Schmerz »die Spitze« nehmen würde.

Später gab Anne ihrer Dankbarkeit gegenüber ihrer Mutter in einem herzlichen Brief Ausdruck:

> Ich brauche nur an jene erste Woche in Hopewell zu denken, da warst Du für mich der größte Schutz, den ich hatte, die äußerste Quelle der Kraft. Zuerst: »Mutter wird herkommen ... wenn Mutter hier ist ...« Dann, Tag für Tag, als es keinen Grund zum Aufstehen zu geben schien: »Mutter ist bereits unten«, und dann an jenen Tagen, an denen du so lange in New York warst: »Heute abend ist alles in Ordnung, wenn Mutter zurückkommt«. Und immer hast Du, selbst in jenen Tagen des Todes, neuen Auftrieb und neues Leben mit zurückgebracht.
>
> Ich weiß nicht, wo letztlich die Quelle Deiner Kraft ist, und ich habe das Gefühl, daß ich immer und immer nur genommen und nie gegeben habe. Wahrscheinlich kann ich jetzt auch nichts geben. Es ist so, als ob wir alle, die dies hier miterlebt haben, unser Vertrauen verloren haben und, nachdem es nun einmal zerstört war, verwundbar geworden waren – gegen nichts gefeit. Als habe das Vertrauen einen wie eine wunderbare, schimmernde gläserne Rüstung unfehlbar geschützt, solange es unbeschädigt war. Doch es ist so zerbrechlich – ist es einmal in Stücke zerbrochen, dann hat man nichts mehr.[11]

Für Anne war ihr gefaßter, tatkräftiger Mann, der seine Suche nach ihrem Sohn nicht aufgab, eine ebenso starke Quelle der

Kraft. »C. ist *wunderbar* – ruhig, klar, wachsam, und es entgeht ihm nichts. Es ist schrecklich, daß man *nichts* tun kann, um zu helfen. Ich möchte so *gerne* helfen«[12], schrieb sie ihrer Schwiegermutter.

Nach der Entführung des Babys war Anne zuerst äußerst optimistisch gewesen, was Charlies Rückkehr nach Hause anbetraf. In ihrer wie in Lindberghs Familie legte man traditionell großen Wert auf Selbstbeherrschung und Selbstdisziplin. Außerdem versuchten die Verwandten und die Polizeibeamten sie aufzumuntern, indem sie die Chancen, daß das Kind zurückgegeben würde, als gut bezeichneten. Auch Anne selbst versuchte ihre Stimmung aufrechtzuerhalten und sich nicht der Verzweiflung hinzugeben. »Laut Statistik wurden in 400 Städten 2000 gekidnappte Kinder zurückgegeben«, schrieb sie Mrs. Lindbergh. »Nie hat es in der Geschichte des Verbrechens einen Fall gegeben, bei dem eine Bande um einen Toten gefeilscht hat.«[13]

Zu diesem Zeitpunkt glaubte sie immer noch, daß Gangster ihr Kind entführt hätten. Theorien der Polizei, nach denen jemand aus ihrem Haushalt oder dem ihrer Mutter den Kidnappern geholfen hatte, hielt sie für abwegig. Die Umstände des Falls legten jedoch nahe, daß eine oder mehrere Personen, die der Familie nahestanden, an der Entführung beteiligt gewesen sein mußten. Erstaunlicherweise hatten sie, Charles und ihre Mutter aber weiterhin absolutes Vertrauen zu jedem der 32 Menschen, die für sie arbeiteten. Tatsächlich hatten die Lindberghs, die gegenüber der Presse und dem Durchschnittsbürger so mißtrauisch geworden waren, daß sie sich oft nur in Verkleidung in die Öffentlichkeit wagten, alle ihre Bediensteten eingestellt, ohne sie vorher von einer Privatdetektei überprüfen zu lassen. Sie vertrauten dem Eindruck, den sie selbst nach einem kurzen Bewerbungsgespräch von ihnen gewonnen hatten. Als das Baby entführt worden war, weigerte sich Anne hartnäckig zu glauben, daß jemand aus ihrem eigenen oder aus dem Dienstpersonal ihrer Mutter irgend etwas damit zu tun, sie verraten haben könnte. Wie der folgende Abschnitt aus ihrem Tagebuch zeigt, war sie sich jedoch zumindest vage bewußt, daß die Umstände des Verbrechens die Beteiligung eines Hausangestellten nahelegten.

> Sie wußten von unserem Aufenthalt in Hopewell an einem Wochentag. (Das ist seit *letztem* Jahr nicht mehr vorgekommen, und wir sind nur hiergeblieben, weil der Kleine einen Schnupfen hatte. Aber am Dienstag und auch am Montag, hatte er *kein* Fieber und war am Dienstag wirklich wieder *gesund*. Wir wollten ihn am Mittwoch nach Englewood bringen.) Ihre Kenntnis des Kinderzimmers, das Fehlen von Fingerabdrücken, die passende Leiter, alles das deutet auf Berufsverbrecher hin, was ziemlich günstig ist, denn das heißt, daß sie nur das Geld wollen und dem Baby nicht böswillig weh tun werden.[14]

Natürlich fiel es ihr leichter zu glauben, daß ihre treuen Bediensteten, die ihnen gewiß doch sehr zugetan waren, nichts mit der Entführung zu tun hatten, sondern daß dies die Tat von vollkommen Fremden, von gefühllosen Kriminellen gewesen war. Die Lindberghs kamen deshalb auch zu der Überzeugung, daß sie über Kontaktleute aus der Unterwelt mit den Gangstern, die ihr Kind ihrer Überzeugung nach entführt hatten, Verbindung aufnehmen sollten. Als Unterhändler wählten sie Salvy Spitale und Irving Bitz, denen mehrere Flüsterkneipen in New York gehörten. Die Lindberghs gaben eine Erklärung an die Presse weiter, in der es hieß: »Falls die Kidnapper unseres Kindes nicht direkt mit uns verhandeln wollen, so ermächtigen wir ›Salvy‹ Spitale und Irving Bitz, als unsere Unterhändler zu fungieren. Wir werden auch jeden anderen von den Entführern vorgeschlagenen Weg befolgen, wenn wir sicher sein können, daß er zur Rückkehr unseres Kindes führt.« Obwohl viele Amerikaner den Entschluß des Paares bedauerten, Schieber und Schläger zu ihren Verbindungsleuten zu machen, war Anne von den beiden Männern beeindruckt. »Ich lernte die beiden Unterweltkönige gestern abend kennen«, schrieb sie in ihr Tagebuch. »Charles, Oberst Henry und ich sind überzeugt, daß sie glaubwürdig sind und uns helfen wollen. Ist es nicht seltsam, daß sie eine größere Aufrichtigkeit in ihrem Mitgefühl zeigten als viele Politiker, die hier gewesen sind.«[15]

Trotz ihrer zahllosen Verbindungen in der Unterwelt und der Zusicherung, daß sie das Baby lebend zurückbringen würden, gelang es Spitale und Bitz nicht, in Kontakt mit den Entführern zu kommen. Schließlich gestand Spitale, nachdem er seinen und Bitz' Namen tagelang auf den Titelseiten sämtlicher Zeitungen gelesen hatte, der Presse ein, daß ihre Mission keinen Erfolg gehabt hatte: »Wenn es jemand war, den ich kenne, dann würde ich es verdammt nochmal sagen. Ich war die ganze Zeit an der Sache dran und bin zu dem Schluß gekommen, daß das Ding von jemandem gedreht wurde, der nicht zu uns gehört.«

Die Person, die dann tatsächlich in Kontakt mit den Entführern kam, war Dr. John F. Condon, ein 72jähriger pensionierter Lehrer und Sporttrainer, der in der Bronx lebte. Der hochgewachsene Condon mit seinem schneeweißen Haar und dem Walroß-Schnurrbart war ein redseliger, sentimentaler und sehr patriotischer alter Herr. Seiner Meinung nach war Amerika das beste Land der Welt und die Bronx der wunderbarste Stadtteil, den es gab.

Als Mitarbeiter bei der *Bronx Home News* zählte Condon zu jenen, die empört darüber waren, daß die Lindberghs zwei Unterweltkönige zu ihren Unterhändlern gemacht hatten. Er schrieb einen Leserbrief, in dem er sich als Mittelsmann zwischen Lindbergh und den Entführern anbot und erklärte, daß er dem Lösegeld von 50000 Dollar seine eigenen Ersparnisse von 1000 Dollar hinzufügen würde. Sein Angebot wurde am 8. März auf der Titelseite der *Bronx Home News* abgedruckt.

Zu seiner Überraschung erhielt Condon tags darauf eine

Nachricht des Entführers. Sie war in derselben fast unleserlichen Handschrift geschrieben wie die Lösegeldforderung, die Lindbergh erhalten hatte. Sie besagte:

> Sehr geehrter Herr: Wenn sie bereit sind als Vermittler im Lindbergh-Fal zu dienen, volgen sie bitte genau den Anweisungen. Geben sie den beigelegten Brief Mr Lindbergh persöhnlich. Er wird alles erklären. Sagen sie niemand was davon. Sobald wir rausfindn, daß die Presse oder die Polizei was erfahren hat, is alles abgeblasn und es gibt weitere Verzögerung. Wenn sie das Gelt von Mr Lindbergh bekomen haben, setzen sie diese 3 Wörter in die *New York American*
>
> *Gelt is bereit*
>
> Danach geben wir weitere Anweisungen. Sie brauchn keine Angst haben, wir sind nich auf ihre 1000 $ aus. Handeln sie nur genau. Sind sie jeden Abend von 6 - 12 zuhause, sie hören dann von uns.

Condon stürzte zum Telefon, und es gelang ihm, irgendwie nach Hopewell durchzukommen. Als er Henry C. Breckenridge, Lindberghs Freund und Ratgeber, die Nachricht am Telefon vorlas und die seltsamen verschlungenen blauen und roten Kreise beschrieb, die der Kidnapper als Signatur verwendet hatte (diese Information hatte niemals in den Zeitungen gestanden), forderte man ihn auf, sofort nach Hopewell zu kommen.

Condon verfaßte später einen reich ausgeschmückten Bericht über seine Erlebnisse als Vermittler im Lindbergh-Fall. Darin behauptet er, er sei kurz nach zwei Uhr morgens in Hopewell eingetroffen. Lindbergh hätte, nachdem er die Botschaft der Entführer geprüft hatte und von ihrer Echtheit überzeugt war, ihn eingeladen, die Nacht auf dem Anwesen zu bleiben. Obwohl es beinahe drei Uhr in der Früh war, hätte er Lindbergh gebeten, seine Frau kennenlernen zu dürfen. Laut Condon führte ihn Lindbergh ohne Rücksicht auf die späte Stunde ins Schlafzimmer, wo er ein »zierliches, kindhaftes hübsches Geschöpf auf dem Rand des Bettes sitzen« fand in »einem schlichten dunklen Kleid«.

Lindbergh stellte ihm Anne vor, die, wie Condon beteuerte, »mir mit der uralten flehentlich bittenden Geste einer Mutter instinktiv ihre Arme entgegenstreckte«.

> »Werden Sie mir helfen, mein Baby zurückzubekommen?«
> »Ich werde alles, was in meiner Macht steht tun, um Ihnen zu helfen, Ihr Kind wiederzubekommen.«
> Als ich näherkam, sah ich in ihren sanften dunklen Augen Tränen schimmern. (Anne hatte blaue Augen.)
> ... Ich lächelte sie an und hob dann tadelnd meinen Zeigefinger und drohte Anne Lindbergh mit gespielter Schroffheit.
> »Falls eine dieser Tränen rinnt, dann lasse ich von diesem Fall sofort ab.«
> Sie wischte die Tränen fort. Als sie ihre Hände wieder sinken ließ, lächelte sie freundlich und tapfer.
> »Sehen Sie, Doktor, ich weine nicht.«
> »So ist es besser«, sagte ich. »So ist es viel, viel besser.«[16]

Der BBC-Journalist Ludovic Kennedy, Autor des Bestsellers *The Airman and the Carpenter*, in dem er behauptet, daß Bruno Hauptmann, der Mann, der für das Verbrechen hingerichtet wurde, unschuldig war, bezweifelt in seinem Buch, daß dieses Treffen jemals stattgefunden hat: »Oder war es eine Szene, die Condon sich in dieser Weise ausmalte, um sich als die Vaterfigur darzustellen, in die alle ihr Vertrauen setzen konnten, als den bescheidenen Lehrer, der dem Helden der Nation und seiner angstgequälten Ehefrau Frieden und Trost bringen würde? Condon war so sehr der Selbsttäuschung erlegen, daß man damals wie heute ohne eine Bestätigung durch einen Dritten keinem seiner Worte Glauben schenken darf.«[17]

Anne selbst erwähnt die angebliche Begegnung mit Condon in ihren veröffentlichten Tagebüchern und Briefen nicht. Ihre einzige Bezugnahme auf Condon findet sich in einem Brief an ihre Schwiegermutter vom 13. April, in dem sie über die Verhandlungen schreibt, die »bisher brieflich geführt wurden und durch den Unterhändler, den die Entführer gewählt hatten«[18], weitergeführt wurden. Da Anne in ihren Tagebüchern und Briefen häufig beschreibt, welchen Eindruck sie von Menschen hatte, die sie gerade kennengelernt hatte, erscheint es sehr merkwürdig, daß sie sich über Condon überhaupt nicht äußert. Vor allem, da er eine überaus wichtige Gestalt im Leben der Lindberghs werden sollte. Wahrscheinlich hatten sie und der ältere Herr lediglich kurz und oberflächlich Kontakt. Es ist allerdings auch möglich, daß Anne hinsichtlich Condons merkwürdiger Rolle in dem Fall Bedenken hatte und deshalb zögerte, sie niederzuschreiben, weil sie Angst hatte, sie könnten eine zu dieser Zeit weitverbreitete Theorie unterstützen. Diese Theorie besagte, daß Condon selbst zu der Bande, die das Lindbergh-Baby entführt hatte, gehörte und demzufolge seine seltsame Korrespondenz mit dem Kidnapper in der *Bronx Home News* Teil eines ausgefeilten Plans war, um Charles Lindbergh zur Übergabe des Lösegeldes zu veranlassen, das Condon dann mit seinen Komplizen teilen würde. Obwohl viele Menschen Condons Wahrheitsliebe bezweifelten und er böse Briefe und Drohanrufe erhielt, scheint Lindbergh selbst keinerlei Bedenken gehabt zu haben. Er beschrieb Condon einmal als einen »alten, netten Professor aus dem New Yorker Stadtteil Bronx«[19], und als Condon unter Beschuß geriet, schrieb er ihm einen Brief, in dem er ihm seinen »aufrichtigen Dank für Ihren Mut und Ihre Mithilfe«[20] aussprach. Seine Worte des Beistands, die später veröffentlicht wurden, waren für Condon, der zu diesem Zeitpunkt bei der Polizei als Hauptverdächtiger galt, von unschätzbarem Wert. Obwohl viele Untersuchungsbeamte ihn im Verlaufe der Nachforschungsarbeiten nicht mehr für ein

Mitglied der Entführerbande hielten, war er für sie ein »Spinner«[21].

Lindbergh und Breckenridge ermächtigten Condon, die Übergabe des Lösegeldes durchzuführen. Am 11. März erschien die folgende Anzeige im *New York American*: »Ich bin einverstanden. Geld ist bereit. Jafsie.« (Der Name »Jafsie« leitete sich aus den Initialen des Lehrers, J. F. C., her und wurde verwendet, weil man glaubte, daß ihn niemand außer dem Entführer erkennen würde.)

Nachdem sich Condon auf dem Woodlawn Friedhof mit dem vermutlichen Entführer, der sich »John« nannte und einen deutschen oder skandinavischen Akzent besaß, getroffen hatte, ließ er sich, wie ihm »John« befohlen hatte, am 2. April von Lindbergh zu einem anderen Friedhof fahren. Es war St. Raymond's in der Bronx. »Johns« Anweisungen folgend, stieg Condon aus dem Auto. Bald erschien ein Mann auf dem Gehsteig neben dem Friedhof. Mit leiser Stimme sagte er: »He, Doktor!«. Lindbergh behauptete später, diese Worte deutlich gehört zu haben, obwohl er noch im Auto saß, das auf der gegenüberliegenden Straßenseite geparkt stand.

Condon warf das Lösegeld von 50000 Dollar über die Friedhofsmauer und erhielt dafür einen Zettel, auf dem stand, das Baby befände sich auf einem »Bot Nelly« (gemeint war das Boot *Nelly*), das sich in der Nähe der Elizabeth Islands zwischen Martha's Vineyard und Cape Cod befinde. Das Lösegeld wurde von Lindberghs Bankiers J. P. Morgan and Company bereitgestellt. Man hatte Goldzertifikate gewählt und sich von jeder einzelnen Banknote die Nummer notiert, um so dem Entführer später auf die Spur zu kommen.

Lindbergh war überglücklich, als er den Zettel las. Seine Freude sollte jedoch rasch in Enttäuschung umschlagen. Er unternahm zwei Flüge zu den Elizabeth Islands, fand aber von dem Boot keine Spur. Obwohl er und Anne höchst beunruhigt darüber waren, daß man sie getäuscht hatte, waren sie zu dieser Zeit noch immer zuversichtlich, daß sie ihren Sohn lebend wiederbekommen würden.

Charles Lindbergh schöpfte auch noch aufgrund einer anderen Tatsache Hoffnung. Ein Bootsbauer aus Norfolk namens John Hughes Curtis erklärte, mit den Kidnappern in Verbindung zu stehen. Er behauptete, das Baby befände sich auf der *Mary B. Moss*, einem Schiff, das irgendwo vor der Küste von New Jersey vor Anker liegen sollte. Der Mann, der auf dem Friedhof das Lösegeld entgegengenommen hatte, hatte gesagt, das Baby sei auf der *Nelly*. Vielleicht hatten die Entführer den Namen des Bootes geändert, um die Polizei in die Irre zu führen. Obwohl Anne, wie übrigens auch viele Kriminalbeamte, glaubte, daß die Spur ins Leere führen würde, hielt Lindbergh es für lohnenswert, ihr nachzugehen. Er begann per Flugzeug und später per Schiff nach dem Boot zu suchen.

Am Donnerstag, den 12. Mai, beinahe neun Wochen nach der Entführung, fand die Suche nach Charles Augustus Lindbergh jr. ihr Ende. Ein Lastwagenfahrer namens William Allen hielt an der Straße von Hopewell nach Princeton. Als er in den Wald ging, um sich zu erleichtern, machte er einen schrecklichen Fund. In einem Graben lag, halb verborgen unter Blättern und Erde und mit nach untem gekehrten Gesicht, der stark verweste Körper eines Babys. Der Leichnam war von Tieren angefressen worden. Die linke Hand, der rechte Arm und das linke Bein vom Knie abwärts fehlten, ebenso alle wichtigen Organe außer Herz und Leber. Unter den Blättern neben dem Körper befand sich eine Tasche aus Sackleinweind. Die spätere Obduktion ergab, daß der teilweise skelettierte Leichnam der Körper von Charles Augustus Lindbergh jr. war. Er mußte bereits seit mehr als zwei Monaten im Wald gelegen haben. Zweifellos war er in der Nacht, in der er entführt worden war, auch gestorben. Die Todesursache war ein Schädelbruch. Ärzte und Polizei vermuteten, daß Charles Lindbergh jr. die tödliche Verletzung erlitten hatte, als der Entführer ihn in der Sackleinentasche, in die er ihn gesteckt hatte, um zu verhindern, daß er schrie und den Haushalt alarmierte, die Leiter hinuntergetragen hatte. Als der Kidnapper die Leiter herabgestiegen war, führte das zusätzliche Gewicht dazu, daß sie an ihrer schwächsten Stelle brach. Er ließ das Kind fallen, und es schlug mit dem Kopf auf dem betonierten Fensterbrett auf. Als der Entführer merkte, daß das Baby tot war, entledigte er sich rasch der Leiche. Er verscharrte sie nur ein oder zwei Meilen vom Haus der Lindberghs entfernt im Wald.

Anne wußte am späten Nachmittag des 12. Mai noch nichts von dieser Entdeckung. Sie wartete noch immer und hoffte auf die sichere Rückkehr ihres Kindes. Lindbergh war nicht zu Hause – er befand sich noch draußen über dem Atlantischen Ozean und suchte nach seinem Sohn –, und so wurde es Mrs. Morrows traurige Pflicht, ihr die Nachricht zu überbringen. Sie nahm Anne leise beiseite und sagte schlicht: »Anne, das Baby ist bei Daddy.«

Für Anne, die nun mit der Tatsache konfrontiert war, daß ihr kleiner Junge tot war, war das Wissen, daß die lange Zeit des Wartens und der Unsicherheit vorbei war, zuerst eine Erleichterung. »Ich spürte merkwürdigerweise eine Empfindung des Friedens – nicht Frieden, aber ein Ende der Ruhelosigkeit, ein Endgültiges, als schliefe ich in einem Grab... endlich Gewißheit zu haben ist eine Erleichterung. Wenn man sagen kann ›zu dem Zeitpunkt war es am Leben‹, ›zu dem Zeitpunkt war es tot‹, ist das endgültig, und Endgültiges kann man akzeptieren.«[22]

Der Polizei gelang es, Lindbergh noch auf See zu benachrichtigen. Er kehrte unverzüglich nach Hopewell zurück und traf um etwa zwei Uhr morgens ein. Sowohl er als auch Anne waren viel zu aufgeregt, um schlafen zu können. Sie blieben die ganze Nacht auf. Lindbergh sprach mit seiner Frau in »schönen« und »ruhigen« Worten über den Tod, und das gab ihr Mut.

Am nächsten Morgen brach der ganze Schrecken der Geschehnisse über sie herein. Lindbergh und Betty Gow fuhren zu einer Leichenhalle in Trenton, wo man sie bat, die sterblichen Überreste des Babys zu identifizieren. Lindbergh, der seine Gefühle unter Kontrolle hielt und erschöpft und plötzlich um Jahre gealtert wirkte, wurde in einen Raum geführt, in dem auf einem Tisch eine kleine, mit einem Laken bedeckte Gestalt lag. Er bat, man möge das Tuch entfernen. Dann starrte er mit rotem Gesicht ein paar Sekunden auf die sterblichen Überreste seines Sohnes. Er beugte sich über sie und sah dem Leichnam in den Mund, zählte dessen Zähne und untersuchte dann schließlich den rechten Fuß mit den beiden kleinen übereinanderstehenden Zehen. Schließlich bestätigte er auf die Frage eines Beamten hin die Identität der stark verwesten Leiche. »Ja, ich bin vollkommen sicher, daß das mein Kind ist«, sagte er. Dann verließ er ohne weiteren Kommentar den Raum.

Noch am selben Tag wurde der Körper von Charles Augustus Lindbergh jr. auf dem Rose Hill Friedhof in Linden, südlich von Elizabeth, New Jersey, eingeäschert. Bei der Feuerbestattung war nur Charles Lindbergh anwesend. Auf seine und Annes Bitte gab es keinen Trauergottesdienst. Er sah zu, wie der kleine Eichensarg durch die Glastüren der Verbrennungskammer gerollt wurde und die Flammen den Körper seines Sohnes verzehrten.

Während sich Lindbergh noch auf dem Weg nach New Jersey befand, um seinen Sohn zu identifizieren, waren Zeitungsfotografen, die in Erfahrung gebracht hatten, daß man die Leiche des Baby entdeckt hatte, in die Leichenhalle von Trenton eingebrochen, hatten den Sarg geöffnet und die sterblichen Überreste des Kindes fotografiert. Das verzieh Lindbergh ihnen nie. Es bestätigte, was Reporter anging, seine schlimmsten Vermutung: daß sie menschlicher Abschaum waren.

Obwohl Anne der grausige Anblick ihres toten Sohnes erspart geblieben war, machte das die Tragödie nicht weniger schrecklich für sie. Ihr Kummer wurde im Verlauf der Zeit nur noch größer. Der einzige Weg, auf dem sie ihren Gefühlen freien Lauf lassen und dadurch einen langsamen Heilungsprozeß beginnen konnte, war, weiterhin ihr Tagebuch zu führen. Am 11. Mai 1932, einen Tag, bevor man die Leiche des Babys fand, hatte sie nach einer Pause von mehr als dreieinhalb Jahren wieder damit begonnen. Die Einträge, die sie zu dieser Zeit machte, sind herzzerreißend eindringlich und persönlich. Sie bilden ein lebhaftes und bewegendes Zeugnis der größten Tragödie einer empfindsamen jungen Frau. Liest man ihr Tagebuch heute, 60 Jahre später, so fühlt man sich in den Spätfrühling des Jahres 1932 zurückversetzt und erlebt mit einer schmerzgebeugten Mutter ihr schreckliches Gefühl des Verlustes. In gewisser Weise sollte die Unmittelbarkeit und Eloquenz von Annes Tagebucheintragungen über den Tod ihres Sohnes sein bleibendstes Andenken werden, denn die Darstellung ihres Schmerzes ist so ergreifend, so wunderbar geschrieben und so intensiv, daß der Leser das Gefühl haben muß, das tragische Ableben von Charles Augustus Lindbergh jr. wäre ein Todesfall in seiner eigenen Familie.

Freitag, den 13. Mai 1932. Er ist schon hundert Jahre tot.
Eine lange schlaflose Nacht, aber ruhig, und C. saß diese ganzen Stunden an meinem Bett, und ich konnte es alles aus weiter Ferne betrachten...
Dann ein langer Tag, an dem alles Persönliche über mir zusammenschlug, der persönliche physische Verlust für mich, mein kleiner Junge – keine Kontrolle über die Tränen, keine Kontrolle über die Hunderte von kleinen Vorkommnissen, die ich aus meinem Gedächtnis verbannt hatte, während ich um Fassung rang...
Ich bin froh, daß ich Charlie an jenem letzten Wochenende verwöhnte, als er krank war, daß ich ihn auf den Schoß nahm und ihn wiegte und ihm Liedchen vorsang. Und froh, daß er in jenen letzten Tagen nach mir verlangte...

Unmöglich, ein Wort zu sagen, ohne in Tränen auszubrechen. Unsterblichkeit vielleicht für den Lebensfunken, aber nicht für all das, was meinen kleinen Jungen ausmachte.

Samstag, den 14. Mai. Ich bin sehr müde, vom mangelnden Schlaf und von den Medikamenten. Aber ich habe das Gefühl, daß er in seinem kurzen Leben genug, ja erstaunlich viel gegeben hat – Daddy ein Jahr lang, Mutter in jenen ersten drei, vier Monaten nach Daddys Tod, mir, Mrs. Lindbergh, C. und meiner Großmutter. C. und ich waren uns nie so nahe wie bei seiner Geburt, außer jetzt bei seinem Tod. Er hat etwas Wunderbares aus unserer Ehe gemacht, und das bleibt uns auch jetzt. Auch der Welt wird dieses Opfer vielleicht etwas geben.

Sonntag, den 15. Mai. Ich bin froh, daß er jene Nacht nicht überlebt hat. Er war so ein vergnügter, gebieterischer, sicherer kleiner Junge, er war im Leben stets geliebt worden und war der König unserer Herzen gewesen. Ich könnte es nicht ertragen, wenn man ihn getäuscht, ihm weh getan, ihn mit roher Gewalt verstümmelt hätte. Ich hoffe, daß er sofort tot war und daß er sich nicht wehrte und um Hilfe schrie – nach mir.

Dienstag, den 17. Mai. C's Kummer ist anders als meiner und ist vielleicht grundsätzlicher, denn er basiert nicht auf den kleinen körperlichen Erinnerungen. Die Gefühle eines Mannes für seinen Sohn sind tief verwurzelt und reichen weiter in die Zukunft. Ich traure um die kleine vertraute alltägliche Person.

Mittwoch, den 18. Mai. Ich dachte, ich würde ihn führen, ihn lehren, und nun ist er als erster in diese größte Erfahrung des Lebens eingegangen. Er ist mir voraus. Vielleicht, wenn ich da hindurchmuß, werde ich an ihn denken und daran, wie mein fröhliches, selbstsicheres Kind das bewältigte – und es wird nicht so furchterregend, nicht so schrecklich sein, eine *kleine* Tür...

Seinen Mord zu rekonstruieren, zu verstehen versuchen. Auf diese Weise werde ich nie aus dieser Hölle herausfinden. Und doch ist es hier vielleicht besser, unwirklicher. In Englewood wird mir jeder Winkel den körperlichen Liebreiz meines Jungen wiederbringen. Aber ich möchte das Bild meines Jungen, etwas Geistiges, ich möchte nicht seinen Mördern näher kommen, nicht ihre Gesichter sehen, nicht die Waffe, mit der sie ihn töteten, und nicht den Ort, wo es geschah. Aufgedeckt muß es werden, aber nicht durch mich, nicht jede Nacht.

Donnerstag, den 19. Mai. Wenn das wahr ist, starb er, bevor er richtig aufwachte. Ich würde das gerne glauben. Ich hoffe, daß sie jetzt eine Zeitlang die ganze Sache ruhen lassen werden. C's Gedanken beschäftigen sich unablässig damit. Aber mich macht es ganz krank, daß es so als bloßer Fall für die Polizei ausgegangen ist. Soll mir das denn als das Wirklichste in der Erinnerung an meinen Sohn bleiben? Dies Bild seines verstümmelten Körpers, und wie es geschah? Ich muß nach Englewood zurück, um ihn dort wiederzufinden. Auch wenn ich davor Angst habe. Ein stiller Kummer, ganz gleich, wie groß er ist, ist besser als dieses verzerrte, nie enden wollende unwirkliche Grauen. Bis das nicht vorüber ist, wird es keinen neuen Anfang geben. Im Moment bauen wir nur nach hinten weiter, nicht nach vorn. Ich fühle mich, als ob ein Gift in meinem Körper arbeitete – diese Vorstellung von dem Verbrechen. Wie tief wird es sich in unser Leben einfressen?[23]

Am Freitag, den 20. Mai wagte sich Anne zum ersten Mal wieder ins Kinderzimmer, wo sie Charlies Schrank öffnete.

Sein blauer Mantel an einem Haken, seine rote Mütze, sein blauer Matrosenanzug, sein kleiner dünner Häkelschal, den wir ihm um den Hals banden... In der Tasche seines blauen Mantels fand ich eine Muschel, ein »Tee«, und seine roten Fäustlinge. Es war, als berühre ich seine Hand. In den Schubladen fand ich die ganzen Hänsel-und-

Gretel-Bauklötze, mit denen er am letzten Tag spielte, und die kleine Muschikatze, die ich für ihn in ein kleines Spielzeughaus hinein- und herausgeschoben habe. Das begeisterte ihn so sehr. Das alles wiederzufinden, versetzte mir einen schmerzhaften Stich des Glücks. Oh, es war schön, die Vertrautheit dieser Erinnerungen zu spüren. Es war Schmerz; aber es war mein eigener Sohn – wirklich und lebendig in meiner Erinnerung, kein Fall für die Polizei.[24]

Der folgende Tag war der fünfte Jahrestag von Lindberghs historischem Flug. Anne war immer noch zu sehr von ihrem Kummer gefangen, um ihn in ihrem Tagebuch auch nur zu erwähnen, obwohl sie mit gewisser Begeisterung kurz vermerkt, daß Amelia Earhart in Irland gelandet war – Amelia Earhart war somit die erste Frau, die allein über den Atlantischen Ozean flog. An jenem Nachmittag schließlich verließen sie und Charles Hopewell und fuhren nach Falaise, dem Sommersitz der Guggenheims auf Long Island. Es war ein regnerischer Tag im Spätfrühling. Der Flieder blühte, und die See war perlgrau. Das leise Rauschen des Ozeans und die zurückgezogene Atmosphäre des Hauses erinnerten Anne an die Zeit vor drei Jahren, als sie und Charles die Guggenheims nach ihren Flitterwochen besucht hatten. »Es ist so friedlich wie an jenem Abend – aber ich bin alt, so alt, begreife aber darum nicht mehr«, schrieb sie in ihr Tagebuch. »Wir fangen ganz von vorne an – ohne Bindungen, ohne Hoffnungen, ohne Pläne... So viele Menschen haben Kinder verloren. Ich darf das nicht vergessen.«[25]

In den folgenden Wochen versuchte sie die Erinnerungen an ihr Baby zu bewahren. Sie ließ von einem Freund, der Maler war, nach einem Foto ein Miniaturgemälde anfertigen und schrieb aus dem Gedächtnis Ereignisse aus seinem Leben auf. Oft saß sie allein in seinem Kinderzimmer in Englewood und betrachtete seine Spielsachen, sein kleines schwedisches Schaukelpferd und sein Bettchen, in dem nun nur noch seine Lieblingsspielsachen, der Stoffhund und eine graue Spielzeugkatze mit einem schmutzigen Schwanz, lagen. Doch mit jedem Tag, der verging, während das neue Baby in ihr heranwuchs, rückte ihr Erstgeborener in immer weitere Ferne. Bald ging sie nicht mehr ins Kinderzimmer, um bei seinen Sachen zu sitzen. »Er ist fort«, schrieb sie hoffnungslos in ihr Tagebuch. »Ich kann ihn weder auf die eine, noch auf die andere Weise wiederbekommen. Er ist ganz einfach fort. Man kann es nicht ändern.«[26]

Kapitel 9

Opfer

In gewisser Weise erholten sich weder Anne noch Charles von dem schrecklichen Verlust, den man ihnen zugefügt hatte. Annes Leben wurde von 1932 an mehr oder weniger von den Bemühungen bestimmt, mit den Gefühlen, die sie nach der sinnlosen Ermordung ihres Sohnes bewegten, fertig zu werden. Lindbergh, der stets äußerst selbstbeherrscht war und nie Gefühle zeigte, versuchte seinem Kummer durch das Fliegen und durch seine Arbeit mit Alexis Carrel am Rockefeller Institut zu verdrängen. Waren schon seit seiner Kindheit die erhabene Welt der Fliegerei und die präzise, geregelte Welt der Wissenschaft seine Zuflucht vor seelischen Erschütterungen gewesen, so zog er sich jetzt noch mehr in diese Sphäre zurück. Doch für seine äußerst empfindsame und emotionale Frau war die geschäftige Welt, die sie umgab, kein Allheilmittel.

Auch die Religion vermochte ihr keinen Trost zu spenden. Obwohl sie als Kind und junge Frau regelmäßig die Gottesdienste in der presbyterianischen Kirche besucht hatte, war ein Teil von ihr mit ihrem Sohn gestorben, und mehr noch, auch ihr Vertrauen in die tröstliche, Sicherheit gebende Religion ihrer Eltern hatte gelitten. Nach Charlies Tod versuchte sie, ihren Glauben an eine friedliche und gerechte Welt wieder zurückzugewinnen, doch es gelang ihr nicht. Sie hatte aus eigener Erfahrung lernen müssen, daß Intelligenz und Höflichkeit, ebenso wie Ruhm und Reichtum, der bedrohlichen, brutalen Gewalt des Bösen nicht gewachsen waren. Sie war ängstlich und fühlte sich wehrlos, »als ob man, wenn man erst einmal das Vertrauen verloren hat, verwundbar geworden sei, und nichts mehr tun kann, um dem Bösen, dem Kummer und dem Elend, Einhalt zu gebieten«[1].

Da sie schon in ihrer Kindheit gelernt hatte, sich höflich und diplomatisch zu verhalten, war es ihr stets schwergefallen, Wut und Haß zu zeigen. Ein anderer Typ von Frau hätte sich vielleicht durch Rachephantasien gegenüber den Mördern ihres Sohnes eine gewisse seelische Erleichterung verschafft. Anne aber war zu gut erzogen und kultiviert, um sich ein solches Ventil zu gestatten. Es überrascht deshalb nicht, daß sie ihre unterdrückten Rachegefühle nach innen richtete. Ihre Gedanken nahmen krankhafte Formen an, und sie wurde depressiv. Der Tod war bei ihr zur fixen Idee geworden. Sie mußte ständig daran denken, daß Charlie und ihr Vater vor einem Jahr noch am Leben gewesen waren. Sie fragte sich, wer in ihrer Familie der nächste sein würde. Ihre Befürchtungen richteten sich bald auf Elisabeth, deren Gesundheitszustand sich neuerdings wieder verschlechtert hatte. Auf Lindberghs Drängen hin hatte sich ihre Schwester im Rockefeller Institut einer eingehenden medizinischen Untersuchung unterzogen. Nachdem man alle Tests abgeschlossen hatte, teilten die Ärzte Mrs. Morrow mit, eine der Herzklappen ihrer Tochter sei durch das rheumatische Fieber in ihrer Kindheit so schwer geschädigt worden, daß Elisabeths Lebenserwartung auf höchstens noch fünf Jahre geschätzt werden könnte.

Ohne von dieser niederschmetternden Diagnose zu wissen, beschloß Elisabeth, die wegen ihres ständig schlechter werdenden Gesundheitszustandes immer mehr den Mut verlor, den Sommer in Somerset in England zu verbringen. Sie hoffte, daß das Haus, in dem sie wohnen wollte, im Gegensatz zu der Hektik, die in Next Day Hill herrschte, eine friedliche und ruhige Atmosphäre besitzen würde, in der sie sich besser erholen konnte.

Jedesmal, wenn Anne ihre ältere Schwester in ihrer zarten präraffaelitischen Schönheit ansah, wurde ihr von neuem die Vergänglichkeit des Lebens bewußt. »Ich betrachte sie und denke, das Leben ist hier gefangen – jetzt –, bald wird es entweichen. Warum können wir es nicht halten, warum ist das nicht zu ändern?«[2]

Anne machte sich auch Sorgen um Charles, der ihrer Meinung nach immer noch zu sehr von dem Gedanken an die Entführung ihres Kindes und an die Ergreifung der Täter besessen war. Für Anne war es offensichtlich, daß die Tortur der letzten Monate nicht spurlos an ihm vorübergegangen war, obwohl er gerne den Eindruck erweckte, stets Herr seiner Gefühle und für alle ein Bollwerk der Stärke zu sein. Als sie ihm eines Nachmittags im Juni in Falaise beim Tennisspielen zusah, bemerkte sie mit einer gewissen Erleichterung, daß er plötzlich fast wieder wie früher wirkte – »jung und golden«. So hatte er kurz nach ihrer Hochzeit ausgesehen, als das Leben ein einziger Glückstaumel gewesen war, und er, ein Mann, der den Himmel und den Atlantik besiegt hatte, auf der Höhe seiner Macht und seines Ruhmes gestanden hatte.

In der Hoffnung, daß das Schreiben, das für sie immer eine Quelle der Freude und eine Zuflucht gewesen war, sie aus ihrer Mutlosigkeit reißen würde, zwang sich Anne, ihre Arbeit am Reisebericht über ihren Flug in den Orient fortzusetzen. Sie tat es jedoch mit wenig Begeisterung, und die paar Worte, die sie zu Papier brachte, waren ihrer Meinung nach nichtssagend und leblos. Ihre Gefühle konzentrierten sich immer noch auf Charlies Tod. In ihrem Tagebuch schreibt sie dazu:

> Ich glaube, wenn ich es analysiere, daß Frauen Kummer anders aufnehmen und bewältigen als Männer. Sie wehren sich nicht dagegen, mit offenen Armen nehmen sie den Kummer auf, verbinden und verschmelzen ihn mit jedem Teil ihres Lebens; er nimmt einen Raum in

> jeder Faser ein, er gehört zu ihrem Dasein. Während Männer die konzentrierte, bittere Dosis mit einem einzigen Zug hinunterschlucken und dann zu vergessen suchen – anfangen, an einem ganz anderen Gegenstand zu arbeiten. Daher sagt C.: »Schreibe über Baker Lake – das steht in keinem Zusammenhang.«
> Aber das ist es ja gerade – es steht in keinem Zusammenhang; mein Herz ist nicht daran beteiligt. Ich kann nur aus der einen starken Gemütsbewegung heraus arbeiten: der Liebe zu meinem Sohn und dem, was daraus erwächst – der Wunsch nach einem Zuhause, nach Kindern, dem, was ich ihnen geben und für sie tun möchte, für Charles und mein Heim. Ich werde über dieses fast animalische Gefühl hinauswachsen und mehr wollen, aber jetzt noch nicht.[3]

Nur die Klavierstunden, mit denen sie nun wieder fortfuhr, schienen ihr Spaß zu machen, obwohl sie noch Anfängerin war und ihre Finger sich anfühlten »wie alte Damen, die Treppen hinauf- und hinuntergehen«[4]. Doch bald wurde ihr klar, daß sie im Grunde gar nicht für sich selbst Unterricht nahm, sondern für ihren kleinen Jungen. Wann immer sie übte, erinnerte sie sich daran, was für ein Vergnügen es für sie gewesen war, einfache Melodien zu klimpern, während Charlie dazu tanzte.

Ihre Melancholie wurde noch durch die Frage verstärkt, was sie mit dem Haus in Hopewell, das einst so sicher und uneinnehmbar schien, machen sollten. Beide Lindberghs standen dem Gedanken, es zu behalten, mit gemischten Gefühlen gegenüber. Einerseits liebten sie seine Schönheit und Abgeschiedenheit, andererseits wußten sie, daß dieses Haus sie stets an das Verbrechen erinnern würde, das dort begangen worden war. Noch beunruhigender war der Gedanke, daß, sollten sie sich entscheiden, mit dem Baby, das Anne erwartete, wieder dort zu wohnen, irgendein Verrückter versuchen könnte, auch dieses Kind zu entführen.

Ein weiteres Problem für Anne waren die vielen Menschen, die immer noch permanent versuchten, in ihre Privatsphäre einzudringen. Einige dieser Leute waren einfach krankhaft neugierig und wollten einen Blick auf den Ort werfen, an dem das Verbrechen geschehen war; andere empfanden aufrichtiges Mitleid für das junge Paar und glaubten in ihrer Naivität, daß ihre Anwesenheit für die beiden Lindberghs tröstlich wäre. Anne wurde durch die vielen Schaulustigen in Hopewell zutiefst beunruhigt. Befand sich unter dieser anonymen Horde vielleicht noch ein Kidnapper, noch ein Mörder? Doch die Menschenmengen zermürbten sie noch aus einem anderen Grund. Als sie sah, welche Faszination das Verbrechen auf diese Menschen ausübte, fühlte sie sich am Tod ihres Kindes plötzlich mitschuldig. Es war ein dunkles, verborgenes und quälendes Gefühl. Im Grunde ihres Herzens wußte Anne nämlich, daß ihr Kind ein ganz normales Leben hätte führen können, wenn es nicht das Pech gehabt hätte, solch berühmte Eltern zu haben. »Wäre da nicht diese ganze Publicity, die uns umgibt, dann könnten wir ihn immer noch haben«[5], notierte sie reuevoll in ihrem Tagebuch.

Eines Nachmittags in Falaise versuchte Harry Guggenheim, der ein enger Freund der Lindberghs geworden war, das Paar davon zu überzeugen, daß sie unbedingt lernen müßten, mit der Publicity umzugehen. »Solange du dein ganzes Leben lang etwas Schöpferisches tust, mußt du dich ihr stellen, kannst du ihr nicht entrinnen«, erklärte er ihnen. »Das einzige, was du tun kannst, ist deine ganze Einstellung dazu zu ändern. Besiege sie in deinem *Innern*, dann wird sie dir gleichgültig.«[6]

Doch den Lindberghs machte es sehr wohl etwas aus, daß man sie jedesmal, wenn sie ihren Fuß vor die Haustür setzten, fotografierte. Außerdem wurde es für sie unerträglich, daß Reporter und Fotografen ständig in ihrem Privatleben herumstocherten. Das Ganze war für sie ein so heikles Thema geworden, daß sie »zu empfindlich und zu tief getroffen« waren, um den Vorschlägen von Guggenheim überhaupt Gehör zu schenken.

Deshalb reagierten sie auch ebenso ärgerlich wie abweisend, als ihr Name am 10. Juni wiederum in die Schlagzeilen geriet. Violet Sharpe, eine 27jährige englische Hausangestellte, die in Mrs. Morrows Diensten stand, hatte Selbstmord begangen.

Colonel H. Norman Schwarzkopf, der Chef der Staatspolizei von New Jersey (und Vater des Generals, der später die Alliierten Streitkräfte im Golfkrieg befehligte), war der Überzeugung, Violet Sharpes Selbstmord sei ein Beweis dafür, daß sie etwas mit dem Verbrechen zu tun gehabt hatte. »Der Selbstmord von Violet Sharpe scheint den Verdacht der Ermittlungsbehörden hinsichtlich ihrer Mittäterschaft bei dem Verbrechen an Charles Lindbergh jr. zu bestätigen«, erklärte er den Reportern. Andere Kriminalbeamte, die mit den Ermittlungen betraut waren, behaupteten öffentlich, Violet sei »die Informantin und Vermittlerin der Entführer« gewesen. Doch sowohl in den Vereinigten Staaten als auch in Großbritannien vertraten viele Berichterstatter eine andere Meinung. Sie glaubten, man hätte das Dienstmädchen so gnadenlos in die Mangel genommen, daß es schließlich aus Verzweiflung Gift geschluckt hatte.

Dieses eine Mal war Anne mit der Presse einer Meinung. Sie war sich sicher, daß Violet nichts mit der Entführung zu tun gehabt hatte. Vielmehr nahm sie an, daß Violet sich das Leben genommen hatte, weil sie die Anschuldigung, sie hätte mit den Entführern gemeinsame Sache gemacht, nicht ertragen konnte. Erstaunlicherweise war Anne weiterhin felsenfest von der Loyalität ihrer Hausangestellten und der ihrer Mutter überzeugt, obwohl der oder die Entführer genau gewußt hatten, wann sie das Kind aus seinem Bettchen holen mußten. Es war deshalb mehr als nur wahrscheinlich, daß jemand, der vom Tagesablauf der Lindberghs Kenntnis hatte, das Verbrechen begangen hatte oder zumindest Komplize war. Anne weigerte sich, über die Hintergründe von Violets Tod Vermutungen anzustellen. Sie machte sich mehr Gedanken darüber, wie ihre Mutter die Situation verkraften würde, denn Mrs. Morrow war Zeugin gewesen, als ihr Dienstmädchen auf dem Boden der Speisekammer in Next Day Hill starb, nachdem es einige Kristalle Zyanchlorid, die zum Silberputzen verwendet wurden, geschluckt hatte. Obwohl Anne wußte, daß ihre Mutter dieser neuen Tragödie mit ihrer üblichen Tapferkeit und Stärke begegnen würde, war sie dennoch froh, daß sie und Dwight jr. bald in den »Frieden und die Schönheit« Europas und Englands aufbrechen wollten. Sie hatten vor, auf dieser Reise auch Elisabeth zu besuchen, die, im Gegensatz zur übrigen Familie, gerade einen friedlichen Sommer verlebte. Außerdem hatte sie sich offensichtlich auch noch verliebt.

Anne hatte den »Polizei-Aspekt« der Entführung stets verabscheut, doch in diesem Sommer konnte sie sich ihm nicht entziehen. Ende Juni mußten die Lindberghs nach langer Abwesenheit in ihr Haus in Hopewell zurückfahren, weil Lindbergh in dem Prozeß gegen John Hughes Curtis, der der Verdunkelung angeklagt war, aussagen mußte. Es hatte geheißen, in diesem Prozeß würden die tiefsten Abgründe der menschlichen Natur enthüllt. Doch es erwies sich, daß Curtis lediglich zu den vielen Menschen gehörte, die aus der verzweifelten Lage des unglücklichen jungen Paares persönlichen Gewinn schlagen wollten. Während Lindbergh nach der Übergabe des Lösegeldes im April vergebens nach der *Nelly* gesucht hatte, war Curtis an ihn herangetreten und hatte ihm mitgeteilt, daß die Entführer Charlie auf einem Boot namens *Mary B. Moss* in der Nähe der Küste von New Jersey versteckt hielten. Nachdem man die Leiche des Kindes entdeckt hatte, brach Curtis zusammen und gestand, daß er sich die ganze Geschichte nur ausgedacht hatte. Allerdings war nicht Geld sein Motiv gewesen, sondern das krankhafte Bedürfnis, berühmt zu werden. Während des Prozesses versuchte er einmal Lindberghs Hand zu ergreifen, doch der Flieger wich mit Abscheu und Entsetzen zurück[7].

Wie es ihrem Wesen entsprach, beschäftigte Anne sich weniger mit den Menschen, die sie und ihren Mann so grausam getäuscht hatten, sondern mehr mit ihrer fortdauernden Trauer um Charlie. Sie war sich sicher, daß ihr Schmerz durch die Rückkehr nach Hopewell noch unerträglicher werden würde. Sie hatte große Angst davor, das Haus zu betreten, das einst ein so glücklicher Ort gewesen war. »Dort ohne Hoffnung zu leben, wo ich so lange *nur* in ihr gelebt habe«[8], schrieb sie in ihr Tagebuch.

Es war ein drückend heißer Tag, als sie und Lindbergh von Englewood nach Hopewell fuhren. Zu ihrer Überraschung jedoch kam Anne das Haus »kühl und friedlich« vor. Sie empfand es als ihr Zuhause, in dem sie nur wenig an das Verbrechen erinnerte. Als sie die Treppe zum Kinderzimmer hinaufging, war die Atmosphäre »still und friedlich, die großen französischen Fenster waren weit offen, und es war genau das sichere vertraute Zimmer, das es in jener anderen Welt gewesen war. Ich ließ die Tür offen«. In ihrem Tagebuch schrieb sie:

> Dieser Ort erinnert jetzt nicht mehr an ein Verbrechen, aber mir wird hier vollkommen klar, was ich in Englewood immer mehr erkannt habe: daß das neue Baby die Empfindung, die ich für Charlie habe, nicht ändern wird. Ich hatte die unbestimmte Vorstellung, daß es nach der Geburt des Babys besser gehen könnte, das wird es bestimmt nicht. Die Dinge werden sich nicht ändern. Ich werde Charlie genauso vermissen. Das Gefühl für das neue Baby wird sich unabhängig davon entwickeln, etwas Wunderbares, Andersartiges, neben *diesem* Gefühl. Ich werde immer damit leben, mein ganzes Leben lang, nur wird es vielleicht leichter, damit zu leben, weil es sich mehr und mehr von meinem täglichen Leben entfernen wird. Ich will es auch gar nicht anders haben.[9]

Ihre Trauer und Niedergeschlagenheit verstärkten sich jedoch allmählich wieder, als sie in jenem Haus wohnten, in dem so

Schreckliches passiert war. Ihre Träume waren voll von lebhaften Bildern der Menschen, die sie verloren hatte: Charlie mit den wirren, goldenen Locken, der auf sie zurannte, »zum Sterben verurteilt«; sie selbst in einem seltenen Ausbruch von Zorn, wütend gegen die Leute, die ihr ihren Sohn nehmen wollten; ihr Vater in einem Lehnsessel, scherzhaft einen Kuß fordernd. Im Traum ging sie zögernd auf ihn zu, so wie sie es als kleines Mädchen getan hatte, doch plötzlich erkannte sie, daß sie nie wieder in der Lage sein würde, ihm einen Kuß zu geben – denn schon bald würde er sterben. »Und ich ging voller Liebe auf ihn zu und schaute in seine Augen und dachte mir, wie schön sie seien – wie sehr sie *seine Augen* seien, überfließend blau und strahlend (das überfließende Blau war mir entfallen) –, und liebte und küßte ihn.«[10]

Während der nächsten Tage versetzte sie das Haus in noch düsterere Stimmung. Ihr wurde klar, daß sie niemals mehr dort leben konnte, da sie in Gedanken immer wieder die verhängnisvolle Nacht, in der ihr Sohn gestorben war, durchleben würde. Dennoch hielt sie sich ständig vor Augen, daß es ein so schönes Haus in einer so wunderbaren Umgebung war. Sie fragte sich, ob sie und Charles es je über sich bringen würden, es zu verkaufen. Sie versuchte sich davon zu überzeugen, daß »dies nun ein anderes Haus ist – eines, in dem vor vielen, vielen Jahren eine Tragödie passierte«.

Von einem praktischen Standpunkt aus gesehen blieb immer noch die Frage ihrer persönlichen Sicherheit; und diese Frage beschäftigte Lindbergh unablässig. Er spielte mit dem Gedanken, zum Schutz des Anwesens bewaffnete Wachleute zu engagieren oder Polizeihunde anzuschaffen. Obwohl er sich damals noch geweigert hatte, die beiden Hunde, die man ihm geschickt hatte, anzunehmen, fuhren er und Anne eines Sonntagmorgens nach Princeton zu Joseph Weber, einem Züchter und Trainer von deutschen Schäferhunden. Nachdem sich Lindbergh Webers

UPI/Bettmann

Anne Spencer Morrow 1928, kurz nach ihrer Verlobung mit Charles Augustus Lindbergh Jr., dem angeblich »meist vergötterten Mann« seiner Zeit.

Nichts auf diesem Foto, das einen Monat nach seinem Transatlantikflug 1927 aufgenommen wurde, läßt den schüchternen, zurückhaltenden »Anti-Helden« vermuten, den Millionen Menschen in Charles Lindbergh sahen. Hier zeigt er sich als klassischer Flieger: mutig, männlich und romantisch.

AP/Wide World

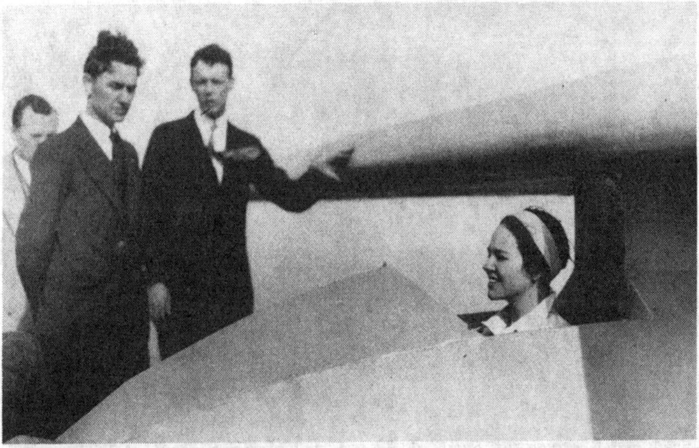

Anne Morrow Lindbergh im Cockpit des Bowlus-Fliegers, kurz bevor sie ihre Flugprüfung ablegt und besteht. Charles steht neben ihr, den Arm auf die Tragfläche abgestützt.

Amelia Earhart, die weltberühmte Pilotin, genannt »Lady Lindy«, da sie von der Presse immer mit Lindbergh verglichen wurde. Links steht ihr Ehemann, der Verleger George Putnam.

Courtesy of Alex Handy

Culver Pictures

Anne und Charles Lindbergh vor der Sirius, dem Zweisitzer, in dem sie den »Küste-zu-Küste«-Rekord aufstellten, obwohl Anne im siebten Monat schwanger war.

Abbildung rechte Seite: Lindbergh schoß diese Fotos von seinem semmelblonden, blauäugigen Sohn Charles Augustus Lindbergh Jr., der gerade zu sprechen begann, als er mit zweiundzwanzig Monaten entführt wurde. Obwohl Lindbergh versuchte, sein Privatleben vor der Presse zu schützen, ließ er diese Fotos veröffentlichen, in der Hoffnung, daß sein Sohn noch am Leben wäre und ihn jemand wiedererkennen würde.

Culver Pictures

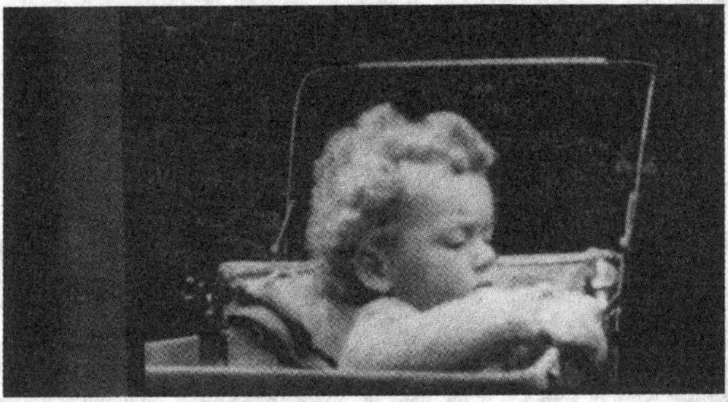

AP/Wide World

Hopewell, New Jersey, das Haus, aus dem der kleine Sohn der Lindberghs entführt wurde.

Das Kinderzimmer kurz nach der Entführung. Die Entführer waren durchs Fenster gestiegen und hatten einen Zettel auf dem Fensterbrett hinterlassen.

AP/Wide World

Bruno Richard Hauptmann (links), Schreiner aus der Bronx, und seine Frau Anna beraten sich während der Gerichtsverhandlungen 1935 zu dem Mord an Charles Augustus Lindbergh Jr. Zwei Polizeibeamte aus New Jersey überwachen die Unterredung.

AP/Wide World

Eines der wenigen Fotos von Anne Morrow Lindbergh im Zeugenstand der Gerichtsverhandlung.

AP/Wide World

Charles und Anne verlassen nach Annes Zeugenaussage das Gericht mit Mrs. Norman Schwarzkopf (Mitte). Während der Gerichtsverhandlung, die hohes öffentliches Interesse erregte, half Mrs. Norman Schwarzkopf, deren Ehemann die Untersuchungen leitete, die Lindberghs vor der Presse zu schützen.

Courtesy of Alex Handy

UPI/Bettmann

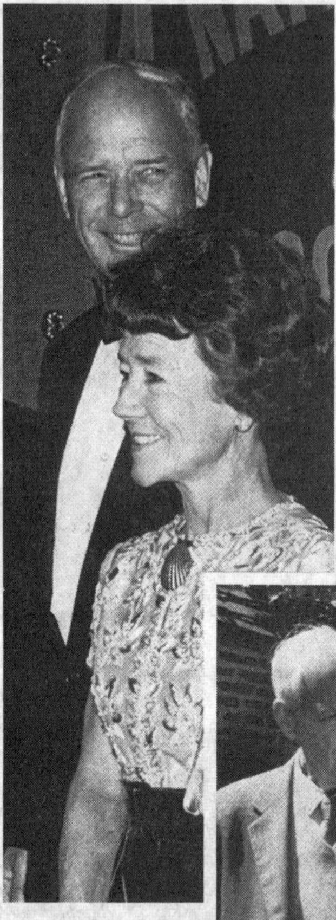

Nach 1941 erschienen die Lindberghs nur noch selten in der Öffentlichkeit. Hier 1968, zu einem Empfang des National Institute of Social Sciences. Anne und Charles wurden mit einem Preis um die Verdienste der Menschheit ausgezeichnet.

Anne und Charles bei der Einweihung von Falaise, dem Anwesen ihres Freundes Henry Guggenheim auf Long Island, zum Museum. Während ihrer langen Ehe hatten sie sich oft dorthin zurückgezogen.

UPI/Bettmann

Zwinger angesehen hatte, verliebte er sich in ein großes, wildes Tier, das laut Weber fremde Menschen haßte. Um den Hund zu testen, versuchte Lindbergh ihn zu streicheln, worauf das Tier zu seiner Begeisterung mit einem Knurren reagierte.

Anne und Charles kauften den Hund. Nachdem Lindbergh unter Webers Anleitung ein paar Tage mit dem Tier gearbeitet hatte, erkannte es ihn als seinen Herrn an. Doch es war Anne, an der der Hund, der schließlich den Namen Thor erhielt, am meisten hing. Er ließ sie niemals aus den Augen. »Die Ergebenheit dieses Hundes, der mir überallhin folgt, ist erregend, wie wenn man einen neuen Verehrer hat«[11], bemerkte sie.

Im Juli ging der Prozeß gegen Curtis zu Ende. Der Bootsbauer wurde der Verdunkelung für schuldig befunden und zu einem Jahr Gefängnis und einer Geldstrafe von 1000 Dollar verurteilt. (Die Freiheitsstrafe wurde später zur Bewährung ausgesetzt, und Curtis mußte nur noch die Geldbuße zahlen.)

Sobald der Prozeß beendet war, verließen die Lindberghs Hopewell und kehrten nach Englewood zurück. Obwohl sie jetzt Thor besaßen, hatte Lindbergh, was die Sicherheit seiner Familie anging, immer noch kein gutes Gefühl. Er entschied, daß es das beste wäre, wenn sie wieder in Next Day Hill wohnten, wo sie vor aufdringlichen Reportern und der neugierigen Öffentlichkeit weitgehend geschützt waren. Der Flieger, der allein den Atlantik überquert hatte, jetzt aber nicht einmal für die Sicherheit seiner Familie sorgen konnte, muß es als Demütigung empfunden haben, daß er sich im Haus seiner Schwiegermutter verstecken mußte.

Am späten Abend des 15. August 1932, einem Montag, setzten bei Anne die Wehen ein. Sie, Lindbergh und ihre Mutter ließen sich von Englewood aus zu dem luxuriösen Apartment der Familie am Central Park fahren, wo sie schließlich gegen halb fünf Uhr morgens ankamen. Bald darauf trafen auch ein Geburtshelfer, ein Anästhesist und eine Krankenschwester ein. In einem bemerkenswerten Tagebucheintrag berichtet Anne, was sie dabei fühlte, unter solch merkwürdigen Umständen zum zweiten Mal ein Kind zur Welt zu bringen. Anne wurde, wenn sie nicht gerade mit Lachgas betäubt war, von Weinkrämpfen geschüttelt und von Schmerzen gepeinigt. Allein die Gegenwart ihres Mannes und ihre überwältigende Liebe zu ihm versetzten sie in die Lage, die Entbindung durchzustehen.

> Ich wußte immer schon ein bis zwei Sekunden bevor ich aufwachte, ob C. im Zimmer war oder nicht, und fühlte meine Blicke unweigerlich zu ihm hingezogen. Ich *mußte* einfach zu ihm hinsehen: es war etwas Zwingendes in mir, so wie Thor Hals über Kopf über alles hinwegspringt, nur um zu mir zu gelangen – ein blinder Instinkt. Meine Hand in der seinen war manchmal das erste, was wieder ins Leben zurückkehrte; während ich noch ganz blind und taub und stumm war, spürte ich, wie sein Zeigefinger mein Handgelenk streichelte. Wie der erste Felsgipfel, der sich aus der zurückweichenden Flut der Bewußtlosigkeit erhebt.[12]

Anne lag vier Stunden lang in den Wehen, viel kürzer, als das bei der Geburt von Charlie der Fall gewesen war. Als sie aus der Narkose erwachte und erfuhr, daß sie einen Jungen geboren hatte, war ihr erster Gedanke, ob das Kind gesund war. Nachdem die Schwester ihr versichert hatte, daß sie einen putzmunteren Jungen zur Welt gebracht hatte, murmelte sie, sie hätte immer gewollt, daß Charlie einen Bruder bekäme. Als die Schwester sie mit schroffen Worten daran erinnerte, daß Charlie tot war und sie ihre Aufmerksamkeit ihrem neuen Baby widmen müsse, brach sie in Tränen aus.

Zu ihrer Enttäuschung war das Kind, das ihre ziemlich große und fleischige »Morrow-Nase« geerbt hatte, nicht annähernd so hübsch wie Charlie. Doch als sie das gleiche Lindbergh-Grübchen in seinem Kinn bemerkte, das Charlie gehabt hatte, überkam sie plötzlich das Gefühl, als sei »eine Tür ins Leben geöffnet worden. Ich *wollte* leben, ich spürte die Kraft zum Leben. Ich hatte keine Angst vor dem Tod und vor dem Leben: ein Bann war gebrochen, der Bann über uns, unter dem ich alles fürchtete und unter dem ich das Gefühl gehabt hatte, daß seitdem nichts mehr gelingen könnte. Der Bann war durch dieses wirkliche, handfeste, vollkommene Baby gebrochen, das aus den Klauen des Kummers in eine unvollkommene Welt gekommen war – ein Wunder. Mein Vertrauen war wiedergeboren.«[13]

Doch ihr neugewonnenes Vertrauen war nicht so leicht aufrechtzuerhalten, wie sie gehofft hatte. Vergleiche des zweiten Sohnes mit Charlie drängten sich ihr auf. Sie schwankte ständig zwischen Liebe und Anbetung für ihren zweiten Sohn und Kummer und Verzweiflung um den verlorenen.

Anne versuchte die beiden Kinder in ihren Gedanken voneinander getrennt zu halten, doch das fiel ihr nicht leicht. Ihr Kosename für Charlie war »das fette Schäfchen« gewesen; für das neue Baby lautete er, angeregt durch das weiche, braune Haar und die Kaninchennase, »mein kleines Kaninchen«. Dennoch versprachen sie und Mrs. Morrow sich manchmal und nannten ihn »Charlie«.

»Ich merke, daß ich an dieses Baby denke, als wäre es das andere, das wieder neu anfängt«, notiert sie in ihrem Tagebuch. »Und manchmal denke ich halb wahnsinnig: ›wie schön wird es sein, wenn es wieder groß ist... Wie schön, wenn es mich wieder erkennt.‹ Dann kämpfe ich dagegen und sage mir: ›Nein, das ist ein anderes Kind. Ich darf nicht versuchen, Charlie in ihm zu sehen.‹«[14]

Obwohl Anne in ihrem Tagebuch und ihren Briefen berichtet, wie sich das Baby entwickelt, schreibt sie nicht mit der gleichen mütterlichen Freude darüber, die sie bei der Beschreibung von Charlies Entwicklung an den Tag gelegt hatte. Ihre Eintragungen und Briefe wirken zurückhaltend, so als befürchtete sie, nicht nur Charlie zu verraten, sondern daß ihr zweites Kind ebenfalls sterben würde, wenn sie es rückhaltlos akzeptierte. Gleichzeitig verspürte sie den verzweifelten Wunsch, ihr Baby um seiner selbst willen zu lieben, es als Individuum zu behandeln, es als eigenständiges Wesen zu sehen.

Die Lindberghs tauften ihren Sohn erst Mitte Oktober, zwei Monate nach seiner Geburt. Sie nannten ihn Jon. Auf diesen Namen, der normalerweise die Kurzform von »Jonathan« ist, waren sie in einem skandinavischen Geschichtsbuch gestoßen. Sie fanden ihn für ihren Sohn ideal. John hatten sie verworfen, da ihnen der Name zu weit verbreitet schien. Ebenso verfuhren sie mit dem Namen Carl, weil sie das Gefühl hatten, daß er zu sehr nach Charles klang. Zudem hatten sie Charlie ein paar Monate lang Carl gerufen. Um sich selbst wie auch ihren neuen Sohn von der grausamen, düsteren Vergangenheit zu befreien, suchten sie sich absichtlich einen Namen aus, der bei ihnen keine Assoziationen weckte.

Doch der Mord an ihrem Sohn verfolgte sie weiter, und sie fürchteten, daß Jon durch die gleiche unheilvolle Publicity bedroht wurde, die schon Charlie das Leben gekostet hatte. In einer Bitte um die Ungestörtheit seiner Familie gab Lindbergh kurz nach der Geburt des Babys gegenüber der Presse eine Erklärung ab.

> Mrs. Lindbergh und ich haben uns in New Jersey niedergelassen. Wir haben den Wunsch, weiterhin in der Nähe unserer Freunde zu leben. Unmöglich jedoch können wir unseren Sohn jener Publicity aussetzen, die unserer Ansicht nach zu einem großen Teil für den Tod unseres ersten Kindes verantwortlich war. Wir sind der Meinung, daß unsere Kinder das Recht haben, ganz normal zusammen mit anderen Kindern aufzuwachsen. Eine fortgesetzte Publicity macht dies jedoch unmöglich. Ich appelliere deshalb an die Presse, unseren Kindern zu gestatten, das Leben normaler Amerikaner zu führen.

Dennoch mußte Lindbergh schon, als er die Erklärung abgab, erkennen, daß die Reporter und die Öffentlichkeit sie niemals in Ruhe lassen würden. Wenn Anne bei Macy's einen Hut kaufte, dann wurde sie von Menschen bedrängt, die ihr ihr Beileid aussprachen und Vorschläge machten, wie man den Entführer, der sich zu dieser Zeit immer noch auf freiem Fuße befand, überführen könnte. Die Lindberghs erhielten, ebenso wie Mrs. Morrow, weiterhin Briefe von Spinnern. Ein paar Verrückte, die allerdings harmlos waren, versuchten sich über ihr Dienstpersonal Zutritt zu ihnen zu verschaffen – einem gelang es sogar, spät in der Nacht bis zum Zimmerfenster der Kinderpflegerin des Babys vorzudringen.

Was das Haus in Hopewell anging, so kamen die Lindberghs bald zu dem Schluß, daß sie dort nicht sicher waren. Lindbergh begann mit dem Gedanken zu spielen, es in ein Kinderheim umzuwandeln. Er sprach das Thema vor Anne und Mrs. Morrow an, die beide von der Idee begeistert waren. Sie wollten eine gemeinnützige Stiftung zum Wohle von Waisenkindern ins Leben rufen. Die Lindberghs, Mrs. Morrow und mehrere andere Persönlichkeiten des öffentlichen Lebens sollten die Treuhänderschaft übernehmen. Lindberghs Entschluß wurde bestärkt, als er und Anne mehrere anonyme Briefe erhielten, in denen man drohte, auch Jon zu entführen. Das Haus, in dem Charlie viele glückliche Stunden verbracht hatte, sollte nun »dem Wohle von Kindern nützen. Sie sollten hier eine geordnete Erziehung, eine Ausbildung und medizinische Betreuung ohne Rücksicht auf Rasse, Hautfarbe oder Glauben erhalten.« Die ländliche Zuflucht der Lindberghs hatte niemals einen Namen erhalten. Doch nun beschlossen sie, es »High Fields« zu nennen. Dies war ein Name, der, wie Anne ihrer Mutter in einem Brief mitteilte, auch noch eine »zweite geheime Bedeutung« hatte. Wahrscheinlich bezog sie sich damit auf den Kosenamen »Hei«, den Charlie seinem Vater gegeben hatte.

Abgesehen von Jons Geburt war zu dieser Zeit die Verlobung Elisabeths im November 1932 der einzige Lichtblick in Annes Leben. Während ihres Sommeraufenthalts in England hatte Elisabeth Aubrey Niel Morgan, einen Mann, der in vielerlei Hinsicht das ganze Gegenteil ihres Schwagers Charles darstellte, kennengelernt und sich in ihn verliebt. Der große und reizlose Morgan, ein Mann in mittlerem Alter, stammte aus Wales. Seiner Familie gehörte David Morgan Ltd., ein großes Kaufhaus in Cardiff. Ungeachtet seines Äußeren war Morgan intelligent und charmant. Mrs. Morrow verehrte ihn sehr, und selbst Lindbergh, der die meisten Briten für überkultiviert und verweichlicht hielt, mochte ihn sofort.

Ende August 1932 kehrte Elisabeth nach Englewood zurück. Anne, die ihre Schwester mit ihrer gesunden Bräune und der neuen Greta-Garbo-Frisur anstarrte, konnte nicht anders, als zu denken, wie gut sie aussah. Die besorgniserregende Diagnose der Ärzte erschien ihr unwirklich. Trotz ihrer früheren Rivalität freute sich Anne aufrichtig über die Nachricht von der bevorstehenden Hochzeit ihrer Schwester. Ihrer Meinung nach war Elisabeth für Ehe und Häuslichkeit »geschaffen«. »Keine berufliche Laufbahn hätte sie wirklich befriedigt«[15], berichtete sie ihrer Schwiegermutter, eine Bemerkung, die vielleicht mehr über sie selbst als über ihre Schwester aussagt.

Zweifellos waren Elisabeths Heiratsabsichten für Anne aus einer Vielzahl von Gründen eine Erleichterung. Obwohl Elisabeth trotz ihrer guten Hautfarbe immer noch bei äußerst schlechter Gesundheit war, würde ihr das Leben einer Frau nicht verwehrt bleiben, zu heiraten und Kinder zu bekommen. Ein Beruf wurde zwar als edle Beschäftigung angesehen, kam aber erst an zweiter Stelle.

Daß Elisabeth heiratete, bedeutete auch, daß sie nun für Anne und ihre Beziehung zu Lindbergh keine Gefahr mehr darstellte. Vermutlich würde die Erfüllung, die die ältere Schwester in ihrer eigenen Ehe erfuhr, sie weniger eifersüchtig auf das Glück der Jüngeren machen. Als verheiratete Frau würde sie für ihren Schwager auch weniger attraktiv sein.

Drei Tage nach Weihnachten, am 28. Dezember 1932, heirateten Elisabeth und Aubrey Morgan in Next Day Hill. Alle noch lebenden Mitglieder der Familien Morrow und Lindbergh waren anwesend, obwohl bis heute unklar geblieben ist, ob Charles Lindbergh der Zeremonie tatsächlich beiwohnte.

An jenem Morgen frühstückte Anne im Schlafzimmer ihrer Schwester. Es war Elisabeths letzter Morgen als unverheiratete Frau. Worüber die Schwestern sprachen, ist nicht bekannt. Bekannt ist hingegen, daß die zukünftige Braut sich in solch einem Zustand der Erregung befand und so nervös war, daß sie sich weigerte, etwas von dem zu sich zu nehmen, was man extra für sie zum Frühstück zubereitet hatte.

Am Nachmittag dann legte Elisabeth, die sich anscheinend wieder etwas beruhigt hatte, ihre bleiche, schlanke Hand auf den Arm von Dwight jr., der ihr Brautführer war. Gemeinsam schritten Bruder und Schwester in ein riesiges Zimmer der Villa der Morrows, das für diesen Anlaß geschmackvoll mit Bäumen in Kübeln und Farnen dekoriert worden war. Unter den illustren Hochzeitsgästen befanden sich J. P. Morgan und Jean Monnet, der führende französische Wirtschaftsexperte. In einem eindringlichen Tagebucheintrag, der später als Grundlage für eines ihrer Bücher, *Die Hochzeit*, dienen sollte, beschrieb Anne nicht nur die Hochzeitsszene, sondern auch ihre widersprüchlichen Gedanken bezüglich ihrer Schwester, die sie gleichzeitig bezauberte und verhexte.

> Das war die alte Elisabeth aus meiner Gedankenwelt – in ihrer Gradheit, Klarheit und in ihrem Glanz. Dies war die klare blaue Flamme von Elisabeth. Ich erinnere mich, wie ich als Kind die Flamme einer Kerze beobachtete, die plötzlich um ein Zwei- bis Dreifaches der nor-

malen Höhe aufschoß, ein starker, glatter züngelnder Flammenspeer, den ich mit verhaltenem Atem betrachtete. Und das war Elisabeth. Hier und jetzt, diese Schönheit, dieser Glanz – das innere Wesen Elisabeths –, nicht wie man von den meisten Bräuten zu sagen pflegt: »Ist sie nicht eine bezaubernde *Braut*!« Ich wollte sagen: »Ist sie nicht eine bezaubernde Elisabeth!« Dies war die *echte* Elisabeth – nicht die Person, die wir bei Tisch erlebt hatten, die über das Essen mäkelte und die Eier zurückwies. Der Schleier, die Schleppe, das Band mit Orangenblüten in ihrem Haar, die Farbe in ihren Wangen, ihr schlanker Körper in einer Hülle aus Satin.[16]

Next Day Hill war an diesem Tag erfüllt von Musik, Fröhlichkeit und Lachen. Trotz der Erkältung, die Elisabeth hatte, sah sie wie das blühende Leben aus. Als Anne jedoch das strahlende Gesicht ihrer Schwester ansah, mußte sie an ein Gemälde denken, das in ihrem ehemaligen Zuhause in Englewood gehangen hatte. Es war das Bild einer jungen Frau, die kurz vor ihrer Hochzeit gestorben war.

Trotz Jons Geburt und Elisabeths Hochzeit quälten Anne weiterhin morbide Gedanken. Im Januar 1933 schließlich war sie einem Nervenzusammenbruch nahe. Obwohl sie weiter Tagebuch führte, waren ihre Einträge wirr und ohne jede Emotion. Es sind die Gedanken und Eindrücke eines zutiefst depressiven Menschen. Nachts verschlimmerte sich ihre Verzweiflung. Sie litt unter sich ständig wiederholenden Alpträumen von der Entführung. »Wenn ich es nur hätte verhindern können«, war beim Aufwachen stets ihr erster Gedanke.

Es ist nicht geschehen und *ist geschehen*. Ich gehe die Möglichkeiten des Nichtgeschehens durch, die sind so unzugänglich, so begrenzt. Ich denke so intensiv darüber nach, daß ich es fast ungeschehen mache … Dann wieder zu den einzigen Tröstungen zurück – der Tod: Wir alle müssen ihn erleiden. In einem Jahrhundert bedeutet die Entfernung zwischen ihm und mir nichts mehr.

Und dann: Er hat nicht gelitten, er wußte nichts, ein Schlag auf den Kopf.

Aber ich möchte es wissen – möchte wissen, was er gelitten hat – möchte es sehen, möchte es sogar spüren.[17]

Der erste Jahrestag von Charlies Tod, der 1. März 1933, war eine Qual, denn der Abstand eines Jahres rückte das Baby in ihrer Erinnerung in so weite Ferne. »Die Hervorhebung von Jahrestagen ist schrecklich, es ist, als würden zwischen dir und dem, was du bewahren möchtest, Türen geschlossen – und zwar eine nach der anderen«[18], klagte sie in ihrem Tagebuch.

Annes beharrlicher Schmerz, gepaart mit Schuldgefühlen und Gewissensbissen wegen des Todes ihres Sohnes einerseits, und Lindberghs strenge Selbstbeherrschung andererseits waren unter den gegebenen Umständen nicht ungewöhnlich. Heute weiß man, daß viele Angehörige der Opfer von Gewaltverbrechen die gleichen Reaktionen zeigen. Dazu können auch das Gefühl von Hilflosigkeit, Wut, die beharrliche Beschäftigung mit dem Verbrechen und die Überzeugung, daß es auf der Welt weder Sicherheit noch Gerechtigkeit gibt, gehören. Auf Charles Lindbergh muß die Ermordung seines Sohnes eine verheerende Wirkung gehabt haben. Er muß sich hilflos gefühlt haben, was für viele Menschen an sich schon ein negatives Gefühl ist. In seinem Fall jedoch wurde dieses Gefühl noch durch die Tatsache verstärkt, daß er ein so berühmter Mann war und sich stets seiner Wachsamkeit in der Luft und seiner Fähigkeit, Gefahren vorauszusehen und die richtigen Gegenmaßnahmen zu treffen, gerühmt hatte. In nur wenigen Minuten war einer der gefeiertsten Helden der Vereinigten Staaten zu deren verwundbarstem Opfer geworden. Lindbergh muß das als höchstes Versagen empfunden haben. In jener verhängnisvollen Nacht im März war ein Fremder in sein Haus eingedrungen und hatte seinen Sohn geraubt, während er sich unten mit seiner Frau über die Ereignisse des Tages unterhalten hatte. Es war kein Wunder, daß Lindbergh, der ein ebenso egozentrischer Mensch wie ein liebender Vater war, versuchte, den Fall selbst zu lösen, obwohl er dabei oft die Ermittlungen der Polizei behinderte. Es war nicht nur sein Sohn, den er wiederzubekommen versuchte, sondern auch das Gefühl seiner Überlegenheit und Unverwundbarkeit.

Zu dieser Zeit gab es noch keine Psychiater, die sich auf die Behandlung von Opfern von Gewaltverbrechen spezialisiert hatten. Landesweite Organisationen wie Parents of Murdered Children oder die National Organisation for Victim Assistance in Washington, D. C., existierten noch nicht. Doch selbst wenn es solche Organisationen gegeben hätte, ist es nicht wahrscheinlich, daß Anne und Charles bei ihrer einzigartigen gesellschaftlichen Stellung deren Dienste in Anspruch genommen hätten. Trost und Unterstützung mußten sie bei ihren Verwandten und ein paar guten Freunden suchen. Deren Liebe und Verständnis waren es, wie Anne später sagte, die ihr dabei halfen, schließlich mit ihrem Kummer fertig zu werden. Außerdem konnte sie sich auch auf ihren emotional stabilen Ehemann stützen. Die Lindberghs schafften es, sich gegenseitig über die schwere Zeit hinwegzuhelfen. Heute wissen wir, daß viele Ehen auseinanderbrechen, wenn ein Familienmitglied Opfer eines Verbrechens geworden ist. Genau dann, wenn sie sich eigentlich am nächsten sein sollten, erleben Männer und Frauen in ihrer Ehe oft schwere Krisen, in deren Verlauf sie sich trennen oder scheiden lassen. Oft werfen die Eheleute sich gegenseitig vor, das Verbrechen nicht verhindert zu haben. In anderen Fällen läßt das Geschehen den einen Partner nicht mehr los, während der andere die Katastrophe so rasch wie möglich zu vergessen sucht. Oder es passiert, daß ein Betroffener, um der Tragödie einen Sinn abzugewinnen, sich verändert oder neue Wertvorstellungen entwickelt, so daß der andere Probleme hat, sich anzupassen.[19]

Anne ließ ihren Emotionen in ihrem Tagebuch und in ihren Briefen an ihre Mutter, ihre Schwestern und ihre Schwiegermutter freien Lauf, während Charles, der von Natur aus gelassen und zurückhaltend war, seine Gefühle streng unter Kontrolle hielt. Es existiert kein Hinweis darauf, daß er jemals zusammenbrach oder den Tod seines Sohnes beweinte. Statt dessen scheint er für seine vor Kummer gebeugte, untröstliche Frau eine Quelle der Kraft gewesen zu sein. Er war es und nicht sie, der die Stärke und Distanziertheit besaß, die erforderlich waren, um den verwesten Körper ihres Kindes zu identifizieren. Seine Tochter Reeve bemerkte dazu viele Jahre später: »Ich dachte, mein Gott, wie konnte er das damals machen, und dann dachte ich sofort, das ist ganz charakteristisch für ihn... Er war nicht fähig, sich dem Kummer zu überlassen, zu weinen und zu klagen, oder auch nur darüber zu sprechen. Aber er konnte sorgfältig und kühl untersuchen, und das war, wie manche Menschen meinten, seine Stärke, aber auch seine Schwäche. Auf jeden Fall aber war es die Art, wie er sein Leben bewältigte.«[20]

Bei vielen Ehepaaren, die gezwungen sind, sich einer Tragödie zu stellen, ist es die unterschiedlichste Art und Weise, in der sie ihre Gefühle zeigen, die letztlich einen Keil zwischen sie treibt. Glücklicherweise geschah dies bei den Lindberghs nicht. Der Tod ihres Kindes scheint sie einander eher noch nähergebracht zu haben. Möglicherweise wurde ihre dauerhafte, tiefer werdende Liebe erst dadurch ermöglicht, daß sie die Fähigkeit besaßen, von Anfang ihrer Beziehung an die Unterschiede in ihrer emotionalen Veranlagung zu akzeptieren und daraus Kraft zu gewinnen.

Doch selbst ihre unerschütterliche Liebe konnte die eiternde Wunde nicht heilen. Anne und Charles Lindbergh sollten für den Rest ihres Lebens Opfer bleiben. Wie andere Angehörige von

Opfern von Gewaltverbrechen versuchten auch sie, eine neue Persönlichkeit zu entwickeln und sich neue Werte zu eigen zu machen, die ihre Freunde und die Öffentlichkeit seltsam und verwirrend fanden. Und wann immer sie mit einem globalen Ereignis konfrontiert wurden, das sie an ihren eigenen schrecklichen Verlust erinnerte, sollten sie einen ähnlichen Schrecken, Zorn und eine ähnliche Hilflosigkeit empfinden wie damals. Sie sollten schließlich sogar das messianische Gefühl entwickeln, eine historische Mission zu haben.

Kapitel 10
»Wo ist meine Welt?«

Seit der Entführung ihres Sohnes war Anne nicht mehr geflogen. Ende März 1933 jedoch, also etwas mehr als ein Jahr nach Charlies Tod, ließ sie den sieben Monate alten Jon in der Obhut ihrer Mutter und eines Sonderkommandos der Staatspolizei von New Jersey zurück und flog mit Lindbergh nach Kalifornien, um dort die *Sirius* abzuholen, die in der Lockheed Fabrik in Burbank inzwischen repariert worden war. Das Flugzeug hatte, seit sie es im Herbst 1931, als es über dem Jangtse beschädigt worden war, das letzte Mal gesehen hatten, eine Verwandlung durchgemacht. Es hatte eine elegante neue Lackierung in Rot und Schwarz erhalten und besaß nun einen größeren und stärkeren Motor.

Der Flug der Lindberghs nach Kalifornien hatte außerdem noch den Zweck, eine Route für einen neuen Luftfrachtdienst zu finden, den Transcontinental Air Transport einzurichten plante.

Das Fliegen hatte früher stets eine beruhigende und inspirierende Wirkung auf Anne gehabt. Auf dieser Reise sollte es nicht anders sein. »Und über der Erde ein klares ruhiges Licht, Stille. Man konnte ruhig dasitzen und auf das Leben blicken – so war es. Wieder der Glanz über dem Leben, der Glanz, den die Kunst ihm verleiht. Ist das die Faszination des Fliegens?«[1] notierte sie unterwegs in ihr Tagebuch.

Wenige Monate später, im Juli 1933, befanden sich Anne und Charles wieder in der Luft. Sie waren vom Glenn-Curtis-Flughafen auf Long Island zu einem zweiten Vermessungsflug gestartet, der fünf Monate, also dreimal so lang wie ihr erster im Jahre 1931, dauern sollte. Der Flug sollte eines ihrer größten Abenteuer werden. Als er vorbei war, bemerkte Lindbergh, daß diese beiden Vermessungsflüge »weit gefährlicher« waren als sein Alleinflug über den Atlantik[2].

Die Lindberghs hatten die Aufgabe, mögliche transatlantische Luftrouten und Stützpunkte für Pan American Airways zu finden. Man hoffte, daß die Fakten, die sie sammelten, Juan Trippe in die Lage versetzen würden, eine reguläre Passagierfluglinie zu etablieren. Die Route von 48 000 Kilometern führte sie in vier Kontinente und 31 Länder und Kolonien, darunter auch Grönland, Island, Dänemark, Schweden, Rußland, England, Spanien, Afrika und Brasilien. Vom technischen Standpunkt aus gesehen war der Flug ein riesiger Erfolg. Ein Flugexperte bemerkt dazu: »Sie hatten für die kommerzielle Luftfahrt nicht nur die einzelnen Kontinente miteinander verbunden, sie waren auch schneller vorangekommen und weiter vorgedrungen als irgendein Forscher vor ihnen.«[3] Nach Ende des Fluges konnte Lindbergh Trippe davon in Kenntnis setzen, daß es möglich war, eine transatlantische Luftroute über Grönland und Island einzurichten, die auch in den Sommermonaten betrieben werden konnte, wenn man Wasserflugzeuge einsetzte. Außerdem zeigten sich auf diesem Flug Annes Fähigkeiten als Navigator und Funker. Auf dem Weg zu den Kapverdischen Inseln vor der Küste von West Afrika bekam sie Funkkontakt zu einer Bodenstation in Sayville, Long Island. Mit dieser mehr als 4800 Kilometer weit reichenden Funkverbindung zwischen einem Flugzeug und einer Bodenstation stellte sie einen Weltrekord auf.

Zu diesem Zeitpunkt waren die Lindberghs nicht mehr das einzige fliegende Ehepaar, das die Öffentlichkeit faszinierte. Am 23. Juli 1933, beinahe zwei Wochen, nachdem die Lindberghs zu ihrem zweiten Vermessungflug aufgebrochen waren, starteten Captain James A. Mollison und seine Frau Amy Johnson, zwei berühmte britische Flieger, die beide zahlreiche Rekorde aufgestellt hatten, mit ihrem Flugzeug *Seafarer*, um nonstop von Pendine in Wales nach New York zu fliegen. Obwohl sie erfolgreich den Atlantik überquerten, waren sie gezwungen, nach 39 Stunden in der Luft in Bridgeport, Connecticut, fast in Sichtweite des Floyd-Bennett-Flughafens, ihrem Ziel, zu landen. Das Flugzeug mit James Mollison am Steuerknüppel schoß über den Landeplatz hinaus und blieb kopfüber in einem Graben stecken. Für den erfahrenen Piloten, der erfolgreich den Atlantik überquert hatte, hätte dieser Flug eigentlich ein Triumph werden sollen. Statt dessen nahm er ein schändliches Ende. Bei der Bruchlandung erlitt das Flugzeug einen Totalschaden, und die fliegenden Mollisons, wie man sie nannte, wurden beide verletzt. Man flog sie in ein Krankenhaus. Später erholten sie sich dann stilvoll im New Yorker Plaza Hotel in zwei Einzelbetten, die man zu einem Doppelbett zusammengeschoben hatte.

Anders als die Lindberghs standen die Mollisons in starker Konkurrenz zueinander. Ihr Unfall war die Folge eines Streits gewesen. Als der Flug sich seinem Ende zuneigte, begann das Paar darüber zu streiten, was die beste Art zu landen sei. Jim, der sich weigerte, das Steuer an Amy zu übergeben, war so wütend, daß er die Landung verpatzte. Später hörte man Gerüchte über Alkoholmißbrauch, gegenseitige Untreue (Mollison, dessen Spitzname »Brandy Jim« war, zählte zu seinen Geliebten übrigens auch die Fliegerin Beryl Markam, die eine gute Freundin des Ehepaars war), und schreckliche Szenen, die darin gipfelten, daß Mollison Amy derart verprügelte, daß ihr Badezimmer »einem Schlachthaus« glich. Nach ihrer Scheidung im Jahre 1937 gingen die beiden Piloten eigene Wege. Amy bereitete sich auf eine Weltumrundung vor, zu der sie aber keine Gelegenheit mehr hatte. 1941 bekam das Flugzeug, das sie für die RAF überführte, über der Themsemündung Probleme mit dem Motor. Sie konnte zwar noch mit dem Fallschirm abspringen, ertrank dann aber[4].

Im Gegensatz zu den Mollisons hatten James und Mary Haizlip[5] eine wesentlich harmonischere Flugpartnerschaft. Wie die Lindberghs waren die Haizlips heftig ineinander und in die Fliegerei verliebt. Beide waren Geschwindigkeitsfanatiker. Jim gewann 1932 die Bendix Trophy bei den National Air Races, als er in zehn Stunden und neunzehn Minuten von Los Angeles nach New York flog. Das war gleichzeitig ein neuer Rekord. Mary brach 1933 in einer Wedell-Williams den Geschwindigkeitsrekord für Frauen. Ihr Flugzeug war mit 100-Oktan-Benzin gefüllt. Noch nie zuvor hatte ein Pilot eine so gefährliche Mischung benutzt. Sowohl die Reporter als auch die Menschenmenge, die sich auf dem Flugfeld versammelt hatte, um die Fliegerin zu verabschieden, waren überzeugt, daß das Flugzeug explodieren würde. Wie Charles Lindbergh war Jim Haizlip ein hervorragender Pilot, und wie jener hatte auch er seiner Frau das Fliegen beigebracht. Zwischen den beiden Fliegerehepaaren gab es jedoch einen wichtigen Unterschied. Lindbergh bildete Anne als Copilotin und Navigatorin aus, damit sie in der Lage war, das Steuer zu übernehmen, falls ihm in der Luft irgend etwas passieren sollte. Haizlip hingegen hatte Mary zu einer erstklassigen Pilotin ausgebildet, die ihre eigenen Rekorde aufstellte. Er war so von dem Gedanken besessen, seiner Frau dabei zu helfen, ihre Fluggeschwindigkeit zu verbessern, daß er ihre Ausbildung außerhalb des Flugfelds fortsetzte. Mary gestand später einem Reporter, sie sei »vielleicht die einzige Braut gewesen, die im Schlafzimmer Flugunterricht erhalten« habe.

Obwohl die Mollisons und die Haizlips bekannte Fliegerehepaare waren, besaßen sie weder die ungeheure Berühmtheit der Lindberghs noch deren Anziehungskraft auf die Massen. Dies war unverständlich, denn sowohl Amy Johnson als auch Mary Haizlip waren weit bessere und erfahrenere Pilotinnen als Anne. Wie Anne selbst als erste eingestand, war ihre Ehe mit dem weltberühmten Piloten der Grund für den hohen Rang, den sie sowohl in der Öffentlichkeit wie auch unter den Fliegern einnahm. Dennoch betrachtete sie sich selbst auch als Flugpionierin, weil sie ihrem Mann dabei half, neue transatlantische Flugrouten auszuprobieren, die den kommerziellen Passagierfluglinien den Weg ebneten (und heute immer noch bestehen). Am 31. März 1934 wurde sie für ihre Leistungen als Copilotin und Funkerin während des interkontinentalen Vermessungsflugs von 1933 als erste Frau von der National Geographic Society mit dem höchsten Preis geehrt, den die Gesellschaft zu vergeben hatte: der berühmten Hubbard-Goldmedallie. Unter den neun männlichen Preisträgern, die die Auszeichnung vor ihr erhalten hatten, waren ihr Ehemann und Admiral Richard E. Byrd, deren Leistungen auf dem Gebiet der Geographie geehrt wurden.

Jon war, als Anne und Charles aufbrachen, nicht ganz ein Jahr alt. Bevor sich die beiden auf ihre mehrmonatige Reise begaben, brachten sie das Kind auf den abgeschiedenen Sommersitz der Morrows in North Haven, wo jede seiner Bewegungen ständig von Betty Gow, einem bewaffneten Leibwächter und Charles' Mutter, die in den Osten gekommen war, um bei der Erziehung zu helfen, beobachtet wurde.

Warum sollte sich eine Mutter, deren Sohn ermordet worden war, gestatten, so viele Monate von ihrem zweiten Kind getrennt zu sein, zumal sie wußte, daß sein Leben unter Umständen ebenfalls in Gefahr war? Da Anne eine fürsorgliche und aufmerksame Mutter war, scheint die einzig einleuchtende Erklärung zu sein, daß sie nicht von ihrem Ehemann getrennt sein wollte. Lindberghs Karriere, mit der sie nun eng verbunden war, und ihre Beziehung zu ihm waren für sie ganz eindeutig wichtiger, als sich um ihren kleinen Sohn zu kümmern. Doch es gibt möglicherweise noch einen anderen Grund, weshalb Anne sich entschied, ihr Kind der Fürsorge anderer anzuvertrauen und ihren Mann auf eine so lange und weite Reise zu begleiten. Da Charlies

Tod sie immer noch sehr bedrückte, hatte sie vielleicht gehofft, daß die Reise mit all den technischen Aufgaben, dem interessanten Flugplan und den neuen Orten und Menschen, die sie kennenlernen sollte, sie von ihrem Kummer ablenken würde.

Früher hatte Anne stets gespürt, daß »das gemeinsame Fliegen verbindet, weil es eine so einsame Sache ist. Man ist so von dem anderen Menschen abhängig, die Erlebnisse gehören einem auf so *eigentümliche* Weise.« Doch auf dieser Reise versagte die Magie, die das Fliegen mit ihrem Ehemann sonst auf sie ausübte. Sie dachte unablässig an Charlie und wurde von Verzweiflung gepackt, als sie in Grönland einen kleinen Kamm verlor, mit dem er immer gespielt hatte. Auch merkte sie, wann immer ihre Mutter oder Betty Gow schrieben oder ein Bild von Jon schickten, daß sie ihn schmerzlich vermißte. Größtenteils war sie jedoch gezwungen, ihre mütterliche Sehnsucht für sich zu behalten, denn Lindbergh war zu sehr mit den technischen Aspekten des Fluges beschäftigt, um für ihre Probleme Verständnis zu zeigen. Als eine Verwandte Anne ein paar Fotos von Jon schickte, bemerkte er lakonisch: »Nicht gut für dich, daß du die anschaust.«[6]

Obwohl Annes Ehe immer noch den Mittelpunkt ihres Lebens darstellte, hatte einiges, was die Beziehung zu Charles betraf, begonnen, sie zu ärgern. Besonders schmerzte sie die Tatsache, daß viele Leute nur deshalb aufmerksam zu ihr waren, weil sie den weltberühmten Flieger kennenlernen wollten. »Verdammt, verdammt, verdammt nochmal! Ich bin es leid, immer dieser ›Handlanger des Herrn‹ zu sein«, schrieb sie in ihr Tagebuch. »Sie glauben, sie können sich an *mich* heranmachen, wenn sie ihn nicht erreichen, können *mich* überlisten... Wo ist meine Welt, werde ich sie je finden?«[7]

Sie bemühte sich um ihre eigene Identität, war sich dabei aber im klaren, daß sie in einer Fliegerkarriere niemals Erfüllung finden würde. Selbst wenn es einmal ihr Wunsch gewesen sein sollte, Pilotin zu werden, war ihr stets bewußt, daß sie weder das

Talent noch die Fähigkeit besaß, um sich mit ihrem Mann oder einer seiner berühmten Fliegerkolleginnen wie zum Beispiel Amelia Earhart, Amy Johnson, Mary Haizlip oder Ruth Nicols, die auch allein flogen oder Weltrekorde aufstellten, zu messen. »Aber in C's Welt würde ich *nicht* überleben, außer für ihn, und ich habe Angst davor, bloßgestellt zu werden. Ich bin unsicher. Ich möchte in dieser Welt einmal allein dastehen. Ich weiß nicht, warum ich beweisen möchte, daß ich es kann. In Träumen male ich mir aus, daß ich die Situation rette, aber natürlich könnte ich es nicht. Ich wäre die erste, die man an Land ziehen müßte, das schwache Glied in der Kette.«[8]

Mit dem »schwachen Glied« meinte Anne die schiere physische Angst, die sie neuerdings in gefährlichen Flugsituationen empfand. Obwohl sie früher furchtlos in einem Flugzeug gesessen hatte, war ihr nach der Ermordung ihres Sohnes die Gefährlichkeit des Fliegens nur allzu deutlich bewußt geworden. Sie war nicht länger durch das »magische Denken«, daß sie und ihr Mann unverwundbar waren, abgeschirmt.

Der zweite Vermessungflug der Lindberghs wurde besonders strapaziös. Oft waren die Wetterbedingungen extrem schwierig, und das Paar mußte mit allen Spielarten von atmosphärischen Störungen, angefangen von Hurrikanen bis hin zu Schneestürmen, fertig werden. Für Anne war dichter Nebel, der Alptraum eines jeden Fliegers, besonders schlimm. Gerade auf dieser Reise kam es sehr oft vor, daß sie blind fliegen mußten. »Ich... habe die ganze Zeit panische Angst, und jedesmal, wenn wir so einen Tag erleben, habe ich das Gefühl, daß ich diese Art Leben nicht weiterführen kann. Natürlich sagt C., wenn wir runterkommen, daß wir nie in schwierigen Situationen waren. Ich vertraue ihm vollkommen, weiß, daß er sehr vorsichtig ist und nichts riskiert und daß es bei mir lediglich panische Angst ist, die ich nicht unterdrücken kann und die sich durch meine Einbildungskraft noch verstärkt.«[9]

Tatsächlich war Annes Angst beim Fliegen wohlbegründet. In den späten Zwanzigern und Dreißigern kamen Piloten immer noch mit bedrückender Regelmäßigkeit ums Leben. Florence Klingensmith, eine gertenschlanke Blondine vom Typ Grace Kelly, starb, als sich 1930 während eines traditionell unter Männer ausgetragenen Wettfliegens in Chicago plötzlich die Leinwand von den Tragflächen ihres Flugteugs löste[10]. Die Politiker gaben anscheinend der Tatsache, daß sie eine Frau war, die Schuld an ihrem Tod – jedenfalls waren ab diesem Zeitpunkt Pilotinnen von der Teilnahme an solchen Wettbewerben ausgeschlossen. Der tragische Tod von William (»Big Bill«) Hopson hatte jedenfalls nichts mit seinem Geschlecht zu tun. Hopson, der eine Konstitution wie ein Bär besaß, war 1920 Luftpostpilot geworden und hatte als erster die transkontinentale Route beflogen. Doch noch vor Ende des Jahrzehnts kam er bei einem Absturz in Pennsylvania ums Leben.[11] Viele andere wagemutige Männer und Frauen teilten Klingensmiths und Hopsons Schicksal. Sie fanden den Tod, als sie in ihren zerbrechlichen Maschinen, ausgestattet mit primitiven Instrumenten, immer weiter und immer schneller fliegen wollten.

Lindbergh scheint die Ängste seiner Frau nicht ernst genommen zu haben. Er blickte nur ärgerlich, wenn sie ihm wieder einen Zettel mit einer verzweifelten Botschaft ins Cockpit vorreichte. Der mürrische Ausdruck auf seinem Gesicht gab ihr dann zu verstehen, daß er der Meinung war, sie würde seine Fähigkeiten als Pilot in Frage stellen. Daraufhin fühlte Anne sich stets noch unwürdiger und schuldbewußter. »Ich kann nicht erreichen, daß er meine Gefühle teilt. Nein, jetzt lächelt er – das ist besser. Mir geht's auch besser. Ich will meine Augen schließen und zu ihm Vertrauen haben.«[12]

Unterwegs erhielten Anne und Charles die Nachricht, daß Elisabeth, die mit Aubrey in einem gemieteten Haus in Wales wohnte, wieder krank geworden war. Sie hatte einen weiteren

Herzanfall erlitten, und ihre britischen Ärzte hatten ihr den Rat gegeben, wenigstens ein Jahr in milderem Klima zu verbringen. Elisabeth überlegte gerade, ob sie und Aubrey auf die Bermudas oder nach Kalifornien ziehen sollten. In einem Brief, den sie bei einem kurzen Aufenthalt abschickte, riet Anne ihrer Schwester zu und empfahl ihr insbesondere die reizvolle Gegend um Santa Barbara. Außerdem wäre sie dort in der Nähe vieler erstklassiger Ärzte in Los Angeles. Die Morgans entschieden sich dann jedoch für Pasadena, was Anne insgeheim für einen Fehler hielt, da die Stadt ihrer Meinung nach landschaftlich nicht annähernd so schön gelegen war wie Santa Barbara.

Die Morgans wollten bald mit dem Schiff in die Vereinigten Staaten reisen, doch bevor sie aufbrachen, besuchten die Lindberghs sie Anfang Oktober noch in Wales. Anne war erleichtert, Elisabeth bei besserer Gesundheit vorzufinden, als sie erwartet hatte. Allerdings beunruhigte es sie, daß ihre ältere Schwester stark abgenommen hatte. Während die Lindberghs noch zu Besuch waren, erklärten die Ärzte Elisabeth jedoch, ihr Zustand sei bedenklich. Um ihr schwer geschädigtes Herz zu entlasten, verordneten sie ihr absolute Bettruhe. Anne war von dem Gedanken, daß ihre Schwester ein Jahr im Bett verbringen müsse und gesundheitlich nicht in der Lage sein könnte, nach Kalifornien zu ziehen, tief beunruhigt. In ihrer Vorstellung war dies für Elisabeth das Todesurteil. »Während dieses ganzen Besuchs hatte ich das Gefühl, als schwebe etwas über uns. Ich konnte nicht frei sein. Es war nicht nur unsere Rückreise, die ich fürchtete, sondern auch Elisabeths Reise. Wenn sie nur bis Kalifornien kommt – wenn sie nur gut dorthin gelangt. *Immer* sagen wir das«[13], vertraute sie verzweifelt ihrem Tagebuch an.

Ihre Stimmung besserte sich auch nicht, als sie wieder zu Hause war. Dort stürmte zwar eine Vielzahl gesellschaftlicher Verpflichtungen auf sie ein, die sie jedoch nicht ablenken konnte. Auch um Jon, der sich als eigensinniges, schwieriges

Kind erwies, machte sie sich Sorgen. Ein kurzer Blick auf den Berg von Spielsachen, die er während ihrer Abwesenheit bekommen hatte, zeigte, daß man ihn entgegen ihren Anweisungen verzogen und verwöhnt hatte. Inzwischen hatte sie einen konkreten Plan für seine Erziehung ausgearbeitet – sie wollte, daß er ebenso unabhängig und mutig wie sein Vater und sein Großvater würde. Doch wann immer sie versuchte, mit ihrer Mutter, Mrs. Lindbergh und Betty Gow darüber zu sprechen, erhielt sie zur Antwort, daß diese weit mehr von der Kindererziehung verstehen würden als sie.

Im Winter 1934 mieteten die Lindberghs, wahrscheinlich, um sich aus ihrer Abhängigkeit von Mrs. Morrow zu lösen, ein kleines Penthouse-Apartment in New York. Obwohl beiden Lindberghs die Hektik und Enge des Stadtlebens nicht gefiel, begann für Anne eine Zeit voller Anregungen und Kreativität. Sie beendete nicht nur das Manuskript für ihr Buch über ihren Vermessungsflug in den Orient, sondern begann auch einen Artikel für *National Geographic* über ihren letzten Vermessungsflug zu schreiben.

Während dieser Zeit, in der sich Anne viel um Jon kümmerte, akzeptierte sie ihn endlich als Individuum. Sie verglich ihn jetzt nicht mehr mit Charlie und verwechselte ihn auch nicht mehr mit seinem toten Bruder. Sie, die ihn jetzt offensichtlich abgöttisch liebte, schrieb in einem Brief: »Jon erscheint mir so wundervoll, daß ich es kaum glauben kann. Ich bin mit jedem Tag dankbar, daß ich ihn habe.« Jon, der zweifellos spürte, daß ihn seine Mutter zum ersten Mal um seiner selbst willen liebte, wurde daraufhin ruhiger und klammerte sich nicht mehr so sehr an sie wie früher.

Nachdem die Lindberghs von ihrem zweiten Vermessungsflug zurückgekehrt waren, stifteten sie die *Sirius* (die sie in *Tingmissartoq* umgetauft hatten, was in der Eskimosprache »Der wie ein großer Vogel fliegt« bedeutet) dem American Museum of Natural History in New York. Weiterhin beschlossen sie, bei der Monocorpe Corporation in St. Louis einen einmotorigen Hochdecker zu erwerben. Im September flogen sie in den Mittleren Westen, um die Maschine abzuholen, und dann weiter nach Kalifornien, um Elisabeth und Aubrey, die dort mehrere Wochen auf Will Rogers Ranch wohnten, zu besuchen.

Als Anne ihre Schwester sah, war sie erleichtert darüber, wie gesund sie aussah. Tatsächlich hatte sich Elisabeths Zustand so weit gebessert, daß die Ärzte der Ansicht waren, sie sei kräftig genug, um ihre Mutter, die einen Teil des Winters in Cuernavaca verbringen wollte, dort zu besuchen.

Am Abend des 19. September, während das Paar noch immer bei Elisabeth und Aubrey auf Will Rogers Ranch zu Besuch waren, wurde Lindbergh ans Telefon gebeten. Der Anrufer war Colonel Norman Schwarzkopf, der Chef der Staatspolizei von New Jersey. Er hatte eine unglaubliche Neuigkeit für ihn. Soeben war ein gewisser Bruno Hauptmann, ein 36jähriger, in Deutschland geborener Tischler, der in der Bronx lebte, verhaftet worden. Man beschuldigte ihn, Lindberghs Sohn entführt und ermordet zu haben.

Hauptmann, so erfuhr Lindbergh von Schwarzkopf, sei wenige Tage nachdem er Walter Lyle, einem Tankwart der Warner-Quinlan-Tankstelle in der Bronx ein Goldzertifikat über zehn Dollar zur Bezahlung gegeben hatte, festgenommen worden. Die Verwendung von Goldzertifikaten als Zahlungsmittel war zu diesem Zeitpunkt illegal, denn Präsident Roosevelt hatte am 3. April 1933 zur Eindämmung der Depression verfügt, daß alle Personen, die Goldnoten besaßen, diese gegen Silberzertifikate eintauschen mußten. Sowohl die Geschäftsleitung von Warner-Quinlan als auch die New Yorker Polizei hatten die Tankwarte gebeten, nach Goldzertifikaten Ausschau zu halten und sich das Autokennzeichen eines jeden Kunden, der mit einer solch verdächtigen Geldnote zahlte, zu notieren. Als der Eigentümer des dunkelblauen Dodge Sedan Lyle mit einem Zehn-Dollar-Goldzertifikat bezahlte, vermerkte der Tankwart die Nummer des Autokennzeichens, 4U-13-41, auf der Rückseite der Banknote.

Ein anderer Tankwart, John Lyons, brachte dann das Zehn-Dollar-Goldzertifikat zusammen mit weiteren Einnahmen zur Corn Exchange Bank Ecke 125th Street und Park Avenue. Dort verglich ein aufmerksamer Kassierer die Seriennummer des Scheins mit denen auf der Liste jener Banknoten, die Lindbergh als Lösegeld gezahlt hatte, und die an alle Banken im Land ausgegeben worden war. Als er entdeckte, daß die Nummer mit einer der Nummern auf der Liste übereinstimmte, verständigte er sofort die Untersuchungsabteilung des Justizministeriums in New York.

Das New York State Motor Vehicle Bureau wurde eingeschaltet, und man brachte in Erfahrung, daß das Auto einem gewissen Richard Hauptmann gehörte, der 1279 East 22nd Street in der Bronx wohnte. Als die Polizei das kleine stuckverzierte Fachwerkhaus durchsuchte, fand sie, gebündelt und in Zeitungspapier eingewickelt, hinter den Garagenwänden weitere 13760 Dollar, die aus dem Lösegeld stammten.[14]

Bei seiner Verhaftung behauptete Hauptmann beharrlich, mit der Entführung nichts zu tun zu haben – das Geld sei ihm von einem gewissen Isidor Fisch, einem deutschen Pelzhändler, mit dem Hauptmann in Geschäftsverbindung stand, in einem Schuhkarton übergeben worden. Fisch, so sagte er, hätte die mit Schuhbändern verschnürte Schachtel zur sicheren Aufbewahrung bei ihm gelassen, da er seine Eltern in Deutschland besuchen wollte. Und wo sei Fisch nun, wollten die Polizisten wissen? Krank geworden, erklärte Hauptmann, und vor sechs Monaten in Leipzig an Tuberkulose gestorben. Hauptmann behauptete auch, daß er bis vor kurzem nicht gewußt hätte, was die Schuhschachtel enthielt. Er habe sie in einem Schrank in seinem Haus aufbewahrt und nicht mehr daran gedacht, bis er eines Tages zufällig mit einem Besen dagegenstieß. Als daraufhin Goldzertifikate herausfielen, hätte er das Geld an sich genommen, in Zeitungspapier eingewickelt und die Bündel hinter den Wänden seiner Garage versteckt. Ein paar Tage später habe er jedoch begonnen, etwas davon auszugeben. Fisch, so behauptete er, sei ihm immer noch Geld aus zwei Darlehen schuldig gewesen, die er ihm gewährt hätte, als Fisch sich an der Börse verspekuliert hatte. Trotz Hauptmanns Beteuerungen, nicht gewußt zu haben, daß es sich bei dem Geld um das Lösegeld aus dem Lindbergh-Fall handelte, versicherte Schwarzkopf gegenüber Lindbergh, daß Hauptmann unzweifelhaft der Täter sei.

Obwohl die Lindberghs erst seit vier Tagen in Kalifornien waren, brachen sie ihren Besuch unverzüglich ab und flogen sofort nach Englewood zurück. Elf Tage später, am 28. September, schickte Anne eine Nachricht an ihre Schwiegermutter, in der stand: »Dies ist nur ein kleiner Brief, um Mitternacht geschrieben, damit Du weißt, daß der Mann, über den Du in den Zeitungen gelesen hast, zweifellos einer der richtigen Leute ist. Wie es weitergeht, wissen wir nicht.«[15] Dies war die einzige Erwähnung, die sie in ihrem Tagebuch über Bruno Hauptmanns Verhaftung machte.

Ihre fehlende Neugierde hinsichtlich des Mannes, dem die Polizei den Mord an ihrem Sohn anlastete, ist erstaunlich. Die meisten Eltern ermordeter Kinder sind von dem Wunsch besessen, alles über den Mörder und seine Motive zu erfahren. Anne dagegen scheint es vorgezogen zu haben, so wenig Einzelheiten über Hauptmann zu erfahren wie nur irgendwie möglich. Allerdings soll nicht unerwähnt bleiben, daß sie, wenn man nach dem Inhalt ihrer Notiz urteilt, sicher war, daß er das Verbrechen nicht allein begangen hatte.

Ende August 1934, fünf Monate nach dem Prozeß gegen Bruno Hauptmann, verließen die Lindberghs ihr Penthouse in

Manhattan und zogen sich ein weiteres Mal nach Next Day Hill zurück. Als Anne von ihren Freunden gefragt wurde, weshalb sie ihr Apartment aufgegeben hätte, erwiderte sie, der Grund sei, daß ihr Vermieter überraschend die Miete erhöht habe. Eine wenig glaubhafte Antwort, wenn man bedenkt, daß die Lindberghs sich ohne jede Schwierigkeiten eine teure Wohnung leisten konnten. In Wahrheit waren Charles und Anne mit ihren 32 und 28 Jahren immer noch von Mrs. Morrow abhängig. Trotz Lindberghs kühnen fliegerischen Leistungen und Annes schriftstellerischer Tätigkeit bereitete es den beiden große Schwierigkeiten, mit den Anforderungen des Alltags- und Familienlebens fertig zu werden. Und wie das oft bei Menschen der Fall ist, die nicht in der Lage sind, ein eigenes Leben aufzubauen, begannen sie sich über die Person, von der sie abhängig waren, zu ärgern. Anne nutzte ihr Tagebuch nun als Ventil, um dem Ärger über ihre Mutter Luft zu machen. Sie warf Mrs. Morrow insgeheim vor, sie könne sich nicht mit sich selbst beschäftigen, sondern müsse ihre Tage mit unablässigen guten Taten und gesellschaftlichen Aktivitäten ausfüllen. Es sei eine Schande, so schrieb sie, daß Mrs. Morrow nicht einmal ruhig und nachdenklich sein konnte wie sie und Charles. Außerdem störte es sie, daß ihre Mutter zugelassen hatte, daß Next Day Hill durch den nicht abreißenden Strom von Besuchern inzwischen eher einem Hotel als einem Zuhause glich.

Annes Konflikte mit ihrer lebhaften, rührigen Mutter hatten ihre Ursache jedoch nicht im bloßen Unterschied in ihrer Persönlichkeit und ihrem Lebensstil, sondern sie wurzelten tiefer. Die unermüdliche Mrs. Morrow, die nach dem Tod ihres Mannes begonnen hatte, Gedichte zu verfassen und Kinderbücher zu schreiben, blieb in öffentlichen Angelegenheiten eine einflußreiche Persönlichkeit. Ihre Tochter wollte ihr einerseits nacheifern und in Konkurrenz zu ihr treten, sich aber andererseits von ihr lösen. Anne hatte gehofft, durch ihre Ehe mit Charles Lindbergh wenigstens in der Lage zu sein, sich aus ihrer liebenden, doch dominierenden Familie zu befreien und ihre eigene Identität zu finden. Nach mehreren Ehejahren mit einem gleichermaßen beschützenden wie beherrschenden Mann mußte sie jedoch feststellen, daß sie immer noch von vielen ihrer alten Konflikte gepeinigt wurde. Wie ihre Familie gab Charles ihr einerseits Kraft, schränkte sie andererseits aber auch ein. Diese Unfähigkeit, ihre eigene Identität zu finden und aufrechtzuerhalten, beschreibt sie in einem kurzen Tagebucheintrag treffend als »ewigen Kampf, was ich C., was ich Mutter, was ich mir selbst schuldig bin«[16].

Dieser beständige innere Kampf wirkte sich nicht nur auf ihre Beziehung zu ihrem Ehemann und zu ihrer Mutter aus, sondern sollte auch einen Großteil ihres zukünftigen literarischen Werks beeinflussen.

Kapitel 11
»Die Geisha«

Wenn die Lindberghs in Next Day Hill Frieden und Abgeschiedenheit gesucht hatten, dann hätten sie sich keinen schlechteren Zeitpunkt für ihren Besuch aussuchen können. Die Villa hallte vom Lärm des Dienstpersonals wider, das Möbel verrückte, Korridore saugte und das Silber putzte, während die wie üblich unerschütterliche Mrs. Morrow umhereilte und wie ein Feldwebel Befehle erteilte. Als Anne ihre Mutter nach dem Grund für diese Geschäftigkeit fragte, erfuhr sie, daß der bekannte englische Biograph und Diplomat Harold Nicolson die nächsten paar Monate in Next Day Hill wohnen würde.

Im Juni hatte Mrs. Morrow über Teddy Grenfell von Morgan, Grenfell and Company, dem Londoner Bankhaus, das mit J. P. Morgan in New York assoziiert war, einen Brief an Nicolson geschrieben und angefragt, ob er Interesse hätte, eine Biographie über Dwight Morrow zu schreiben. Laut Nicolsons Sohn Nigel war Harold Nicolson, der bekannte Biographien verfaßt hatte, in diesem Fall keine besonders gute Wahl. Er war Morrow lediglich ein einziges Mal, und zwar anläßlich der London Naval Conference im Jahre 1930 begegnet. Seine Witwe hatte er noch überhaupt nicht kennengelernt. Auch für Mrs. Morrow, die das Andenken ihres Mannes in Ehren hielt und wollte, daß seine Verdienste nicht in Vergessenheit gerieten, war es »ein gewagtes Unternehmen, einen Engländer zu beauftragen«[1], schrieb Nigel Nicolson später.

Harold Nicolson war sich der Gratwanderung, die er vollführen mußte, um einerseits die Geisteshaltung der Amerikaner nicht falsch zu interpretieren und andererseits seine verwitwete Gönnerin nicht zu verärgern, deutlich bewußt. Dazu kam, daß Morrow einen Großteil seines Lebens bei der Bank von J. P. Morgan und Co. gearbeitet hatte, das Finanzwesen aber ein Gebiet war, auf dem Harold Nicolson fast keine Erfahrung besaß. Außerdem würde ein langer Aufenthalt in den Vereinigten Staaten nötig sein. Doch der Auftrag reizte ihn, denn Nicolson erhielt auf diese Weise eine Möglichkeit, über die amerikanische Diplomatie zu schreiben. Er konnte seiner Diplomaten-Trilogie somit einen vierten Band hinzufügen.

Die Lindberghs brachen inmitten dieser hektischen Vorbereitungen auf Nicolsons Besuch nach Kalifornien auf. Als sie Ende September nach Englewood zurückkehrten, war der Biograph bereits dort eingetroffen. Obwohl Anne sich in Gegenwart des gebildeten, kultivierten Engländers anfangs unsicher fühlte und sich minderwertig, so wie eine »Landpomeranze« vorkam, erkannte sie bald, daß er gar nicht so furchteinflößend war, wie er ihr zuerst erschienen war. »Er ist ein stiller Mann, es ist ein bißchen schwer zu sagen, ob er schüchtern oder gelangweilt ist – vielleicht von jedem etwas. Jedenfalls stellte sich heraus, daß er freundlich und verständnisvoll ist... [Er] behandelt im großen und ganzen alle Haushaltsmitglieder äußerst taktvoll. Ich glaube, daß ihm die Intensität des Haushalts etwas zusetzt. C. ist der einzige Mensch, der nicht anstrengend ist.«[2]

Dies war nicht das erste Mal, daß Nicolson dem berühmten Paar begegnete. Er und seine Frau Vita Sackville-West hatten die Vereinigten Staaten im Januar 1933 anläßlich einer Vortragsreise besucht und dabei die Lindberghs bei einer Abendgesellschaft im Waldorf Astoria kennengelernt.

Für Nicolson, dem Gerüchte, daß Lindbergh ein dummer, ungebildeter, langweiliger und schwieriger Mann sei, zu Ohren gekommen waren, stellte die erste Begegnung mit dem Flieger eine angenehme »Überraschung« dar. Er beschrieb Lindbergh als einen Mann,

> in dessen Gesicht viel mehr liegt, als auf den Fotos zu sehen ist. Er besitzt eine schöne, intellektuelle Stirn, ein scheues, gewinnendes Lächeln, windzerzaustes Haar, eine bestimmte Art, unglücklich seinen Kopf zurückzuwerfen, ein offenes Gesicht, dünne, nervöse, geschickte Finger, ein geschmeidiges, scheues Benehmen. Er sieht jung aus, ein klein wenig, als sei der Alterungsprozeß zum Stillstand gekommen. Seine Frau ist zierlich, scheu, furchtsam, interessiert sich sehr für Bücher, um den Mund hat sie einen tragischen Zug. Man denkt daran, was sie durchgemacht haben, und hat Hemmungen, offen auf sie zuzugehen.[3]

Bei seiner zweiten Begegnung mit dem Paar präzisierte Nicolson seine Beobachtungen.

> Anne wie eine Geisha – scheu, japanisch, klug, liebenswürdig, offensichtlich eine allerliebste kleine Person. Charles Lindbergh – schlank (obwohl ein wenig pausbäckig), schuljungenhaft, doch mit jenen feinen, zum Greifen geeigneten Händen, die das Bild, das man sich von ihm als einen ausgezeichneten Handwerker macht, stören. Sie lächelten scheu. Lindberghs Hand ruhte auf dem Halsband eines Hundes. Ich hatte schon von diesem Hund gehört, denn die amerikanischen Zeitungen hatten viel über ihn geschrieben. Es ist ein Polizeihund von enormer Größe. Sein Name ist Thor...[4]

Doch Nicolson entdeckte rasch, daß Lindbergh trotz seines natürlichen Wesens ziemlich langweilig und phantasielos sein konnte. Wenn er ihm in einer Unterhaltung eine einfache, zwanglose Frage stellte, erhielt er oftmals eine ermüdend schwerfällige Antwort, die sich zu einem regelrechten Vortrag ausweitete[5]. Nicolson sah jedoch über diese unangenehme Eigenschaft hinweg und fand ihn charmant. Seiner Meinung nach war der Flieger alles andere als der reservierte und unkooperative Mensch, den die Öffentlichkeit in ihm sah.

»Er [Lindbergh] ist ein sehr bescheidener Mensch«, schrieb Nicolson an Vita, seine Frau. »Den Ruf, griesgrämig zu sein und schlechte Manieren zu besitzen, verdankt er allein der Tatsache, daß er Menschenmengen verabscheut. ›Was ich am wenigsten ausstehen kann‹, sagte er mir einmal, ›sind die törichten Frauen, die ihre Kinder dazu anhalten, mir auf Bahnhöfen die Hand zu schütteln. Es ist mir peinlich, und den Kindern geht es ebenso. Mir wird dabei richtig übel.‹ «[6]

Es lag jedoch noch etwas in Lindberghs Persönlichkeit, das sich dem Biographen entzog, etwas, das er nur schwer beschreiben konnte. »Er amüsiert und verwirrt mich«, vertraute Nicolson in einem anderen Brief seiner Frau an.

> Einerseits ist er ein Handwerker und ziemlich ungebildet, andererseits ist er schlau und intelligent. Er besitzt auch Sinn für Humor. Mrs. Morrow erzählte uns, daß Mrs. Lamont, die Angst vor dem Fliegen hat, erklärte, man würde sie nur in ein Flugzeug bekommen, wenn er der Pilot wäre. »Das ist doch wieder typisch für diese alten Damen«, sagte er. »Nur weil ich allein nach Purris [*sic*] geflogen bin, glauben sie, daß ihnen mit mir als Piloten nichts passieren kann. Das ist doch töricht.« Was Publicity angeht, so ist sie für ihn in gewisser Weise zur Zwangsvorstellung geworden. Ich gebe ihm da recht. Er erzählte mir, daß er den Orden, den Coolidge ihm nach seiner Atlantiküberquerung verlieh, gleich dreimal entgegennehmen mußte – einmal im Arbeitszimmer des Präsidenten, das war die richtige Verleihung, und zweimal auf dem Rasen vor dem Weißen Haus für die Filmkameras. »Das erste Mal«, sagte er, »war ich noch irgendwie bewegt. Immerhin war ich damals mehr oder weniger noch ein Kind,

und ich fand es irgendwie feierlich, daß mir dieses Ding vom Präsidenten der Vereinigten Staaten überreicht wurde. Doch als wir das ganze verdammte Schauspiel auf dem Rasen noch einmal vorführen mußten – während ich neben dem Präsidenten stand und wie ein Idiot dreinsah –, hatte ich das Gefühl, daß das nicht richtig war. Coolidge hingegen war es anscheinend egal, oder es machte ihm schon nichts mehr aus. Er wiederholte seine Rede zweimal, wobei er fast die gleichen Worte gebrauchte. Das Ganze kam mir wie ein Kasperltheater vor…«

Etwas Merkwürdiges. Wir frühstücken zusammen. Auf dem Tisch liegen Zeitungen. Der Fall Lindbergh füllt immer noch die Titelseiten. Es *muß* ihn berühren. Dennoch wirft er niemals einen Blick darauf… Es ist keine Pose. Es ist lediglich eine entschlossene, durchgehaltene Angewohnheit, die Presse zu ignorieren. Ich mag diesen Mann. Er hat zwar sicher seine Fehler, doch ich habe sie noch nicht gefunden. Anne hingegen ist ein kleiner Engel.[7]

Später »schüttete« Lindbergh Nicolson »sein Herz aus« und erzählte ihm, wie sehr er und Anne jede Form von Publicity haßten. Er gestand, das Schlimmste am Prozeß gegen Hauptmann sei für ihn, daß die Zeitungen nun wieder über ihr Privatleben schrieben und die Reporter ihn »schikanierten«.

Am 8. Oktober 1934 identifizierte Lindbergh Hauptmanns Stimme als diejenige, die er Anfang April gehört hatte, als Dr. Condon dem Kidnapper das Lösegeld beim St. Raymond Friedhof in der Bronx übergeben hatte. Nicolson, der in Englewood immer noch an seiner Biographie arbeitete, war überrascht, daß

dieses dramatische Ereignis dem Leben hier nicht anzumerken war. Lindbergh kam wie üblich zum Frühstück und half mir danach, den Film aus meiner Leica zu nehmen. Er ist in solchen Dingen sehr geschickt, während ich ziemlich unbeholfen bin. Dann fragte er: »Ich muß jetzt nach Noo Yark [*sic*] – soll ich Sie mitnehmen?« Ich lehnte

> ab. Danach arbeitete ich intensiv an meinen Unterlagen, und beim Mittagessen saßen nur Anne und ich am Tisch, denn Mrs. Morrow war zu irgendeiner Wohltätigkeitsveranstaltung gegangen. Als wir mit dem Essen fast fertig waren, traf Lindbergh ein und wir plauderten recht fröhlich, bis der Kaffee serviert wurde, den wir auf der Glasveranda einnahmen. Als wir damit fertig waren, erhob ich mich zum Gehen. In dem Augenblick, als ich mich umdrehte, sah ich (im Spiegel), wie er ihren Arm nahm, um sie ins Arbeitszimmer zu führen. Offensichtlich wollte er ihr erzählen, was sich vor Gericht ereignet hatte. Die beiden verstanden es glänzend, die große Tragödie, die sie getroffen hat, niemals in unser Alltagsleben dringen zu lassen. Dies ist echte Würde und Beherrschtheit.[8]

Irgendwann während seines Besuchs las Harold Nicolson Annes Artikel über den zweiten Vermessungsflug des Paares »Flying around the North Atlantic«, der im *National Geographic* in der Septemberausgabe von 1934 erschienen war. Er hatte sich darauf eingestellt, einen trockenen, nüchternen Bericht über den Flug zu lesen, und war nun von ihrem lebendigen und feinfühligen Stil angenehm überrascht. Er brachte seine Begeisterung sowohl gegenüber der Verfasserin als auch gegenüber ihrem Mann zum Ausdruck.

»Sie sollten wieder eine Reise machen, damit sie eine neue Erzählung schreibt, denn der Instinkt für das Schreiben ist, wenn er mal geweckt ist, viel stärker als der für das Fliegen«[9], erklärte er Lindbergh.

Als Anne hörte, daß Nicolson von ihrer Arbeit begeistert war, wurde sie so aufgeregt, daß sie nachts nicht schlafen konnte. Hatte ihr nicht eben ein berühmter englischer Schriftsteller gesagt, daß sie Talent besaß! Sie gab es zwar nur ungern zu, doch welch ein Kontrast war dies zu dem, was ihr Mann ihr sagte. Lindbergh hatte seine Frau zwar zum Schreiben ermuntert, doch er tadelte sie oft scharf dafür, daß sie ihr Talent in langen Briefen an ihre Familie und ihre Freunde vergeudete. Seiner Meinung nach sollte sie Gehaltvolleres schreiben, das sie auch veröffentlichen konnte. Er, der das College abgebrochen hatte, während Anne als Studentin schon Literaturpreise erhalten hatte, bestand außerdem darauf, ihre Arbeiten zu redigieren. Obwohl sich Anne oft ärgerte, wenn sie seine schwarzen Bleistiftvermerke auf ihren sorgfältig gewählten Wörtern sah, brachte sie typischerweise nie den Mut auf, ihm das auch zu sagen. Doch nun war da Nicolson, ein hochgebildeter Mann und hervorragender Autor, der sie nicht nur ermutigte, sondern, im Gegensatz zu ihrem Mann, ihre Arbeit auch nicht kritisierte. Begeistert schreibt sie in ihr Tagebuch:

> Das war ein plötzliches Erkennen von etwas in meinem Inneren, an das ich von Zeit zu Zeit geglaubt hatte, dem manchmal geschmeichelt, das oft verdrängt wurde, sich rebellisch wieder meldete, vergessen, verletzt, mit falscher Sorgsamkeit unterdrückt worden war, das ich aus Angst, daß man mir weh tun könnte, zu ignorieren versucht hatte. »Ich kann nicht schreiben. Jemand sollte dieses Etwas in mir vernichten. Jemand sollte mir rundherum sagen, daß ich nicht schreiben kann, mich auf meine Mutterpflichten verweisen.«
> Doch Mr. Nicolson sagte – und gab mir zu verstehen –, daß es dieses Etwas gab, daß ich weitermachen sollte. Und so wuchs es in mir und ergriff von mir Besitz. Vierundzwanzig Stunden lang fühlte ich mich jung und stark. Ich glaubte, daß das Leben nicht lang genug sei für alles, was ich vorhatte, und ich lag die ganze Nacht wach, in meinem Kopf wirbelte es, und mein Herz hämmerte.[10]

Offensichtlich reichte es ihr zu diesem Zeitpunkt nicht mehr aus, lediglich die Ehefrau von Charles Lindbergh zu sein. Obwohl er weiterhin der Dreh- und Angelpunkt in ihrem Leben war, sehnte sich Anne danach, etwas aus eigener Kraft zu schaffen. Schreiben war vielleicht ihre Antwort, ihr heimliches Aufbegehren gegen die Tatsache, daß sie mit einem der berühmtesten Männer der Welt verheiratet war. Obwohl sie auf dem College verschiedene Literaturpreise gewonnen hatte, war sie sich ihrer literarischen Fähigkeiten nie ganz sicher. Nun hatte sie zum ersten Mal das Gefühl, genügend Talent zu besitzen, um Schriftstellerin werden zu können.

Nicolson schickte Annes Artikel auch seiner Frau Vita Sackville-West, um zu erfahren, was sie davon hielt. Seinem Brief fügte er folgende scharfsinnige Beschreibung der Autorin bei:

> Anne ist so bescheiden und unsicher, so darum bemüht, wissenschaftlich und nicht effekthascherisch zu wirken. Doch durch ihre Bescheidenheit blitzt meiner Meinung nach eine wirkliche literarische Begabung durch. Ich würde gerne Deine Meinung dazu hören. Ich habe ihr nämlich gesagt, sie solle diese Reise, zusammen mit der anderen (über Alaska nach China im Jahre 1931) unbedingt noch einmal ausführlich in einem Buch beschreiben. Sie erwiderte. »O ja, aber die Zeitungen hier würden es als Lindbergh-Reklametrick abtun, und mir alles verderben – dabei war es doch so wunderbar; Sie können sich nicht vorstellen, wie frei man sich dort fühlt.« ... Bitte lies es, zuerst unter dem erzählerischen Gesichtspunkt, und dann sorgfältiger noch einmal vom literarischen Standpunkt aus. Und bitte teile mir Deine Ansicht ganz offen mit... ich meine, wirklich offen... Die Frage, die ich von Dir beantwortet haben möchte, lautet: »Glaubst Du nicht auch, daß dieser Artikel zu einem Buch ausgeweitet werden sollte und von ausreichender literarischer Qualität ist, um zu rechtfertigen, daß Anne ein ganzes Buch schreibt und ihren Publicity-Komplex überwindet?« Ich bin sicher, die Antwort ist JA. Doch ich stehe möglicherweise unter dem Bann jener mäuschenhaften Bescheidenheit von Anne und jener mannhaft-einsamen Bescheidenheit von Charles. Doch, oh, was für reizende Leute![11]

Zu Nicolsons Enttäuschung sollte seine Frau seine Begeisterung nicht teilen.

> Ich habe Anne Lindberghs Artikel gelesen. Also, weißt Du, ich kann leider überhaupt nicht verstehen, weshalb Du über seinen literarischen Wert derart begeistert bist. Natürlich ist es eine spannende *Geschichte*, aber ich bin mir nicht sicher, daß sie einer Ausweitung zu einem Buch standhält. Ich glaube nicht, daß man allzu viel über Abenteuer lesen möchte, es sei denn, es ist so gut geschrieben wie, sagen wir, *Brazilian Adventure*; und damit ist ihr Stil in keiner Weise vergleichbar. Sie schreibt recht nett, doch ziemlich flach und nicht besonders lebendig... Abgesehen davon sind die Schlichtheit und Bescheidenheit natürlich äußerst liebenswert.[12]

Es war Mitte November, und Nicolson war immer noch in Englewood zu Gast, als Elisabeth auf dem Flug von Kalifornien nach Mexiko, wo sie mit ihrer Mutter ihren Winterurlaub verbringen wollte, eine Blinddarmentzündung bekam. Das Flugzeug mußte noch in Kalifornien notlanden. Man brachte Elisabeth schnellstens in ein nahe gelegenes Krankenhaus, wo ihr der Blinddarm entfernt wurde. Ihre Genesung schien zuerst ohne Zwischenfälle zu verlaufen, dann jedoch bekam sie plötzlich eine Bronchopneumonie.

Als Mrs. Morrow, die noch in New Jersey war, von Elisabeths Mann Aubrey telefonisch über den kritischen Gesundheitszustand ihrer Tochter unterrichtet wurde, zog an der Ostküste gerade ein schwerer Herbststurm auf. Die beherzte Mrs. Morrow ließ sich jedoch nicht davon abbringen, sofort von Newark nach Pasadena zu fliegen, damit sie ihrer ältesten Tochter, die in einem Sauerstoffzelt um ihr Leben kämpfte, zur Seite stehen konnte.

Dies war ein weiterer Schicksalsschlag, den diese anscheinend vom Unglück verfolgte Familie ertragen mußte, und Nicolson berichtet in einem auf den 23. November 1934 datierten Brief an seine Frau, welche Bewunderung er für Mrs. Morrow empfand:

> Irgendein schreckliches Schicksal hängt über dieser Familie. Elisabeth, die gerade eine Blinddarmentzündung überstanden hat, hat nun auch noch eine Lungenentzündung bekommen. Man hat Betty Morrow angerufen, damit sie zu ihrer Tochter fliegt. Sie bricht in einer Stunde hier auf. Ich empfinde großes Mitleid für sie und bin ganz traurig. Sie wirkt in ihrer Not so einsam, das arme kleine Ding. Ich bewundere diese Frau. Sie bricht unter keinem dieser Schicksalsschläge zusammen. Heute abend erwähnte sie zum ersten Mal das Baby. Sie tat es auf eine so traurige Art und Weise. Ich sagte etwas über ihre Selbstbeherrschung und ihre Tapferkeit. »Tapferkeit?« sagte sie. »Wissen Sie, daß ich selbst jetzt noch jede Nacht um dieses Baby weine. Das ist keine *Tapferkeit*!«
>
> Ich habe das obige letzte Nacht geschrieben... doch ich bin von dieser Tragödie wirklich betroffen. Lindbergh kam nach Hause und begann sofort mit den Fluggesellschaften zu telefonieren. Seine eigene Gesellschaft (TWA) wollte wegen des Sturmes nicht fliegen, doch eine andere Gesellschaft erklärte sich schließlich dazu bereit. Lindbergh war nervös, doch auch er war der Meinung, daß Mrs. Morrow es riskieren sollte. Also wurde die arme kleine Betty um 20 Uhr ins Auto verfrachtet und nach Newark gefahren. Ich werde nie vergessen, wie sie da in der Tür stand, mit ihrem kleinen Hut und ihrer Tasche. Draußen der Sturm und der peitschende Regen. Da stand sie, bereit, dreitausend Meilen weit durch die Nacht zu fliegen. Dabei verabscheut sie das Fliegen, egal unter welchen Bedingungen. Sie sah so klein und mitleiderregend aus. Welchen Mumm diese Frau doch hat! Sie ist ein wahrer Pioniertyp. Ich gestehe, daß ich tief beeindruckt war.
>
> Charles und Anne begleiteten sie zum Flugplatz. Ich aß mit Springer, dem Sekretär zu Abend... [Sie] kamen zurück, als ich schon zu Bett gegangen war. Sie blieben bis nach Mitternacht auf, denn zu diesem Zeitpunkt hatte Betty Cleveland passiert und war somit aus der

Schlechtwetterzone heraus. Man hielt Charles die ganze Zeit über telefonisch auf dem laufenden, wo sich das Flugzeug gerade befand – dies war einer der wenigen Vorteile seiner Berühmtheit. Es muß ein merkwürdiges Gefühl gewesen sein, zu Hause in diesem heiteren kleinen Wohnzimmer mit den neuesten Zeitschriften vor dem Kamin zu sitzen – und an die arme kleine Betty mit ihrer Tasche und ihrem kleinen Mantel zu denken, wie sie durch den Regen und den Sturm davonrumpelte.

Gott! Wie ich solchen Mut bewundere – ich, der ich selbst keinen habe. Würde ich einer Sache wie dieser mit ihrer großartigen Würde begegnen? Ich hoffe es. Ich weiß, Du würdest es, aber Du bist ebenfalls großartig.[13]

Anne wußte schon länger, daß Elisabeth nicht mehr lange leben würde, und hatte begonnen, die Tatsache des bevorstehenden Todes ihrer Schwester zu akzeptieren. Dennoch zermürbte sie die Vorstellung, daß ihre Mutter bei einem solch gefährlichen Wetter allein nach Kalifornien fliegen mußte. Sie hätte sie gerne begleitet, doch Lindbergh glaubte, die beiden würden, wenn sie erst einmal auf dem Flughafen von Pasadena eingetroffen waren, gnadenlos von Reportern und Neugierigen verfolgt, da der Prozeß gegen Hauptmann in zwei Monaten eröffnet werden sollte. Anstatt über ihren Ehemann verärgert zu sein, weil er ihr nicht gestattete, in einer so wichtigen Stunde bei ihrer Mutter und ihrer Schwester zu sein, konzentrierte sie ihre Gedanken auf den gefährlichen Flug. Die ganze Zeit über versuchte sie sich einzureden, daß ihrer Mutter nichts passieren würde. »Mich packt Entsetzen, und doch habe ich das Gefühl, daß das Schicksal sie, die so mutig ist, *nicht umwerfen kann*. Sie *wird* schon gut hinkommen.«[14]

Glücklicherweise kam Mrs. Morrow trotz des schlechten Wetters sicher in Kalifornien an. Während sie auf eine Nachricht über Elisabeths Gesundheitszustand warteten, gingen Nicolson und Anne das durch, was sie auf Nicolsons Bitten hin über ihren Vater, der sich für den Biographen als ein höchst frustrierendes und schwer zu fassendes Thema erwies, aufgeschrieben hatte. Als Anne ihm ihre Aufzeichnungen vorlas, fiel Nicolson, der in literarischer Hinsicht bekanntermaßen ein Snob war, wiederum Annes schriftstellerisches Talent auf. Später schrieb er seiner Frau:

> Wie Du weißt, Viti, gibt es einen großen Unterschied zwischen einem beobachtenden und einem nicht beobachtenden Menschen. Ein beobachtender Mensch ist ein Mensch, der beobachtet. Ein nicht beobachtender Mensch ist ein Mensch, der nicht beobachtet. 97 Prozent der Menschheit gehören zur zweiten Kategorie. Anne gehört zweifellos zur ersten. Sie hat bei ihrem Vater jede Kleinigkeit bemerkt und sie im Gedächtnis behalten. Sie saß anmutig und scheu auf dem großen Chintzsofa und las langsam aus ihren detaillierten Aufzeichnungen vor. »Er pflegte mit seinem rechten Zeigefinger seinen linken Handrücken zu reiben, so als sei dort eine Schwellung.« »Wenn er seine Zeitung wegwarf, dann fiel sie niemals flach auf den Teppich, sondern blieb stets aufrecht stehen.« »Er riß beim Reden immer kleine Stücke Papier ab, rollte sie zu Fidibussen zusammen und drehte diese in sein Ohr. Die Fidibusse lagen dann auf dem Boden herum. Wir haßten das.« »Am Sonntagabend wurde in der Familie immer gemeinsam gebetet. Als wir älter wurden, wurden uns diese Gebete immer peinlicher und deshalb seltener.« Und dann war da eine Beschreibung des Familienfrühstücks, die so gut war, daß ich sie bat, sie niederzuschreiben, damit ich sie in meinem Buch veröffentlichen könnte... Was immer Du auch sagst, ich glaube, dieses Mädchen besitzt echtes literarisches Talent.[15]

Ironischerweise fiel Nicolsons Ermutigung für Anne mit einem weiteren schrecklichen Verlust zusammen. Trotz der zu dieser Zeit wohl besten medizinischen Versorgung der Welt und obwohl ihre Mutter und ihr frischangetrauter Ehemann an ihrem Bett weilten, starb Elisabeth am 3. Dezember 1934. Sie wurde nur 30 Jahre alt.

Als die Lindberghs in den frühen Morgenstunden von ihrem Tod erfuhren, wollte Lindbergh seine Frau in die Arme nehmen. Doch Anne riß sich los. Sie wollte ihre Schwester allein betrauern.

> Das Leben, das vor mir lag, schob sich ineinander. Ich würde es irgendwie ausfüllen. Es würde rasch vergehen. Bei meinen Gedankensprüngen gelangte ich bis ans Ende meines Lebens – ohne Furcht vor dem Tod. Oh, ich betete darum, daß Elisabeth keine Angst gehabt hatte. Übrigens glaubte ich, daß die wichtigen Ereignisse in meinem Leben bereits stattgefunden hatten. Nichts Wichtiges konnte sich für mich mehr ereignen. Elisabeth hatte mit mir daran teilgehabt: Liebe, Ehe (die allerdings dauerte noch an), Geburt, Kinder, Tod, Unglück und jetzt der Verlust von Elisabeth selber. Mir kam vor, als gäbe es in diesem Leben nichts mehr zu fürchten und nichts mehr zu wünschen. Ich beschloß, daß ich schreiben müsse. Ich muß über Elisabeth schreiben, über alles, was ich ihr verdankte – und was ich im Gedächtnis behalten hatte. Ich muß während meines ganzen Lebens über sie schreiben.[16]

Es war das gleiche Versprechen, das Anne weniger als zwei Jahre zuvor ihrem toten Kind gegeben hatte. Gezwungen, mit einem Schicksalsschlag nach dem anderen fertig zu werden, fand sie im Schreiben Trost. Das Schreiben war für sie eine Art Kompensation geworden. Es wies ihr einen Weg, sowohl ihr komplexes, außergewöhnliches Leben zu bewältigen als ihm auch zu entfliehen. Es bot ihr einen Ausweg aus dem Kummer und der Enttäuschung. Darüber hinaus war es auch ein Ventil für die starken, von ihr unterdrückten Gefühle, die sie manchmal zu ersticken drohten. Obwohl sie es nur ungern zugab, war das Schreiben in diesem Abschnitt ihres Lebens für sie wichtiger geworden als ihre Beziehung zu ihrem Mann. »Ich muß das jetzt alles schreiben, um jeden Preis. Schreiben ist denken«, vertraute sie ihrem Tagebuch an. »Ja, es ist mehr als leben, denn es ist sich des Lebens bewußt.«

Sie sehnte sich danach, ihre Tage in Ruhe und Stille zu verbringen und dabei über Elisabeth und über ihre Gedanken zum Leben und zur Natur zu schreiben. Sie wollte herausfinden, wer sie, außer die Ehefrau eines sehr berühmten Mannes, eigentlich war.

Doch die Tage des Friedens, nach denen sie sich sehnte, lagen noch weit in der Zukunft. Am 3. Januar 1935 sollte im Hunterdon County Courthouse in Flemington, New Jersey, der Prozeß gegen Bruno Hauptmann wegen Mordes an Charles Augustus Lindbergh jr. beginnen. Anne fürchtete schon jetzt die Verhandlungstage. Sie wußte, daß sie vor der gesamten Welt jene windige Märznacht, als sie ins Kinderzimmer ihres Sohnes stürzte und auf das leere Bettchen starrte, wiedererleben mußte. Obwohl Charles die Vorstellung, daß die Öffentlichkeit jetzt jede Einzelheit ihres Privatlebens erfuhr, verhaßt war, war Anne klar, daß ihr Mann im Zeugenstand absolute Selbstbeherrschung zeigen würde. Doch konnte sie, die ein weit gefühlsbetonterer Mensch war als er, ihre Gefühle ebenso beherrschen? Oder würde sie sie beide demütigen, indem sie zusammenbrach? Wie bohrend, wie persönlich die Fragen auch sein mochten, die die Verteidigung ihr stellte, sie mußte ihre Würde bewahren. In ihrem Tagebuch schwor sie, daß sie »C. bei der Gerichtsverhandlung nicht enttäuschen« würde. Ihre anderen aufopferungsvollen Ziele waren »das Buch für ihn fertig machen, ihm ein Heim schaffen, ihm ein Gefühl für Freiheit, der Kraft und Erfüllung geben«[17].

Anne, der der Tod ihres kleinen Jungen und ihrer Schwester immer noch sehr zusetzte, war nun doch zum ersten Mal zuversichtlich, was ihre Zukunft als Schriftstellerin anging. Sie war entschlossen, Gewalt, Schrecken und Trauer nicht über sie triumphieren zu lassen. Irgendwo in der Zukunft lagen Glück und Hoffnung. Und sie mußte ihr möglichstes tun, um dies wiederzugewinnen.

Kapitel 12
Zeugin

Als Anne den Zeugenstand in dem kleinen, düsteren Gerichtssaal in Flemington betrat, waren alle Augen auf ihre winzige, kindliche Gestalt im schwarzen Seidenkostüm und dem Hut mit Schleife gerichtet. Die Trauerfarbe wurde nur von dem sanften Rosa ihrer Bluse aufgehellt. Ihr junges, zartes Gesicht war bleich und gefaßt, das Gesicht eines Menschen, der sich darauf eingestellt hatte, mit tiefem Kummer zu leben.

Die Stille in dem überfüllten Gerichtssaal stand in scharfem Gegensatz zu dem Tumult, der draußen vor der Tür herrschte. Um es mit den Worten eines Beobachters zu sagen: Die ehemals verschlafene kleine Stadt Flemington in New Jersey mit ihren 2700 Einwohnern sah aus »wie eine mattierte Ansichtskarte, die plötzlich in Bewegung geriet«[1]. Auf der kleinen Steintreppe, die zu dem alten Gerichtsgebäude mit seiner weißen Stuckfassade und den vier Säulen im griechischen Stil hinaufführte, drängten sich die Menschen. Immer, wenn sich die Eingangstür öffnete und wieder schloß, hoffte die Menge, einen kurzen Blick auf Anne und Charles oder auf Bruno Hauptmann, den Angeklagten mit seinem aschgrauen, merkwürdig leichenhaft wirkenden Gesicht, werfen zu können.

Auf der anderen Straßenseite befand sich sogar eine noch größere Menschenmenge. Die Leute standen dichtgedrängt vor dem alten Union Hotel, einem vierstöckigen Gebäude mit geräumiger Veranda und Balkonen. Dort hatten viele Zeitungs- und Rundfunkreporter, aber auch Mitglieder der Jury ihre Zimmer. Obwohl das Union klein und eng war und sogar nur über ein einziges Badezimmer verfügte, war es plötzlich zum berühmtesten Hotel der Welt geworden. Tag und Nacht waren seine beiden Bars, die nach einer großen Hündin, die stets vor dem Eingang lag, Nellie's Taproom genannt wurden, überfüllt mit Reportern und Schaulustigen. Viele Prominente waren gekommen, weil in gewissen Kreisen der feinen Gesellschaft der Lindbergh-Prozeß als eines der Hauptereignisse der Saison galt. Die Leute glaubten, ihren Freunden imponieren zu können, wenn sie ihnen erzählen konnten, daß sie in Flemington dabeigewesen waren und tatsächlich nur wenige Meter von dem bescheidenen jungen Lindy, dem Idol Amerikas, und seiner traurigen, tapferen jungen Frau entfernt gewesen wären. Natürlich hatten sie auch den Mann mit den tiefliegenden blauen Augen, den hohen Wangenknochen und dem spitzen Kinn, der ohne Zweifel ein Kindermörder war, gesehen.

Zur Mittagszeit, als sich das Gericht zum Essen zurückgezogen hatte, wurde es auf den Straßen von Flemington noch voller. Die Leute machten sich nun auf den Weg zum Speisesaal des Union oder zur Imbißstube im Kellergeschoß der Kirche direkt gegenüber dem Gerichtsgebäude. Dort servierten geschäftige Wirtinnen für 74 Cents kräftige amerikanische Hausmannskost, dazu gedeckten Apfelkuchen. Jene, die keinen Platz zum Essen fanden, waren gezwungen, spazierenzugehen, bis der erste Andrang vorbei war. Das Warten war keineswegs langweilig. Straßenverkäufer boten nicht nur Miniaturkopien der Leiter, die bei der Entführung benutzt worden war, sondern auch falsche Lokken des Babys und gefälschte Fotos von Colonel Charles Lindbergh an, der bekannt dafür war, sich zu verstecken, sobald sich ihm Autogrammjäger oder Fotografen näherten. Prostituierte waren ebenfalls unterwegs[2]. Die Wagemutigeren unter ihnen versuchten mit Abziehbildern der *Spirit of St. Louis*, die sie auf delikate Körperstellen geklebt hatten, zukünftigen Kunden Geschmack auf einen besonderen Nervenkitzel zu machen. Zum Glück für alle Prozeßbeteiligten gelang es Thomas Whitaker Trenchard, dem alten, würdevollen Richter, der den Prozeß leitete, zu verhindern, daß diese Jahrmarkt-Atmosphäre Einzug in den Gerichtssaal hielt.

In dem stillen Raum begann David Wilentz, der Generalstaatsanwalt von New Jersey, ein geheimnisvoll wirkender, gutaussehender junger Mann, mit Annes Befragung[3].

»Mrs. Lindbergh, Sie sind die Ehefrau von Charles A. Lindbergh.«

»Das bin ich«, war die leise, aber entschlossene Antwort.

Wilentz ging dann dazu über, seine Zeugin über die Ereignisse des 1. März 1932 zu befragen. Er war besonders daran interessiert, wer sich an diesem Tag im Haus in Hopewell aufgehalten hatte.

»Ich selbst befand mich dort, mein Sohn Charles A. Lindbergh jr., Mrs. Elsie Whateley, ihr Ehemann Oliver Whateley, und später dann, am Nachmittag, traf Betty Gow ein.«

»Also waren Sie selbst an diesem Tag dort, am Abend kam dann auch Colonel Lindbergh?«

»Am Abend. Ja«, wiederholte Anne.

»Und Mr. und Mrs. Whateley, Betty Gow und Ihr kleiner Sohn waren ebenfalls anwesend?«

»Ja.«

»Wie alt war Ihr Sohn damals?«

»Zwanzig Monate.«

»Er wurde im Juni 1931 geboren?«

Jetzt, da Wilentz begann, sie über Charlie zu befragen, war der Augenblick gekommen, den Anne schon seit Wochen gefürchtet hatte. Doch zu ihrer Erleichterung war sie in der Lage, ruhig zu antworten.

»Am 22. Juni 1930«, korrigierte sie Wilentz freundlich. Ihre angenehme, ruhige Stimme war bis in den hintersten Winkel des Gerichtssaales zu hören.

Von Wilentz behutsam angeleitet, erinnerte sich Anne an ihren letzten Nachmittag mit ihrem Sohn: daß Betty ihn ans Kinderzimmerfenster gebracht hatte, als sie bei ihrer Rückkehr von ihrem spätnachmittäglichen Spaziergang einen Kieselstein gegen die Scheibe geworfen hatte; daß sie zusammen im schwindenden Licht des Spätnachmittags im Wohnzimmer gespielt hatten; daß das Baby vergnügt in der Küche herumgelaufen war und daß sie es dann bis etwa 18.15 Uhr, als sie ins Kinderzimmer hochgegangen war, nicht mehr gesehen hatte.

»Wären Sie so freundlich, uns von dem Kind zu erzählen? Wie hat es sich an diesem Tag verhalten? War es ein normales Kind?« fragte Wilentz.

»Er war vollkommen normal«, erwiderte Anne, und ihre blauen Augen strahlten plötzlich vor Stolz. Zweifellos beabsichtigte sie mit ihrer entschiedenen Antwort, ein für allemal den gehässigen Klatsch zum Schweigen zu bringen, der nach dem Tod des Kindes die Runde gemacht hatte. Ein besonders bösartiges Gerücht behauptete, ihr reizendes, lebhaftes und neugieriges Kind sei in Wirklichkeit hoffnungslos zurückgeblieben gewesen. Um sich der Last einer lebenslangen Pflege zu entledigen, hätten seine grausamen, gleichgültigen Eltern selbst dafür gesorgt, daß es ermordet wurde.

Anne betonte, daß Charlie ein ganz normales und gesundes Kind gewesen war, das bereits genügend Wörter beherrschte, um sich verständlich machen zu können. Sie sagte aus, er habe hellblondes, lockiges Haar und blaue Augen gehabt.

Wilentz reichte Anne eine Fotografie ihres Sohnes.

»Ich zeige Ihnen jetzt ein Bild und frage Sie, ob das ein Bild Ihres Kindes ist.«

»Das ist es«, antwortete sie fest und bestimmt.

Nun bat Wilentz Anne, zu beschreiben, wie das Kinderzimmer

ihres Sohnes am Abend des 1. März ausgesehen hatte. Als sie von der Kiste unter dem Flügelfenster zu erzählen begann, die seine Spielsachen enthielt, ging ein Murmeln durch den Gerichtssaal. Die Zuschauer waren gespannt. In wenigen Augenblicken würden sie von Anne persönlich hören, was sie damals empfunden hatte, als sie entdeckte, daß ihr Kind nicht in seinem Bett lag. Viele fragten sich, ob sie im Zeugenstand anfangen würde zu weinen. Höchst verärgert über die Unruhe, rief Richter Trenchard die Öffentlichkeit zur Ordnung.

Als im Gerichtssaal wieder Ruhe herrschte, fuhr Anne mit ihrer Aussage über das Kinderzimmer und dessen Ausstattung fort. Und dann kam der Moment, auf den jedermann in dem überfüllten Gerichtssaal gewartet hatte...

Wilentz händigte Anne nacheinander die Kleidungsstücke aus, die Charles Augustus jr. an jenem letzten Abend seines Lebens getragen hatte, und bat sie, die Sachen zu identifizieren. Die ersten beiden hatte man bei der stark verwesten, von Tieren angefressenen Leiche gefunden. Sie befanden sich in einem schlechten Zustand.

Anne bekam die Kleidungsstücke eines nach dem anderen überreicht, worauf sie mit ihrer weichen, getragenen Stimme bestätigte, daß sie ihrem Sohn gehört hatten: das selbstgenähte Flanellhemd mit dem blauen Silko-Faden, das Betty Gow wenige Stunden vor seinem Tod aus Elsie Whateleys altem Nachthemd geschneidert hatte; das ärmellose Wollhemd mit der Aufschrift B. ALTMAN CO., NEW YORK, das vorne und hinten sehr tief ausgeschnitten war; einen Daumenschutz, der am Ärmelbündchen jenes Schlafanzugs befestigt gewesen war, den das Kind angehabt hatte, und der Monate später auf dem Grundstück der Lindberghs entdeckt worden war; und schließlich der gewaschene wollene Schlafanzug selbst, den »John« (der Mann auf dem Friedhof in der Bronx, den Lindbergh später als Hauptmann identifizierte) Dr. Condon Mitte März 1932 zugeschickt hatte, um seiner Behauptung, daß das Lindbergh-Baby am Leben war und gut versorgt wurde, zu bekräftigen.

»Haben Sie diesen Schlafanzug selbst gekauft?«

»Ja«, antwortete Anne.

»Was für ein Schlafanzug ist das, Mrs. Lindbergh?«

»Es ist der Schlafanzug, den mein Sohn am Abend des 1. März angezogen bekommen hat.«

»1932?«

»1932.«

»Und ist das auch der Schlafanzug, den Ihr Sohn in jener Nacht trug, als er zu Bett ging?«

»Er ist es.«

Nachdem die Kleidungsstücke ihres Sohnes als Beweisstücke gezeigt worden waren, bat man Anne, zu erzählen, was sie getan hatte, nachdem sie ihren Sohn um etwa 19.30 Uhr in der Obhut von Betty Gow zurückgelassen hatte. Dann hatte Wilentz keine weiteren Fragen mehr an sie. Edward J. Reilly, der Verteidiger von Bruno Hauptmann, war an der Reihe, die Zeugin zu verhören. Doch er lehnte ein Verhör ab. Zweifellos hatte er das Gefühl, daß es die Jury nur noch mehr in ihrem Vorurteil gegen seinen Mandanten bestärken würde, wenn er eine solch aufrichtige und glaubwürdige Zeugin befragte.

»Die Verteidigung ist der Ansicht, daß angesichts von Mrs. Lindberghs Kummer kein Kreuzverhör erforderlich ist«, sagte er.

»Das ist alles, danke, Mrs. Lindbergh«, entließ Wilentz seine Zeugin.

Alle Augen folgten ihr, als sie vorsichtig vom Zeugenstand heruntersteig, eine zierliche, ätherische junge Frau, deren Zerbrechlichkeit täuschte. In Wirklichkeit war sie, wie jedermann im Gerichtssaal nun wußte, stahlhart, der Inbegriff von Selbstbeherrschung und Tapferkeit.

Betty Gow, Charlies Kindermädchen, wurde in den Zeugenstand gerufen, doch die Aufmerksamkeit der Zuschauer im Gerichtssaal hatte sich ihr noch nicht zugewandt. Die Leute waren immer noch ganz von Annes Tapferkeit und Grazie gefangen. Selbst die Reporter im Gerichtssaal waren von dem, was sie eben gesehen und gehört hatten, tief beeindruckt. An diesem Tag weilten mehr als 300 Presseleute aus aller Welt in Flemington, um über den Prozeß zu berichten. Einige von ihnen waren selbst fast genauso berühmt wie Charles und Anne Lindbergh. So waren zum Beispiel Damon Runyon, John O'Hara, Walter Winchell, Fannie Hurst, Alexander Woollcott, Edna Ferber, Arthur Brisbane, Ford Maddox Ford, Adela Rogers St. Johns und Sheilah Graham anwesend. Auch der altgediente Reporter Jim Kilgallen und seine Tochter Dorothy waren gekommen[4]. Dorothy Kilgallen hatte frisch in der Zeitungsbranche angefangen und wetteiferte nun mit Sheilah Graham und Adela Rogers St. Johns, die weit mehr Berufserfahrung hatten als sie, darum, Exklusiv-Interviews zu bekommen.

Adela Rogers St. Johns war die unangefochtene Königin dieses bunten Völkchens. Sie war seit vielen Jahren Reporterin und von ihrem Chef William Randolph Hearst eigens dafür ausgewählt worden, für seinen Verlag über diesen Prozeß zu berichten. Wie sich Adela Rogers St. Johns später erinnerte, hatte Hearst sie eines Abends in sein düsteres San Simeon-Schloß gerufen, das mit unbezahlbaren Gemälden, Statuen und Kunstgegenständen vollgepropft war. Er sagte zu ihr: »Mrs. Lindbergh wird bei diesem Prozeß eine einfühlsame Behandlung brauchen. Ich hoffe, Sie haben Zeit, um für uns dort zu sein.«[5]

»Wir dürfen nicht dulden, daß man uns unsere Kinder entführt«, fuhr er fort. Damit war klar, daß das kaum eine zwanglose Geschäftsbesprechung war. »Ich bin sicher, daß wir in diesem Prozeß einen Sturm der Entrüstung hervorrufen können, der andere Kriminelle abschrecken wird. Wie Sie wissen, ist das Verbrechen etwas, was auf dieser Welt die meisten Nachahmer findet. Wir müssen verhindern, daß es zu einer *Flut* von Entführungen kommt.«

Für ihre persönliche Schlacht gegen das Verbrechen hatte sich Adela Rogers St. Johns mit eleganter Kleidung von Hattie Carnegie, die sie auf ihre Spesenliste setzte, ausstaffiert. Sie war bei diesem Prozeß ebenso ein Star wie die Lindberghs und Hauptmann, dessen gesamte Verteidigung von Hearst bezahlt wurde. Dies geschah jedoch nur unter der Bedingung, daß der Angeklagte ausschließlich Hearsts Reportern Interviews gab. Das Gerichtspersonal machte Botengänge für sie, und selbst der Richter schien vor ihr Respekt zu haben. St. Johns war eine auffallende Erscheinung im Gerichtssaal. Ihre Berichterstattung im New Yorker *Journal* über den Prozeß war Sensationsjournalismus vom Feinsten. Hier einige bezeichnete Kostproben[6]:

> ADELA ROGERS ST. JOHNS SAGT:
> Jemand hat dieses Kind entführt, jemand hat es getötet und jene Nächte und Tage für Lindy und Anne zur Hölle, zum Martyrium gemacht. Wer war es?
> Heute beginnt der Prozeß gegen Bruno Hauptmann, der wegen dieses Verbrechens angeklagt ist.

> ADELA ROGERS ST. JOHNS SAGT:
> In diesem kleinen, düsteren Gerichtssaal, vollgepackt mit Menschen, erleben wir den Schrecken, den Schmerz, die Ungewißheit und jeden Schritt des feigen Mordes an unserem Kleinen Adler noch einmal.

> ADELA ROGERS ST. JOHNS SAGT:
> Nicht ein einziger Mensch in diesem Gerichtssaal wäre überrascht gewesen, wenn Lindy sich von seinem Platz erhoben und Hauptmann an die Gurgel gegangen wäre... wir haben alle darauf gewartet.

ADELA ROGERS ST. JOHNS SAGT: HÄNDE WEG VON UNSEREN KINDERN

Als abgebrühte Realistin mit ihrem eindringlichen dramatischen Schreibstil war Adela Rogers St. Johns sowohl in ihrer Persönlichkeit als auch in ihrer Einstellung gegenüber dem gedruckten Wort das genaue Gegenteil von Anne Morrow Lindbergh. Dennoch war Hearsts Starreporterin von Annes Zeugenaussage offenkundig nicht nur bewegt, sondern wurde durch sie auch inspiriert. »Ich nahm die Person Anne Lindberghs aus dem Prozeß gegen Hauptmann mit mir«, schrieb St. Johns später. »Nie hat jemand einen so tiefen Eindruck auf mich gemacht wie diese junge Frau, deren Stimme ich im Zeugenstand zum ersten Mal hörte und deren Gesicht ich dort zum ersten Mal sah.«[7]

Sie nahm es allerdings hier mit der Wahrheit nicht allzu genau, denn viele Jahre später sollte St. Johns in Erinnerungen an jene Gelegenheit schwelgen, bei der sie Anne und Charles getroffen hatte, noch *bevor* deren Kind entführt worden war.

»Ich sah sie in jenen Tagen nur ein einziges Mal«, schrieb sie.

> Ich befand mich gerade in einem kleinen Haus in Carmel, um zu arbeiten, als die Lindberghs Samuel F. B. Morse, dessen Großvater den Telegraphen erfunden hatte, besuchten. Man hatte mich zu einer Party, die die Morses in ihrem Traumhaus am Ufer des Pebble Beach für die Lindberghs gaben, eingeladen. Sie waren jenseits all dessen, was ich erwartet hatte. Mein erster Gedanke war: Wie winzig sie doch neben ihm wirkt. Sie reizlos? Ich fand sie damals wie heute wunderschön. Da die Hand Gottes sie geschaffen hatte, war man sich des Lichtes deutlicher bewußt als der Lampe. Ich sollte genau das gleiche empfinden, als ich sie das nächste Mal im Zeugenstand im Gerichtssaal von Flemington sah.[8]

Für Adela Rogers St. Johns war Annes Zeugenaussage der ergreifendste Augenblick des Prozesses. »Alle, die ich nach dem eindrucksvollsten Moment in diesem Prozeß gefragt habe, erklärten ausnahmslos, das sei Mrs. Lindbergh im Zeugenstand gewesen. Sie vermittelte uns eine neue Dimension.«[9]

> Wir, die wir in diesem Gerichtssaal sitzen, haben etwas gesehen, das uns unvergeßlich bleiben wird. Als Anne Lindbergh im Zeugenstand saß, sahen wir eine schlanke junge Person in Schwarz, die niemals wieder vollkommen glücklich sein wird, die aber als große Frau und große Dame tapfer im Kummer und mutig im Leid war.
> Anne Lindbergh brach nicht zusammen, sie wurde nicht ohnmächtig. Nichts von alledem, was Filmschauspielerinnen in solchen Szenen zum besten geben.
> Doch lieber hätte ich sie zusammenbrechen sehen, als dieses tapfere Lächeln anblicken zu müssen. Lieber hätte ich sie ohnmächtig werden sehen, als sie in jenen Pausen beobachten zu müssen, wenn ihr Gesicht immer bleicher wurde und sie sichtlich ihre ganze Kraft zusammennehmen mußte, um weitersprechen zu können. Ich hätte sie lieber literweise Tränen vergießen sehen, als Zeuge zu werden, wie diese blauen Augen stumm um Hilfe flehten …
> Wie überzeugend sie im Zeugenstand gewesen war, wußten sie, als Mr. Reilly sie ohne Kreuzverhör gehen ließ. Er wollte sie aus diesem Zeugenstand heraushaben, denn ihm war klar, daß er niemanden dazu bringen würde, ihre Aussage anzuzweifeln.[10]

Ein anderer, ebenso berühmter Autor dieser Zeit, Alexander Woollcott, der sich selbst als Connoisseur des Verbrechens bezeichnete, befand sich an dem Tag, an dem Anne ihre Aussage machte, ebenfalls im Gerichtssaal. Obwohl er, was die Tatsache angeht, von wem das Schlafgewand angefertigt wurde, unkorrekt ist, ist seine Bewunderung für Anne offensichtlich.

Der Prozeß gegen Hauptmann war der Höhepunkt der größten Menschenjagd der Geschichte. Die Atmosphäre, die in dem alten Gerichtsgebäude in Flemington, N. J., herrschte, war deshalb der eines sportlichen Ereignisses nicht unähnlich. Es gab jedoch einen einzigen unvergeßlichen Augenblick, in dem all das Stimmengewirr verstummte.

Das war, als Anne Morrow Lindbergh in den Zeugenstand trat und das Schlafgewand, das sie mit ihren eigenen Händen für ihren kleinen Sohn genäht hatte, identifizierte. In jenem stillen Augenblick wurde offenbar, was dieser Fall, auf das Wesentliche reduziert, wirklich war – das personifizierte Böse.[11]

Obwohl Anne das, was sie bewegte, stets ihrem Tagebuch anvertraute, schweigt sie merkwürdigerweise, was ihre Zeugenaussage angeht. Für diesen Tag gibt es keinen Eintrag. Auch über die Reaktion ihres Ehemannes schreibt sie nichts. Es ist allerdings zu vermuten, daß er sie für ihr Verhalten vor Gericht, das beiden zur Ehre gereichte, gelobt hat. Es sollte noch über einen Monat dauern, bis sie schließlich in der Lage war, ihrem Tagebuch anzuvertrauen, daß dieser Tag vor Gericht tatsächlich eine harte Prüfung gewesen war, auch wenn er nicht so traumatisch verlaufen war, wie sie befürchtet hatte. Um nicht ihre Fassung zu verlieren, hatte sie unverwandt auf ein Dreieck blauen Himmels gestarrt, das durch das Fenster des Gerichtssaals zu sehen war. Es findet sich weder ein Hinweis auf die Tatsache, daß sie dort zum ersten Mal Bruno Hauptmann sah, noch erwähnt sie, ob sie wie ihr Mann der Überzeugung war, daß er der Entführer und Mörder ihres Sohnes war.

Als Lindbergh später aussagte, es sei Bruno Hauptmanns Stimme gewesen, die er am St. Raymond Friedhof mit einem ausländischen Akzent »He, Doktor« hatte rufen hören, befand sich Anne nicht im Gerichtssaal. Im Gegensatz zu seiner Frau war Lindbergh der Hauptzeuge der Anklage – seine Aussage war es, die Hauptmann direkt mit dem Verbrechen in Verbindung brachte. Wenn man Annes Ergebenheit ihrem Mann gegenüber in Betracht zieht, dann erscheint es merkwürdig, daß sie an diesem Tag nicht anwesend war, um ihn moralisch zu unterstützen. Viele Leute bezweifelten nämlich, daß Lindbergh in der Lage war, eine Stimme zu identifizieren, die er vor zwei Jahren nur ein einziges Mal und aus verhältnismäßig großer Entfernung gehört hatte. Vielleicht aber hatte Lindbergh sie auch definitiv gebeten, nicht zu kommen, da er annahm, daß es für sie unerträglich werden würde, wenn sie zusehen müßte, wie ihn Hauptmanns Anwälte einem brutalen Kreuzverhör unterzogen.

In seiner Aussage bekräftigte Lindbergh unter anderem noch einmal nachdrücklich, daß er von der Integrität Condons überzeugt sei. Das gleiche gelte auch für Betty Gow und die anderen Hausangestellten, die zur Zeit des Verbrechens in seinem Haus und in dem seiner Schwiegermutter gearbeitet hatten. Obwohl Anne bei der Vernehmung ihres Mannes nicht dabeigewesen war, vermerkte sie in ihrem Tagebuch, daß er ein hervorragender Zeuge gewesen sei. Von der Richtigkeit dessen, was er sagte, sei er absolut überzeugt gewesen. Der Verteidigung war es im Kreuzverhör deshalb auch nicht gelungen, Schwachpunkte oder Widersprüche in seiner Aussage zu finden. Dennoch ärgerte sie sich auch darüber, daß er überhaupt einer solchen Nervenprobe unterworfen wurde. »Ich las die Zeitung, und der Gedanke, wie sie von C. *Gebrauch machen*, verbittert mich. Sie schieben ihn und sein Leben wegen ihrer selbstsüchtigen Zwecke auf der Bühne herum. Und er muß ruhig dasitzen und zusehen.«[12]

Ironischerweise war es Adela Rogers St. Johns – sie hatte Lindbergh während der Verhandlungen täglich beobachtet –, die spürte, welche Belastung dieser Prozeß für den bescheidenen, insgeheim aber unter großem Druck stehenden Flieger darstellte. Jahre später schrieb sie:

In höchstem Kummer durchschritt er ein bodenloses, grenzenloses Tal der Demütigung…

Als junger Held hatte er es verabscheut, den Scheinwerfer des Ruhmes auf sich gerichtet zu sehen, selbst als er das Idol der Massen geworden war. Nun würde dieser riesige, schreckliche Scheinwerfer zeigen, nicht wie er Welten im Flug bezwang, sondern wie er einem Kriminellen in einem sinnlosen scheußlichen Scherz zur Verfügung stand…

Der nächste Tag, der übernächste und wieder der nächste würden ihn nur wenige Meter von diesem Mann entfernt bringen, den der Staat beschuldigte, seinen Sohn getötet zu haben. Das war an sich schon schrecklich genug, doch unter dem riesigen Scheinwerfer würde sein Stolz zu Schande verbrennen; er war nicht in der Lage gewesen, seinen Sohn zu schützen oder zu retten. Als er seine Seele entblößte, seine Qual zeigte, da war das Mitleid der Massen etwas, das er nicht wollte.[13]

Während der düsteren Monate Januar und Februar, in denen ein angespannter Lindbergh wie gebannt im Gerichtssaal von Flemington saß, versuchte Anne ihre innere Qual zu lindern, indem sie über eine glücklichere Zeit schrieb. Die Zeit, als Charlie noch am Leben gewesen war und sie und Charles ihren ersten Vermessungsflug in den Orient unternommen hatten.

Doch am Samstag, dem 9. Februar, brach die brutale Wirklichkeit über sie herein. Sie mußte ihre Arbeit unterbrechen, um ihre Mutter nach Flemington, wo Mrs. Morrow eine Aussage über ihre verstorbene Hausangestellte Violet Sharpe machen sollte, zu begleiten.

Zu Annes Überraschung war es diesmal für sie weit schlimmer, vor Gericht zu erscheinen, als damals, als sie selbst befragt worden war. Wie sie schreibt, konnte sie ihren »Gefühlen freien Lauf« lassen, und außerdem, so könnte man hinzufügen, hatte sie jetzt zum ersten Mal auch Zeit, einige Beobachtungen zu machen. Zum ersten Mal schien sie Hauptmann und dessen besorgte Frau Anna bewußt zu bemerken: »Das blasse Profil von Hauptmann erschreckte einen, wenn man es durch eine Lücke zwischen den vielen Köpfen sah. Das armselige, gezeichnete – müde und verwirrte – Gesicht von Mrs. Hauptmann.«[14]

An diesem Vormittag wurde unter anderem auch Ewald Mielke, Eigentümer einer großen Schreinerei auf Long Island, befragt. Edward Reilly wollte von ihm wissen, ob er zwischen dem Handlauf der seltsamen Leiter, die bei der Entführung verwendet wurde, und einer Fußbodendiele, die die Polizei im Dachgeschoß des Hauses von Bruno Hauptmann gefunden hatte, einen Zusammenhang feststellen könne. Mielke war der Meinung, daß die beiden Holzstücke nicht Teil ein und desselben Bodens waren. Diese Aussage stand allerdings in direktem Widerspruch zu einem Gutachten eines Zeugen der Staatsanwaltschaft. Arthur Koehler vom United States Forest Products Laboratory in Madison, Wisconsin, war überzeugt, daß einer der Handläufe der Leiter aus einem Stück Holz der Bodendiele im Dachgeschoß des Angeklagten gearbeitet worden war. In seiner Aussage hatte Koehler, ein führender Holzexperte, erklärt, er habe den Handlauf auf einen Träger in der Mansarde gelegt und festgestellt, daß die Nagellöcher im Handlauf zu jenen im Träger paßten[15]. Im Kreuzverhör gab Mielke später zu, daß er im Gegensatz zu Koehlers mühsamer Analyse nur etwa fünf Minuten darauf verwendet hatte, die beiden Holzproben zu untersuchen. Während Anne zuhörte, dachte sie schmerzlich: »Wie ungeheuerlich, daß mein Baby überhaupt in einer Beziehung zu diesen Dingen gestanden hat!«[16]

Nach der Mittagspause wurde Mrs. Morrow in den Zeugenstand gerufen, um darüber Auskunft zu geben, wo sich Violet Sharpe am Abend des 1. März aufgehalten hatte. Während der Zeugenaussage ihrer Mutter, in der Mrs. Morrow erklärte, daß Violet ihr und Elisabeth an jenem Abend in Next Day Hill das

Abendessen serviert hätte, beobachtete Anne wiederum Bruno Hauptmann. Sie tat dies in einer merkwürdig distanzierten Art, im Grunde so, als wäre der Mann, der hier angeklagt war, kaltblütig ihren Sohn ermordet und dessen Leiche im Wald verscharrt zu haben, gar nicht im Gerichtssaal. Die Wut, die sie ihm gegenüber empfand, scheint sie aber auf seinen Anwalt Edward Reilly übertragen zu haben, dem sie sehr übelnahm, daß er von Violet verächtlich als »einem gewöhnlichen Dienstmädchen« sprach. Merkwürdigerweise sagt aber das Verhandlungsprotokoll aus, daß Reilly Violet Sharpe niemals mit diesen Worten beschrieben hat.

Zusehen zu müssen, wie ihre alte Mutter gebeten wurde, sich an jenen Abend zu erinnern, an dem sowohl ihr Enkelkind wie auch ihre Lieblingstochter Elisabeth noch lebten, war für Anne mehr, als sie ertragen konnte. Plötzlich spürte sie, wie ihr das Blut ins Gesicht schoß, und sie hörte ein Klopfen in den Ohren. Sie mußte sich sehr zusammennehmen, um nicht in Tränen auszubrechen.

Sie war erleichtert, als sich zeigte, daß Reilly ihre Mutter nur kurz ins Kreuzverhör nahm und sie Flemington mit seinen schrecklichen, gaffenden Menschenmengen und den unwirklichen, pappkartonartigen »Pfefferkuchenhäusern« bald verlassen konnten. Eine kurze Fahrtstrecke entfernt lag Next Day Hill, wo sie sich, selbst wenn die Villa ihr wie ein Hotel erschien, sicher und geborgen fühlte.

Hinter ihr lagen Verwirrung und stundenlange Debatten, als »der Prozeß des Jahrhunderts« schließlich sein Endstadium erreichte. Tatsächlich war der Prozeß gegen Bruno Hauptmann, einem Deutschen, der sich illegal in Amerika aufhielt und wegen kleinerer Vergehen vorbestraft war, einer der umstrittensten Prozesse in der Geschichte der amerikanischen Justiz. Heute, sechzig Jahre später, gibt es hinsichtlich des Urteils immer noch

Zweifel. Viele Menschen sind zwar überzeugt, daß die Entscheidung der Jury richtig war und daß der Gerechtigkeit Genüge getan wurde, doch es gibt auch die gegenteilige Meinung, nämlich daß das Urteil ein schwerer Justizirrtum war. Vertreter dieser Auffassung behaupten, daß alle Beweisstücke, die die Anklage gegen Hauptmann einbrachte, entweder von der Polizei in ihrem Bestreben, einen Schuldigen zu finden, gefälscht worden waren oder von den sogenannten Sachverständigen falsch interpretiert wurden.

Zum Teil rühren diese Meinungsverschiedenheiten wohl daher, daß sich die Beweisführung gegen Hauptmann überwiegend nur auf Indizien stützte. Hierzu zählten unter anderem die vor Rechtschreibfehlern wimmelnden Lösegeldforderungen, die laut Gutachten mehrerer Graphologen von seiner Hand stammten; der Leiterhandlauf, der der Aussage des Zeugen der Staatsanwaltschaft Arthur Koehler zufolge ursprünglich Teil einer Bodendiele in Hauptmanns Mansarde gewesen war; die Tatsache, daß ein Teil des Lösegeldes in seinem Besitz gefunden worden war (die Anklage behauptete, daß nach seiner Verhaftung keine weiteren Goldnoten mehr auftauchten); und schließlich ein Brett, das die Polizei später in Hauptmanns Wandschrank entdeckte und auf das Dr. Condons Telefonnummer gekritzelt war.

Zur Verteidigung ihres Mandanten führten die von Hearst bestellten Anwälte an, Hauptmann könne das Verbrechen gar nicht begangen haben. Zum einen habe die Polizei von New York City Condons Telefonnummer selbst auf das Brett gekritzelt, um Hauptmann das Verbrechen anzuhängen. Zum anderen sei es höchst fraglich, wie Hauptmann, ein einfacher Tischler aus der Bronx, den Aufenthaltsort der Lindberghs und ihres Kindes in der Nacht des 1. März 1932 erfahren haben sollte. Normalerweise wären sie in Next Day Hill gewesen; daß sie sich noch in Hopewell befanden, war reiner Zufall gewesen. Konnte irgendein Mitglied der Jury wirklich glauben, daß Hauptmann, ein Mann, der sich in der Gegend um Hopewell nicht auskannte, es geschafft hatte, anderthalb Kilometer weit durch den dunklen Wald zu laufen, dabei eine Leiter zu schleppen, diese dann an die Wand eines fremden Hauses zu lehnen, in dem sich vier Erwachsene befanden, denen er jeden Augenblick hätte begegnen können, dann die Leiter hinaufzuklettern, einen Fensterladen aufzustoßen und in ein ihm unbekanntes Zimmer einzusteigen? Wie Edward Reilly vor der Jury betonte, schien es weitaus wahrscheinlicher, daß Anne und Charles von jemandem verraten worden waren, der für sie arbeitete. Falls ein Fremder wie Hauptmann der Entführer gewesen war, weshalb, so fragte er, hatte dann ihr Hund Skean, ein kleiner Foxterrier, nicht gebellt? Und warum hatte der Junge nicht geschrien, als man ihn aus seinem Bett holte? Vielleicht deshalb, weil er mit der Person, die ihn mitnahm, vertraut war?

Falls das Verbrechen nicht von jemandem aus der direkten Umgebung der Lindberghs begangen wurde, warum hatte sich dann Violet Sharpe das Leben genommen? Mußte man vernünftigerweise nicht annehmen, daß sie deshalb Selbstmord begangen hatte, weil sie sich, wie die Polizei es nannte, einer »Mitwisserschaft bei dem Verbrechen« schuldig gemacht hatte? Was das Lösegeld anging, so sollten die Geschworenen bedenken, daß Hauptmann es nach seiner Aussage nur für seinen ehemaligen Geschäftspartner Isidor Fisch aufbewahrte, der es ihm vor seiner Reise nach Deutschland zur sicheren Verwahrung übergeben hatte. Was schließlich den Handlauf der Leiter anbetraf, der angeblich zu den Trägern in Hauptmanns Dachgeschoß paßte, blieben gleich mehrere Fragen offen. Warum hätte Hauptmann, der von Beruf Tischler war und deshalb Zugang zu einem Holzlager ganz in der Nähe seines Hauses besaß, ausgerechnet auf seinen eigenen Dachboden klettern sollen, um dort eine Holzdiele herauszureißen, wenn er eine Leiter bauen wollte? Warum hätte jemand, der professionell Holz verarbeitete, überhaupt solch eine Leiter anfertigen sollen, eine, die nicht nur grob zusammengezimmert war, sondern auch unter der geringsten Belastung zusammenbrach? Als man Hauptmann die Leiter während des Prozesses zeigte und ihn fragte, ob er sie gemacht hätte, schüttelte er verächtlich den Kopf und sagte: »Ich bin Tischler.«

Bei der Belehrung der Geschworenen wies Richter Thomas Trenchard darauf hin, daß eine Verurteilung nur aufgrund der gegen Hauptmann gesammelten Indizien möglich sei und daß »Mord ein Verbrechen ist, das nicht immer in der Gegenwart von Zeugen begangen wird. Wenn es keine Zeugen gibt, dann muß die Tat durch Indizienbeweise einwandfrei nachgewiesen werden. Andernfalls darf es keine Verurteilung geben.«

Anne befand sich am 13. Februar 1935, an dem Tag, an dem Richter Trenchard die Belehrung der Geschworenen durchführte, noch immer in der Villa der Morrows. Noch während der Richter sprach, begann sich vor dem Gerichtsgebäude eine riesige Gruppe von Menschen zu versammeln, die sich im Verlaufe des Tages immer rüpelhafter und bedrohlicher benehmen sollten. Betrunkene brüllten, sie würden das Gesetz selbst in die Hand nehmen, falls die Geschworenen nicht in ihrem Sinne entschieden. Andere wieder schlossen Wetten über Hauptmanns Chancen für einen Freispruch ab. Die meisten hielten ihn jedoch für schuldig, und die einzige Frage, die der Richter ihrer Meinung nach noch entscheiden mußte, war, ob der deutsche Tischler auf dem elektrischen Stuhl sterben oder den Rest seines Lebens im Gefängnis verbringen sollte.

Die Reporter, die über den Prozeß berichteten, dachten allerdings anders als die blutrünstige Menge. Jahre später erinnert sich Adela Rogers St. Johns, daß Hearst, kurz nachdem Hauptmann des Mordes für schuldig befunden und zum Tod auf dem elektrischen Stuhl verurteilt worden war, »unter unseren Reportern, die über die Entführung und den Prozeß berichtet hatten und unter jenen, die sich an den Redaktionstischen damit befaßt hatten, eine Umfrage machte. Wir waren ausnahmslos der Meinung, daß Hauptmann das Verbrechen nicht allein begangen haben konnte und daß er am Leben bleiben mußte, damit man die anderen Beteiligten finden und die unbeantworteten Fragen klären konnte«[17].

Lindbergh war bis zum letzten Augenblick des Prozesses anwesend. Er konnte sich erst dann aus dem Gerichtssaal losreißen, als Richter Trenchard seine Zusammenfassung beendet hatte. Irgendwie gelang es ihm, unbemerkt an der Menschenmenge draußen vorbeizukommen und in ein Auto, das an einer Seitentür geparkt stand, zu steigen.

Als er nach Next Day Hill zurückkehrte, kamen Anne, ihre Mutter, ihre Schwester Constance und Harold Nicolson auf ihn zugestürzt. Nicolson war an jenem Tag gerade aus England zurückgekehrt, wo er einen großen Teil seiner Biographie über Dwight Morrow beendet hatte, über den er nun mit Mrs. Morrow und anderen Familienmitgliedern diskutieren wollte. Er spürte deutlich, daß alle nervös und gereizt waren. Nicolson hatte Richter Trenchards Resümee in den Zeitungen gelesen und war der Meinung, daß es »sehr gut« sei. Lindbergh erzählte ihm allerdings, »daß es beim Lesen weit unparteiischer wirkt, als es klang. Zum Beispiel fragte der Richter, als er einige der Indizien gegen Hauptmann durchging, die Geschworenen immer wieder: ›Glauben Sie das?‹ Jetzt, wenn man es gedruckt sieht, klingt es alles ganz neutral. Doch tatsächlich sagte er: ›Glauben *Sie* DAS?‹ «[18]

Als sie sich zum Abendessen setzten, berieten die Geschworenen bereits seit fünf Stunden. Man erwartete deshalb jeden Augenblick den Urteilsspruch. Wie Nicolson später seiner Frau Vita schrieb, war die Situation ziemlich »gespannt«. Im Haus liefen zwei Radios, eines im Anrichtezimmer neben dem Speisezimmer und eines im Wohnzimmer. »Während wir beim Abendessen saßen und im Hintergrund die Jazz-Musik spielte, lauschten wir die ganze Zeit über, ob sich nicht der Reporter aus dem Gerichtssaal meldete. Lindbergh hatte eine starke Erkältung, die alles noch schlimmer machte. ›Hatschi‹, sagte er ständig.«[19]

Nach dem Essen gingen sie in die Bibliothek, die sich neben dem Salon befand. Dort konnten sie das Radio hören. »Sie waren alle ziemlich nervös. Mrs. Morrow holte eine Menge Fotos ihres verstorbenen Mannes, und wir berieten darüber, welche von ihnen wir zur Illustration der Biographie verwenden sollten. Dies war gerade interessant genug, um einen etwas abzulenken, doch nicht, um einen wirklich zu fesseln.«

Um etwa 22.35 Uhr kam Dick Scandrett, ein Neffe von Dwight Morrow vorbei, um mit Nicolson zu sprechen. Mrs. Morrow, die Morgans und die Lindberghs ließen die beiden allein. Während sie sich noch über Dwight Morrow unterhielten,

> steckte Betty [Morrow] plötzlich ihren Kopf zur Tür herein. Sie sah sehr bleich aus. »Hauptmann ist ohne die Möglichkeit einer Begnadigung zum Tode verurteilt worden«, sagte sie.
> Wir gingen ins Wohnzimmer. Die Übertragung hatte sich jetzt der Szene vor dem Gerichtsgebäude zugewandt. Man konnte das beinahe diabolische Geschrei der Menge hören. Hatschi! Hatschi! kam dazu von Lindbergh. Sie saßen alle in der Runde – ... Miss Morgan [eine Verwandte von Aubrey Morgan] mit Stickzeug, Anne war sehr weiß und sehr still. »Sie haben nun«, unterbrach die Stimme des Sprechers, »den Urteilsspruch in dem berühmtesten Prozeß der Geschichte gehört. Bruno Hauptmann wurde des schmutzigsten ...« Hatschi! Hatschi! Hatschi! »Mach das aus, Charles, mach das aus«, sagte Anne. Dann gingen wir alle in das Anrichtezimmer und tranken Ginger-Bier. Charles saß auf der Küchenanrichte und sah sehr blaß um die Nase aus. »Ich weiß nicht«, sagte er zu mir, »ob Sie diesen Fall genau verfolgt haben. Es besteht überhaupt kein Zweifel, daß Hauptmann es gewesen ist. Meine einzige Angst ist in den letzten Jahren die gewe-

sen, daß sie jemanden anklagen würden, bei dem ich mir nicht sicher wäre. Bei Hauptmann bin ich mir sicher – ganz sicher. Es ist diese Art…«
Und dann ging er ganz ruhig Punkt für Punkt den Fall durch. Es schien sie alle zu erleichtern. Er sprach sehr ruhig, in einfachen Sätzen. Vordergründig schien er nur mich anzusprechen, doch ich konnte sehen, daß es ihm in Wirklichkeit darum ging, die qualvolle Spannung, die auf Betty und Anne gelegen hatte, zu lösen. Er machte das sehr gut. Man hatte das Gefühl, daß er keinen persönlichen Wunsch nach Rache oder Genugtuung hatte; hier war der ehrwürdige Gang des Gesetzes, das unerbittlich und unpersönlich einen Schuldigen bestrafte.

Die Hauptpunkte waren: (1) Die Handschrift. Fünf Sachverständige hatten unabhängig voneinander festgestellt, daß die Lösegeldforderungen in Hauptmanns Handschrift verfaßt waren. Der einzige Sachverständige, der gegenteiliger Meinung war, war von der Verteidigung bestellt worden. Außerdem hatte man herausgefunden, daß er bestochen worden war. (2) Die Leiter. Das war das brillanteste Stück Polizeiarbeit gewesen. Sie hatten das Holz, aus dem sie hergestellt war, bis zu einem Holzlager zurückverfolgt, in dem Hauptmann gearbeitet hatte. Die Polizei hatte auch bewiesen, daß ein Teil des Handlaufs aus einem Dielenbrett hergestellt worden war, das aus Hauptmanns Dachgeschoß stammte. (3) Condons Telefonnummer, die an die Wand von Hauptmanns Zimmer gekritzelt war. Er hatte das nie erklären können. (4) Bei Hauptmann wurden die Goldzertifikate, die Teil des Lösegelds waren, sichergestellt. Hinzu kam die Tatsache, daß Hauptmann im April 1932 plötzlich begonnen hatte, Geld anzulegen. (5) Condon, Lindbergh und der Taxifahrer [Joseph Perrone, der von dem Entführer beauftragt worden war, eine der Lösegeldforderungen bei Dr. Condon abzuliefern] hatten seine Stimme wiedererkannt. (6) Die Tatsache, daß alle Alibis, die Hauptmann angegeben hatte, sich als falsch erwiesen hatten.

Schließlich gingen wir zu Bett. Ich habe das Gefühl, daß sie alle erleichtert sind. Falls Hauptmann freigesprochen worden wäre, hätte sich das sehr negativ auf die Verbrechensstatistik in diesem Lande ausgewirkt. Niemals waren Indizienbeweise so überzeugend gewesen. Wenn aufgrund einer solchen Beweislage keine Verurteilung möglich war, dann hätten sich in Zukunft alle Gangster unantastbar gefühlt. Das Ansehen der Polizei wuchs durch diesen Fall enorm.

Arme Anne – sie sah so bleich und angsterfüllt aus. Das Gejohle der Menge war wirklich schrecklich gewesen. »Diese Leute«, sagte Lindbergh, »hätten Hauptmann – Hatschi – glatt gelyncht.«

Er erzählte mir, daß Hauptmann ein stattlicher Mann war. Hervorragend gebaut. Seine Augen jedoch waren wie die eines wilden Ebers. Das heißt, verschlagen, klein und grausam.[20]

Nicolson beobachtete scharfsinnig, daß das Geschrei der Menge Anne beunruhigt hatte. An jenem Abend und dem nächsten Morgen machte sie die folgenden Einträge in ihr Tagebuch:

Das Gebrüll des Mobs im Radio – wie unsagbar schauerlich und verbitternd, wenn einem klar wird, daß das etwas mit uns zu tun hat. Daß C. das ertragen muß.

So unglaublich wie diese erste Nacht.

Die Gerichtsverhandlung ist vorbei. Wir müssen unser Leben wieder aufnehmen, versuchen, es sicher zu gestalten – C. und Jon und ich. In Wahrheit geht es um mich, ich muß wieder anfangen, ohne Elisabeth, mit offenen Augen, ohne Aufhebens, ohne mir etwas vorzumachen, ganz ehrlich und geduldig, und muß mir dabei klar machen, was wichtig ist. Charles und ein Zuhause und Jon – und die Arbeit.[21]

Hauptmann wurde am 3. April 1936 im Staatsgefängnis von Trenton, New Jersey, hingerichtet. Während der vielen Jahre, die seitdem vergangen sind, hat Anne Lindbergh, was die Frage von Hauptmanns Schuld oder Unschuld angeht, geschwiegen. In Interviews neueren Datums war sie, wann immer Fragen nach dem berühmten Fall gestellt wurden, den Reportern ausgewichen und hatte erklärt, daß alles schon »vor langer Zeit« entschieden worden sei. Sie lehnte es außerdem kategorisch ab, sich von den Autoren mehrerer kürzlich erschienener Bücher, die anzweifeln, daß Hauptmann der Entführer gewesen ist, interviewen zu lassen. Ebenso war sie nicht bereit, mit dem Produzenten einer Fernsehdokumentation, die die fortdauernde Kontroverse um das Verbrechen behandelte, zu sprechen. Lediglich Ludovic Kennedy gegenüber, dem Autor des Bestsellers *The Airman and the Carpenter*, in dem er zwingend darlegt, daß Hauptmann einer Intrige zum Opfer gefallen war, zeigte sie sich ein wenig kooperativer. Sie beantwortete die beiden Briefe, die Kennedy ihr, während er an seinem Buch arbeitete, geschrieben hatte. »Ich gewann den Eindruck – doch es war lediglich ein Eindruck«, sagte Kennedy, »daß sie in bezug auf die Frage, ob Hauptmann der Entführung und des Mordes wirklich schuldig war, Bedenken hatte. Insgesamt hatte ich das Gefühl, daß sie in ihrem Alter nicht mehr an diese für sie sehr schwere Zeit erinnert werden wollte.«[22]

Wenn Anne Lindbergh angesichts der Frage, ob Hauptmanns Hinrichtung ein Justizirrtum war, Zweifel gehabt haben sollte, so ist das ihr Geheimnis geblieben. Jedenfalls war sie nie bereit, öffentlich darüber zu sprechen.

Kapitel 13
Interim

Ein neues Leben für Charles, Jon und sich – das war Annes sehnlichster Wunsch, als der Prozeß vorbei war. Ein paar Monate lang schien es möglich, daß sie und ihre Familie ein friedliches, normales Leben ohne Gewalt und Sensationsgier führen konnten.

Anne verbrache einen ruhigen Frühling und beendete *Ich fliege mit meinem Mann*. Sobald das Manuskript fertig war, begann sie nach einem Verleger zu suchen. Während seines letzten Besuches hatte Harold Nicolson angedeutet, daß seine Verleger Harcourt, Brace and Company daran interessiert sein könnten, das Manuskript zu veröffentlichen. Zu ihrer Freude hatte er sie Samuel Sloan, einem der Lektoren, als begabte Autorin empfohlen. Trotz Nicolsons wärmster Empfehlungen überfielen Anne jedoch plötzlich Zweifel, was die Chancen ihres Buches anging. Ihrer Ansicht nach war ihr Manuskript mit seinen etwa 42000 Worten viel zu kurz, um veröffentlicht zu werden. Beim Lesen war sie zu dem Schluß gekommen, daß nur drei Kapitel höheren Anforderungen standhielten. Was für sie aber noch schlimmer war, war die Angst, daß die Leute, falls Harcourt entschied, das Buch zu veröffentlichen, sagen könnten, dies sei nur geschehen, weil die Autorin mit Charles Lindbergh verheiratet war.

Ende April betrat Anne, der es dieses eine Mal gleichgültig war, daß sie angestarrt wurde, die Geschäftsräume von Harcourt, Brace and Company in der Madison Avenue. Kurze Zeit später kam sie in Hochstimmung wieder heraus – Alfred Harcourt, der Verleger, ebenso wie auch Samuel Sloan, der Lektor, hatten ihr versichert, daß sie sich freuen würden, wenn sie ihr Manuskript lesen dürften.

Sobald Anne wieder in Next Day Hill war, stürzte sie sich begeistert in die Arbeit. Lindbergh redigierte die überarbeitete Fassung. Schonungslos sagte er ihr, daß ihr Vorwort langweilig sei, was sie tief verletzte. Doch das behielt sie für sich. In den nächsten Tagen las er sorgfältig jedes Kapitel, wobei er Wörter und Sätze änderte, die nicht nach seinem Geschmack waren.

Innerhalb einer Woche stand der letzte Entwurf. Anstatt das Manuskript mit der Post oder per Boten zu schicken, wurde Sloan nach Next Day Hill bestellt, um es persönlich abzuholen.

Sobald er gegangen war, packten Anne die Selbstzweifel. Sie sagte sich, daß sie, was die Chance, daß man das Buch veröffentlichen würde, keine allzu großen Hoffnungen hegen dürfe. Es erschien ihr nämlich immer noch grob und ungeschliffen, obwohl sie und Charles hart daran gearbeitet hatten. Sie wußte zwar, daß man ihr allein die Autorenschaft zuschreiben würde, fürchtete aber, ein von Anne Lindbergh schlecht geschriebener Bericht über ihren gemeinsamen Flug könnte dem Ruf ihres Mannes schaden. Sie fragte sich deshalb, wie es zu rechtfertigen sei, daß es unter C's Namen erscheine?

Ihre Stimmung änderte sich schlagartig, als am folgenden Montag Alfred Harcourt persönlich anrief, um ihr mitzuteilen, daß das Buch seiner Meinung nach wunderbar geschrieben sei und es verdiente, veröffentlicht zu werden. »Die Geschichte ist gut«, sagte er. »Sie berührt einen, gut im Aufbau und Teile davon durchaus dichterisch.«[1] Anne lauschte begeistert seinen Worten. Zum ersten Mal seit der Entführung war sie vollkommen glücklich. Plötzlich hatte sie das Gefühl, »ich gehörte in diese Welt. Ich habe in ihr meinen Platz. Mein Leben hat einen Sinn. Ich muß meinen Kopf nicht hängen lassen.«[2]

In dem Moment, in dem Lindbergh nach Hause kam, stürzte sie auf ihn zu, um ihm die wundervolle Neuigkeit zu erzählen. Ein Blick auf sein plötzlich wieder junges Gesicht, in dem deutlich zu lesen war, daß er stolz auf sie war, gab ihr das Gefühl, daß sich all ihre Arbeit gelohnt hatte.

Trotz allem quälten sie in dieser Nacht weiterhin Zweifel an ihrem literarischen Talent. Es fiel ihr deshalb schwer einzuschlafen. Sie konnte sich des Gedankens nicht erwehren, Harcourt rechne damit, daß ein Buch, das die Ehefrau von Charles Lindbergh geschrieben hatte, sich gut verkaufen ließe, selbst wenn es fürchterlich schlecht geschrieben war. Als sie ihn an diesem Tag angerufen hatte, um ihm mitzuteilen, daß sie in der nächsten Woche allein zu ihm ins Büro kommen würde, um das Manuskript zu besprechen, hatte sie geglaubt, Enttäuschung aus seiner Stimme herauszuhören.

War der wahre Grund, weshalb Harcourt sich entschlossen hatte, ihr Buch zu veröffentlichen, daß er hoffte, auf diese Weise ihren legendären Ehemann kennenzulernen? fragte sich Anne, während sie sich in der Dunkelheit in ihrem Bett hin- und herwälzte.

Ihr Buch *Ich fliege mit meinem Mann*, das unter anderem auch von Charles Lindbergh gezeichnete Karten enthielt, erschien am 15. August 1935. Es wurde sofort zum Bestseller. Fast sechzig Jahre nach seiner Erstauflage wird es immer noch verlegt. Damit gehört es zu Annes erfolgreichsten Werken. Eine Generation von Lesern nach der anderen fasziniert die poetische und fesselnde Beschreibung ihrer Reise in dem kleinen Eindecker, mit dem sie um die halbe Welt flogen.

Wenn Anne noch irgendwelche Zweifel an ihren schriftstellerischen Fähigkeiten hatte, dann müßten diese durch die unisono begeisterten Kritiken ausgeräumt worden sein. So bemerkte ein Rezensent zum Beispiel:

> Anne Lindbergh besitzt Gespür für das Dramatische, und sie weiß eine Geschichte einfach, mit Stil und einem ausgezeichneten Sprachgefühl zu erzählen. Jede Seite ist die reine Freude. Und da Anne Lindbergh zufällig eben Anne Lindbergh ist, sollte gesagt werden, daß ihr Buch fest auf eigenen Füßen steht und von den Leistungen ihres Mannes unabhängig ist; es hätte nichts von seinem Charme eingebüßt, wenn die Geschichte, so wie die Autorin sie erzählt, sich mit einem ähnlichen Flug befaßt hätte, der von irgendeinem unbekannten Smith, Jones oder Brown unternommen worden wäre.[3]

Viele andere Kritiken urteilten in der gleichen Weise. Der *Saturday Review of Literature* stellt fest, daß »Mrs. Lindbergh ein sehendes Auge und ein singendes Herz besitzt. Was immer sich zuträgt, sie beschreibt es mit sprühender Lebendigkeit und voller Gefühl... Dies ist ein durch und durch bezauberndes Buch«[4]. Und Lewis Gannett von der *New York Herald Tribune* bemerkte: »*Ich fliege mit meinem Mann* besitzt eine seltene und zarte Intimität, außerdem einen gewinnenden mädchenhaften Charme. Es zeigt, daß Mrs. Lindbergh weit mehr ist als die Ehefrau und Tochter. Das Mädchen kann schreiben.«[5]

Nachdem sie, was den künstlerischen Wert ihrer Arbeit anging, jahrelang unsicher gewesen war, erhielt Anne endlich die Anerkennung, die sie verdiente. Sie war Schriftstellerin, und eine ausgezeichnete dazu. Ihre Sprache war nicht nur äußerst geschliffen und anmutig, Anne war auch in der Lage, eine wissenschaftliche und technische Leistung mit der feinfühligen Sichtweise einer Dichterin zu beschreiben und damit zu deren historischer Bedeutung beizutragen. Sie, die sich stets ihrem Ehemann gefügt hatte, stand nun allein im Rampenlicht. Führende Literaturkritiker spendeten ihrem ersten großen Werk Beifall. Viele bekannte literarische Persönlichkeiten wie Mina Curtiss oder Vita Sackville-West lobten es. Harold Nicolson gefiel das Buch so gut, daß er Virginia Woolf – einer von Annes Lieblingsschriftstellerinnen, die großen literarischen Einfluß auf sie hatte – persönlich ein Exemplar schenkte[6].

Trotz der begeisterten Kritiken und der großen Anerkennung durch ihre Freunde war Anne immer noch nicht ganz von ihrem Talent überzeugt. Vielleicht urteilten die Kritiker ja deshalb so freundlich, weil ihr Buch die kühnen Leistungen von Charles Lindbergh, dem Flugpionier, zum Thema hatte. Ihr fehlendes Vertrauen in ihre Fähigkeiten zeigte sich auch in ihrer Reaktion auf die Nachricht, daß das Smith College, ihre Alma mater, ihr anläßlich der Feier der Verleihung akademischer Grade im Juni den Magister h. c. der philosophischen Fakultät verleihen wollte. Obwohl sie sich über diese Ehre freute, konnte sie sich des Gefühls nicht erwehren, daß sie dieser Auszeichnung nicht würdig war. »Sie sollten akademische Grade denen verleihen, die selber etwas geleistet und aus eigener Verantwortung etwas unternommen haben – Frauen, die eine eigene Karriere vorzuweisen haben«, schrieb sie einer Freundin. »*Wofür* geben sie ihn mir denn? Dafür, daß ich mit meinem Mann um die Welt herumgeflogen bin? Ich habe durchaus keine Karriere als Pilot oder Funker gemacht. C. hätte einen besseren Copiloten und einen besseren Funker finden können. Ich weiß nicht, ob er eine bessere Frau gefunden hätte – aber selbst wenn, ich war höchst mittelmäßig, habe eine Menge versiebt und hatte die meiste Zeit Angst.«[7]

Dennoch war es ein aufregender Augenblick in ihrem Leben, als sie im Juni 1935 durch ihre Alma mater geehrt wurde. Bei der Verleihung des Titels sagte ihr alter Freund und Mentor, Präsident William Allan Neilson, über sie:

> Anne Morrow Lindbergh, B. A., Smith, 1928, Inhaberin der Hubbard-Goldmedaille der National Geographic Society, Dichterin, Pilotin, Navigatorin, Funkerin, die zusammen mit ihrem Ehemann die unerschlossenen Luftrouten von fünf Kontinenten und zwei Ozeanen

> beflogen hat, die einer bewundernden Welt die Vereinbarkeit von Phantasie und praktischem Geschick, von Feingefühl und Stärke, von Bescheidenheit und Wagemut bewiesen hat, ist der Stolz ihres Colleges, der Ruhm ihres Landes.

Anläßlich jener Feierlichkeiten verlieh Mrs. Morrow in ihrer Eigenschaft als Kuratorin des Colleges ihrer Tochter Constance, die mit höchsten Auszeichnungen ihr Studium auf dem Smith beendet hatte, den Bachelor of Arts der philosophischen Fakultät. Doch diesmal fühlte Anne sich durch die Gegenwart ihrer lebhaften, dominierenden Mutter und ihrer reizenden, wesentlich selbstsichereren und lockereren Schwester nicht minderwertig. Als sie an jenem Sommertag auf dem Podium stand, während die geröteten jungen Gesichter der Graduierten erwartungsvoll zu ihr hochblickten, wußte sie plötzlich, was ihr Leben in all seinem Glanz und Kummer für viele andere Frauen bedeutete.

Trotz dieser persönlichen Triumphe quälte Anne immer noch der Tod ihrer Schwester. Eine Zeitlang war das einzige, was sie tun wollte, die Fotos der Toten zu betrachten und in Elisabeths Tagebuch zu lesen, das Aubrey ihr gegeben hatte. Es war für sie ein Schock gewesen, als sie feststellen mußte, daß Elisabeth nicht halb soviel an sie gedacht hatte wie sie an ihre Schwester. Da sie sich schuldig fühlte, weil sie lebte und Elisabeth tot war, schalt Anne sich, wann immer sie spürte, daß ihre Schwester sich in ihrer Erinnerung allmählich von ihr »entfernte«. Diese Gefühle verstärkten sich, sobald sie daran dachte, was Elisabeths Tod für ihre Mutter bedeutete. Mrs. Morrow hatte nie einen Hehl daraus gemacht, daß Elisabeth ihre Lieblingstochter war. Traurig erkannte Anne, daß sie ihrer Mutter niemals dieselbe Art emotionaler Nähe und Gesellschaft bieten konnte wie Elisabeth. Obwohl sie nirgends andeutete, verletzt oder eifersüchtig gewesen zu sein, muß sie die Erkenntnis, daß ihre Mutter sie niemals so lieben würde, wie sie ihre Schwester geliebt hatte, sehr geschmerzt haben.

Während dieser Zeit freundete sich Anne eng mit Margot Loines, einer Freundin von Constance, die mit Dwight jr. liiert war, an. Die Zeit nach der Entführung war für ihren labilen jüngeren Bruder besonders schwierig gewesen. Der Presse waren Dwights psychische Probleme zugetragen worden. Daraufhin hatten einige Boulevardblätter die absurde Behauptung aufgestellt, daß in Wirklichkeit er es gewesen sei, der seinen Neffen entführt und aus Haß getötet hätte, weil sein Vater ihn wegen seiner Psychose enterbt und Dwights gesamten Anteil auf Charles Augustus Lindbergh jr. überschrieben hätte[8]. Obwohl dieses Gerücht in keiner Weise den Tatsachen entsprach (abgesehen von mehreren Vermächtnissen an Verwandte, verschiedene Institutionen und karitative Einrichtungen, hatte Morrow sein gesamtes Vermögen Betty mit der Bestimmung hinterlassen, daß sie »für sich und meine Kinder sorgen« sollte[9]) und niemand, der mit den Ermittlungen zu tun hatte, es ernst nahm, hatte es Dwight jr. sehr mitgenommen, daß ihm einige Menschen zutrauten, das Verbrechen begangen zu haben. Anne war Margot dankbar, daß sie ihrem Bruder half, sein seelisches Gleichgewicht wiederzugewinnen. Sie war ihr auch noch aus einem anderen Grund zugetan. Wie Elisabeth war Margot eine lebhafte, extrovertierte Frau, und ihre Freundschaft half ihr, die Leere, die durch Elisabeths Tod entstanden war, auszufüllen.

Im Herbst wurde Nicolsons Biographie über Dwight Morrow veröffentlicht. Als Anne sie las, stellte sie fest, daß viele der Konflikte, die ihre Beziehung zu ihrem Vater gekennzeichnet hatten, sie immer noch berührten. Es war eine Beziehung gewesen, die sich im nachhinein als fast ebenso komplex darstellte wie die zu ihrem Ehemann.

Andererseits empfand sie großen Stolz, daß ihr Vater trotz der

Widrigkeiten, denen er gegenübergestanden hatte, so viel aus seinem Leben gemacht hatte. »Ich spüre plötzlich mein Erbe, spüre, daß er in mir weiterlebt«, schrieb sie. »Es gehört mir... Ein Teil dieser Kräfte, seine Toleranz und seine Phantasie, die Fähigkeit, etwas aus meinem Leben, meiner Ehe, meiner Arbeit zu machen, ist auch in mir. Ich spüre diese Herausforderung und den schützenden Wall der Kraft dahinter. Wenn Harold Nicolson über Friedensschlüsse, Regierungen und Geschichte spricht, wird an meinen Verstand appelliert. In mir wird etwas, was ich von meinem Vater habe, geweckt, es erliegt der Faszination, stellt fest, daß Verständnis und Fassungsvermögen vorhanden sind, und verlangt nach mehr.«[10]

Doch da war auch etwas in der Art, wie ihr Vater mit ihr umgegangen war, das sie weiterhin ärgerte, obwohl sie in diesem Fall charakteristischerweise nicht näher darauf eingeht. Bei einem Familientreffen, das sich an das Begräbnis der Ehefrau von Jay, dem Bruder ihres Vaters, der früher Gouverneur der Panama-Kanal-Zone gewesen war, anschloß, hatte dieser seine Hand schwer auf Annes Schulter ruhen zu lassen. Obwohl Anne klar war, daß ihr Onkel, der inzwischen ein ziemlich alter Mann war, nur Trost suchte, mußte sie daran denken, daß ihr Vater dieselbe Angewohnheit gehabt hatte und daß sie sich stets darüber geärgert hatte. Sie widersprach zwar nicht, wann immer er seine Hand auf ihre Schulter legte, doch sie hatte das Gefühl, seine Leibeigene zu sein, jemand, »den man keines Wortes oder Blikkes würdigte, der aber angenehm zu streicheln war, wie das Ohr eines Spaniels«[11].

Trotz der widersprüchlichen Gefühle, die die Lektüre des Buches bei ihr hervorrief, gefiel Anne die Biographie sehr. Sie erzählte Nicolson, daß ihm ein wunderbares Porträt ihres Vaters geglückt sei. Diese Reaktion freute den Biographen sehr, der insgeheim der Meinung war, daß *Dwight Morrow* das schlechteste Buch war, das er je geschrieben hatte. Wie sich Nicolson nur allzu deutlich bewußt war, war es ihm nie wirklich gelungen, das eigentliche Thema seines Buches, nämlich die faszinierende Persönlichkeit Dwight Morrows, in den Griff zu bekommen. Sein Schreibstil hatte sich der »amerikanischen Empfindsamkeit« unterworfen, mit dem Ergebnis, daß die Biographie nicht nur »irgendwie zuckersüß«, sondern auch »schwer wie Blei« war. Einige der Probleme, die er mit dem Buch hatte, rührten seiner Meinung nach von seiner Angst her, er könnte Mrs. Morrows Gefühle verletzen, wenn er irgend etwas Negatives über ihren Mann schrieb. Außerdem hatte der mächtige J. P. Morgan jr. sich durch viele Passagen, die Dwight Morrows lange Verbindung mit der Bankdynastie behandelten, persönlich beleidigt gefühlt. Um seinen Zorn zu besänftigen, war Nicolson gezwungen gewesen, alle Passagen zu streichen, die das Bankhaus nicht in strahlendstem Licht zeigten, was dem Buch ebenfalls nicht gutgetan hatte. Diese Streichungen, so schreibt er offen an Sackville-West, hätten »jede Würze, die das Buch vielleicht noch gehabt hatte, genommen«.

Obwohl Anne für Nicolsons Werk nur lobende Worte fand, brachte sie dem Biographen selbst gemischte Gefühle entgegen. Bei Nicolsons Rückkehr nach Englewood im Februar 1935 hatte sie die Gelegenheit, ihn genauer zu beobachten, und bemerkte dabei, daß er vor Vertrautheit zurückschreckte und sich stets dann zurückzog, wenn sie versuchte, ihn in ein ernsthaftes Gespräch zu verwickeln. »Es verwirrt mich, so als säße ich in einem Theater und blickte immerfort auf einen wunderbar gemalten Vorhang«, bemerkte sie. »Ich warte und warte, daß sich der Vorhang hebt und das wirkliche Stück zeigt.«[12]

Doch sie räumte auch ein, daß einer der Gründe, weshalb Nicolson sie verunsicherte, die Tatsache war, daß ihr in seiner Gegenwart immer ihre eigenen Unzulänglichkeiten schmerzlich bewußt wurden. Angesichts seiner kultivierten, spröden, unterhaltsamen Art kam sie sich stets wie ein scheuer, unbeholfener und unattraktiver Teenager vor. Im Nu wurde sie zu Mutters bleichem, müdem »kleinen Mädchen«. Im Gegensatz zu ihr gelang es ihrer dynamischen, selbstbeherrschten Mutter mühelos, sich neben dem Biographen zu behaupten.

Doch Nicolson war nicht der einzige Besucher auf Next Day Hill, der ihr auf die Nerven fiel. Der nie abreißende Strom von Menschen, die ihre Mutter besuchten, irritierte nicht nur Charles, der das unvermeidliche Theater haßte, das sie seinetwegen machten, sondern machte es Anne auch unmöglich zu arbeiten. Um dem ständigen Lärm und den Störungen zu entkommen, beschloß sie, für den Winter ein kleines Einzimmerappartement in New York zu mieten. Schließlich hatte sie ihren eigenen Platz gefunden, »mein eigenes Zimmer«, wie sie es nannte. Der Einfluß von Virginia Woolfs energischem Essay *Ein Zimmer für sich allein*, der 1929 erschienen war und in dem sie betonte, daß eine Schriftstellerin nur dann etwas Geniales schaffen kann, wenn sie über ein festes Einkommen und Ungestörtheit verfügt, ist hier nicht zu übersehen. Über Geld, die erste von Woolfs Voraussetzungen, hatte Anne sich niemals Gedanken machen müssen, und jetzt endlich hatte sie auch die zweite Voraussetzung. Jedesmal, wenn sie die Tür aufschloß und in die Stille eintrat, erfüllten sie Frieden und Glück. In ihrem Studio, das mit einer großen Orozco-Reproduktion über dem Kaminsims dekoriert war, konnte sie sich ihren Tagträumen hingeben und arbeiten, ohne von irgendwelchen Besuchern gestört zu werden. Auch dem prüfenden Blick ihres Mannes, der weiterhin mißmutig schaute, wenn er entdeckte, daß sie einen Brief schrieb, entging sie so. Dies war für sie sehr angenehm, denn einmal hatte er sogar versucht, ihr auszureden, auf die Briefe ihrer Freunde, die ihr zu ihrem Buch gratulierten, zu antworten.

In Next Day Hill mußte Anne, wann immer sie sein vertrautes Pfeifen vor ihrem Fenster hörte, sofort ihre Arbeit unterbrechen und das tun, was er von ihr verlangte – ansonsten war er verärgert über sie. Doch hier in ihrem kleinen Studio mit seiner heiteren Atmosphäre und den beruhigenden Bildern, die sie sich selbst ausgesucht hatte, war sie niemandem außer sich selbst verpflichtet.

Dieses Studio sollte der erste von vielen Plätzen werden, an die sie sich während der kommenden Jahre zurückziehen sollte, ein Raum für sie allein, wo sie ungestört denken und schreiben konnte.

Doch kaum hatte Anne sich an ihr neues Studio und das regelmäßige Schreiben gewöhnt, da begannen sie und Lindbergh zahlreiche Drohbriefe zu erhalten. Normalerweise hätten sie ihnen nicht viel Aufmerksamkeit geschenkt. Seit Lindberghs Atlantikflug hatten sie stets Post von Verrückten erhalten, doch als Jon zur Welt gekommen war, wuchs die Zahl dieser Briefe in beunruhigendem Maße. Die Drohung war fast immer die gleiche: Ihr Sohn Jon würde wie sein Bruder entführt und getötet werden, wenn die Lindberghs nicht eine bestimmte Summe zahlten. Anfangs kam solche Post nur vereinzelt, doch nach dem Mord an Charles Augustus Lindbergh jr. nahm die Polizei die Drohungen ernst. Einige der Absender wurden ermittelt, und mindestens ein Dutzend von ihnen wegen versuchter Erpressung verhaftet und verurteilt. Anne und Charles, die Leibwächter bisher stets abgelehnt hatten, sorgten sich jetzt um Jons Sicherheit. Sie engagierten deshalb einen bewaffneten Leibwächter, der auf ihren Sohn aufpassen sollte.

Der Polizei zufolge war die starke Zunahme von Drohbriefen auf die Umstände zurückzuführen, die Hauptmanns bevorstehende Hinrichtung umgaben. Erst vor kurzem hatte Harold G. Hoffmann, der Gouverneur von New Jersey, der erstaunten Öffentlichkeit die Mitteilung gemacht, daß er Hauptmann im Todestrakt des Staatsgefängnisses in Trenton heimlich besucht hatte. Hoffmann erklärte, daß er keinesfalls von Hauptmanns

Schuld überzeugt sei, sondern glaube, daß das Verbrechen nicht von einem Einzeltäter begangen wurde. Deshalb wollte er nochmals persönlich das Beweismaterial überprüfen, das zu Hauptmanns Verurteilung geführt hatte.

Hoffmanns Kritiker – und diese waren zahlreich – beschuldigten den Gouverneur, mehr durch politisches Kalkül als durch den Glauben an Hauptmanns Unschuld motiviert zu sein. Sie wiesen auf die Tatsache hin, daß Hoffmann, ein Republikaner, versucht hatte, David Wilentz, den demokratischen Generalstaatsanwalt, der Hauptmann unter Anklage gestellt hatte, zu entlassen. Als sich dieses Vorhaben wegen der langen Amtszeit von Wilentz als unmöglich erwies, hatte Hoffmann Colonel Norman Schwarzkopf, einen Demokraten, der die Ermittlungen der Staatspolizei von New Jersey geleitet hatte, gefeuert.

Für Anne und Charles hatte Hoffmanns Einmischung in den Fall tiefgreifende Auswirkungen. Sie bedauerten zutiefst die Entlassung von Norman Schwarzkopf. Der Polizeichef, den viele Menschen wegen seines beherrschenden, schroffen Wesens nicht mochten, war inzwischen ein guter Freund geworden. Es bestand für sie kein Zweifel, daß er hervorragende Arbeit geleistet hatte.

Dann geschah etwas, das sie davon überzeugte, daß Jon in Lebensgefahr war, wenn sie noch länger in den Vereinigten Staaten blieben.

Der dreijährige Junge und sein Lehrer waren gerade mit dem Auto auf dem Weg von der Little School, dem Kindergarten, den Elisabeth gegründet hatte, nach Next Day Hill. Plötzlich fuhr eine große Limousine gefährlich nahe an das Auto heran, drängte es dann an den Randstein und zwang den Chauffeur zum Anhalten.

Während der kleine Jon zitternd vor Angst auf dem Rücksitz kauerte, sprangen mehrere Männer aus dem Fahrzeug, hielten Kameras gegen die Autoscheiben, und es klickte mehrmals.

Dann sprangen die Männer wieder in ihren Wagen und rasten davon.

Diese Männer waren jedoch weder Entführer noch Erpresser, sondern Hearsts Fotografen gewesen. Jons Bild wurde zuerst im New Yorker *American* und dann in anderen Zeitungen des Pressebarons veröffentlicht. Schließlich wurde es vielen anderen Blättern im ganzen Land zum Kauf angeboten. Der Mann, der das Foto gemacht hatte, erhielt eine üppige Prämie[13].

Es hatte andere ähnlich erschreckende Vorfälle gegeben, bei denen Fotografen versucht hatten, einen Schnappschuß von dem kleinen Jungen zu machen. Als Lindbergh jedoch von diesem neuesten Einbruch in die Privatsphäre seiner Familie erfuhr, beschloß er, rasch zu handeln. Anne und Jon würden zwar ihre amerikanische Staatsbürgerschaft behalten, doch sie würden, da die Presse und die Öffentlichkeit sie nicht in Ruhe ließen, die USA verlassen, möglicherweise sogar für immer. Lindbergh hatte als Zufluchtsort England gewählt, weil er durch seine Reisen zu dem Schluß gekommen war, daß die Engländer »größere Achtung vor Gesetz und Ordnung haben, als die Menschen aller anderen Nationen der Welt«.

Nachdem er in Washington für sich und seine Familie heimlich Pässe besorgt hatte, buchte er eine Überfahrt auf der *American Importer*, einem kleinen Passagier- und Frachtschiff. Außer Annes Familie und einigen Regierungsbeamten in den Vereinigten Staaten und in England, die zur Geheimhaltung verpflichtet waren, kannte niemand den Namen des Schiffes, mit dem sie ihr Heimatland verließen. Nicht einmal die Hafenpolizei wurde informiert.

Mit der für ihn typischen Präzision hatte Lindbergh einen genauen Plan ausgearbeitet. Wenn sie in England ankamen, würde sie ihr Schwager Aubrey Niel Morgan abholen und sie dann auf seinen Familiensitz nach Cardiff bringen, wo sie wohnen konnten, bis sie eine passende Bleibe gefunden hätten. Wie die Lindberghs scheint sich Aubrey vom Luxus und dem Schutz, den Next Day Hill bot, verführt haben zu lassen – er hatte seit Elisabeths Tod bei Mrs. Morrow und der übrigen Familie gewohnt. Als er jedoch von der Notlage der Lindberghs erfuhr, bot er sofort an, gleichzeitig mit einem schnelleren Schiff nach Großbritannien zu fahren, damit er der Familie helfen konnte, wenn sie eintraf.

Am 7. Dezember erklärte Lindbergh seiner Frau, daß sie nicht länger in den Vereinigten Staaten bleiben könnten, und wies sie an, ihre Sachen zu packen. Sie müßten bis zum Ende der Woche reisefertig sein, und er wisse nicht, wann sie zurückkehren würden. Obwohl seine Anordnung Anne »in helle Aufregung« versetzte, redete sie sich unverzüglich ein, daß es für sie ein neues »spannendes« Abenteuer sein würde, ihr Heimatland zu verlassen. War es als liebende Ehefrau denn nicht ihre Pflicht, sich mit Charles »jederzeit… in etwas Neues zu stürzen«? Dennoch empfand sie ein gewisses Bedauern darüber, daß sie ihre Familie und ihr gerade eingerichtetes Studio verlassen mußte. Ihr war klar, daß es ihr nicht leichtfallen würde, an einem neuen, unbekannten Ort zu schreiben. »Mein ganzes Leben scheint darin zu bestehen, daß ich versuche ›seßhaft zu werden‹, und C. schüttelt mich wieder heraus. Aber es gefällt dir? Ja.«

In den frühen Morgenstunden des 22. Dezember 1935 verließ das Frachtschiff New York. Ziel der Reise war Liverpool. Sie waren die einzigen Passagiere an Bord. Während der neuntägigen Fahrt verbrachte Anne die meiste Zeit damit, sich um Jon zu kümmern. In Englewood hatte es viele Bedienstete gegeben, die auf ihn aufpaßten, doch auf dieser rauhen Überfahrt war sie nun allein für seine Betreuung verantwortlich. Obwohl das Zusammensein mit ihrem Sohn ihre gesamte Aufmerksamkeit in Anspruch nahm, war sie dankbar für die Gelegenheit, mit ihm ihre Zeit zu verbringen. Jon hatte der emotionale Aufruhr, in dem sich der Haushalt in den vorangegangenen Wochen befunden hatte, stark mitgenommen. Anne wünschte sich nichts sehnlicher, als Jons Leben nun ruhiger und glücklicher zu gestalten. Als sie ihrem Sohn zusah, wie er mit einem Kätzchen auf dem Schiff spielte, betete sie, daß das neue Leben in England ihm guttun würde.

Das Abendessen nahm sie stets zusammen mit Jon ein, während Lindbergh, der scheinbar mit anderen Dingen beschäftigt war, stets mit dem Kapitän zu Abend aß. So saß Anne am Heiligabend allein in ihrer Kabine und packte die Geschenke, die ihr ihre Familie mitgegeben hatte, aus.

Es gab so vieles, worüber sie nachdenken mußte, daß sie häufig nicht einschlafen konnte. Die See war rauh, und während sie wach lag und lauschte, wie die Wellen gegen das Bullauge klatschten, dachte sie über die Zukunft nach und darüber, was diese für ihre Familie bringen würde.

Am Silvesterabend trafen die Lindberghs unter großem Aufsehen in Liverpool ein, denn kurz nachdem sie in New York abgelegt hatten, war die Nachricht von ihrem selbstauferlegten Exil in der *New York Times* veröffentlicht worden. Als sie die Landungsbrücke hinuntergingen – eine kleine dunkel gekleidete Frau mit ernstem Gesicht, gefolgt von einem großen, grimmig blickenden Mann, der einen verwirrten kleinen Jungen auf dem Arm hielt –, stürzten sofort Zeitungsfotografen mit ihren Kameras auf sie zu. Auf den Straßen verkündeten Zeitungsjungen laut die Neuigkeit ihrer Ankunft.

Schon bald sollten sie erfahren, welche Reaktion ihre Abreise in den Vereinigten Staaten ausgelöst hatte. Die meisten der überwiegend mitfühlenden Leitartikel, die sie lasen, gaben dem Sensationsjournalismus und vor allem der Hearst-Presse die Schuld für die grausame Hetzjagd, die die Lindberghs gezwungen hatte, ihre Heimat zu verlassen.

Der nächste Tag würde der Beginn eines neuen Jahres und gleichzeitig eines neuen Lebens sein. Obwohl Anne sich sagte, daß dieser Neubeginn in einem fremden Land ihnen guttun würde, mußte sie, während sie durch die tristen Straßen Liverpools fuhren, ständig an ihre Heimat denken, die sie hinter sich gelassen hatten.

Kapitel 14
Himmlische Tage

Es stellte sich schnell heraus, daß Charles eine kluge Entscheidung getroffen hatte. In England, in einem alten Landhaus namens Long Barn im Weald of Kent, fanden die Lindberghs den Frieden und das gemeinsame Glück, das ihnen so lange verwehrt gewesen war. Daß sie in diesem Haus so glücklich waren, ist eine Ironie des Schicksals, denn es gehörte einem Ehepaar, das eine ganz andere Vorstellung von Liebe und Ehe hatte als sie.

Die Eigentümer waren Harold Nicolson und seine Ehefrau, die Romanschriftstellerin und Dichterin Vita Sackville-West. Wie dieses Paar hatte auch Long Barn eine ungewöhnliche Geschichte. Es hieß, das Gebäude, das aus dem vierzehnten Jahrhundert stammte, sei das Geburtshaus von William Caxton, dem ersten englischen Drucker, gewesen. Sein Geist sollte dort noch immer spuken.

Als die Nicolsons das Anwesen 1915 entdeckten, war das Landhaus in einem miserablen Zustand. Ihr Sohn Nigel sagt darüber:

> Die Fußböden waren so uneben, daß jedes Möbelstück schief und krumm erschien. Das Dach wurde weniger durch die Konstruktion zusammengehalten als durch die natürlichen Winkel, in die es zusammengesackt war. Anstelle eines Gartens gab es einen Abhang voller Schotter, Dorngestrüpp und Nesseln. Sie restaurierten das Landhaus und verwandelten es in ein richtiges Wohngebäude, indem sie im

rechten Winkel einen neuen Flügel anbauten (das Holz dafür stammte von einem alten Schuppen, der windschief am Fuße des Abhangs stand). Sie legten einen Garten mit mehreren Rasenflächen und eingefaßten Terrassen an, die sich in dem Maße, in dem sie sich zu dem umgebenden Wäldchen hinunterneigten, allmählich von einer geplanten Anlage zu natürlichem Bewuchs übergingen. Long Barn war keineswegs ein schlichtes Haus. Es hatte sieben große Schlafzimmer, vier Badezimmer und ein Wohnzimmer, das siebzehn Meter lang war. Es waren immer mindestens drei Hausangestellte und zwei Gärtner auf dem Anwesen. Es konnte drei oder vier Gäste auf einmal aufnehmen. Es war sonnig, hübsch, romantisch und bequem. Aber es behielt den ländlich-unschuldigen Charme des vierzehnten Jahrhunderts.[1]

Als Anne das weitläufige alte Gebäude mit seinen welligen Fußböden, den schiefen Wänden, den Fachwerkbalken und den warmen, einladenden Zimmern voll mit wunderschönen, wenn auch von Holzwürmern durchlöcherten englischen Antiquitäten sah, verliebte sie sich sofort in das Haus. Long Barn hatte etwas an sich, daß ihr das Gefühl von »Frieden und Sicherheit« vermittelte, so als würde das Haus sie mit seinen Armen umschließen. In gleicher Weise wohltuend auf ihr Gemüt wirkten die atemberaubend schönen Gärten, die Harold entworfen und Vita eigenhändig bepflanzt hatte.

Harold und Vita hatten Long Barn kurz nach ihrer Hochzeit gekauft. Das Haus hatte stets einen besonderen Platz in ihrem Herzen eingenommen. Nicht nur wegen seines ehrwürdigen Alters, sondern auch weil es ihr erstes eigenes Heim gewesen war. Außerdem hatte hier mit ein paar Primeln, die sie im Wald ausgruben und auf dem Grundstück einpflanzten, ihre Leidenschaft für den Gartenbau begonnen[2]. Nachdem sie fünfzehn Jahre lang in Long Barn gewohnt hatten, waren sie schließlich in ein elisabethanisches Schloß in der Nähe von Sissinghurst in Kent gezogen, das etwa 20 Meilen entfernt lag. Doch auch dieses neue Zuhause war in einem äußerst baufälligen Zustand. Um seine umfangreiche Wiederherstellung und dazu den neuen Garten (der später einer der berühmtesten der Welt werden sollte) finanzieren zu können, kamen sie zu dem traurigen Schluß, daß ihnen keine andere Wahl blieb, als Long Barn zu verkaufen. Es muß eine schwere Entscheidung für sie gewesen sein, da die beiden sehr an dem alten Anwesen hingen. Doch der Verkauf von Long Barn konnte schließlich doch noch vermieden werden. Nach dem Tode ihrer Mutter Lady Sackville im Jahre 1936 wurde Vita zur Erbin und benötigte keine zusätzliche Einkommensquelle mehr. Da die Schriftstellerin jedoch auch eine ausgezeichnete Geschäftsfrau war, kam sie auf die Idee, Long Barn zu vermieten.

Obwohl die Nicolsons während der letzten drei Jahre nur noch selten in Long Barn gewesen waren, spürte Anne die elektrisierende Gegenwart des Paares, sobald sie in das Haus, das bereits möbliert war, einzog. Da sie zu lange von ihrer Mutter und deren luxuriösen Vorlieben bestimmt worden war, war sie entschlossen, sich nicht auch von Harolds und Vitas Geschmack beherrschen zu lassen. Also verbrachte sie die ersten Tage damit, die Möbel umzustellen. Bald begann Anne, nun davon überzeugt, daß die Präsenz der früheren Bewohner nicht mehr zu spüren war, von Long Barn als »unserem Zuhause« zu sprechen.

Dennoch faszinierten Anne die Eigentümer von Long Barn weiterhin. Vor allem Vita, die sie Anfang Januar 1933 im Waldorf Astoria, als die Nicolsons zu einer Vortragsreise in die Vereinigten Staaten kamen, flüchtig kennengelernt hatte, begeisterte sie. Inzwischen war Vita eine bedeutende literarische Persönlichkeit geworden, die sich unter anderem auch entschieden für die Unabhängigkeit der Frauen einsetzte. Ihre auffallende Erscheinung erregte überall Aufsehen. Sie war eine hochgewachsene, wunderschöne Frau mit hübschen dunklen Augen, karminroten Wangen und einer tiefen, schmeichelnden Stimme. Sie trug gerne Männerkleidung, deren Formenstrenge sie aber durch so feminine Accessoires wie lange Ohrringe, Perlenstränge und Spitzenhemden milderte.

Wie der Schriftsteller Peter Quennell, der Vita 1937 begegnete, viele Jahre später bemerkte, war sie »breiter und ein wenig größer als ihr Mann. Mit seinem frischen rosigen Gesicht, der Bruyiere-Pfeife und dem konventionellen Tweedmantel wirkte er neben ihr wie ein kleiner Junge oder wie ein Student. Sie hingegen vereinte beide Geschlechter in einer Person – Lady Chatterly und ihr Liebhaber in einem, wie ein zeitgenössischer Humorist einmal gesagt haben soll.«[3]

Die Neugier, die Anne angesichts dieser außergewöhnlichen Frau empfand, wurde bald befriedigt. Kurz nachdem sie und Charles in Long Barn eingezogen waren, stattete Vita ihnen einen Besuch ab. Zuerst war Anne in ihrer Gegenwart noch befangen, doch schon bald begann sie sich aufgrund der »netten, natürlichen und ungezwungenen« Art der Schriftstellerin wohl zu fühlen. Sie unterhielten sich zwar hauptsächlich über geschäftliche Dinge, doch Anne war der Meinung, daß Vita von Charles tief beeindruckt war. Es machte sie glücklich, zu glauben, daß jemand mit Vitas Ruf und Format ihren Mann achtete und bewunderte. »Dann scheinen sich Klingen zu kreuzen, fast konnte ich den Ton hören!«[4]

In einem jener Vergleiche, bei dem sie wie stets die Verliererin war, kam Anne zu dem Schluß, daß Vita »mehr gelitten und mehr gelernt« hatte als sie selbst (eine seltsame Beurteilung, wenn man ihren eigenen tiefen Kummer über den Tod ihres Sohnes und den ihrer Schwester in Betracht zieht). Sie fragte sich immer wieder, warum sie sich in Vitas Gegenwart »wie ein Kind« fühlte, wo sie sich sonst doch fast immer älter vorkam als die Frauen, denen sie begegnete. Doch Vita in ihren Reithosen und ihrem Samtwams hatte etwas an sich, angesichts dessen Anne sich »ausgesprochen weiblich«, »schrecklich frivol und feminin« vorkam, während »sie [Vita] hingegen... zeitweise überhaupt nicht wie eine Frau«[5] auf sie wirkte.

Obwohl Anne ihre Mitmenschen oftmals sehr naiv beurteilte, war dies jedoch eine scharfsinnige Beobachtung, denn Vita Sackville-West war in der Tat bisexuell. Ihre berühmteste Geliebte war Virginia Woolf. Tatsächlich ist Virginia Woolfs *Orlando*, diese bezaubernde Geschichte über einen jungen, literarisch ambitionierten Adligen, der das Geschlecht wechselt, in Wirklichkeit nicht nur ein Porträt von Vita, sondern darüber hinaus auch eine Liebeserklärung an sie. Aus Annes Tagebüchern geht nicht hervor, ob sie etwas von Vitas sexueller Orientierung geahnt hat. Ebenso steht nicht fest, ob ihr die Bisexualität von Harold Nicolson, der während seiner Ehe eine Vielzahl von homosexuellen Beziehungen unterhielt, bekannt war. Anne beschrieb ihn einmal als »ein wenig weibisch«, doch sie sprach niemals öffentlich über seine sexuellen Angewohnheiten.

Bei Annes tolerantem Wesen ist es unwahrscheinlich, daß sie von Harolds und Vitas sexuellen Vorlieben besonders schockiert gewesen wäre. Weit verwirrender war für sie wohl die Abneigung Vitas gegen die Ehe. Da Vita die Ansicht vertrat, daß die Ehe eine Frau nur in ihrer persönlichen Freiheit beschnitt, bestand sie darauf, ein Privatleben zu führen, von dem ihr Ehemann ausgeschlossen war. Vita und Harold verbrachten mehr Zeit allein als miteinander. Trotzdem überlebte laut ihrem jüngsten Sohn Nigel »ihre Ehe nicht nur Untreue, sexuelle Unvereinbarkeit und lange Trennungen, sondern wurde in der Folge dadurch noch stärker und harmonischer«[6]. Die Ehe von Vita und Harold, die im Grunde geschlechtslos war, stellte das krasse Gegenteil zu der Ehe dar, die Anne und Charles führten. Die Ehe der Lindberghs hatte von Anfang an auf sexueller Leidenschaft, einem beständigen, fast schon übertriebenen Zugehörigkeitsgefühl und traditionellen Geschlechterrollen basiert.

Obwohl ihre Einstellung gegenüber der Ehe nicht unterschiedlicher hätte sein können, hatten die beiden Frauen viel gemeinsam. Beide liebten die Einsamkeit und die innere Freiheit bis hin zur Abgeschiedenheit; beide waren mit sehr reservierten Männern verheiratet, die es haßten, Gefühle zu zeigen; beide hatten ein Kind verloren, was sie ihren Ehemännern letztlich nähergebracht hatte. Als Vitas zweiter Sohn im Jahre 1915 tot zur Welt kam, war sie untröstlich und schrieb ihrem Mann: »Harold, ich bin traurig. Ich denke die ganze Zeit an jenen weißen, mit Samt ausgeschlagenen Sarg mit jenem kleinen stillen Ding darin. Es hätte eigentlich ein Geburtstagsgeschenk für dich am nächsten Sonntag sein sollen. Oh, Liebling, es ist so grausam. Es tut mir so weh, und das wird es immer.«[7]

Dieser untröstliche Brief hätte auch aus Annes Feder stammen können.

Falls Vita von Lindbergh tatsächlich so beeindruckt war, wie Anne sich das vorgestellt hatte, so hat sie ihre Bewunderung jedenfalls nirgends geäußert. Man kann jedoch vermuten, daß er sie als Mann nicht ansprach. Laut ihrer Biographin Victoria Glendinning kam Vita »mit starken, schweigsamen, maskulinen Männern nicht besonders gut klar«[8]. Sie liebte Harold, der, wie alle Männer, die sie anzogen, ein »überkultivierter, eloquenter, aber alles andere als maskuliner Mann war«.

Nachdem sie Anne und Charles kennengelernt hatte, schrieb sie Harold: »Die Lindberghs nehmen Long Barn für ein Jahr. Falls sie, unter Einhaltung einer Kündigungsfrist von zwei Wochen, vorher kündigen sollten, zahlen sie eine Vertragsstrafe. Sie *bestanden* darauf, daß diese Klausel in den Vertrag aufgenommen würde, obwohl ich Einwände erhob. Sie waren reizend und konfuser, als ich es für möglich gehalten hätte. Ich arrangierte alles für sie, ich habe sogar die Kohlen für sie bestellt! Ganz offensichtlich sind sie bereits in das Haus vernarrt.«[9]

Das war die Sichtweise einer praktisch denkenden Vermieterin. Vita hielt die Beziehung weiterhin auf einer geschäftlichen Ebene, obwohl sie natürlich auch auf ihre berühmten Mieter neugierig war. Einige Zeit später kam sie nach Long Barn, um zu sehen, wie es dem Paar ging. Sie war enttäuscht, als sie die Lindberghs nicht antraf. Doch, wie sie Harold berichtete, sagte ihr einer der Bediensteten, daß

> sie möglicherweise diesen Abend mit Mrs. Morrow, Con und Aubrey Morgan einträfen. Offensichtlich behalten sie ihre Taktik der Geheimhaltung bei und weihen nicht einmal ihr Personal ein!... Was ich aber am interessantesten fand, war, daß der Flur mit Packkisten aus Amerika vollgestapelt war, »weil Mrs. L. noch nie zuvor ein Zuhause gehabt hat und dieses Haus hier so liebt, daß sie all ihre Sachen um sich haben wollte«. Sie haben also ganz offensichtlich vor, für längere Zeit zu bleiben. Nicht nur das, sie haben auch Thor geholt, der auf der Queen Mary herübergekommen ist und sich nun in Croydon in Quarantäne befindet. Es sieht also ganz gut aus.[10]

Daß Anne in Long Barn so glücklich war, lag nicht allein daran, daß sie nun endlich ein eigenes Zuhause hatte. Zum ersten Mal bestand jetzt für sie die Möglichkeit, wie eine ganz normale junge Frau zu leben, was sie seit ihrer Heirat mit Lindbergh nicht mehr hatte tun können. Jahrelang waren sie und Charles, wann immer sie sich in der Öffentlichkeit zeigten, gnadenlos von der Presse gejagt worden. Jetzt konnten sie, ohne sich verkleiden zu müssen, in Weald spazierengehen. Anne konnte Jon zum Einkaufen mitnehmen und wurde nicht einmal angestarrt. Zweifellos waren die englische Höflichkeit und die Achtung, die die Engländer vor der Privatsphäre hatten, dafür verantwortlich, daß man sie in Frieden ließ. Es scheint jedoch auch ein wenig Harold Nicolsons Verdienst gewesen zu sein. Vor ihrer Ankunft hatte er nämlich noch Mrs. Wood im Weald Post Office angerufen und beauftragt, die Einwohner des Ortes zu bitten, die Lindberghs in Ruhe zu lassen. »Nein, Sir, wir werden die armen Leute nicht anstarren«[11], hatte sie ihm versichert.

Anders als ihre amerikanischen Kollegen waren die Vertreter der britischen Presse stillschweigend übereingekommen, das berühmte Paar nicht zu belästigen. So waren Anne und Charles am 3. April 1936 sich und ihren Gedanken überlassen. An diesem Tag wurde Bruno Hauptmann, der bis zuletzt mit aller Entschiedenheit seine Unschuld beteuerte, in Trenton hingerichtet. Die Zeitungen in Großbritannien und in der ganzen Welt berichteten, daß der Gefangene gleichmütig in den Tod gegangen war. Er war sogar schnell auf den elektrischen Stuhl zugeschritten und hatte ungeduldig darauf Platz genommen. Wie ein Augenzeugenbericht es in schauerlichen Einzelheiten beschreibt, war es, »als ob er den Blitz einladen wolle, denn er packte mit festem Griff die metallenen Seitenteile«[12].

Bruno Hauptmann wurde um 20.47 Uhr für tot erklärt. In England war es zwei Uhr morgens. Zu dieser Zeit schliefen Anne und Charles zweifellos schon.

Annes Reaktion auf Hauptmanns Hinrichtung ist nicht bekannt, da sie weder ihre Tagebucheinträge aus der ersten Aprilhälfte veröffentlichte noch sich in neueren Interviews zu dem umstrittenen Verbrechen geäußert hat.

Wenn man Annes Ehrfurcht vor dem Leben in Betracht zieht, dann erscheint es eher unwahrscheinlich, daß sie über die Nachricht seines Todes große Freude empfunden hat, obwohl die Hinterbliebenen von Mordopfern oft solche Reaktionen zeigen. Wahrscheinlicher ist, daß seine Hinrichtung eine Vielzahl von Gefühlen bei Anne auslöste. Einerseits vielleicht Erleichterung darüber, daß er tot war, begleitet von dem Entsetzen, daß einem Menschen das Leben genommen wurde, andererseits wohl eine tiefe Traurigkeit, weil nichts ihren kleinen Jungen wiederbringen konnte, auch nicht der Tod des Mörders.

Obwohl Anne ihren ermordeten Sohn in ihren veröffentlichten Tagebüchern und Briefen nicht erwähnt, beschäftigte sie sich merkwürdigerweise weiterhin intensiv mit Elisabeths Tod. Tatsächlich schien der Geist Elisabeths, die erst vier Monate zuvor gestorben war, in Long Barn zu spuken. Es war fast so, als ergriffe sie von dem Haus zeitweise Besitz. »Wenn ich in den Zimmern herumgehe, beschleicht mich das seltsame Gefühl, daß dies Elisabeths Haus ist, daß ich es nur für einen Besuch von ihr vorbereite«, vertraut Anne ihrem Tagebuch an. Außerdem wurde sie weiterhin von Alpträumen gequält, in denen Elisabeth noch lebte, doch Anne sich stets schmerzhaft bewußt war, daß ihre Schwester bald sterben würde.

Obwohl Elisabeth tot war, weigerte Anne sich zu glauben, daß ihre Verbindung zu Ende war. »Zeit und Raum vermögen Menschen nicht wahrhaft zu trennen, einzig mangelndes Verständnis füreinander. Wir haben die Beziehung zu Elisabeth nie wirklich verloren und werden auch immer mit ihr verbunden bleiben«[13], schrieb sie ihrer Mutter.

Da Anne sich emotional nicht von Elisabeth trennen wollte, versuchte sie ihr Andenken dadurch lebendig zu halten, daß sie bei gesellschaftlichen Anlässen Elisabeths modische, hübsche Kleidung trug. Da die beiden Schwestern weder die gleiche Größe noch die gleiche Figur gehabt hatten, mußten viele Kleider der Toten umgeändert werden. Anne schien dieser Aufwand jedoch nicht zu stören. Bei einem festlichen gesellschaftlichen Ereignis ein Kostüm zu tragen, das Elisabeth gemocht hatte, oder eine ihrer Lieblingshandtaschen dabeizuhaben, war für Anne wohl der Versuch, die Persönlichkeit ihrer lebhaften, selbstbewußten Schwester zu verinnerlichen. Es vermittelte ihr nicht nur das Gefühl, sich in Gesellschaft besser bewegen zu können, es war für sie auch ein Weg, mit den Schuldgefühlen fertig zu werden, die sie empfand, weil Elisabeth tot war und sie selbst lebte.

Inzwischen war Anne zu der Überzeugung gelangt, daß man

die »Realität« der Toten nicht dadurch wiedererlangen konnte, daß man immer wieder ihre Briefe las, sich alte Fotos ansah oder sich einfach an sie erinnerte. Sie hatte im Gegenteil das Gefühl, der beste Weg, die Empfindungen für einen geliebten Menschen, den man verloren hatte, zu bewahren, sei, nach innen zu blicken. »Es ist aber etwas Undefiniertes in mir ... etwas, das mit mir mitgeht und – welch ein Schock – *mit mir mitgewachsen ist*. Die Elisabeth, die ich jeden Tag mit mir herumtrage, ist viel, viel älter als die Elisabeth jener Briefe. Sie ist *in mir*, sie wächst mit mir weiter. Ist so etwas möglich?«

Schon bald nach Elisabeths Tod verliebte sich Aubrey Morgan in Constance, die jüngste der Morrow-Töchter. Mehr als ein Jahr später machte er ihr einen Heiratsantrag. Obwohl Mrs. Morrow Elisabeth vergöttert hatte, freute sie sich, als sie von dieser etwas ungewöhnlichen Wende im Lauf der Ereignisse hörte. Hinzu kam, daß sie Aubrey stets sehr gemocht hatte. Als Anne von der Verlobung ihrer jüngeren Schwester mit ihrem Schwager erfuhr, war sie entsetzt. Möglicherweise erinnerte sie diese Beziehung an das Dreiecksverhältnis, das einst Lindbergh, Elisabeth und sie selbst verbunden hatte. Merkwürdigerweise hatte sie nun das Gefühl, die Erinnerung an Elisabeth, ihre frühere Rivalin, gerate in Gefahr, ausgelöscht zu werden. Dennoch versuchte sie ihr möglichstes, um die bevorstehende Hochzeit nicht als Verrat an ihrer Schwester zu sehen, sondern als Vereinigung zweier Menschen, die sie beide geliebt hatten. »Ich hatte das vorhergesehen, aber nicht so bald erwartet. Ich spürte, ja, das hat seine Richtigkeit für sie wie für ihn. Es ist wunderbar – ist vollkommen«, schrieb sie in ihr Tagebuch. »Dennoch geriet mein gesamtes Weltbild für einen Augenblick ins Wanken.«[14]

In Long Barn konnte Anne endlich mit der Arbeit an ihrem zweiten Buch *Wind an vielen Küsten* beginnen. Dabei handelte es sich um einen Bericht über den zehntägigen Vermessungsflug, den sie und Lindbergh unternommen hatten, um geeignete Luftrouten zwischen Europa und den Vereinigten Staaten zu finden. Doch selbst in dieser abgeschiedenen, idyllischen Umgebung war es für sie nicht einfach, konzentriert zu schreiben. Obwohl ihr drei Hausangestellte und ein Kindermädchen für Jon zur Seite standen, behinderte die unerschöpfliche Energie ihres Sohnes und sein Bedürfnis nach ständiger Aufmerksamkeit sie derart beim Schreiben, daß sie ärgerlich auf ihn und dann auf sich selbst wurde, weil sie sich durch ihr eigenes Kind gestört fühlte. Frustriert und deprimiert fragte sie sich, ob sie das Schreiben aufgeben und sich ganz ihrer Aufgabe als Mutter widmen sollte, was sie inzwischen als ein enormes Unterfangen einschätzte.

Doch nicht nur Jon forderte ständige Aufmerksamkeit. Kaum waren sie in Long Barn eingezogen, da verkündete der stets rastlose Charles, daß er Afrika besuchen wolle. Im Zuge seiner Forschungen, die er zusammen mit Alexis Carrel auf dem Gebiet der experimentellen Medizin durchführte, hatte er begonnen, sich für Primaten als Versuchstiere zu interessieren. Die Reise wurde zu Annes Glück nicht in die Tat umgesetzt. Sobald er jedoch von seinen Plänen berichtete, brach bei ihr der alte Konflikt zwischen ihrem Bedürfnis zu schreiben und dem Wunsch, bei ihrem Ehemann zu sein, wieder hervor. Wie nicht anders zu erwarten, stellte sie schließlich seine Bedürfnisse über die ihren. »Wer bin ich denn, daß ich sage, nein, ich möchte mein eigenes Leben führen, nein, ich will meine eigene Arbeit, nein, ich will nicht nach Afrika, nein, ich möchte ein Buch beenden«, schrieb sie in ihr Tagebuch. »Welchen Wert würde es repräsentieren? Eine persönliche Darstellung überholter, nochmals durchgekauter Erfahrungen. Was bedeutet das neben C's Weitblick, den neuen Wegen, die er weisen kann, zu denen mein Beitrag sein muß, daß ich ihn glücklich mache und das tue, was er von mir will? Doch dabei erwartet er das gar nicht von mir. Er will, daß ich mein Eigenleben führe – und schreibe.«[15]

Obwohl Lindbergh sie sehr ermutigte, ihren eigenen Interessen nachzugehen, war Anne immer noch hin- und hergerissen zwischen dem Wunsch, eine erstklassige Schriftstellerin zu werden, und der Überlegung, ob das Schreiben der wichtigste Aspekt in ihrem Leben sein sollte. Schließlich entschied sie, daß eine Karriere, falls sie ihr gelingen sollte, hinter Ehe und Mutterschaft zurückzustehen hatte.

Am 4. Juli 1936, dem Unabhängigkeitstag in jenem Land, das sie hinter sich gelassen hatte, stellte Anne in ihrem Tagebuch ihre eigenen Regeln für ein glückliches Leben auf:

> Die Ehe ist die interessanteste, schwerste und wichtigste Aufgabe in meinem Leben.
> Mein Leben, mein Handeln sind bedeutungslos, wenn es mir nicht gelingt, Jon etwas davon zu vermitteln.
> Das Leben ist die wichtigste aller Künste. Das Schreiben ist nur insofern von Bedeutung, als es mir das nötige Gleichgewicht verschafft, um das Leben wie eine Kunst zu gestalten. Und mehr noch, aber das ist ungreifbar, schwer zu analysieren. Es ist mir wichtig, nicht weil ich annehme, daß ich Bedeutendes schreiben und der Welt vermitteln könnte, sondern weil es zufällig meiner Optik entspricht, mir Klarheit verschafft, mir ermöglicht zu sehen, zu denken und das, was in mir steckt, zu konzentrieren, um so besser zu leben...[16]

Das Leben um des Lebens willen zu leben, ist eine Einstellung, die sich deutlich von jener unterscheidet, die Anne noch als wohlbehütete, ängstliche junge Frau gehabt hatte. Damals hatte sie geglaubt, ihre Erfahrungen würden erst Bedeutung erlangen, wenn sie darüber schrieb. Doch diese Einstellung änderte sich, nachdem sie Charles kennengelernt und geheiratet hatte. Ihre leidenschaftliche sexuelle Beziehung und die Freude und das Leid, die sie miteinander teilten, hatten sie mitten ins Leben hineinkatapultiert. Sie war nicht länger ein kleines Mädchen, sondern eine reife, verheiratete Frau und Mutter, die das Leben in all seiner Süße, aber auch all seiner Bitterkeit erlebt hatte. Trotz der persönlichen Schicksalsschläge hielt sie dieses neue Leben in seinem Bann. Ihr Mann und das zweite Kind bildeten dessen Kern, sie waren die beiden Menschen, die ihm Bedeutung verliehen. Im Vergleich dazu schien ihr das Schreiben, obwohl sie immer noch darauf angewiesen war, um ihre Gefühle ergründen zu können, als eine Beschäftigung ohne Leben.

Anne betrachtete die Ehe weiterhin als das Wichtigste im Leben einer Frau. Sie war für die seelische und körperliche Entwicklung einer Frau ihrer Meinung nach so entscheidend, daß diese überhaupt nur in der Ehe zur inneren Reife gelangen konnte. »Ich finde, daß Du schon eine Menge erreicht hast, ohne verheiratet gewesen zu sein«, schrieb sie Margot Loines, die sich kurz vorher mit Dwight jr. verlobt hatte. »Als ich Dich zum erstenmal gesehen habe, war mir das schon klar. ›Wie ist sie, auch ohne verheiratet zu sein, so weit gekommen?‹ «[17]

Vielleicht hatte sich Anne auch, da sie mit einem dynamischen, berühmten Mann verheiratet war, mit dem sie ein so aufregendes und erfüllendes Leben führte, inzwischen eingeredet, daß sie nicht mehr wirklich »Schriftstellerin« sein wollte. Ebensowenig wie sie damals hatte »Fliegerin« sein wollen. Obwohl sie ihren Dilettantismus »mit Abscheu« betrachtete, versuchte sie ihn doch zu rechtfertigen, indem sie sich sagte, sie wäre nie bereit gewesen, all die Opfer zu erbringen, die notwendig gewesen wären, um eine ernsthafte Autorin zu werden. An diesem Punkt in ihrem Leben hatte die Vorstellung, daß das Schreiben ein heimliches »Aufbegehren« gegen ihren herrischen Mann und ihre Familie war, für sie offensichtlich keinen Reiz mehr. Tatsächlich machte ihr schon der Gedanke angst, irgendeinen Beruf mit ihrem alles vereinnahmenden häuslichen Leben in Einklang bringen zu müssen, obwohl sie wußte, daß es viele Frauen gab, die es durchaus schafften, Familie und Beruf miteinander zu vereinen. »Doch ich denke, sie [die Frauen] tun es (wenn sie erfolgreich sind) um den Preis eines Lebens, das in engen Bahnen verläuft – des Lebens eines Mannes. Denn um mit den Männern in Konkurrenz treten zu können, müssen sie ihre Energie in enge Kanäle leiten. Wenn sie das tun, verweigern sie sich meiner Ansicht nach die Merkmale und Eigenschaften, die speziell weiblich sind.«

Es ist äußerst fraglich, ob Anne von sich aus zu diesen Schlußfolgerungen über ihr eigenes Geschlecht gekommen ist. Inzwischen war sie nämlich, ebenso wie ihr Mann, in den Bann von Alexis Carrel geraten, mit dem Charles gerade eine Perfusionspumpe entwickelte, um Organe außerhalb des Körpers am Leben erhalten zu können. Tatsächlich war, wie Lindbergh es vorausgesehen hatte, der berühmte französische Chirurg sein philosophischer Mentor geworden. Dies ist nicht überraschend, da Lindbergh nach der Ermordung seines Sohnes möglicherweise eine Vaterfigur brauchte. Der charismatische ältere Carrel, der in seiner Denkweise viel mit Lindberghs Vater und seinem Großvater gemein hatte, eignete sich hierfür hervorragend. Sowohl Lindbergh sen. als auch Dr. Land waren Sozialdarwinisten gewesen, Carrel allerdings trieb seine Begeisterung für die Eugenik ins Extreme. 1935 veröffentlichte er ein Buch mit dem Titel *Man, the Unknown*, das viele Leser wegen seiner aufsehenerregenden Theorien in bezug auf die Überlegenheit der nordischen Rassen und die Euthanasie bei Kriminellen und anderen »unerwünschten« Personen schockierte. In seinem Buch schlug Carrel vor, daß zukünftige Generationen »unerwünschte« Personen töten sollten, um so die Rasse zu verbessern. Er war auch der Meinung, daß Schwerverbrecher und Geisteskranke, die ein Verbrechen begangen hatten, hingerichtet werden sollten.

> Jene, die gemordet haben, einen Raub mit einer automatischen Pistole oder einem Maschinengewehr begangen haben, jene, die Kinder

entführt, den Armen ihre Ersparnisse geraubt, die Öffentlichkeit in wichtigen Angelegenheiten irregeführt haben, sollte man in kleinen Euthanasieeinrichtungen, die mit geeigneten Gasen ausgestattet sind, auf humane und wirtschaftliche Weise beseitigen. Ein ähnliches Verfahren könnte man vorteilhaft auch bei Geisteskranken, die ein Verbrechen begangen haben, anwenden. Was das normale Individuum betrifft, so sollte die moderne Gesellschaft nicht zögern, genaue Regeln aufzustellen. Philosophische Systeme und sentimentale Vorurteile müssen einer solchen Notwendigkeit weichen.[18]

Wie Leonard Mosley, einer von Lindberghs Biographen, betonte, besaßen Carrels Ideen, obwohl er kein Antisemit im eigentlichen Sinne war, »eine unheimliche Ähnlichkeit mit jenen, auf die sich der Nationalsozialismus in Deutschland stützte. Er war wie die Theoretiker der Nazis von der Überlegenheit der nordischen Rasse überzeugt, die er dadurch erklärte, daß mindere Rassen – dazu zählte er Schwarze, Romanen, Indianer und Asiaten – von der viel zu großen Hitze, in der sie über Generationen hinweg gelebt hatten, zur Minderwertigkeit ›gebrannt‹ worden waren.«[19]

Lindbergh, der durch eine kriminelle Tat einen unwiederbringlichen Verlust erlitten hatte, war selbst ein überzeugter Sozialdarwinist. Dennoch waren es nicht nur die rassistischen Ansichten Alexis Carrels, die ihn anzogen. Die beiden Männer, die sich vom Temperament her sehr ähnelten, waren laut einem Kollegen am Rockefeller Institut in ihrem Denken äußerst logisch und rational, der französische Chirurg sogar noch stärker als der Flieger. »Weder Carrel noch Lindbergh waren intensiv empfindende Menschen«, erinnert sich der Wissenschaftler. »Carrel, der sich manchmal wie eine Primadonna benahm, war der intelligenteste Wissenschaftler, den ich je kennengelernt habe, aber er war auch ein ausgesprochen kaltherziger Mann. Das war auch der Grund dafür, daß er am Rockefeller Institut viele Feinde hatte, die es gerne gesehen hätten, wenn man ihn gefeuert hätte... Lindbergh hingegen war nicht in demselben Maße kalt.« Nach Meinung dieses Kollegen war Lindbergh »keineswegs ein herzloser Mensch«. Er erinnert sich, daß Lindbergh »in seinem Denken durch und durch Mechaniker war«, doch, wie er hinzufügt, ein »sehr gebildeter Mechaniker. Er hatte sich das, was er wußte, wie viele Wissenschaftler seiner Generation, selbst beigebracht. Er war jemand, den es reizte, etwas zu tun, was zwar noch nie zuvor getan worden war, aber potentiell möglich war.«

Anne scheint von Carrels Ideen weniger beeindruckt gewesen zu sein als ihr Mann. (»Was nützt das alles?« schrieb sie, nachdem sie *Man, the Unknown* gelesen hatte. »Stimmt diese Überbetonung? Deckt sie sich mit den geistigen Eigenschaften und der Mentalität? Oder züchtet sie eine Rasse hochgewachsener schwachköpfiger Athleten?«[20]) Dennoch scheint es, daß die Theorien des Arztes in bezug auf Frauen und deren Rolle in der Gesellschaft größeren Einfluß auf sie hatten, als sie zugeben wollte. Carrel hatte in *Man, the Unknown* betont, daß »Frauen ihre Talente in Übereinstimmung mit ihrer Natur entwickeln und nicht versuchen sollten, die Männer zu imitieren«[21]. Außerdem war er der Auffassung, daß »Frauen eine höhere Bildung erhalten sollten, nicht etwa, um Ärztinnen, Rechtsanwältinnen oder Professorinnen zu werden, sondern um ihre Nachkommen zu wertvollen menschlichen Wesen zu erziehen«[22]. Tatsächlich könnte Annes Brief an Margot Loines, in dem sie ihre für eine unverheiratete Frau bemerkenswerte emotionale Reife lobt, von Carrel selbst stammen. Dieser war nämlich der Ansicht, daß »Weibchen, jedenfalls unter den Säugetieren, ihre volle Entwicklung nur durch eine oder mehrere Schwangerschaften zu erreichen scheinen. Frauen, die keine Kinder haben, sind nicht so ausgeglichen und letztlich nervöser als Mütter«[23].

Persönlich hatte Anne großen Respekt vor dem theatralischen, exzentrischen Chirurgen. Carrel war ein kleiner Mann mit einem Kneifer. Er trug gerne Nehru-Jacken und bestand darauf, daß er und seine Assistenten, ebenso wie der Operationssaal im Rockefeller Institut, in Schwarz gehüllt waren, wenn er dort operierte. Dies sollte eine Verunreinigung durch Keime verhindern. Der launische Individualist Carrel war bei vielen seiner Kollegen im Institut aufgrund der verächtlichen Art, mit der er sie behandelte, äußerst unbeliebt. Anne jedoch war von dem Doktor, der der Ansicht war, daß Frauen an einen genialen Mann keine Forderungen stellen sollten, tief beeindruckt. Sie, die für ungewöhnliche und mächtige Männer stets Achtung empfand, beschrieb ihn einmal als »handfest, munter, stets mit dem Finger am Abzug« und fügte ehrfürchtig hinzu: »Unglaublich kraftvoll, kontrolliert«[24].

In gleichem Maße beeindruckte Anne Carrels Frau, eine kräftig gebaute bretonische Krankenschwester, die glaubte, übersinnliche Kräfte zu besitzen. Carrel war vierzig, als er sie heiratete. Annes Meinung nach war Madame Carrel »eine unglaublich starke, wunderbare Persönlichkeit«[25], die die Intuition und das Mitgefühl einer Frau und gleichzeitig »den weiten Gesichtskreis, die klare Voraussicht, die unpersönliche Attitüde eines Mannes (eines Wissenschaftlers) besaß«[26].

Viele von Carrels wissenschaftlichen Mitarbeitern waren da ganz anderer Meinung. Sie witzelten hinter seinem Rücken, daß sie niemals wüßten, »warum es da eine Madame Carrel gab«. Außerdem glaubten sie, sie sei amerikafeindlich eingestellt und habe deshalb vorgetäuscht, krank zu sein, damit sie nicht mit ihrem Ehemann in die Vereinigten Staaten reisen mußte. (In Wirklichkeit erfreute sich Madame Carrel bester Gesundheit und überlebte ihren Mann um etwa 30 Jahre.)

Schließlich gewannen bei Anne ihre alten Minderwertigkeitsgefühle wieder die Oberhand, und sie begann sich über die Carrels zu ärgern, von denen sie glaubte, sie würden sie im Vergleich zu ihrem Mann langweilig finden. Charakteristischerweise äußerte sie Lindbergh oder den Carrels gegenüber ihren Ärger nie, sondern gab sich einfach selbst die Schuld. Da sie so schüchtern, schwach und ängstlich war, war es kein Wunder, daß das brillante Wissenschaftler-Ehepaar sie nicht interessant fand. »Ich sehe ihre Stärke, Macht, Gesundheit, Mut, Abenteuerlust, Fähigkeit – und die schweren Prüfungen, die sie durchgemacht haben – und denke: Könnte ich da durchgehen? Könnte ich da heranreichen?«

Während ihres Aufenthalts in England entwickelten Anne und Charles ein starkes politisches Interesse. Dieser Wandel hat vielschichtige Gründe, ist aber mehr als verblüffend, denn bis dahin schienen sich die Lindberghs in keiner Weise für Politik und aktuelle Ereignisse zu interessieren. Wenn man Annes umfangreiche Tagebücher liest, findet man zwar zahllose Einzelheiten über ihr Alltagsleben und ihre Stimmungslagen, aber keine Hinweise auf das politische und gesellschaftliche Geschehen. So erwähnt sie weder den Scopes-»monkey«-Prozeß von 1925 noch die Hinrichtung der aus Italien stammenden Anarchisten Sacco und Vanzetti im Jahre 1927. Auch über den Börsenkrach von 1929 und die Weltwirtschaftskrise mit ihrer verheerenden Wirkung für die Amerikaner Anfang der Dreißiger Jahre schreibt sie nichts. Kurz gesagt, keines der entscheidenden Ereignisse und Themen Ende der 20er und während der 30er Jahre, die die meisten Leute in den Vereinigten Staaten und anderswo beschäftigten, taucht in ihren Tagebüchern auf. Es war, als seien die Lindberghs von ihren persönlichen Triumphen und Tragödien so in Anspruch genommen gewesen, daß das Paar trotz seines bescheidenen Auftretens in der Öffentlichkeit insgeheim zu der Auffassung gelangt war, sie selbst seien die 20er und 30er.

All dies änderte sich jedoch während ihres freiwillig auferlegten Exils in England. Nicht einmal so behütete, privilegierte

Menschen wie Anne und Charles, die jahrelang ein nur auf sich selbst bezogenes Leben geführt hatten, konnten die weltpolitische Lage, die mit jedem Tag beunruhigender wurde, noch weiter ignorieren. Auf dem Kontinent sagten Benito Mussolini und Adolf Hitler den Demokratien den Kampf an. Mussolini marschierte im Oktober 1935 in Äthiopien ein und stürzte dessen Monarchen Haile Selassie; Hitler erklärte die Wiederbewaffnung Deutschlands und besetzte ein Jahr später das entmilitarisierte Rheinland, was faktisch einen Bruch des Versailler Vertrags bedeutete.

Statt auf diese aggressiven Akte mit Empörung zu reagieren, zogen es die Staatsoberhäupter vieler europäischer Länder vor, die Diktatoren zu beschwichtigen oder einfach »wegzusehen«. Als Hitler das Rheinland besetzte, protestierte Frankreich zwar formell, unternahm aber sonst keine weiteren Schritte. In Großbritannien war es ebenso. Auch König Edward VIII., der nach dem Tod seines Vaters König Georg V. 1936 den Thron bestiegen und nichts mit der britischen Außenpolitik zu tun hatte, zog es vor, von den brutalen Exzessen des italienischen und des deutschen Diktators nichts zu wissen. Weit wichtiger war für Edward VIII. seine Affäre mit Mrs. Wallis Warfield Simpson, einer gertenschlanken, tadellos gepflegten verheirateten Amerikanerin.

Am 12. Mai begegneten Charles und Anne dem König und Mrs. Simpson zum ersten Mal, als sie einer Einladung zum Tee in der amerikanischen Botschaft folgten. Die Einladung kam vom stellvertretenden Militärattaché Martin Scanlon und seiner Frau Gladys, die Londons Schickeria anführten. Da Elisabeths Geist bei einem solch bedeutsamen gesellschaftlichen Anlaß dabeisein mußte, trug Anne ein zehn Jahre altes schwarzes Seidenkostüm ihrer Schwester, das sie noch am Abend zuvor geändert hatte. Doch nicht einmal dieses Kostüm konnte sie in eine gewandte Unterhalterin verwandeln. Wie sie selbst berichtet, verschlug es ihr die Sprache, als man sie Edward VIII. vorstellte. Ihr Unbehagen spürend, tat er sein möglichstes, damit sie sich wohl fühlte. Zweifellos war sich der König nicht bewußt, daß die schüchterne junge Frau, die er aus ihrer Reserve zu locken versuchte, ihn kühl abschätzte und später in ihrem Tagebuch notieren sollte: »Seine ganze Erscheinung ist jung, ja – selbst sein Gesicht ist eher träumerisch und hat etwas Jungenhaftes, nur verhärtet. Dieses Knabengesicht hat sich der Verantwortung des Alters angepaßt. Beim Anblick wird man traurig. Man hat das Gefühl, er sei seinem Aussehen nach frühzeitig gealtert, oder aber er ist noch voller jugendlicher Sehnsüchte, trotz seines Alters.«[27]

Was die Geliebte des Königs anging, so schrieb Anne, daß Mrs. Simpson »herrlich angezogen« gewesen sei, »mit dem Habitus und der Ruhe einer Dame, die weiß, daß alles, was sie tut, richtig ist, und daß sie diejenige im Zimmer ist, der sich alle zuwenden, für die es stets Pardon gibt, die kopiert wird, und um die sich alles dreht. Sie braucht nur ihre Rolle zu spielen, und alle werden mitmachen. Doch sie gefällt mir. Sie ist wenigstens ehrlich, spielt ihre zugefallene Rolle und keine andere.«[28]

Es hat den Anschein, daß sich Wallis Simpson mit den Lindberghs und ihrem selbstauferlegten Exil bereits vor dieser Begegnung solidarisch erklärt hatte. In einem gefühlsbetonten Brief an ihre Tante Betsie, der auf den 4. Mai 1936 datiert ist und somit mehr als eine Woche vor der Begegnung mit den Lindberghs geschrieben wurde, gestand sie:

> In den letzten beiden Jahren habe ich so vieles und Interessantes erlebt, was ich nicht näher ausführen will – ich will nur sagen, daß mich die Mehrheit der Menschen hier genau in der gegenteiligen Weise betrachtet, als mich die amerikanische Presse darstellt. Ich kann einem Volk gegenüber, das seine eigenen Landsleute niedermacht und sie auf diese Weise in den Augen der Welt herabsetzt, keinen Respekt empfinden. Die eigenen Landsleute sollten loyal sein. Ich habe festge-

stellt, daß sie das nicht sind, und deshalb ziehe ich es vor, so wie die Lindberghs in der Fremde zu leben. Also darfst du die Situation nicht mit ihren Augen sehen.[29]

Der König war von den Lindberghs bezaubert. Er lud sie noch im selben Monat zu einem Dinner in den St.-James-Palast ein. Auf der Gästeliste standen auch Mrs. Simpson und ihr Ehemann Earnest, von dem sie sich bald scheiden lassen würde. Daß Earnest Simpson offiziell zu diesem Abendessen eingeladen war, dazu der Premierminister zusammen mit Mrs. Stanley Baldwin, sprach sich in der Stadt wie ein Lauffeuer herum. Obwohl es über Mrs. Simpsons Beziehung zum König viel Gerede gegeben hatte, war ihr Verhältnis mit ihm bisher noch niemals formell bestätigt worden. Jetzt aber erschienen ihr Name und der ihres Ehemannes neben dem des Premierministers im *Court Circular*.

Anne jedoch schien sich der Schockwellen, die die elegante Mrs. Simpson unter der vornehmen Versammlung auslöste, seelig unbewußt. Der Premierminister war über Mrs. Simpsons Anwesenheit so empört, daß er, sehr zum Unwillen seiner Frau, ständig laut verkündete, er wolle »nach Hause«. Anne war weit mehr darüber besorgt, welchen Eindruck sie auf den König machte. Edward VIII. war für sie nicht nur ein von Natur aus freundlicher Mann, der sich darum bemühte, jedermann die Befangenheit zu nehmen, sondern auch »der ›humanste‹ Engländer«, dem sie begegnet war. Bei genauerer Betrachtung erkannte sie, warum sie ihn mochte. Er erinnerte sie an Charles, als sie ihm das erste Mal in der amerikanischen Botschaft in Mexiko begegnet war – »eine wirkliche Person, die versuchte, sich in ein hoffnungslos konventionelles Leben einzupassen«. Was seinen Eindruck von Anne betraf, so bemerkte der König Harold Nicolson gegenüber, daß sie anfangs ganz nervös gewesen sei, »aber mit meinem wohlbekannten Charme habe ich ihr die Befangenheit genommen. Sie gefiel mir sehr.«[30]

Doch der König war nicht der einzige, der die Lindberghs mit Schmeichelei für sich gewann. Ein paar Wochen nach dem königlichen Dinner erhielt Charles einen Brief von Major Truman Smith, dem Militärattaché an der amerikanischen Botschaft in Deutschland. In diesem Brief lud Smith ihn »im Namen von General Göring und dem deutschen Reichsluftfahrtministerium ein, Deutschland zu besuchen, um die neuen deutschen zivilen und militärischen Luftfahrteinrichtungen zu inspizieren«. Smith fuhr fort:

> Ich brauche Ihnen kaum zu erzählen, daß die gegenwärtige Entwicklung in der deutschen Luftfahrt sehr eindrucksvoll ist. Sie befindet sich schon jetzt auf einem Niveau, das meiner Meinung nach auf der ganzen Welt unerreicht ist. Bis vor kurzem unterlag diese Entwicklung höchster Geheimhaltung, doch in den letzten Monaten ist man den amerikanischen Vertretern gegenüber außerordentlich entgegengekommen. Man hat uns weit mehr als den Vertretern der anderen Mächte gezeigt. General Göring bemüht sich ganz offensichtlich um freundliche Beziehungen zu den Vereinigten Staaten.
>
> Vom amerikanischen Standpunkt aus gesehen bin ich der Meinung, daß Ihr Besuch von großer Bedeutung für unser Vaterland wäre. Ich bin sicher, daß die Deutschen sich Ihnen gegenüber größte Mühe machen werden. Sie werden Ihnen noch mehr zeigen, als wir bis jetzt zu Gesicht bekommen haben.[31]

Abschließend fügte Major Smith hinzu, daß er und seine Frau »sehr stark hoffen, daß Mrs. Lindbergh mit Ihnen kommen wird«.

Neugierig geworden, antwortete Lindbergh Smith sofort. Er schrieb, er sei »an den jüngsten Entwicklungen der deutschen Luftfahrt sowohl auf dem zivilen wie auch auf dem militärischen Bereich sehr interessiert«. Er wäre auch gerne bereit, für die Regierung der Vereinigten Staaten darüber einen Bericht zu schreiben. Weiterhin bat er Smith, »General Göring und dem Reichsluftfahrtministerium meinen Dank und meine aufrichtige Wertschätzung für die Einladung nach Deutschland« zu übermitteln. Seine Frau Anne, so fügte Charles Lindbergh hinzu, »würde Deutschland sehr gerne besuchen. Wir planen, gemeinsam zu kommen.«[32]

Am 22. Juli 1936 brachen die Lindberghs in ihrer neuen Miles Mohawk, die ein englischer Flugzeughersteller kurz zuvor nach den Plänen Lindberghs gebaut hatte, nach Berlin auf. Sie kamen noch am selben Tag dort an. Als Anne sah, wie ihr Mann vom amerikanischen Militärpersonal und den deutschen Luftwaffenoffizieren, darunter auch General Hermann Görings Stellvertreter, der sie mit dem Hitlergruß begrüßte, wie ein Held empfangen wurde, konnte sie nicht wissen, daß Lindbergh von diesem Moment an seine magische Kraft und seinen Ruhm langsam verlieren würde. Den Rest ihres Leben sollte sie damit verbringen, das Verhalten ihres Mannes hartnäckig zu verteidigen.

Kapitel 15
»Ein Paar Einhörner«

Anne war vor vielen Jahren einmal mit ihrer Familie in Deutschland gewesen, doch das Land hatte damals wenig Eindruck auf sie gemacht. Als sie nun mit Mrs. Truman Smith, der Frau des amerikanischen Militärattachés, hinter dem offenen Wagen herfuhr, in dem man ihren Mann dem deutschen Volk zeigte, konnte sie nicht anders, als die neuen Gebäude und »den Geschmack, die Ordnung, den Glanz und die Sauberkeit«[1] zu bewundern.

Deutschland bildete ihrer Meinung nach einen angenehmen Kontrast zu all den anderen europäischen Ländern, die sie besucht hatte. Es war nirgends Armut zu sehen, notiere sie, und die Leute auf den Straßen – hauptsächlich Mittelständler – seien ordentlich gekleidet. Neben den allgegenwärtigen Nazi-Flaggen war auch die Olympische Fahne oft zu sehen, denn im August sollten in Berlin die Olympischen Spiele beginnen. Die gesamte Innenstadt war deshalb geschmückt.

Am nächsten Tag verfolgte sie angespannt die Rede, die ihr Mann vor dem Fliegerklub von Berlin hielt. Thema dieser Rede waren die Gefahren der Luftfahrt. Lindbergh war als Ehrengast zu einem Mittagessen geladen, bei dem auch viele wichtige deutsche Luftfahrtexperten anwesend waren. Unter ihnen Ernst Udet, ein Flieger-As im Ersten Weltkrieg, und General Erhard Milch, der Generalinspekteur der Luftwaffe. »Die Luftfahrt hat eine revolutionäre Veränderung in eine Welt gebracht, die durch

Veränderungen selbst bereits ins Wanken geraten ist«, warnte Lindbergh mit seiner klaren, eher hohen Stimme. »Wir tragen somit die Verantwortung dafür, daß wir nicht genau das zerstören, was wir schützen wollen.«[2]

Obwohl Anne die tiefe Besorgnis ihres Mannes in bezug auf die Zerstörungskapazität des Flugzeugs teilte, war sie nervös, als sie ihm zuhörte. Es war ihr klar, daß er mit seiner Rede indirekt das Bombardement aus der Luft kritisierte. Dies war eine von den Nazis favorisierte Taktik, und hierauf wurde die neu entstandene Luftwaffe ausgerichtet. Sie war erleichtert, als General Milch ihr nachher sagte, daß ihm die Rede gefallen hätte.

Ein paar Tage später waren die Lindberghs zum Mittagessen bei General Göring, dem korpulenten, ordensgeschmückten Chef des Reichsluftfahrtministeriums, eingeladen. Seine Frau, eine stattliche Blondine, trug trotz der frühen Stunde ein bodenlanges grünes Samtkleid, dazu als einzigen Schmuck eine mit Diamanten und Smaragden besetzte Brosche in Form eines Hakenkreuzes. Obwohl Anne der Anblick des pompösen Generals und seines berühmten zahmen Löwen, der während ihres Besuchs einmal auf den Schoß seines Herrn urinierte, eher amüsierte, war sie beleidigt, als Göring sie völlig ignorierte und seine Aufmerksamkeit ausschließlich ihrem Mann widmete, den er mit Hilfe eines Dolmetschers mit Fragen bombardierte.

Nachdem sie weitere hochrangige Nazis kennengelernt hatte, stellte sie fest, daß diese bei ihr sowohl Widerwillen als auch Bewunderung hervorriefen. Wie sie ihrer Mutter aus Berlin schrieb:

> Mit großem Unbehagen denke ich an ihre Behandlung der Juden, an ihre gewalttätige Art, ihre Dummheit, ihre Grobheit und die Zucht. Lauter Eigenschaften, die mir so zuwider sind, daß ich nicht sicher bin, ob die daraus resultierende Leistung, Einigkeit und Gesinnung ihrer wert sind.

Aber es existieren sowohl die starke einheitliche physische und geistige Kraft, als auch die aufopferungsvolle Gesinnung, die man nicht übersehen darf. Die gibt es weder bei uns, noch in Frankreich oder England. Es stört mich, daß sie scheinbar auf diese Weise, und nicht durch eine Demokratie, herbeigeführt wurde.[3]

Obwohl ihr Mann ebenfalls Vorbehalte gegenüber den Nazis hatte, rechtfertigte er deren aggressive Politik. Er erinnerte daran, daß die gesamte Weltgeschichte von endlosen Kämpfen zwischen den Schwachen und den Starken bestimmt wurde. »Für mich war das nazionalsozialistische Deutschland ein faszinierendes Land«, schrieb er später,

aber ich mochte seine strenge Ordnung nicht, seinen Appell an die Emotionen der Massen, seine Behinderung des freien Denkens, seine fanatische Haltung gegenüber den Rassen. Und doch sah ich dort einen Aspekt, der für die Entwicklung des Lebens fundamental war – die kraftvolle Herausforderung des Status quo. Ich sah ein westliches Volk, das sich auf eine Aggression vorbereitete und eine Philosophie entwickelte, die ein solches Handeln rechtfertigte – ebenso wie die Engländer den Bau ihres Empire gerechtfertigt hatten und die Amerikaner gerechtfertigt hatten, daß sie einen ganzen Kontinent dessen Ureinwohnern entrissen und dann die früheren Besatzungsmächte, die Engländer, die Franzosen und Spanier, aus dem Land geworfen hatten.[4]

Das Berlin, das Anne und Charles 1936 besuchten, war eine trügerische Stadt. William L. Shirer, der amerikanische Zeitungskorrespondent in Berlin, bemerkt dazu:

Die Olympischen Spiele, die im August 1936 in Berlin abgehalten wurden, lieferten den Nazis eine ausgezeichnete Gelegenheit, um die Welt mit den Errungenschaften des Dritten Reichs zu beeindrucken.

Das schöpften sie voll aus. Die Schilder mit der Aufschrift »*Juden unerwünscht*« wurden still und leise aus den Geschäften, Hotels, Biergärten und öffentlichen Vergnügungsstätten entfernt, die Verfolgung der Juden und der Angehörigen der beiden christlichen Kirchen vorübergehend eingestellt. Das Land zeigte sich von seiner besten Seite. Noch nie zuvor hatte es bei Olympischen Spielen solch eine Organisation und so viele Feierlichkeiten gegeben. Göring, Ribbentrop und Goebbels gaben für die ausländischen Besucher rauschende Feste – zur »Italienischen Nacht« des Propagandaministers auf der Pfaueninsel in der Nähe des Wannsees kamen mehr als eintausend Gäste. Sie wurden mit einem Abendessen bewirtet, das an Tausendundeine Nacht erinnerte. Die Besucher, vor allem jene aus England und Amerika, waren von dem, was sie sahen, beeindruckt: ganz offensichtlich war da ein glückliches, gesundes, freundliches Volk unter Hitler vereint. Alle sagten, daß sie sich aufgrund der Zeitungsartikel, die sie gelesen hatten, ursprünglich ein ganz anderes Bild von Berlin gemacht hatten.[5]

Obwohl Lindbergh es ablehnte, sich von amerikanischen Korrespondenten interviewen zu lassen, lud die Lufthansa, die staatliche deutsche Fluglinie, einige Mitglieder der Auslandspresse zu einer Teegesellschaft ein, die am 23. Juli zu seinen Ehren in Tempelhof gegeben wurde. Shirer war einer der wenigen Journalisten, die eine Einladung erhalten hatten. Seit seinem Bericht über die Ankunft des Fliegers in Le Bourget hatte er Lindbergh nicht mehr gesehen. »Ich war überrascht, wie wenig er sich äußerlich verändert hatte; er besaß immer noch ein jungenhaftes Aussehen, obwohl er deutlich selbstbewußter geworden war«, erinnerte er sich viele Jahre später.

Nach dem Tee lud uns die Lufthansa zu einem Flug mit der *Feldmarschall von Hindenburg* ein. Zu dieser Zeit war sie das größte Flugzeug der Welt, eine riesige, plumpe Maschine mit acht Motoren… Irgendwo über dem Wannsee übergab Göring Lindbergh das Steuer, und wir kamen in den Genuß einiger kunstvoller Rollen, steiler Schräglagen und anderer Manöver, für die die riesenhafte Maschine nicht gebaut war. Einige Augenblicke lang glaubte ich, das Flugzeug würde auseinanderbrechen und nicht nur das Ende von Göring und Lindbergh sei gekommen, sondern auch meines. Kaffeetassen und Likörgläser rutschten den erlesenen Gästen von den Tischen auf den Schoß. Das Ganze erinnerte mich auf unangenehme Weise an etwas, das ich, kurz nachdem Lindbergh in Paris angekommen war, über ihn gehört hatte: nämlich, daß er es liebte, seinen Mitmenschen üble Streiche zu spielen. Schließlich übernahm Göring wieder das Steuer und brachte uns sanft nach Tempelhof zurück.[6]

Lindberghs Verhalten in Berlin war Shirer ein Rätsel. Der Korrespondent war von der Rede des Fliegers vor dem Reichsluftfahrtministerium, in der er davor warnte, daß die neuen Bomber in der Lage seien, Europa zu zerstören, zwar beeindruckt, es »beunruhigte« ihn jedoch, daß die Nazis stolz behaupteten, die Lindberghs seien zu Bewunderern des Dritten Reiches geworden. »›Es heißt‹, schrieb ich an jenem Abend nach dem Flug mit der *Hindenburg* in mein Tagebuch, ›die Lindberghs hätten von dem, was die Nazis ihnen gezeigt haben, einen guten Eindruck gewonnen.‹ «

In der Hoffnung, Lindbergh über das Deutschland der Nazis aufklären zu können, versuchte Shirer ein Treffen zu arrangieren. Doch Lindbergh lehnte es ab, mit ihm zu sprechen.

Zwei Wochen später auf Goebbels Fest auf der Pfaueninsel erklärte sich Lindbergh auf Wunsch seines Gastgebers, des Propagandaministers der Nazis, dann doch bereit, sich von der amerikanischen Presse interviewen zu lassen.

»Spät an jenem Abend schlenderte er zu unserem Tisch herüber und grüßte uns überaus huldvoll«, erinnerte sich Shirer.

> Ich hielt das für eine gute Gelegenheit, den berühmten Flieger darüber aufzuklären, was sich unter der Oberfläche der Hitler-Diktatur verbarg. Doch... Lindbergh fuhr fort, uns zu erzählen, wie die Lage in Deutschland aussah. Er... hatte ein glückliches, einiges Volk vorgefunden, sagte er. Als Flieger sei er besonders von der deutschen Luftwaffe und dem hohen technischen Standard des deutschen Flugwesens im allgemeinen beeindruckt...
> In diesem Sommer in Berlin gelang es den Nazigrößen, bei Lindbergh und seiner attraktiven Frau eine Saat zu streuen, die, wenn sie aufging, ihre Urteilsfähigkeit über die politische Realität beeinträchtigen würde.

Bald nach ihrer Rückkehr nach England entdeckte Anne, daß sie zum dritten Mal schwanger war. Obwohl sie sich inzwischen keine Illusionen mehr darüber machte, was die Auswirkungen der Mutterschaft auf ihre schriftstellerische Karriere betraf, war sie von der Aussicht auf ein weiteres Kind begeistert – »Charles liebt mich, und ich bekomme wieder ein Baby«, frohlockte sie in ihrem Tagebuch. Wie schon bei ihren vorangegangenen Schwangerschaften verzichtete sie keineswegs auf die gemeinsamen Flüge mit ihrem Mann. Anfang Februar 1937 unternahm sie, obwohl sie bereits hochschwanger war, mit ihm einen äußerst anstrengenden Flug über Italien nach Indien. Jon wurde solange in der Obhut seines Kindermädchens zurückgelassen.

Auf der ersten Etappe dieses Fluges wurden die Lindberghs über den Alpen als vermißt gemeldet, da sie nicht wie geplant in Rom gelandet waren. Es stellte sich jedoch heraus, daß sie auf ihrem Weg von Frankreich nach Italien auf eine Gewitterfront getroffen und deshalb am 1. Februar in Pisa notgelandet waren. Da sie der ihrer Meinung nach »unverantwortlichen« Presse immer noch nichts als Verachtung entgegenbrachten, hatten sie das italienische Flughafenpersonal gebeten, nichts von ihrer Ankunft verlauten zu lassen.

Nachdem sie einige Zeit in Rom, Kairo, Jerusalem und Kalkutta, wo sie eine Konferenz der World Fellowship of Religions besuchten, verbracht hatten, kehrten die Lindberghs Ende März nach Long Barn zurück. Anderthalb Monate später, am 12. Mai 1937, dem Krönungstag von Georg VI. in Westminster Abbey, kam ihr dritter Sohn zur Welt. Wie es schon bei Jon der Fall gewesen war, gab Lindbergh die Geburt seines Sohnes erst zwölf Tage später bekannt. Das Paar – so wurde der Presse durch einen Sprecher verkündet – hatte beschlossen, ihren dritten Sohn nach Evangelines Familie Land zu nennen.

Zuerst mochte Anne den Namen nicht. Er kam ihr »ungewöhnlich« vor, doch bald redete sie sich ein, daß die Leute sich rasch daran gewöhnen würden. Vita Sackville-West, die sich über den Geschmack, den die Lindberghs bei der Namenswahl zeigten, entsetzte, war keineswegs dieser Überzeugung. Sie teilte ihr Mißfallen unverzüglich ihrem Mann Harold mit: »Kannst du verstehen, daß die Lindberghs ihr Baby ›Land‹ genannt haben? Nach *The Land*, wie du vielleicht annimmst, weil sie in Long Barn leben? [*The Land* war Vitas berühmtestes Werk.] Was für ein Name, das arme Kind!«[7]

Doch nichts konnte Annes Freude trüben, als sie Jon zum ersten Mal »mein Bruder« sagen hörte. Voller Staunen und Dankbarkeit schreibt sie ihre Gefühle in ihrem Tagebuch nieder: »*Mein Bruder*. Was für ein Erlebnis, Vergangenheit und Zukunft öffneten sich, es war, als habe ich ein Leben lang und immer wieder darauf gewartet, daß mein Sohn ›mein Bruder‹ sagt.«[8] Am 22. Juni, ihrem 31. Geburtstag, war sie immer noch in euphorischer Stimmung und für dieses neugefundene Glück dankbar: »Ich bin so glücklich, an diesem Geburtstag meine beiden kleinen Jungen zu haben.«

Ihre Liebe zu ihren beiden Söhnen hielt sie jedoch nicht davon ab, vier Monate später, im Oktober, ihren Mann nach München zu begleiten, wo er den Kongreß der Lilienthal-Gesellschaft besuchte. Wie sie später in der Einleitung zu *Blume und Nessel*, einem der Bände ihrer Tagebücher und Briefe, die sich mit dieser Vorkriegszeit beschäftigen, nicht zu betonen vergaß, unternahm Lindbergh diese zweite Reise nach Deutschland, um »für den US-Nachrichtendienst weitere Informationen über den Entwicklungsstand der deutschen Luftwaffe« zu beschaffen.

In ihrer Einleitung versäumt Anne allerdings zu erwähnen, daß sie und ihr Mann Ehrengäste der Nazis waren. Sie verschweigt auch, daß es Ernst Udet gelang, Lindbergh, dem er das neueste Produkt deutscher Flugzeugbaukunst, das Jagdflugzeug ME 109, nicht nur zeigte, sondern auch fliegen ließ, glauben zu machen, daß die deutsche Luftwaffe unbesiegbar sei und es deshalb für jede europäische Nation ein aussichtsloses Unterfangen wäre, sich Hitler entgegenzustellen.

Während dieses zweiten Deutschlandbesuchs lernten die Lindberghs weitere hochrangige Nazis kennen. Unter ihnen war Walther von Reichenau, der kommandierende General der in München stationierten Truppen. Er sollte während des Kriegs einer von Hitlers führenden Generälen bleiben. Anne war von dem General, den sie bei einer Abendgesellschaft kennenlernte, sehr angetan. Sie hielt ihn für »einen so ausgeglichenen und gebildeten Mann, wie man ihn nur finden kann«.

Die Lindberghs waren seit etwas mehr als einem Monat wieder zu Hause in Long Barn, als sie beschlossen, die Vereinigten Staaten zu besuchen. Der Grund, nach zweijähriger Abwesenheit in ihr Heimatland zurückzukehren, war der, daß Charles Lindbergh bei einigen dringenden Geschäftsangelegenheiten, die im Zusammenhang mit seiner Arbeit in der Luftfahrtindustrie standen, persönlich anwesend sein mußte. Außerdem wollte er zusammen mit Alexis Carrel an einem Manuskript über die Perfusionspumpe arbeiten.[9]

Bevor Lindbergh in die Vereinigten Staaten aufbrach, half er Truman Smith, einen Bericht über die geschätzte Stärke der deutschen Luftwaffe für den Stand 1. November 1937 zu verfassen. Lindberghs Meinung nach war die militärische Technologie Deutschlands der Frankreichs und Großbritanniens weit überlegen und würde »bis 1941 oder 1942 auch das Niveau der USA erreichen«[10]. Der Smith-Lindbergh-Bericht wurde nach Washington geschickt, wo er vom Generalstab und dem Kriegsministerium auch an andere militärische Dienststellen weitergeleitet wurde.

Im Dezember trafen die Lindberghs in Next Day Hill ein. Sie feierten die Weihnachtstage bei Mrs. Morrow und verbrachten die nächsten paar Wochen damit, alte Freunde und Verwandte zu besuchen. Da sie nun auf dem besten Weg waren, sich einen unsterblichen Namen zu machen, beauftragten sie Robert Brackman, einen bekannten amerikanischen Künstler, sie zu porträtieren. Wie vorherzusehen war, war jeder der Meinung, Lindberghs Porträt sei eine brillante Charakterstudie, während das von Anne ihr nur wenig gerecht wurde. Sie blieben vier Monate in den Vereinigten Staaten. Während dieser Zeit wurden Jon und sein kleiner Bruder wieder der Obhut des Dienstpersonals überlassen. Diesmal machte dem viereinhalbjährigen Jon die Abwesenheit seiner Eltern besonders zu schaffen. Als er hörte, daß sie Weihnachten nicht mit ihm verbringen würden, war er schrecklich enttäuscht und fragte seine Mutter, weshalb sie ausgerechnet zu der Zeit des Jahres, die er am liebsten hatte, nicht da sein würden. »Dein Vater muß fort, und ich muß ihn begleiten«[11], lautete ihre Antwort.

Annes Rechtfertigung dafür, daß sie Jon so lange Zeit alleinließ, war, daß »die Aufregung und Hektik von Englewood... all das Positive der letzten beiden Jahre zerstören würde«. Zu viele Verwandte würden ihn sehen wollen, einschließlich natürlich ihrer eigenen Mutter, zu der Jon in der Zeit, als die Lindberghs auf ihren häufigen Flugreisen waren, eine sehr enge Beziehung entwickelt hatte. Es war besser für ihn, »seine eigene kleine Familie und ein dadurch überschaubares Leben« zu haben. Unerklärt bleibt, weshalb sie Land zurückgelassen hatte, der mit sechs Monaten noch zu klein war, um von dem Getue, das um ihn gemacht würde, etwas mitzubekommen. Zweifellos fürchtete sie, ihre beiden Jungen könnten entdecken, daß sie bei ihrer Großmutter ein viel freieres und glücklicheres Leben hätten als bei ihren Eltern. Besonders Lindbergh war ein strenger Zuchtmeister. Er trat offensichtlich in die Fußstapfen seines harten und emotionslosen Vaters und glaubte, daß Kinder bereits in frühem Alter unabhängig werden sollten und niemals verhätschelt werden dürften. Er schalt sogar seine eigene Mutter, wenn sie den weinenden Land auf den Arm nahm, um ihn zu trösten.

Während sich die Lindberghs in Amerika aufhielten, platzten in Long Barn ein paar Wasserrohre. Vita kam, um sich um die Reparatur zu kümmern. Sie, die selbst eine eher kühle und zurückhaltende Mutter war, war nichtsdestotrotz entsetzt über das, was in ihren Augen eine Vernachlässigung der Kinder war. »Die Lindberghs waren natürlich nicht da, sondern nur der kleine Jon und das Baby«, berichtete sie Harold. »Wie können sie es wagen, sie einfach so allein zu lassen – bei Dienern und einem Kindermädchen? Das ganze Haus sah fürchterlich vernachlässigt aus, und es wimmelte von Mäusen. Es war wirklich traurig.«[12]

Nigel Nicolson, Harolds und Vitas jüngster Sohn, begleitete seine Eltern mehrmals, als sie die Lindberghs in Long Barn besuchten. Wie er sich viele Jahre später erinnerte, ging Charles Lindbergh

> mit seinem kleinen Jungen Jon sehr grob um. Er pflegte ihn am Fußgelenk zu packen und um seinen Kopf herumzuschwingen, während Anne mit bleichem Gesicht zusah. Manchmal setzte er ihn auch auf eine Kinderschaukel und schaukelte ihn sehr hoch hinauf – Jon war noch ganz klein, erst zwei oder drei Jahre alt –, und wieder sollte das

vermutlich dazu dienen, ihn stark zu machen. Charles sagte immer: »Er muß lernen, er muß lernen«, was wohl hieß, er mußte lernen, daß die Welt ein grausamer Ort ist und er sich durchsetzen mußte. Das schockierte meine Mutter sehr.

Nigel Nicolsons Meinung nach war

> Anne stets in starkem Maße die Kindfrau. Sie hat eine wundervolle Ausstrahlung und ist eine großartige Schriftstellerin, aber sie wird schrecklich von Charles beherrscht... richtiggehend tyrannisiert, und sie war sehr unterwürfig.
> Andererseits muß man dagegenhalten, daß er seine späteren Flüge mit ihr zusammen unternahm, und das erforderte ein gewisses Vertrauen und die Erkenntnis, daß sie mutig, entschlossen und zäh war. Somit war sie also nicht ganz und gar die unterdrückte Ehefrau...
> Bei der Erziehung ihrer Kinder glaube ich jedoch, daß er das Sagen hatte. Ich denke, das wollte sie in gewisser Hinsicht auch so haben. Ich meine, er war eine Persönlichkeit, ein großer Held, und man kann nicht draußen vor der halben Welt der große Held sein und daheim eine Maus.[13]

Als die Lindberghs Mitte März 1938 nach England zurückkehrten, kam Lindbergh zu dem Schluß, es würde seiner Arbeit guttun, wenn sie näher bei Alexis Carrel wohnten. Carrel zog sich jeden Sommer vor dem Lärm und den Menschenmassen in New York nach Saint-Gildas zurück, einer kleinen Insel vor der Küste der Bretagne, die er und seine Frau 1922 gekauft hatten. Östlich von Saint-Gildas lag Illiec, eine weitere kleine Insel, von der aus man bei Ebbe zu Fuß sowohl zum Festland als auch nach Saint-Gildas hinübergehen konnte.

Während der Zeit, die die Lindberghs in England lebten, hatten sie die Carrels in ihrem alten Steinhaus auf Saint-Gildas besucht. Die Insel besaß jene Art von Wildheit, die Lindbergh, den

Einzelgänger und Abenteurer, sofort ansprach. Er schrieb Carrel: »Wie ich Ihnen gesagt habe, bin ich noch nie an einem Ort gewesen, der all das, was ich mag, so in sich vereint. Ich würde lieber auf Saint-Gildas leben als an irgendeinem anderen Ort, den ich gesehen habe.«[14] Tatsächlich war der einzige andere Ort, den der Flieger ebensosehr liebte, die Farm in Little Falls, Minnesota, wo er aufgewachsen war.

Dieses eine Mal teilte Anne die Begeisterung ihres Mannes nicht, obwohl kein Beweis dafür existiert, daß sie ihm je von ihrer Abneigung erzählt hat. Sie fand die kahlen Ebenen der Gezeitenzone und die seltsam geformten, aufragenden Felsen von Saint-Gildas zwar wunderschön, aber trostlos und einsam.

1938, während ihres Weihnachtsbesuchs bei Mrs. Morrow, hatte Charles von Madame Carrel erfahren, daß Illiec, die Insel neben Saint-Gildas, zum Verkauf stand. Auf der Insel befand sich ein schön gebautes Steinhaus mit einem kleinen Turm, der von Ambroise Thomas, dem Komponisten der Oper *Mignon*, erbaut worden war. Laut Theodore Malinen, einem der wissenschaftlichen Mitarbeiter Lindberghs, war es Ausländern nicht gestattet, Grundeigentum an der französischen Küste zu erwerben. Also arrangierten es die Carrels, daß die Insel von einigen ihrer Freunde gekauft wurde, die eine kleine Firma bildeten. Die gesamten Aktien dieser Firma wurden dann von Anne aufgekauft und von Madame Carrel für sie verwaltet[15].

Doch der Gedanke, Eigentümerin einer Insel zu werden, erfüllte Anne mit Furcht. Da sie bereits unter hochgradiger Nervosität litt, die teilweise durch die alarmierende Nachricht bedingt war, daß die Tschechen und Deutschen im Mai an der tschechoslowakischen Grenze Truppen zusammenzogen, war die Aussicht, das geliebte Long Barn verlassen zu müssen, eine zusätzliche seelische Belastung. Vor Angst, daß jede Minute der Krieg ausbrechen könnte, konnte sie nachts oft nicht schlafen. Zu allem Unglück war ihre Mutter, die sie stets in innere Konflikte stürzte, eben aus den Vereinigten Staaten zu Besuch gekommen. Anne, die eine introvertierte Frau war und mit Aufregung nur schwer fertig wurde, hatte stets Zeit gebraucht, um ihre Gefühle zu analysieren und darüber zu schreiben. Nun jedoch waren ihre Tage mit Aktivitäten und Vorbereitungen für den Umzug nach Illiec ausgefüllt. Sie hatte deshalb keine Zeit zum Nachdenken. »Ich muß lernen, mein Leben und meine Nerven zu beherrschen«, ermahnte sie sich. »Ich will keine Neurotikerin werden, die den Menschen nicht gegenübertreten kann, ohne gleich zusammenzubrechen.«

Es überrascht nicht, daß sich diese vielen Zwänge auf ihren Schreibstil auswirkten. Ihr Tagebuch, früher voller Charme und einfühlsamer Beobachtungen über das Leben und die Natur, nutzte sie nun, um in ermüdender und langatmiger Weise ihre politischen Überzeugungen und vor allem die ihres Mannes darzustellen. Sogar sie selbst bemerkte diese Veränderung. Monate später, als sie ihre alten Tagebücher aus den Tresorräumen von Morgan und Grenfell in London, wo sie zur sicheren Verwahrung für die Nachwelt aufbewahrt wurden, holte und wieder las, stellte Anne traurig fest: »Es scheint mir, daß ich in den alten Tagebüchern besser *geschrieben* habe, selbst in jenen Zeiten, in denen ich deprimiert, nervös und unausgeglichen war. Es besitzt Intensität.«

Obwohl Anne die Vorstellung, Long Barn verlassen zu müssen, haßte, bedauerte sie es nicht, England mit seinen »häßlichen und mittelmäßigen« Vorstädten und »billigen« Läden zu verlassen und den Engländern mit ihrer »überheblichen« Art den Rükken zu kehren. Tatsächlich hatte sie inzwischen das Gefühl, daß die meisten Briten der Oberschicht literarische Snobs waren. Es traf sie sehr, daß diese von ihren schriftstellerischen Fähigkeiten unbeeindruckt blieben. Ihre Bücher verkauften sich in Großbritannien nicht annähernd so gut wie in den Vereinigten Staaten. Ihre negativen Gefühle erstreckten sich jedoch nicht auf die englische Landschaft. Von ihr war sie stets fasziniert. »Die Bäume sind so wunderbar – die Bäume und die Landschaften sind in England das einzige, was einen voll und ganz in Entzücken versetzt«, notierte sie beinahe bitter in ihr Tagebuch. »Diese schmutzigbraunen Backsteinhäuser der Vororte, die eisernen Zäune, die Bovril-Schilder, die Busse und diese umdüsterten, umdüstert dreinblickenden Leute in Regenmänteln.«[16] Trotz ihrer angeblichen »Spiritualität« hatte es den Anschein, als hätte Anne kein Verständnis für die gewöhnlichen Leute, die sich ihren Lebensunterhalt selbst verdienen mußten.

So war es lediglich Long Barn mit seinem altehrwürdigen, zerfallenden Haus und den wunderschönen, in Terrassen angelegten Gärten, das sie heftig vermissen sollte. Anne interessierte sich nun, von Vita beeinflußt, für das Gärtnern. Sie kam jedoch zu dem traurigen Schluß, daß ein ähnlicher Garten auf Illiec mit dessen kargen Boden nicht in Frage kommen würde. Dennoch hoffte sie, daß es möglich wäre, dort wenigstens ein paar Blumen anzupflanzen. Bevor sie und Lindbergh nach Illiec aufbrachen, fuhren sie nach Sissinghurst, um sich von Vita zu verabschieden. »Sie sah in ihren schwarzen Samtkniehosen, dem schwarzen Mantel und dem schwarzen Filzhut sehr gut aus, zwei Schäferhunde zerrten an der Leine«[17], berichtete Anne. »Wir sagten ihr, wie ungern wir Long Barn verließen, und ich fragte sie, was wir in einem Garten direkt an der See anpflanzen sollten. Sie meinte, wenn Hortensien dort wüchsen, würde wahrscheinlich auch vieles andere dort gedeihen, und nannte mir einige Pflanzennamen. Ich sehe schon, daß ich schließlich doch noch eine dieser Frauen werde, die sich mit dem Gärtnern beschäftigen!… Wieviel erfreulicher als sonst war doch dieses Beisammensein – ein echter Kontakt.«

Vita hatte einen ganz ähnlichen Eindruck von diesem Besuch, obwohl sie rasch merkte, daß ihre ehemalige Mieterin unglücklich war. »Ich denke, sie war in Long Barn wirklich glücklich, und ich glaube, die arme Anne fürchtete diese verlassene und felsige Insel«, schrieb sie Harold. »Ich wünschte, du hättest das kleine Notizbuch gesehen, das sie hervorzog, um Tips für einen Garten am Meer aufzuschreiben! Sie hat in Long Barn gelernt, Blumen zu lieben.«[18]

Kurz nachdem die Lindberghs Long Barn verlassen hatten, fuhr Vita dorthin, um das Anwesen zu überprüfen. Sie war entsetzt. »Du weißt, daß die Lindberghs die letzten Menschen auf der Welt sind, mit denen man Unannehmlichkeiten haben wollte, doch der Zustand, in dem sie das Haus zurückgelassen haben, ist schändlich«, schrieb sie Harold wütend.

> Es ist nicht nur schmutzig, sie haben praktisch auch alle Möbelstücke umgestellt und sich nicht die Mühe gemacht, irgend etwas wieder zurückzustellen. Zum Beispiel stehen die großen holländischen Schränke, die wir bei Luigi gekauft haben, nun in verschiedenen Zimmern, die meisten Betten sind umgestellt worden, ganz zu schweigen von Tischen, Stühlen und Kommoden. Und überall Staub und Spinnweben. Ich kann nicht erwarten, daß irgend jemand das Haus in seinem gegenwärtigen Zustand nimmt. (Ich weiß nicht, wie sie es geschafft haben, es so zu ruinieren!)[19]

Harold Nicolson verlor ebenfalls rasch seine Illusionen, was die »reizenden« Lindberghs anging. Nicolson, der entschieden gegen die Nazis war[20], die seiner Meinung nach »die schlimmsten Seiten des deutschen Charakters ausnutzten... auf Kosten all dessen, was seine besten Seiten sind«, wollte lieber sterben, als mitanzusehen, wie Großbritannien mit Deutschland eine Allianz einging. »Charles und Anne Lindbergh und Mrs. Morrow kamen von Long Barn herüber«, notiert er am 22. Mai in sein Tagebuch.

> Lindbergh ist höchst pessimistisch. Er sagt, wir dürfen auf keinen Fall kämpfen, da wir einen Krieg mit Sicherheit verlieren würden. Die deutsche Luftwaffe ist der von Rußland, Frankreich und Großbritannien zusammengenommen zehnmal überlegen. Unsere Verteidigung sei einfach lächerlich, die Sperrballone eine bloße Geldverschwendung. Er ist der Meinung, wir sollten einfach nachgeben und eine Allianz mit den Deutschen bilden. Bis zu einem gewissen Punkt können seine Ansichten unberücksichtigt gelassen werden, weil er (a) natürlich glaubt, daß Flugzeuge der bestimmende Faktor in einem Krieg sein werden und weil er (b) an die Ideologie der Nazis glaubt, die sich mit seinem Haß gegenüber der Degeneration und seinem Haß gegenüber der Demokratie, wie sie durch die freie Presse und die amerikanische Öffentlichkeit repräsentiert wird, sehr gut verträgt. Doch selbst wenn man davon einmal absieht, bleibt die Tatsache, daß er wahrscheinlich recht hat, wenn er sagt, daß wir in der Luft unterlegen sind.[21]

Lindbergh, der gewiß kein Pazifist war, hatte begonnen, Großbritannien und Frankreich dazu zu drängen, ihre Streitkräfte zu stärken. Gleichzeitig tat er sein möglichstes, um die beiden Länder zu einer gütlichen Einigung mit Deutschland zu bewegen. Die Franzosen hörten sich zwar seine Argumente an, doch sie trafen keine weiteren Maßnahmen. Die Briten schenkten seinen Warnungen nicht einmal Beachtung. Wayne Cole, dem Lindbergh uneingeschränkten Zugang zu seinen persönlichen Briefen und Unterlagen, die mit seinen isolationistischen Aktivitäten vor dem Zweiten Weltkrieg in Zusammenhang standen, gewährte, schreibt dazu: »Obwohl er [Lindbergh] den Begriff nicht verwendete, deckte sich sowohl die Tatsache, daß er stets auf die überwältigende Luftübermacht Deutschlands hinwies, als auch, daß er zur Einigung mit Hitler-Deutschland aufrief mit der Beschwichtigungspolitik der Zeit. Vielleicht wurde sie durch seine Äußerungen sogar gefördert.«

Bevor sie in die steinige Isolation von Illiec aufbrachen, verbrachten die Lindberghs einige Zeit bei ihrer guten Freundin, der in Virginia geborenen Lady Nancy Astor, die sie seit ihrer Ankunft in England oft auf ihrem Landsitz Cliveden in Buckinghamshire empfangen hatte. Zu dieser Zeit hatten viele Leute den »Cliveden Set«, wie er genannt wurde, in Verdacht, eine faschistenfreundliche Haltung einzunehmen, ein Vorwurf, der von den Mitgliedern dieser Clique heftig bestritten wurde. Ob der Kreis um Lady Astor jemals in Intrigen gegen die britische Regierung verwickelt war, ist nicht erwiesen. Sicher ist jedoch, daß diese Gruppe für eine entschiedene Stillhaltepolitik eintrat. Ihre Wortführerin, Lady Astor, eine Dame der obersten Gesellschaftsschicht, die auch die erste Frau im britischen Parlament war, teilte Lindberghs Überzeugung, daß Großbritannien das Bündnis mit den Franzosen aufkündigen und gegenüber Deutschland eine Beschwichtigungspolitik betreiben sollte. Oder, wie Lindbergh es ausdrückte, nachdem er sie und ihren Kreis getroffen hatte: »[Lady Astor] wünscht ein besseres Verhältnis zu Deutschland. Die Einstellung der meisten Anwesenden Deutschland gegenüber gibt mir Hoffnung. Sie verstehen die Situation besser als die meisten Engländer heutzutage.«[22]

Die geistreiche, eigenwillige und oftmals schockierende Nancy Astor war eine mächtige Frau, die sich vieler einflußreicher Freunde rühmen konnte. Sie arrangierte es, daß Lindbergh seine Ansichten über die Stärke Deutschlands gegenüber einer Reihe von bedeutenden britischen Staatsmännern zum Ausdruck bringen konnte. Auch der amerikanische Botschafter in London, Joseph P. Kennedy, war selbst zu dem Schluß gekommen, daß die Nazis unbesiegbar wären und daß es im Interesse der britischen Regierung liegen mußte, Hitler nicht zu reizen.

Anne war von Lady Astor und ihrem Kreis bezaubert und fand diese Leute sogar noch reizender und sympathischer als den König und Mrs. Simpson. Sie, deren schmerzliche Ernsthaftigkeit ihr oft den Blick auf die humorvollen Aspekte des Lebens verstellte, fand es »zum Schreien komisch«, als Lady Astor sich falsche Zähne einsetzte, eine Frau aus der Unterschicht nachahmte und Lindbergh damit aufzuziehen begann, warum er denn »nicht so eine Art Mae West geheiratet habe, anstelle dieses kleinen Knirpses«[23]. Was Lady Astors Ehemann Lord Waldorf Astor anging, so fürchtete Anne, er könnte entdecken, daß sie »*nicht* die intelligente Tochter eines sehr intelligenten Vaters oder die intelligente Frau eines intelligenten Manne« war. Nichtsdestotrotz erklärte sie ihn zum »*aller*nettesten Mann, dem ich in England begegnet bin, sehr schlagfertig, scharfsinnig, auffassungsfähig und freundlich«. Sie vergaß dabei völlig, daß es noch nicht allzu lange her war, daß sie diese inoffizielle Auszeichnung dem früheren König Edward VIII. verliehen hatte.

Den amerikanischen Botschafter Joseph Kennedy, der ebenfalls dafür eintrat, die Nazis zu beschwichtigen, und der darüber hinaus auch noch Antisemit war, beschrieb Anne als »anständig, humorvoll und intelligent«. Sie mochte ihn sofort, und ihrem Mann ging es ebenso. Obwohl Lindbergh in Gesellschaft gewöhnlich nicht sehr gesprächig war, konnte er sich von dem Botschafter gar »nicht losreißen«, als er ihm bei den Astors begegnete. Er fand, Kennedy sei »jemand, mit dem er reden« könne. Das war untertrieben; als Hitler ein paar Monate später, im September, der Tschechoslowakei drohte, das Sudetenland zu annektieren, tat Lindbergh mehr, als mit Joseph Kennedy nur über die Stärke der deutschen Luftwaffe zu reden. Auf Kennedys Bitte hin verfaßte Lindbergh ein Memorandum, in dem er behauptete, daß »die Stärke der deutschen Luftwaffe größer ist als die aller anderen europäischen Länder zusammengenommen und ... dieser Abstand wächst ständig«.

In seinem Memorandum betonte Lindbergh auch, wie wichtig es sei, einen gesamteuropäischen Krieg zu vermeiden, denn er glaube, dieser Krieg könne leicht den Verlust der europäischen Zivilisation zur Folge haben. Ich bin keineswegs überzeugt, daß England und Frankreich gegenwärtig in der Lage wären, einen Krieg gegen Deutschland zu gewinnen. Doch ob sie nun gewinnen oder verlieren, wahrscheinlich wären alle beteiligten Länder durch ihre Anstrengungen zugrunde gerichtet. Ein europaweiter Krieg würde, so glaube ich, zu etwas führen, das einer Überflutung Europas durch den Kommunismus gleichkäme. Wenn man nach der heutigen Situation in Rußland urteilt, scheint alles besser zu sein als das.

Ich bin überzeugt, daß es klüger ist, eine Expansion Deutschlands nach Osten zuzulassen, als England und Frankreich zu diesem Zeitpunkt unvorbereitet in einen Krieg zu stürzen.

Wir müssen die Tatsache anerkennen, daß die Deutschen ein großes und tüchtiges Volk sind. Ihre militärische Stärke verknüpft sie nun untrennbar mit dem Wohlergehen der europäischen Zivilisation, denn sie haben die Macht, sie zu bewahren oder zu zerstören... Deutschland besitzt eine solche zahlenmäßige Überlegenheit von Kampfflugzeugen, daß es jede Stadt in Europa mit vergleichsweise wenig Widerstand bombardieren kann. England und Frankreich sind in der Luft zu schwach, um sich wirklich schützen zu können.[24]

Einige von Lindberghs Kritikern glauben, daß dieser Brief mit seiner furchterregenden Darstellung der Luftstreitmacht der Nazis teilweise für das Münchner Abkommen verantwortlich war. Einer von jenen, denen Kennedy Lindberghs Stellungnahme schickte, war der britische Premierminister Neville Chamberlain. Es ging das Gerücht, er sei nach der Lektüre so in Panik geraten, daß er, zusammen mit dem französischen Premierminister Édouard Daladier, am 30. September 1938 in München beschloß, die Tschechoslowakai den Nazis zu opfern. Dies hat Anne ihr Leben lang abgestritten. »Seine Schätzungen der Relationen über die Stärke der europäischen Luftstreitmächte beeinflußte, so munkelte man, den Premierminister Neville Chamberlain in seinem Entschluß, nach München zu gehen und die Tschechen davon zu überzeugen, sich Hitlers Forderungen zu unterwerfen«[25], schreibt sie in ihrer Einleitung zu *Welt ohne Frieden*, dem fünften Band ihrer Tagebücher und Briefe, der sechs Jahre nach dem Tod ihres Mannes veröffentlicht wurde. »In Wirklichkeit hat Lindbergh niemals mit Chamberlain oder dem Luftfahrtsstaatssekretär Sir Kingsley Wood über die Stärken der deutschen Luftwaffe gesprochen. Seine Berichte an andere Luftfahrtdienststellen sind zweifellos weitergegeben worden, aber daß sie die Entscheidung in München beeinflußt hätten, dafür gibt es keine Beweise. In der Tat hatten die Engländer lange Zeit die Warnungen von Luftfahrtexperten wie auch von Winston Churchill ignoriert.«[26]

Wieviel Einfluß Lindberghs Memorandum tatsächlich auf Chamberlain und somit auf dessen Verhalten bei der Münchener Konferenz hatte, bleibt das Thema einer hitzigen Debatte zwischen Lindberghs Kritikern und Anne Lindbergh. Eines jedenfalls ist sicher: Sowohl für Anne als auch für Charles war der drohende Krieg in Europa zur fixen Idee geworden. Sie waren in politischer Hinsicht zwar naiv, wie Anne viele Jahre später zugibt, hatten aber dennoch das Gefühl, es wäre ihre Mission, einen Krieg zu verhindern.

Charles, der stets beteuerte, es zu verabscheuen, daß er zu einer Legende geworden war, wurde rasch ein Opfer der Nazipropaganda. Dies ist nicht überraschend, denn der aufgeblähte Mythos der Nazis von der »Herrenrasse« ähnelte dem geheimnisvollen Nimbus und der elitären Aura, die die Piloten in den 20er Jahren umgab. So warb zum Beispiel eine der ersten New Yorker Flugschulen mit der Schlagzeile: DER FLIEGER – DER ÜBERMENSCH VON HEUTE. Im nachfolgenden Text wurde dann erklärt, warum ein Pilot tapferer und zäher war als andere Menschen. »Die Welt richtet ihre Augen auf den Flieger. Das Fliegen ist der großartigste Sport für aktive, virile Männer.«

Anne hingegen tolerierte den Faschismus aus einem ganz anderen Grund als ihr Mann. Bei ihr war es nicht so sehr die Bewunderung für die Nazis, sondern die Angst vor einem Krieg in Europa, der aufflammen würde, wenn sich eine andere Nation den Faschisten entgegenstellte. Sie hatte als junges Mädchen so viel über den Ersten Weltkrieg gehört, daß die Vorstellung, es könnte in Europa einen Krieg geben, der diesem gleichkam, sie in höchstem Maße erschreckte. Als sie im September 1938 sah, wie die Leute in London Schlange standen, um Gasmasken zu kaufen, glaubte sie, überall den Tod zu erblicken. »Es kommt mir so vor, als würde ich die Toten und die dem Untergang Geweihten sehen. Unvorstellbar, daß all dies schon in der nächsten Woche von Bombenkratern aufgerissen sein könnte, daß die Gebäude zerstört sein könnten. Und dennoch liegt es so sehr im Bereich des Möglichen, daß ich das Gefühl habe, mir einen alten Film anzusehen, der England vor der Zerstörung in der ›guten alten Vorkriegszeit‹ zeigt.«

Wie ihr Mann war Anne überzeugt, daß ein Krieg die Schätze der westlichen Zivilisation zerstören würde. »Ich bin mit der These ›Wir müssen die Diktatoren jetzt oder nie aufhalten‹ ganz und gar nicht einverstanden«, notierte sie in ihrem Tagebuch. »Leider ist es höchst zweifelhaft, ob man sie jetzt überhaupt aufhalten könnte. England und Frankreich sind so erbärmlich schwach, und selbst mit Amerika im Bunde würde es einen langen Kampf geben. Faktisch glaube ich, der einzige Weg, ihnen ein Ende zu bereiten, ist der, sie gegen Rußland antreten zu lassen.«[27]

Die Abgeschiedenheit von Illiec hätte Anne helfen können, vorübergehend mit ihrer Angst angesichts der bedrohlichen Weltlage fertig zu werden, doch die primitiven Lebensbedingungen auf der Insel verschlimmerten nur noch ihre Anspannung. Kurz nachdem sie im Juni 1938 auf die einsame, felsige Insel vor der

Küste der Bretagne gezogen waren, hatte sie entdeckt, daß »das ›einfache Leben‹, das viele Männer so in den Himmel heben... eine große Belastung für die Frauen«[28] ist. Das mit einem Turm versehene Steinhaus aus dem 19. Jahrhundert besaß weder eine Heizung noch fließendes Wasser oder Strom. Die meisten Möbel waren häßlich und geschmacklos und mußten deshalb ausgetauscht werden. Das englische Kindermädchen, das sie eingestellt hatte, schimpfte unablässig über die Unfähigkeit des französischen Dienstpersonals und die schlechte Küche. Dann kam auch noch Dr. Carrel ständig von der benachbarten Insel herüber, um ihr irgendwelche unerwünschten Ratschläge zur Kindererziehung zu geben. Selbst Anne, die gewöhnlich ein Muster an Geduld und Verständnis war, wurde über die ständigen Einmischungen des französischen Chirurgen allmählich wütend. Als Evangeline Lindbergh zu Besuch war, ergriff der Wissenschaftler die Gelegenheit, um sie darüber auszufragen, womit sie ihren Sohn Charles als Baby gefüttert hatte. »Was ich als Baby zu essen bekommen habe, das interessiert keine Menschenseele!« schrieb Anne aufgebracht in ihr Tagebuch.

Selbst der Garten, den sie auf Illiec geplant hatte, wurde ein totaler Fehlschlag. Wie befürchtet, gingen die zarten Setzlinge, die sie aus Long Barn mitgebracht hatte, wegen des heftigen Windes sofort ein. Nachts flüchtete sie sich, von der körperlichen Arbeit und dem Gezänk des Dienstpersonals erschöpft, in angenehme Träume von den heiteren Gärten ihres früheren Zuhauses.

Das einzige, womit sie gut vorankam, war ihr neues Buch. Ende Juni 1938 konnte sie es beenden und Alfred Harcourt das Manuskript schicken. Tief beeindruckt von dessen Qualität, gratulierte er ihr. »Er... war wieder einmal davon überzeugt, daß es sich lohnt, Verleger zu sein. Ein schöner Beruf... Doch glücklich bin ich schon«, notierte sie in ihr Tagebuch. »Außerdem wird sich C. *sehr* freuen.«[29]

Harcourt schlug ein paar Änderungen vor. Anstatt diese seiner Frau zu überlassen, maßte Charles Lindbergh sich wieder einmal die Rolle ihres Redakteurs an. Warum er sich dazu qualifiziert fühlte, bleibt ein Geheimnis, da er kein besonders gutes Sprachgefühl hatte und es in seinen eigenen Tagebüchern, dem *Kriegstagebuch 1938–1945* von grammatikalischen Fehlern wimmelt. So kann man dort zum Beispiel lesen: »Der Botschafter lud Anne und ich für 16.30 zum Tee ein«, was ein Redakteur, wahrscheinlich aus Angst, Lindberghs Mißfallen zu erregen, so stehen ließ. Trotz dieser Fehler hatte er ein scharfes Auge für Wiederholungen und Ungenauigkeiten. Außerdem zögerte er im Gegensatz zu seinem eigenen Redakteur nicht, seiner Frau offen zu sagen, was er von ihrer Arbeit hielt und wie sie diese verbessern könnte. Neben der Korrektur der Wiederholungen und sachlichen Irrtümer half ihr Lindbergh auch bei der Auswahl eines Titels für das Buch. Sie entschieden sich für *Listen! the Wind. (Wind an vielen Küsten)*. Da Lindbergh die Gestaltung des Einbands keinem Dritten überlassen wollte, machte er auch den Umschlag. Anne fand Lindberghs Entwurf mit den halben Sternen, dem halben Mond und den Wellen »eindrucksvoll und dekorativ«.

Anfang August 1938 befanden sich die Lindberghs wieder einmal in der Luft. Diesmal hatten sie vor, Rußland zu besuchen, wo Lindbergh sich mit führenden Luftfahrtexperten treffen wollte. Wie Anne später in einem ihrer veröffentlichten Tagebücher betont, war seine Reise »Teil eines größeren Projekts, bei dem im Auftrag des amerikanischen Geheimdienstes eine vergleichende Studie über die Stärke der Luftstreitkräfte der wichtigsten europäischen Länder erarbeitet werden sollte«.

Als Anne kurz vor der Abreise stand, wurde sie plötzlich von bösen Vorahnungen erfüllt. Sie befürchtete, Jon oder Land, der Charlie immer ähnlicher wurde, könnte während ihrer Abwesenheit etwas passieren. »Mich lockt Rußland auch nicht sonderlich, doch habe ich das Gefühl, daß ich mit muß«, schrieb sie wenig begeistert in ihr Tagebuch. »Es gehört in die europäische Landschaft. C. muß darüber Bescheid wissen, und ich muß ihn begleiten, damit wir darüber diskutieren können.«[30]

Dies war eine Selbsttäuschung, zumal Lindbergh mit vielen amerikanischen und europäischen Flugexperten in Kontakt stand, die ein weitaus größeres Wissen über die russische Luftfahrt besaßen als sie. Der wahre Grund, weshalb Anne ihren Mann nach Rußland begleitete, war der, daß sie Angst hatte und sich unsicher fühlte, wenn sie von ihm getrennt war, selbst wenn es nur für kurze Zeit war. Möglicherweise fürchtete sie auch, daß er, wenn er ohne sie flog, eine jüngere und attraktivere Frau kennenlernen würde. Was würde dann mit ihr werden? Auf einen Schlag würde ihr Leben voller Glanz, Abenteuer und Erfüllung enden, und sie würde wieder das ungeliebte, unscheinbare Mädchen sein, das sich mit ihren brillanten, lebhaften Eltern und Schwestern nicht messen konnte. »Ich blicke C. nach, bis er nur noch ein weißer Fleck ist auf dem Weg, der über Sandbänke, Inseln und Steinblöcke zu den Carrels führt«, schrieb sie eine Woche später in ihr Tagebuch.

Weshalb fahre ich? Weshalb hefte ich meinen Blick so lange auf den weißen Fleck, bis er verschwunden ist? Die beiden Fragen scheinen miteinander in Beziehung zu stehen.

Ich muß fahren, ich muß an C.'s Leben teilhaben. Ich muß trotz meiner Angst mitfahren. »Man hat sich dieser Welt zu stellen, sagte Hari, dann braucht man sie nicht zu fürchten.«

Seinen Kindern zuliebe muß man vielleicht manches unternehmen, was ihnen beweist, daß man ohne Furcht ist, selbst wenn es einen das Leben kosten sollte. Möglicherweise ist ihnen das eine wichtigere Lehre, als zu Hause zu bleiben und den Versuch zu unternehmen, sie zu beschützen.[31]

In Rußland zeigte man Lindbergh einige Flugzeugfabriken, die er jedoch jenen, die er in Deutschland gesehen hatte, insgeheim für weit unterlegen hielt. Anne war von den Sowjets ebenfalls nicht sonderlich beeindruckt. Natürlich hatte sich das Land seit ihrem letzten Besuch im Jahre 1933 verändert. Neue Gebäude waren entstanden, und in den Geschäften gab es etwas zu kaufen. Doch ihr fiel auf, daß die Waren von minderer Qualität waren und die Menschen unterernährt aussahen. Nicht einmal die Leistungen einiger Militärpilotinnen, die kürzlich einen Rekordflug quer durch die Sowjetunion angestellt hatten, konnten ihre Meinung über das kommunistische System ändern. »Ich habe ziemlich wenig dafür übrig. In Rußland haben sie den Frauen ihre typische Arbeit weggenommen und sie dem Staat übertragen«, notierte sie. »Ich glaube aber nicht, daß sie vom Staat *en masse* ebensogut erledigt werden kann. Eine Frau ist dort wie ein Mann einfach nur ein Werkzeug, das in die Mechanisierung gedrängt wird.«

> Ich mag die Russen – sie sind mir von Natur aus sympathischer als die Deutschen – doch das bedeutet nicht, daß ich für ein System bin, das an die absolute Gleichmacherei glaubt.
> Abgesehen davon ist dieses System zu Recht oder zu Unrecht aufgeweicht. Es gibt ganz klar eine Oberschicht, die aus Offizieren, Fachleuten, Beamten usw. besteht.
> Und wie erklärt er (Stalin) diese schrecklichen Prozesse, die Morde, das Spionagesystem?

Obwohl sie die Russen als Volk mochte, räumte Anne ein, daß sie nicht annähernd so klug und tüchtig wie die Deutschen waren. Tatsächlich litten sie unter »einer allgemeinen Mittelmäßigkeit«. Die einzige Ausnahme stellte für sie das Ballett dar, dessen Vorstellung sie und Lindbergh eines Abends besucht hatten und die sie beide gelungen fanden.

Am 30. September 1938, zur gleichen Zeit, als in München Großbritannien und Frankreich ihren Verbündeten, die Tschechoslowakei, den Nazis opferten, befand sich Anne in Cliveden bei Lady Astor. Charles hielt sich währenddessen bei Botschafter Joseph Kennedy in der amerikanischen Botschaft in London auf. Obwohl sie nicht zusammen waren, als sie die Neuigkeit hörten, daß sich die vier Politiker – Hitler, Chamberlain, Mussolini und Daladier – geeinigt hatten, zeigten beide Lindberghs eine ähnliche Reaktion – sie waren begeistert. Anne, die Chamberlain bewunderte, hatte keine Zweifel, daß er nach dreizehn Verhandlungsstunden richtig entschieden hatte, als er Deutschland das reiche und strategisch wichtige Sudetenland überlassen und damit den »Frieden in unserer Zeit« erkauft hatte. »Der Bericht Chamberlains im Unterhaus – jener große bescheidene und mutige Mann – in seinen Anstrengungen und seinem Glauben völlig gerechtfertigt, belohnt, riß das Unterhaus zu Begeisterungsstürmen hin. Ich kann es kaum fassen, ohne zu weinen«, schrieb sie gefühlsbetont in ihr Tagebuch. »Auch das, was er sagte, als er ins Flugzeug stieg, um zum dritten Treffen zu fliegen: ›Ich hoffe, daß ich, wenn ich zurückkomme, mit Hotspur in *Henry IV* sagen kann, aus der Nessel Gefahr pflücken wir die Blume Sicherheit‹.«

Doch nicht alle Freunde der Lindberghs betrachteten die Ergebnisse von München als »gute Nachricht«. Besonders deutlich in seiner Kritik war Jean Monnet, der berühmte französische Ökonom, der ein enger Freund von Dwight Morrow gewesen war. Er vertrat die Auffassung, daß die Nazis nicht vertrauenswürdig waren, und erklärte den Lindberghs offen, daß er glaube, Frankreich sollte aufrüsten, um auf Deutschlands nächste Schritte vorbereitet zu sein.

Obwohl es Anne weh tat, ihren Mann und ihren Freund Monnet streiten zu hören, war klar, wem ihre Loyalität gehörte.

Ich sehne mich immer noch danach, den alten M. Monnet im Gespräch mit Daddy zu hören: »Mein lieber Monnet…« Das ist Welten entfernt. Sie sind Generationen auseinander. Ein Vorkriegsriß. Es ist so merkwürdig. Die Worte des einen tun meinem Herzen wohl, dennoch bin ich zu den praktischen, unumstößlichen Tatsachen des anderen bekehrt worden. Und doch ist das gegenüber keinem von beiden gerecht, noch meine ich es eigentlich so. C. steht nicht nur für die »praktischen, unumstößlichen Tatsachen«. Er besitzt auch Idealismus. Aber es ist ein neuer Idealismus, der einer anderen Generation. M. Monnet gehört trotz seiner Jugendlichkeit einer anderen an. Der meines Vaters.

Sie fragte sich oft, wie die Leute die Politik ihres Vaters während dieser Zeitspanne klassifiziert hätten. Dabei kam sie zu dem traurigen Schluß, daß er wohl als Kommunist gegolten hätte. »Wie seltsam sich die Dinge entwickelt haben. Charles ist ein ›Faschist‹ und Daddy ein ›Roter‹!«

Am 18. Oktober, während ihrer dritten Deutschlandreise, bei der Lindbergh sowohl verschiedene Flugzeugfabriken besuchen wie auch diverse neue Flugzeugtypen fliegen konnte, wurde ihm anläßlich eines Herrenessens, zu dem der amerikanische Botschafter eingeladen hatte, von Hermann Göring der Adlerschild des Deutschen Reiches, eine hohe zivile Auszeichnung, verliehen. Lindbergh erhielt den Orden für seine Leistungen auf dem Gebiet der Luftfahrt und speziell für seine Atlantiküberquerung von 1927. Anne war bei der Zeremonie nicht anwesend.

»Ich kam darauf, daß er mir ›im Auftrag des Führers‹ den Roten Adlerorden, eine der höchsten deutschen Auszeichnungen, verliehen hatte«[32], vermerkte Lindbergh in seinem trockenen, nüchternen Stil in seinem Tagebuch.

Anne faßte die Gelegenheit in ihrem Tagebuch ebenfalls ohne Kommentar kurz zusammen. »C. kam von diesem Abendessen spät zurück und brachte einen deutschen Orden mit, den General Göring ihm ganz überraschend verliehen hat. Henry Ford ist der einzige andere Amerikaner, der ihn auch noch bekommen soll. Die Urkunde ist von Hitler unterzeichnet.«[33]

Später, als über Lindbergh eine Flut von Vorwürfen hereinbrach, verteidigte Anne ihren Mann. Sie wies darauf hin, daß ihm der Orden nicht nur anläßlich eines Diners verliehen worden war, das vom amerikanischen Botschafter gegeben wurde, sondern daß Lindbergh auch vorher nichts von der Verleihung gewußt hatte. Darüber hinaus hatten zwei weitere Ausländer, ein Engländer und ein Franzose, in derselben Woche einen deutschen Orden erhalten, ohne daß sie von der Presse angegriffen worden waren.

Merkwürdigerweise war es Major Truman Smith, der amerikanische Militärattaché in Berlin, der ausführlicher über Annes Reaktion auf Lindberghs Orden berichtet. »Als Colonel Lindbergh und der Militärattaché nach Hause kamen, hatten sich ihre Frauen noch nicht zur Ruhe begeben«, schreibt er in seinem Bericht für den Geheimdienst. »Der Oberst holte wortlos das Etui mit dem Orden aus seiner Tasche und überreichte es Mrs. Lindbergh. Sie warf nur einen flüchtigen Blick darauf und sagte dann völlig gleichgültig: ›Der Klotz‹.«[34]

Obwohl Anne in *Blume und Nessel* aus Smiths Bericht zitierte, hat sie sich niemals dazu geäußert, ob es stimmte, daß sie den Orden als Klotz am Bein betrachtete.

Noch während sich das Paar in Deutschland befand, erschien in den Vereinigten Staaten Annes *Wind an vielen Küsten*. Das Buch bekam beinahe einstimmig ausgezeichnete Kritiken. Ein Kritiker der *New York Times* beschrieb es als »die Geschichte von zehn Tagen menschlicher Erfahrung, festgehalten von einer Schriftstellerin, die die Fülle eines jeden Augenblicks voll erfaßt und deren Kunstfertigkeit den Leser Ort und Menschen, Hoffnung und

Enttäuschung, Zweifel und Triumph, den langsamen Puls der Spannung fühlen läßt«[35]. In gleicher Weise beeindruckt war Clifton Fadiman, der im *New Yorker* schrieb: »Mrs. Lindbergh schreibt hervorragend. *Wind an vielen Küsten* enthält Szenen, die in der Lebendigkeit der Charakterdarstellung und der Eindrücke einer erstklassigen Romanschriftstellerin würdig sind. Mrs. Lindberghs Bücher sind, ganz abgesehen von ihrem Wert als Beitrag zur Geschichte der Luftfahrt, kleine Kunstwerke.«[36]

Obwohl Anne über diese Kritiken begeistert war, ärgerte es sie, daß die Kritiker den Beitrag ihres Mannes übersahen. »Keiner weiß, wie sehr das C.'s Buch ist, wieviel Arbeit er dabei geleistet hat.«[37]

Interessanterweise war ausgerechnet Eleanor Roosevelt eine von Annes glühendsten Verehrerinnen, was in Anbetracht der zukünftigen Feindschaft, die zwischen ihren Ehemännern entstehen sollte, eine Ironie des Schicksals ist. Eleanor Roosevelt hatte *Wind an vielen Küsten* gelesen und hielt es für eine »Perle« von Buch. Doch nicht einmal die Schönheit von Annes Sprache vermochte Mrs. Roosevelts starke Vorbehalte gegen Annes Mann auszuräumen. Das Progrom gegen die deutschen Juden, das als Kristallnacht bekannt wurde, erfüllte sie mit Entsetzen. Aus Cincinnati, wo sie sich auf einer Vortragsreise befand, schrieb sie: »Die deutsch-jüdische Angelegenheit läßt mir übel werden, und als F. D. R. heute abend anrief, war ich froh zu hören, daß [Botschafter Hugh] Wilson herbeordert wurde und wir offizielle protestieren werden. Wie konnte Lindbergh diesen Hitler-Orden nur entgegennehmen!«[38]

Die Ausschreitungen der Kristallnacht, die drei Wochen, nachdem Lindbergh den deutschen Orden erhalten hatte, stattfanden, schockierten auch Anne. Sie hatte sich, nachdem sie die starke Bindung ihres Mannes an die Deutschen erkannt hatte, ursprünglich einverstanden erklärt, zusammen mit ihrem Mann und den Kindern den Winter in Berlin zu verbringen. Doch nun schrieb sie: »Man ist drauf und dran, sich an den Gedanken zu gewöhnen, daß man mit diesen Menschen zusammenarbeiten kann, und dann unternehmen sie etwas derart Stupides, Brutales und Undiszipliniertes. Ich bin außer mir.«[39]

»Wie sollen wir jemals in diesem Land leben *können*?«

Obwohl die Lindberghs sich entschlossen, den Winter über eine kleine Wohnung am Bois de Boulogne in Paris zu mieten, vermochten sie die hartnäckigen Gerüchte über ihre nazifreundliche Haltung nicht zu zerstreuen. In den USA wurde überall verbreitet, daß sie »in Deutschland im Hause eines vertriebenen Juden leben würden«. Kinogänger veranstalteten ein Pfeifkonzert, wann immer die Lindberghs in einer Wochenschau erwähnt wurden. TWA, die »Lindbergh Linie«, schmückte sich nicht mehr mit seinem Namen, und Annes neues Buch wurde trotz der ausgezeichneten Kritiken von jüdischen Buchhändlern boykottiert.

Mit unerschütterlicher Loyalität fuhr Anne fort, ihren Mann energisch zu verteidigen.

> Ich finde es ekelhaft, daß man C. so unfair brandmarkt und daß sich gegen ihn so viel Haß aufstaut wegen einer Sache, die nicht stimmt. Er ist kein Antisemit und ist nie einer gewesen. Ihn läßt die ganze Geschichte erstaunlich kalt. Der Zorn berührt ihn genauso wenig wie einstiges Lob der Presse.
>
> Ich habe das Gefühl, nur wenn er sich selbst untreu geworden wäre, würde es ihn beschäftigen.
>
> Als Frau stört mich die Ungerechtigkeit.[40]

Inzwischen war sie zu der Überzeugung gelangt, daß sie und ihr Mann nichts getan hatten, was diese heftigen Reaktionen gegen sie rechtfertigte. Sie waren nicht nur unschuldige Opfer der Presse, die Lügengeschichten über sie verbreitete, sondern auch der »von Natur aus überempfindlichen Juden«, die sie und ihren Mann »fälschlich« beschuldigten, Antisemiten zu sein.

In dem Versuch, sich an die Zeit zu erinnern, als die Welt mit ihr geliebt – und getrauert – hatte, ließ Anne von Charles Despiau, einem berühmten französischen Bildhauer, der ein Schüler Rodins gewesen war, ihre Büste modellieren. (Despiau erhielt später von Lindbergh die Erlaubnis, mehrere Kopien des Kopfes anzufertigen, die dann in den Nationalmuseen von London, Paris und New York ausgestellt wurden.) Gleichzeitig ließ Charles von Jo Davidson, einem bekannten amerikanischen Bildhauer, der in Paris lebte, eine Skulptur seines Kopfes herstellen. Vielleicht fehlte der Büste deshalb die Kraft und Eindringlichkeit, die Davidsons Werk gewöhnlich zugesprochen wird, weil Davidson mit Lindbergh über die Bewertung des Münchener Abkommens stritt. Als Anne die Büste ihres Mannes sah, war sie insgeheim enttäuscht. Sie war der Ansicht, sie vermittle nicht diese »eigene freudige Überraschung… das göttliche Geheimnis, das in jedem menschlichen Wesen schlummert«[41]. Die Lindberghs hatten den Eindruck, daß die beiden Büsten zwar kunstvoll gearbeitet waren, es den beiden Künstlern jedoch nicht gelungen war, ihr wahres Wesen einzufangen. Aus diesem Grund wandten sie sich an den berühmten – und exzentrischen – englischen Maler Augustus John, um sich von ihm porträtieren zu lassen. Vor allem Anne war der Meinung, daß nur ein Künstler wie John in der Lage sein würde, Lindberghs Eindringlichkeit auf der Leinwand einzufangen. »Nachdem ich seinen Lawrence gesehen habe, habe ich stets gedacht, er wäre für C. ausgezeichnet. Er ist der einzige Mensch, der C.'s ›Brennglas‹-Eigenschaft erfassen kann«, schrieb sie in ihr Tagebuch. Sie war entzückt, als sie durch einen Freund erfuhr, daß John sich sehr freuen würde, die Lindberghs porträtieren zu dürfen.

Nach ihrer Rückkehr nach London speisten die Lindberghs mit dem Herzog und der Herzogin von Windsor. Obwohl Anne erschrocken war, wie leer das Leben dieses Paares war, nachdem der König abgedankt hatte, fielen ihr unweigerlich auch die Ähnlichkeiten zwischen ihnen selbst und dem Herzog und der Herzogin auf. Beide Paare hatten ein Leben im selbstauferlegten Exil gewählt, und wie bei ihrem Ehemann, war die jüngste Deutschlandreise des Herzogs in der Presse, die er und die Herzogin ebenso stark verabscheuten wie die Lindberghs, heftig kritisiert worden. »Die *Lügen*, die sie darüber drucken, die Art, wie sie einen wegen der falschen Dinge angreifen und für die falschen Dinge loben. Wie sie im Privatleben herumschnüffeln.

Wie seltsam das doch war – da begegnete ein Paar von Einhörnern einem anderen.«

Es geschah während dieses Besuchs in London, daß Anne, die sich bisher fast ausschließlich in den höchsten diplomatischen und finanziellen Kreisen bewegt hatte, die Bekanntschaft mehrerer bekannter Schriftsteller und Künstler machte. Bei einem Mittagessen, das von Jo Davidson gegeben wurde, lernte sie die amerikanische Schriftstellerin Gertrude Stein, ihre Lebensgefährtin Alice B. Toklas, den chinesischen Autor und Philologen Lin Yutang und die mexikanische Malerin Frida Kahlo kennen. Anne mochte Frida Kahlo sofort. Daß sie sich zu der Frau des berühmten Freskenmalers Diego Rivera hingezogen fühlte, war unter den gegebenen Umständen nicht überraschend. Beide Frauen benutzten ihr künstlerisches Talent dazu, um ihre Fixierung auf ihre Ehemänner zu erforschen. »Frida Rivera ist da. In ihrer Tehuantepec-Tracht sieht sie ganz reizend aus«, erinnerte sich Anne später. »Ihr dunkles Haar hat sie in einem Zopf, in den ein Band gelber Wolle hineingeflochten ist, um den Kopf gelegt. Vorne hat sie ein paar gelbe Orchideen in die Flechten gesteckt, so daß das Ganze wie eine Tiara aus Blumen wirkt.

Sie sieht bezaubernd aus, überhaupt nicht gekünstelt, sondern natürlich wie ein Kind – einfach sie selbst.«

Am 16. März annektierte Deutschland Böhmen und Mähren. Anne war schockiert, als sie erkennen mußte, daß nicht ihr

Mann, sondern Jean Monnet schließlich recht behalten hatte – man durfte Deutschland nicht trauen. Obwohl sie die Deutschen persönlich mochte, fühlte sie sich verraten.

> Ich bin innerlich voller Wut. Dieses Mal ist er zu weit gegangen. Jetzt hat er Unrecht… Natürlich werden Verträge gebrochen. Alle Nationen brechen irgendwann ihr Wort, doch die Deutschen brechen es in dem Augenblick, in dem es ihre Lippen verläßt, noch bevor die Tinte auf dem Papier trocken ist…
>
> Und all die [Antony] Edens und [Cordell] Hulls haben recht. Ich kann es nicht ertragen. Armer Chamberlain. Ich habe immer noch das Gefühl, daß er richtig gehandelt hat.[42]

Lindbergh teilte die Bestürzung seiner Frau darüber, daß die Nazis den mit Chamberlain geschlossenen Vertrag gebrochen hatten, in keiner Weise. Am 1. April sprach Hitler in Wilhelmshaven. Er benutzte den Stapellauf des Schlachtschiffes *Tirpitz* dazu, sein politisches Vorgehen zu rechtfertigen. Als Lindbergh am folgenden Tag Hitlers Rede in der Zeitung las, war er beeindruckt. Er verstand nicht, warum die Leute denn nicht merkten, daß »das Überleben der Zivilisation… jetzt viel mehr von seiner [Hitlers] Klugheit als von den Aktionen der Demokratie« abhängt. Obwohl er mit vielen Vorgehensweisen der Nazis nicht einverstanden war, glaubte er immer noch fest, daß das Land »in den letzten Jahren als einziges in Europa eine konsequente Politik verfolgt hat. Ich kann die gebrochenen Versprechen nicht billigen. Deutschland war bei dem Brechen von Versprechen aber nur etwas schneller als andere Nationen. Die Geschichte urteilt über Recht und Unrecht ganz anders als der Gesetzesparagraph.«[43]

Da er sich große Sorgen machte, daß die Vereinigten Staaten in den Krieg, den er inzwischen für unvermeidbar hielt, hineingezogen würden, und er außerdem davon überzeugt war, daß nur ein Mann von seinem Format und seiner Erfahrung seine amerikanischen Mitbürger davon überzeugen könnte, welche Torheit es wäre, es mit einem solch gefährlichen Gegner aufzunehmen, entschloß sich Lindbergh, in die Vereinigten Staaten zurückzukehren. Dies war für ihn keine leichte Entscheidung, denn die Aussicht, ein weiteres Mal in einer degenerierten Demokratie leben zu müssen, hatte für ihn nichts Positives. In seinem Tagebuch schrieb er dazu:

> Wie kann die Demokratie noch den Kopf hoch tragen, wenn es für die, die einmal das Interesse ihrer Öffentlichkeit und ihrer Presse geweckt haben, keine Freiheit gibt? Zwölf Jahre lang habe ich in dem Land, das als Musterbeispiel Freiheit gilt, keine Freiheit gefunden. Was ich gefunden habe, mußte ich mir selbst nehmen, und wirkliche Freiheit fand ich erst, als ich nach Europa kam. Das Seltsame dabei ist, daß ich von allen europäischen Ländern in Deutschland die größte persönliche Freiheit genoß, dann kam England und schließlich Frankreich. Aber im Gegensatz zu Amerika bewegen wir uns hier in *jedem* Land völlig ungehindert.[44]

Am 8. April 1939 fuhr er allein auf dem Passagierdampfer *Aquitania* in die USA. Anne sollte mit den Kindern in Paris bleiben und seine Entscheidung abwarten, ob er in Amerika zu bleiben beabsichtige. Falls er sich dazu entschloß, dann würde er sie nachkommen lassen. Alles hing davon ab, ob jemand seinen Warnungen bezüglich der Lage in Europa Gehör schenken würde.

»Sollte es einen Krieg geben, so war mein Platz in meinem eigenen Land«, schrieb er viele Jahre später.

> Ich war der Meinung, daß ich einen konstruktiven Einfluß in Amerika ausübe, indem ich die Leute vor der Gefahr der Sowjetunion warnte und ihnen erläutere, daß nach einer Vernichtung Hitlers,

selbst wenn sie durch den Einsatz der Hilfsquellen Amerikas erreicht werden könnte, wahrscheinlich die jetzt schon gefährliche Bedrohung durch Stalin noch größer werden würde. Ich wollte für eine amerikanische Politik der Stärke und Neutralität eintreten, eine Politik, die die europäischen Nationen dazu ermutigte, die Verantwortung für ihre Beziehungen untereinander und ihr Schicksal selbst zu tragen. Wenn sie sich in einen Vernichtungskrieg verstrickten, dann sollte wenigstens eine starke Nation des Westens übrigbleiben, um seine Zivilisation zu schützen.

Große Sorgen bereitete mir die Frage nach der Stärke Amerikas. Obwohl mir eine Mischung aus militärischer Stärke mit unserem Idealismus sehr unbehaglich war, glaubte ich doch, daß militärische Kraft für unsere Sicherheit wesentlich sei. Ich war überzeugt, daß die Fliegerei in zukünftigen Kriegen eine Hauptrolle spielen würde, und wußte, daß wir unsere führende Position in der Militärluftfahrt verloren hatten. Deutschlands Forschungs- und Produktionseinrichtungen waren viel umfangreicher als unsere... Zu Hause in den Vereinigten Staaten konnte ich in dieser Sache etwas tun. Ich konnte mich darum bemühen, die Aktivitäten der amerikanischen Luftfahrt ein wenig anzukurbeln.[45]

Als die *Aquitania* am 14. April in New York anlegte, wurde Charles von den Eheleuten Carrel und seinem Freund Jim Newton abgeholt. Doch wie er vorausgesagt hatte, wurde sein Wiedersehen mit diesen alten Freunden rasch von Reportern gestört. Als die Presseleute in seine Kabine drängten, fragte er sich, »wo die Freiheit endet und der Aufruhr beginnt – es war ein barbarischer Eintritt in ein zivilisiertes Land«.

Kurz nach seiner Ankunft traf sich Lindbergh in Washington mit Präsident Franklin D. Roosevelt. Er war dem Präsidenten zuvor noch niemals begegnet und deshalb unsicher, was er von diesem Mann halten sollte. Einerseits mochte Lindbergh ihn; andererseits hatte er das Gefühl, daß er oberflächlich und wenig vertrauenswürdig war und »es ihm an staatsmännischer Weisheit fehle«[46]. Trotz dieser schweren Vorbehalte stimmte Lindbergh seiner vorübergehenden Einberufung in das U. S. Army Air Corps zu. Er war der Meinung, es wäre besser für ihn und den Präsidenten, »solange zusammenzuarbeiten, wie wir können«. Jetzt, da er das Gefühl hatte »gebraucht« zu werden, telegrafierte er Anne, zu kommen. Sie buchte unverzüglich eine Überfahrt für sich und die Kinder auf der *Paris*, die am 19. April ablegen sollte. Doch in einer seltsamen Wendung des Schicksals brannte das Schiff vorher im Dock aus, und so fuhren Anne und die beiden Jungen einen Tag später als geplant auf der *Champlain* in die Vereinigten Staaten.

Als das Schiff aus Le Harvre auslief, stimmte Anne der Gedanke, daß sie nun jenes Land verließ, das sie so liebgewonnen hatte, traurig.

Dies war eine außergewöhnliche Reaktion, wenn man bedenkt, aus welchem Grund sie Europa den Rücken kehrte: Sie fuhr zu ihrem Mann, der ausgerechnet mit der Absicht nach Hause gefahren war, seine Landsleute davon zu überzeugen, jenen Völkern, die sie während ihres Exils so freundlich aufgenommen hatten und die sich nun in tödlicher Gefahr befanden, ihre Hilfe zu verweigern.

Kapitel 16
»Arme Anne«

Lindbergh hatte Anne zu sich gerufen, und als gehorsame Ehefrau war sie ihm gefolgt. Doch als sie und die Kinder in den frühen Morgenstunden in New York ankamen, war er nicht da, um sie vom Schiff abzuholen. In dem Glauben, seine Anwesenheit würde zu viel Publicity auf sich ziehen, hatte er seine Familie der Obhut von etwa hundert Polizisten anvertraut. Eine Limousine mit Chauffeur, die ihre Mutter geschickt hatte, brachte sie nach Next Day Hill.

Anne erschrak, als ihre Mutter die Tür öffnete. Die sonst so unermüdliche Mrs. Morrow sah bleich und abgespannt aus. Sie wirkte sehr gealtert. Ihre Müdigkeit war nicht überraschend, wenn man bedenkt, daß mit Ausnahme von Anne alle ihre Kinder bei ihr lebten, obwohl sie schon lange erwachsen waren. Erst vor kurzem hatte sich ihr Haushalt vergrößert. Dwight jr. und Margot, die nun miteinander verheiratet waren, waren bei ihr eingezogen. Dazu kam noch Constance, ihr Ehemann Aubrey und deren neugeborene Tochter Saran. Nun wollten Anne, Charles und ihre beiden Kinder ebenfalls in Next Day Hill wohnen, bis sie ein neues Zuhause gefunden hatten. Mrs. Morrow hatte inzwischen bemerkt, daß es ihrem Schwiegersohn an Wärme und Feingefühl gegenüber anderen Menschen mangelte; sie sagte einmal über ihn, er sei wie »eine sehr schöne Frau, deren *Anwesenheit* allein schon eine Gnade ist. Er muß nichts sagen oder tun – einfach nur da sein.« Es muß für sie eine erschrekkende Vorstellung gewesen sein, ihn unter ihrem Dach zu haben und sich längere Zeit seine Ansichten anhören zu müssen.

Als Anne in der Villa ankam, fand sie ihren Mann noch im Bett. Am Abend zuvor war er aus Washington, D. C. gekommen, und er war von der langen Fahrt noch »zerzaust und müde«. Obwohl Anne von der Reise erschöpft war, wurde sie bei seinem Anblick sofort wieder munter. Entzückt stellte sie fest, daß Charles von seiner neuen Tätigkeit begeistert zu sein schien.

Die Aufgabe, die Lindberghs Aufmerksamkeit gegenwärtig fesselte, bestand darin, für General Henry H. Arnold, der zu diesem Zeitpunkt Befehlshaber der amerikanischen Luftwaffe war, die Effizienz der luftfahrttechnischen Forschungsinstitutionen zu verbessern. Lindbergh hatte dem General kurz nach seiner Rückkehr in die Vereinigten Staaten über den Entwicklungsstand der deutschen Luftfahrt berichtet. Viele Jahre später, als Anne immer noch den größten Teil ihrer Zeit und ihrer Energie der Aufgabe widmete, die Rolle ihres Mannes in der Vorkriegszeit zu verteidigen, wies sie stolz auf Arnolds Einschätzung von Lindberghs Bericht hin. Der General hatte ihn als »die präziseste Darstellung, die er bis dahin über die Luftwaffe, ihre Ausrüstung, Offiziere und Ausbildungsmethoden, über die mutmaßlichen Pläne und die gegenwärtigen Mängel«[1] gelesen hatte, bezeichnet.

Obwohl Anne überglücklich war, Charles wiederzusehen, freute sie sich nicht darauf, bei ihrer Mutter zu wohnen. Wie sie bei ihren früheren langen Besuchen in Next Day Hill gelernt hatte, war es nicht einfach, als erwachsene Frau im Hause ihrer Mutter zu leben. Es zeigte sich, daß auch dieser Besuch keine Ausnahme darstellen sollte. In der Tat war es eher eine Geduldsprüfung für sie. Nach dem primitiven Leben auf Illiec kam ihr die Villa der Morrows mit ihren Antiquitäten und unbezahlbaren Kunstobjekten geradezu unanständig prächtig und luxuriös vor. Das Haus war derart mit Besitztümern angefüllt, daß sie sich oft danach sehnte, ihre eigenen Sachen zu verbrennen. Ein weiterer Konflikt hatte seine Ursache darin, daß sie gerne individuelle Erfahrungen auskostete, während ihre energiegeladene Mutter und ihre Geschwister sich von einer gesellschaftlichen Aktivität in die nächste stürzten. Als Anne den hektischen Zeitplan ihrer Mutter studierte, kam sie zu dem Schluß, daß deren philantropische Beschäftigungen nur eine Flucht vor der Tatsache, daß ihr Mann und ihre Tochter Elisabeth tot waren, sein konnten. Sie war der Ansicht, es könnte ihrer Mutter helfen, ihr seelisches Gleichgewicht wiederzufinden, wenn sie ebenfalls zu schreiben beginnen würde. Dabei übersah Anne, aus welchem Grund auch immer, daß Mrs. Morrow nach Dwight Morrows Tod bereits zu schreiben begonnen hatte und inzwischen eine etablierte Autorin war, die mehrere Kinderbücher und einen Gedichtband mit dem passenden Titel *Quatrains for My Daughter* verfaßt hatte.

Da Anne erkannte, daß ihr gegenwärtiges Domizil auch ihrem Mann auf die Nerven ging, begann sie nach einer geeigneten Wohnung zu suchen. Zu ihrer Erleichterung fand sie in Lloyd Neck am Long Island Sound bald ein großes weißes, mit Schindeln gedecktes Haus aus dem 18. Jahrhundert, das sie unter dem Namen ihres Privatsekretärs für 2000 Dollar im Monat mieteten. Hinter dem Haus lag ein kleiner Strand, an dem man schwimmen gehen konnte. Die drei majestätischen Eichen, die auf der Rückseite des Anwesens standen, schätzte Lindbergh besonders.

Es fiel Anne nicht ganz leicht, sich daran zu gewöhnen, wieder in den Vereinigten Staaten zu leben. Im Vergleich mit Frankreich, wo sie ein gemächliches, »reifes« Leben geführt hatte, erschien ihr dieses Land unglaublich hektisch, unreif und grell. »Ich erblicke lediglich übertriebene Zeitungen und Zeitschriften, oberflächlich, glänzend billig; zotig und Sachwerte anpreisend; Sexkinos; bramarbasierende Politiker«[2], schrieb sie mißbilligend in ihr Tagebuch. Selbst eine Dauerwelle beim Friseur machen zu lassen wurde für sie zu einer Art Martyrium. Sie kam sich vor, als sei sie in einer »billigen Reklamewelt« gefangen. Sie überstand das Ganze nur, weil sie unter der Trockenhaube Lord David Cecils *Lord Melbourne* las.

Als sie erst einmal in das Haus in Lloyd Neck eingezogen waren, nahm Anne das Schreiben wieder auf. Doch sie kam nur langsam voran. Zwar hatte sie ein Schweizer Kindermädchen, Soeur Lisi, aus Paris mitgebracht, doch die junge Frau hatte gelegentlich auch einen Tag frei, und zu Annes Ärger tobten dann die Kinder um sie herum, wann immer sie versuchte, auf der Veranda etwas in ihr Tagebuch zu schreiben. In dem verzweifelten Versuch, sie abzulenken, bestellte sie telefonisch ein Planschbekken, doch dann überkamen sie Zweifel, und sie war plötzlich der Meinung, überstürzt gehandelt zu haben. Da sie trotz ihres Reichtums stets sparsam war, hatte sie nun das Gefühl, daß eine solche Erwerbung eine unnötige »Extravaganz« sei. Ihre Kinder »hatten ja schließlich das Meer«.

Anne, die immer noch darüber nachsann, wie tragisch kurz doch Elisabeths Leben gewesen war, begann mit der Idee zu spielen, ein Buch über ihre Schwester zu schreiben. Nachts, wenn die Kinder endlich schliefen, las sie ihre Korrespondenz mit Elisabeth noch einmal, auch die begeisterten Briefe an Constance, die Anne, kurz nachdem sie Lindbergh in Mexico City kennengelernt hatte, geschrieben hatte. Sie blieb die halbe Nacht wach, »von der Romanze meines eigenen Lebens, meiner eigenen Jugend überwältigt«[3].

Doch ihre Hochstimmung verwandelte sich charakteristischerweise in Niedergeschlagenheit, die nur gelindert wurde, als sie einen Brief des französischen Herausgebers von *Wind an vielen Küsten* öffnete und ein Vorwort für die französische Ausgabe beigelegt fand. Entzückt erkannte sie, daß man den berühmten französischen Flieger und Autor Antoine de Saint-Exupéry beauftragt hatte, das Vorwort zu schreiben. Sie war eine seiner glühendsten Bewunderinnen. Vor kurzem erst hatte sie sein *Wind, Sand und Sterne*, das gerade in den Vereinigten Staaten erschienen war und hochgelobt wurde, gelesen und als »unglaublich schön und packend« empfunden. Sie wünschte, sie hätte es selbst geschrieben. »Es enthält alles, was ich je über das Fliegen, die Zeit und menschliche Beziehungen sagen wollte – und noch mehr.«

Saint-Exupéry hatte, wie der Herausgeber Anne in seinem Brief erklärte, ursprünglich geplant, nur ein Vorwort von einer Seite zu schreiben. Nach der Lektüre ihres Buches sei er jedoch so beeindruckt gewesen, daß er das Vorwort auf neun Seiten ausgedehnt hatte. Beim Lesen fiel ihr nicht nur die Scharfsinnigkeit seiner Analyse auf, sondern sie war auch ein wenig beunruhigt über die präzise Darstellung ihrer Persönlichkeit: Ihre Angst, sich nicht mit anderen messen zu können, war ebenso wie ihr beständiges Bedürfnis, ihren Wert zu beweisen, von Saint-Exupéry genau erkannt worden.

Laut ihrem französischen Verleger befand sich Saint-Exupéry in New York und wollte sie sehen. Bei dem Gedanken, jenen Mann kennenzulernen, den sie so tief bewunderte und der alles über ihr inneres Wesen zu wissen schien, war Anne von Furcht und Nervosität ganz überwältigt. Dennoch sehnte sie sich danach, ihn kennenzulernen. Obwohl Saint-Exupéry wie Lindbergh ein kühner Flieger war, war er doch wie sie selbst auch Schriftsteller und somit jemand, der im Gegensatz zu ihrem Mann ihre innere Vorstellungswelt teilte.

Wie sich herausstellte, hatte Lindbergh, der ursprünglich den französischen Flieger in New York abholen sollte, bereits anderweitige Verpflichtungen, und so war es Anne, die mit dieser Aufgabe betraut wurde. Als sie in Saint-Exupérys Hotel ankam, war sie bestürzt zu erfahren, daß er sich in der Bar befand. »Himmel, denke ich mir, er ist einer dieser trunksüchtigen Flieger – weshalb haben wir das gemacht?«[4] durchfuhr es sie. Sie schien sich zu fragen, ob sie sich überhaupt mit Saint-Exupéry treffen sollte. Doch als sie ihm dann begegnete, war sie erfreut darüber, daß er nicht nur vollkommen nüchtern, sondern als Mensch noch faszinierender war, als sie ihn sich vorgestellt hatte. »Er erscheint, groß, leicht gebückt und ein wenig kahl, an der Schwelle des Alterns; ein undurchdringliches Gesicht, keineswegs gutaussehend, fast slawisch in seiner Kompaktheit und Unergründlichkeit, die Augen sind in ihren Winkeln leicht nach oben gerichtet«[5], notierte sie später in derselben verzückten Sprache in ihr Tagebuch, die sie einst für Lindbergh reserviert hatte.

Wie das Schicksal es wollte, hatte Annes Auto eine Panne, als sie Saint-Exupéry von New York nach Lloyd Neck fuhr. Nachdem sie es in einer Werkstätte zur Reparatur zurückgelassen hatte, nahmen sie und der französische Flieger ein Taxi zur Pennsylvania Station. Doch bevor sie in den Zug nach Long Island einstiegen, machten sie noch an einem Verkaufsstand halt, um einen Orangensaft zu trinken. Während sie langsam ihr Getränk schlürften, vertieften sie sich in eine leidenschaftliche, auf französisch geführte Diskussion über ihrer beider Leben und Arbeit. Das Gespräch hatte eine berauschende Wirkung auf Anne. »Ich war vergnügt, befreit und glücklich«, schrieb sie später. »Zusammen mit diesem völlig fremden Menschen, der alles, was in mir vorging und was ich sagte, sofort begriff!«[6] Während sie vergaß, daß Harold Nicolson sie in ihrem schöpferischen Talent in ähnlicher Weise ermutigt hatte, notierte sie auch: »Es war sehr aufregend. Vielleicht, weil zum erstenmal jemand mit mir über meine Tätigkeit sprach. Nicht deshalb, weil er höflich und ich eine Frau war, die man leichthin bezaubern will, nicht nur weil ich meines Vaters Tochter oder C.'s Gattin war; nein, einfach wegen meines Buches, meiner Ansichten, meiner *Kunst*!

Himmel, was für eine Freude das Reden, das Vergleichen, das Dazwischenwerfen von Bemerkungen, einfach, ohne große Mühen, wurde man verstanden. Ein Blitzkrieg.«[7]

Als ihr Mann an diesem Abend nach Hause kam, machte ihn Anne mit dem französischen Flieger bekannt. Obwohl Lindbergh von Saint-Exupéry, der seine Karriere ebenfalls als Postpilot begonnen hatte, fasziniert war, begegnete er ihm ein wenig mißtrauisch, denn es war ganz offensichtlich, daß Anne ihn sehr attraktiv fand. Vielleicht spürte Charles Lindbergh zum ersten Mal, daß er einen Rivalen um die Zuneigung seiner Frau hatte. Obwohl die Lindberghs gewöhnlich früh zu Bett gingen, blieben sie bis Mitternacht auf und unterhielten sich mit Saint-Exupéry. Anne fungierte dabei als Dolmetscherin, denn Saint-Exupéry sprach kein Englisch und Lindbergh kein Französisch. Als das Paar Saint-Exupéry zwei Tage später zu seinem Hotel in New York zurückfuhr, war Lindbergh, der normalerweise peinlich genau auf das Funktionieren der Technik achtete, so von der Unterhaltung gefesselt, daß er nicht merkte, daß ihm das Benzin ausging. Vielleicht aber war er angesichts der offensichtlichen Zuneigung seiner Frau zu ihrem neuen Freund auch so eifersüchtig, daß er vergaß, auf die Tankuhr zu sehen.

Nachdem Saint-Exupéry nach Frankreich zurückgekehrt war, drückte Anne ihre Bewunderung für sein Werk in einer glühenden Besprechung von *Wind, Sand und Sterne* aus. Ihr Artikel wurde in der Ausgabe der *Saturday Review of Literature* vom 14. Oktober veröffentlicht und später als Vorwort für die achte Auflage des Buches verwendet. Allerdings entfernte man es aus späteren Ausgaben wieder, da viele Franzosen über die Lindberghs wegen deren isolationistischen Ansichten empört waren.

Der 1. September 1939 war der Tag, an dem die Deutschen Polen überfielen. Anne war von der Nachricht am Boden zerstört. Für sie war nicht nur der Gedanke an die Realität eines Krieges ungeheuerlich, auch ihre Trauer über den Verlust ihres Kindes und ihrer Schwester Elisabeth lebte wieder auf. Zum ersten Mal seit vielen Jahren nimmt sie in ihrem Tagebuch wieder auf die Ermordung ihres Sohnes Bezug. Es war, als hätte der beginnende Krieg sie gezwungen, jene düstere, windige Märznacht wiederzuerleben, als man feststellte, daß Charlie nicht in seinem Bettchen lag und sie verzweifelt hoffte, daß sie ihn unverletzt wiederbekommen würde.

> Diese lange und schreckliche Woche ähnelt der Woche vor Elisabeths Tod, eine Woche, in der Hoffnung und dann wieder Ängste geweckt werden... Ich betrachte die Zeitungen, die sich auf unserem Tisch stapeln, fruchtlose Worte, vergebliche Telegramme, Briefe, Zusammenkünfte, Verhandlungen, Flugreisen der Diplomaten, flehentliche, hoffnungsvolle Worte, Gebete. Alles umsonst. Das läßt mich an Hopewell denken – an die gewaltige Maschinerie, die dort in Bewegung gesetzt wurde: Staatspolizisten, Graphologen, Fernschreiben, Telefondienste, Detektive, Spezialisten, Politiker, Freunde, Reporter, Briefe... Aus welchem Grund, zu welchem Zweck?
> Das Kind ist tot.
> Das Kind in Europa ist tot.[8]

Als Großbritannien und Frankreich am 3. September Deutschland den Krieg erklärten, wuchs Annes Verzweiflung. Sie gab sich im Hinblick auf Deutschland, ein Land, das sie in vielerlei Hinsicht bewundert hatte, keinen Illusionen mehr hin. Sie wußte auch, daß keine Aussicht auf Frieden mehr bestand. Von rasenden Kopfschmerzen gequält, verbrachte sie den größten Teil des Tages im Bett und versuchte, sich »mit diesem Krieg auseinanderzusetzen – male mir seine Schrecken aus –, werde mir über seine Bedeutung klar«[9].

Anders als einige ihrer Freunde glaubte sie nicht, daß es ein kurzer oder ein »menschlicher« Krieg werden würde.

Doch schrittweise wird einem das volle Grauen nahegebracht. Durch kleine Erschütterungen, geringfügige Schrecken, in minimalen Dosen führt der Weg unweigerlich in den giftigen Sog. Und ich vermute, das ist die liebenswürdigste Art. Dabei will ich mir das jetzt vor Augen halten wie bei dem kleinen Charles, den ich, in dem Augenblick als mir klar wurde, daß er verschwunden war, mit zertrümmertem Schädel und tot vor mir liegen sah; oder die leblose Elisabeth, als das erste Mal das Wort Lungenentzündung fiel.

...Doch nicht nur im »großen«, auch im »kleinen« sehe ich den Krieg – vergaste Frauen, Babies, denen die Beine weggeschossen sind, Männer, deren Gehirn in Stücke springt. Man kann das Grauen nicht begreifen, doch ich finde, ich muß. Das ist mir immer so gegangen. Wenn es solches Grauen in der Welt gibt und andere es erleiden mußten, muß ich es mir auch zu eigen machen können.[10]

Für Anne Lindbergh war der Krieg in Europa die Vervielfältigung ihrer persönlichen Tragödie. Der Gedanke, daß Millionen von Männern und Frauen nun ebenso leiden würden, wie sie und ihr Mann das getan hatten, war ihr unerträglich.

Verzweifelt hoffte Anne, daß es einen Weg gab, den Krieg schnell zu beenden und Amerika vor einem Eintritt – und damit vor dem Untergang – zu bewahren.

Doch wer besaß die Stärke und Weitsicht, um den Menschen in den Vereinigten Staaten klarzumachen, daß es selbstzerstörerisch wäre, Deutschland den Krieg zu erklären? Nur ein einziger Mann besaß solchen Mut, und das war ihr Ehemann Charles Lindbergh.

An diesem Abend hörten Anne und Charles im Radio Roosevelts Rede. Obwohl Lindbergh Roosevelt als Redner nicht übermäßig schätzte, mußte er doch zugeben, daß seine Ansprache weit überzeugender als üblich gewesen war. Zweifellos urteilte er nur deshalb so, weil Roosevelt dem amerikanischen Volk versicherte, daß er alles in seiner Macht Stehende tun würde, um die Vereinigten Staaten in den unsicheren Monaten, die vor ihnen lagen, auf neutralem Kurs zu halten.

Dennoch lag etwas in Roosevelts Rede, das Lindbergh weiterhin störte. Seiner Einschätzung nach war der Präsident immer noch zu glatt und zu wenig konkret. Der Flieger bezweifelte weiterhin, ob man ihm trauen konnte.

Nach Roosevelts Rede im Rundfunk vergrub sich Lindbergh für die nächsten Tage in seinem Arbeitszimmer. Er schrieb zwei Rundfunkansprachen und einen Artikel, der seinen Standpunkt bezüglich der europäischen Lage noch einmal umriß. Seine Worte, die ein Echo der Reden seines Vaters gegen einen Eintritt Amerikas in den Ersten Weltkrieg darstellten, ließen keinen Zweifel an seiner Position: »Ich habe nicht die Absicht, dabeizustehen und zuzusehen, wie unser Land in einen Krieg gestoßen wird, wenn dieser Krieg für die zukünftige Wohlfahrt unserer Nation nicht unbedingt notwendig ist«, schrieb er in seinem Tagebuch. »So ungern ich an der Politik und am öffentlichen Leben teilnehme – ich habe die feste Absicht, es zu tun, wenn es nötig ist, um gegen den Trend anzukämpfen, der jetzt überall in unserem Land in Erscheinung tritt.«[11]

Als Anne die beiden Reden ihres Mannes und seinen Artikel »Aviation, Geography and Race« las, war sie davon tief beeindruckt, obwohl der Artikel und zumindest eine der Reden rassistische Ansichten enthielten. So war Lindbergh zum Beispiel der Auffassung, daß es von großer Bedeutung sei, die Stärke der »Weißen Rasse« zu erhalten und eine »Infiltration minderen Blutes« zu verhindern. (Als »Aviation, Geography and Race« 1939 in der Novemberausgabe von *Reader's Digest* veröffentlicht wurde, schrieben viele Leser, entsetzt über die Parallelen zwischen Lindberghs rassistischen Theorien und der Nazi-Ideologie, an Präsident Roosevelt und J. Edgar Hoover, den Direktor des FBI. Sie forderten nicht nur, daß die Behörden ein wachsames Auge auf Lindbergh werfen sollten, sondern auch, daß man ihm den Zugang zu geheimen Luftfahrtdokumenten verwehren und außerdem verhindern sollte, daß er weiterhin Einfluß auf die amerikanische Regierung hatte.)

Falls Anne von diesen rassistischen Ansichten beunruhigt war, so scheint sie ihre Einwände ihm gegenüber nicht deutlich gemacht zu haben. Im Gegenteil, sie schien entschlossen, ihm dabei zu helfen, seine Meinung zu verbreiten. »Die Rede ist gut, doch nicht so gut wie der Artikel, der seine tiefsten und besten Gedanken enthält«, notierte sie in ihrem Tagebuch. »Meiner Meinung nach müßte das Ende (der Rede) in einem umfassenderen und feierlicherem Ton gehalten sein. Ich schreibe einen Abschluß, wie er ihn für mein Gefühl gemeint hat, und zeige ihn ihm. Er sagt, er sei sehr gut und er werde ihn mit leichten Veränderungen teilweise verwenden.«

Obwohl Charles Lindbergh den Gerüchten stets entgegentrat, die besagten, daß entweder Anne oder Truman Smith, der amerikanische Militärattaché, der zwischenzeitlich ein enger Freund von ihm geworden war, seine Reden verfaßten, war Annes Hilfe mehr als offensichtlich, als er am 15. September 1939 seine erste Rede hielt. In ihr bat er das amerikanische Volk dringend, sich aus dem europäischen Konflikt herauszuhalten. »Diese Kriege in Europa sind keine Kriege, in denen sich unsere Zivilisation gegen irgendeinen asiatischen Eindringling verteidigen muß«, warnte Lindbergh. »Da ist kein Dschingis Khan, der gegen unsere westlichen Nationen zieht. Hier geht es nicht darum, sich zusammenzuschließen, um unsere weiße Rasse gegen fremde Invasoren zu verteidigen. Dies ist einfach wieder eine jener uralten Zänkereien innerhalb unserer eigenen Völkerfamilie... Wir dürfen nicht zulassen, daß unsere Empfindungen, unser Mitleid oder unsere persönlichen Sympathien den wesentlichen Punkt verschleiern, nämlich, das Leben unserer Kinder zu sichern. Wir müssen so unpersönlich sein wie ein Chirurg mit seinem Messer.«[12]

Zu einer Zeit, zu der die Nazis Tausende von Polen umbrachten, erschien der Satz »Wir müssen so unpersönlich sein wie ein Chirurg mit seinem Messer« vielen Menschen als unverständlich, ja sogar kaltblütig. Aufgrund seines fast poetischen Tones vermuteten etliche Zuhörer, daß Anne Lindbergh ihn für ihren Mann geschrieben hatte. Obwohl sie die Autorenschaft weder zugegeben noch abgestritten hat, ist es höchst wahrscheinlich, daß dieser Satz aus ihrer Feder stammte. Auch ihr eigenes Werk enthält Metaphern, bei denen ein Schneideinstrument eine Rolle spielt. Zum Beispiel beschrieb sie zwei Jahre später in ihrem Tagebuch die Des-Moines-Rede ihres Mannes als »direkt und ehrlich wie ein sauberes Messer«. Ihr Gedicht »Der Stein«, das 1956 in einem Gedichtband mit dem Titel *Trage mich über die Flut* veröffentlicht wurde, enthält eine ähnliche Metapher, in der sie sich auf »das chirurgische Skalpell der Analyse« bezieht.

Doch wie Anne schnell entdeckte, hatte es seinen Preis, die gehorsame Ehefrau zu sein. Lindberghs Isolationismus hatte sie bereits vielen ihrer ältesten und engsten Freunde, die stets der Auffassung waren, man müsse Großbritannien zur Hilfe eilen, entfremdet. Zu diesen Freunden gehörten Lindberghs Anwalt und Freund Henry Breckenridge, Harry Guggenheim, der jüdische Industriemagnat, der Lindberghs dreimonatige Tour, die auf seinen Alleinflug 1927 folgte, finanziert hatte, und Thomas Lamont, ein enger Freund der Familie, der früher ein Geschäftspartner von Dwight Morrow gewesen war.

Bezeichnender noch war, daß Annes Familie Lindberghs isolationistische Einstellung ablehnte. Die Morrows waren während des Ersten Weltkriegs voll und ganz auf der Seite der Alliierten gewesen. Betty Morrow, für die vollkommen klar war, welcher Ansicht Dwight Morrow im Hinblick auf den jetzigen Krieg gewesen wäre, war in einer Vielzahl pro-britischer Organisationen tätig. Die Spannungen innerhalb der Familie wurden auch noch dadurch verstärkt, daß Aubrey Morgan, der Schwager von Anne und Charles, vor kurzem zum stellvertretenden Chef des britischen Geheimdienstes in New York ernannt worden war. Lindbergh, dessen Antipathie gegen die Briten nun offen zutage kam, war überzeugt, daß der britische Geheimdienst alles versuchte, um die Vereinigten Staaten in den Krieg zu »tricksen«.

Lindbergh war vom Widerstand der Familie seiner Frau gegen seine isolationistischen Ansichten nicht im geringsten beeindruckt und zog weiterhin gegen eine amerikanische Beteiligung am Krieg zu Felde. Obwohl Anne durch den Streit, der sich zwischen ihrem Mann und ihrer Familie entwickelt hatte, beunruhigt war und im Grunde Sympathie für die Briten hegte, ließ sie keinen Zweifel daran, auf wessen Seite sie stand.

Wie vorauszusehen war, verstärkte Lindberghs plötzliches Auftauchen als Persönlichkeit des öffentlichen Lebens nach den vielen Jahren der selbstauferlegten Isolation nur seine Verachtung für die Art und Weise, in der man in den Vereinigten Staaten mit Prominenten umging. Lindbergh wurde in der liberalen Presse nun ständig wegen seiner politischen Ansichten angegriffen. Außerdem bekamen er und Anne wieder Tausende von Briefen. Seit einigen Jahren schon war sämtliche Post, die nicht von ihren Verwandten oder engen Freunden kam, automatisch der Polizei übergeben worden. Mehrere anonyme Drohbriefe, von deren Existenz sie die Behörden umgehend in Kenntnis setzten, waren besonders erschreckend. Die Absender drohten Jon und Land zu kidnappen – und zu töten.

Anne und Charles wurde bald klar, daß sie wieder Gefangene ihres Ruhms und ihrer Popularität waren. Es war für sie jetzt wieder unmöglich geworden, einen friedlichen Spaziergang in der Öffentlichkeit zu machen, so wie sie das in Europa hatten tun können. Wenn man sie erst einmal erkannt hatte, dann folgte ihnen bald eine Traube von Menschen, die um Autogramme bat. Merkwürdigerweise dachten beide Lindberghs oft wehmütig an

England und Frankreich zurück, wo die Leute, obwohl sie »dekadent« und »verweichlicht« waren, wenigstens den Anstand besaßen, sie in Ruhe zu lassen.

Obwohl die Lindberghs die meisten zeitgenössischen Filme als billig und geschmacklos betrachteten – als ein weiteres Zeichen für den Verfall ihres Landes –, genossen sie es dennoch, von Zeit zu Zeit ins Kino zu gehen. Aufgrund des erneuten Interesses der Öffentlichkeit an ihrem Privatleben sollte sich auch das bald als praktisch unmöglich erweisen. Vor allem, wenn sie gemeinsam ein Kino besuchten, wurden sie sofort erkannt. Also ging Lindbergh oft allein und in Verkleidung. Anne, die »ärgerlich und verbittert« war und sich wieder vorkam, als würde sie »in der Falle sitzen«, machte ihre Frustration ihrem Mann gegenüber deutlich. Darauf schlug dieser vor, in den Mittleren Westen zu ziehen und eine Ranch zu mieten, um dort ihre »wahren Wurzeln« zu entdecken. Doch im Augenblick ließ sich diese Idee nicht verwirklichen.

Natürlich lag einer der hauptsächlichen Gründe für Annes Zorn und Bitterkeit in der Erkenntnis, daß viele einflußreiche Leute über die Ansichten ihres Mannes entsetzt waren und sich in der Presse gegen ihn wandten. Ihrer Meinung nach waren die Angriffe höchst ungerecht. Als die Kolumnistin Dorothy Thompson Lindbergh einmal als einen »Pro-Nazi und Empfänger eines deutschen Ordens« bezeichnete, tat Anne die Angriffe als »eine unfreundliche, persönliche Verleumdung«[13] ab. Sie hatte das Gefühl, daß nur Walter Lippmann, ein alter Freund ihres Vaters, den Anstand besaß, ihren Mann »fair und vernünftig« zu kritisieren. Was Anne nicht wußte, war, daß auch Lippmann Lindbergh, seit er von Hermann Göring geehrt worden war, seinen Freunden gegenüber stets als »Nazi-Freund«[14] bezeichnete. Was Harold Nicolson anging, so betrachtete Anne ihn und Vita seit Nicolsons scharfer Kritik an ihrem Mann im *Spectator* nicht mehr als Freunde. »Es war solch eine Versuchung, diesen Artikel zu schreiben, diesen schlauen kleinen Artikel, diesen bissigen kleinen Artikel. Er kann das so gut«, schäumte sie in ihrem Tagebuch. »›Der Junge aus Minnesota‹, all das. Ich versuche mir ins Gedächtnis zu rufen, daß er immerhin ein enttäuschter Idealist ist und seine beiden Jungen vielleicht an die Front geschickt werden.«

In jenem Artikel hatte Nicolson über seinen früheren Freund Lindbergh geschrieben, daß »dieser wild darum kämpfte, er selbst zu bleiben. Im Verlaufe dieses Kampfes wurde seine Einfachheit jedoch zu Starrheit, sein Männlichkeitsideal wurde nicht nur unflexibel, sondern tatsächlich steif; seine Selbstbeherrschung verdichtete sich zu Arroganz, und seine Überzeugungen verhärteten sich zu Granit. Er wurde allem, das sich außerhalb seines eigenen Mythos befand, gegenüber taub – des Mythos vom jungen Burschen aus Minnesota, der unbeirrt seinen Weg geht.«[15]

Nicolsons Meinung nach war die Veränderung in Lindberghs Persönlichkeit die Folge der Entführung und Ermordung seines Kindes. »Das Leid, das dieses schreckliche Verbrechen bei ihm und jenen, die er liebte, hervorrief, durchdrang seinen Panzer. Er setzte den Frevel gegen seine persönliche Integrität zuerst mit der populären Presse und durch eine unvermeidliche Assoziation mit der Meinungsfreiheit und schließlich mit der Freiheit selbst gleich. Er begann die Demokratie zu verabscheuen... Wir dürfen nicht zulassen, daß uns diese Nebensache gegenüber den großen Qualitäten von Charles Lindbergh blind macht. Er ist nicht nur ein Schuljungenheld und wird es immer sein, sondern er ist noch ein Schuljunge.«

Harolds Ansicht wurde von Vita geteilt, die wie ihr Mann einst von Lindberghs »Charme«, seiner Natürlichkeit und Einfachheit, die Harold als »erfrischend wie ein Bergbach« beschrieben hatte, positiv überrascht gewesen war. Nun jedoch bezeichnete Vita Lindbergh, wann immer sie ihn in ihren Briefen an ihren Mann erwähnte, als »Arschloch«.

Anne verteidigte ihren Mann weiterhin gegen seine Angreifer. »C. wird sträflich mißverstanden, falsch zitiert und mißbraucht. Und auch das habe ich mit ihm durchgestanden«, schreibt sie zornig in ihrem Tagebuch. »Ich glaube an ihn und seine unbestechliche Integrität und an seine Pläne. Doch sie sind so falsch aufgenommen worden. Dagegen muß ich in meinem Innersten ankämpfen...«[16]

Sie konnte nicht verstehen, warum ihn viele Menschen »nazifreundlich« nannten, wo er doch einfach nur seine Meinung vertrat, daß ein Krieg die Macht der Vereinigten Staaten gefährden und den größten Teil der westlichen Zivilisation zerstören würde. Viele Jahre später betont sie in *Welt ohne Frieden*, dem fünften Band ihrer Tagebücher und Briefe, der die Vorkriegszeit behandelt:

> Lindberghs isolationistische Haltung... gründete sich... auf die Rückschau auf ein junges, pionierhaftes Amerika und dessen Vorstellungen von Selbstvertrauen und Unabhängigkeit. In Lindberghs Reden wimmelte es von Gestalten, Geschichten und Formulierungen aus dem alten Westen. Auch wenn der sachliche Inhalt sich streng auf die begrenzten Möglichkeiten und die Bedeutung der damaligen Luftstreitmacht beschränkt, bezieht Lindbergh sich doch sprachlich und gefühlsmäßig auf seinen Vater und Großvater. Man hörte den Ton jener verwegenen Immigranten heraus, die Europa für »die neue Welt des Westens« hinter sich gelassen hatten – für das Amerika, mit »seinem unabhängigen Geschick«, das nicht ewig, »in diese endlosen europäischen Kriege« verwickelt sein würde. Lindbergh hatte den unbeirrbaren Glauben seiner Vorfahren an die Verfassung, ein Standpunkt, der, wie er meinte »grundlegender als der Krieg selber sei«. Er hatte rasch begriffen, daß die Macht des Kongresses unterminiert und daß das amerikanische Volk in einen nicht deklarierten Krieg geführt wurde und keine Gelegenheit zu einer eigenen Stimmabgabe bekam.[17]

Wenn es Annes Art war, mit den seelischen Belastungen und dem Unglück dieser Zeit dadurch fertig zu werden, daß sie ihren Gefühlen in ihrem Tagebuch freien Lauf ließ, entsprach das nicht Lindberghs Naturell. Er hatte zwar, offensichtlich von seiner Frau beeinflußt, während dieser wichtigen Zeit seine Gedanken und sein Handeln in einem Tagebuch dokumentiert, doch im Gegensatz zu dem seiner Frau, das voller Empfindungen und Gefühle ist, war seines zum größten Teil im Stil eines trockenen und sachlichen Berichts über seine politischen und beruflichen Aktivitäten abgefaßt. Peinlich genau zeichnet er die Zeiten auf, zu denen er aufwachte, sich rasierte oder einen Zug von Long Island nach Washington, D. C., oder New York City nahm. Vielleicht ist es kein Zufall, daß er bei den seltenen Gelegenheiten, in denen er seine Gefühle ausdrückte, über die Haustiere der Familie schrieb – inzwischen waren seine beiden Hunde Thor und Skean alt und kränklich – oder über einen Besuch in den Museen, in denen seine Flugzeuge, die *Spirit of St. Louis* und die *Tingmissartoq* ausgestellt waren, berichtete. Nachdem er sich sicher war, daß ihn niemand erkannt hatte, stand er lange Zeit da und blickte zu den Maschinen hinauf, die er als Erweiterungen seiner selbst betrachtete. Dabei dachte er an die wunderbaren Flugreisen zurück, die sie zusammen gemacht hatten.

Mitte Juni fuhr Lindbergh zu seinem Anwesen auf dem Lande in Hopewell, New Jersey, das jetzt unter dem Namen High Fields bekannt war. Er hatte das Haus, aus dem sein Sohn entführt worden war, vier Jahre lang nicht mehr betreten. Nun erwog er, es nicht in ein Kinderheim umzuwandeln, wie er und Anne das einmal geplant hatten, sondern es als Labor für Virusforschung zu nutzen.

> Der Ort hat sich seit ich das letzte Mal dort war, erheblich verändert. Die Büsche sind emporgeschossen, und das Laub ist viel dichter. Das Haus braucht einen neuen Verputz, und die Fensterläden sollten ge-

strichen werden, doch alles befindet sich in gutem Zustand. Ich ging zur Hintertür und traf auf den Wachmann. Wir gingen vom Keller bis zum Dach durch das Haus, durch das Pumpenhaus und hinaus um das Grundstück, dann den kleinen Bach entlang nach Norden.

Mit diesen Worten hätte er genausogut irgendein fremdes Landhaus beschreiben können, eines, das nicht in Verbindung mit Gewalt, Schrecken oder persönlichem Leid stand.

Als die Lindberghs entdeckten, daß ihr gemietetes Haus in Lloyd Neck im Winter nicht beheizt werden konnte, entschieden sie sich für ein anderes Haus im nahegelegenen Lloyd Manor. Doch das Haus, das sie mieten wollten, war nicht bezugsfertig, und so fanden sie vorübergehend wieder einmal auf Next Day Hill Unterschlupf. Wie jeder vorhersagen konnte, war das kein kluger Entschluß, denn kaum waren sie dort angekommen, eskalierten auch schon die Spannungen in der Familie. Mrs. Morrow war nach Direktor Neilsons Ausscheiden zur Interims-Präsidentin des Smith College ernannt worden. Darüber hinaus betätigte sie sich nun aktiv in einer Reihe lokaler und nationaler Organisationen, die die Alliierten unterstützten. Sie gestattete, daß Next Day Hill von einigen dieser Organisationen als eine Art Hauptquartier genutzt wurde. Anne und Charles mußten sich somit täglich mit Menschen auseinandersetzen, die fieberhaft darum bemüht waren, die Briten und Franzosen in ihrem Kampf gegen die Nazis zu unterstützen.

Obwohl die meisten ihrer Freunde es höflich vermieden, über ihre politischen Differenzen zu sprechen, mußte sich Anne einfach fehl am Platze fühlen. Während die einen in einem Teil des Hauses dabei waren, Hilfspakete für Großbritannien zu schnüren, saß sie in einem anderen und schrieb auf Bitten ihres Mannes einen Artikel, dessen zentrales Thema die Aufforderung war, den Krieg zu beenden, bevor er eskalierte.

Obwohl Anne von Anfang an Zweifel hatte, ob sie sich für diese Aufgabe überhaupt eignete, beschloß sie, es trotzdem zu versuchen. Selbst wenn es, wie sie fürchtete, für einen solchen Artikel bereits zu spät war, um noch Einfluß auf die politische Lage zu nehmen, würde er wenigstens ihre tiefe Bindung an ihren Mann und seine Ansichten dokumentieren.

Wie Anne sich später erinnerte, fiel es ihr leicht, diesen Artikel zu schreiben. Vielleicht deshalb, weil sie dort all ihrem Zorn und ihrer Bitterkeit, die sie gegenüber den Menschen empfand, die ihren Mann »mißverstanden« hatten, freien Lauf lassen konnte. Sowie sie allerdings erkannte, daß eine allzu große Emotionalität den Artikel unsachlich wirken ließ und somit ihren Zielen mehr schadete als nützte, bemühte sie sich in der endgültigen Fassung um einen neutraleren Ton.

Als Lindbergh den Artikel seiner Frau las, der den Titel »Gebet für den Frieden« trug, war er von der Tiefe ihrer Liebe zu ihm und ihrer Übereinstimmung mit seiner Auffassung sehr bewegt. Als Mensch, dem es nicht leicht fiel, Komplimente zu machen, notierte er später dankbar in seinem Tagebuch: »Gott sei Dank hat Anne den Mut, das zu tun, wenn es nötig ist. Ich glaube, es gibt keine Frau, die ihr gleichkommt – wenn es je eine gab.«[18]

Nach einigen Diskussionen kamen die Lindberghs zu dem Schluß, daß Annes Artikel, um die größtmögliche Wirkung zu erzielen, zur Weihnachtszeit im *Reader's Digest* veröffentlicht werden sollte. *Reader's Digist* war ihrer gemeinsamen Überzeugung nach »das bei weitem beste der auflagenstarken Magazine in Amerika«[19].

Der größte Teil der Januarausgabe der Zeitschrift (die am 25. Dezember erschien) war bereits in Druck gegangen. Doch die Herausgeber von *Reader's Digest*, die die Zugkraft des Namens Lindbergh ausnutzen wollten, erklärten dem Paar, daß sie zwei andere Artikel, die für dieselbe Ausgabe eingeplant waren, herausnehmen könnten, um Platz für Annes Beitrag zu gewinnen.

Obwohl ihnen Annes Artikel insgesamt gefiel, bestanden die Herausgeber darauf, daß sie noch ein paar Korrekturen vornahm. Anne war gewohnt, ihre letzte Überarbeitung stets mit einem Füller zu machen. Lindbergh war klar, daß ihr dazu aber keine Zeit mehr bleiben würde, wenn sie wartete, bis ihre Sekretärin am nächsten Vormittag das Manuskript abgetippt hatte. Also beschloß er, im Zimmer im dritten Stock, das er und Anne als Büro benutzten, das Manuskript selbst zu tippen. Anne wußte nichts von seinem Plan. Als sie zu Bett gingen, hatte er ihr gesagt, er sei »ruhelos und wolle in einem andern Zimmer schlafen«. Da Lindbergh nach eigener Aussage mit dem »Zwei-Finger-System« tippte, war er erst gegen sechs Uhr morgens fertig. Doch es störte ihn nicht, daß er keinen Schlaf bekam. Im Gegenteil, er fühlte sich frisch. »Ich hatte das Gefühl, etwas Wichtiges und Lohnendes zu tun. Unter diesen Umständen stellt harte Arbeit eine echte Befriedigung dar«, schrieb er in sein Tagebuch. »Die Erschöpfung bleibt fern, wenn man ein großartiges Ziel hat, und ich spürte, daß Annes ›Gebet für den Frieden‹ etwas Großartiges war.«

»Gebet für den Frieden« war wie die meisten von Annes Schriften zu dieser Zeit aufrichtig und voller guter Absichten. Es war das Werk einer Frau, die sich durch ihre blinde Liebe zu ihrem Mann in ihrer Urteilsfähigkeit hatte beeinträchtigen lassen. Da sie immer noch nicht von den intellektuellen Fähigkeiten ihres eigenen Geschlechts überzeugt war, begann sie ihren Artikel damit, daß sie ihren eigenen Mangel an Glaubwürdigkeit betonte. Sie fühlte sich nicht kompetent, als Frau einen Artikel über den Krieg zu schreiben. »Doch hier bin ich und spreche als Frau, als schwache Frau, wenn Sie so wollen – gefühlsbetont, impulsiv, unlogisch, zurückhaltend, verträumt, unpraktisch, pazifistisch, ohne Unternehmungsgeist, mit jedem der weiblichen Fehler behaftet, den Sie mir gerne nachsagen möchten.«[20]

Es wurde im weiteren Verlauf des Artikels kaum besser, denn

zum großen Teil war er eine unreflektierte Aufzählung der politischen Ansichten ihres Mannes, der glaubte, daß Großbritannien und Frankreich einen Krieg mit Deutschland unmöglich überstehen konnten. Sie war wie Lindbergh der Meinung, daß Deutschland für seine Aggression in gewisser Weise entschuldigt war, da ihm nach dem Ersten Weltkrieg Frankreich, Großbritannien und die Vereinigten Staaten übel mitgespielt hatten. Die Vereinigten Staaten sollten sich aus dem Konflikt heraushalten, für den sie mitverantwortlich waren, weil sie es unterlassen hatten, den Alliierten nach dem Ersten Weltkrieg Einhalt zu gebieten, als diese, von Rache getrieben, Deutschland harte Strafen auferlegt hatten.

Annes Meinung nach war der beste Weg, den gegenwärtigen Konflikt zu beenden, ein Waffenstillstand, bei dem die kriegführenden Parteien nicht entwaffnet wurden. Wenn man richtig mit ihm umging, würde er durch jene mächtige Kombination von »Wissenschaft und Spiritualität«, wie sie von Alexis Carrel in *Man the Unknown* befürwortet wurde, schließlich eine Lösung der Konflikte, die zum Krieg geführt hatten, zur Folge haben.

Was Hitler selbst anbetraf, so glaubte Anne, daß es zwecklos sei, sich ihm entgegenzustellen. Ihr zufolge war Hitler nicht nur ein übles Subjekt, sondern auch »der Geist eines verbitterten Deutschlands«. Es war sinnlos, zu versuchen, ihn und sein Regime zu zerstören. Wichtiger war es, die Ursachen für Deutschlands Unzufriedenheit auszumerzen. Andernfalls würden »sich im Verlaufe der nächsten zwanzig Jahre weitere Hitlers aus der Saat des Hasses erheben«[21].

Trotz der Verworrenheit ihrer Gedankengänge reagierten viele Amerikaner begeistert auf Annes Ansicht, daß der Frieden immer noch erreichbar war. (Zu dem Zeitpunkt, als der Artikel veröffentlicht wurde, dauerten die Feindseligkeiten erst vier Monate.) Zur Freude der Lindberghs bewerteten *Reader's Digest*-Leser das »Gebet für den Frieden« als den besten Artikel des Jahres. Doch soweit uns bekannt ist, gehörte Hitler nicht zur Leserschaft dieser Zeitschrift. Selbst wenn er den Artikel gelesen hätte, hatte er wohl kaum die Absicht, einen Waffenstillstand, mit oder ohne Entwaffnung der Parteien, zu schließen. Schon fünf Monate später marschierte er in Frankreich ein.

Kapitel 17
Für Charles arbeiten

Anne war wieder schwanger. Sie hatte diese Neuigkeit erfahren, als sie von einer fünftägigen Reise Anfang April 1940 zurückgekommen war, auf der sie mit ihrem Mann die damals noch nicht von Touristen überschwemmten Everglades erforscht hatte. Ein Baby zu bekommen war in ihrem Leben stets ein bedeutsames Ereignis gewesen. Auch dieses Mal war es nicht anders. Was sich aber änderte, war, daß sie im Verlaufe der Schwangerschaft zu befürchten begann, daß Fremde ihren dicken Bauch sehen könnten. Ihre Angst vor der Öffentlichkeit war unter den gegebenen Umständen nicht verwunderlich. Als die Kritik der Amerikaner an ihrem Mann schärfer wurde, fühlte sie sich zunehmend bloßgestellt und verwundbar. Früher hatten ihm Millionen von Menschen in der ganzen Welt zugejubelt, jetzt wurde er von Intellektuellen und Liberalen scharf angegriffen und auch lächerlich gemacht. In eleganten literarischen New Yorker Zirkeln machte man sogar Witze über die Entführung und Ermordung seines Sohnes. Man lachte über »diesen Burschen Hauptmann«[1], dem man vorwarf, »das falsche Baby« entführt zu haben.

Es war Annes vierte Schwangerschaft. Sie war nun 33 Jahre alt, und obwohl sie sich seelisch oft »alt« fühlte, war sie immer noch hübsch und wirkte jugendlich. Ihr kleines zartes Gesicht mit den veilchenblauen Augen erweckte den Eindruck, daß sie ein heiterer und unbeschwerter Mensch war, der die dunklen Seiten des Lebens nie kennengelernt hatte.

Ihr zurückhaltendes, gelassenes Verhalten war jedoch nur eine Fassade. In ihrem Inneren brodelten Konflikte und Spannungen, die durch die eskalierende Auseinandersetzung zwischen ihrer Mutter und ihrem Mann noch genährt wurden. Am 19. Mai 1940, kurz nachdem die Nazis Dänemark besetzt und auch begonnen hatten, in Belgien und Holland einzumarschieren, sprach Lindbergh zum dritten Mal in Washington. Der Titel seiner Ansprache lautete: »Die Luftverteidigung Amerikas«. Als Mrs. Morrow sie im Radio hörte, war sie außer sich. In seiner Rede hatte ihr Schwiegersohn auf »gewisse Kreise in Amerika« hingewiesen, die seiner Meinung nach darauf spekulierten, von einer amerikanischen Beteiligung am Krieg zu profitieren. Mit diesen Kreisen meinte Lindbergh diesmal nicht seine Feinde, zu denen zu dieser Zeit auch Präsident Roosevelt gehörte, der in Lindberghs Augen ein Kriegstreiber war, auch nicht die Juden, von denen er glaubte, daß sie die Presse kontrollierten, und ebensowenig den britischen Geheimdienst, der seiner Überzeugung nach das amerikanische Volk in einen verheerenden Krieg trieb. Zu den »gewissen Kreisen«, auf die er sich bezog, gehörte ohne Zweifel Dwight Morrows früherer Arbeitgeber, das Bankhaus Morgan, dessen Teilhaber ohne Ausnahme eine entschieden britenfreundliche Position vertraten. Wie sein Vater, dessen wirtschaftliche Standpunkte er früher als zu extrem und zu einseitig angesehen hatte, scheint Lindbergh plötzlich zu einem Feind jenes Geldadels geworden zu sein, in den er eingeheiratet hatte. Nun war er, wie sein Vater vor dem Ersten Weltkrieg, überzeugt, daß dessen Mitglieder das Land in einen Krieg trieben, um ihre Interessen im Ausland zu fördern.

Ron Chernow, der Verfasser von *The House of Morgan*, schreibt: »Fünf Tage nach der Rundfunkrede aß sie [Betty Morrow] mit Anne im Cosmopolitan Club zu Mittag. Betty schämte sich, daß Amerika sich nicht schon lange an die Seite Englands gestellt hatte. Voller Qual sagte sie zu Anne: ›Wie sie uns *hassen* werden!‹ Trotz ihrer gewohnten Offenheit gegenüber ihrer Tochter hatte Mrs. Morrow jedoch Hemmungen, ihren Schwiegersohn anzugreifen. Am Tag nach dem Mittagessen schrieb sie heimlich an [Thomas] Lamont und bat ihn, Lindbergh ins Gewissen zu reden: ›Ich befinde mich im Augenblick in einer schwierigen Position… doch meine Hauptsorge gilt Anne. Sie ist seelisch zerrissen und das wirkt sich auf ihre Gesundheit aus.‹ «[2]

Lamont, Dwight Morrows früherer Geschäftspartner und ein persönlicher Freund des Paares, schrieb Lindbergh einen freundschaftlichen und höflichen Brief, in dem er ihn bat, die Kreise, auf die er sich in seiner Rede bezogen hatte, öffentlich zu nennen. Die Antwort, die er kurz darauf von Lindbergh erhielt, bestürzte und ärgerte ihn. Sie war nicht nur vollkommen unpersönlich formuliert, so als seien er und Lindbergh niemals Freunde gewesen, in dem Brief erklärte Lindbergh auch, daß er die betreffende Gruppe mit Absicht nicht öffentlich genannt hatte, weil das seiner Meinung nach »einen Klassenkampf« hervorrufen würde. Nach Lindberghs kühler und emotionsloser Antwort war es für Lamont klar geworden, daß er Mrs. Morrow nicht helfen konnte, ihre persönlichen Differenzen mit ihrem Schwiegersohn beizulegen. Für ihn eröffnete sich jedoch ein anderer Weg, seine eigenen politischen Konflikte mit Lindbergh und Anne, die er seit ihrer Kindheit kannte, zu lösen. Er beendete ihre Beziehung.

Als Betty Morrow erkannte, daß ihr Schwiegersohn durch persönliche Bitten nicht zu überreden war, entschied sie sich nach einer eingehenden Gewissensprüfung dazu, ihre Ansichten öffentlich zu vertreten. Sie hielt für das William Allen White's Committee zur Verteidigung Amerikas durch Unterstützung der Alliierten eine Rede, in der sie Lindberghs isolationistische Behauptungen widerlegte. Laut Anne bestand das Komitee »hauptsächlich aus hochgesinnten Idealisten« wie zum Beispiel Direktor Nielson vom Smith College, ein Mann, zu dem sie früher aufgesehen hatte, bis er Kriegsbefürworter wurde. Bevor Betty ihre Rede hielt, rief sie Anne an, um ihr zu erklären, weshalb sie im Rundfunk sprach. »Dein Vater hätte gewollt, daß ich es tue«, sagte sie zu ihrer Tochter. Zu Annes Glück war Lindbergh nicht daheim, als die Rede ihrer Mutter im Rundfunk übertragen wurde. So hatte sie die Gelegenheit, sie allein und in Ruhe zu hören.

»Ich bitte dringend darum, Munition und Versorgungsgüter zu schicken, Nahrung, Geld, Flugzeuge, Schiffe, alles, was den Alliierten in diesem Kampf gegen Deutschland helfen könnte. Es gibt einige Dinge, die schlimmer sind als Krieg. Es gibt einige Dinge, die groß und edel sind, und für die es sich zu kämpfen lohnt«[3], erinnerte Betty Morrow ihre Zuhörer.

Obwohl Mrs. Morrow mit ihrer Rede viele Menschen von der Notwendigkeit einer Intervention Amerikas überzeugte, gelang es ihr nicht, ihre eigene Tochter für sich zu gewinnen. Viele Jahre später jedoch findet sich im Vorwort zum letzten Band ihrer Tagebücher, *Welt ohne Frieden*, in dem Anne ihre politischen Ansichten als Studentin am Smith College darlegt, ein Echo der Meinung ihrer Mutter. »In diesen Jahren bewirkte Erich Maria Remarques *Im Westen nichts Neues*, daß ich schon beizeiten einen pazifistischen Standpunkt einnahm«, notierte Anne. »Die Nazizeit stand noch bevor, und ich sollte lernen, daß es noch Schlimmeres gab als den Krieg.«[4]

Doch zu dieser Zeit war Anne über den Interventionalismus ihrer Mutter entsetzt. Offensichtlich war der lebenslange Wettstreit mit ihrer Mutter zu einem Machtkampf in der politischen Arena eskaliert. »Es ist eine wunderbare, eine kämpferische Rede, die Mutters Vertrauen und ihre geistige Stärke ausdrückt«, gab sie zu, »aber ich kann ihren Prämissen nicht zustimmen, bin traurig darüber und fühle mich von all diesen prächtigen Menschen isoliert.«[5]

Insgeheim hatte Anne das Gefühl, daß das White Committee

ihre Mutter nur deshalb gebeten hatte, die Rede zu halten, um Publicity für die interventionistische Bewegung zu bekommen. Später gab Betty Morrow widerwillig zu, daß ihre Tochter vielleicht recht gehabt hatte. White hatte nämlich verlauten lassen, er sei der Meinung, daß es »ein kluger Schachzug»[6] gewesen war, Elisabeth Morrow und Charles Lindbergh gegeneinander auszuspielen.

Dennoch sprach sich Mrs. Morrow weiterhin dafür aus, den Alliierten sofortige Hilfen zu bewilligen. Als das Leih- und Pachtgesetz, gegen das sich ihr Schwiegersohn öffentlich gewandt hatte, zur Abstimmung im Kongreß vorgelegt wurde, trat sie in einer landesweiten Rundfunkansprache am 8. März 1941 dafür ein, daß das Gesetz »ohne abschwächende Zusätze oder einengende Klauseln«[7] sofort verabschiedet werden müsse. In der Rede wandte sie sich gegen Lindberghs isolationistische Position, ohne sich jedoch direkt auf ihn zu beziehen. »Während ich Argumenten gegen dieses Gesetz zugehört habe«, erklärte sie, »sagte ich zu mir: ›Ist es Hitler gelungen, dieses Land zu hypnotisieren?‹ «

Die politischen und ebenso die persönlichen Konflikte zwischen Mutter und Tochter verstärkten sich, als Betty Morrow zur Vorsitzenden von Fight for Freedom ernannt wurde, einer Organisation, die dafür eintrat, daß die Vereinigten Staaten aktiv in den Krieg in Europa eingreifen sollten.

Betty Morrow war nicht der einzige Mensch, der Charles nahestand und dem dessen seltsame Persönlichkeit, die zwar mit der Kraft von Motoren, aber nicht mit den Seelen menschlicher Wesen im Einklang stand, ein Rätsel war. Zwischen Lindbergh und seinem engsten Freund und Mentor Alexis Carrel war es zwischenzeitlich zu Spannungen gekommen. Obwohl Carrels Theorien über die Eugenik und die Euthanasie unheimliche Ähnlichkeiten mit jenen der Nazis aufwiesen und er nach dem Krieg beschuldigt wurde, mit den Nazis kollaboriert zu haben, war er nach Meinung vieler Historiker dennoch kein Nazifreund. Er war zutiefst bekümmert, als die Deutschen Paris besetzten. Außerdem machte er sich größte Sorgen um seine Frau, die darauf bestanden hatte, allein auf Saint-Gildas zu bleiben. In der Hoffnung, daß Lindbergh etwas für sie tun könnte, rief ihn Carrel vor einer seiner Rundfunkansprachen an und bat ihn dringend, »ein paar freundliche Worte über Frankreich« zu sagen. Doch wie er das schon bei Lamont getan hatte, weigerte sich Lindbergh entschieden. Er erklärte seinem Freund, daß er »das zwar gerne tun würde, doch ich sehe keinen Weg, wie ich eine Bezugnahme auf Frankreich in meine Rede einbauen sollte, da sich diese in erster Linie gegen einen Kriegseintritt der USA wendet«. Obwohl Anne Alexis Carrel noch nie besonders gemocht hatte, war sie doch von der Kälte, die sich zwischen den beiden Männern entwickelt hatte, entsetzt. »Ich fühle mich bei dieser Sache nicht wohl und bin unglücklich, obwohl ich C.'s Integrität voll und ganz respektiere und ihn verstehe.«

Selden Rodman, Dichter und Mitherausgeber von *Common Sense*, lernte die Lindberghs während dieser Zeit kennen. Er war ein Bewunderer von Annes Werk. Deshalb bat er sie auch, mehrere Buchbesprechungen und Essays für seine Zeitschrift zu schreiben. Als oftmaliger Gast der Lindberghs und einer von Annes Briefpartnern befand er sich in der einzigartigen Position, die Ehe der Lindberghs in dieser Zeit beobachten zu können. Er erfuhr aus erster Hand, daß es absolut unmöglich war, Lindbergh von irgend etwas abzubringen, wenn dieser erst einmal davon überzeugt war.

Am 22. Juli 1941 besuchte Rodman gemeinsam mit einigen Freunden die Lindberghs in Lloyd Neck zum ersten Mal. Sein erster Eindruck von Lindbergh war, daß »er immer noch jung aussieht, höchstens wie fünfunddreißig, obwohl er vierzig sein muß; vielleicht ein bißchen mollig um die Taille, doch mit klarer Haut und sehr agil. Er drückt sich präzise aus, wählt dabei seine Worte sorgfältig, hört genau zu, stellt viele Fragen, ist tolerant, doch in seinem Standpunkt unerschütterlich. Ich stürzte mich sofort auf ein Thema, bei dem ich der Ansicht war, ihn von meiner Meinung überzeugen zu können.«[8]

Der Kolumnist Westbrook Pegler hatte den Flieger vor kurzem angegriffen, weil dieser es unterlassen hatte, die Nazis zu kritisieren. Rodman fragte Lindbergh offen und direkt, ob er seine Gegner nicht zum Schweigen bringen könnte, wenn er seine eigene Philosophie von der der Nazis deutlicher abgrenzte.

»Vielleicht würde es das – zumindest vorübergehend –, doch ich bin kein Politiker und ich sehe keinen Grund, weshalb ich in die Verteidigung gehen sollte«, zitiert Rodman Lindberghs Antwort.

> Ich habe wiederholt gesagt, daß ich an unsere Lebensart glaube und diese Gestade gegen jeden Eindringling aus dem Ausland verteidigen würde. Doch wer bin ich denn, dem deutschen Volk zu erklären, was für eine Art von Politik es machen soll? Das ist seine Sache, und soweit ich es verstehe, traf es die einzige Wahl, die ihm 1933 möglich war. Es ging um Nationalsozialismus oder Kommunismus, und wenn ich heute vor der unangenehmen Wahl stände, mich zwischen einem Leben in Deutschland oder einem in Rußland entscheiden zu müssen, dann wäre ich genötigt, Deutschland zu wählen. Als ich damals von Rußland nach Deutschland kam, empfand ich ein ebenso großes Gefühl der Befreiung, wie ich es tat, als ich von Deutschland nach Frankreich zurückkehrte...

Unerschrocken nahm Rodman dann die Frage von Lindberghs angeblichem Vorurteil gegen die Juden in Angriff. »Was ist mit dem Antisemitismus?« fragte er. »Wenn Sie das abschmetterten, dann würde Ihren Kritikern die Hälfte ihrer Argumente genommen.«

Rodman erinnerte sich, daß Lindbergh daraufhin mit »bemerkenswertem Gefühl sprach... beinahe bitter«. Rodman zitiert ihn:

> Der Antisemitismus wächst in unserem Lande aus fast dem gleichen Grund, aus dem er auch in Deutschland gewachsen ist, und ich fürchte, daß ihn nichts aufhalten kann. Die Juden sind selbst daran schuld. Wie in Deutschland kontrollieren sie die Presse, den Rundfunk und das Kino – wenigstens steht es in keinem Verhältnis zu ihrer Zahl. Ich habe nichts gegen die Tatsache, daß sie die Medien kontrollieren, daß sie sie jedoch als Waffe einsetzten, wird mit ihrem Ruin enden. Anstatt im Interesse ihres Landes und der Mehrheit ihres Publikums zu handeln, handeln sie im Interesse – oder dem mutmaßlichen Interesse – ihrer Rasse... Nein, ich will die Juden nicht kritisieren, aber ich werde sie auch nicht verteidigen.

Nachdem Rodman den Nachmittag und den Abend mit dem Paar verbracht hatte, hatte er den Eindruck, daß Anne beinahe völlig mit den politischen Ansichten ihres Mannes übereinstimmte. »In der Hauptsache ist Anne mit ihm einer Meinung, doch sie scheint nicht so felsenfest überzeugt zu sein wie er«, bemerkte er in seinem Tagebuch.

> Während des Abendessens diskutierte sie mit Archie [ein Freund Rodmans] über indische Philosophie und Dichtung, doch nach dem Essen beteiligte sie sich an der Diskussion, die Charles und ich miteinander hatten. Sie beklagte sich darüber, daß die isolationistische Position so negativ gesehen wurde. »Die beherrschende ›neue Idee‹ dieser Epoche«, sagte sie, »ist die Wiederentdeckung der Opferbereitschaft, die Bereitschaft, das Leben für den Geist dahinzugeben, oder wenigstens für eine Sache oder eine Idee. Wir dagegen haben einen schweren Stand, da wir gezwungenermaßen darauf hinweisen müssen, daß die Interventionisten für eine Sache kämpfen, so verloren sie auch sein

mag – und sie die Leute darauf vorbereiten, ihr Leben zu opfern. Sie haben dabei die Tatsache auf ihrer Seite, daß die Leute sich opfern *wollen.*« Später sagte sie jedoch, daß die wahre Tragödie dieser Zeit darin bestehe, daß der kleine Mann zwischen dem Fanatismus von Rechts und dem von Links, zwischen Isolationismus und Intervention gefangen sei. Dabei wolle er einfach in Ruhe gelassen werden, um sich sein Heil oder seine Sicherheit in weniger apokalyptischen Begriffen zu suchen. »Er ist in diesem Kreuzfeuer gefangen, und die Fanatiker brüllen sich über seinen Kopf hinweg an, und reden sich ein, es sei ›das Volk‹, das da ruft…«

Wie viele Männer war Rodman von Annes sanfter Persönlichkeit und der geschickten Art, wie sie mit ihrem Mann umging, beeindruckt.

Mein abschließender Eindruck von ihnen? Ihr [Annes] Charme und facettenreicher Verstand, die Kombination von emotionaler Reife und der Begeisterung eines kleinen Mädchens sind bezaubernd. Ihm gegenüber ist sie sehr verständnisvoll und lieb, und er betet sie offensichtlich an. »Aber natürlich«, meinte sie schelmisch zu mir, »wenn Charles einmal von etwas überzeugt ist, dann ist es unmöglich, ihn davon abzubringen. Ich habe schon vor langer Zeit aufgegeben, das zu versuchen. Leider bin ich ihm bei seiner gegenwärtigen Arbeit keine große Hilfe, obwohl ich Menschen besser einschätzen kann als er und ihn wenigstens vor jenen warnen kann, die ihn nur für ihre eigenen Ziele benutzen wollen.«

Rodman beurteilte Lindbergh ganz anders. »Was Lindbergh selbst angeht, so besitzt er ebenfalls Charme, außerdem zeigt er eine Einfachheit, Schüchternheit und Jungenhaftigkeit, die sehr anziehend sind. Man kommt nicht umhin, seinen Mut und seine Integrität zu bewundern«, notierte er in seinem Tagebuch. »Tatsache ist jedoch, daß wir politisch nicht dieselbe Sprache sprechen. Obschon er nichts von dem unangenehmen Nationalismus und der sadistischen Machtverehrung zeigt, die die Nazis so unsäglich machen, scheint er dazu bestimmt zu sein, auf ihrer Seite zu enden.«

Als Charles Lindberghs Tagebücher aus der Kriegszeit viele Jahre später veröffentlicht wurden, blätterte Selden Rodman sofort zu dem Tag, an dem sie ihre Diskussion geführt hatten. All diese Jahre hatte er gehofft, daß seine kritischen Fragen Lindbergh dazu bewegt hätten, sich einer Gewissensprüfung zu unterziehen. Doch traurig mußte er feststellen, daß »es für den 21. Juli, den Tag unserer Debatte über den Krieg, die Isolationisten und den Antisemitismus, überhaupt keinen Eintrag gab«.

Obwohl Rodman den Eindruck hatte, daß die Lindberghs sich immer noch sehr liebten, waren in Wirklichkeit einige Spannungen in ihrer Beziehung aufgetreten. Lindbergh fing an, sich darüber zu ärgern, daß ihn seine Frau unaufhörlich bewunderte, während sie sich insgeheim über seine dominierende Art aufregte.

»C. wieder da. Wie üblich, ist er keine zehn Minuten im Haus, ohne mir nicht zu sagen, ich solle ›mich beruhigen‹. Ich weiß, daß man mich leicht aufziehen kann, daß ich erregbar bin, aber wenn man gesagt bekommt, man solle seine Freude und Aufregung ›unterdrücken‹, die auch nach einer kurzen Reise jedes Mal groß ist, so ist das eine kalte Dusche«, vertraute Anne ihrem Tagebuch an. Doch dann fügt sie, anscheinend erschrocken über ihre Treulosigkeit, hinzu: »Doch er sagt es zu meinem Besten und denkt an meine Gesundheit, daher sollte es mir nichts ausmachen. Er ist ebenfalls nervös, wenn er zurückkommt von einer Reise, aber hauptsächlich, weil er sich um mich sorgt.«[9]

Auch die Kritik ihres Mannes, daß sie als Schriftstellerin so langsam arbeitete, hatte insgeheim an ihr zu nagen begonnen: »Er nimmt sich das Register vor – neun Jahre, und lediglich zwei

Bücher – und fragt sich, woran das liegt. Hat er mir nicht das geeignete Milieu geboten?«[10] Als er sie dazu drängte, noch vor der Geburt ihres vierten Kindes eine Anthologie ihrer Lieblingsgedichte, die sie gerade zusammenstellte, zu veröffentlichen, wurde sie wütend. Es ist allerdings nicht klar, ob sie den Mut aufbrachte, ihm ihren Zorn auch direkt zu zeigen.

> Aber du verlangst zuviel, möchte ich am liebsten ausrufen. Ich kann nicht ein Baby bekommen und eine gute Hausfrau sein und über die jetzige Zeit (in meinem Tagebuch) schreiben und ständig präsent sein, um alles mit dir zu besprechen und den Kindern etwas geben und eine friedliche Atmosphäre in der Familie schaffen (der weiteren Familie, die jetzt so verstreut und verwirrt ist, da wir alle verschiedener Meinung sind) und dabei einen klaren Kopf behalten für den Tagesablauf und gleichzeitig ein Buch schreiben.
> Ich kann nicht gleichzeitig mit Erfolg Frau, Hausfrau *und* Künstlerin sein.[11]

Wie Anne selbst zugab, floß zu dieser Zeit all ihre Kraft in ihre Schwangerschaft. Vielleicht als Rechtfertigung für ihre Entscheidung, wieder schwanger zu werden, war sie zu der Ansicht gelangt, daß

> die gehaltvollsten Bücher nicht von jenen Menschen stammen, die sich dem Schreiben allein widmen…
> …Zum Beispiel bin ich trotz meiner Bewunderung für ihr wunderbares schriftstellerisches Werk der Meinung, daß sowohl die Bücher von Vita Sackville-West als auch jene von V. Woolf etwas Schwammiges an sich haben. Ich weiß, daß sie beide verheiratet sind. V. S. W. hat sogar Kinder, doch es ist eine Frage der Einstellung. Sie halten sich für *Schriftstellerinnen, nie* für Mütter oder Ehefrauen (was für eine Feststellung!), somit ist ihr Standpunkt logischerweise stets derselbe.

Doch Anne hatte nicht viel Zeit, um darüber nachzudenken, welcher Typus von Schriftstellern am besten dafür geeignet war, die Wahrheit über das weibliche Geschlecht zu erzählen, denn ihr Mann war wieder einmal heftigen Presseangriffen ausgesetzt. Am 19. Mai 1940 hatte er eine Rede gehalten, in der er seine Zuhörerschaft ermahnte, sich vom deutschen Vormarsch nach Frankreich nicht beunruhigen zu lassen und »nicht auf dieses hysterische Geschwätz von Katastrophe und Invasion zu hören, das in den letzten Tagen grassiert«. Daraufhin wurde er in einem Leitartikel der *New York Times*, einer Zeitung, die er und Anne einst bewundert hatten, persönlich angegriffen.

> »Das hysterische Geschwätz« ist genau das, was man jetzt überall in den Demokratien hört, da Frankreich und Großbritannien in Gefahr sind, von Deutschland geschlagen zu werden. Colonel Lindbergh ist ein eigentümlicher junger Mann, wenn er diese Tatsache als etwas anderes denn als Katastrophe für das amerikanische Volk sieht. Er ist ein naiver junger Mann, wenn er darauf vertraut, daß es keinen Unterschied für uns macht, ob wir des historischen Schutzes der britischen Seemacht im Atlantischen Ozean beraubt werden. Er ist ein blinder junger Mann, wenn er wirklich glaubt, wir könnten in gleichem Frieden und Glück leben, »ganz egal, welche Seite diesen Krieg gewinnt«, der in Europa herrscht. Colonel Lindbergh bleibt ein großer Flieger.[12]

Obwohl Anne Lindbergh immer noch in den »ewigen Kampf, was ich C., was ich Mutter, was ich mir selbst schuldig bin«, verstrickt war, scheint sie den Konflikt an diesem Punkt in ihrem Leben wenigstens vorübergehend gelöst zu haben. Nun vertrat sie politische Ansichten, die denen von Mrs. Morrow vollkommen entgegengesetzt waren. Zum ersten Mal schien sie nicht mehr »Mutters liebes kleines Mädchen« zu sein. Wichtiger jedoch ist, daß sie auch jenen Teil ihrer Persönlichkeit, der sich danach sehnte, eine kreative und unabhängige Frau mit einer eigenen Individualität zu sein, nicht mehr weiterentwickelte. Nun lebte sie nur noch, um ihren Mann zu erfreuen und ihn zu unterstützen. Sie gab die Arbeit an ihren eigenen Büchern auf und beschloß, ihr beachtliches literarisches Talent zur Verbreitung seiner politischen Ansichten einzusetzen.

Sie legte ihre geplante Anthologie von Lieblingsgedichten, der sie den Titel *O to Whom* gegeben hatte, beiseite und begann an einer ganz anderen Art von Buch zu schreiben. Sie fing im August 1940, dem fünften Monat ihrer Schwangerschaft, mit der Arbeit an, die ebenso wie das Kind, das in ihr wuchs, ein Akt der Liebe gegenüber ihrem Mann war.

So wie es bei »Gebet für den Frieden« der Fall gewesen war, ging ihr das Schreiben rasch von der Hand. Wie Anne sich erinnerte, schienen ihr die Worte regelrecht aus der Feder zu »fließen«, ohne daß sie »dabei auf den Stil achtete«.

Das Buch, ein politischer Essay, versuchte die Frage zu klären, ob der Nationalsozialismus aus der Lage des deutschen Volkes nach dem Ersten Weltkrieg erwachsen, und somit als Regierungsform verständlich war. Als Anne ihr Manuskript fertiggestellt hatte, beschloß sie, es *The Wave of the Future* zu nennen. Offenbar war ihr die Tatsache unbekannt, daß auch Lawrence Dennis, der führende Intellektuelle der amerikanischen Faschistenbewegung, die »Wellen«-Metapher[13] verwendet hatte, um die Anziehungskraft des Faschismus zu beschreiben.

Obwohl sie sich bewußt war, daß das Buch eine heftig geführte Kontroverse hervorrufen würde, war Anne willens, dieses Risiko einzugehen. Ihrer Mutter schrieb sie in einem leidenschaftlichen Brief: »Ich mußte den Artikel schreiben, alle Argumente und Gegenargumente, meine eigene Überzeugung herausschälen, die Brücke bauen zwischen C's und meinem Glauben und nicht zuletzt mein tiefes Empfinden, daß ihm und denen auf seiner Seite Unrecht geschieht.«[14]

Es ist unklar, was Anne mit der »Brücke« zwischen ihrem Glauben und dem ihres Mannes meint, denn immer, wenn sie auf ihre eigene Meinung zum Krieg zu sprechen kommt, wird der Text verschwommen. Zweifellos rührt diese Zweideutigkeit zum Teil daher, daß Anne sich, selbst wenn sie im Grunde mit ihrem Mann übereinstimmte, zwischen den gegensätzlichen Ansichten Lindberghs und ihrer Familie hin- und hergerissen fühlte. Ein weiterer Grund für ihre Ungenauigkeit war ihre mangelnde Sachkenntnis auf den Gebieten Politik und Geschichte, die sich in ihren Texten widerspiegelt.

The Wave of Future, ein nur 40 Seiten starkes Bändchen, wurde im Oktober 1940 veröffentlicht. Einen Monat später befand es sich ganz oben auf der Bestsellerliste. Allerdings war Annes Buch ein sehr ungewöhnlicher Bestseller. Anders als dies bei einem Verkaufsschlager normalerweise der Fall ist, vergrößerte er weder die Beliebtheit seiner Autorin noch ihr literarisches Ansehen. Im Gegenteil, dieser schmale Band zerstörte das Bild, das die Öffentlichkeit von Anne Morrow Lindbergh gewonnen hatte. Es sollten beinahe zwei Jahrzehnte voller harter Arbeit und strenger Selbstprüfung erforderlich sein, bis sie wieder einen Platz als eine der beliebtesten amerikanischen Schriftstellerinnen einnehmen konnte.

Kapitel 18

The Wave of the Future

In den frühen Morgenstunden des 2. Oktober 1940 brachte Anne im Doctor's Hospital in New York ihr viertes Kind zur Welt. Nach drei Söhnen wünschten sich die Lindberghs sehnlichst eine Tochter. Deshalb waren sie auch überglücklich, daß das Neugeborene ein Mädchen war. Diesmal beratschlagte das Paar nicht tagelang über einen Namen für das Kind. Es bestand kein Zweifel darüber – es würde nach seiner Mutter Anne Spencer genannt werden.

Das kurz vor der Geburt ihrer Tochter veröffentlichte Buch *The Wave of the Future* hatte Anne geschrieben, um die Amerikaner zu überzeugen, nicht in den europäischen Konflikt einzugreifen. Obwohl Annes Stil von den Kritikern allgemein gelobt wurde – Clare Boothe zum Beispiel, die für *Current History and Forum* schrieb, nannte ihn »klar, ausgefeilt, moduliert – beinahe klassisch« –, waren viele Leser entsetzt, daß die Autorin die Aggression Deutschlands und die Judenverfolgungen mit den Schwächen der Demokratie auf eine Ebene stellte. »Es sind *Sünden*, darüber besteht kein Zweifel, und ich verurteile sie«, hatte sie geschrieben. »Doch es gibt andere Sünden wie Blindheit, Selbstsucht, Unverantwortlichkeit, Blasiertheit, Lethargie und Starrheit – Sünden, derer sich unsere ›Demokratien‹ alle ohne Ausnahme schuldig gemacht haben ...«[1]

Einige Leser interpretierten das Buch als pure deutsche Propaganda. Zu diesen gehörte unter anderen Harold L. Ickes, der amerikanische Innenminister, der im übrigen auch davon überzeugt war, daß Charles Lindbergh ein Nazi sei. Er bezeichnete *The Wave of the Future* öffentlich als »die Bibel aller amerikanischen Nazis, Faschisten, Bundisten und Beschwichtiger«[2]. Bei seiner dritten Regierungserklärung am 20. Januar 1941 trat Roosevelt selbst der Prämisse des Buchs entgegen und versicherte dem amerikanischen Volk: »Es gibt Menschen, die glauben, daß... Tyrannei und Sklaverei die anbrandende Flut der Zukunft geworden sind – und daß die Freiheit langsam verebbt. Doch wir Amerikaner wissen, daß das nicht stimmt.«[3]

Irvin Berlins Frau Ellin Mackay gehörte zu den vielen Lesern, die entschieden gegen die anscheinend antidemokratische Grundhaltung des Buches protestierten. In einer Rundfunkdiskussion über die Frage »Ist die Sicherheit der Vereinigten Staaten durch Propaganda gefährdet?« beschrieb Ellin Mackay, die das Komitee zur Verteidigung Amerikas durch Unterstützung der Alliierten vertrat, Anne als eine »einfühlsame und liebenswürdige Frau, die durch geschickte deutsche Propaganda irregeführt und eingeschüchtert worden ist... es kann niemandem angelastet werden, daß er Angst hat, doch es tut weh, feststellen zu müssen, daß eine Amerikanerin die Demokratie zwischen Gänsefüßchen begräbt. Sie spricht zärtlich von ihr, doch sie spricht von ihr, als sei sie bereits tot... Das ist jedoch nicht wahr. Die Demokratie lebt – hier in den Vereinigten Staaten und in England. Die Nazis haben der altmodischen Tyrannei ein neues Gewand verliehen, damit sie wie etwas Neues aussieht. Sie haben das Herz einer Dichterin wie Mrs. Lindbergh erreicht.«

Ellin Mackays Meinung nach hatte Anne sich zu einer Marionette der Nazis machen lassen. »Wir dürfen die Nazis nicht romantisieren«, warnte sie. »Sie sind skrupellose Militaristen, die beabsichtigen, die Welt zu unterwerfen. Das sind nicht meine Worte, sondern ihre – ›Heute beherrschen wir Deutschland, morgen die ganze Welt.‹ «[4]

Ellin Mackay versuchte ihre Kritik an Anne jedoch dadurch abzumildern, daß sie sie als eine Frau beschrieb, die leicht einzuschüchtern war. Die Kolumnistin Dorothy Thompson hingegen wollte keine derartige Entschuldigung für Annes Überzeugungen gelten lassen. In ihrer Kolumne *On the Record*, die in mehreren Zeitungen erschien, erklärte Dorothy Thompson, daß sie nach der Lektüre von *The Wave of the Future* ihren Verdacht, daß Lindbergh ein Nazi sei, ein Verdacht, den übrigens auch Roosevelt hegte, bestätigt sah.

> Wenn man zu Col. Lindberghs Reden und Schriften das Buch seiner Frau hinzunimmt, in dem sie Nationalsozialismus und Kommunismus als »Wellen der Zukunft« beschreibt, und zwar mit Worten, die denen von Lawrence Dennis, des erklärten Verfechters des amerikanischen Nationalsozialismus, entsprechen, dann wird das Bild sogar noch klarer: Nimmt man die wachsende Jugendbewegung um Col. Lindbergh, die in amerikanischen Colleges sorgsam kultiviert wird, die Unterstützung, die Colonel Lindbergh durch all die demagogischen amerikanischen Faschisten erhält, und die Prophezeiung des nationalsozialistischen »Scribner's Commentator«, daß »der Mann« nahe ist, zusammen, dann hat man ein Bild, das jener Kräftezusammensetzung stark ähnelt, die für alle Nazibewegungen typisch ist.[5]

Mit der »wachsenden Jugendbewegung um Col. Lindbergh« meint Dorothy Thompson die kleine Studentenorganisation in Yale, von der Lindbergh am 30. Oktober eingeladen worden war, um eine Rede über die Außenpolitik zu halten. Zu diesem Zeitpunkt hatte die von dem 24jährigen Jurastudenten R. Douglas Stuart jr., dem Sohn des ersten Vizepräsidenten der Quaker Oats Company, angeführte Gruppe die Unterstützung einer Reihe einflußreicher Führungspersonen aus Politik und Wirtschaft gewonnen. Weniger als eine Woche nach Lindberghs Ansprache formierte sich diese Gruppe dann zu einer nationalen noninterventionalistischen Organisation, dem America First Committee, das seine Zentrale in Chicago hatte.

Mit »demagogischen amerikanischen Faschisten« meinte Dorothy Thompson William Dudley Pelley. Dieser bewunderte Hitler ganz offen und organisierte »Silberhemd«-Brigaden in North Carolina, Kalifornien und anderen Staaten. Laut Alan Brinkley, dem Autor von *Voices of Protest: Huey Long, Father Couhglin, and the Great Depression*, war Pelley »ein geistesgestörter und böser Mann«, der

> den Nazis in Militarismus, Chauvinismus und Antisemitismus begeistert nacheiferte. Er erlangte jedoch nie wirklichen Einfluß auf die amerikanische Politik... Es gab aber amerikanische Faschisten, die von einem ganz anderen Kaliber waren... Lawrence Dennis, ein kluger und gebildeter Mann, der in Georgia geboren wurde und in Harvard studiert hatte, war vielleicht der prominenteste dieser faschistischen »Intellektuellen«. In mehreren Büchern legt er dar, daß der Kapitalismus durch die Zwänge der modernen Gesellschaft zum Untergang bestimmt sei. Er behauptet, daß im Faschismus die einzige Chance liege, um Amerika vor dem Kommunismus zu retten.[6]

Obwohl Dorothy Thompson mit vielen ihrer Behauptungen recht hatte, ist ihre Beschuldigung, daß Charles und Anne von der amerikanischen Faschistenbewegung unterstützt wurden, durch nichts zu belegen. Als Pelley ein Jahr später in Indianapolis wegen Volksverhetzung vor Gericht stand, wurde Lindbergh von der Verteidigung vorgeladen. In seinen Tagebüchern aus der Kriegszeit behauptete Lindbergh, er hätte »Pelley weder persönlich gekannt, noch irgendwelchen Kontakt zu seiner Organisation gehabt«. Er empfand es jedoch als seine Pflicht, vor Gericht zu erscheinen, da er stets »den Eindruck hatte, daß man einer Vorladung Folge zu leisten hatte, weil einem dies die Ehre wie auch das Gesetz gebot«. Obwohl Lindbergh nur zwölf Minuten im Zeugenstand war, setzte ihn die öffentliche Meinung aufgrund »dieser Episode«, wie Wayne Vole sagt, »verstärkt mit üblen und aufrührerischen Elementen in Amerika« gleich[7].

Was Lawrence Dennis anging, so schrieb Lindbergh in einem Memorandum vom 21. August 1969: »Ich begegnete Lawrence Dennis nur bei wenigen Gelegenheiten, und las sein Buch lediglich auszugsweise. Ich interessierte mich für seine Philosophie, doch bezweifelte ich, daß sie klug und praktisch anwendbar war. Sein Einfluß auf mein Denken und Handeln ist unbedeutend.«[8]

Mrs. Morrow, Constance und Aubrey Morgan weigerten sich diskret, einen Kommentar zu *The Wave of the Future* abzugeben. Nur Annes Cousin Richard B. Scandrett jr. schrieb ihr einen mißbilligenden Brief, der später publik gemacht wurde:

> Dein Buch scheint mir die Bemühung einer besorgten Frau zu sein, die über das Schreckliche, was gegenwärtig auf der Welt passiert, entsetzt ist, einer Frau, die, in der Hoffnung, daß es sich nicht weiter ausbreitet, versucht, die Situation so zu nehmen, wie sie ist, damit das Leben in Amerika ganz normal weitergehen kann... Ich habe dein Buch nicht nur einmal, sondern mehrmals gelesen. Jedes erneute Lesen verstärkte dabei meinen ursprünglichen Eindruck, nämlich, daß es weitgehend eine lyrische und verklärte Darstellung der Ansichten ist, die von Charles geäußert wurden. Ich habe den Eindruck, daß ihr, du wie auch Charles, die totalitaristische Definition von Demokratie als ein statisches oder verfallenes materialistisches Konzept akzeptiert habt.[9]

Obwohl Anne versuchte, die vernichtenden Kritiken zu ignorieren, ärgerte sie sich sehr darüber, daß man ihre Botschaft so mißverstanden hatte. »Ich habe niemals gesagt, daß unsere Zukunft im Totalitarismus liegt, sondern habe entschieden zum Ausdruck gebracht, daß dem nicht so ist – und ich hoffe, daß wir in Amerika uns selber treu bleiben«[10], beteuerte sie.

Um deutlich zu machen, was sie in *The Wave of the Future* gemeint hatte, schrieb sie einen Artikel mit dem Titel »Reaffirmation«, der im *Atlantic Monthly* veröffentlicht wurde. In diesem Artikel betonte sie, daß »die Welle der Zukunft« nicht der Nationalsozialismus, der Kommunismus oder der Faschismus sei, sondern »ein Anpassungsversuch an eine höchst wissenschaftliche, mechanisierte und materialistische Ära mit all ihren Problemen. Da mir diese Entwicklung als solche unvermeidlich scheint, bin ich der Meinung, daß wir uns mit ihr auseinandersetzen müssen, um nicht von ihr überrollt zu werden...

Ich sagte nicht, daß wir ihr genauso begegnen sollen, wie es die Diktatoren in den von ihnen beherrschten Nationen tun«, fügte sie hinzu, »denn ich bin aus tiefster Überzeugung gegen die Art und Weise, wie sie es tun.«

Dennoch untergrub die Tatsache, daß die meisten Leser von *The Wave of the Future* die wesentliche Botschaft des Buches nicht verstanden hatten, Annes Selbstvertrauen als Schriftstellerin. Sie hatte das Buch als »pazifistisches Dokument« verfaßt. Jetzt sah sie sich als unfähige Autorin, da es ihr nicht gelungen war, ihre Botschaft verständlich darzustellen. Trotz ihrer guten Absichten war der von ihr beabsichtigte »Pazifismus« als defätistische Haltung ausgelegt worden, die Hitler in die Hände spielte.

Wenn sie sich nicht besser ausdrücken konnte, dachte Anne verbittert, dann sollte sie vielleicht ganz mit dem Schreiben aufhören.[11]

Noch schmerzlicher als die schlechten Kritiken war für Anne die Entfremdung von den Menschen, die sie einst als verwandte Seelen betrachtet hatte. »Die Besprechungen haben mich weniger verletzt als die wachsende Kluft, die sich zwischen mir und den Menschen auftut, zu denen ich mich bisher zählte«, gesteht sie wehmütig ein. »Die Künstler, Schriftsteller, Intellektuellen, Feinfühligen und Idealisten – von denen ich mich nun ausgeschlossen fühle. Ich bin ein für allemal und so ganz nebenbei tatsächlich ausgeschlossen. Meine Heirat hat mich aus meiner Welt hinauskatapultiert und so verändert, daß es kein Zurück mehr gibt.«[12]

Einer jener Freunde, von denen sie sich »ausgeschlossen« fühlte, war Antoine de Saint-Exupéry. Als sie im Januar 1941 erfuhr, daß er wieder in New York war, sehnte sie sich danach, sich mit ihm zu treffen. »Ich suche nach Menschen, die noch aus meiner Welt sind, meiner Welt des Schreibens«, erklärte sie Lindbergh, der, was ihre Beziehung zu dem französischen Flieger anging, immer noch argwöhnisch war. Doch sie konnte sich nicht dazu durchringen, ihn anzurufen. Obwohl sie Saint-Exupéry für einen ganz besonderen Menschen hielt, wußte sie, daß er als Franzose, der sein Leben riskierte, um die Nazis zu bekämpfen, absolut kein Verständnis dafür haben würde, daß sie und ihr Mann sich weigerten, die Alliierten zu unterstützen. Sie fürchtete, daß er, wenn sie ihn anzurufen wagte, es ablehnen könnte, mit ihr zu sprechen.

Am Weihnachtsabend 1940 sprach Anne für die Quäker im Rundfunk. Sie bat dringend um Lebensmittelhilfen für die hungernden Menschen in den besetzten Ländern Europas. Lindbergh war zu dieser Zeit mit einer anderweitigen Verpflichtung beschäftigt.

Doch die öffentliche Meinung richtete sich immer noch gegen sie. Als später in einer Wochenschau über ihre Ansprache berichtet wurde, wurde vorher ein Foto von Roosevelt eingeblendet. Die Bildunterschrift lautete: ANNE LINDBERGH SCHLÄGT VOR, WIR SOLLTEN HITLERS EUROPA ERNÄHREN. Mit Ausnahme dieser Reportage in der Wochenschau blieb ihre Rede in der Presse unbeachtet.

Von all den Gruppen, die sich gegen einen Kriegseintritt der USA wandten, fühlte sich Anne geistig am meisten zu den Quäkern hingezogen. Deshalb wollte sie ihnen auch die Tantiemen von *The Wave of the Future* zukommen lassen. »Ich hatte das Gefühl, daß ich bei ihnen aufatmen konnte – was für ein Trost, nicht gegen den Strom schwimmen zu müssen wie sonst meistens. Hier sind wenigstens ein paar ›gute‹ Menschen auf unserer Seite. Was mich während dieses Jahres am meisten aufgeregt hat, war, alle ›richtigen‹ Leute auf der falschen Seite zu sehen – und was noch erschreckender war –, alle ›falschen‹ Leute auf der richtigen Seite anzutreffen. Die Quäker sind sowohl pragmatisch als auch gut. Ich kann ihnen fast ›in allem folgen‹. Aber C. kann das nicht.«[13]

Die Organisation, der Lindbergh »in allem folgen« konnte, war das America First Committee, die mächtigste der noninterventionalistischen Gruppen der Vereinigten Staaten. Er trat dem Komitee im April 1941 bei und wurde bald dessen einflußreichster und publikumswirksamster Repräsentant.

Ziel von America First war es, einen Kriegseintritt der Vereinigten Staaten zu verhindern und der interventionalistischen Politik Roosevelts, der sich zu diesem Zeitpunkt allerdings noch gegen eine amerikanische Kriegsbeteiligung aussprach, entgegenzutreten. Die heterogenen Reihen von America First schlossen so mächtige erzkonservative und leidenschaftliche Roosevelt-Hasser ein wie General Robert E. Wood, den Vorsitzenden der Sears, Roebuck Company und Robert R. McCormick, den Herausgeber der *Chicago Tribune*. Weitere prominente Mitglieder waren der Vizepräsident der Central Republik Bank in Chicago, J. Stanford Otis; der Direktor der Hormel Meat Packing Company, Jay C. Hormel; Oswald Garrison Villard, ein ehemaliger Redakteur der *Nation*; der Präsident des Olympischen Komitees Avery Brundage; R. Douglas Stuart jr., Kingman Brewster, zu dieser Zeit noch Student in Yale, später dann Präsident der Universität; Chester Bowles, Chef einer Werbeagentur; und Edward Rickenbacker, ein Flieger-As und Flugexperte.

Anne war America First nie beigetreten, andere bekannte Amerikanerinnen hingegen waren Mitglied der Organisation. Dazu gehörten der Stummfilmstar Lillian Gish, die Schriftstellerin Kathleen Norris, Alice Roosevelt Longworth, die Tochter von Theodore Roosevelt, und Adelaide Hooker Marquand, die extravagante Ehefrau des Romanschriftstellers John Marquand, die darüber hinaus auch eine gute Freundin von Anne war.

Mit Ausnahme der Marquands und Lillian Gishs, die Anne »bezaubernd – zart und intelligent« fand, war Anne von den Leuten, die sich zu America First hingezogen fühlten, nicht besonders angetan. »Die jungen Leute auf unserer Seite taugen etwas, doch die ältere Generation ist ziemlich heruntergekommen und erschöpft«, notierte sie in ihrem Tagebuch. »All die Guten stehen auf der anderen Seite.«

Obwohl America First sowohl in New York als auch in Boston viele Anhänger hatte, war ihre Hochburg der Mittlere Westen, wo man seit jeher eine isolationistische Einstellung vertrat. Dank Lindberghs Charisma und der Überzeugungskraft seiner Reden begannen sich nun jedoch viele Amerikaner im ganzen Land gegen eine Verwicklung in den europäischen Konflikt zu wenden. Tatsächlich war Lindbergh so erfolgreich, daß Roosevelt im Hinblick auf die Motive des Fliegers höchst argwöhnisch wurde. Er hielt Lindbergh nunmehr für eine große Gefahr für seine persönliche politische Zukunft.

Bei einer Pressekonferenz am 25. April 1941 fragte ein Reporter den Präsidenten, weshalb er Lindbergh, der doch Reserveoffizier sei, nicht einberief. Der Grund dafür, erwiderte Roosevelt, liege in Lindberghs defätistischer Haltung. Dann verglich er Lindbergh mit dem Abgeordneten Clement L. Vallandigham, der zur Zeit des Bürgerkriegs Kongreßabgeordneter in Ohio und Wortführer einer Gruppe gewesen war, die sich die Copperheads nannte. Vallandigham hatte stets behauptet, der Norden könne den Bürgerkrieg niemals gewinnen.

Lindbergh, der sich in seiner persönlichen Ehre angegriffen fühlte, trat unverzüglich aus der amerikanischen Armee aus. »Wenn ich meinen Abschied nicht einreichen würde«, schrieb er in seinen *Wartime Journals*, »würde ich etwas verlieren, das mir noch mehr bedeutete, als mein Offizierspatent im Fliegerkorps.«

»Niemand sonst würde es wissen, aber ich«, fuhr er stolz fort. »Und wenn ich diese Beleidigung von Roosevelt hinnehme, dann würden wahrscheinlich noch weitere und schlimmere folgen.«[14]

Die nächsten Tage erwiesen sich für Anne als große seelische Belastung. In den Leitartikeln mehrerer großer Zeitungen des Landes wurde Lindbergh persönlich angegriffen. Man charakterisierte ihn als einen »mechanischen, harten und gefühllosen« Mann. Einige bemerkten, daß er sich, obwohl es ihm offensichtlich keine Probleme bereitete, sein Offizierspatent niederzulegen, geweigert hatte, seinen deutschen Orden zurückzugeben.

Anne hatte sich noch immer nicht beruhigt, als ihr Sue Vaillant, eine enge Freundin, ein paar Tage später vorwarf, sie hätte niemals den Mut aufgebracht, wahrheitsgemäß über ihren Mann zu schreiben. Von Sues Kritik verletzt, verteidigte Anne sich in ihrem Tagebuch. Sie schrieb:

> Wenn das wahr ist, so liegt das daran, daß ich sein ausgeprägtes Gefühl für seine Privatsphäre nicht verletzen wollte – seine geradezu leidenschaftliche Abneigung gegen jede öffentliche Erörterung seiner Haltung. Seine Abneigung ist ebenso stark wie meine Absicht, ihn vor derartigen Belästigungen bewahren zu müssen – daß zumindest seine Frau diesbezüglich nichts über ihn schreiben sollte –, daß ich lieber anstelle eines *falschen* Bildes ein unvollständiges zeichne, das dann ebenfalls nicht stimmt. Es ist schmerzlich, so zu denken. Aber ich hoffte, ich hoffte sehr, daß die Wahrheit durchschimmerte, daß meine Liebe ihm Leuchtkraft verleihen würde. Bei einigen Menschen ist das gelungen.[15]

Im Juni flogen die Lindberghs nach Los Angeles, wo Lindbergh anläßlich eines America-First-Treffens in der Hollywood Bowl sprechen sollte. Im Anschluß an diese Rede war eine Vortragsreise durch den Mittleren Westen geplant. Da die beiden vom Leben an der Ostküste genug hatten und entschlossen waren, endlich ihre »Wurzeln« zu finden, wollten sie die Gelegenheit nutzen und auf dieser Reise nach einem geeigneten Haus für sich und ihre drei kleinen Kinder, die sie wieder einmal in der Obhut des Dienstpersonals zurückgelassen hatten, Ausschau halten. Wie üblich belastete es Anne, daß sie nicht bei ihren Kindern sein konnte. Vor allem tat es ihr wegen Jon leid, dem sie in den letzten Monaten nicht viel Zeit gewidmet hatte, da sie »mit C., mit dem Schreiben und mit dem Krieg beschäftigt« gewesen war.

Die Lindberghs brachen in einer eleganten, modernen TWA Douglas DC-3 vom La Guardia Airport nach Los Angeles auf. Es war das erste Mal, daß Lindbergh diese Route als Passagier und nicht als Pilot flog. Anne fiel unweigerlich der Unterschied auf zwischen dieser Reise und jenen gemeinsamen Flügen, die sie während der frühen Tage der Luftfahrt gemacht hatten. Sie bemerkte:

> Es ist sehr merkwürdig, diesen Flugplatz zu verlassen, von dem aus wir in der *Sirius* zu unserem Flug in den Orient und nach Grönland gestartet sind (damals war es North Beach – eine umgeschichtete Müllkippe), jetzt sind wir in einer silbrigen Flugzeuglimousine, weiche Sitze, schmale Fenster mit Gardinen, gedämpfter Lärm, Klimaanlage, Stewardessen...
>
> Ich kann mich nicht daran gewöhnen, und mir kommt es nicht so vor, als flögen wir. Ich schiebe den Vorhang zurück, spähe aus dem winzigen Fenster hinaus und blicke auf die Erde unter dem silbernen Flügel. Doch sie ist losgelöst von mir. Ganz unwirklich, wie ein Film.[16]

Auf diesem Flug zur Westküste beschloß Lindbergh, mit seinem alten Feind, dem Zeitungsbaron William Randolph Hearst, Frieden zu schließen. Dies war eine eigentümliche Entscheidung, denn Hearst hatte damals Bruno Hauptmanns Verteidigung bezahlt, um dafür Exklusiv-Interviews mit ihm und seiner Frau Anna zu bekommen. Und es waren Hearsts Reporter, die den Flieger und seine Familie so lange verfolgt hatten, bis das Leben für sie derart unerträglich wurde, daß sie Zuflucht in England suchen mußten.

Obwohl Anne ihren Mann stets als Menschen mit festen Überzeugungen und großer Integrität charakterisierte, fällt auf, daß er seine Meinung über eine Person durchaus ändern konnte, wenn es für ihn von Nutzen war. In Hearsts Fall war Lindberghs Absicht klar. Der Zeitungsbaron war wie Lindbergh der Auffassung, daß die Vereinigten Staaten sich aus dem Krieg in Europa heraushalten sollten, oder, wie Lindbergh selbst es ausdrückte, Hearst war »so gut bei der Kriegsfrage«. Mit Hilfe von Hearsts Zeitungen und deren enormen Auflagen konnte sichergestellt werden, daß die Botschaft des Fliegers Millionen von Menschen erreichen würde.

Ironischerweise fiel der Besuch der Lindberghs auf der Ranch von Hearst in Medford, Kalifornien, mit Annes 35. Geburtstag zusammen. Es wäre auch der elfte Geburtstag von Charles Augustus jr. gewesen, wenn er noch gelebt hätte.

Wenn man bedenkt, welches emotionale Trauma Hearst und seine Reporter Anne und ihrer Familie zugefügt hatten, dann reagierte sie äußerst ungewöhnlich auf den Zeitungsbaron. »Er [Hearst] ist ein stattlicher Mann in einem bräunlichen Regenmantel, sein Haupt ist vom Alter gebeugt und hängt etwa im gleichen Winkel auf den Mantel herab wie der Kopf einer Schildkröte aus ihrem Panzer«, bemerkte sie. »Sein Gesicht ist gefurcht und schlaff und verbreitet den Eindruck einer allgemeinen Freundlichkeit, ja sogar Güte. Es ist bis auf die Augen ganz ausdruckslos – blasse, sogar wäßrige Augen, denen aber nichts entgeht und die alles beobachten.«[17]

Annes Tagebuch enthält einen sarkastischen und amüsanten Bericht über die Beziehung des alternden Verlegers zu dem Filmstar Marion Davies, die Anne als »reizendes Kind« beschreibt, das von Hearst absichtlich an seiner Weiterentwicklung gehindert wurde. Sie bezieht sich jedoch nicht ein einziges Mal auf die Vergangenheit, in der Hearst einen solch mächtigen und zerstörerischen Einfluß auf Charles' und ihr Leben gehabt hatte. Auch ihr Gastgeber sprach offensichtlich nicht von dieser Zeit. Nach Annes Bericht zu urteilen, vermied er es geschickt, Hauptmann zu erwähnen, und entschuldigte sich auch nicht für das empörende Vorgehen seiner Reporter. Er scheint mit seinen berühmten Gästen im Grunde überhaupt sehr wenig gesprochen zu haben. Aus seinem tranceähnlichen Zustand wachte er erst auf, als sie sich auf dem Weg zur Tür befanden, wo er Lindbergh plötzlich ein mit Autogramm versehenes Foto von sich in die Hand drückte.

Es war schon merkwürdig, daß es ausgerechnet der sonst so schweigsame Charles Lindbergh war, der die neue Freundschaft des Paares mit dem Zeitungsbaron dokumentierte. »Hearst hat uns unterstützt, und ich habe vor, ihn zu unterstützen, soweit es die Kriegsfrage betrifft«, schrieb Lindbergh. »Ich kann die Vergangenheit nicht vergessen, doch ich habe sie in den Hintergrund gestellt, wenigstens für den Augenblick.«

Am 7. Juli, dem Tag nach ihrer Rückkehr von der Vortragsreise, erfuhr Lindbergh, daß das FBI sein Telefon und auch die Apparate anderer prominenter Mitglieder von America First abgehört hatte. Lindbergh war durch die Überwachung, die schon seit einiger Zeit lief, keineswegs beunruhigt. Er erklärte dem Beamten, der ihn über die Abhörung informiert hatte, er möge seinen Freunden beim FBI bestellen, er sei, »falls es irgend etwas geben sollte, das sie in meinen Telefongesprächen nicht genau verstanden haben… gern bereit… zusätzliche Auskünfte zu geben… Es macht, soweit es mich betrifft, wirklich kaum einen Unterschied. Mein Hauptinteresse gilt allein der Frage, ob dieses Vorgehen von der Regierung angeordnet wurde oder nicht.«

Das Abhören privater Telefone war vom Obersten Bundesgericht zu diesem Zeitpunkt bereits für ungesetzlich erklärt worden. Dennoch schrieb Franklin Roosevelt am 21. Mai 1941 einen Brief an General Robert Jackson, in dem er ihm die Erlaubnis erteilte, in Einzelfällen die Telefone von Personen, die subversiver Aktivitäten gegen die Regierung der Vereinigten Staaten verdächtigt wurden, abzuhören. Obwohl Jackson angewiesen wurde, »solche Nachforschungen auf ein Minimum zu beschränken und sie möglichst auf Ausländer zu begrenzen«, erkannte der Justizminister, daß die Direktive faktisch »dem Abhören eines jeden, der subversiver Aktivitäten auch nur verdächtigt wurde, Tür und Tor öffnete«. Mit seinen Rundfunkansprachen, in denen Charles Lindbergh die Unbesiegbarkeit der deutschen Luftwaffe und die sichere Niederlage Großbritanniens verkündete, war er natürlich eine jener Personen, die »subversiver Aktivitäten verdächtig« waren. Sein Handeln konnte nun von den Staatsorganen kontrolliert werden.

Charles Lindberghs Akte beim FBI, die später nach Erlaß des Freedom of Information Act zugänglich gemacht wurde, beginnt am 16. September 1939, dem Tag nach seiner ersten großen öffentlichen Ansprache gegen eine Kriegsbeteiligung der USA. Aus der Akte ist ersichtlich, daß Charles Lindberghs plötzlicher politischer Aktivismus für das FBI ein ebenso großes Rätsel war, wie es das für seine späteren Biographen darstellen sollte. Das FBI faßte zusammen:

> Die Akten und anderes untersuchtes Beweismaterial enthalten keinen Hinweis, daß Charles A. Lindbergh bis Ende 1935 und Anfang 1936

irgendwelche Meinungen äußerte oder irgendwelche Aktivitäten betrieb, die auf andere Interessen als das Fliegen hindeuten würden. Bis zu dieser Zeit war der einzige Faktor, der seine späteren isolationistischen Ansichten erklären könnte, der Beruf seines Vaters und dessen isolationistische Position im Ersten Weltkrieg. Es gibt jedoch keine öffentlichen Äußerungen Lindberghs, die darauf schließen lassen, daß das auch tatsächlich der Fall war.

Es muß jedoch vermerkt werden, daß Lindbergh selbst zu der Zeit, als er in Zusammenhang mit der Entführung seines ersten Sohnes befragt wurde, dazu neigte, vom Hauptthema abzuweichen und bei jeder sich bietenden Gelegenheit über die Luftfahrt zu sprechen.[18]

Die FBI-Akte über Charles Lindbergh endet am 16. Dezember 1942. An diesem Tag wurde Hoover vom Chefbibliothekar der Universität von Yale informiert, daß Charles Lindbergh kürzlich eine umfangreiche Sammlung von Briefen aus der Zeit, als er das prominenteste Mitglied von America First gewesen war, hinterlegt hatte. Der Direktor lehnte es jedoch ab, sie zu lesen. Der Grund dafür ist nicht bekannt, doch vermutlich war Hoover klar, daß eine Überprüfung von Lindberghs Post eine reine Zeitverschwendung war.

Abgesehen von einigen Briefen, deren Absender befürchteten, Lindbergh könnte ein Risiko für die nationale Sicherheit während des Zweiten Weltkrieges darstellen, wurden der Akte bis zum 8. September 1954 keine weiteren Dokumente hinzugefügt. Einen Tag zuvor war Evangeline Lindbergh im Alter von 79 Jahren in ihrem Haus am Grosse Point Park gestorben. J. Edgar Hoover nutzte den Anlaß ihres Todes, um Lindbergh, der mittlerweile zum Brigadegeneral befördert worden war, ein Beileidsschreiben zu schicken, das, wenn man das Verhältnis der beiden Männer in der Vergangenheit in Betracht zieht, ein Meisterstück an Heuchelei war.

Lieber General,
mit dem größten Bedauern habe ich vom Tode Ihrer Mutter erfahren. Worte allein können bei einem solchen Anlaß nur wenig Trost spenden. Ich möchte Ihnen jedoch sagen, daß Ihre Freunde Ihr tiefes Leid teilen, und Ihnen mein tiefempfundenes Beileid zu Ihrem schmerzlichen Verlust aussprechen.

Mit freundlichen Grüßen
J. Edgar Hoover

In einem Postskriptum, das eindeutig als regierungsinternes Memorandum gedacht war, fügte der Direktor hinzu: »Es hat in der Vergangenheit zahlreiche geringschätzige Behauptungen über den General hinsichtlich seiner Zugehörigkeit zu America First und seiner nazifreundlichen Einstellung gegeben. Gegenwärtig vervollständigt das FBI eine Akte über ihn, um die die AEC in Zusammenhang mit seiner Ernennung zum Berater des Luftfahrtministers gebeten hat. Keine der geringschätzigen Behauptungen sind in irgendeiner Weise erhärtet worden. Unsere wenigen Kontakte mit ihm waren herzlich...«[19]

Was Annes politische Aktivitäten betrifft, so scheint das FBI nie eine Untersuchung durchgeführt zu haben. In Lindberghs FBI-Akte wurde sie nur beiläufig erwähnt. Der wesentlichste Hinweis auf sie findet sich im Zusammenhang mit ihrer vermuteten beruflichen Verbindung zu dem faschistischen Intellektuellen Lawrence Dennis, der für eine totalitäre Regierungsform in den Vereinigten Staaten eintrat, die mit dem Naziregime zusammenarbeiten sollte.

Das FBI stellt fest: »Im Dezember 1940 behauptete Dennis, daß er an einem Artikel für seinen (Lindberghs) *Scribner's Commentator* [ein konservatives Magazin, das für die Nichteinmischung eintrat] arbeitete, der für das Marshall No Foreign War Committee abgedruckt werden sollte. Bei einer anderen Gelegenheit im Dezember 1940 sagte Dennis, daß er eben J. B. Kelly, einen vorgeblichen Faschisten, getroffen hätte, der gerade bei Lindbergh gewesen sei. Einer vertraulichen Quelle zufolge, schrieb Dennis auch Artikel, die Anne Lindbergh dann unter ihrem Namen veröffentlichte.«[20]

Wieder einmal hatte dieses Gerücht keinerlei Grundlage. Obwohl viele Interventionisten behaupteten, Lawrence Dennis sei Annes Ghostwriter, schrieb sie in Wahrheit ihre Artikel selbst. Ihre Beziehung zu dem Faschisten war bestenfalls oberflächlich. Tatsächlich war sie Dennis, genauso wie ihr Mann, nur ein- oder zweimal begegnet. »Lawrence Dennis ist bei weitem der Interessanteste von dieser Gruppe, wir sind uns aufgrund der Kriegssituation begegnet«, gab sie ohne Entschuldigung in ihrem Tagebuch zu. »... Aufgrund seines ›Briefes‹ [*Weekly Foreign Service Letter*, eine dem rechten Flügel angehörende Publikation] und dessen, was die Leute über ihn sagen, hatte ich die Wiedergeburt des Teufels erwartet (›Der größte Faschist Amerikas‹ etc.)... Aber wenn er auch sehr geistreich war, schien er doch keineswegs schwierig zu sein in meinen Augen, und dazu in keiner Weise anmaßend, er war eher reserviert und ausgesprochen sensibel... Doch ich spüre in dem, was er sagt, eine tiefe Verbitterung – eine Nuance von ›das Volk ist eine gewaltige Bestie‹. Und damit wollen wir es bewenden lassen.«[21]

Wie präzise ist die Information in diesen FBI-Akten? Wurde die Akte von J. Edgar Hoover auf Bitten Roosevelts überhaupt nur angelegt, um Lindbergh in politischer Hinsicht zu ruinieren? Oder handelte der Direktor selbst aus persönlichen Motiven heraus?

Zu allererst ist es wichtig, sich im klaren darüber zu sein, daß Hoover seine Karriere Lindbergh verdankte. Es war der Entführungsfall Lindbergh, der sowohl ihn als auch das FBI landesweit bekannt machte. Ovid Demaris schreibt hierzu:

> Das FBI schlief während der gewalttätigen, wilden 20er Jahre einen Dornröschenschlaf... Erst als im März 1932 das Lindbergh-Baby entführt wurde, wurde die Nation der großen Zahl von Banden gewahr, die amerikanische Bürger entführten und dann in andere Bundesstaaten flohen, um einer Verhaftung zu entgehen... Dies alarmierte den Kongreß so sehr, daß er das Lindbergh-Gesetz verabschiedete. Dieses besagt, daß eine per Post verschickte Entführungsdrohung oder Lösegeldforderung einen Verstoß gegen das Bundesstrafrecht darstellte. Zum ersten Mal waren die Bundesbehörden autorisiert, gegen Gewaltverbrecher vorzugehen, die sich in einem anderen Bundesstaat aufhielten als in jenem, in dem sie das Verbrechen verübt hatten.
> Dieses Gesetz markiert den Anfang von J. Edgar Hoovers Aufstieg... Begleitende Gesetzesentwürfe zum Lindbergh-Gesetz, die zwischen 1932 und 1934 erlassen wurden, etablierten das FBI als Bundeskriminalpolizei.[22]

Obwohl der Entführungsfall Lindbergh Hoover dabei half, Karriere zu machen, hatte der Direktor des FBI Lindbergh nie verziehen, daß dieser die Festnahme Hauptmanns dem Finanzministerium und nicht dem FBI zuschrieb. Bei der Vorbereitung des Lösegeldes hatte Elmar Irey vom Finanzministerium gegen Lindberghs Wunsch darauf bestanden, daß ein Teil der Summe aus Goldzertifikaten bestehen sollte. Diese waren aber zu jenem Zeitpunkt offiziell nicht mehr im Umlauf, da Roosevelt angeordnet hatte, daß Gold als Grundlage des Geldverkehrs abgelöst werden sollte. Die Nummern der Lösegeldscheine wurden auf einer 46 Seiten umfassenden Liste festgehalten, die dann an die Banken im ganzen Land weitergegeben wurde. Als Hauptmann mehr als ein Jahr nach der Entführung mit einem Goldzertifikat bezahlte, führte das zu seiner späteren Verhaftung.

Curt Gentry schreibt in seinem Buch über Hoover: »Während der Prozeß gegen Hauptmann in Gang war, sagte Charles Lindbergh zu Elmer Irey: ›Wenn ihr Burschen euch nicht mit dem Fall beschäftigt hättet, dann stünde Hauptmann jetzt nicht vor Gericht. Ihre Organisation verdient die volle Anerkennung für seine Ergreifung.‹ Diese Bemerkung sollte Hoover Lindbergh niemals vergeben.«[23]

Fünf Jahre später hatte Hoover, laut Gentry, die Chance, mit Lindbergh abzurechnen.

> Am 16. Mai 1940 hielt der Präsident vor dem Kongreß eine Rede zur Frage der nationalen Verteidigung. Es war ein heikles Thema. Viele Abgeordnete hielten seine Rede für einen gigantischen Schritt in Richtung einer Intervention der Vereinigten Staaten in den europäischen Konflikt. Roosevelts Kritiker reagierten prompt.
>
> Am 18. Mai schrieb Steve Early, der Pressesekretär des Präsidenten, an Hoover: »Ich sende Ihnen auf Anweisung des Präsidenten eine Reihe von Telegrammen, die er seit seiner Rede erhalten hat... Diese Telegramme sprechen sich alle mehr oder weniger gegen eine nationale Verteidigung aus. Der Präsident ist der Meinung, daß Sie sie durchsehen und Namen und Adressen der Absender notieren sollten.«
>
> Hoover ging noch einen Schritt weiter. Er verglich die Namen der Absender mit den FBI-Akten. Dann machte er »Anmerkungen und Berichte« zu dem, was er gefunden hatte. Er ging zwar damit weit über das hinaus, worum FDR gebeten hatte, doch er tat genau das, was der Präsident wahrscheinlich von ihm erwartete.
>
> ...Ende Mai schließlich hatte Hoover Dossiers von 131 Kritikern des Präsidenten angelegt... unter denen sich auch Colonel Charles A. Lindbergh befand...[24]

Offensichtlich »schikanierte« das FBI Lindbergh auf Bitten der Regierung in der Hoffnung, etwas über ihn zutage zu fördern, das seinen politischen Sturz herbeiführen würde. Es überrascht nicht, daß sowohl Hoover wie auch Roosevelt ihr Interesse an

Lindberghs Aktivitäten verloren, nachdem dieser sich mit seiner Rede in Des Moines, über die hier später berichtet werden soll, »selbst zerstört« hatte. Sie betrachteten ihn danach nicht mehr als Bedrohung. Dies ist an sich bedeutsam, denn falls Roosevelt und Hoover tatsächlich geglaubt hatten, daß Lindbergh ein Nazispion oder eine Bedrohung für die nationale Sicherheit war, dann hätten sie seine Aktivitäten und Kontakte mit Sicherheit weiterhin beobachtet. Doch die Akte wurde nach Lindberghs Rede in Des Moines vom 11. September im wesentlichen geschlossen. Lediglich einige Berichte über oberflächliche Gespräche mit Henry Ford und Harry Bennett, Fords Vizedirektor, wurden noch beigefügt.

Während dieser stürmischen Jahre beschlossen die Lindberghs, ihre alten Akten und Berichte der Sterling Library der Universität von Yale zu übergeben. Diese war im Falle eines Angriffs auf die Vereinigten Staaten »der sicherste Ort, der möglich war«. Die vielen Dokumente, die sie in der Bibliothek hinterlegten und die inzwischen mehr als eine Million Notizen umfaßten, durften zu ihren Lebzeiten ohne ihre Erlaubnis nicht gelesen werden. Charles Lindbergh, der offensichtlich hoffte, daß die Nachwelt ihn in einem weit günstigeren Licht sehen würde, als das seine Zeitgenossen taten, schrieb: »Es gibt in jedermanns Leben Abschnitte, in denen man, wenn man sie im Lichte späterer Erfahrungen noch einmal leben könnte, einiges besser machen würde; Anne und ich schämen uns der Art und Weise, wie wir unser Leben gelebt haben, keineswegs, und es gibt in unserem Lebenslauf nichts, dessen Bekanntwerden wir fürchten müßten. Ich frage mich, wie viele unserer Ankläger bereit wären, ihr Leben für eine Untersuchung komplett offenzulegen.«

Ebenfalls mit einem Auge auf die Nachwelt hatten die Lindberghs das vergangene Jahr daran gearbeitet, Annes alte Tagebücher zu redigieren. Anne hegte, was dieses Projekt anging, gemischte Gefühle. »Das dauert jetzt schon sechs Monate. In gewisser Weise ist das eine Belastung, aber ich glaube, es muß gemacht werden«, bemerkte sie dazu. »Jeden Tag, wenn ich die Lügen über uns in der Zeitung lese, denke ich mir, es muß eine persönliche, aufrichtige Aufzeichnung geben, die zeigt, wie es wirklich gewesen ist. Sie muß vor der Zukunft bestehen können, wofür C. jetzt sorgt. Aber es belastet mich – besonders die Tagebücher aus meiner frühen Jungmädchenzeit. Wir hatten deshalb schreckliche Auseinandersetzungen. Ich wollte, ich hätte sie vor C. erwischt und sie alle verbrannt. Es bereitet mir Qualen, sie jetzt zu lesen und alle meine Fehler und Übertreibungen vor mir zu haben und zu erkennen, daß ich mich nicht geändert habe.«[25]

Als Lindbergh seiner Frau dabei half, das Tagebuch von 1935 zu redigieren, wurde ihm zum ersten Mal bewußt, wie nahe sie damals einem Nervenzusammenbruch gewesen war. »Ich erkannte zu dieser Zeit nicht, wie tief ihre Depression wirklich war, obwohl sie eine der Hauptgründe war, die mich dazu veranlaßten, Anne und Jon nach Europa zu nehmen«, gab er in seinem eigenen Tagebuch zu. »Ich konnte sehen, daß sie sehr unglücklich war und daß Jon die abnormale Umgebung, in der wir lebten – Englewood, Presse, Wachen, Polizei, etc. – zu schaffen machte. Ich wußte, daß der Druck während der Revision noch wachsen würde... als ich jedoch Annes Tagebuch von diesem Jahr las, hatte ich das Gefühl, wir hätten noch eher ins Ausland gehen sollen – obwohl ich nicht weiß, ob wir tatsächlich wesentlich früher weggekommen wären.«

Das zeitaufwendige Tagebuch-Projekt ließ Annes normalerweise schon arbeitsreichen Tag noch hektischer werden. Den Vormittag verbrachte sie mit Schreiben, obwohl sie, wie sie Seldon Rodman gestand, nicht den Mut fand, an etwas Neuem zu arbeiten. Sie hatte Angst, auch das würde wieder mißverstanden werden. Am Nachmittag widmeten sie und Lindbergh sich geschäftlichen Angelegenheiten. Die Zeit zwischen dem Tee und

19 Uhr verbrachte sie mit den Kindern. Abends dann korrigierte sie ihre alten Tagebücher und führte ihre aktuellen weiter. Bei diesem vollgepackten Terminplan war es ihr praktisch unmöglich, einen Augenblick für sich allein zu haben.

Im Hochsommer 1941 schließlich waren die Lindberghs überzeugt davon, nicht länger in Lloyd Neck leben zu können. Zu viele ihrer Freunde drangen in ihre Privatsphäre ein. Außerdem fühlten sie sich in »der tödlichen Sorte von Gesellschaftsleben« gefangen, die sie für ein typisches Merkmal der Oberschicht Long Islands hielten. Doch der wahre Grund, weshalb sie ihr gegenwärtiges Zuhause verließen, war der, daß ihre politischen Ansichten sie bei ihren Nachbarn zu personae non gratae gemacht hatten. Viele Einwohner von Lloyd Neck gingen ihnen und ihren Kindern höflich aus dem Weg.

Wieder suchten die Lindberghs die Einsamkeit und Abgeschiedenheit. Sie fanden sie Mitte August 1941 in einem kleinen Haus im einsamsten Teil von Martha's Vineyard. Das Haus hatte Nathaniel S. Shaler gehört, dem ehemaligen Dekan von Harvard, und in der rauhen Landschaft mit ihren Sanddünen, Schafweiden und dem wuchernden Gestrüpp gab es nur wenige andere Häuser. Während Anne packte, sagte sie sich fortwährend, wie glücklich sie war, Long Island verlassen zu können. Als dann jedoch der Augenblick des Abschieds tatsächlich gekommen war, wurde sie plötzlich wehmütig, da sie »das Haus und den Garten geliebt« hatte.

Das neue Zuhause, das den Namen Seven Gates Farm trug, bot einen Ausblick auf die See und die felsigen Inseln in der Ferne. Er erinnerte Anne an Illiec, das 1940 von den Deutschen besetzt worden war. Von den Carrels hatten sie die Nachricht erhalten, daß die Nazis das Haus völlig leer geräumt hatten. Nur Annes geliebte Holzmadonna hatte die unverwüstliche Mrs. Carrel retten können.

Doch Seven Gates Farm mit seinen heiteren Ausblicken und den sanften Hügeln, auf denen Anne lange, einsame Spaziergänge unternehmen konnte, brachte ihr wenig Ruhe. Sie wurde in der Presse immer noch heftig angegriffen, und zwar nicht nur wegen ihrer eigenen politischen Ansichten, sondern auch wegen ihrer unerschütterlichen Loyalität ihrem Mann gegenüber, der in den Augen vieler Menschen »ein Nazi« war, »der sie beherrschte«.

Tatsächlich schickten viele Amerikaner, überzeugt, daß hinter dem Umzug der Lindberghs nach Martha's Vineyard irgendeine finstere Absicht steckte, dem FBI Briefe, in denen sie vor möglichen Gefahren warnten. »Lindbergh lebt auf einer Insel vor der Küste der USA – eine ideale Basis für eine deutsche Invasion«, stand in einem typischen Brief. »Was wird unternommen, um diese Insel zu bewachen? Wer beobachtet diesen Mann, der die Deutschen und die neue Ordnung so liebt?«[26] Andere schlugen vor, daß es vielleicht angeraten wäre, wenn das FBI Lindbergh und seine Familie in eine Stadt im Mittleren Westen umsiedelte. »Die meisten von uns wären dankbar, zu wissen, daß ›feindliche Amerikaner‹ ebenso gut wie die deutschen und japanischen Verdächtigen überprüft werden«, drängte der Verfasser eines Briefes. »Martha's Vineyard ist sehr abgelegen und noch dazu ein Ort, der mit einem Boot vor der Küste leicht zu erreichen ist. Damit ist es natürlich ein idealer Standort für eine Person, deren Sympathien auf Seite der Deutschen liegen.«[27]

Anne wußte von diesen Briefen zwar nichts, doch ihr waren die hartnäckigen Gerüchte, die besagten, daß sie und Lindbergh sich wegen seiner Mitarbeit bei America First trennen wollten, zu Ohren gekommen. Obwohl es vieles gab, das Anne an dieser Organisation nicht gefiel, betonte sie vor ihren Verwandten und Freunden immer, daß ihre Bindung an ihren Ehemann stärker denn je war. »Es gibt viele Dinge (und Menschen), die ich bei dem Ganzen nicht mag«, schrieb sie ihrer Mutter.

Bei den Leuten, die auf meiner Seite stehen, und bei America First gefällt mir einiges nicht. Vor allem in Cleveland. Sie hatten dort in einem Park ein Ausstellungsstück, das mit *Pakete aus Großbritannien* betitelt war und aus vielen Särgen bestand.

Doch Charles steht für Integrität. Egal, wer nun recht darin haben wird, was für unser Land das Beste ist – Krieg oder Frieden –, die Frage nach der Integrität in der Regierung bleibt das Wichtigste. Und Charles steht für genau das – beinahe mehr als irgendein anderer Mensch, dem ich je begegnet bin. Und so stehe ich hinter ihm.

Es sollte keine größere Prüfung von Annes Loyalität ihrem Mann gegenüber geben als jene, die Charles Lindberghs Rede am 11. September in Des Moines, Iowa, auslöste. Sein Vater hatte damals seinen eigenen politischen Untergang heraufbeschworen, als er die römisch-katholische Kirche angegriffen hatte. Nun machte Lindbergh den schweren Fehler, die Rassenfrage in seine Antikriegskampagne einzubringen. In seiner Rede erklärte er:

Ich kann durchaus verstehen, weshalb die Juden die Niederlage Deutschlands herbeiwünschen. Die Schikanen, die sie in Deutschland zu erdulden haben, würden ausreichen, um bei jeder Rasse erbitterte Feindschaft zu erwecken. Niemand, der ein Gefühl für Menschenwürde verspürt, kann die Verfolgung der jüdischen Rasse in Deutschland entschuldigen. Ich und meine Freunde ganz sicher nicht.

Doch lassen Sie mich trotz meines Mitgefühls für die Juden ein Wort der Warnung hinzufügen. Kein Mensch, der aufrichtig und weitblikkend ist, kann ihre hiesige und heutige Vorkriegspolitik betrachten, ohne die Gefahren zu übersehen, die eine solche Politik für sie wie für uns bringt.

Anstatt für den Krieg Propaganda zu machen, sollten die jüdischen Gruppierungen in unserem Land in jeder möglichen Weise gegen ihn eintreten, denn sie werden unter den ersten sein, die dessen Folgen zu spüren bekommen werden. Toleranz ist eine Tugend, die von Frieden und Stärke abhängt. Die Geschichte hat uns bewiesen, daß sie Krieg und Zerstörung nicht zu überleben vermag. Ein paar weitsichtige Juden erkennen das, und sie sind deshalb gegen eine Intervention. Die größte Gefahr, die sie für dieses Land darstellen, liegt in ihrem großen Besitz und Einfluß auf unsere Kinos, unsere Presse, unseren Rundfunk und unsere Regierung... Wir dürfen sie nicht dafür tadeln, daß sie ihre eigenen Interessen verfolgen, doch wir müssen auch die unseren wahren. Wir dürfen nicht zulassen, daß die ererbten Vorlieben und Vorurteile anderer Menschen unser Land in die Zerstörung treiben.[28]

Wie es ihre Gewohnheit war, hatte Anne die Rede ihres Mannes gelesen, bevor er sie hielt. Obwohl sie gewöhnlich seinen Bemerkungen zustimmte, erfüllten diese sie diesmal mit »tiefster Schwermut«. Sie hielt es für höchst unklug, daß er »die Juden erwähnt. Ich fürchte mich vor der Reaktion, die für ihn nicht ausbleiben wird... Und der Preis wird hoch sein. Schreiende Schlagzeilen werden verkünden ›Lindbergh greift die Juden an‹. Er wird als Antisemit, als Nazi, als dem Führer hörig, etc. gebrandmarkt werden. *Ich kann es kaum ertragen. Denn er ist ein Gemäßigter.*«[29]

Anne, die sich ihrem Mann normalerweise beugte, hatte nun heftige Auseinandersetzungen mit ihm, bei denen sie ihm die Bezugnahme auf die Juden auszureden versuchte. Doch Lindbergh weigerte sich hartnäckig, auf ihren Rat zu hören. In ihrer Verzweiflung schrieb sie dann das, was sie als den »Absatz über die Juden« bezeichnete, um und fügte »Erläuterungen hinzu, an die er glaubt, die er aber nie erwähnt – um jede Spur von Haß und Verbitterung zu vermeiden«[30].

Vielleicht weil sie zu dem Entschluß gekommen war, sich von den aufhetzenden Äußerungen ihres Mannes zu distanzieren, begleitete Anne Charles nicht nach Des Moines. Statt dessen hörte sie sich seine Rede im Radio an. Unter Verwendung einer ihrer eigentümlichen Metaphern, in denen sie Wahrheitsliebe mit einem Schneideinstrument gleichsetzte, beschrieb sie die Ansprache als »direkt und ehrlich wie ein blankes Messer«, erschrak aber zutiefst über den »frenetischen Beifall der Menge«. Möglicherweise erinnerte sie die Reaktion der Zuhörer an den betrunkenen, blutrünstigen Mob vor dem Gerichtsgebäude in Flemington, der Hauptmann auf der Stelle hatte lynchen wollen.

In den nächsten Tagen bestärkten sich Annes schlimmste Befürchtungen. Ihr Mann war nun nicht mehr einer der geachtetsten Helden des Landes, sondern ein Rassist, der Naziparolen verbreitete. Wayne Cole, der eine umfangreiche Studie über Lindberghs Rolle in America First veröffentlichte, schrieb dazu:

> Die stärksten Angriffe kamen zwar aus New York, doch auch aus allen anderen Staaten wurde Lindbergh attackiert. Juden, aber auch Protestanten und Katholiken, Interventionsbefürworter, aber auch Interventionsgegner wandten sich gegen ihn... Man beschuldigte Lindbergh, ein Antisemit, ein Nazi und ein Sympathisant Hitlers zu sein...
>
> Zeitungen im ganzen Land griffen in ihren Leitartikeln einstimmig Lindbergh und seine Rede an. Das *Des Moines Register* nannte sie »die schlechteste Rede, die er bislang gehalten hat«. ... Die *San Francisco Chronicle* folgerte: »Die Stimme ist zwar Lindberghs Stimme, doch es sind Hitlers Worte.«[31]

Zum ersten Mal in ihrer langen Ehe freute sich Anne Lindbergh nicht auf die Heimkehr ihres Mannes. Während sie in Vineyard Haven den nächtlichen Himmel betrachtete, sann sie über die hypnotische Anziehungskraft der Sterne hin zu »Ewigkeit und Tod« nach und fürchtete »wie Lazarus – die morgigen Emotionen, die mit C's Rückkehr verbunden sein werden«[32]. Und als sie sich an seine überragende Bedeutung in ihrem Leben erinnerte, schrieb sie beinahe bitter: »Wieviel *Zeit* die Ehe doch beansprucht – aber sie bedeutet das Leben. Ohne sie wäre es der Tod.«[33]

Als Lindbergh zur Mittagszeit des folgenden Tages eintraf, diskutierten sie über »das Judenproblem und seine Rede«. Anne machte ihrem Mann ihren »tiefen Kummer« klar. Sie sagte ihm offen, daß er, indem er die Juden als Gruppe isolierte, die Grundlage des Antisemitismus definiert hatte.

»Und weil es bestenfalls ein unbewußter Anstoß zum Antisemitismus ist«, gab sie später in ihrem Tagebuch zu. »Es ist ein loderndes Streichholz neben einem Stapel Holzwolle. Selbstverständlich ist es nicht seine Absicht, er will die Holzwolle nicht anzünden, aber sein Streichholz, das er entzündete, um den Boden zu erhellen, kann unter Umständen die Holzwolle in Flammen aufgehen lassen.«[34]

In einer Auseinandersetzung, die beinahe so heftig war wie die, die sie vor der Des-Moines-Rede gehabt hatten, erklärte Anne ihrem Mann, daß sie »diesem Land lieber einen Krieg, als eine große Woge des Antisemitismus«[35] wünsche. Doch zu ihrer Bestürzung stimmte er mit ihr nicht überein und entgegnete, daß er nicht zulassen könne, daß dieses Land in einen »verhängnisvollen Krieg« verwickelt würde, nur weil ihm der »Mut« fehle, die Gruppen namentlich zu nennen, die Amerika in einen solchen hineinziehen wollten.

In seinem veröffentlichten Tagebuch erwähnt Lindbergh nicht, daß Anne verzweifelt versuchte, ihn von seinen rassistischen Äußerungen in der Rede von Des Moines abzubringen. Tatsächlich sah er in seinen Bemerkungen nichts Antisemitisches und notierte in sein Tagebuch: »Ich hatte das Gefühl, daß meine Rede sorgfältig und gemäßigt abgefaßt war. Anscheinend kann heute in Amerika alles diskutiert werden – bis auf die Judenfrage. Die bloße Erwähnung des Wortes ›Jude‹ verursacht einen Sturm. Persönlich habe ich das Gefühl, die einzige Hoffnung für eine gemäßigte Lösung liegt in einer offenen und freimütigen Diskussion.«[36]

Millionen von Amerikanern, darunter auch viele Leute, die mit America First übereinstimmten, konnten in seinen Bemerkungen jedoch nichts »Zurückhaltendes« erkennen. Norman Thomas war über Lindberghs Rede so empört, daß er sich gemeinsam mit der Sozialistischen Partei von America First trennte. »Hat uns unser Freund Lindbergh nicht sehr geschadet?... Ich glaube nicht, daß Lindbergh ein Antisemit ist, doch ich halte ihn für einen großen Idioten«[37], klagte er in der vielleicht scharfsinnigsten Analyse, die je von Lindberghs Handeln gemacht wurde.

Zutiefst bestürzt über die Reaktion der Öffentlichkeit versuchte Anne verzweifelt, größeren Einfluß auf den Inhalt seiner Reden auszuüben. Es war ein beinahe aussichtsloses Unterfangen, denn Lindbergh war ein äußerst starrsinniger Mann. Wenn er sich erst einmal zu etwas entschlossen hatte, dann ließ er sich durch niemanden davon abbringen, nicht einmal durch seine Frau. Also versuchte Anne ihr möglichstes, um wenigstens die anderen Leute dazu zu bringen, ihn so zu sehen, wie sie selbst ihn sah. Sie war glücklich, als er jene von ihr verfaßten Teile in seine Reden aufnahm, von denen sie hoffte, sie würden der Welt seine grundlegende »Würde und Güte« offenbaren.

So sehr Anne einen Kriegseintritt der Vereinigten Staaten auch fürchtete, muß es für sie in gewisser Weise doch eine Erleichterung gewesen sein, als Japan am 7. Dezember 1941 Pearl Harbour angriff und damit die große Diskussion um Intervention oder Nichtintervention beendete.

An diesem Tag hörten Anne und Lindbergh beim Mittagessen Roosevelts Kriegserklärung im Radio. Wie ihr Mann hatte Anne wenig Vertrauen in die Fähigkeiten des Präsidenten. Die Art und Weise, wie Roosevelt auf dieses folgenschwere Ereignis einging, bestärkte ihre negative Meinung nur. »Großes Tam-Tam und

Aufregung wegen des dramatischen Ereignisses, und dabei wird mir hauptsächlich ein verzweiflungsvoller Mangel an Würde, Ernsthaftigkeit und Bescheidenheit bewußt«[38], klagte sie.

Schon bald nach dem Angriff auf Pearl Harbour stellte Anne fest, daß sie zum fünften Mal schwanger war. Seit der Geburt ihrer Tochter waren erst 15 Monate vergangen, und diesmal war Anne von dem Gedanken, wieder ein Kind zu bekommen, nicht unbedingt begeistert. »Ich wünsche mir noch eines, selbstverständlich, aber es kommt mir physisch wie auch mental ein bißchen früh vor. Ich habe das Gefühl, daß ich das letzte eben erst überstanden habe«, gab sie zu. »Ein wenig fürchte ich mich auch wieder vor der Einschränkung, die mir die Schwangerschaft auferlegt – drei bis vier Monate Unpäßlichkeit, fünf Monate lang häßlich, schwerfällig, dumm und müde und fünf Monate lang durch das Stillen an das Baby gebunden. Die Last des Krieges, bevorstehende Entscheidungen, Konflikte, Haß, erscheinen schwer genug. Man sollte bei bester Gesundheit sein, um sie auf sich zu nehmen, sie zu verstehen und sich nicht davon erdrücken lassen.«[39]

Auch Lindbergh war diesmal nicht begeistert davon, wieder Vater zu werden. Nun, da Krieg war, wollte er auch daran teilnehmen. Soweit es ihn betraf, glaubte er, seinem Land am besten im Militär dienen zu können. »Es steht nun fest. Anne bekommt ihr fünftes Kind«, notierte er kurz in seinem Tagebuch.

Kapitel 19
Ausgestoßen

Wie Anne befürchtet hatte, hinderte sie ihre Schwangerschaft weitgehend am Schreiben – sie litt so stark unter Übelkeit, daß sie die ersten beiden Monate im Bett bleiben mußte. Obwohl ihre Familie und ihre Freunde wußten, daß sie ein Baby erwartete, behauptete sie gegenüber Menschen, die sie weniger gut kannte, daß sie an einer schweren »nervösen Magenverstimmung« litt.

Dies war vielleicht von der Wahrheit gar nicht so weit entfernt. Zweifellos waren die ständigen Spannungen und ihre Niedergeschlagenheit für ihre schlechte Allgemeinverfassung eher verantwortlich als ihre morgendliche Übelkeit. Zwar tat sie so, als wäre es ihr gleichgültig, was die Leute über *The Wave of the Future* dachten, doch die massive negative Reaktion auf ihr Buch hatte ihr Selbstvertrauen zerstört. Es machte sie traurig, wenn sie daran dachte, daß die Leute nicht nur ihre Botschaft falsch verstanden hatten, sondern daß sie nun auch als Sprachrohr des Faschismus galt. »Werde ich die Lüge mein Leben lang zu hören bekommen?«[1] schrieb sich verzweifelt in ihr Tagebuch.

Mit dem größten Bedauern mußte sie es ablehnen, für Selden Rodmans Magazin *Common Sense* eine Besprechung von Saint-Exupérys Buch *Flug nach Arras* zu schreiben. Obwohl sie der moralischen und spirituellen Beschreibung der Gefühle des Fliegers auf einem langen Aufklärungsflug über Frankreich während der deutschen Invasion tief bewegt war, fürchtete sie, daß jede Besprechung eines Werkes, die ihren Namen trug, »einem

Autor, der bisher in keine politische Kontroverse und Verleumdungskampagne verwickelt war«[2], schaden könnte.

Im Gegensatz zu dem französischen Flieger war ihr Mann eine höchst kontroverse Gestalt geblieben. Nach Pearl Harbour hatte er wieder ins Army Air Corps eintreten wollen, doch sein Angebot wurde vom Kriegsministerium unverzüglich zurückgewiesen. Außerdem weigerten sich, offensichtlich auf Druck der Regierung, die Firmenleitungen großer amerikanischer Flugzeugfirmen, darunter auch Pan American, Curtiss-Wright und United Aircraft, ihn einzustellen. Die Lindberghs gaben für diese Ächtung der Roosevelt-Administration die Schuld. Dies entsprach wohl auch den Tatsachen, denn obwohl das FBI seine Ermittlungen im Hinblick auf Lindberghs Aktivitäten im wesentlichen abgeschlossen hatte, blieben sowohl Roosevelt als auch sein Innenminister Harold L. Ickes bezüglich Lindberghs Loyalität weiterhin skeptisch. In einem Brief an den Präsidenten, der, kurz nachdem Lindbergh dem Army Air Corps seine Dienste angeboten hatte, verfaßt worden war, stellte Ickes klar, daß er den Flieger persönlich immer noch als eine Bedrohung für die nationale Sicherheit betrachtete: »Lindberghs Angebot anzunehmen, würde heißen, diesem treuen Freund Hitlers eine Gelegenheit zu geben, unsere Luftwaffe auszuspionieren«, schrieb er Roosevelt. »Man würde der amerikanischen Demokratie einen überaus schlechten Dienst erweisen, wenn man einem ihrer bittersten und rücksichtslosesten Feinde die Chance gäbe, eine militärische Laufbahn einzuschlagen. Ich hoffe von ganzem Herzen, daß dieser überzeugte Faschist keine Gelegenheit erhält, eine Uniform der Vereinigten Staaten zu tragen... Man sollte ihn gnädig dem Vergessen anheimgeben.«[3]

Während Anne das Bett hüten mußte, hatte sie reichlich Gelegenheit zum Grübeln. Doch so sehr es sie auch bedrückte, »aus der Welt der Bücher ausgeschlossen« zu sein, war sie der Meinung, daß für ihren Ehemann die Verbannung »aus der Welt der

Luftfahrt«, in der er so lange eine Schlüsselfigur gewesen war, weit schlimmer sein mußte. Sie konnte über seinen Gleichmut angesichts der letzten, überaus bitteren Zurückweisungen nur staunen. Seine Unverwüstlichkeit machte auch ihr Mut.

Wie sich herausstellte, mußte sie sich jedoch nicht sehr lange über die Berufsaussichten ihres Mannes Sorgen machen. Lindbergh fand bald Arbeit bei einem Mann, der sich nicht darum kümmerte, was Roosevelt von ihm hielt. Dieser neue Arbeitgeber war Henry Ford, und er produzierte zu jener Zeit B-24-Bomber für die amerikanische Regierung.

Als Charles Lindbergh im April 1942 bei Ford als technischer Berater in der riesigen Willow-Run-Fabrik in Dearborn, Michigan, seine Arbeit aufnahm, war der Autofabrikant fast achtzig Jahre alt und hatte bereits zwei Schlaganfälle hinter sich. Der zweite hatte sein Gedächtnis schwer in Mitleidenschaft gezogen, so daß die Firma nun hauptsächlich von seinen Angestellten geführt wurde. Doch Ford bildete sich ein, für den Betrieb immer noch unverzichtbar zu sein, und dachte nicht daran, die Leitung auf andere zu übertragen.

Obwohl Ford sich nicht mehr im Vollbesitz seiner geistigen Fähigkeiten befand, war er in vieler Hinsicht ein idealer Chef für Lindbergh. Er teilte nicht nur Lindberghs Haß gegenüber Roosevelt, er bewunderte auch die Deutschen. Wenn Lindbergh etwas gegen den »großen Besitz« der Juden und ihren »Einfluß auf unsere Kinofilme, unsere Presse, unseren Rundfunk und unsere Regierung« hatte, so war Ford ein erklärter Antisemit. Robert Lacey äußert sich dazu:

> Der Antisemitismus hatte im 20. Jahrhundert einen besonders häßlichen und abstoßenden Höhepunkt erreicht, und wenn man irgendeinen Amerikaner für seinen Beitrag zu den Übeln der Nazis auswählen müßte, dann wäre das Henry Ford. Seine wiederveröffentlichten Artikel [aus seiner antisemitischen Zeitung, dem *Dearborn Independent*]

> und die Allgemeingültigkeit, die er den *Protokollen der Weisen von Zion* [einem angeblich zaristischen Dokument, das zu beweisen versucht, daß die Juden planten, Christen zu ermorden und die Weltherrschaft zu übernehmen] zubilligte, hatte in den frühen 20er Jahren einen bemerkenswerten Einfluß auf Deutschland. Hitler, der in jenen Jahren noch eine unbekannte Figur war, las Fords Bücher, hängte sich Henrys Bilder an die Wand und führte ihn oft als Inspiration an.[4]

Wie Lindbergh war Ford von den Nazis mit einem Orden ausgezeichnet worden. 1938, im selben Jahr, in dem Lindbergh von Göring geehrt worden war, hatte der Autohersteller den Roten Adlerorden, den höchsten deutschen Orden, der einem Ausländer verliehen werden konnte, von Hitler erhalten.

Lacey zufolge bekundete Henry Ford genauso wie Lindbergh »Überraschung angesichts der allgemeinen Empörung darüber, daß er eine Naziauszeichnung angenommen hatte. Der Orden kam, so sagte er, vom deutschen Volk, das ›als Gesamtheit nicht mit seinen Herrschern und deren antijüdischer Politik übereinstimmt. ... Jene, die mich seit Jahren kennen, wissen, daß mir alles, was Haß hervorbringt, zuwider ist‹.«

»Doch das war unaufrichtig«, betonte Lacey.

> Obschon Henry Ford in den 20er und 30er Jahren seine Unterstützung für die pazifistische Sache beibehielt, war es bemerkenswert, wie oft diese einen deutschlandfreundlichen Beigeschmack hatte. Auf Claras [Fords Ehefrau] Drängen hin unterstützte er die Kampagne zur »moralischen Wiederbewaffnung«, die von Frank Buchmans Oxford Group [bei der Lindberghs enger Freund James Newton Mitglied war] geführt wurde... und er schloß sich auch der America-First-Lobby von Charles Lindbergh an.[5]

In Annes veröffentlichten Tagebüchern steht nichts, was darauf schließen läßt, daß sie Henry Ford persönlich kennengelernt hat.

Ihrem Freund Jim Newton zufolge waren sie und Charles jedoch einmal bei Ford in Detroit zum Essen eingeladen. Der Automobilfabrikant, wie ihr Mann ein Gesundheitsfanatiker, ließ ihnen Karottensaft, sein Lieblingsgetränk, servieren. Möglicherweise unterließ sie es, ihre Eindrücke zu veröffentlichen, da sie von seiner Senilität und seiner antisemitischen Einstellung schockiert war und fürchtete, daß eine ehrliche Beschreibung Fords den Ruf ihres Mannes noch weiter in Mitleidenschaft ziehen würde.[6]

Sie räumte jedoch ein, daß sie Harry Bennett begegnet sei, Henry Fords rücksichtslosem Handlanger, der so weit ging, Gangster und Schläger anzuheuern, um Gewerkschaftsmitglieder zu verprügeln. Sie lernten sich auf der Steakparty kennen, die auf Bennetts Anwesen gegeben wurde, das für diese Nacht in einen phantastischen Westernschauplatz verwandelt worden war. Anne, die im Beurteilen eines Charakters noch immer nicht besonders treffsicher war und die offensichtlich auch nicht wußte, daß Bennett dem FBI Informationen über ihren Mann lieferte, beschrieb ihn als gewinnenden Gastgeber. Er war »ein gedrungener kleiner Mann« in Wild-West-Kleidung, der ihr »einen strammen, kampfeslustigen Eindruck« vermittelte und »sehr gesund« schien[7]. Seinen Gästen sang er mit solcher Inbrunst vor, daß sie fand, an ihm sei ein Troubadour verlorengegangen.

Als Lindbergh bei Henry Ford seine Stelle in der Dearborn-Fabrik antrat, ließ er die schwangere Anne auf Martha's Vineyard zurück. Obwohl er sich bemühte, an den Wochenenden so oft er konnte nach Hause zu kommen, war das Paar die meiste Zeit getrennt – es war das erste Mal in ihrer dreizehnjährigen Ehe. Anfangs zumindest fühlte Anne sich ohne ihren Mann verloren. Ihr Gefühl der Einsamkeit wurde noch dadurch verstärkt, daß er ihr selten schrieb. Seine wenigen Briefe waren oberflächlich und enttäuschend. »Ich vergesse jedes Mal, wie wenig er in seinem Schreiben von sich zu vermitteln mag«, gestand sie wehmütig. »Wärme, Charme und Leben gehen verloren.«[8]

Im Juli 1942, im siebten Monat ihrer Schwangerschaft, zog Anne, die von ihrem »geteilten« Lebensstil genug hatte, aus dem Haus auf Martha's Vineyard aus und zu Lindbergh in das neue Haus, das er für die Familie in Bloomfield Hills, einer Vorstadt von Detroit, gemietet hatte. Obwohl sie überglücklich war, wieder mit ihrem Mann vereint zu sein, und ihr auch die Gegend gefiel, in der ihr neues Zuhause lag – es befand sich in der Nähe der berühmten Cranbrook Academy of Art –, machte sie sich aus dem Haus selbst nichts. Es war insgesamt zu protzig und für ihren Geschmack mit zu vielen technischen Spielereien ausgestattet. »Ich bin durch diese Pseudoeleganz reichlich deprimiert. Ich sehne mich nach Illiec, das so lauter ist wie das weiße Treibholz oder wie jene Felsen, auf denen die bretonischen Frauen ihre Wäsche klopfen«[9], klagte sie in ihrem Tagebuch.

Ihr Gefühl, verpflanzt worden zu sein, wurde kurz nach ihrem Umzug nach Bloomfield Hills noch durch den Tod zweier geliebter Haustiere verstärkt. Zuerst wurde Kelpie, der neue Hund der Lindberghs, vor ihrem Haus von einem Auto überfahren. Kurz darauf starb Thor, der große deutsche Schäferhund, der die Familie seit dem Tod von Charlie bewacht hatte, an Altersschwäche.

Als Lindbergh merkte, daß es mit Thor zu Ende ging, hob er im Wald beim Haus ein Grab für den Hund aus. Er hatte gehofft, das Tier selbst begraben zu können, doch an dem Tag, an dem Thor starb, war er gerade in Indianapolis, wo man ihn als Zeugen der Verteidigung im Prozeß gegen William Dudley Pelley vorgeladen hatte. So war es Anne, die kurz vor der Niederkunft stand, die Thor mit Hilfe ihrer Hausangestellten beerdigte. In einem bitteren Tagebucheintrag betrauert sie den Verlust ihres treuen Freundes:

> Eine besondere Stille liegt selbst über dem Tag, an dem ein Hund stirbt. Das Leben ringsum geht weiter, aber die Stille bleibt wie die

> schwarzen Löcher in der Milchstraße, die einem eine weitere Dimension der Unendlichkeit eröffnen…
>
> …Thor war ein Symbol – der Ergebenheit, der Liebe und der Familienzugehörigkeit. Eine bedeutsame Harmonie in meinem Leben – die Jahre, in denen ich die Kinder zur Welt brachte. Mit seinem Fortgang geht ein Kapitel zu Ende.[10]

Thors Tod, so schmerzlich er für sie auch war, hinderte sie jedoch nicht daran, sich Gedanken über das Leiden und die Lage der Menschen zu machen. »Es wird mir immer klarer, daß Leid allein nicht genügt, um wahrhaft zu lernen, zu verstehen und zu erkennen«, philosophierte sie. »Bisher war ich der Meinung. ›Man lernt, indem man leidet.‹ Doch das stimmt nicht. Man lernt durch Leid *und* Schönheit. Eines *allein* genügt nicht. Man muß beides haben… Man muß sich öffnen – verletzlich bleiben.«[11]

Neun Tage nach Thors Tod, am 13. August 1942, brachte Anne im Henry-Ford-Krankenhaus in Detroit ihr fünftes Kind zur Welt. Obwohl ihr neuer Arzt davon wenig angetan war, war Lindbergh wieder bei der Geburt anwesend. Für Anne war seine ruhige Gegenwart unendlich tröstlich – sie weigerte sich stets bis kurz vor der Geburt, irgendwelche Beruhigungsmittel zu nehmen oder sich eine Narkose geben zu lassen. Um ihre Wehenschmerzen zu lindern, konzentrierte sie sich lieber auf irgendwelche Gegenstände, die besondere Bedeutung für sie hatten und von denen sie hoffte, sie würden sie vor etwaigen Komplikationen bei der Entbindung bewahren. Für diese, ihre fünfte Niederkunft war die Wahl ihrer Talismane ziemlich ungewöhnlich: eine Postkarte, auf der ein hölzerner Hirsch mit eingelegten Augen aus Muscheln zu sehen war, den vor langer Zeit Indianer in Florida geschnitzt hatten, ein ovales Brillenetui und eine geschnitzte Madonna.

Ihre Glücksbringer scheinen geholfen zu haben. Das Kind kam kurz nach fünf Uhr morgens ohne Komplikationen zur

Welt. Während der Schwangerschaft hatte Anne auf ein weiteres Mädchen gehofft – die kleine Anne hatte sich zu einer zauberhaften, hübschen blonden Märchenprinzessin entwickelt –, doch das Neugeborene war ein kräftiger Junge, der siebeneinhalb Pfund wog. Sie und Lindbergh tauften ihn Scott[12], nach ihrem guten Freund O. E. Scott, dem Direktor von Lambert Field in St. Louis, wo Lindbergh einst Postflieger gewesen war.

Nachdem sich Anne von der Geburt erholt hatte, begleitete sie ihren Mann im Herbst zur Eisengießerei in die riesige 28 Hektar große River-Rouge-Fabrik kurz vor Detroit. Dieses Werk war von Lindbergh einmal als »eine Art Grand Canyon in der Welt der Mechanik« beschrieben worden. Nach diesem Besuch schrieb Anne einen ausdrucksvollen Bericht über die bedrükkende »infernalische« Gießerei in ihr Tagebuch. Sie verschwieg jedoch diskret, daß die riesige Ford-Fabrik, die die Öffentlichkeit einst als Symbol der amerikanischen Stärke betrachtet hatte, inzwischen selbst unter Beschuß stand. Robert Lacey sagt dazu: »Fortwährende Produktionsstopps waren dafür verantwortlich, daß bis zum Ende des Jahres 1942 in Willow Run nur 56 der B-24-Bomber fertiggestellt wurden – ursprünglich war geplant gewesen, pro Stunde ein Flugzeug zu bauen. Als das bekannt wurde, änderte sich das Image der Fordfabrik. Von einem Symbol der amerikanischen Stärke wurde sie zu einem Symbol der nationalen Schande.«[13]

Die höllenartige Atmosphäre der Gießerei erinnerte sie an den Krieg, der ihre Gedanken nicht mehr losließ. »Massenerschießungen, die vorgesehene Ausrottung der Juden in Europa durch die Nationalsozialisten«, schrieb sie verzweifelt in ihr Tagebuch. »In solchen Augenblicken habe ich das Gefühl, daß ich es nicht ertragen kann.«[14]

Obwohl sie inzwischen wußte, daß sie »den Deutschen niemals trauen« konnte, versuchte sie die Brutalität der Nazis zu entschuldigen. Sie sagte sich, es seien »andere Völker ebenso grausam und brutal gewesen. Es sind andere Grausamkeiten – von den Engländern und den Amerikanern im Krieg verübt worden. Muß man diese Möglichkeit bei der menschlichen Rasse miteinbeziehen? Wie bringt man das fertig?«[15]

Das Argument war schwach, und zu dieser Zeit war ihr das zweifellos auch bewußt. Doch es fiel ihr schwer, sich einzugestehen, wie naiv sie und ihr Mann gewesen waren, als sie ein Volk bewunderten, das nun dabei war, Millionen von Menschen niederzumetzeln.

Wie sie selbst zugibt, sollten die Kriegsjahre für Anne »ein Abschnitt, der ›Zeichen setzt‹«, sein. Tatsächlich enthalten ihre Tagebucheinträge während dieser Zeit überraschend wenige Bezugnahmen auf große Schlachten, militärische Persönlichkeiten oder historische Ereignisse. Während andere, ihr eigener Mann eingeschlossen, von der Kriegsmaschinerie in Anspruch genommen waren, blieb sie davon ausgenommen. Im März 1944 schrieb sie: »Aber eine Teilnahme an diesem Krieg fällt mir schwer – da ich dagegen war, weil ich immer geglaubt habe, daß er alles, wofür wir kämpfen, zerstören würde. Obgleich wir uns offenbar langsam immer mehr dem Sieg nähern. Die Vernichtung, die völlige Aufhebung der Werte, für die wir in den Krieg zogen, scheint hier wie im Ausland rascher voranzuschreiten, als wir befürchteten.«[16]

Die Verwüstung, die der Krieg verursachte, beunruhigte sie weiterhin stärker als die Frage nach Recht oder Unrecht der Kriegsparteien. So schrieb sie wenige Tage, nachdem mehr als die Hälfte Berlins, dort, wo man sie und ihren Mann Ende der 30er Jahre so gefeiert hatte, von den Bomben der Alliierten zerstört worden war, in ihr Tagebuch:

Zum Großteil handelt es sich um Blindabwürfe von oberhalb der Wolkendecke, somit gibt es auch nicht die geringste Entschuldigung, daß es sich um gezielte Bombenabwürfe auf militärische Objekte ge-

handelt hat. Hat uns die Schuld für diese Taten einmal eingeholt, was wird dann aus uns? Oder wird sie uns besser bekommen, als diese entsetzliche Gleichgültigkeit, die uns augenblicklich alle beherrscht: »Sie wollten es nicht anders«, sagen wir seelenruhig und räkeln uns gemütlich auf unseren Stühlen. Und die Flieger, die dieses Inferno entfacht haben – sind tot...
Die Menschen »wachen auf«, aber inzwischen ist Europa zerstört. »Das Kind ist tot.«[17]

Im Herbst 1943 begann Lindbergh, der inzwischen starke Vorbehalte bezüglich der Leistungsfähigkeit der Fabrik in Willow Run hatte, als technischer Berater für United Aircraft Corporation in Hartford, Connecticut, zu arbeiten. Dieser Betrieb stellte für die U. S. Navy und das Marine Corps Corsair-Jagdflugzeuge her.

Ein weiteres Mal waren die Lindberghs getrennt. Und wieder fühlte sich Anne, die in Michigan zurückblieb, verloren. Sie vermißte nicht nur die Gesellschaft ihres Mannes heftig, sondern auch den sexuellen Aspekt ihrer Beziehung. Als dezente Anspielung auf die fortdauernde Leidenschaft, die sie miteinander verband, zitiert sie in ihrem Tagebuch ein paar Lieblingszeilen aus einem Gedicht: »Das Haupt geneigt, in Tränen nun, fragt ich mein einsam Bett seh' ich Dich tot, mich selbst bereits allein?«[18] Doch trotz ihrer Sehnsucht tat ihr die Trennung gut. Zum ersten Mal in ihrer Beziehung nahm sie ihr Mann nicht voll und ganz in Anspruch. Losgelöst von den Anforderungen ihrer Ehe, begann sie großes Vergnügen daran zu finden, mit ihren Kindern zusammenzusein und sie als Individuen mit eigenen Bedürfnissen und Wünschen zu entdecken.

Während der Zeit, als Lindbergh in Connecticut arbeitete, machte Anne die Bekanntschaft mehrerer Künstler, die mit der Cranbrook Academy of Art in Zusammenhang standen. Zu ihrer Freude entdeckte sie, daß es Menschen waren, die dieselbe

Sprache sprachen wie sie und ebenfalls Literatur, Musik und Philosophie liebten. Zu ihrem neuen Kreis gehörten auch Lily Swann Saarinen, die Frau des finnischen Architekten Saarinen, dessen Vater Eliel Saarinen Cranbrook gebaut hatte; Carl Milles, der berühmte schwedische Bildhauer; und Janet de Coux, eine begabte Bildhauerin, die an der Akademie unterrichtete.

Trotz ihrer Ansichten über den Krieg vermißte Anne Frankreich sehr. Sie identifizierte sich emotional und intellektuell voll und ganz mit den Europäern (die meisten Amerikaner, so hatte sie das Gefühl, waren weit »jünger« als sie), so daß es vielleicht nicht überrascht, daß alle ihre neuen Freunde Europäer waren.

»Für *Europa* wünschte ich, daß der Krieg aufhörte, nicht für America First«, gab sie einmal bemerkenswert ehrlich zu. »Ich fühlte mich keiner der beiden Seiten zugehörig. Den Mitgliedern von America First nicht, weil ich gegenüber Europa einfach nicht so empfinden konnte wie sie. Und den Interventionisten nicht, weil sie mich nicht haben wollten…«

In Lindberghs Abwesenheit begann Anne an einem neuen schriftstellerischen Projekt zu arbeiten. Während sie sich von Scotts Geburt erholte, entdeckte sie eine alte Aufzeichnung, die entstanden war, nachdem sie und Charles 1937 einen gefährlichen Flug über die Alpen gemacht hatten. Überzeugt, daß sich diese Aufzeichnungen als Material für einen packenden Roman eigneten, verbrachte sie die Vormittage damit, in dem Wohnwagen, den Lindbergh für sie gekauft und auf dem Grundstück als separates Schreibstudio aufgestellt hatte, daran zu arbeiten.

Doch obwohl sie reichlich Zeit hatte, ungestört an ihrem Roman zu arbeiten, kam sie zunächst nicht richtig voran. Zweifellos lag das auch daran, daß sie sich nach dem Fiasko von *The Wave of the Future* gezwungen fühlte, etwas zu schreiben, das nicht nur bedeutend und edel war, sondern auch eine klare Botschaft hatte. »Wenn ich etwas schreibe, in dem nicht *alles* zum Ausdruck kommt, was ich weiß, bin ich unzufrieden. So ganz stimmt das auch wieder nicht – aber ich ertrage das nicht, Halbwahrheiten zu Papier zu bringen, da ich ja nicht dumm bin«[19], ermahnte sie sich.

Bald merkte sie jedoch, daß sie das Schreiben ohne die ständige Gegenwart ihres Mannes, der ihre Aufmerksamkeit in Anspruch nahm, vollkommen ausfüllte. Es begann ihre Gedanken ebenso vollkommen zu beherrschen, wie das einst ihr Mann getan hatte.

»Das Schreiben mit seiner Konzentration, die es einem abverlangt, strapaziert bis zur Erschöpfung. Ich habe festgestellt, daß das Schreiben nichts anderes bedeutet, als vom Liebesdämon, von dem in manchen Balladen die Rede ist, besessen zu sein«, bemerkt sie. »Im täglichen Leben wirkt man vernünftig wie jede andere Mutter von vier Kindern, eine jede Ehefrau. Aber sobald man anfängt zu schreiben – niemals. Dann ist man besessen. Man hat unglaubliche Gedanken im Kopf, sagt unglaubliche Dinge. Man ist ein anderer Mensch. Man fühlt sich sogar zu anderen Menschen stärker hingezogen als bisher. Man liebt weder seine Kinder noch seinen Ehemann.«[20]

Der Gedanke erschreckte sie.

»Ich begreife, daß es in meinem Leben drei wichtige Probleme gibt, die ich bekämpfen muß«, schrieb Anne Lindbergh während dieser Zeit. »Das erste war allein Kummer (die Entführung), das zweite war die Angst (die Flüge), das dritte ist die Verbitterung (die Kriegskämpfe). Und letzteres fällt mir am schwersten.«[21]

Mit »Verbitterung« meinte Anne nicht nur das Entsetzen, das der Krieg bei ihr auslöste, sondern auch die Tatsache, daß sie, obwohl seit Pearl Harbour zwei Jahre vergangen waren, von literarischen und intellektuellen Kreisen immer noch geschnitten wurde. Inzwischen war ihr schmerzlich bewußt geworden, daß es für viele ihrer Freunde schwierig geworden war, die Freundschaft mit ihr aufrechtzuerhalten. Erst vor kurzem hatte sie sich darüber empört, daß Adelaide Marquand, eine enge Freundin, die Mitglied bei America First war, ihretwegen in einen bitteren Streit geraten war. Die Meinungsverschiedenheit war entstanden, als Adelaide und ihr Mann John, der zusammen mit George S. Kaufman an der Bühnenfassung seines Romans *The late Georg Apley* arbeitete, den Dramatiker und seine Frau Beatrice in deren Landhaus Bucks County über das Wochenende besuchten.

Während die Marquands bei den Kaufmans zu Besuch waren, hatte Anne versucht, Adelaide anzurufen. Da sie sie nicht erreichen konnte, hatte sie dem Dienstmädchen der Kaufmans die Nachricht hinterlassen, daß ihre Freundin zurückrufen solle. Als Beatrice, eine Jüdin und glühende Roosevelt-Anhängerin und Demokratin, von Annes Anruf erfuhr, war sie empört. Sie verbot Adelaide, ihr Telefon zu benutzen, wenn sie Anne zurückrufen wolle. Es folgte ein Wortwechsel. Adelaide brach in Tränen aus, packte dann ihre Sachen und forderte, daß ihr Mann sie sofort zum Bahnhof fahren solle.

Nachdem Marquand seine Frau in den Zug gesetzt hatte, kehrte er zu den Kaufmans zurück. Stephen Birmingham, einer von Marquands Biographen, schreibt dazu:

> Es gab keine große Diskussion über die Szene, die sich abgespielt hatte. Ganz offensichtlich war es den beiden Männern peinlich, wie sich ihre Frauen verhalten hatten, Kaufman, daß seine Frau einen Gast beleidigt hatte, und John, weil Adelaide so geschmacklos gewesen war, den Lindberghs die Telefonnummer der Kaufmans zu geben. Beide Männer standen eine Weile schweigend da, und schließlich sagte Kaufman: »John, warum verkehrst du mit Leuten wie den Lindberghs?« Marquand dachte einen Augenblick nach und erwiderte dann: »George, du darfst nicht vergessen, daß alle Helden Arschlöcher sind.«[22]

An einem Wochenende, an dem Lindbergh daheim war, zeigte Anne ihm das Manuskript von *Die Gefährtin*, das sie kürzlich fertiggestellt hatte. Obwohl er der Meinung war, daß es wunderbar geschrieben sei, riet Lindbergh ihr, es erst in einigen Jahren zu veröffentlichen, da die öffentliche Meinung immer noch stark gegen sie war. Er selbst wollte ebenfalls die Veröffentlichung des Buches, das er gegenwärtig schrieb – eine neue Version seines historischen Fluges von 1927 –, aufschieben, bis die Leute ihn und seinen Standpunkt gegenüber dem Krieg in der richtigen Perspektive sahen.

Obwohl sie selten anderer Meinung war als ihr Mann, war Anne über seine Bitte verärgert. »In zwei bis drei Jahren werde ich es nicht mehr veröffentlichen wollen und werde nicht mehr schreiben können, wenn es nicht erschienen ist«, erklärte sie ihm erregt. »Man lernt nichts aus einem Buch, ehe es nicht beim Verleger ist. Und dann weiß man in dem Augenblick, in dem es die Presse erreicht, alles, und man kann wieder neu beginnen.«[23]

Im August 1943 schickte Anne das Manuskript gegen Lindberghs Willen Alfred Harcourt. Inzwischen konnten die Lindberghs auf Harcourt zählen, denn er hatte sich bereit erklärt, alles zu verlegen, was sie schrieben. Ebenso veröffentlichte er jedes Buch über sie, vorausgesetzt, der Autor sah das Paar in positivem Licht. Harcourts Antwort war deshalb vorhersagbar. Er schrieb Anne: »Alles, was diese Qualität hat, ist zeitlos; hier geht es sowohl um den geistigen Aufschwung wie um den Flug einer Maschine. Das Flugzeug ist lediglich Mittel zum Zweck, um den außergewöhnlichen Sinn für das Wesentliche aufzuzeigen. Ich würde annehmen, daß die letzten zwei bis drei Kapitel das Beste sind, was Sie bisher geschrieben haben.«[24]

Trotz dieser Ermutigung begann sich Anne jedoch wieder einmal ernsthaft zu fragen, ob sie mit dem Schreiben weitermachen sollte – es war eine Kunst, die auch ihre Grenzen hatte. »Wie lahmgelegt ist man durch das Schreiben, es gewinnt keine Gestalt, es ist keine wahre *Kunst*«, bemerkte sie ärgerlich. »Es spielt sich alles im Kopf ab, man sieht es nie, spürt es nie – und hört es nur gelegentlich. Es beansprucht nur einen kleinen Teil des Menschen. Ich wollte, ich wäre eine Bildhauerin.«[25]

Zwei Monate zuvor, im Juni, hatte sie an der Cranbrook Academy einen Kurs für Modellieren und Strichzeichnen belegt, um herauszufinden, wie es sich anfühlte, wenn sie ihre Kreativität in eine andere Kunstform fließen ließ. Diese Erfahrung war für sie eine Offenbarung. Zum ersten Mal in ihrem Leben war sie anonym, einfach nur eine unter vielen. Wichtiger noch aber war, daß sie hier endlich vom Druck der Ablieferungstermine und der Notwendigkeit, häufig etwas herauszubringen, frei war.

Doch so sehr ihr die Kurse auch gefielen, so schnell fand sie heraus, daß sie keine Begabung für die Bildhauerei besaß. Sie erkannte auch, daß die Menschen, die sie in ihren Kursen kennenlernte, ihre Phantasie mehr anregten als die Kurse selbst. Sie malte sie sich in verschiedenen Situationen aus und fragte sich, woran sie dachten, wenn sie allein waren. Offensichtlich war sie die geborene Schriftstellerin, obwohl sie eine Art Haßliebe zu ihrem Beruf empfand.

Sie verspürte immer wieder Schuldgefühle gegenüber ihrer Familie. Sie fand, daß sie es nicht einfach einem Kindermädchen überlassen konnte, für ihre Kinder zu sorgen, auch wenn sie sich ohne weiteres eine ganze Armee von Kindermädchen leisten konnte. »Das Schreiben kommt aus dem Leben; das Leben *muß* zuerst kommen«, erklärte sie ihrem Mann einmal in einer erregten Diskussion über dieses Thema.

Doch mußte sie, obwohl sie das Schreiben vom Leben abschirmte, zugeben: »Mein Leben verläuft *ungut*, wenn ich nicht schreibe. Es ist mein Schwungrad, meine bedingungslose Zurückgezogenheit und meine Verbindung zu mir selbst und zu Gott. Es ist mein Auge zur Welt, mein Fenster zum Bewußtsein, ohne daß ich weder etwas sehen noch aufrecht gehen kann.«[26]

Dieser innere Kampf zwischen Frau, Ehefrau und Mutter hier und Künstlerin da war ein Kampf, den viele kreative Frauen ausfechten mußten. Bei Anne scheint er jedoch heftiger gewesen zu sein als bei den meisten ihrer Kolleginnen. Ein großer Teil des Problems wurde natürlich durch den stetigen Druck ihres außergewöhnlichen Lebensstils hervorgerufen. Da war zum einen einen ihre Ehe mit einem berühmten und anspruchsvollen Mann, den sie sowohl achtete als auch erfreuen wollte, und zum anderen ihre anhaltenden Zweifel an ihren literarischen Fähigkeiten. Es war ein Konflikt, der sie den Rest ihres Lebens begleiten sollte und den sie, was ihre Entwicklung als Schriftstellerin betraf, bedauerlicherweise nie ganz lösen sollte.

Die Veröffentlichung eines Buches ist für keinen Autor eine leichte Zeit. Anne jedoch war mehr als nur nervös, als *Die Gefährtin* in die Buchläden kam, und sie hatte auch reichlich Grund, sich Gedanken zu machen. Erst vor kurzem hatte sie erfahren, daß der Book-of-the-Month-Club sich geweigert hatte, ihr Buch in sein Angebot aufzunehmen – viele Leser hatten gedroht, ihre Mitgliedschaft zu kündigen, falls es berücksichtigt würde. Selbst die Verleger bei *Reader's Digest*, die ihr sonst treu waren, hatten abgelehnt, einen Auszug abzudrucken. Sie hatten jedoch versucht, diese Absage zu beschönigen, indem sie ihr schrieben, das Buch sei zu »erlesen«, um gekürzt zu werden. Doch der schmerzlichste Schlag kam von ihrem eigenen Verleger. Trotz Alfred Harcourts begeisterter Kommentare war das Management von Harcourt, Brace der Meinung, daß ein Buch, auf dessen Umschlag der Name Anne Morrow Lindbergh stand, nahezu unverkäuflich sei. Zu ihrer Bestürzung erfuhr sie, daß die Erstauflage von *Die Gefährtin* nur 25 000 Exemplare betrug – halb soviel wie bei der ersten Ausgabe von *Wind an vielen Küsten*.

Die Gefährtin, Annes erste Novelle, wurde im März 1944 veröffentlicht. Oberflächlich gesehen hatte sie große Ähnlichkeit mit ihren beiden anderen Büchern über das Fliegen. Es war ein Bericht über einen gefährlichen Flug, der von einem Ehepaar unternommen wurde. Da das Buch jedoch Fiktion war, waren es nicht Anne Morrow Lindbergh und Charles Lindbergh, sondern Eve Alcott, eine Amerikanerin, die im sechsten Monat schwanger war, und ihr britischer Flieger-Ehemann Gerald, die in der Maschine saßen. Zuerst scheint ihre Reise bloße Routine zu sein, doch als sie auf ihrem Weg von England nach Italien die Alpen überqueren, sind Eve und Gerald plötzlich von dichten Wolken umgeben. Sie kennen ihre genaue Position nicht. Verzweifelt entschließt sich Gerald, einen vorsichtigen Sinkflug zu riskieren. Während sie sich auf ihrem gefährlichen Weg nach unten befinden, denkt eine ängstliche Eve über den Tod nach, schließlich akzeptiert sie ihn. Als es ihnen dann doch gelingt, sicher in Italien zu landen, erkennt sie, daß ihre Ängste sich verflüchtigt haben, und sie empfindet »ein merkwürdiges Hochgefühl«, das zu einer neuen Wertschätzung des Lebens führt. »Das also war das Leben: keine Hetze, frei von Angst, nicht in sich selbst verschlossen zu sein. Offen, bereit sein, selbst für die Angst, den Schmerz, ja für den Tod. Nur dann hielt man das Leben in seiner berauschenden Fülle in den Händen.«[27]

Annes Buch war wie Saint-Exupérys *Flug nach Arras*, dem es verpflichtet war, ein philosophischer Bericht über eine spirituelle Reise. Obwohl das autobiographische Element deutlich zu erkennen ist, hatte Anne das Buch von Anfang an als eine allegorische Erzählung für alle Frauen angelegt. »Es handelt sich um einen Flug über die Alpen, könnte aber alles sein. Entbindung, Eheschließung oder moralische und geistige Kämpfe, die man durchzufechten hat«, hatte sie ihrer Freundin Sue Vaillant geschrieben. »Die gleichen Höhen (›Das sollen die Alpen sein?‹) und die gleichen Tiefen (›Ich bin ausgeliefert – sie haben mich aufgegeben!‹).«[28]

In diesem, ihrem ersten fiktionalen Werk, hatte Anne mit ihrer Absicht, der Geschichte Allgemeingültigkeit zu verleihen, weitgehend Erfolg. Natürlich ist dem Leser von Anfang an klar, daß die ängstliche Eve Alcott im hinteren Cockpit in Wirklichkeit Anne Morrow Lindbergh ist und daß nicht irgendein frischer, fröhlicher Engländer das Flugzeug steuert, sondern Charles Lindbergh. (Zweifellos hoffte die Autorin, die Wirkung der starken anti-britischen Ansichten ihres Mannes abzumildern, wenn sein fiktives Gegenstück Engländer war.) Dennoch ist dieses Buch sehr zart, introspektiv und poetisch. Es besitzt eine erhabene lyrische Qualität, dem Rhythmus eines Fluges nicht unähnlich, so daß der Leser schnell vergißt, auf wen sich die fiktionalen Charaktere gründen, und von der Geschichte selbst gefesselt und bewegt wird.

Obwohl Anne befürchtet hatte, daß *Die Gefährtin* vernichtende Kritiken erhalten würde, geschah genau das Gegenteil. Zu ihrer Überraschung wurde das Buch fast überall gut aufgenommen. Dies ermunterte auch das anfängliche skeptische Management von Harcourt, Brace, schon kurze Zeit später eine Neuauflage folgen zu lassen. Amy Loveman schrieb in der *Saturday Review*: »Es wäre schade, wenn diejenigen, die durch Mrs. Lindberghs letztes Buch aufgeschreckt wurden, dieses neue deshalb nun ignorierten. Sie würden dadurch einen der wunderbarsten, einfühlsamsten und reizendsten Bände versäumen, der seit jenen früheren, die ihm verwandt sind, nämlich *Ich fliege mit meinem Mann* und *Wind an vielen Küsten*, erschienen ist.«[29] Diese Meinung vertrat auch ein Kritiker im *New Yorker*. Er bemerkte: »Einer der fesselndsten Kurzromane der letzten Jahre. Es findet sich nirgends auch nur ein Hauch von Politik, was, in Anbetracht einer gewissen Welle, die die Autorin einst die Zukunft verschlingen sah, wahrscheinlich ein Gewinn ist.«[30] Eine weitere euphorische Besprechung in der *New York Times Book Review* stammte von Beatrice Sherman, die darauf hinwies, das Buch sei »als

Abenteuergeschichte begeisternd und aufregend, doch es ist noch mehr als das. Sein Zauber und seine Anmut wurzeln in der Denkstruktur der Autorin und sind Frucht ihrer Philosophie.«[31]

Es gab jedoch auch ein paar Kritiker, die anders dachten. Einige von ihnen bemängelten, daß Annes metaphysische Texte im Vergleich zu denen von Saint-Exupéry farblos waren. Andere, die offensichtlich über Lindberghs Ansichten, die er vor dem Krieg geäußert hatte, erbittert waren, sahen es nicht als Zufall an, daß Eve und Gerald es schafften, sicher in Mussolinis Italien zu landen. Ein anderer Rezensent wiederum war der Meinung, das Buch würde die geheime Selbstsucht und den Snobismus der Autorin gegenüber ihrem Mann zeigen. Wie vorauszusehen war, traf diese Anschuldigung Anne am meisten. Nachdem sie die Kritik dieses Rezensenten gelesen hatte, lag sie die ganze Nacht wach und brütete über seine Bemerkungen nach.

Doch Annes Sorgen wegen der Kritiken – guter wie schlechter – wurden bald von etwas anderem verdrängt. Anfang April wurde Lindbergh für die Chance Vought Division von United Aircarft als ziviler technischer Beauftragter in den Südpazifik geschickt. Dort sollte er die Flugzeuge, die er getestet hatte, im Einsatz beobachten. Er war begeistert darüber, ins Kampfgebiet gehen zu können, so daß Anne ihr möglichstes tat, um ihre Ängste angesichts der Gefahren, die ihn erwarteten, vor ihm zu verbergen. Trotz ihrer zunehmenden Unabhängigkeit von ihm war er immer noch »das ganze Leben«. Allein zu sehen, wie er eine Treppe herunterkam, erfüllte sie mit einem unbeschreiblichen Glücksgefühl. »Alles zu geben, was man hat, um einen Mann glücklich zu machen – ist sehr viel im Leben«[32], war ihre Überzeugung.

Diese Bereitschaft zur Selbstaufopferung, die sie stets gehabt hatte, war bei Ehefrauen von Piloten besonders notwendig. »Sie sind wie die Soldatenfrauen«, hatte sie einmal einer Freundin geschrieben. »Nur ist für sie von Anfang an ›Krieg‹.«[33]

Nun jedoch zog ihr Mann in einen wirklichen Krieg, und sie war nicht sicher, wann und ob er je zurückkehren würde. Anders als das bei ihren vorherigen Trennungen der Fall gewesen war, war er diesmal so weit entfernt, daß sie weder mit ihm telefonieren konnte, noch daß er sie am Wochenende besuchen konnte. Zum ersten Mal in ihrer Ehe war sie vollkommen auf sich gestellt.

»Ich nähere mich den Vierzig, bin eine Frau mit einer jugendlichen Figur, habe die Intensität eines jungen Mädchens, Falten auf der Stirn, gelegentlich auch ein graues Haar und Augen, die noch immer plötzlich und unerwartet glänzen und aufleuchten«[34], notierte Anne, kurz nachdem ihr Mann in den Pazifik aufgebrochen war, freimütig.

Was sie nicht erwähnte, war, daß sie auch eine Frau war, die, nachdem sie so viele Jahre im Schatten ihres Ehemanns gelebt hatte, ihre eigene Identität zu entdecken begann. Nun, da Lindbergh nicht mehr in der Nähe war, um zu prüfen, was sie tat, traf sie sich weiterhin mit einer großen Zahl ihrer Freunde von Cranbrook und genoß die gesellige Runde, in der fast immer über Kunst, aber nur selten über Politik geredet wurde. Zum ersten Mal hatte sie das Gefühl, daß sie sich ohne ihren Mann in Gesellschaft begeben und eine Gruppe finden konnte, in der sie so sein konnte, »wie ich wirklich bin, mir ist das bisher nie gelungen... Auch gewiß nicht während meiner Ehe, in der die Kreise, in denen wir uns bewegten, nicht *meine* Leute waren. In den politischen Kreisen und bei den Fliegern wandten sich alle ganz selbstverständlich an C. Aber hier bin ich andauernd ich selber – und sie mögen mich!«[35]

Von den Anforderungen der Ehe, den häuslichen Angelegenheiten und seinem selbstauferlegten fanatischen politischen Eifer befreit, entdeckte auch Lindbergh allmählich seinen Platz. Während der Monate seiner Abwesenheit flog er fünfzig Einsätze mit

Marine- und Air-Corps-Geschwadern, in denen er die Gefechtstauglichkeit der Marine F4U-Corsair und der P-38 Lightning testete. Es gelang ihm dabei, die Reichweite des P-38 Jagdflugzeuges um Hunderte von Meilen zu erweitern. Im Juli 1944 entging er, während er eine P-38 flog, knapp einem Frontalzusammenstoß mit einem japanischen Flugzeug, bevor es ihm gelang, dieses abzuschießen.

Obwohl er so beschäftigt war, daß er selten die Gelegenheit hatte, Anne zu schreiben, spürte sie, daß ihm der rauhe Lebensstil mit seinen allgegenwärtigen Gefahren sehr zusagte. Seit seinen Tagen als Kunstflieger hatte er zum ersten Mal »wieder eine verläßliche und befriedigende Kameradschaft gefunden ... Er ist kein Held – er arbeitet Seite an Seite mit ihnen, steuert wirklich etwas bei, bleibt anonym (der Ruhm gebührt den Kriegshelden), und er ist vollständig und herzlich als einer der ihren aufgenommen. Sie lieben ihn.«[36]

Überraschenderweise war es in der Niederlage und Demütigung, und nicht im Ruhm und Triumph, daß Anne wie auch Charles ihre wahre Identität zu entdecken begannen. Sie bei ihrer Arbeit, den Kindern und dem Kreis gebildeter europäischer Freunde in Michigan, und er bei den amerikanischen Soldaten, die im Pazifik kämpften.

Im Juli 1944 fuhr Anne mit dem Zug zu einem kurzen Wiedersehen mit ihrem Mann. Sie trafen sich im Hause ihres Bruders Dwight jr. in Kalifornien. Obwohl sie vor ihrer Abfahrt aus Bloomfield Hills erfahren hatte, daß der Mietvertrag für ihr einfaches und reizvolles Haus nicht verlängert werden würde, verpufften ihre Zukunftssorgen rasch, als der Zug den Bahnhof verließ.

Ihr fiel nicht nur die ehrfurchtgebietende Schönheit des Landes auf, sondern sie fühlte sich zum ersten Mal seit ihrer Hochzeit von »der unwirklichen Zeitungsgestalt der Mrs. Lindbergh«[37] befreit. Als sie an den verschiedenen Bahnhöfen die vielen Soldaten und Seeleute mit ihren Frauen sah, empfand sie eine »geheime Freude darüber, zum Durchschnitt zu gehören, womit sich mir eine Türe geöffnet hatte, die bisher immer verschlossen war. ›Ja, mein Mann ist im Südpazifik. Ja, ich hoffe, daß ich ihn sehen kann…‹«

»Ich bin durch so vieles vom Leben getrennt«, schrieb sie freimütig in ihr Tagebuch. »Zuerst durch Geld. Durch Geld ganz gewiß… Der Ruhm hat zwischen mir und dem Leben eine Schranke errichtet – die glückliche Hand. Bis hin zu ›*Par delicatesse, j'ai perdu ma vie*‹. Auf dieser Reise wurde mir klar, wie groß mein Lebenshunger war, wie sehr ich gedarbt hatte, wie gierig ich nach den kleinen Brocken griff. Die Menschen würden lachen über diese Brosamen; aber sie dünken einem Kostbarkeiten, wenn man ausgehungert ist.«[38]

In der Erkenntnis, wie sehr sie von gewöhnlichen menschlichen Beziehungen abgeschnitten gewesen war, fühlte Anne sich mehr denn je entschlossen, als normale Hausfrau und Mutter zu leben. Nach ihrer Rückkehr von der Westküste fand sie für die Familie ein neues Haus in Westport, Connecticut. Obwohl sie traurig darüber war, ihre Künstlerfreunde von Cranbrook verlassen zu müssen, wußte sie, daß Charles in Connecticut arbeiten würde, wenn er erst einmal vom Pazifik nach Hause zurückgekehrt war. Dann wollte sie bei ihm sein. Sie war zu dem Schluß gekommen, daß Michigan nicht länger der ideale Ort für sie beide war. Ihr ruheloser, tatkräftiger Mann war am glücklichsten, wenn er aus dem Koffer lebte und nicht zu »dieser auf Produktion ausgerichteten Fordfabrik« gehörte, ebensowenig wie sie sich weiter »trotz jenes wunderbaren Kreises von Freunden im Elfenbeinturm von Cranbrook« vor dem Leben verstecken konnte. Sie beide brauchten eine Veränderung, neue Horizonte und ein normaleres Leben für sich und ihre Kinder.

Anne war glücklich, als sie hörte, daß Paris am 25. August befreit worden war – Frankreich war jener Teil Europas, mit dem sie emotional am meisten in Einklang stand. Doch ihre Freude war nur von kurzer Dauer. Während sie packte, um Bloomfield Hills zu verlassen, erfuhr sie aus der Zeitung, daß Saint-Exupéry, der sich allein auf einem Aufklärungsflug über Südfrankreich befunden hatte, als vermißt gemeldet worden war.

Anne war vom Tod des 44jährigen französischen Fliegers erschüttert. Obwohl sie ihm nur einmal begegnet war, empfand sie seinen Verlust beinahe so verheerend wie den Tod Elisabeths, denn sie spürte, daß sie den einen Menschen verloren hatte, der ihr Werk wirklich verstanden hatte. »Was hatte es noch für einen Sinn zu schreiben, wenn es ihn nicht mehr gab, damit er es irgendwann, irgendwo vielleicht einmal lesen würde?« trauerte sie in ihrem Tagebuch. »Mein letztes Buch, das wie ein Brief war, den ich an ihn gerichtet hatte, der ihn nie erreichte, was war es jetzt noch nütze? Niemand verstand es so, wie er es verstanden hätte... So war mir bei Elisabeths Tod zumute – ich dachte, ich wäre bis ans Ende meines Lebens vollkommen allein – aber da handelte es sich um einen persönlichen Verlust. Hier geht es um mehr. Die Überzeugungen dieses Mannes und die Stimme, die er ihnen verlieh, ermöglichten es mir überhaupt, in der heutigen und der morgigen Welt zu existieren...«[39]

Und dann besann sie sich, vielleicht weil ihr bewußt war, daß solche Gefühle eine Unzufriedenheit mit ihrer Ehe widerspiegelten, wieder auf ihre Lebenslust, die »sehr stark« war und auf ihren Mann, den sie innig liebte. »Charles bedeutet mir eine ganze Welt, er ist mein Leben. St.-Ex. war keine Verkörperung der Erde, er war eine Sonne oder auch ein Mond, oder die Sterne, die die Erde zum Leuchten bringen, die die ganze Welt und das Leben verschönen. Jetzt bleibt die Erde dunkel und hat an Schönheit verloren. Strauchelnd und freudlos werde ich meinen Weg fortsetzen.«[40]

Kurz nachdem Anne mit ihrer Familie nach Connecticut gezogen war, kehrte Lindbergh aus dem Südpazifik zurück. Anne war überglücklich, als sie aus dem Fenster des Hauses blickte und seine hochgewachsene, leicht gebeugte Gestalt aus einem Taxi steigen sah. »Sich an die Tage ohne C. zurückzuerinnern, ist gar nicht leicht. Sich ins Gedächtnis zu rufen, was ich für ein merkwürdiges, unausgeglichenes Wesen war, stets ruhelos, in der Schwebe, ohne festen Boden unter den Füßen«[41], schrieb sie in ihr Tagebuch.

Mit seiner Rückkehr mußte sie nicht mehr in ihr »einsames Bett« steigen, »schlaflose Nächte« verbringen und früh am morgen einsam erwachen.

Er war daheim und gehörte wieder ihr. Und plötzlich zählte nichts anderes mehr.

Kapitel 20
Comeback

Als der Krieg vorbei war, ließen sich Anne und Charles, die nun siebzehn Jahre lang von einem Haus zum nächsten gezogen waren, schließlich in Darien, Connecticut, nieder. In gewisser Weise war das große Haus, das sie 1946 in Scott's Cove kauften, ihr erstes wirkliches Zuhause. Anne war beinahe vierzig Jahre alt und Charles vierundvierzig, man konnte sie also kaum mehr als junge Leute bezeichnen, die gerade einen Hausstand gründeten.

Ihr neues Haus, im Tudorstil erbaut, war geräumig und komfortabel. Jedes ihrer Kinder hatte ein eigenes Schlafzimmer. Das Haus stand abgeschieden auf mehreren Hektar Grund und blickte auf ein einsames Gewässer hinaus, das in den Long Island Sound mündete. Mit dem teilweise felsigen Boden, dem kleinen Sandstrand und den drei kleinen Inseln vor der Küste, zu denen sie bei Ebbe zu Fuß hinübergehen konnten, erinnerte das Anwesen an Illiec.

In Scott's Cove zogen sich die Lindberghs in die Halbanonymität zurück. Ungestört konnten sie hier ihren Aktivitäten nachgehen und ihre fünf Kinder aufziehen. Im Herbst des Jahres 1945 hatte Anne mit 39 Jahren ihr sechstes und letztes Kind zur Welt gebracht. Es war eine Tochter, die sie Reeve tauften. Zu jedermanns Überraschung wurde das Baby am 20. Oktober geboren. Dies war auch der Geburtstag der fünfjährigen kleinen Anne, die nun alle »Ansy« riefen, um sie von ihrer Mutter Anne zu unterscheiden.

Sowohl Anne als auch Charles waren fest entschlossen, daß ihre Sprößlinge nicht durch ihre Berühmtheit und ihren Reichtum verdorben werden sollten. Es war ihnen sehr daran gelegen, sie auf öffentliche Schulen zu schicken, wo sie sich mit anderen Kindern anfreunden konnten. Außerdem ermutigten sie sie von Anfang an, Selbstvertrauen zu zeigen, und vermittelten ihnen die Liebe zur Natur und die Freude an sportlicher Betätigung im Freien.

Obwohl die Lindberghs Multi-Millionäre waren, war ihr Haus in Scott's Cove alles andere als luxuriös eingerichtet. Im Gegenteil, es wirkte fast wie ein Kloster. Ein Besucher, der zum ersten Mal kam, entdeckte verblüfft, daß sich in ihrem Wohnzimmer zwar ein Klavier und einige Bilder von bekannten Künstlern befanden, aber nicht einmal ein Sofa darin stand. Die Zimmer der Kinder waren ähnlich spartanisch. Mit ihren identischen eisernen Bettgestellen und dem zurückhaltenden Dekor glichen die Zimmer eher denen einer Kaserne.

Es war für die Lindbergh-Kinder offensichtlich, daß ihre Eltern fürchteten, sie könnten das schreckliche Schicksal ihres ältesten Bruders teilen. Wenn die Kinder schliefen, dann blieben die Türen der Schlafzimmer stets einen Spalt offen. Man brachte ihnen bei, ihren Nachnamen nur zu murmeln, wenn sie Fremden vorgestellt wurden, und sich am Telefon nicht mit Namen zu melden. Man hatte ihnen auch verboten, mit Leuten zu sprechen, die Reporter sein könnten[1].

»Die Entführung schwebte immer irgendwie im Raum und hatte großen Einfluß auf das Leben meiner Eltern«, erinnerte sich Jon vor kurzem. »Sie versuchten uns zu beschützen, so gut sie konnten. Im Laufe der Jahre schwächte sich das zwar ab, doch sie waren immer besorgt.«[2]

Wenn Lindbergh daheim war, herrschte ein strenges Regiment. So mußten die Kinder zum Beispiel ihre Betten selbst machen, außerdem gab es keinen Fernseher im Haus. Wenn sie sich etwas ansehen wollten, mußten sie sich ins Haus eines Nachbarn davonstehlen. Sie durften kein Weißbrot essen, da ihr Vater der Ansicht war, daß es nicht so nahrhaft sei wie Vollkornbrot. Sie bekamen auch keine Süßigkeiten, da Lindbergh glaubte, sie würden davon schlechte Zähne bekommen. Weißer Zucker war ebenfalls verboten. Allerdings ließ Anne von ihrer Köchin in bestimmte Gerichte doch etwas Zucker hineinschmuggeln. Zur allgemeinen Erleichterung bemerkte Lindbergh das nie.

War Lindbergh zu Hause, dann taten die Kinder genau das, was man ihnen sagte. Doch wenn er fort war, machten sie so ziemlich alles, was sie wollten.

»Es war herrlich, wenn er nach Hause kam. Nach einer Weile wünschte man sich dann aber, daß er wieder ging, weil er sehr, sehr streng war. Doch er war auch sehr aufregend; er nahm uns immer im Flugzeug mit«[3], erinnerte sich Reeve, Lindberghs jüngste Tochter, viele Jahre später.

Seine überlebensgroße Gegenwart brachte jeden aus dem Gleis, wann immer er nach Hause kam. »[Mein Vater] schien mehr Sauerstoff zu brauchen, als in der Luft vorhanden war«[4], meinte Reeve außerdem.

Die Kinder fühlten sich, was ihre beiden Eltern anging, bei Anne wohler. »Meine Mutter war ruhig und beruhigend, obwohl sie sich selbst nicht so sah«, erinnerte sich Reeve. »Wenn mein Vater fort war, war sie für uns ein Vorbild und keine Schulmeisterin.«[5] Freunde beobachteten, daß Anne ihre Liebe zu ihren Kindern in einer warmen, offenherzigen Weise äußerte, während Lindbergh sehr viel zurückhaltender darin war, seine Zuneigung zu zeigen. An seiner Liebe zu ihnen bestand jedoch kein Zweifel.

Im Sommer 1947 kehrte Anne nach Europa zurück. Sie wollte selbst sehen, welche Auswirkungen der Krieg auf die Länder gehabt hatte, in denen sie mehrere Jahre lang glücklich gelebt hatte. Außerdem wollte sie wieder in Kontakt zu ihren alten Freunden treten. Wie sie vorausgeahnt hatte, war es für sie eine zutiefst deprimierende Erfahrung. Obwohl die Leute versuchten, höflich zu sein, war es offensichtlich, daß viele ihrer alten Bekannten Lindbergh seine isolationistischen Ansichten übelnahmen, die auch in Europa als nazifreundlich betrachtet worden waren. Andere, mit denen sie und Charles besonders vertraut gewesen waren, waren in der Zwischenzeit entweder gestorben oder lebten jetzt woanders. Alexis Carrel war im November 1944 in Frankreich einem Herzanfall erlegen. Einige seiner Freunde waren jedoch der Meinung, die wahre Todesursache sei ein »gebrochenes Herz gewesen«, weil er von der Befreiungsregierung als Nazikollaborateur gebrandmarkt worden war. Nachdem seine verbitterte Witwe ihn in einer kleinen, weinbewachsenen Kapelle auf Saint-Gildas begraben hatte, war sie nach Argentinien geflohen[6].

Als Anne aus Europa zurückkehrte, schrieb sie fünf Artikel[7] über ihre Eindrücke. Sie wurden zwischen 1948 und 1950 in den Zeitschriften *Reader's Digest, Life* und *Harper's* veröffentlicht.

In mehreren der Essays beklagte sie den Aufruhr und die schwierigen Lebensbedingungen in Europa. Die Menschen dort waren nicht nur der Nahrung, der Versorgungsgüter und der Hoffnung beraubt, sondern auch gezwungen, sich mit einer kafkaesken Bürokratie auseinanderzusetzen. Ihrer Meinung nach sah es in Großbritannien und Frankreich auch nicht viel besser aus als in Deutschland. Wie ihr Mann war auch sie weiterhin davon überzeugt, daß nicht der Krieg allein an den schlechten Lebensbedingungen und dem Werteverfall schuld war. Der »Niedergang« der modernen Demokratien war ihrer Meinung nach ebenfalls dafür verantwortlich. »Dieses Haus mit seinem Dach auf dem Boden, das innen geplündert ist, dessen Fundamente bröckeln – dieses Haus ist ein Symbol«[8], erklärte sie in »The Flame of Europe«, einem Beitrag, der 1948 in *Reader's Digest* veröffentlicht wurde. »Die grundlegenden Werte unserer Zivilisation bröckeln ab wie dieser Zement.«

Im Hinblick auf Annes literarische Entwicklung waren diese fünf Nachkriegsessays durchaus von Bedeutung. Wie in ihrer Novelle *Die Gefährtin* vollzieht sich hier der Übergang von einem subtilen Bericht über äußere Ereignisse zur Meditation über deren innere Bedeutung. Diese Essays manifestieren somit einen Reifungsprozeß in ihrem Werk.

Obwohl sich Anne sehr darauf gefreut hatte, nach Kriegsende ihr gewohntes Leben mit ihrem Mann wieder aufzunehmen, entdeckte sie nach seiner Rückkehr bald, daß ihre Beziehung einen Wandel erlebt hatte. Tatsächlich waren die Jahre, die unmittelbar auf den Krieg folgten, die schwierigsten in ihrer Ehe. Es wurde ihr bald klar, daß ihr Mann, nachdem er Abenteuer und Gefahren der Schlacht erlebt hatte, wo er in seinem Element gewesen war, sich schwer tat, sich den Alltäglichkeiten und dem Druck des Zivillebens anzupassen. »Ich glaube, er war beim Militär sehr glücklich«, bemerkte später Reeve Lindbergh über ihren Vater. »Alles war wohlgeordnet, es herrschte Kameradschaft, und die Verwirrung und die Spannungen der übrigen Welt gab es nicht.«[9]

Am 17. Mai 1945, zehn Tage nach der Kapitulation der Deutschen, flog Lindbergh als Repräsentant von United Aircraft im Auftrag der Marine nach München, um die neuesten und modernsten deutschen Kampfflugzeuge zu begutachten. Die Stadt, die zu »einem Haufen Schutt« geworden war, deprimierte ihn zutiefst. Nachdem er kurz in Paris Station gemacht hatte, reiste er durch jene Gebiete Deutschlands und Österreichs, die von den Amerikanern besetzt waren. Er war von der Not des deutschen Volkes bewegt. Vor allem, daß die Kinder hungern mußten, schockierte ihn, und er empfand es als Grausamkeit, daß die amerikanischen GIs vor deren Augen regelrecht schlemmten.

»Welches Recht haben wir, uns vollzustopfen... Welches Recht haben wir, die Nazis und die Japsen zu verdammen, wenn wir selbst diese Verhärtung und diesen Haß in unseren Herzen tragen?«[10] schrieb er in sein Tagebuch. Wann immer möglich, steckte er den Deutschen kleine Geschenke wie zum Beispiel ein Stück Seife oder ein Päckchen Zigaretten zu.

Als Lindbergh im Juni jene unterirdische Fabrik bei Nordhausen besichtigte, in der die V-1- und V-2-Waffen hergestellt worden waren, zeigte man ihm auch das Lager Dora, ein Konzentrationslager. Dort wurde er mit den Schrecken des Naziregimes, das er einst so bewundert hatte, konfrontiert. Im Lager Dora gab es keine »kräftigen« und tüchtigen Leute, keine ordenbehangenen deutschen Generäle, die seinen Ausführungen über die Luftfahrt aufmerksam lauschten. Statt dessen sah er sterbende Männer und Frauen, zu wandelnden Skeletten abgemagert. Man zeigte ihm auch die Verbrennungsöfen, die in anderthalb Jahren 25 000 Leichen verschlungen hatten. Lager Dora weckte Abscheu in ihm, und er schrieb in sein Tagebuch: »Hier war ein Ort, wo die Menschen, das Leben und der Tod den tiefsten Punkt der Degradierung erreicht hatten. Wie konnte irgendein nationaler Fortschritt die Einrichtung und den Betrieb eines derartigen Platzes rechtfertigen?«[11] Doch dann versuchte er, so als könne er es nicht ertragen, zuzugeben, daß es ein großer Fehler von ihm gewesen war, die Nazis zu bewundern, ihre ungeheuren Verbrechen zu rechtfertigen. Er schreibt, daß einige Amerikaner im Südpazifik sich den Japanern gegenüber ebenfalls ungeheuer brutal verhalten hatten. Auch sie hatten Gefangene erschossen und dann deren Schädel als Souvenirs behalten. »Wir, die wir behaupteten, die Deutschen hätten durch ihre Behandlung der Juden die gesamte Menschheit beschmutzt, haben mit unserer Behandlung der Japaner bewiesen, daß wir um kein Haar besser sind«, notierte er in sein Tagebuch und fügte moralisierend hinzu: »Was auf der einen Seite der Erde barbarisch ist, ist es auch auf der anderen. ›Richte nicht, damit du nicht gerichtet werdest!‹ Es sind nicht die Deutschen oder die Japaner allein, sondern Männer aller Nationen, über die dieser Krieg Schande und Schmach gebracht hat.«[12]

Charles Lindbergh hielt also die von den Nazis geplante und durchgeführte systematische Vernichtung von sechs Millionen Menschen moralisch für ebenso verwerflich wie die verabscheuungswürdigen Akte der Grausamkeit, die von einer kleinen Zahl von Soldaten an ihren Feinden begangen worden waren[13]. Als er in die Vereinigten Staaten zurückflog, war er mehr denn je überzeugt, daß seine Entscheidung, gegen eine Kriegsbeteiligung der Vereinigten Staaten einzutreten, richtig gewesen war.

Nach dem Krieg stürzte sich Lindbergh, der so ruhelos wie stets war und den die weltpolitische Lage weiterhin beunruhigte, rasch in eine Vielzahl von Projekten und Aktivitäten. Dazu gehörte auch die Mitarbeit am geheimen CHORE-Projekt der Army Ordnance an der Universität von Chicago, das sich mit der Entwicklung neuer Waffensysteme beschäftigte. Außerdem arbeitete er als Berater für die Luftwaffenminister Stuart Symington und Harold Talbott. Zu seinen Aufgaben zählte hierbei unter anderem auch die Umbildung des strategischen Luftkommandos. Er war an der Entwicklung von Überschallbombern beteiligt und erarbeitete neue Methoden, Flugzeuge in der Luft zu betanken, um deren Reichweite zu vergrößern. Lindbergh wurde auch Mitglied des wissenschaftlich-ballistischen Raketenkomitees der Luftwaffe und des Verteidigungsministeriums. Zum großen Teil arbeitete er während jener Jahre an geheimen Projekten im Bereich der Raketen- und Raumfahrtforschung.

Obwohl die komplexen strategischen Bomber, die er jetzt flog, mit einem einfachen Eindecker, wie es die *Spirit of St. Louis* gewesen war, technisch nicht zu vergleichen waren, war das Gefühl der Abgeschiedenheit und Ferne das gleiche wie in seinen jungen Tagen. Wenn überhaupt, dann wurde es durch die Tatsache, daß er jetzt viele tausend Fuß über dem Boden flog, noch verstärkt. Allein, hoch über der Welt der gewöhnlichen Menschen, hatte er das Gefühl, daß er nicht länger zur Erde gehörte, sondern allmächtig, gottgleich war. »Als ich die strategischen Bomber flog, spürte ich eine gottähnliche Macht«, schrieb er in seinen Memoiren. »Kontinente und Ozeane bildeten für mich keine Hindernisse mehr. Die Sierras, die Rocky Mountains und die Appalachen unter mir waren nichts weiter als kleine gefrorene Schaumkämme; und der Atlantik und der Pazifik waren wie mattgetönte Spiegel. Waren nicht Blitzstrahl und Donnerkeil des Zeus weit weniger schrecklich als die Atombomben, die wir mit uns führten? Aber ich spürte auch eine Trennung von der Erde und den Menschen, die es in den Pioniertagen der Fliegerei für mich nicht gegeben hatte.«[14]

Im April 1954 erhielt Lindbergh durch Präsident D. Eisenhower wieder seine Offiziersstelle. Dies war offensichtlich als Entschuldigung für das »Unrecht«, das er durch den demokratischen Präsidenten Roosevelt erlitten hatte, gedacht. Am 7. April 1955 wurde Lindbergh als Brigadegeneral in der U. S. Air Force Reserve vereidigt.

Einige Zeit nach dem Krieg kehrte Lindbergh auch wieder als Direktor und Berater zu Pan American zurück. Er beriet dessen Präsidenten, seinen alten Freund Juan Trippe, bei neuen Luftrouten, dem Bau von Flughäfen und später beim Bau der Boeing 747. Im Verlaufe seiner Arbeit für die Fluglinie bereiste er fast alle Länder der Welt.

Diese Kombination von Aufgaben war für einen suchenden, unzufriedenen Mann, der die meisten Aspekte seines Ruhms lange verachtet hatte und der sich danach sehnte, zu seinem eigentlichen Wesen zurückzufinden, ideal. Nun war er wieder der freie Abenteurer und Forscher, der an niemanden gebunden war, auch nicht an seine geliebte Frau. Er genoß es, aus dem Koffer zu leben, mit vogelähnlicher Freiheit von einem Kontinent zum anderen zu fliegen. Anne jedoch entsprach sein wechselhafter ruheloser Lebensstil in keiner Weise. Anders als in den frühen Tagen ihrer Ehe, als sie unzertrennlich waren, nahm er sie nun selten mit. Meistens ließ er sie daheim bei den fünf Kindern zurück, von denen das jüngste fünf und das älteste achtzehn Jahre alt war. Obwohl sie viel Hilfe hatte – eine ganztags beschäftigte Hausangestellte und eine Köchin, außerdem eine Reinemachefrau –, war sie es, die ihrer großen Familie sowohl Mutter als auch Vater sein mußte. Sie war es, die ihren Kindern bei den Hausaufgaben half, sie zu außerschulischen Veranstaltungen fuhr und wieder abholte und sich ihre Probleme anhörte.

Wie in der Vergangenheit hatte Anne zuerst Schwierigkeiten, sich an ein Leben ohne ihren Mann zu gewöhnen. Die belebende Gesellschaft ihrer Cranbrook-Freunde hätte ihre Einsamkeit lindern können, doch die befanden sich in Detroit, Tausende von Kilometern entfernt. In Connecticut hatte sie jedoch noch keinen ähnlichen Kreis gefunden. Dennoch versuchte sie ihr möglichstes, zu lernen, »ein eigenständiger Mensch« zu werden.

Paradoxerweise empfand sie, obwohl sie sich freute, wenn ihr Mann zurückkam, sein Kommen und Gehen als Unterbrechung ihres eigenen Lebensrhythmus. Als scheue und zurückhaltende Frau, die nicht leicht Freunde gewann, war es ihr schließlich doch gelungen, ein paar neue, erfreuliche Freundschaften zu knüpfen. Diese mußten jedoch auf Eis gelegt werden, wann immer er nach Hause kam. Lindbergh, der die Gesellschaft anderer Menschen als geistige Anregung weder brauchte noch genoß, bestand darauf, daß sich ihre sozialen Verpflichtungen auf ein Minimum beschränkten. Also empfingen sie selten Gäste und hielten sich von ihren Nachbarn fern.

»Wenn er zurückkam, war er stets bester Laune und hatte mir viel zu erzählen. Es belebte unsere Ehe sehr, doch manchmal war es schwierig für mich, damit zurechtzukommen«, gestand sie einmal einem Reporter. »Charles, der kein geselliger Mensch war, wollte niemals ausgehen. Wenn er da war, konnte ich mich mit niemandem treffen. Also mußte ich versuchen, von meinem Leben als geselliges Wesen zu dem einer Einsiedlerin umzuschalten.« Dann fügte sie, so als fürchtete sie, illoyal zu klingen, rasch hinzu: »Doch das klappte bei uns sehr gut.«[15]

Lindbergh scheint sein ungeselliges Verhalten von seiner Mutter, von der er sich während der Vorkriegsjahre entfremdet hatte, ererbt zu haben. Evangeline, die entschieden für die Sache der Alliierten eingetreten war, hatte kein Verständnis für die isolationistischen Ansichten ihres Sohnes und seine Affinität zu den Deutschen aufbringen können. Sie kamen sich einander erst wieder näher, als Lindbergh 1941 an den Kampfhandlungen teilnahm.

Evangeline selbst war im Laufe der Jahre immer zurückgezogener und exzentrischer geworden. Zum Amusement ihrer Studenten und Kollegen bestand sie darauf, während des Chemieunterrichts, den sie an der Cass Technical High School in Detroit gab, einen Hut zu tragen. Wenn ein Treffen des Kollegiums stattfand, weigerte sie sich, daran teilzunehmen. Sie saß lieber zurückgezogen auf der anderen Seite des Zimmers und las ein Buch.

Zu der Zeit, als Anne und Charles in Bloomfield Hills wohnten, zeigten sich bei Evangeline Lindbergh eindeutige Symptome der Parkinsonschen Krankheit, die man zu dieser Zeit noch nicht behandeln konnte. Evangeline hatte 1942 ihre Lehrtätigkeit aufgegeben und wohnte bis zu ihrem Tod im Herbst 1954 bei ihrem Bruder. Die wenigen Ersparnisse, die sie hatte – magere 5000 Dollar –, wurden nach ihrem Tode zwischen ihrem Sohn und ihrem Bruder aufgeteilt. Ursprünglich hatte sie ihr ganzes Geld Lindbergh hinterlassen wollen, »um einer Liebe zu mir Ausdruck zu verleihen, die voll und beständig und in vielen materiellen und spirituellen Formen bestanden hatte«. Als Lindbergh jedoch erkannte, wie sehr sich ihr Bruder um sie gekümmert hatte, gelang es ihm, seine Mutter zu überzeugen, ihre Hinterlassenschaft zwischen ihnen beiden aufzuteilen.

Kurz nach Mrs. Lindberghs Tod verlor auch Anne ihre Mutter. Ende Dezember 1954 erlitt die aktive, intelligente und anscheinend unbezwingbare Mrs. Morrow einen Schlaganfall. Acht Wochen lang lag sie im Koma. Am Abend des 23. Januar 1955 starb sie dann im Alter von 81 Jahren auf Next Day Hill.

Während anderer Familienkrisen hatte sich Anne auf Charles stützen können, doch diesmal war er nicht da, um ihr beizustehen. Als ihre Mutter starb, befand er sich gerade auf einer seiner häufigen Geschäftsreisen in Europa. Nachdem er vom Tod seiner Schwiegermutter erfahren hatte, flog er jedoch unverzüglich nach Hause.

Bei Mrs. Morrows Begräbnis, das zweieinhalb Tage später, am 26. Januar, in der Ersten Presbyterianischen Kirche in Englewood stattfand, pries Dr. Henry Pitney van Dusen, der Präsident des Union Theological Seminary, Annes Mutter als »eine der großartigsten Frauen der Geschichte unseres Landes«, die für ihre Beiträge zur Bildung der Frauen, der Wohlfahrt, der Menschlichkeit und der Dichtung berühmt war.

Was Dr. van Dusen taktvoll verschwieg, war die Tatsache, daß Betty Morrow auch eine der reichsten Frauen des Landes war. Ihr Gesamtvermögen belief sich auf 9399935 Dollar, hauptsächlich in Wertpapieren. Sie hielt 9750 Aktien der Kennecott Copper Corporation, die allein schon auf über eine Million Dollar geschätzt wurden. Anne und Constance erhielten je 50000 Dollar und den lebenslangen Nießbrauch eines Drittels der Wertpapiere. Weitere 50000 Dollar und den Hauptteil des Nachlasses (oder die anderen zwei Drittel) hinterließ sie ihrem Sohn Dwight jr. Der immer noch geistig labile Dwight[16] hatte kurze Zeit nach seiner Scheidung von Margot Loines einen weiteren schweren Nervenzusammenbruch erlitten. Mehrere Jahre hatte er in einer exklusiven psychiatrischen Privatklinik in Bucks County, Pennsylvania, verbracht. Schließlich erholte er sich jedoch und lehrte dann Geschichte an einem kleinen College in Pennsylvania. Später heiratete er wieder und zog nach Kalifornien.

Ungeachtet dessen, was Betty Morrow ihrem Sohn gegenüber empfand, wollte sie offensichtlich sicherstellen, daß für ihn und seine Kinder gut gesorgt war, falls er nach ihrem Tod tatsächlich wieder krank werden und in eine Klinik kommen sollte. Ihre Großzügigkeit erstreckte sich über ihre Familie hinaus auch auf ihre Alma mater, das Smith College, und die Alma mater ihres Mannes, das Amherst College. Jede der beiden Institutionen wurde von ihr mit 100000 Dollar bedacht. Auch ihrem Schwiegersohn, der ihr in den letzten Jahren viel Kummer und viele Peinlichkeiten bereitet hatte, vermachte sie pflichtbewußt ein Erbe von 10000 Dollar.[17]

Trotz ihres schwierigen Verhältnisses zu ihrer geselligen, willensstarken Mutter, war Anne von ihrem Tod tief betroffen. Kurz danach schrieb sie Jim Newton, der zur selben Zeit seinen Vater verloren hatte: »Gleichgültig, wie gut man auf den Tod eines Elternteils durch Alter oder Krankheit vorbereitet ist, es mildert den Schlag der tatsächlichen Trennung nicht... Es ist ein großer Trennungsschmerz und eine große Prüfung all unserer Kraft und unseres Glaubens...«[18]

Mit der Erbschaft ihrer Mutter war Anne Morrow Lindbergh nun eine sehr reiche Frau. Doch selbst wenn ihr Anteil an dem Vermögen weniger groß gewesen wäre, hätten die meisten Leute sie als außerordentlich gutsituiert betrachtet. Neben ihrem eigenen Geld, das weiterhin von J. P. Morgan and Company verwaltet wurde, hatte Anne jederzeit Zugang zu dem ansehnlichen Vermögen ihres Mannes. Dies war in den letzten Jahren, seit er zum Bestsellerautor geworden war, beträchtlich gewachsen.

1953, nach 15 Jahren Arbeit, beendete Lindbergh schließlich *Mein Flug über den Ozean*, seinen zweiten autobiographischen Bericht über den Flug von 1927. Als Bestseller und Gewinner des Pulitzer-Preises für Biographie im Jahre 1954 brachte das Buch ihm Tantiemen von beinahe 1,5 Millionen Dollar ein.

Zwischen *Mein Flug über den Ozean*, ein Klassiker unter den authentischen Abenteuergeschichten, und *Wir zwei*, Lindberghs unbeholfen geschriebenem ersten Bericht über seinen historischen Flug, der 1927 veröffentlicht wurde, liegen Welten. In Ton und Grad der Ausgereiftheit sind die beiden Bücher nicht zu vergleichen. Es fällt schwer zu glauben, daß sie von ein und derselben Person geschrieben wurden. Die zweite Version ist eine packende und minutiöse Darstellung des berühmten Fluges und enthält Abschnitte, die in ihrer Brillanz an Poesie grenzen.

> Beim Annähern an die Avalon-Halbinsel steige ich höher. Kahle Berggipfel glühen im kalten Licht vor dem Abendhimmel. Ein Wolkenschleier brennt wie geschmolzenes Gold. Der Wind – kräftig und ziemlich genau von achtern – hebt mich und trägt mich über das Gebirge, rüttelt an meinen Flächen, während er durch die Täler und über die Kämme wirbelt. Die Schluchten unten füllen sich mit Grau in jeder Schattierung, als sende die Dämmerung Vorhuten aus, um Verbindung mit der geschlagenen Sonne zu halten. Das Reich der Nacht wächst über Land und Meer.[19]

Im Vergleich dazu ein Abschnitt aus *Wir zwei*:

> Der Mond schien nicht, und es war sehr dunkel. Die Spitzen von einigen der Sturmwolken waren mehrere tausend Meter über mir, und als ich einmal durch eine der größeren Wolken hindurchfliegen wollte, schlugen sich Graupeln auf dem Flugzeug nieder, so daß ich sofort kehrtmachen und in die klare Luft zurückfliegen sowie von da an um alle Wolken herumfliegen mußte, die ich nicht übersteigen konnte.[20]

Ein Leser, der diese beiden Beschreibungen vergleicht, mag sich mit Recht fragen, wer der Autor des Abschnitts aus *Mein Flug über den Ozean* wirklich war. Wurde dieses Buch tatsächlich von Charles Lindbergh verfaßt, der bestenfalls einen einfachen prosaischen Stil hatte, oder von seiner Frau, einer Dichterin, die meisterhaft mit der Sprache umgehen konnte? Leider dürfen die verschiedenen Entwürfe von *Mein Flug über den Ozean*, die Charles Lindbergh anschließend der Library of Congress übergab, nicht ohne Anne Lindberghs Erlaubnis untersucht werden. Da zwischen der Veröffentlichung von *Die Gefährtin* (1944) und ihrem nächsten Buch, *Muscheln in meiner Hand* (1955), eine Zeitspanne von elf Jahren liegt, ist es nicht abwegig, anzunehmen, daß ein großer Teil ihrer Zeit in diesen Jahren dem Umschreiben und Überarbeiten des Manuskripts ihres Mannes gewidmet war. Sicherlich lieferte er ihr die Ereignisfolge und auch einen Bericht darüber, was er bei dem Flug empfunden hatte, doch es war zweifellos Anne, die die wunderschönen Beschreibungen des Fluges und seine spirituellen Betrachtungen über die Luftfahrt, über Leben und Tod hinzufügte, die das Buch zu mehr als einer bloßen Abenteuergeschichte machen.

Es sagt etwas über den Charakter von Charles Lindbergh, daß er nicht die alleinige Autorenschaft für das Buch in Anspruch nahm, sondern sich auch bei seiner Frau für ihre Hilfe mit der Widmung bedankte: »Für A. M. L., die nicht ahnt, wieviel von diesem Buch sie geschrieben hat.«

Mit dem Tod ihrer Mutter konzentrierte sich Annes »ewiger Kampf« auf das, was sie »C., was ich mir selbst schuldig bin«. In dem Bemühen, den Konflikt zu lösen, der ihre gesamte Ehe belastet hatte, begann sie dessen Folgen schreibend zu erforschen. Einen Monat nach dem Tod ihrer Mutter legte sie dar, was sie über die Beziehungen von Männern und Frauen dachte, die ins mittlere Alter kommen. Außerdem beschäftigte sie sich mit der Tatsache, daß es für eine Frau notwendig war, sich in einer ruhelosen Welt der Technik und des Wandels nicht nur ein einfaches, geordnetes Leben aufzubauen, sondern innerhalb der Grenzen von Ehe und Mutterschaft auch ihre eigene Identität zu finden. Das Ergebnis war eine Sammlung von acht kurzen Essays, *Muscheln in meiner Hand*, die völlig zu Recht ihr erfolgreichstes und beständigstes Buch[21] werden sollte. Bezeichnenderweise entstand es kurz nach dem Tod ihrer Mutter und nach einem einwöchigen Urlaub, den sie ohne Charles in einem einfachen Strandhaus[22] auf der Insel Captiva, Florida, allein verbracht hatte. Dies war ein Versuch gewesen, den Ablenkungen und Verantwortlichkeiten, die sie gegenüber Charles und ihren fünf Kindern hatte, zu entfliehen.

Jeder Essay in dem Buch hat die Form einer kunstvoll geschriebenen Meditation über eine Muschel. Diese Muscheln sind jeweils ein Symbol für die verschiedenen Aspekte des modernen Lebens und moderner Beziehungen, für die sie eine Antwort zu finden versuchte. Wie Elizabeth Gray Vining später im *New York Times Book Review* bemerkte, ist das Buch »mit seiner kleinen und vollkommenen Form, mit den zarten Windungen der Gedanken, der Poesie seiner Farbe und dem Rhythmus der See, die von Licht und Leben, von der Liebe und der Sicherheit erzählen, die im Herzen der Pausen liegen, selbst wie eine Muschel«[23].

Muscheln in meiner Hand, das bei Pantheon Books[24] erschien, verkaufte sich hunderttausendfach und stand über sechs Monate lang an der Spitze der Bestsellerliste. Heute wird es immer noch verlegt und wird besonders von Frauen, jungen wie älteren, geschätzt und geliebt. Ironischerweise hatten Annes Verleger bei Pantheon gefürchtet, daß das Buch keine Chance hätte, ein Erfolg zu werden. Sie versuchten sie dazu zu bewegen, den Titel in »Der Großteil der Menschen lebt in stiller Verzweiflung« abzuändern. Diesen Vorschlag lehnte sie klugerweise ab.

Die Veröffentlichung von *Muscheln in meiner Hand* rehabilitierte Anne als eine der bekanntesten und beliebtesten Autorinnen des Landes. Tausende amerikanischer Frauen identifizierten sich sofort mit den Problemen und Sorgen, die in diesen Essays behandelt werden. Obwohl das Buch keine revolutionären Lösungen für die uralten Belastungen, Ehefrau und Mutter zu sein, anbot (nach einer Woche glückseliger Freiheit und Einsamkeit am Strand stapfte Anne mit ihren Muscheln pflichtbewußt zu Charles und ihrer Familie nach Hause zurück), trat es dafür ein, daß eine Frau sich gelegentlich von ihren Verpflichtungen freimachen sollte, um sich in geistiger Hinsicht zu stärken. Dies war für die damalige Zeit ein ziemlich ungewöhnlicher Rat, denn die 50er Jahre waren eine selbstgefällige, chauvinistische Ära, in der die meisten gebildeten Frauen ihre Rolle als Hausfrau und Mutter zwar nicht hinterfragten, jedoch ruhelos und unglücklich waren. (Das Buch entstand acht Jahre vor der Veröffentlichung des für die Gleichberechtigung eintretenden *Feminine Mystique*, das 1963 von Betty Friedan, die ebenfalls das Smith-College besucht hatte, geschrieben wurde.) Dadurch, daß es den Wert eines inneren Lebens betonte, bot *Muscheln in meiner Hand* den Frauen inspirierende Antworten auf ihre Frustrationen. Viele Leserinnen schrieben Anne nach der Lektüre und dankten ihr für ihr Buch, das ihre Sorgen in Passagen wie diesen so treffend darstellte:

> Ich wünsche … »im Stande der Gnade« zu leben, soweit mir das überhaupt möglich ist … eine innere, im wesentlichen spirituelle Harmonie, die sich auch durch äußere Harmonie auszudrücken vermag.[25]

> Welche akrobatischen Kunststücke müssen wir Frauen tagtäglich vollbringen! … Seht uns an! Jeder Tag ist ein Balanceakt auf dem Hochseil, mit einem Stapel Bücher auf dem Kopf. Kinderwagen, Regenschirm, Küchenstuhl – alles noch im Gleichgewicht. Nur immer

> mit der Ruhe! Das ist nicht das einfache Leben, sondern das vielfache Leben, vor dem uns die Weisen warnen. Es führt nicht zur Sammlung, sondern zur Zersplitterung. Es führt nicht zur Gnade, es zerstört die Seele.[26]

Mit dem ungeheuren Erfolg sowohl von *Mein Flug über den Ozean* und *Muscheln in meiner Hand* erlangten Anne und Charles Lindbergh etwas weit Wichtigeres als Kritikerzustimmung und kommerziellen Gewinn. Sie gewannen ihren Ruf wieder. Die Kontroversen über ihre Vorkriegsaktivitäten und *The Wave of the Future* wurden weitgehend vergessen. Wenn Annes Name nun von einen ihrer zahllosen weiblichen Fans genannt wurde, dann geschah das gewöhnlich mit Ehrfurcht, so als sei sie eine Heilige. Für eine Frau, die man weniger als 15 Jahre zuvor beschuldigt hatte, Nazipropaganda zu verbreiten, war dies eine bedeutende Leistung. Selbst jene, die ihr und ihrem Mann ihre isolationistischen Ansichten niemals vergeben hatten, mußten widerwillig zugeben, daß Anne Morrow Lindbergh Talent und Ausdauer besaß. Durch die Kraft ihrer Feder war es ihr gelungen, das Bild, das die Öffentlichkeit von ihr und ihrem Mann hatte, so zu verwandeln, daß es jetzt nicht mehr besudelt und häßlich, sondern glänzend und edel war.

Kapitel 21

»Einen Schmetterling niederknüppeln«

Durch den ungeheuren Erfolg von *Muscheln in meiner Hand* ermutigt, veröffentlichte Anne ihr nächstes Werk 1956, also im darauffolgenden Jahr. Der schmale Gedichtband *Trage mich über die Flut* wurde jedoch nicht mit der gleichen Begeisterung wie ihr vorheriges Werk aufgenommen. Obwohl einige Rezensenten den Gedichtband als »wunderbare Lyrik« priesen, war die Mehrheit anderer Meinung. Am vernehmbarsten war darunter John Ciardi, seit kurzem Lyrikredaktuer der *Saturday Review of Literature*. Wie seine lange Besprechung deutlich machte, empfand er die Lektüre von Annes Gedichten als qualvoll.

»Als Rezensent nicht der Person Mrs. Lindberghs, sondern ihrer Gedichte, habe ich pflichtgemäß nichts als Verachtung anzubieten«, begann Ciardi zornig seinen Angriff. »Ich bin der Meinung, daß Mrs. Lindbergh ein abscheulich schlechtes Buch geschrieben hat – unfähig, dahinplätschernd, schlampig, ja analphabetisch, aufgebläht durch die närrische Inspiration einer stereotypen Überernsthaftigkeit, jene Art ästhetischen und menschlichen Versagens, das jeden Schrei gleich für ein hohes C hält. Ein Urteil muß sich nach allgemeinen Bewertungsmaßstäben richten. Ich kann mich für dieses Urteil nicht entschuldigen und glaube außerdem, daß ich über die ausgesprochen schlechte Qualität nicht schweigen kann und darf…«

Als Beweis nahm sich Ciardi Annes Schreibtechnik vor und zerpflückte sie.

> Sie hat fortwährend Probleme mit den einfachsten Reimen (hier »heart – apart«). Deshalb ist sie, da ihr erstens ein gesunder Sinn für Grammatik und zweitens jegliches Gespür eines Dichters für Worte und deren Bedeutungsnuancen fehlt, ihren Reimschemata hilflos ausgeliefert. Sie begeht deshalb jede mögliche Absurdität, während sie sich in ihren eigenen Fallstricken verfängt.
> Auch ist das Wort »Absurdität« nicht zu stark. Ich spüre zweifellos das menschliche Gefühl, das Mrs. Lindbergh zum Schreiben veranlaßt, doch ich kann nur berichten, daß das, was dabei herauskommt, minderwertige Dichtung und minderwertige Menschlichkeit ist. Als Mensch stehen Mrs. Lindbergh gewiß reichere Mittel als diese zur Verfügung, doch was immer diese persönlichen Mittel sind, so bleibt die Tatsache bestehen, daß sie ihren Weg durch den schlechten Stil nicht finden.[1]

Anne war durch Ciardis vernichtende Kritik verständlicherweise tief getroffen. Ihr loyaler und nicht minder wütende Ehemann versuchte, dem Angriff die Spitze zu nehmen, indem er ihr vor Augen hielt, daß Ciardis Bemerkungen nicht das geringste mit der Qualität ihres Werks zu tun hatten. Eigentliches Ziel des Kritikers sei vielmehr, durch den Verriß ihrer Gedichte mit Lindbergh wegen dessen kriegsablehnender Haltung abzurechnen. Obwohl beide Lindberghs nichts lieber getan hätten, als eine öffentliche Erklärung abzugeben, in der sie Ciardis Kritik widerlegten, nahmen sie klugerweise davon Abstand.

Wie sich herausstellte, war eine Widerlegung auch gar nicht nötig. Hunderte empörter Fans überschwemmten die *Saturday Review* mit Briefen, in denen sie sich gegen Ciardis »unnötige Grausamkeit« wandten und drohten, ihr Abonnement zu kündigen. »Warum einen Baseballschläger nehmen, um einen Schmetterling niederzuknüppeln?«[2] fragte eine Leserin. »Warum suchen Sie sich nicht einen neuen Lyrikredakteur?« schlug eine andere weniger subtil vor. Wieder andere rieten der Zeitschrift, sie solle »irgendeinen anderen Rezensenten die weiblichen Dichter übernehmen lassen, vor allem dann, wenn diese sehr erfolgreich sind«.

Die Presse bekam von der Kontroverse Wind, und bald diskutierten viele Amerikaner beim Abendessen die Frage, ob John Ciardi Anne Morrow Lindberghs Buch zu Recht angegriffen hatte oder nicht. Die Debatte wurde so heftig geführt, daß Norman Cousins, der Herausgeber von *Saturday Review*, mitten in der Nacht von einem Telefonanruf aus dem Schlaf gerissen wurde. Ein Bibliothekar teilte ihm mit, daß an diesem Nachmittag ein lokaler Lesekreis die Streitfrage diskutiert und mit drei zu eins für »Mrs. Lindbergh« gestimmt hatte.[3] Schließlich war Cousins gezwungen, eine Erklärung zu der Kritik seines Rezensenten abzugeben.

»John Ciardis Rezension von Anne Morrow Lindberghs *Trage mich über die Flut* hat den größten Leserprotest in der 33jährigen Geschichte der *Saturday Review* hervorgerufen«, schrieb Cousins in dem Versuch, seine zornigen Abonnenten zu beschwichtigen. »Hunderte von Lesern haben uns ihr deutliches Mißfallen an Mr. Ciardis Rezension mitgeteilt; vier sind für ihn eingetreten. Viele Leser haben Fragen über unsere Verlagspolitik und unser Vorgehen in der Redaktion gestellt.« Obwohl Cousins das Recht seines Rezensenten auf dessen eigene Meinung verteidigte, machte er doch deutlich, daß er nicht mit ihm übereinstimmte.

> Unser Hauptstreitpunkt mit Mr. Ciardi betrifft allerdings die Frage, auf welcher Grundlage seine Kritik aufbaut. Uns scheint, daß der kritische Maßstab, den er bei Mrs. Lindberghs Buch anwendet, besser für die Beurteilung von Prosa als von Poesie geeignet ist... Auch das

Adjektiv »analphabetisch« können wir im Zusammenhang mit Mrs. Lindbergh und ihren Büchern nicht akzeptieren. Es gibt wenige lebende Autoren, die die englische Sprache einfühlsamer oder mit größerer Wirkung einsetzen. In ihren Büchern findet sich die Achtung vor der Reaktion des Menschen auf das Schöne und vor der großen Verbundenheit zwischen Mensch und Natur. Dies verleiht ihrem Werk eine seltene Würde, die ihr die Dankbarkeit und Treue ihrer Leser einbringt, wie die gegenwärtigen Ereignisse deutlich machen.[4]

In derselben Ausgabe verteidigte John Ciardi seine Rezension von *Trage mich über die Flut* in einem humoristisch gefärbten Essay mit dem Titel »Die Pflicht des Rezensenten zu verurteilen: Ein Brief zu einem Entrüstungssturm«[5]. Über diesem Artikel waren Fotos der beiden Gegner im Halbprofil abgebildet, was dem Leser den Eindruck vermittelte, daß Anne sich nun nichts mehr gefallen lassen wollte und die beiden sich gleich in einen Ringkampf stürzen würden. Wenn man sich Anne und Ciardi so ansah, dann war klar, daß ihre Chancen sehr ungleich waren. Anne mit ihrem träumerisch himmelwärts gerichteten Blick wirkte, als stünde sie kurz vor der Heiligsprechung, während Ciardi, der eher wie ein Preisboxer denn ein Literaturkritiker aussah, es kaum erwarten zu können schien, sie k. o. zu schlagen.

»Ich bin jedoch immer noch überzeugt, daß ein Sturm der Entrüstung kein geeignetes Mittel zur Beurteilung eines literarischen Werkes darstellt. Wenn die Qualität von Dichtung mittels allgemeiner Wahlen bestimmt werden könnte, dann hätte ich keinen Zweifel, daß Edgar Guest zum größten Dichter der englischen Sprache gewählt werden würde – und zwar mit überwältigender Mehrheit«, bemerkte ein uneinsichtiger Ciardi. Er fuhr dann fort, das zu verteidigen, was seiner Überzeugung nach die Pflicht eines Kritikers war, nämlich der Leserschaft eine aufrichtige, ja sogar schonungslose Beurteilung des Werks eines Autors zu liefern, selbst wenn er dafür gesteinigt wurde.

Heute, da Kritiker den Stil und Inhalt der Bücher beliebter Bestsellerautoren routinemäßig verreißen, ohne daß die Leser irgend etwas dagegen einwenden, erscheint der öffentliche Aufruhr über Ciardis Rezension als kurioser Anachronismus. Er erinnert an die beleseneren, engagierteren Zeiten, als Leser sich ihren Lieblingsschriftstellern gegenüber zu einer Art persönlicher Treue verpflichtet fühlten und nicht zögerten, diese auch öffentlich zu verteidigen.

Ohne Frage war Ciardis Rezension von Annes schmalem Bändchen unnötig gehässig. Er scheint sich, einmal richtig in Fahrt gekommen, in seine eigene Rhetorik verliebt und jegliche Hemmungen verloren zu haben. Doch selbst wenn sein Stil oftmals unter der gleichen unbeholfenen Syntax leidet, die er bei Anne bemäkelt, ist seine kritische Einschätzung ihres Werks in der Hauptsache richtig. Obwohl sie eine sorgfältige Stilistin war, die wunderschöne und feinfühlige Bilder zu schaffen vermochte, war Anne keine gute Dichterin. Mit Ausnahme von ein oder zwei Gedichten in jenem Band – dazu gehört das bewegende »Second Sowing«, das auf ihre Gefühle gegenüber ihrem toten Kind anspielt – erscheint ihr Werk dem zeitgenössischen Leser altmodisch, langweilig und sentimental. Ihre Stärken liegen in ihrem anscheinend mühelosen Prosastil, mit dem sie die feinen Nuancen in ihrem Fühlen und Denken über sich und die Natur, aus der sie Trost und Inspiration schöpfte, vermittelt.

Was die »stereotype Überernsthaftigkeit« ihres Werkes angeht, die Ciardi so störte, so scheint seine Kritik eine gewisse Berechtigung zu haben. Sowohl Anne Lindberghs Prosa wie auch ihre Dichtung, die weitgehend autobiographischer Natur sind, übersättigen den Leser leicht, wenn er zuviel auf einmal davon liest. Sie vermittelt den Eindruck, ihre Tage damit verbracht zu haben, von einer hochgesinnten Tätigkeit zur nächsten zu eilen – zunächst sann sie über die spirituelle Bedeutung eines vertrockneten Zweiges nach, lauschte daraufhin den »reinen Klängen«

von Bach und analysierte dann ein Zitat eines ihrer Lieblingsphilosophen. Der Leser kommt gar nicht auf die Idee, daß sie gewöhnliche oder weltliche Dinge genießen könnte, wie zum Beispiel ein Hot dog zu essen, über einen geschmacklosen Witz zu lachen oder einfach einen kitschigen Roman zu lesen. Im Grunde scheint ihr diese humorlose Intensität sogar selbst auf die Nerven gegangen zu sein. In ihrem Tagebuch bemerkt sie einmal: »Ich versuche, den Tag nicht zu *vertrödeln*. Ich meine dabei nicht genau das, was andere darunter verstehen. Verschwendung ist Unkenntnis... Dabei habe ich manchmal das Gefühl, daß ich mich durch diese ständige Umsicht selber verschließe. Bin ich deshalb nach Beendigung eines Tages so müde?«[6]

Obwohl der Aufruhr wegen Ciardis Kritik schließlich verebbte, sprachen die Leute noch jahrelang darüber. Sie sahen darin eine Art intellektueller Kuriosität. In der unverbindlichen, vom Fernsehen beherrschten Eisenhower-Ära stellten einige Amerikaner beim Abendessen tatsächlich den Apparat leise, damit sie über ein so esoterisches Thema wie den Sinn und Unsinn von Literaturkritiken diskutieren konnten. Doch Anne muß das Wissen, daß ihre »schlampige« und »analphabetische« Dichtung für kurze Zeit dazu beigetragen hatte, den literarischen IQ des Landes anzuheben, nur ein geringer Trost gewesen sein. In ihrer gesamten weiteren Karriere sollte sie nur noch ein einziges Gedicht veröffentlichen.[7]

Kapitel 22
»Das anziehendste Paar«

In den 60er Jahren schließlich hatte sich, was Annes und Charles' Ruf in der Öffentlichkeit betraf, der Kreis geschlossen. Da die Vergangenheit im Gedächtnis der Amerikaner allmählich verblaßte, waren die Lindberghs wieder in die Reihen so berühmter und verehrter amerikanischer Ehepaare wie George und Martha Washington, James und Dolley Madison, Abraham und Mary Todd Lincoln und Franklin und Eleanor Roosevelt, ihre alten Gegner zurückgekehrt. Charles' Bild als Held der Nation war in vollem Maße wiederhergestellt, was zum Teil Annes plastischer Chirurgie zu verdanken war. Tatsächlich war das, was sie für ihren Mann geschrieben hatte, letztendlich die geschickteste und erfolgreichste Kampagne, die in der Geschichte der Öffentlichkeitsarbeit je unternommen worden war. Dank der Kraft ihrer anmutigen Prosa war das Bild des der deutschen Luftwaffe salutierenden, judenhassenden Charles Lindbergh weitgehend in Vergessenheit geraten. Es war durch ein früheres, weit sympathischeres Porträt ersetzt worden: das des bescheidenen, mutigen jungen Fliegers, der das Unmögliche vollbracht hatte. Anne muß ungeheuren Stolz empfunden haben, als sie feststellte, daß viele Amerikaner ihren Mann nun als eine der einflußreichsten Gestalten des 20. Jahrhunderts betrachteten.

Präsident John F. Kennedy, der sich erinnerte, wie nahe das gefeierte Paar seinem Vater Joseph Kennedy gestanden hatte, als dieser Botschafter in London gewesen war, lud die Lindberghs

1962 anläßlich eines Staatsdinners für André Malraux, den französischen Kulturminister, ein. Es war nicht die erste Begegnung mit John F. Kennedy. Viele Jahre zuvor waren sie ihm – er war damals noch Student in Harvard – bei einem Mittagessen, das der Botschafter William C. Bullitt im Mai 1939 gab, in Paris vorgestellt worden. »Das anziehendste Paar, das ich je gesehen habe«, hatte ein hingerissener Kennedy einem Freund geschrieben. »Sie ist wirklich verteufelt hübsch und schrecklich nett.«[1]

Das war in jenem Frühling, in dem John beschlossen hatte, sich für das Frühjahrssemester von Harvard beurlauben zu lassen, um seinen Vater nach London begleiten zu können. Vor ihrer Rückkehr nach England hatten Vater und Sohn Palm Beach besucht, wo der Botschafter, während er sich am Swimmingpool räkelte und mit Kakaobutter einrieb, Damon Runyon, Walter Winchell und einem Heer von Reportern inoffiziell erklärte, daß er, was München betraf, nichts bedauerte. Er prahlte sogar damit, daß sein Plan, Charles Lindbergh nach London zu bringen, als sich die Krise in der Tschechoslowakei auf ihrem Höhepunkt befand, einer der Gründe dafür war, daß Chamberlain beschlossen hatte, sich den Nazis nicht zu widersetzen[2].

Doch nun war John F. Kennedy, sein Sohn, im Begriff, seine Bekanntschaft mit den Lindberghs zu erneuern, und er war ebenso begeistert, den berühmten Flieger zu sehen, wie damals, als er noch ein junger College-Student gewesen war. Jacqueline Kennedy Onassis erinnerte sich ein paar Jahre nach der Ermordung ihres Mannes:

> Der Mensch, auf dessen Anwesenheit bei dem Diner Präsident Kennedy am meisten Wert legte, war Charles Lindbergh, denn er hatte ihn und Mrs. Lindbergh ein Leben lang bewundert. Wir wußten, daß der Colonel und Mrs. Lindbergh nicht gerne auf gesellschaftliche Veranstaltungen gingen. Aus diesem Grund luden wir sie ein, im Weißen Haus zu wohnen, wo ihnen der Presserummel möglicherweise ein

wenig erspart blieb. Ich werde nie vergessen, wie reizend die Lindberghs zu den Kindern waren. Mrs. Lindbergh schenkte Caroline eine mit persönlicher Widmung versehene Ausgabe von *Ich fliege mit meinem Mann*, und Colonel Lindbergh schenkte John *Mein Flug über den Ozean* mit Widmung. Sie halten die Bücher heute noch hoch in Ehren. Jene Gelegenheit wird stets zu meinen glücklichsten Erinnerungen zählen.[3]

Die Bewunderung der Kennedys für die Lindberghs wurde von ihren Nachfolgern, Lyndon B. Johnson und seiner Frau Lady Bird, geteilt. Mrs. Johnson lud das gefeierte Paar nicht nur zu einer Reihe gesellschaftlicher Anlässe ins Weiße Haus ein, sie willigte auch ein, sich von Anne für einen Artikel, den diese über die First Lady für die Zeitschrift *Look* schreiben wollte, interviewen zu lassen.

Lady Birds erster Eindruck von Anne war, daß sie »sehr attraktiv und auf ruhige Weise fesselnd« war. Obwohl geplant war, das Interview auf eine Stunde zu beschränken, dauerte es viel länger. Die First Lady bemerkte dazu:

Weil ich ihr gerne zuhörte und gerne mit ihr sprach, verlängerte ich selbst es.

Ich interessierte mich für die Unterschiede zwischen ihrem Buch *Muscheln in meiner Hand*, das so introspektiv und einfühlsam war, und dem späteren Buch *Die Hochzeit*, in dem sich viel Humor und eine gewisse Bitterkeit finden. Die Figuren in *Die Hochzeit* führten ein ziemlich schmerzliches Leben. Daß beide Bücher demselben Geist entsprungen waren, machte mich neugierig.[4]

Die Hochzeit, das Buch, auf das die First Lady sich bezog, war 1962 von Harcourt und Brace veröffentlicht worden. Bezeichnenderweise war es wie *Muscheln in meiner Hand* während einer Zeit der Unzufriedenheit und des Aufruhrs in Annes Ehe verfaßt worden. Im Gegensatz zu dem früheren Werk zeigte es jedoch ein ganz anderes Bild seiner Verfasserin.

Von Annes Werken war *Die Hochzeit* vielleicht das gewagteste und ehrlichste. Es scheint, als wäre es ihr endlich gelungen, sich von ihrem gut erzogenen, seelenvollen Image zu befreien und freimütig über das Thema zu schreiben, das ihr gesamtes Leben geformt hatte: Liebe und Ehe. Ihre philosophischen Überlegungen darüber waren in Form eines Romans über neun Gäste eingebunden, die die Hochzeitszeremonie eines jungen Paares, Sally McNeil und Mark Gallatin, besuchten. Die Vorlage für das Paar bildeten Annes älteste Tochter Anne und der junge Franzose Julien Feydy, den diese kürzlich geheiratet hatte. Während die Gäste den feierlichen Worten der Hochzeitszeremonie lauschen, die mit »Geliebte im Herrn, wir haben uns hier versammelt« beginnen, gehen sie ihren persönlichen Gedanken über die Ehe nach. Mit diesem fiktiven Rahmen hatte Anne die Freiheit, die sie in ihren autobiographischen Erzählungen und Essays nicht wahrgenommen hatte, nämlich die Widersprüche in ihrer eigenen Ehe auszuloten.

Wie Virginia Woolfs *Die Fahrt zum Leuchtturm*, erforscht Anne in ihrem Buch die feinen Variationen in der Stimmung und den Gedanken ihrer Figuren, während diese wiederum versuchen, ihre Erfahrungen mit der Ehe zu bewerten.

Der Roman beginnt mit Deborah McNeil, der Mutter der Braut. Für diese Figur hat offensichtlich die Autorin selbst als Vorlage gedient. Während sie überlegt, wie die Ehe ihrer Tochter sich wohl entwickeln wird, denkt sie zurück, wie es bei ihr damals war, als sie John kennenlernte, der, was nicht überrascht, Charles Lindbergh sehr ähnlich ist. »Einer jener mageren stillen Jungen im College, auf der Aschenbahn fast so etwas wie ein Held... Sie nannten ihn einen Einsiedler, geheimnisvoll, bildeten sich ein, in ihm müßte irgendein ungehobener Schatz verborgen sein, den noch keiner entdeckt hatte. Jede von ihnen glaubte, sie allein habe den Schlüssel zu diesem Hort. Eigentlich alle – außer ihr.«[5]

Doch ihre erste Verabredung mit John erweist sich als große Enttäuschung. Im Auto achtet er darauf, daß genügend Abstand zwischen ihnen bleibt, und seine Vorstellung von einer Unterhaltung entspricht einer Diskussion über »die Auswirkung von Kohlenmonoxyd in Großstadtstraßen«. Dennoch sieht er so gut aus, daß sie den Blick nicht von ihm wenden kann. Da er die Auswahl unter so vielen hübschen und beliebten Mädchen hat, kann sie gar nicht glauben, daß er sich ausgerechnet mit ihr verabredet. Zu ihrer Überraschung entdeckt sie jedoch, daß er nicht nur atemberaubend gut aussieht, sondern auch sehr intelligent ist und logisch denkt (obwohl sie diese Eigenschaft nach ihrer Hochzeit mit John so aufregt, daß sie verzweifelt bemerkt: »Er würde sie festnageln, mit den soliden starken Nägeln seiner Logik... Für alle Zeit auf ihren Fehlern festnageln.«[6])

Doch während Deborah den Worten des Pfarrers zuhört, erkennt sie, daß sie ihren Mann überhaupt »nicht kannte«. Rasch korrigiert sie sich: »Oh, natürlich kannte sie ihn. Aber sie konnte nun einmal nicht mit ihm reden. Sie sprach eine andere Sprache: Gefühle, Poesie, Musik. Über Kohlenmonoxyd konnte sie nicht reden. Er dozierte, sie lauschte.«[7]

Während der Hochzeitszeremonie beginnt Deborah sich vorzustellen, wie es wäre, mit einem Ausländer, vielleicht einem Franzosen, verheiratet zu sein. Obwohl John Franzosen für »albern« hielt, vor allem, wenn sie ihr die Hand küßten, wie das geschehen war, als sie vor kurzem in Frankreich gewesen waren, hatte sie sich zu ihnen immer hingezogen gefühlt, denn »mit ihnen konnte man reden. Sie begriffen, daß eine Braut wie ein Neugeborenes war, was es mit geschlossenen Enzianknospen auf sich hatte«[8].

Plötzlich wird ihr bewußt, daß solche Gedanken einem Verrat

gleichkamen. Deshalb erinnert sie sich rasch daran, daß die »Ehe anders war: solid, real, dauerhaft. Dies war nicht dauerhaft, nicht solid. Nur Tagträumerei, imaginäres Gespräch«. Und dann, als sie sich klar darüber ist, was ihrer Ehe fehlt, klagt sie: »Aber das Gespräch selbst… war das keine Realität? Der Gedankenaustausch mit einem anderen Menschen – war das nicht das Realste im Leben?«[9]

Der nächste Monolog kommt von Don. Als Psychologe muß er sich täglich mit dem Elend und dem Unglück vieler verheirateter Paare befassen. Er ist mit Deborahs Schwester Henrietta verheiratet. Zynisch und ganz und gar modern in seinem Standpunkt, sieht er die Ehe als Falle, die die Menschen zwingt, ihre Individualität und ihre sexuelle Freiheit aufzugeben. Seiner Meinung nach ist ein gut funktionierendes Sexualleben das einzige, das die Ehe schmackhaft macht. Eine geistige Verbundenheit reicht für ihn nicht aus. Und falls einer der Partner findet, daß der andere ihn in sexueller Hinsicht nicht befriedigt, dann plädiert Don dafür, daß er sich diese Befriedigung außerhalb seiner Ehe suchen soll. Von Henrietta offensichtlich gelangweilt, beginnt er sich eine Affäre mit ihrer Schwester Deborah vorzustellen, weist diese Idee dann aber doch von sich.

> Wie war es zum Beispiel um Deborah bestellt… Sie war bestimmt eine treue Ehefrau.
> Na und? Kein Mann käme auf den Gedanken, sie anzurühren… zu zart und kühl, jungfräulich. Fast jungfräulicher noch als die Braut… Das war's, was Debby fehlte… Keine schlechte Figur, aber sie verbarg sie unter diesen Vogelscheuchen-Moden… jede für einen Mann attraktive Linie – Brust, Hüfte, Bein – war sorgfältig verborgen. Jede Falte ihres Kleides rief: Zutritt verboten![10]

Insgesamt äußern neun Gäste – vier Männer und fünf Frauen – ihre Meinung zu Liebe und Ehe. Der Bogen spannte sich von ungeduldiger Erwartung (eine der Brautjungfern) über Resignation (die Mutter des Bräutigams, die sich um ihres Sohnes willen entschlossen hat, eine unglückliche Ehe fortzuführen) zum höchst Spirituellen (Deborahs Vater Theodore, der glaubt, das Leben solle »ein Strom des Mitleids, der die Welt nährt«, sein). Theodore – eine Figur, die offensichtlich auf Dwight Morrow basiert – trauert immer noch um seine verstorbene Frau Suzannah (Betty Morrow), mit der er eine überaus glückliche Beziehung hatte. In einer aufschlußreichen Passage sinniert er darüber nach, weshalb keine seiner Töchter mit ihrem Mann so glücklich gewesen ist wie er und seine Frau es in ihrer langen, unglaublich harmonischen Ehe gewesen sind. »Was war mit ihnen geschehen? ... Hatten Suzannah und er ihnen nicht eine beispielhafte Ehe vorgelebt? Ihr großes allumfassendes Glück – hat es die Kinder ausgeschlossen? Wo hatten sie versagt?«[11]

Die Hochzeit macht offensichtlich, daß Anne in diesem Stadium ihres Lebens zu der Ansicht gelangt war, daß die meisten Ehen in Wirklichkeit unglücklich waren. Dennoch spricht sie sich, nachdem sie in oftmals quälenden Einzelheiten die vorwiegend deprimierenden ehelichen Erfahrungen der Gäste beschrieben hat, deutlich für die Ehe als Institution aus. Während des Hochzeitsbanketts sieht Deborah zu John hinüber, der am anderen Ende der Tafel sitzt, und erkennt plötzlich, was er ihr bedeutet: »Sie spürte das feste Band zwischen ihnen und wie es die Verwandten zu beiden Seiten zusammenhielt... *Gemeinschaft*, das war es, was sie zusammen hatten. Und vielleicht war das der Sinn der Ehe, nicht der Austausch, nach dem sie immer suchte.«[12]

In Stil und Inhalt hatte Anne mit *Die Hochzeit* eindeutig etwas Neues vorgelegt. Wie vorauszusehen war, fielen die Kritiken gemischt aus. Einige Rezensenten hatten Probleme, die Tatsache einzuordnen, daß die feinfühlige und damenhafte Mrs. Lindbergh über Sex und andere Körperfunktionen geschrieben hatte. Sie fühlten sich von den freimütigen Passagen ihres Buches brüskiert. Zum Beispiel beschreibt Don seine vornehme Frau aus Boston, wie sie in einem mexikanischen Abort hockt: »Lieber Himmel, sah sie komisch aus, wenn sie so in der Luft saß… aus Furcht vor irgendwelchen schrecklichen Bazillen.«[13] Andere Kritiker meinten, das Buch enthielte, obwohl es ein fesselndes und universelles Thema behandle, nur wenige außergewöhnliche Einsichten. So schrieb die Zeitschrift *Time*: »Mrs. Lindbergh gelingt es oft, zu einer bescheidenen, doch einprägsamen Einsicht zu gelangen. Größtenteils aber entdeckt ihr Symposium über den Ehestand… zu vieles Altes oder Entlehntes wieder und zu wenig Neues.«[14]

Worauf diese Rezensenten hinzuweisen unterließen, war, daß Anne in *Die Hochzeit* zum ersten Mal nicht nur in der Lage war, über sexuelle Beziehungen zu sprechen, sondern auch, was noch wichtiger ist, von einem anderen Standpunkt als ihrem eigenen über das Leben zu schreiben. Jahrelang hatte sie nach »wirklichem Leben« gehungert, danach, Menschen mit unterschiedlichem Werdegang und Lebensumfeld zu treffen. Zugegeben, es war die obere Mittelschicht, die sie in ihrer »Meditation in Romanform« porträtierte, doch abgesehen von der Faszination, die *Die Hochzeit* als Schlüsselroman besitzt, offenbart das Buch sowohl in persönlicher als auch in künstlerischer Hinsicht einen Fortschritt der Autorin. Sie hatte sich nun zu einer Romanschriftstellerin entwickelt. Ihr Werk war jetzt weniger ich-bezogen. Sie war nun nicht mehr Anne Morrow Lindbergh, die ausschließlich über ihre Beziehung zu Charles Lindbergh schrieb, sondern auch eine Schriftstellerin, die in der Lage war, andere Männer und Frauen und deren gleichermaßen komplexe Ehen darzustellen.

Unglücklicherweise stellte *Die Erde leuchtet*, das sieben Jahre später veröffentlicht wurde, wieder einen Rückfall in ihren früheren leidenschaftlich seelenvollen Stil dar. Die Lindberghs, die inzwischen zu alt waren, um selbst Abenteuer zu bestehen, wurden nun Zeugen der Abenteuer anderer. Am 21. Dezember 1968 hatte man sie nach Cape Kennedy eingeladen, um den Start von Apollo 8 zu verfolgen.

Sie trafen einen Tag früher ein. Anne war schockiert, wie sich das, was sie einmal als Cape Canaveral gekannt hatte, verändert hatte. Damals war es ein ruhiger, verlassener Ort gewesen, wo sie und ihre Kinder gerne campiert hatten. Nun jedoch war er durch Motels, gigantische Supermärkte und neonerleuchtete Restaurants verschandelt. Von dem ungeheuren Nasa-Komplex war sie allerdings beeindruckt. Als sie das Freilichtmuseum besuchte, in dem die ersten Raketen ausgestellt waren, mußte sie an ihren alten Freund Robert Goddard denken, den amerikanischen Raketenpionier, der stets daran geglaubt hatte, daß es möglich sei, mehrstufige Raketen zu konstruieren, die auch den Mond erreichen konnten. Vor dem Start waren sie zu einem Mittagessen mit den Astronauten eingeladen. Lindbergh erzählte den belustigten Raumfahrern beim Essen, daß Goddard die Idee eines Flugs zum Mond aufgegeben hatte, weil deren Verwirklichung zuviel gekostet hätte – vielleicht eine Million Dollar.

In dem Essay »Der Reiher und der Astronaut«, der in der Zeitschrift *Life* veröffentlicht wurde, berichtete Anne über dieses eindrucksvolle Mittagessen. Eine überarbeitete und erweiterte Version wurde später in *Die Erde leuchtet*, das 1969 erschien, aufgenommen. Das Buch enthielt auch den Essay »Am Ursprung des Lebens«, der 1966 bereits in *Life* abgedruckt worden war. Er befaßt sich mit einer Safari, die die Lindberghs in den Tierschutz-Reservaten Ostafrikas unternommen hatten. Die beiden Essays, die in Annes poetischem Prosastil verfaßt sind, priesen die Schönheit und Zerbrechlichkeit des Planeten und erwuchsen aus ihrer tiefen Ehrfurcht vor dem Leben.

Obwohl *Die Erde leuchtet* eloquent geschrieben ist, war das Buch kein ehrliches, selbsterforschendes Werk wie *Die Hoch-*

zeit. Trotz der ansprechenden Philosophie ist es im wesentlichen ein Bericht über Erlebnisse, die Anne mit ihrem Mann geteilt hatte und die sie, wie im Falle der ersten Mondlandung, wahrscheinlich nicht erlebt hätte, wenn sie nicht Mrs. Charles Lindbergh gewesen wäre. Es schien, als wäre sie nach einer Phase des künstlerischen und persönlichen Experimentierens plötzlich wieder ängstlich geworden und würde sich bemühen, ihr altes literarisches Image wiederzuerlangen, das der seelenvollen poetischen Ehefrau des weltberühmten Fliegers. Kurz gesagt, sie wurde wieder »Anne Morrow Lindbergh«, und man fragt sich, ob sich ihre Ehe plötzlich zum Besseren gewandt hatte.

Die Erde leuchtet war Annes letztes Buch, das sich mit ihren Beobachtungen über die moderne Zeit mit ihren verworrenen persönlichen Beziehungen, eindrucksvollen technischen Errungenschaften und der Fähigkeit zur Zerstörung befaßt. Obwohl sie später gelegentlich über Umweltthemen schrieb, sollte sie das nächste Jahrzehnt damit verbringen, die Veröffentlichung der monumentalen Sammlung von Tagebüchern, die sie die vielen Jahre ihrer Ehe hinweg geführt hatte, vorzubereiten.

Kapitel 23
»Argonauta«

Wie Anne in *Muscheln in meiner Hand* geschrieben hatte, stellte eine einfache, unbelastete Lebensweise vielleicht eine der Antworten des Lebens dar. Nun, da ihre Kinder erwachsen waren, gaben sie und ihr Mann allmählich ihren Besitz auf. Das war etwas, wonach sich Charles Lindbergh schon seit seinem Flug von 1927 sehnte, als seine Bewunderer ihn mit so vielen Geschenken überhäuft hatten, so daß er Besitz eher »als Schuld, denn als Gewinn« betrachtete.

1963, dem Jahr, in dem ihr jüngstes Kind Reeve aufs College kam, verkauften die Lindberghs ihr geräumiges Haus. Sie bauten sich auf demselben Grundstück ein weißes Häuschen mit fünf Zimmern. Das Wohnzimmer besaß ein großes Panoramafenster, von dem aus sie beobachten konnten, wie sich bei Einbruch der Dämmerung die Gänse und anderen Wasservögel auf dem ruhigen Wasser versammelten. Die Erhaltung der Natur war den Lindberghs schon lange ein großes Anliegen. Zu dieser Zeit beschloß Charles Lindbergh, sein Schweigen in der Öffentlichkeit zu brechen und im Kampf zur Rettung der Umwelt tätig zu werden. Als aktives – und berühmtes – Mitglied von wenigstens einem halben Dutzend Naturschutzorganisationen, darunter auch des World Wildlife Fund, flog er rund um den Globus. Sein Engagement galt dem Blauwal in Peru, dem einhörnigen Jacan-Nashorn in Indonesien und dem Wasserbüffel und dem affenfressenden Adler auf den Philippinen. Auch für die Rettung anderer gefährdeter Tierarten setzte er sich ein. 1968 hielt er vor der gesetzgebenden Versammlung von Alaska seine erste öffentliche Rede seit 27 Jahren. Sein Thema war der Schutz der wildlebenden Tiere. Im darauffolgenden Jahr gewährte er Alden Whitman von der *New York Times* sein erstes Zeitungsinterview seit 35 Jahren. Er sprach über die Naturschutzaktivitäten auf den Philippinen. Seine Bemühungen dort erstreckten sich auch auf den Schutz der Tasadays, einen Stamm von Ureinwohnern, die ebenfalls in ihrer Existenz bedroht waren. Lindbergh erklärte Whitman anschließend, er hätte »den Schleier fallen lassen, weil er die Sache des Naturschutzes für derart dringend hielt. ›Ich habe soviel Publicity gehabt, daß es für 15 Leben ausreichen würde‹, meinte er, ›mein Bestreben ist nicht darauf gerichtet, noch mehr davon zu bekommen. Wo ich jedoch einem Zweck dienen kann, bin ich bereit, Dinge zu tun, die ich normalerweise verabscheue.‹ «

Inzwischen war Lindbergh zu der Ansicht gelangt, daß die Zivilisation ebensowenig eine Lösung für die Probleme der Menschheit darstellte wie die Wissenschaft und die Luftfahrt. Zu seiner Bestürzung erkannte er, daß zusätzlich zu den zerstörerischen Fähigkeiten des Flugzeugs die »schnelle Kommunikation«, die durch die kommerzielle Luftfahrt möglich gemacht wurde, für »eine tödliche Vereinheitlichung« überall auf der Welt verantwortlich war. »Als ich die Luftrouten der Welt zu vermessen begann, hatte jeder Ort, an dem ich landete, seinen individuellen Charakter und seine eigene Schönheit«, erinnerte er sich. »...Ein paar Jahrzehnte später vereinheitlichte die Kommunikation, die ich mit meinem Flugzeug herbeiführen half, rasch alle Großstädte, Städte, Dörfer und sogar abgelegene Stämme so sehr, daß es jetzt keine Stadt mehr auf der Welt gibt, die ich gerne besuchen würde.«

Lindbergh, der sich inzwischen fragte, ob »Zivilisation überhaupt Fortschritt ist«, kam zu der Überzeugung, daß »der Primitive eine Weisheit besitzt, die tiefer sitzt, als sie der Intellekt ausgelotet hat. Eine Weisheit, von der der zivilisierte Mensch sehr wohl lernen kann und ohne deren Anwendung seine Überlebenszeit begrenzt ist. Es ist eine Weisheit, geboren aus dem Instinkt, der Intuition, der genetischen Erinnerung, dem Unbewußten viel zu subtil und ungreifbar, um mehr als nur zum Teil innerhalb der Grenzen der Rationalität eingeschlossen zu sein.«[1]

Unter allen von der Zivilisation unberührten Gegenden, die er besuchte, war Afrika für ihn vielleicht die faszinierendste. Im Dschungel konnte er den evolutionären Kampf, der für ihn die bestimmende Kraft hinter allem menschlichen und tierischen Leben darstellte, mit eigenen Augen beobachten. »Vermehrung, Wettkampf, Auswahl. In den Topoi waren die Prinzipien der Natur klar manifestiert«, schrieb er in seinen Memoiren. »Wendigkeit und Ausdauer hatten dem Bock den Sieg eingetragen, der nun zur Herde zurückkehrte, um dort zu zeugen und künftigen Generationen jene genetischen Charakteristika weiterzugeben, die das Überleben unterstützen. Das Ergebnis dieses Naturprinzips ist bei den Tieren selbst zu sehen. Unter Hunderten, die wir sahen, war nicht ein Makel sichtbar.«[2] Er, der immer noch fest an den Sozialdarwinismus glaubte, mußte jedoch enttäuscht feststellen, daß es keine »ähnliche Selektion von Eigenschaften« zur Folge hatte, wenn afrikanische Stammesangehörige ihre Feinde töteten. »Die meisten Menschen, denen ich begegnete, zeigten offenkundige Makel – Makel des Körperbaus, in der Kraft oder der Wachsamkeit, der Muskeln, der Zähne und Augen. Selbst in den Stammesorganisationen – die von zivilisierten Menschen als außerordentlich primitiv betrachtet werden – bestehen keine Zusammenhänge zwischen Wettkampf und der Auswahl aufgrund biologischer Maßstäbe.«[3]

Obwohl Anne im Gegensatz zu ihrem Mann keineswegs eine Anhängerin des Sozialdarwinismus war, teilte sie seine tiefe Besorgnis über die Ökologie und sein Interesse am Umweltschutz.

Als er 1964 in Kenia den Stamm der Massai besuchte, flog sie mit ihm. Sie war von den wildlebenden Tieren und dem Leben der Massai fasziniert. Ihre wahre Befriedigung scheint jedoch von dem Wissen gekommen zu sein, daß ihr Mann sich schließlich einer Sache angeschlossen hatte, die seine ungeheure Energie in sinnvolle Bahnen lenkte und sein stetes Fernweh befriedigte.

Im Februar 1970 hielt Anne während einer zweitägigen Konferenz über die Umweltverschmutzung im Smith College eine ihrer seltenen öffentlichen Ansprachen. Kernsatz ihrer Rede war, daß »menschliche Werte aus den Werten der Erde entspringen und durch sie unterstützt werden müssen«. (Die Rede erschien 1970 in der Juliausgabe der Zeitschrift *Good Housekeeping* unter dem Titel »Harmony with the Life Around Us«.) Während dieses Besuches wurde ihr im übrigen von ihrer Alma mater die Ehrendoktorwürde verliehen.

Obwohl Anne und Charles langsam älter wurden, schienen sie körperlich beide der Zeit zu trotzen, so als seien die 20er Jahre erst gestern gewesen. Charles Lindbergh hatte zwar eine höhere Stirn bekommen, doch er war immer noch schlank und athletisch. Er erweckte den Eindruck, als besäße er die Kondition, um seine große Leistung ein zweites Mal vollbringen zu können. Obwohl Anne auf Mitte Sechzig zuging, hatte sie immer noch so gut wie keine Falten, und ihr braunes Haar war voll und lockig. Ihre Figur, auf die sie stets stolz gewesen war und die sie durch Morgengymnastik und lange Spaziergänge in Form hielt, war immer noch schlank und jugendlich.

Obwohl sie älter wurde, hatte sie nichts von ihrer ruhigen Anziehungskraft, die dafür verantwortlich war, daß sie viele Menschen, vor allem Männer, so bezaubernd fanden, verloren. Robert McKinstry, ein enger Freund von Dwight jr., begegnete Anne mehrmals, als er ihren Bruder bei sich daheim in Bucks County besuchte. »Sie war in jeder Hinsicht interessant«, erinnerte sich McKinstry. »Sie war die anmutigste und gewiß die weiblichste Frau, der ich in meinem Leben je begegnet bin... Bei all ihrer Schärfe des Intellekts war sie bescheiden. Sie sah gut aus, doch in spiritueller Hinsicht war sie wunderschön.« Charles Lindbergh war bei jenen Gelegenheiten nicht zugegen gewesen. McKinstry hatte, nachdem er mit Dwight gesprochen hatte, den Eindruck, daß »sie nicht annähernd so anziehend war, wenn Colonel Lindbergh dabei war. In seiner Gegenwart war sie zurückhaltend und in keiner Weise selbstbewußt... offensichtlich erdrückte er sie.«[4]

In den 70er Jahren bauten sie und Charles auf Maui, einer der hawaiianischen Inseln, auf anderthalb Hektar Grund ein kleines, einfaches Haus am Rande einer Klippe. Sie nannten ihr neues Heim Argonauta, nach dem seltenen Papiernautilus, den Anne in *Muscheln in meiner Hand* so eloquent beschrieben hatte. Der Teil der Insel, den sie als Platz für ihr Haus auswählten, war charakteristischerweise sehr abgelegen (sie waren 20 Kilometer vom nächsten Geschäft entfernt), doch es war eine landschaftlich überaus schöne Gegend. Es gab dort Wasserfälle, natürliche Schwimmbecken und einen herrlichen Ausblick auf den Pazifischen Ozean. Obwohl die Lindberghs Argonauta zu ihrem Hauptwohnsitz machten, lebten sie dort nicht ständig, sondern nur sechs bis acht Wochen im Jahr. Den Sommer über wohnten sie in einem Chalet in den Bergen bei Vevey in der Schweiz, das sie jedes Jahr neu anmieteten.

Natürlich versetzte sie ihr mittlerweile ungeheurer Reichtum ebenso wie das Entbundensein von Pflichten in die Lage, einen Lebensstil zu führen, in dem sie von einem »einfachen« Heim zum nächsten jetten konnten. Ihre fünf Kinder waren inzwischen alle erwachsen und führten ihr eigenes Leben. Trotz gewisser Nachteile, die Lindberghs strenge Erziehungsmethode hatte, war aus ihnen allen etwas geworden. Anne und Charles konnten auf ihre Kinder sehr stolz sein.

Jon, der dunkelhaarig und kleiner als sein Vater war (seiner

Mutter zufolge war er »mehr ein Morrow als ein Lindbergh«), hatte 1954 auf der Stanford Universität seinen Abschluß in Biologie gemacht. Er hatte eine Mitstudentin namens Barbara geheiratet und war nun Vater von sechs Kindern. Ebenso wie sein Vater war auch er ein glühender Umweltschützer und Forscher. Vom Tiefseetauchen fasziniert, hatte er 1964 vor den Bahamas während eines Tauchgangs mit 49 Stunden in 432 Fuß Tiefe einen neuen Rekord aufgestellt. Außerdem war er zwischenzeitlich in der U. S. Navy Tauchoffizier. Später machte er noch eine bemerkenswerte Karriere als Ozeanograph. Zur Zeit ist er Direktor des Oceanographic Fund, einer Investmentgesellschaft in Puget Sound, Washington, deren Ziel es ist, produktive Lachsfarmen im Nordwestpazifik zu entwickeln. »Er ist auf dem Gebiet der Meeresbiologie ebenso ein Pionier, wie sein Vater das in der Luftfahrt war«, sagte einer seiner Freunde. »Er ist groß, sieht besser aus als sein Vater, besitzt die Bescheidenheit seiner Mutter und die Vollkommenheit seines Großvaters Morrow.«[5]

In den frühen 70er Jahren wurden Jon, seine Frau und ihre beiden Töchter Krissy und Wendy schwer verletzt, als ihr Auto von einem betrunkenen Lastwagenfahrer gerammt wurde. Außer Krissy waren alle bewußtlos, und Jon, der eine Schädelverletzung erlitt, war zwischen Sitz und Lenkrad eingeklemmt. Erst die Feuerwehr konnte ihn befreien. Für Anne und Charles muß dieser Unfall all das Leid wieder heraufbeschworen haben, das sie erduldeten, als man Charlie tot aufgefunden hatte. Deshalb waren sie überaus erleichtert, als Jon und die anderen Mitglieder seiner Familie wieder völlig gesund wurden.

Land, der seinem Vater ähnelte und dessen Liebe zum Ackerboden geerbt hatte, hatte eine Mitstudentin vom College geheiratet. Als Junge hatte er jeden Sommer auf einer Ranch im Westen verbracht. Er liebte die freie Natur und züchtete nun auf einer großen Ranch in Montana, die der Familie gehörte, Vieh.

Annes ältere Tochter Anne Spencer schrieb mehrere bekannte

Kinderbücher, darunter *Osprey Island, The People in Pineapple Place* und *Nobody's Orphan*. Die Menschen, die die ältere und die jüngere Anne kannten, wiesen oft auf die Ähnlichkeit zwischen den beiden Frauen hin. Beide waren sie einfühlsame, scharfsichtige Frauen, die im Umgang mit Menschen, die sie mochten, ganz reizend sein konnten. Ein Beobachter bemerkte einmal, daß »Anne auch die charakteristische Gelassenheit ihrer Mutter besitzt, eine Haltung, die auf ein scheues Wesen schließen läßt. Dieser Eindruck verflüchtigt sich jedoch, sobald eine der Frauen über ein Thema spricht, das sie interessiert.«[6]

Weder Anne noch ihre jüngere Schwester Reeve gingen aufs Smith College, die Alma mater ihrer Mutter und ihrer Großmutter. Anne Spencer besuchte Radcliffe und die Sorbonne. Nach ihrem Studium heiratete sie den Franzosen Julien Feydey und lebte in Frankreich.

Die Ehe war jedoch nicht von Dauer. Nach ihrer Scheidung heiratete Anne im Januar 1978 den Komponisten und Dirigenten Jerzy Sapieyevski. Von ihren drei Kindern stammen Charles und Constance aus ihrer ersten und Marek aus ihrer zweiten Ehe.

Wie ihre Mutter wollte Anne Spencer stets Schriftstellerin werden. »Ich habe geschrieben, solange ich mich erinnern kann«, erzählte sie einmal einem Reporter. »Wir sind eine schreibende Familie. Meine Brüder, meine Schwester und ich fingen damit schon an, als wir noch klein waren. Wir erfanden etwas, nahmen Figuren aus Büchern und fügten neue Geschichten über sie hinzu – ließen sie interagieren... Mein Vater hat uns darin ausgesprochen stark ermutigt. Er hörte sich alles an und tippte für uns jede Geschichte mit der Schreibmaschine. Also war es natürlich... unsere Eltern überzeugten uns, daß es ebenso möglich war zu schreiben, wie zu lesen.»[7]

Annes Ansicht nach war es ihr Vater, der ihr bei ihrer schriftstellerischen Karriere von größerer praktischer Hilfe war als ihre

Mutter. So wie er das bei seiner Frau gemacht hatte, ermutigte Lindbergh seine Tochter, ihr Talent weiterzuentwickeln.

> Meiner Mutter gab ich bereitwillig alles zum Lesen, und sie las es bereitwillig. Aber wissen Sie, sie ist einfach zu sehr Mutter. Sie bot eher Unterstützung als Vorschläge: »Es ist sehr hübsch, Liebes«, ist eigentlich keine wirkliche literarische Kritik…
>
> Mein Vater war da viel hilfreicher, obwohl meine Mutter recht hatte, als sie warnte: »Paß auf. Laß ihn nicht dran, sonst bekommst du schließlich ein Skelett zurück.« Als er mich im Jahr vor seinem Tod in Paris besuchte, sah er sich tagelang mein erstes Manuskript durch und kommentierte es mit Bemerkungen wie: »Dies wiederholt sich; dies ist zu lang.« Mir war ganz schwindelig davon! Er war absolut in der Lage, ein Buch auseinanderzunehmen und alle Schwachpunkte zu finden.[8]

Nachdem sie in Radcliffe ihren Abschluß gemacht hatte, heiratete Annes jüngstes Kind, Reeve, den Fotografen Richard Brown. Sie lebte in der Nähe von St. Johnsbury, Vermont, wo sie in der Schule unterrichtete und zwei Töchter aufzog. Wie ihre Mutter, ihre Großmutter und ihre Schwester war sie eine vollendete Schriftstellerin, die sowohl Bücher für Erwachsene als auch für Kinder geschrieben hat. Wie ihre Eltern und ihre Geschwister zog auch sie es vor, ein schlichtes und unauffälliges Leben zu führen.

Es war schließlich die erst nach dem Zweiten Weltkrieg geborene Reeve, die sich, was das Thema ihrer berühmten und umstrittenen Eltern anging, von allen Lindbergh-Kindern am mitteilsamsten und freimütigsten zeigte.

»Als ich in Radcliffe war, wollten einige meiner Mitstudenten genaueres zur noninterventionistischen Meinung meines Vaters kurz vor dem Zweiten Weltkrieg wissen. Einige fragten mich sogar, ob er Antisemit sei. Ich ließ die zweite Frage unbeantwortet und sagte ganz wahrheitsgemäß, daß ich über den Auftakt zum Krieg kaum etwas wisse«, erzählte sie Alden Whitman 1977. »Im College wurde ich im allgemeinen nicht wie die Tochter eines berühmten Mannes behandelt. Eine Reihe meiner Freunde waren außerdem viel mehr von meiner Mutter beeindruckt – ich denke, weil sie Schriftstellerin ist.«[9]

Doch die Wahrheit war, daß die fortdauernde Kontroverse über Lindberghs Rolle vor dem Krieg tiefgreifende Auswirkungen auf seine Kinder hatte. »Es hat unsere Familie immer noch nicht zur Ruhe kommen lassen, obwohl die Öffentlichkeit die ganze Sache im großen und ganzen vergessen hat«, gab Reeve zu etwa derselben Zeit gegenüber Julie Nixon Eisenhower zu. »Als ich erfuhr, daß es Menschen gibt, die meinen Vater aufgrund seiner Reden gegen den Krieg für bigott halten, war ich sprachlos. Wenn ich etwas las, was während des Krieges über ihn geschrieben wurde, wenn sich die Eltern einiger meiner Freunde mir gegenüber ein wenig komisch verhielten... dann paßte das alles so wenig zu dem, wie ich meinen Vater sah, daß jedes Erlebnis dieser Art mir wie ein verrückter Alptraum vorkam.«[10]

Wenn Reeve das zugänglichste der Lindbergh-Kinder war, so war Scott, der Zweitjüngste, das zurückhaltendste. Er floh vor Reportern, wann immer er sie auch erblickte. Scott war der Rebell und Freigeist der Familie. Als junger Mann raste er, sehr zum Ärger seines Vaters, gerne in seinem auffälligen Sportwagen herum.

Als Kind hatte Scott nichts von der Entführung seines Bruders gewußt. Er erinnerte sich später, daß sie für seine Eltern ein Tabuthema zu sein schien, und fügte hinzu, daß er über zehn Jahre alt war, als er davon »durch einen Zeitungsbericht erfuhr«[11].

Scott, inzwischen Ende Vierzig, ist ein Fachmann auf dem Gebiet der Verhaltensforschung bei Primaten. Er begann sich dafür zu interessieren, als er und seine Frau Alika, eine ehemalige Filmschauspielerin und Romanschriftstellerin aus Belgien, die Lebensgewohnheiten einiger seltener Affen beobachteten, die sie von Freunden, die der Affen als Haustiere überdrüssig geworden waren, geschenkt bekommen hatten. 1973 erwarb das Paar ein baufälliges Herrenhaus aus dem 17. Jahrhundert in Verlhiac, hundert Meilen nordöstlich von Bordeaux, und verwandelte es in ein Affenparadies.

Ihr spezielles Studiengebiet waren südamerikanische Primaten. Inzwischen hatten sie 37 Affen gesammelt. Die Tiere schienen ein besseres Leben zu haben als Scott und Alika selbst, die nur zwei der zehn Zimmer des zugigen Herrenhauses beheizten.

»Ich vertiefte mich ganz zwangsläufig in die Dinge, die auch meinen Vater und meine Mutter interessierten. Als ich jedoch anfing, mich ernsthaft mit Affen zu beschäftigen, war sich mein Vater keineswegs sicher, ob ich auch das richtige tat«, gab Scott einmal in einem seiner wenigen Interviews zu. »Er war stets der Ansicht, man dürfe seine Zeit nicht verschwenden. Man mußte ein klares Ziel vor Augen haben. Auf meinem Forschungsgebiet läßt es sich jedoch niemals sagen, worauf das Ganze hinausläuft.«[12]

Abgesehen von Scotts Interesse für die Affen stimmten Vater und Sohn auch in anderen Punkten nicht überein. Zu Annes großem Kummer waren sie viele Jahre zerstritten und versöhnten sich erst wieder, als Lindbergh unheilbar krank wurde. Obwohl Anne mit ihrem Mann einer Meinung war, daß es eine Verschwendung war, wenn junge Leute ihre Zeit und ihre Begabung vergeudeten, stand sie Scotts Lebensstil und seinem außergewöhnlichen Beruf offensichtlich wohlwollend gegenüber. Wenn sie auf Maui mit dem Auto unterwegs war, hielt sie oft an, um einen jungen Hippie mitzunehmen, der per Anhalter reiste.

1973 bekam Lindbergh, der sein ganzes Leben eine unverwüstliche Gesundheit besessen hatte, einen Hautausschlag und Fieber. Er suchte einen Arzt auf, der seinen Zustand als Gürtelrose diagnostizierte. Lindbergh fühlte sich jedoch weiterhin unwohl und begann stark abzunehmen. Freunde, die ihn eine Weile nicht gesehen hatten, waren schockiert, wie dünn und ausgezehrt er aussah. 1974 verschlimmerte sich sein Zustand. Seine Ärzte diagnostizierten eine Lungenentzündung. Als er jedoch im Columbia Presbyterian Medical Center in New York City untersucht wurde, stellte man fest, daß er an Lymphdrüsenkrebs litt. Die Krankheit befand sich zu dieser Zeit bereits in fortgeschrittenem Stadium.

Als Anne erfuhr, daß ihr Mann unheilbar krank war, fragte sie seine Ärzte nicht, wieviel Zeit ihm noch blieb. Sie wollte für den Augenblick leben. Doch Lindbergh, der stets Realist gewesen war, war klar, daß er nicht mehr lange leben würde. Die Zeit, die ihm noch verblieb, wollte er daheim auf Maui verbringen. Seine Ärzte waren entsetzt. Sie waren überzeugt, daß er die lange Reise nicht überstehen würde. Lindbergh aber, der stets eigensinnig gewesen war (»ein eigensinniger Schwede«, nannte Anne ihn manchmal), erklärte den Ärzten: »Ich lebe lieber einen einzigen Tag auf Maui als dreißig im Krankenhaus.«

Wie üblich bekam er seinen Willen. Am 17. August 1974 wurde er, begleitet von Anne, Jon und Scott, auf einer Trage in ein Flugzeug der United Airlines gebracht, das ihn direkt nach Honolulu fliegen sollte. Fluglinienangestellte plazierten seine Trage auf den Rücklehnen dreier Fensterplätze. In Honolulu wurde er von seinem Sohn Land abgeholt und dann mit einem kleineren Klinikflugzeug nach Maui geflogen. Auf Maui wurde er in ein kleines Landhaus in der Nähe des medizinischen Zentrums in Hana gebracht.

So wie bei anderen großen Krisen in ihrem Leben auch, handelte Anne während der letzten Tage[13] ihres Mannes mit stoischer Ruhe. »Die letzten zehn Tage waren sehr friedlich und völlig zeitlos, wirklich richtig zeitlos«, erinnerte sie sich später. Während Jon, Scott und Land die formellen Angelegenheiten, die mit seiner Krankheit zusammenhingen, übernahmen, saß sie an seinem Bett und hielt seine Hand. Er sank immer wieder in Bewußtlosigkeit. Wenn er aber bei klarem Bewußtsein war, dann half sie ihm dabei, jede Einzelheit seines Begräbnisses zu planen. Das hieß auch, daß sie einen Arzt die Sterbeurkunde ausstellen und unterschreiben lassen mußte, auf der nur das Datum freigelassen war. Außerdem mußte sie für ein schnelles Begräbnis auf dem nahegelegenen Friedhof von Hana sorgen. Lindbergh bat, daß sein Grab und sein Sarg von den Einwohnern der Insel in der Art, wie es ihrer Tradition entsprach, ausgestattet werden sollte. Er bestand darauf, in der einfachen Khakiarbeitskleidung begraben zu werden, die er gewöhnlich trug. Mit Annes Hilfe plante er sogar seinen Grabstein. Er wollte eine einfache Gedenktafel aus Granit haben, deren Inschrift, ein Zitat aus dem 139. Psalm, lauten sollte: »Nehme ich die Flügel des Morgenrots / und lasse mich nieder am äußersten Meer...«

Die Lindberghs waren seit 45 Jahren verheiratet. Anne wußte, daß sie im Begriff stand, ihn zu verlieren. 45 Jahre lang hatte er ihre Verbindung zu einem »wirklichen Leben« dargestellt, ein Leben, das allein zu ertragen sie, wie sie sich vor langer Zeit selbst überzeugt hatte, nicht das emotionale Durchhaltevermögen besaß.

Wann immer er bei Bewußtsein war, vermieden sie beide, über den bevorstehenden Tod zu sprechen. Für Anne jedoch war ihr Mann stets ihr wichtigster und strengster Lehrer gewesen, so daß sie nicht widerstehen konnte, ihn zu fragen, wie es ist, zu sterben.

»Charles, sag mir, wie es ist. Ich weiß, ich werde die Nächste sein.«

»Es ist nichts, wovor man sich fürchten müßte. Es ist eine ganz natürliche Sache«, antwortete er und versuchte sie zu beruhigen, so als befänden sich sich plötzlich wieder in dichtem Nebel auf einem ihrer Flüge. »Ich spüre, daß ich in den letzten paar Tagen jederzeit hätte sterben können, und es wäre leicht für mich gewesen. Für dich ist es schwerer zuzusehen, wie ich sterbe, als das Sterben für mich ist.«

Diesmal bestand kein Zweifel an der Richtigkeit von Charles Lindberghs Worten. Als er am frühen Morgen des 26. August 1974 starb, war sein Tod für seine Frau viel härter als für ihn. Denjenigen, die anwesend waren, schien es, als schliefe er einfach ein. Doch obwohl er nun tot war, gab sich Anne nicht der Traurigkeit und Verzweiflung hin. Die ruhige, ja sogar verwegene Art, mit der er seinem Tod begegnet war, gab ihr Mut, was ein Leben ohne ihn anging und auch was ihr eigenes unvermeidliches Ende betraf. Selbst in seinem Sterben blieb er die größte Kraft in ihrem Leben, ihr strahlender Held.

Kapitel 24

»Die härteste Lektion«

Er war tot. Zum ersten Mal in ihrem Leben[1] war Anne vollkommen unabhängig, befreit von seiner überwältigenden Gegenwart und entbunden von dem »ewigen Kampf, was ich C., was ich mir selbst schuldig bin«. Endlich konnte sie ihre eigene Identität finden. Sie konnte jetzt wochenlang den Strand nach seltenen und schönen Muscheln absuchen und erst dann nach Hause gehen, wenn ihr danach war. Doch selbst jetzt schien er immer noch allgegenwärtig. Obwohl sie inzwischen Großmutter von dreizehn Enkeln war, die sie »Granny Mouse« nannten, und im Vorstand von Harcourt Brace Jovanovich saß, verbrachte sie den Großteil ihrer Zeit damit, den komplizierten Nachlaß ihres Mannes zu regeln und sein heroisches Bild in der amerikanischen Geschichte zu sichern.

Sie lebte weiterhin in ihrem kleinen Landhaus bei Scott's Cove, nur ihr Cairn Terrier Berwick leistete ihr Gesellschaft. Das sonnendurchflutete Wohnzimmer, wo sie gerne saß und dabei die Finken, Meisen und Spatzen an den verschiedenen Futterhäuschen draußen vor ihren beiden großen Fenstern beobachtete, war schlicht möbliert. Die beiden Gemälde von Vlaminck, die sie und Lindbergh Ende der 30er Jahre in Paris gekauft hatten, schmückten die Wände. Am anderen Ende des Zimmers stand die feinfühlig gestaltete Büste von ihr, die Charles Lindbergh während ihres selbstauferlegten Exils in Europa bei Charles Despiau in Auftrag gegeben hatte.

Anders als viele Witwen, die sich ganz der Erinnerung eines geliebten Ehemannes widmen, verwandelte sie das Haus nicht in eine Gedenkstätte. Es gab keine Fotos von Charles Lindbergh, keine Andenken, die seinen berühmten Flug und seine Leistungen auf dem Gebiet der Luftfahrt feierten. Nur ein blauer Porzellankrug, auf dem CHARLES stand, diente als Erinnerung an den monumentalen Platz, den er in ihrem Leben eingenommen hatte.

Doch ihr sagenhaftes gemeinsames Leben war ihr immer noch sehr stark gegenwärtig. Sie arbeitete weiter an der riesigen Aufgabe, ihre Briefe und Tagebücher zu redigieren und zu veröffentlichen. Sie hatte 1972 mit der Publizierung des ersten Bandes, *Bring mir das Einhorn*, begonnen. Zwischen 1973 und 1980 sollten vier weitere Bände folgen: *Stunden von Gold, Stunden von Blei*, 1973; *Verschlossene Räume, offene Türen*, 1974; *Blume und Nessel*, 1976, und *Welt ohne Frieden*, 1980. Drei der Bände erschienen noch zu Lebzeiten Lindberghs, und sein scharfes Auge hatte jede Seite auf fehlerhafte Darstellungen und sachliche Irrtümer geprüft. Doch die nächsten beiden Bände, *Blume und Nessel* und *Welt ohne Frieden*, redigierte sie allein mit der Hilfe von Helen Wolff, ihrer peinlich genauen Lektorin bei Harcourt. Ihrer Meinung nach waren diese letzten beiden Bände besonders wichtig, da sie sich mit Lindberghs politischen Ansichten während der Vorkriegszeit beschäftigten. Wie sie im Vorwort zu *Welt ohne Frieden* zugibt, »entsetzten mich meine politische Unwissenheit und meine heftige Entrüstung«[2], als sie die Tagebücher nach 40 Jahren wieder las. Dennoch hoffte Anne, daß deren Inhalt und die neuen Einleitungen, die sie für jeden Band schrieb, die gegenwärtige Generation von Lesern dazu bewegen würde, ihren Mann aus einem neuen Blickwinkel zu sehen.

Insgesamt umfassen Annes veröffentlichte Tagebücher und Briefe über zweitausend Seiten. Der größte Teil des Inhalts, wenn auch nicht alles, ist ihrer persönlichen Beziehung zu Lindbergh und den außergewöhnlichen Ereignissen in ihrem gemeinsamen Leben gewidmet. Die ersten beiden Bände, *Bring mir das Einhorn* und *Stunden von Gold, Stunden von Blei*, die ihr Kennenlernen, ihre Eheschließung und die Entführung des Babys behandeln, sind besonders fesselnde Dokumente. Sie sind so lebendig geschrieben, daß der Leser das Gefühl hat, nicht mehr in seiner eigenen Zeit zu sein, sondern in jener vergangenen Ära, in der eines der berühmtesten Paare dieser Zeit lebte.

Viele Leser waren begierig zu erfahren, wie es war, von einem der berühmtesten Helden der Welt geliebt zu werden. Ebenso interessierte es sie, was das Paar angesichts der Entführung ihres Sohnes, die in *Stunden von Gold, Stunden von Blei* beschrieben ist, empfunden hatte. Die ersten beiden Bände verkauften sich deshalb gut und erhielten einige ausgezeichnete Kritiken. Glendy Culligan bemerkt im *Saturday Review*: »Die Briefe und Tagebücher zeigen sowohl Spontaneität als auch Kunstfertigkeit, was teils ihrem Stil, teils der sich durchziehenden Handlung und teils der ihr Gewissen prüfenden Heldin, die eines Brontë-Romans würdig wäre, zu verdanken ist.«[3] Helen Bevington, die in der *New York Times Book Review* den Band *Bring mir das Einhorn* besprach, war der Meinung, daß »der Entschluß, dieses außergewöhnliche Material nicht in Form einer Autobiographie zu bringen, Mut erforderte, und wie ich glaube, auch großes Fingerspitzengefühl... Das Bild, das entsteht, ist weder mädchenhaft noch parteiisch. In einem bezaubernden Selbstporträt, das man mit der Aufschrift ›Vor der Begegnung mit Charles Lindbergh und danach‹ versehen könnte, offenbart sie sich als die komplexe Persönlichkeit, die sie war – willensstark, doch bescheiden, stark, doch schüchtern, ängstlich, doch unabhängig, schrecklich verwundbar, eine Dichterin, die Einhörner mag, ein Mädchen, das sich verliebt.«[4]

Leider sind die drei anderen Bände mit ihrer zweckgerichteten Politisiererei und dem starken Narzißmus, der sich unter dem

Deckmantel diskreter Bescheidenheit verbirgt, weit weniger beeindruckend. Voller Wiederholungen und viel zu lang, fehlt ihnen der Charme und die Intensität der früheren Bände. Ihr Hauptzweck scheint zu sein, den nachfolgenden Generationen die politischen Ansichten von Charles Lindbergh nahezubringen. Man liest diese letzten drei Bände mit einer gewissen Traurigkeit, denn inzwischen ist nur allzu offensichtlich, daß Anne, anstatt ihr außergewöhnliches Talent zu entwickeln, das sie möglicherweise mit den herausragenden Schriftstellern unserer Zeit gleichgestellt hätte, sich entschieden hatte, ihre ungewöhnliche Begabung zur Glorifizierung des Ehemannes zu verschwenden, dessen Ansichten überaus fragwürdig waren. Letztlich opferte sie ihr Talent nicht, um die perfekte Ehefrau und Mutter, sondern um die perfekte PR-Managerin zu werden.

Wie vorherzusehen, war der letzte Band ihrer Tagebücher, *Welt ohne Frieden*, auch der umstrittendste. Selden Rodman besprach das Buch für die *National Review*. Da Charles Lindbergh es in seinem *Kriegstagebuch* unterlassen hatte, die offene Diskussion, die sie beide über die Nazis und die Juden geführt hatten, zu erwähnen, hatte Rodman nun gehofft, daß »Anne, die die ganze Wahrheit schätzt, sich damit beschäftigen wird, wenn ihr eigenes Tagebuch aus diesem schicksalhaften Jahr erscheint«. Doch obwohl sie sich während des ganzen Krieges immer wieder getroffen und miteinander in Briefkontakt gestanden hatten, findet sich »in der veröffentlichten Fassung von Anne Lindberghs Tagebuch ebenfalls kein Wort darüber. Wäre es demnach unfair, anzunehmen, daß es noch andere Freunde gab, deren Zeugnis sich für sie als gleichermaßen peinlich erwiesen hätte und das sie deshalb ebenfalls unterdrückt hatte?«[5]

Rodman fuhr fort mit seiner Überzeugung, »daß es stets zwei Anne Lindberghs gegeben hat. Die eine ist das arme reiche kleine Mädchen, das, wenn sie ›innerhalb ihrer Gesellschaftsschicht geheiratet‹ hätte, die Kriegsjahre damit verbracht hätte, ›Pakete für

Großbritannien‹ zu schnüren oder Mamas interventionistische Reden abzutippen... Die Naivität dieser Anne ist erstaunlich. Sie ist all jenen Dingen gegenüber empfänglich, die dazu geeignet sind, die Gefühllosigkeit ihres Mannes zu rechtfertigen...

Glücklicherweise herrscht die meiste Zeit die andere Anne vor, und wenn sie sich aus dem häßlichen politischen Dunstkreis, in dem sich ihr hartnäckiger Mann bewegt, entfernt, dann ist sie die *ganze* Zeit präsent. Ihre Liebe für ihn ist nicht einfach Loyalität – obwohl sie durchaus loyal ist. Sie reagiert auf das, was wirklich heroisch in ihm ist. ›C., der mit einer Direktheit vom Himmel kommt, einer Großartigkeit, die nur er besitzt... Es nimmt mir den Atem. Ich habe es stets für selbstverständlich genommen. Doch es am Himmel zu sehen... es ist ein Akt schöpferischer Schönheit, ein Kunstwerk.‹ «

Andere Rezensenten waren über Annes Neigung, nicht nur die negative Seite ihrer Beziehung zu ihrem Mann zu beschönigen, sondern auch in einer Art über ihn zu schreiben, daß er eine idealisierte, romantische Gestalt blieb, eine »heroische Maske«, ebenfalls verärgert. Kathleen Leverich bemerkte dazu im *Christian Science Monitor*:

> Bei Mrs. Lindbergh wird die Frage nach der absoluten Ehrlichkeit ihrer Darstellung noch dadurch verstärkt, daß ihre Tagebucheinträge auf ihren eigenen Wunsch hin von eben der Person, über die sie hauptsächlich schrieb, regelmäßig durchgesehen wurden. Charles Lindbergh tritt als die Zentralfigur dieser Tagebücher hervor, während die Autorin als die glühende Verehrerin, die wahre Gläubige, die Hüterin der Flamme erscheint. Hier liegen der Wert und die Faszination des Buches. Es ist ein unabsichtliches, offenherziges Selbstporträt einer höchst feinfühligen, intelligenten Frau, die... ihr Leben dem Dienst an jemandem widmete, zu dem sie aufsehen konnte. Während sie dieses Vorgehen bei anderen mißbilligte, hatte Mrs. Lindbergh ihren Mann in den Status eines Gottes erhoben.[6]

Schließlich hatte Annes Bindung an ihren Mann tiefgreifende Folgen für ihr Werk. Da sie nicht in der Lage war, unabhängig von ihm eigene Ansichten zu entwickeln, blieb sie in dem Konflikt zwischen ihrem Wunsch, eine vollkommene Ehefrau zu sein, und ihrem Bedürfnis, ihre eigene Identität zu finden, so sehr gefangen, daß ihr Werk höchst bruchstückhaft wurde. David Kirk Vaughan wies in seiner Analyse von Annes Büchern darauf hin:

> Es existiert so gut wie keine kritische Beurteilung von Anne Morrow Lindberghs Werk. Praktisch liegen die einzigen Kommentare zu ihren dreizehn Büchern von Memoiren, Dichtung, Essays und Fiktion in Form von Rezensionen vor, die zur Zeit der einzelnen Veröffentlichungen erschienen. Von allen ihren Lesern war lediglich der französische Schriftsteller Antoine de Saint-Exupéry in der Lage, Anne Morrow Lindberghs Stil und Thema zu würdigen und es als Teil eines geschlossenen, einheitlichen künstlerischen Ausdrucks zu sehen.[7]

Ein wichtiger Grund für diese Vernachlässigung liegt darin, daß es den Kritikern wie auch Anne selbst nicht möglich war, ihre literarischen Leistungen von ihrer Ehe zu trennen. Sie konnten sich nicht mit ihrem Werk als solchem befassen, so wie das bei Dorothy Parker, Anita Loos oder Martha Graham – alle Zeitgenossinnen von Anne – der Fall war. Aber schließlich war keine dieser außergewöhnlich talentierten Frauen 45 Jahre lang mit einem Mann verheiratet gewesen, der so berühmt wie Lindbergh war und ein so dominierendes Wesen besaß.

Ein weiterer Grund für das Fehlen kritischer Analysen besteht darin, daß Anne mit ihrem Werk kein einheitliches Ganzes vorlegte. Auf ihre ersten beiden Bücher, Reisebeschreibungen, in denen sie die fliegerischen Leistungen ihres Mannes preist, folgte ein höchst kontroverses politisches Buch zu seinen Gunsten, dann eine Novelle, anschließend ein inspiriertes Buch über das Bedürfnis einer Frau nach Einsamkeit und Ungestörtheit, das im

Grunde ein philosophischer Essay ist. Schließlich dann ein schmaler Gedichtband, gefolgt von einem romanähnlichen Werk über die Ehe, das in Wirklichkeit ein literarisches Symposium ist, und dann endlich fünf gewaltige Bände Tagebücher und Briefe, die in kleinsten Einzelheiten ihr Leben mit Charles Lindbergh aufzeichnen. Vaughan weist völlig zutreffend darauf hin, daß Literaturkritiker es schwer hatten, ihr Werk bei der Veröffentlichung zu bewerten, da sie beinahe nie dieselbe Art von Buch zweimal schrieb und ihr Werk sich nicht in die üblichen literarischen Kategorien einordnen ließ.

Dennoch wird Annes gesamtes Werk, obwohl sie zwischen den literarischen Genres hin und her wechselt und in manchen Fällen sogar ihr eigenes erfand, von einem einzigen Thema, oder eher einem einzigen Dilemma, nämlich diesem »ewigen Kampf« darum, was »ich C., was ich mir selbst schuldig bin«, zusammengehalten. Bedauerlicherweise brauchte sie den größten Teil ihres Talents zugunsten von Charles auf, und nur *Muscheln in meiner Hand*, das unglückliche *Trage mich über die Flut* und *Die Hochzeit*, die alle während eines Tiefpunkts in ihrer Ehe Mitte der 50er und Anfang der 60er Jahre entstanden waren, zeugen von ihrer künstlerischen Unabhängigkeit. Dennoch befreite sie sich nicht einmal mit *Muscheln in meiner Hand* und *Die Hochzeit* gänzlich von dem Einfluß, den ihr Mann auf sie ausübte, denn beide Werke sind zum Teil ein Mittel zur Erforschung ihrer widersprüchlichen Gefühle hinsichtlich ihrer Ehe.

Abgesehen davon, daß Anne diese letzten Bände redigierte, bereitete sie auch die Veröffentlichung von *Stationen meines Lebens*, das Buch, das ihr Mann geschrieben hatte, vor. Offensichtlich hoffte sie, daß dieser posthume Band seinen Ruf retten würde, denn sein *Kriegstagebuch 1938–1945*, das 1970 veröffentlicht wurde, hatte eine überwältigende Flut negativer Kritiken ausgelöst. Viele Rezensenten hatten, ebenso wie schon damals viele seiner Zeitgenossen, auf seine weiterhin unerschütterliche Überzeugung, daß der Eintritt der Vereinigten Staaten in den Zweiten Weltkrieg ein Fehler gewesen war, mit Ablehnung reagiert. Andere waren entsetzt, daß er es versäumte, sich in irgendeiner Weise negativ über die Nazis zu äußern, obwohl die unaussprechlichen Greuel der Konzentrationslager und Gaskammern inzwischen schon seit Jahrzehnten bekannt waren.

Stationen meines Lebens, das 1978 veröffentlicht wurde, erhielt gemischte Kritiken. Obwohl einige Rezensenten Lindberghs Besessenheit vom Sozialdarwinismus, der unter anderem seine Entscheidung, Anne zu heiraten, beeinflußt hatte, »ziemlich schaurig«[8] fanden, waren andere von »der Schönheit und Kraft der so tief beunruhigten Gedanken einer der großen Gestalten der technischen Zivilisation bei der Betrachtung seines Werkes«[9] bewegt. Wie es auch bei *Mein Flug über den Ozean* der Fall war, ist es fraglich, ob Charles oder Anne für die »Schönheit und Kraft« der Sprache verantwortlich war. Zwölf Tage vor seinem Tod hatte Charles Lindbergh seinen Freund William Jovanovich, den Leiter von Harcourt Brace Jovanovich, ins Krankenhaus kommen lassen und ihm ein dreitausend Seiten starkes Manuskript übergeben, an dem er die vergangenen 30 Jahre gearbeitet hatte. Da ihm klar war, daß das Manuskript eine ungeheure Menge an Arbeit erforderte (es bestand aus groben Entwürfen von Kapiteln, verschiedenen Versionen desselben Kapitels und in vielen Fällen nur skizzenhaft angelegten Kapiteln), bat er seinen Freund, es nach seinem Tod zu redigieren und zu veröffentlichen. Jovanovich erfüllte Lindberghs Wunsch und bearbeitete das umfangreiche, formlose Manuskript mit Hilfe von Judith A. Schiff, einer Archivarin aus Yale, die die Sammlung der persönlichen Papiere der Lindberghs betreute.

Obwohl Anne Lindbergh als Mitherausgeberin nicht genannt wird, hatte sie bei der Vorbereitung des Manuskripts ohne Zweifel mitgewirkt. Ihr Talent für poetische Bildersprache ist in solchen Passagen wie der folgenden offensichtlich, in der Lindbergh eine Operation, die von Alexis Carrel durchgeführt wird, beschreibt: »Das Leben verschmolz manchmal so eng mit dem Tod, daß ich beides nicht mehr voneinander unterscheiden konnte – das Klicken der Scheren, das Schneiden der Skalpelle, die geschickten Finger des Chirurgen, die Knoten in die Seidenfäden knüpfen.«[10] Einige Kapitelüberschriften lassen ebenfalls vermuten, daß sie von Anne verfaßt wurden, wie zum Beispiel »Ein Funken springt über«. Die Ähnlichkeit mit der Metapher vom »lodernden Streichholz neben einem Stapel Holzwolle«[11] ist offensichtlich. Mit diesem Bild hatte Anne damals ihre Bestürzung über die Rede ihres Mannes mit ihrem »unbewußten Anstoß zum Antisemitismus« in Des Moines ausgedrückt.

Am 20. Mai 1977 feierte man sowohl in den Vereinigten Staaten als auch in Frankreich den 50. Jahrestag von Lindberghs Atlantiküberquerung[12]. Zusammen mit Jon, Land und Reeve erschien Anne, die sonst sehr zurückgezogen lebte, auf verschiedenen der »Spirit of St. Louis«-Empfänge, die in sieben Städten veranstaltet wurden. Anne hielt dort jeweils eine Rede und sammelte dabei Hunderttausende von Dollars für den Charles A. Lindbergh Memorial Fund, der wissenschaftliche Erforschung, Forschung und Naturschutz unterstützt. Die amerikanische Bundespost brachte aus diesem Anlaß eine Sondermarke heraus, die die *Spirit of St. Louis* zeigte. Das Smithsonian Institution National Air and Space Museum, wo das Flugzeug sich in einer ständigen Ausstellung befindet, zeigte eine besondere Sammlung von Lindbergh-Memorabilien, einschließlich seiner Fliegerkleidung und des Schecks über 25 000 Dollar für den Orteig-Preis.

Ruth Dobrescu, eine Pilotin, die zusammen mit ihrem Mann Captain Charles Dobresu, einem ehemaligen Piloten bei TWA, die Herausgabe der Sondermarke angeregt hatte, begegnete Anne zu dieser Zeit. »Sie ist sehr freundlich, anspruchslos, ruhig, bescheiden, ungekünstelt«, erinnerte sich Mrs. Dobrescu. »Sie ist eine sehr anmutige, reizende Dame.«[13]

Obwohl Anne hinsichtlich des Medienrummels, der die Jahrestagsfeiern umgab, anfänglich ihre Zweifel hatte, sprach sie mit Alden Whitman, einem Reporter der *New York Times*, der ein Freund ihres Mannes gewesen war. In diesem seltenen Interview[14] versuchte sie seine Vergangenheit in ein positives Licht zu rücken und erklärte, daß Lindbergh dem »Ruhm widerstanden« hätte und daß »seine Ernüchterung angesichts materiellen Lohns ihn in andere Richtungen getrieben hatte. Seine Suche, seine Studien und Gedanken vertieften sich und richteten sich nach innen. Am Ende seines Lebens dachte er in Kategorien, die die Einfachheit des Lebens, die grundlegenden Qualitäten eines Lebens auf der Erde, das eigentliche Wesen des Menschen selbst, des Individuums und seiner Umgebung betrafen – nicht die Maschinen, Erfindungen, Leistungen und Heldentaten des Menschen.«

»Ich denke auch«, fügte sie liebevoll hinzu, »daß das anhaltende Interesse an Charles nicht auf sein ›Heldenimage‹ zurückzuführen ist, sondern eher auf die Tatsache, daß er ständig aus den verschiedenen Vorstellungen, die die Öffentlichkeit von ihm hatte, ausbrach. Er überraschte die Leute immer wieder damit, daß er eine neue Rolle annahm... Er war in gewisser Weise eine proteische Gestalt, die unmöglich zu einem stereotypen Bild vereinfacht oder in einen begrenzten Rahmen eingepaßt werden konnte.«

Was ihre eigene schriftstellerische Tätigkeit anging, so erzählte Anne Whitman, daß sie mit der Idee spielte, ein weiteres Buch zu schreiben, vielleicht eines über »den Abschnitt im Leben einer Frau, in dem ihre Kinder das Nest verlassen«. Zu einem anderen Reporter sagte sie, sie würde intensiv darüber nachdenken, ein Buch über die Witwenschaft und über »unseren Widerwillen, dem Tod entgegenzusehen, ihm zu begegnen«[15], zu schreiben. Doch das war Wunschdenken. In Wirklichkeit war sie viel zu sehr damit beschäftigt, das Image ihres Mannes wiederherzustellen, um irgend etwas eigenes schreiben zu können.

Als Julie Nixon Eisenhower sie 1976 interviewte, zeigte Anne ihr den alten grauen Geräteschuppen hinten auf dem Grundstück, in dem sie viele Jahre lang geschrieben hatte. »Sie schien ruhig, ein wenig wehmütig, als sie mir ihr kleines Haus zeigte«, berichtete Eisenhower.

> Es gab eine Kochplatte mit einem Kessel darauf und eine durch einen Vorhang abgetrennte Ecke mit einem Waschbecken und einer Toilette. Sie konnte also den ganzen Tag in ihrem Atelier verbringen, wenn sie wollte. Den Spinnweben und dem Staubfilm nach zu urteilen, der sich überall, auch auf der Schreibtischplatte, befand, war jedoch offensichtlich, daß sie hier schon längere Zeit nicht mehr gearbeitet hatte. Als ich sie nach dem Grund fragte, erwiderte sie, daß es da zu viele Wünsche, zu viele Sachen im Nachlaß ihres Mannes zu regeln gebe. Außerdem würde sein posthumes *Stationen meines Lebens* ihre ganze Aufmerksamkeit fordern.

Anne gestand Julie Nixon Eisenhower auch, daß »die letzte Lektion, nämlich zu lernen, unabhängig zu sein – die Witwenschaft, die schwerste« war.

»Es ist… so überaus schwierig, allein zu sein«, sagte sie. Und dann vertraute sie ihr an, daß sie sich immer noch »verheiratet« fühlte. »Ich meine das nicht in einem spiritistischen Sinn, sondern in der Art, wie man an die Dinge herangeht… immer bewußt, wie dein Ehemann an sie herangehen würde…«[16]

Doch es gab ein Gebiet, bei dem sich Anne weigerte, in der willkürlichen Art zu handeln, in der ihr Mann das getan hatte. Nach Charles' Tod machte sie ihren Frieden mit der Presse und willigte ein, Interviews zu geben. Zugegebenermaßen gehörten die einzigen Reporter, die sie zu empfangen bereit war, zu den Spitzenrängen, so wie Alden Whitman und Julie Nixon Eisenhower, die ebenfalls erlebt hatte, wie ein Familienmitglied von einer machtvollen Position in öffentliche Ungnade stürzte.

1977 wurde Anne von dem angesehenen Korrespondenten Eric Sevareid zum ersten Mal im Fernsehen interviewt. Lindbergh hätte einen solchen öffentlichen Auftritt niemals gestattet. Zu seinen Lebzeiten hatte er sich stets geweigert, im Fernsehen aufzutreten. Einem Reporter gegenüber lehnte er eine Einladung einmal mit den Worten ab: »Die Publicity, die das mit sich bringt, wäre so groß, das mich in der Folge jeder auf der Straße erkennen würde, und... ich habe bereits so viel persönliche Publicity gehabt, daß es für ein ganzes Leben und mehrere Reinkarnationen ausreichen würde.«[17]

Drei Jahre später trat Anne, um Reklame für *Welt ohne Frieden* zu machen, bei CBS in der Sendung »Sixty Minutes« auf. Bei dieser Gelegenheit wurde sie von Morley Safer interviewt. Anne, inzwischen 73 Jahre alt und körperlich wie geistig erstaunlich rüstig, zeigte sich, was ihre Beziehung zu ihrem Mann anging, überraschend offen. »Er war kein Halbgott«, erklärte sie Safer und fügte hinzu, daß sie glaube, »wir haben zu viel aus ihm gemacht«[18]. Sie sagte auch, daß sie im Laufe der Zeit seine Furcht vor der Presse als »irrational« empfunden hätte. Allerdings verteidigte sie seine Paranoia gleichzeitig. Sie erinnerte die Zuschauer daran, daß, nachdem man die skelettierten Überreste ihres Kindes gefunden hatte, einige Reporter in das Leichenhaus von Trenton eingebrochen waren und ein Foto gemacht hatten. Ihr Mann, so sagte sie, hätte ihnen das niemals verziehen.

Sie nutzte die Gelegenheit auch, um zu betonen, wie bestürzt sie über seine Rede in Des Moines mit ihren aufhetzerischen Bemerkungen bezüglich der Juden gewesen war, und wies darauf hin, wie sehr sie sich bemüht hatte, ihn daran zu hindern, sie zu halten. Es sei ihr jedoch nicht gelungen. »Es ist, als würde man ein Streichholz neben einem Stapel Holzwolle anzünden und sagen, man täte es nur, damit man den Weg sehen kann... Tatsächlich hat er die Holzwolle angesteckt«, sagte sie und zitierte damit aus ihrem Tagebuch. »Es war schrecklich dumm. Nun, ich war *entsetzt*. Ich habe ihm vorgeworfen, er würde das als Drohung verwenden, und er sagte: ›Nein, das mache ich nicht, ich stelle nur die Tatsachen fest.‹

Wir hatten deswegen einen fürchterlichen Streit. Ich habe mich schrecklich gefühlt, aber er glaubte mir einfach nicht, *schrecklich*. Ich sagte, ich sei der Meinung, in diesem Land antisemitische Gefühle zu wecken sei viel schlimmer als Krieg, aber er meinte: ›Das tue ich doch gar nicht.‹ Er hat es einfach nicht eingesehen.«

Und dann wies sie auf eine Eigenschaft ihres Mannes hin, die sie in ihrem Tagebuch nicht erwähnt hatte. »Eines, was Sie sich vor Augen halten müssen, ist, daß Charles selten etwas las. Hätte er Goebbels und Hitler gelesen, dann hätte er gewußt, daß die Leute, die wirkliche Antisemiten waren, zuerst ebensolche Bemerkungen gemacht haben.«

Als Safer sie unverblümt fragte, warum sie sich von ihrem Mann nicht wegen seiner rassistischen Ansichten hatte scheiden lassen, wich sie seiner Frage nicht aus, sondern beantwortete sie offen.

»Wissen Sie, wenn jemand, mit dem man viele Jahre zusammen ist und den man liebt und kennt, etwas tut, was einem als völlige Verirrung erscheint, dann geht man nicht einfach aus der Tür. Man fragt, warum hat er das getan, warum hat er das nur getan? Und ich denke, er hat es getan, weil er in gewisser Weise blind war.«

»Haben Sie ihn deswegen weniger geliebt?« wollte Safer wissen.

»Nein, das kann ich nicht sagen, aber er tat mir leid. Er tat mir *leid*. Es war so schrecklich für mich, mitansehen zu müssen, daß ihm dies alles geschah. Ich hatte sehr an ihn geglaubt, sehr an ihn *geglaubt*, deshalb war das Ganze auch sehr schmerzlich. Ich konnte es nicht ertragen, daß die Leute jemanden sahen, den ich nicht sah, den es meiner Meinung nach nicht einmal gab.«

Ein Thema gab es jedoch, über das öffentlich zu diskutieren Anne sich weigerte. Es war die Ermordung ihres Sohnes und die Frage, ob sie überzeugt war, daß Bruno Hauptmann der Entführer und Mörder war. Wie bereits erwähnt, hat sie niemals irgendeines der in letzter Zeit erschienenen Bücher gelesen, die Zweifel an der Schuld Hauptmanns äußerten[19].

Aus ihren Worten und ihrem Handeln ist jedoch ersichtlich, daß der Verlust ihres Sohnes selbst nach so vielen Jahren für sie noch immer sehr schmerzhaft war. »Charles mußte dem entfliehen. Er flog und machte mit seiner Arbeit weiter. Ich aber konnte nicht alles in einem Zug verarbeiten und kann es immer noch nicht«[20], sagte sie kürzlich in einem Interview. Sie war auch nie in der Lage gewesen, das Hopewell-Haus zu besuchen, aus dem er entführt worden war. Und vielleicht ist diese Entscheidung auch klug. Obwohl die Einrichtung ihres früheren Hauses vollkommen umgewandelt wurde, würde ein Besuch in Hopewell auch heute noch schmerzliche Erinnerungen wecken. Das Haus heißt jetzt Highfields Residential Group Center und ist eine Einrichtung für männliche jugendliche Straftäter, die in Gefahr sind, zu einem Gefängnisaufenthalt in New Jersey verurteilt zu werden. Während des vergangenen halben Jahrhunderts haben beinahe 1600 schwer erziehbare Jugendliche an jenem Ort eine Chance erhalten, an dem Anne und ihr kleiner Junge einst so glücklich spielten, ohne zu wissen, welch schreckliches Schicksal sie erwartete. Das kleine Kinderzimmer von Charles Lindbergh jr. mit seinem reizenden Kamin aus blau-weißen Delfter Kacheln ist nun ein EDV-Schulungsraum, das mit Bücherregalen gesäumte Schlafzimmer der Lindberghs ein Klassenzimmer, in dem die heranwachsenden Jungen Unterricht in Sexualerziehung erhalten. Computerausbildung und Sexualerziehung sind für beide Zimmer eine merkwürdige Nutzung, doch wenn man die starke Begeisterung und die leidenschaftliche Beziehung von dessen früheren Bewohnern bedenkt, vielleicht auch eine passende.

Obwohl Anne und Charles deutlich machten, daß der Ort ihrer Tragödie niemals in eine Touristenattraktion verwandelt werden sollte, veranstaltet der gegenwärtige Direktor der Schule nun zweimal pro Woche Führungen durch Highfields. Heute ist es dem neugierigen Besucher gestattet, in aller Ruhe durch das Haus zu wandern, das zu besichtigen in den 30er Jahren Tausende von Menschen lautstark forderten. Er kann die endlos lange, bedrohliche, von Bäumen gesäumte Auffahrt entlangwandern und sich dabei vorstellen, wie der Entführer seine schlecht zusammengezimmerte Leiter durch die Dunkelheit trug, und er kann sich die immer noch quälende Frage stellen, ob wirklich ein einziger Mann ohne die Hilfe von jemandem, der eine genaue Kenntnis von den Plänen der Lindberghs besaß, dieses Verbrechen begangen haben konnte. Es ist auch gestattet, Fotos vom Kinderzimmer und dem übrigen Haus mit seinen überraschend kleinen, engen Zimmern zu machen. Die dort lebenden Jugendlichen dürfen jedoch nicht fotografiert werden. Wie die Erinnerung an Charles Lindbergh jr. selbst, an den das Haus ein lebendes Andenken ist[21], sind sie tabu.

Obwohl die Direktoren Anne über die Aktivitäten des Zentrums auf dem laufenden halten, beantwortet sie ihre Briefe nie. Noch hat sie, so heißt es, mit Angehörigen der Bundespolizei von New Jersey je persönlich Kontakt aufgenommen. In Trenton, in der Nähe des Polizeireviers, befindet sich ein blockhüttenähnliches Museum, das nicht nur Tausende von Dokumenten, die mit dem berühmten Fall in Verbindung stehen, beherbergt, sondern auch authentisches Beweismaterial. So kann man dort die eigentümliche zusammenklappbare Leiter und die Lösegeldforderungen mit den seltsamen doppelten Kreisen, die Hauptmann geschrieben haben soll, besichtigen. In gesicherten und beleuchteten Glasvitrinen befinden sich die halbverrotteten Schlafsachen, die Charles Augustus Lindbergh jr. in der letzten Nacht seines kurzen Lebens getragen hat, zusammen mit zwei kleinen Phiolen, die Strähnen seines goldenen Haares, winzige Fragmente seiner Knochen und einen intakten Zehennagel enthalten.

Doch obwohl 60 Jahre vergangen sind, hat diese windige Vorfrühlingsnacht für Anne immer noch ihre besondere Bedeutung. Vor kurzem, am 1. März 1990, empfing sie bei sich zu Hause in Connecticut den Biographen Scott Berg[22] und gewährte ihm für ein umfassendes Persönlichkeitsprofil ihres Mannes, das am 21. Mai 1997, dem 70. Jahrestag der Atlantiküberquerung, fertiggestellt sein soll, uneingeschränkten Zugang zu seinen Unterlagen. Es heißt, daß die Sammlung, die anderen Biographen jahrelang verweigert wurde, mehr als eine Million Einträge enthält. Berg hat betont, er würde »das Buch nicht machen, wenn es da irgendwelche Tabus gibt, irgendwelche Kontrolle über das Manuskript ausgeübt wird«. Er hat weiterhin erklärt, daß Mrs. Lindbergh »der Meinung sei, das Buch solle die ganze Geschichte und die Wahrheit erzählen. Es war ganz klar, daß sie keine Hagiographie wollte«. Offensichtlich hofft Anne Morrow Lindbergh, die nun weit über achtzig ist und sich laut ihrer Tochter Reeve bei schlechter Gesundheit befindet[23], lange genug zu leben, um ihren Mann rehabilitiert zu sehen. Denn nach einer Rückkehr zum Ruhm Mitte der 50er und in den 60er Jahren hat das Bild von Charles Lindbergh nun wieder eine gewisse Restaurierungsarbeit nötig. Sie selbst ist jedoch zu alt und schwach, um diese Arbeit noch in die Hand nehmen zu können. Moderne Historiker sind größtenteils ungnädig mit ihm verfahren und erklärten, daß viele seine Überzeugungen, absichtlich oder unabsichtlich, Dogmen der Nazis wiedergaben.

Am 13. Juni 1990 wandte sich eine andere ältere Frau gegen die schreckliche Ungerechtigkeit, die ihrem Mann widerfahren war. Bei einer Pressekonferenz in Trenton, New Jersey, der Stadt, in der er vor 54 Jahren für die Ermordung des Lindbergh-Babys hingerichtet worden war, verlangte Anna Hauptmann, die betagte doch immer noch agile 91jährige Witwe von Bruno Hauptmann, ein Treffen mit Jim Florio, dem Gouverneur von New Jersey. Der Grund, den Anna für dieses Treffen nannte, war der, ihren Mann zu rehabilitieren[24].

»Ich möchte mit Florio sprechen und ihm die Wahrheit erzählen«, beharrte Anna Hauptmann mit starkem deutschem Akzent. »Mein Mann hat das Lindbergh-Baby nicht entführt.«

Wie schon in den letzten 50 Jahren versuchte Anna Hauptmann den Gouverneur von New Jersey dazu zu bewegen, eine offizielle Erklärung mit dem Inhalt abzugeben, daß der 1935 durchgeführte Prozeß gegen ihren Mann nicht rechtmäßig gewesen sei. Es seien gefälschtes Beweismaterial, falsche Zeugen und falsche Aussagen verwendet worden, weshalb ihr Mann niemals hätte für schuldig befunden werden dürfen. Der Staat habe einen Unschuldigen hingerichtet.

»Ich bin 91 Jahre alt, und mir bleibt auf dieser Welt nicht mehr viel Zeit«, schrieb sie Florio. »Wenn Sie an Wahrheit und Gerechtigkeit glauben, dann werden Sie mich empfangen. Ich möchte, daß der Name meines Mannes vor der Welt gereinigt wird. Gott weiß, daß er dieses schreckliche Verbrechen nicht begangen hat.«

Anna, die immer noch ihren Trauring trägt, beteuerte gegenüber Reportern beharrlich, daß ihr Mann das Verbrechen unmöglich begangen haben konnte. In der Nacht der Entführung in Hopewell, New Jersey, hatte er sie von der Bäckerei in der Bronx, in der sie seit 1929 gearbeitet hatte, abgeholt, und sie waren dann zu ihrer Wohnung gefahren.

»Gott sah uns gemeinsam nach Hause fahren. Wir wußten nicht einmal, daß es eine Entführung gegeben hatte, bis uns jemand am nächsten Tag davon erzählte«, beteuerte sie.

Doch Florio lehnte es ab, sich mit Anna Hauptmann zu treffen. Über einen Sprecher ließ er verlauten, daß er nicht die Absicht habe, eine neue Untersuchung des Falles anzuordnen.

Abgesehen von den neuen Einleitungen zu ihren Tagebüchern und Briefen, einer Rede, die sie 1978 am Smith College hielt, und einem kurzen Vorwort zum Buch ihres alten Freundes Jim Newton, das die deutlich geschönten Porträts von Charles Lindbergh, Henry Ford und Alexis Carrel enthält, hat Anne Morrow Lindbergh seit dem Tod ihres Mannes 1974 kein Originalmaterial mehr veröffentlicht. Vielleicht war ihre beständige Verehrung für ihn der Kern ihrer Inspiration. Denn in gewisser Weise waren er und ihr außergewöhnliches gemeinsames Leben ihr einziges Thema. Sie verbrauchte ihr Talent gerne, um zu schaffen, was, wie sie hoffte, ein dauerhaftes Bild von ihm sein würde. Als er starb, hatte sie plötzlich nichts mehr, worüber sie schreiben konnte. Der epische Roman ihres Lebens war beendet, und soweit es sie betraf, konnte es niemals eine Fortsetzung geben.

Danksagung

Da ich wie Anne Morrow Lindbergh der Meinung bin, daß »der wirklichste Teil« eines Schriftstellers in seinem oder ihrem schöpferischen Werk liegt, habe ich versucht, das außergewöhnliche Leben dieser Autorin zu interpretieren, indem ich ihre autobiographischen Schriften analysiert habe. Es gibt in Mrs. Lindberghs Leben und ihrer literarischen Karriere jedoch viele Aspekte, bei denen sie es vorzog, sich nicht zu äußern. Ich bin deshalb besonders den folgenden Menschen, die mir geholfen haben, diese Punkte zu erhellen, zu Dank verpflichtet.

Meine größte Dankbarkeit gilt Nigel Nicolson für seine Erinnerungen an Anne und Charles Lindbergh und für seine Anregung, die Korrespondenz seiner Eltern Harold Nicolson und Vita Sackville-West in der Lilly Library der Indiana University in Bloomington, Indiana, zu lesen. Ihm wie auch Saundra Taylor, der Verwalterin der Manuskripte, danke ich für die Erlaubnis, Auszüge aus den in der Manuskriptsammlung von Vita Sackville-West enthaltenen Briefen seiner Eltern zu veröffentlichen.

Für ihre großzügige Hilfe bei der Recherche über die tragische Periode in Mrs. Lindberghs Leben, als ihr Sohn entführt wurde, bin ich Dolores Raisch, der Lindbergh-Archivarin im Büro der New Jersey State Police in Trenton, New Jersey, dankbar.

Alex Handy, ein Fotograf, der über den Lindbergh-Entführungsfall berichtete und der ein persönlicher Freund des Fliegers war, schulde ich meinen aufrichtigsten Dank dafür, daß er mit mir über seine Erinnerungen gesprochen hat und mir gestattete, einige seiner Fotos von den Lindberghs und von Amelia Earhart in diese Biographie aufzunehmen.

Mein besonderer Dank gilt auch Selden Rodman, Schriftsteller und Kritiker, für seine Erlaubnis, mich seine persönlichen Tagebücher, die seine Beziehung zu den Lindberghs während der Vorkriegszeit betreffen, und seine Korrespondenz mit Anne Morrow Lindbergh Ende der 30er und Anfang der 40er Jahre lesen zu lassen.

Die Ninety-Nines, eine Organisation internationaler Fliegerinnen, ließ mir ebenfalls wertvolle Hilfe zukommen. Ich möchte Gene Nora Jessen, der Präsidentin, meinen Dank aussprechen. Ebenso bin ich Ruth S. Dobrescu, einer persönlichen Freundin von Mrs. Lindbergh, die mir kostbare Informationen über die Karriere der Mollisons und der Haizlips, zweier berühmter Fliegerehepaare der 30er Jahre, lieferte, und Mrs. Courtney Bargerhuff für ihre gründliche Recherchierarbeit verbunden.

Viele andere Menschen haben zu dieser Biographie beigetragen, indem sie mir über ihre Erinnerungen berichteten, Anhaltspunkte lieferten oder Ermutigung zukommen ließen. Ihnen allen schulde ich großen Dank: Jill Alexander, Jerry Bauer, Noel Behn, Sir Isaiah Berlin, Max und Renee Bierman, Richard M. Bissell jr., Mary Bode, Dr. Porter Brashier, Nikki Brierton, Toni Brown, Kent Chandler jr., Robert und Eve Chuse, Ella Merkel DiCarlo, Douglas Fairbanks jr., Marjorie Felice, Barbara Fisher, Alan R. Freestone, Constance Fulenwider, Maida Goodwin, Frances Greene, Dr. Ronald Grele, Peggy Guido, Alex und Stephanie Handy, Jon und Wendy Harlow, Janet Holbrook, Lesa M. Holstine, Ann Hook, Lady Shevan Hornby, Elizabeth Hunnewell, Sylvia Hutchinson, Dr. Abe Jankowitz, David Janness, Joyce Jurnovoy, Dr. Camela A. Karnoutsos, Ludovic Kennedy, Les Kippel, Carol Klein, Corliss Lamont, Dr. John K. Lattimer, Professor A. W. Lawrence, Reeve Lindbergh, Mrs. Henry Luce III, Florence Lundquist, John Marquard jr., Robert McKinstry, Joan Mellen, Horace Perry, Maggie Root, Bill Rowe, Judith Schiff, Gerri Schofield, Janice Selinger, Andrew Silverman, Bette Silverman, Jay Silverman, Peter B. Spivak, Betty Tilson, Lester Trauch, O. G. Villard jr., G. A. Vondermuhll jr., John und Sylvia

Walsh, Cate Woods und Dr. sowie Mrs. Ralf Wyckoff. Ich bin weiteren Personen zu Dank verpflichtet, die aus verschiedenen Gründen hier jedoch nicht genannt werden möchten.

Den Bibliotheken und Bibliothekaren, die mir geholfen haben, Anne Morrow Lindberghs Leben zu dokumentieren, möchte ich ebenfalls danken: Captiva Memorial Library, Columbia University (Rare Book and Manuscript Library and Oral History Project), den öffentlichen Bibliotheken von Doylestown und New Hope, dem Museum of Broadcasting, der New Jersey State Library, der New York Public Library und der Roscoe L. West Library des Trenton State College in Trenton, New Jersey.

Aufgrund einer Anfrage gemäß dem Freedom of Information Act hat mir die Bundeskriminalpolizei ihre umfangreichen Akten über Charles A. Lindbergh zur Verfügung gestellt. Diese Dokumente tragen erheblich dazu bei, Lindberghs politische Aktivitäten vor dem Zweiten Weltkrieg zu erhellen.

Kein Biograph könnte eine Studie über Anne Morrow Lindbergh angehen, ohne sich gründlich über ihren Mann zu informieren. Den folgenden Biographen von Charles A. Lindbergh danke ich für ihre Einblicke in seine rätselhafte Persönlichkeit und Karriere: Kenneth S. Davis, *The Hero: Charles A. Lindbergh and the American Dream* (Doubleday, 1959); Walter S. Ross, *The Last Hero: Charles A. Lindbergh* (Harper & Row, 1968); und Leonard Mosley, *Lindbergh: A Biography* (Doubleday, 1976).

David Kirk Vaughans *Anne Morrow Lindbergh* (Twayne, 1988) war mir ebenfalls sehr von Nutzen, da es eine präzise Analyse von Mrs. Lindberghs literarischen Werken liefert, einschließlich der Prosa und der Gedichte, die sie schrieb, während sie Studentin am Smith College war. Auch ihre kürzeren veröffentlichten Beiträge blieben nicht unerwähnt.

Cynthia Bayley erzählte mir ausführlich und freimütig von ihrer Erfahrung beim Fliegen eines kleinen Flugzeugs. Ich möchte ihr danken, daß sie meine endlosen Fragen so geduldig beantwortet hat und mir stets eine gute Freundin war. Stacy Schiff, der Autorin einer in Kürze erscheinenden Biographie über Saint-Exupéry, bin ich für ihre Informationen, Hinweise und praktischen Ratschläge ebenfalls zu Dank verpflichtet.

Die Vollendung dieses Buches hätte sich ohne die Hilfe von Judith und Philip Toy äußerst schwierig gestaltet. Ich hatte das Glück, von ihrem Wissen über die Dichtung ebenso wie von ihrer Freundschaft profitieren zu dürfen.

Mein Schwiegervater Robert Silverman steuerte großzügig seine Dienste als Fotograf bei. Ich danke ihm für seine Arbeit zugunsten dieses Buches und für seine unerschöpfliche Freundlichkeit und seine gute Laune.

Überaus dankbar bin ich auch Margo Shearman für ihr genaues Lektorieren und Cindy Spiegel und Amy Hunerwadel von Tickner & Fields und Becky Saikia-Wilson, Sigrid Wile und Kathryn Blatt für ihre redaktionelle Hilfe.

Drei Menschen haben mir während der zeitweise sehr mühsamen und nicht enden wollenden Arbeit beigestanden. Meinem Mann Lance Silverman, meiner Mutter Lucielle Fletcher Wallop und meiner Freundin und Kollegin Marion Meade schulde ich für ihre Ermutigung und ihren Rat großen Dank, vor allem für ihre Liebe und Nachsicht.

Schließlich möchte ich Owen Laster, meinem Agenten bei William Morris, für seinen Rat und seine loyale Unterstützung während all der Jahre danken, ebenso John Herman von Tickner & Fields, einem Herausgeber der alten Schule, dem an seinen Büchern etwas liegt und der seine Autoren dazu inspiriert, ihr Bestes zu geben.

Dorothy Herrmann
NEW HOPE, PENNSYLVANIA 1992

Werke von Anne Morrow Lindbergh in deutscher Sprache

Blume und Nessel. Jahre in Europa. München: Piper, 1984.
Bring mir das Einhorn. Jahre meiner Jugend. München: Piper, 1972.
Die Erde leuchtet. München: Piper, 1970.
Die Gefährtin. Tübingen, 1956.
Halte das Herz fest. Die Hochzeit. München: Piper, 1962.
Ich fliege mit meinem Mann. Leipzig, 1937.
Muscheln in meiner Hand. München: Piper, 1955.
Stunden von Gold – Stunden von Blei. Jahre der Prüfung. München: Piper, 1973.
Trage mich über die Flut – The Unicorn. Gedichte. München: Piper, 1957.
Verschlossene Räume – offene Türen. Jahre der Besinnung. München: Piper, 1975.
Welt ohne Frieden. Tagebücher und Briefe 1939–1944. München: Piper, 1986.
Wind an vielen Küsten. München: Piper, 1956.
Horch der Wind! Zürich/Leipzig: Orell Füßli, 1939.

Anmerkungen

Vorwort

1 »Sie besitzt den stillen Mut«: *Christian Century*, 14. August 1935, S. 1039.

1 »Die schlafende Prinzessin«

1 Die Erbschaftssteuern: George Waller, *Kidnap: The Story of the Lindbergh Case* (New York: Dial Press, 1961), S. 14.
2 Noch einen Kuß: Harold Nicolson, *Dwight Morrow* (New York: Harcourt, Brace, 1935, S. 160f.
3 Ihrer Existenz bewußt: ebd. S. 162f.
4 »Körperlich ziemlich abstoßend«: James Lees-Milne, *Harold Nicolson: A Biography, 1930–1968* (London: Chatto & Windus, 1981, S. 50.
5 Seinen Pyjama trug: Ron Chernow, *The House of Morgan: An American Banking Dynasty und the Rise of Modern Finance* (New York: Atlantic Monthly Press, 1990), S. 288.
6 Schwarz von Kohlestaub: Nicolson, *Dwight Morrow*, S. 9.
7 »Wieder ein wunderbarer Abend«: ebd., S. 83.
8 »Dies entsprang seinem Bestreben«: ebd., S. 126.
9 »*Ungeheuer* reich«: ebd., S. 124.
10 Mit sich ins reine gekommen: ebd., S. 127.
11 »Phantastischen Röllchen aus Papier: ebd., S. 158f.
12 »Vor Panik erstarrten Kinderverstand«: Anne Morrow Lindbergh, *Bring mir das Einhorn. Jahre meiner Jugend* (München: R. Piper Verlag, 1972, S. 16.
13 Schweren Psychose: Interview der Autorin mit Richard Bissell, Robert McKinstry und Lester Trauch.
14 Befand ihn schließlich sogar für intelligent: Lees-Milne, *Harold Nicolson*, S. 50.
15 »Der wunderbarste Mensch der Welt«: Interview der Autorin mit Robert McKinstry.
16 »Anne versprach feierlich«: Zitiert in Nicolson, *Dwight Morrow*, S. 158.

17 Und sie befreite: Anne Morrow Lindbergh, *Bring mir das Einhorn*, S. 19.

18 Genauso berühmt und mächtig: Julie Nixon Eisenhower, *Special People* (New York: Simon & Schuster, 1977), S. 127. Laut Eisenhower hatte die Schulleiterin der Chapin School in New York Annes Klasse 1924 die Aufgabe gestellt, die Art von Mann zu beschreiben, den die Schülerinnen heiraten wollten. Anne antwortete: »Ich möchte einen Helden heiraten.«

2 »Ein moderner Galahad«

1 Feministinnen des 19. Jahrhunderts: Dorothy M. Brown, *Setting a Course: American Women in the 1920s* (Boston: Twayne, 1987), S. 248.

2 »Ich will schreiben«: Anne Morrow Lindbergh, *Bring mir das Einhorn*, S. 99.

3 Nach der Bekanntgabe ihrer Verlobung: David Kirk Vaughan, *Anne Morrow Lindbergh* (Boston: Twayne, 1988), S. 5.

4 »Unterschied zwischen Tagebüchern und Briefen«: Anne Morrow Lindbergh, *Bring mir das Einhorn*, S. 10.

5 »Diese Heiraterei«: ebd., S. 83.

6 Was Lindbergh freundlich ablehnte: Interview der Autorin mit John Marquand jr.

7 »Ein kühner junger Mann«: Alden Whitman, »Lindbergh Dies of Cancer in Hawaii at the Age of 72«, *New York Times*, 27. Aug. 1974, S. 18.

8 »Eine desillusionierte Nation«: Frederick Lewis Allen, *Only Yesterday: An Informal History of the 1920s* (New York: Harper & Row, 1931), S. 220.

9 »Das Interesse an ihm«: Kenneth S. Davis, *The Hero: Charles A. Lindbergh and the American Dream* (Garden City, N. Y.: Doubleday, 1959), S. 212.

10 »Von einer pittoresken aeronautischen Bewegung«: *Aviation Week*, 12. Aug. 1991, S. 88.

11 »Keinem lebenden Amerikaner«: Allen, *Onlay Yesterday*, S. 221.

12 »Ich bin mir nicht sicher«: »Lindbergh«, in »The American Experience«, produziert von Stephen Ives und Ken Burns, geschrieben von Geoffrey C. Ward, Dokumentarfilm der Public Broadcasting System, 1990.

13 »Jene Art von Mann«: Bruce L. Larson, *Lindbergh of Minnesota: A Political Biography* (New York: Harcourt Brace Jovanovich, 1971), S. 31.
14 »Nicht der rechte Ort«: ebd., S. 32.
15 Wahrung ihrer finanziellen Interessen im Ausland: Leonard Mosley, *Lindbergh: A Biography* (Garden City, N. Y.: Doubleday, 1976), S. 15.
16 »Lindberghs bekannt ehrlicher Charakter«: Larson, *Lindbergh of Minnesota*, S. 207.
17 »Daß ich ins Gefängnis komme«: ebd., S. 241.
18 Ein so kühles und exzentrisches Wesen: Davis, *The Hero*, S. 54.
19 »Beim Auto zu bleiben«: ebd.
20 »Dieser Zwischenfall«: Charles A. Lindbergh, *Stationen meines Lebens* (Wien: Verlag Fritz Molden, 1980), S. 388.
21 Seine Klassenkameraden: Davis, *The Hero*, S. 60.
22 »Seine Mutter ist sein einziges ›Mädchen‹«: ebd., S. 60f.
23 »Wahrscheinlich mehr wegen der nahegelegenen Seen«: Brendan Gill, *Lindbergh Alone* (New York: Harcourt Brace Jovanovich, 1977), S. 86.
24 »Die Anfangszeit meiner Fliegerei«: Charles A. Lindbergh, *Stationen meines Lebens*, S. 25.
25 »Das Leben eines Fliegers«: ebd., S. 87.
26 »Die einzige moderne Entsprechung«: Walter J. Boyne, *The Smithsonian Book of Flight* (Washington, D. C.: Scmithsonian Books, 1987), S. 116.
27 »Mit Hilfe des Verstandes«: Charles A. Lindbergh, *Stationen meines Lebens*, S. 378.
28 Manchmal hohes Gras berührte: Davis, *The Hero*, S. 128.
29 Er spritzte schlafenden Männern: ebd., S. 117.
30 »Seine Mitkadetten«: Gill, *Lindbergh Alone*, S. 97.
31 »Im Mittelpunkt des Lebens ihrer Söhne«: ebd., S. 82.
32 »Nicht ganz ernst zu nehmen«: »Lindbergh«, in »The American Experience.«
33 In einer Katastrophe enden: Boyne, *The Smithsonian Book of Flight*, S. 126.
34 »Aber ich wollte ja Publicity«: Charles A. Lindbergh, *Stationen meines Lebens*, S. 99f.
35 »Die Meinung der Nation«: Allen, *Only Yesterday*, S. 190.

36 Während dieser Ära: Vicki Goldberg, »Voyeurism: The Mass Media and Photography«, *New York Times*, 8. März 1992.

37 »Das Zeitungsmachen«: Interview der Autorin mit Alex Handy. Eric Mills, »Chronicler of an Eventful Era«, *The Sunday Star* (Easton, Md.), 15. März 1991. Alex Handy, ein Fotograf, der 1926 und 1927 für die *New York Daily News* arbeitete, berichtete über Lindberghs Start vom Roosevelt Field. Während der folgenden Jahre freundete er sich mit dem Flieger an, der die meisten Journalisten mied. Noch ehe er seinen Auftrag, einige offizielle Porträts von Charles, Anne und Charles jr. zu machen, ausführen konnte, wurde das Kind gekidnappt. Handy, der nach Bekanntwerden der Nachricht von der Entführung des Kindes als einer der ersten Presseleute in Hopewell eintraf, erinnert sich, daß Norman Schwarzkopf, Polizeipräsident der Staatspolizei von New Jersey, ihn unverzüglich des Grundstücks verweisen wollte. Doch Charles sagte zum Colonel: »Nein, lassen Sie ihn hierbleiben.« Handy empfand Schwarzkopf als einen »selbstgefälligen Mann, der versuchte, die Dinge voranzutreiben und die Menschen auf Distanz zu halten«, während Lindbergh jemand war, »der einen beurteilte, noch ehe er ein Wort gesagt hatte«. Zum Zeitpunkt der Entführung jedoch schien Lindberghs Reserviertheit gegenüber der Presse ins Wanken zu geraten. Laut Handy wirkte er »verwirrt. Die meiste Zeit wußte er nicht, was er sagen sollte«.

38 »Ich hielt das für kläglich sentimental«: Charles A. Lindbergh, *Stationen meines Lebens*, S. 101.

39 Sah er Gestalten: ebd., S. 28.

40 »Leben bedeutete mir mehr als Ruhm«: ebd., S. 401.

41 »Durch Morrow konnten sie«: Chernow, *The House of Morgan*, S. 291.

42 Morrow selbst wurde Lindberghs Finanzberater: ebd., S. 292.

43 »Die Möglichkeiten moderner Flugzeuge«: Charles A. Lindbergh, *Stationen meines Lebens*, S. 110.

44 »Die fliegerischen Probleme«: ebd., S. 111.

45 »Die besten Karten von Mexiko«: ebd., S. 115.

46 »Es war absolut begeisternd«: Zitiert in Nicolson, *Dwigt Morrow*, S. 313.

47 »Plötzlich, als wir aus der Schlucht«: Anne Morrow Lindbergh, *Bring mir das Einhorn*, S. 105.

48 »Ich sah vor einer mächtigen Steinsäule«: ebd., S. 108.

3 »Die Romanze des Jahrhunderts«

1 »Was für eine Art Mann war das?«: Anne Morrow Lindbergh, *Bring mir das Einhorn*, S. 109.

2 »Er meidet uns«: Anne Morrow Lindbergh, *Bring mir das Einhorn*, S. 115.

4 »Nicht wieder glücklich sein«: ebd., S. 129.

5 »Der Eindruck von diesem klaren«: ebd., S. 131 ff.

6 »Das grauenhafte Gefühl der Tragödie«: ebd., S. 139.

7 »Er wird sich ganz natürlich«: ebd., S. 151.

8 Zwei begehrte Literaturpreise: Anne gewann für ihre Arbeit über Mme D'Houdetot den Elizabeth-Montagu-Preis, eine jährlich verliehene Auszeichnung für den besten Essay über Frauen des 18. Jahrhunderts oder in der Literatur dieser Zeit dargestellte Frauen, und den Mary-Augusta-Jordan-Preis für eines ihrer Sonette.

9 »Überwältigend«: ebd., S. 155 f.

10 »Warum komme ich Menschen in Briefen näher«: ebd., S. 163.

11 »Es war wie das plötzliche Herabfallen«: ebd., S. 217.

12 »Stiefel hätten mich rascher«: ebd., S. 243.

13 »Es war unvergleichlich«: ebd., S. 251.

14 »Er ist einfach *sehr* nett«: ebd., S. 252.

15 »Er schlägt niemals ein Buch auf«: ebd., S. 272.

16 »Manchmal wieder sagt er etwas«: ebd., S. 289.

17 »Für das Wesentliche in unserem Leben«: ebd., S. 289.

18 »Ich glaube nicht«: »Lindbergh«, in »The American Experience«.

19 »Die Beziehungen eines herumreisenden Fliegers«: Charles A. Lindbergh, *Stationen meines Lebens*, S. 153.

20 »Ein Mädchen sollte natürlich«: ebd., S. 150.

21 »Es gibt das Sprichwort«: ebd., S. 154.

22 »Die zweite Tochter«: ebd., S. 154 f.

23 »Eine Verabredung mit einem Mädchen«: ebd., S. 155.

24 »Ich finde das vollkommen natürlich«: Anne Morrow Lindbergh, *Bring mir das Einhorn*, S. 288.

25 »Allem Anschein nach«: ebd., S. 302.

26 »Seine Humorlosigkeit«: ebd., S. 297.

27 »Den Löffel, den der Flieger«: P. J. O'Brien, *The Lindberghs: The Story of a Distinguished Family* (International Press, 1935), S. 46.

28 »Meine Mutter war überrascht«: Interview mit Anne Morrow Lindbergh, »Crossing the Distance«, »American Album«, Discovery Channel, 1990.

29 »Obwohl die Morrows selbst«: Zitiert in Lees-Milne, *Harold Nicolson*, S. 50.
30 »Er will Anne heiraten?«: Fernsehinterview mit Eric Sevareid und Anne Morrow Lindbergh, 1977 (Museum of Broadcasting).
31 »Schon vor meiner Verlobung«: Charles A. Lindbergh, *Stationen meines Lebens*, S. 157.
32 »Aus dem schöpferischen Dunkel«: Anne Morrow Lindbergh, *Stunden von Gold, Stunden von Blei. Jahre der Prüfung* (München: R. Piper Verlag, 1973), S. 132.
33 »Das ist nun der Test«: ebd., S. 150.
34 »Ich bin *sicher, sicher*«: ebd., S. 32.

4 Höhenflüge

1 »Erwähne nie etwas«: Anne Morrow Lindbergh, *Stunden von Gold, Stunden von Blei*, S. 134.
2 »Die Vorsicht verbot«: ebd., S. 134.
3 »Ritter in schimmernder Wehr«: ebd., S. 130.
4 »Ich habe schon so viel«: ebd., S. 176.
5 »Mit meinem Mann zu fliegen«: ebd., S. 16.
6 Draufgänger wie Träumer: Robert Daley, *An American Saga: Juan Trippe and His Pan Am Empire* (New York: Random House, 1980), S. 8f.
7 »Aber dies gestaltete sich«: ebd., S. 74f.
8 »Er war ein Held«: ebd., S. 481.
9 »Wir stiegen auf der linken Seite«: Anne Morrow Lindbergh, *Stunden von Gold, Stunden von Blei*, S. 108.
10 Alle schienen die Tatsache: ebd., S. 194.
11 »Die *Sirius*«: »Crossing The Distance«, in »American Album«.
12 »Eine erstaunliche Person«: Anne Morrow Lindbergh, *Stunden von Gold, Stunden von Blei*, S. 156.
13 »Einer bezaubernden Würde«: Zitiert in »Anne Morrow Lindbergh«, *Current Biography*, 1940.
14 »Brachte Amelia… uneingeschränkte Bewunderung«: Doris L. Rich, *Amelia Earhart: A Biography* (Washington. D. C.: Smithsonian Institution Press, 1989), S. 100f.
15 »Anne, der Colonel und AE«: Zitiert in Mosley, *A Biography*, S. 150.

16 »Der Kern von Lindberghs Wesen«: George Palmer Putnam, *Wide Margins: A Publisher's Autobiography* (New York: Harcourt, Brace, 1942, S. 238 ff.
17 »Das bis dahin größte Abenteuer«: Charles A. Lindbergh, *Stationen meines Lebens*, S. 22.
18 Während er auf der Suche: Davis, *The Hero*, S. 279.
19 Als einzige Frau: ebd., S. 282.
20 »In Wirklichkeit fürchtete ich mich«: Anne Morrow Lindbergh, *Stunden von Gold, Stunden von Blei*, S. 141.
21 »Ich erwarte ein Baby«: »Crossing the Distance«.
22 »Experiment im Fliegen«: Zitiert in Davis, *The Hero*, S. 284.
23 Obwohl die meisten Reporter inzwischen: Mosley, *Lindbergh: A Biography*, S. 151.
24 »Sicher, da ich nur schwer glauben konnte«: Anne Morrow Lindbergh, *Stunden von Gold, Stunden von Blei*, S. 140.
25 Außerdem hatte sich kürzlich: Davis, *The Hero*, S. 283.
26 Er erklärte außerdem: ebd., S. 283 f.

5 »Sie ist die Bemannung«

1 »Ich bin aus dem Bett«: Anne Morrow Lindbergh, *Stunden von Gold, Stunden von Blei*, S. 184.
2 »Ich will meins«: ebd., S. 182.
3 »Umarmen und küssen Sie«: Zitiert in Brown, *Setting a Course*, S. 120.
4 »Es ist schön«: Anne Morrow Lindbergh, *Stunden von Gold, Stunden von Blei*, S. 205.
5 Anne jedoch war begeistert: Rich, *Amelia Earhart*, S. 100.
6 »In einem Baum landen«: »Crossing the Distance«.
7 »Ich wollte schrecklich gern«: ebd.
8 »Wie eine Königin«: ebd.
9 »Ziemlich viel trank«: Harold Nicolson an Vita Sackville-West am 26. September 1934. Sackville-West, V., Manuskripte, Lilly Library, Indiana University, Bloomington, Indiana.
10 »Schlauen und selbstsüchtigen kleinen *Parvenü*«: Harold Nicolson, *Diaries and Letters, 1930–1939*, herausgegeben von Nigel Nicolson (New York: Atheneum, 1966), S. 189.
11 »Dwight ist so müde«: Nicolson, *Dwight Morrow*, S. 379.
12 »Das ist doch Unsinn«: Zitiert in Davis, *The Hero*, S. 295.
13 »Charles, mach dir niemals«: Nicolson, *Dwight Morrow*, S. 395.

14 »Die Insel«: Anne Morrow Lindbergh, *Ich fliege mit meinem Mann* (Leipzig: E. P. Tal & Co. Verlag, 1937), S. 31f.
15 »Das von der Pan Am«: Daley, *An American Saga*, S. 111.
16 »Sie dürfen nicht vergessen«: Anne Morrow Lindbergh, *Ich fliege mit meinem Mann*, S. 41.
17 »Wie schrecklich«: ebd., S. 58f.
18 »Als ich sie verließ«: ebd., S. 119.

6 »Ein sehr bedeutender Mann«

1 »Bisweilen sollte man sich«: Anne Morrow Lindbergh, *Ich fliege mit meinem Mann*, S. 168.
2 »Ich fürchte«: Anne Morrow Lindbergh, *Stunden von Gold, Stunden von Blei*, S. 245.
3 »Da paddelt Klein-Anne-Pan«: ebd., S. 255.
4 »Ich war ganz aufgekratzt«: ebd., S. 257.
5 »Wie lange wird die Reparatur dauern«: ebd., S. 257.
6 »Ich wache ständig mit dem Gedanken auf«: Nicolson, *Dwight Morrow*, S. 399.
7 »Ich brauche mehr Abstand«: Ronald Steel, *Walter Lippmann and the American Century* (Boston: Little Brown, 1980), S. 243.
8 »Er hatte eine Spur Verrücktheit«: Nicolson, *Diaries and Letters*, S. 186.
9 »Für mich ist es durch Charles«: Anne Morrow Lindbergh, *Stunden von Gold, Stunden von Blei*, S. 258.
10 »Ein kräftiger, selbständiger Junge«: ebd., S. 260.
11 »Ich weiß, daß Sie sagten«: ebd., S. 206.
12 »Er war völlig verstört«: ebd., S. 262.

7 »Anne, man hat unser Baby geraubt«

Dieses Kapitel, das die Entführung von Charles Augustus Lindbergh jr. am 1. März 1932 rekonstruiert, basiert auf den Aktenunterlagen der Staatspolizei von New Jersey.

1 »Damals begann mein Verstand«: Charles A. Lindbergh, *Stationen meines Lebens*, S. 162.
2 »Mein Verständnis für technische Probleme«: ebd., S. 166.
3 »Ein höchst feinfühliges Mädchen«: Zitiert in Ludovic Kennedy, *The Airman and the Carpenter: The Lindbergh Kidnapping and the Framing of Richard Hauptmann* (New York: Viking Penguin, 1985), S. 88.

8 »Er war so ein vergnügter, gebieterischer, sicherer kleiner Junge.«

1 »Ein Zeichen mangelnder geistiger Gesundheit«: *New York Times*, 4. März 1932.

2 »Viele ihrer Enkel«: Chernow, *The House of Morgan*«, S. 301.

3 »Die Lindbergh-Entführung«: Barbara Goldsmith, *Little Gloria: Happy at Last* (New York: Knopf, 1980), S. 195.

4 Der Entführungsfall Marion Parker: Hank Messick und Burt Goldblatt, *Kidnapping: The Illustrated History* (New York: Dial, 1974), S. 52ff.

5 »Viele Kinder damals«: Goldsmith, *Little Gloria*, S. XII.

6 »Wie ein zerstreuter Geist«: Zitiert in Kennedy, *The Airman and the Carpenter*, S. 12.

7 MUTTER BEGEGNET SCHWERER PRÜFUNG: *New York Times*, 3. März 1932.

8 MUTTER MIT HAUSHALTSPFLICHTEN: *New York Times*, 4. März 1932.

9 »Es ist so entsetzlich«: Anne Morrow Lindbergh, *Stunden von Gold, Stunden von Blei*, S. 287.

10 »Die Zeit steht«: ebd., S. 295.

11 »Ich brauche nur an jene erste Woche«: ebd., S. 344.

12 »C. ist *wunderbar*«: ebd., S. 282.

13 »Laut Statistik«: ebd., S. 267.

14 »Sie wußten«: ebd., S. 282.

15 »Ich lernte die beiden Unterweltkönige«: ebd., S. 287.

16 Condon verfaßte später: Zitiert in Kennedy, *The Airman and the Carpenter*, S. 98.

17 »Oder war es eine Szene«: ebd.

18 »Bisher brieflich geführt«: Anne Morrow Lindbergh, *Stunden von Gold, Stunden von Blei*, S. 300.

19 »Alten, netten Professor«: Charles A. Lindbergh, *Stationen meines Lebens*, S. 173.

20 »Aufrichtigen Dank«: Zitiert in Walter S. Ross, *The Last Hero: Charles A. Lindbergh* (New York: Harper & Row, 1964), S. 208.

21 »Spinner«: Zitiert in Kennedy, *The Airman and the Carpenter*, S. 125.

22 »Ich spüre merkwürdigerweise«: Anne Morrow Lindbergh, *Stunden von Gold, Stunden von Blei*, S. 309. Im Jahre 1932 stellte ein Coroner von Mercer County fest, daß Charles Augustus jr. »an ei-

nem Schädelbruch starb, der auf äußere Gewalteinwendung zurückzuführen ist« (d. h. verursacht dadurch, daß eine Sprosse der Leiter brach und der Entführer die Sackleinentasche, in der sich das Kind befand, versehentlich fallen ließ). Einige moderne Gerichtsmediziner sind jedoch keineswegs davon überzeugt, daß der Tod des Kindes durch einen Schädelbruch verursacht wurde oder daß er ein Versehen war. Im Jahre 1983 schrieb Dr. Michael M. Baden, der stellvertretende oberste Gerichtsmediziner von Suffolk County, Hauppauge, New York, daß »Schädelbrüche an sich nicht den Tod verursachen, jedoch schwere Verletzungen des Gehirns« und daß das Gehirn des Kindes im Autopsiebericht überhaupt nicht beschrieben wurde. Er weist außerdem darauf hin, daß sich am Abend des 1. März zahlreiche Personen in dem Haus aufgehalten hätten, einschließlich Charles Lindbergh, der in einem der unteren Räume war, und daß ein »Entführer sich nicht darauf verlassen konnte, daß das Baby nicht schreien würde«. Die »perforierenden Frakturen« auf beiden Seiten des Kopfes, die der Coroner postmortem bemerkt hatte, könnten erst nach dem Tod des Kindes aufgetreten sein, möglicherweise als Folge, daß die Leiche im Wald hastig abgeworfen wurde oder durch wilde Tiere oder durch den natürlichen Prozeß der Verwesung, der sich bei Leichen von Kindern anders vollzieht als bei denen von Erwachsenen, so daß sich »die natürlichen Verwachsungslinien trennen und Frakturlinien sichtbar werden lassen«. Dr. Baden ist der Auffassung, daß »obwohl die Todesumstände und der Autopsiebericht widerspruchsfrei zu der Todesursache, dem Schädel-Hirn-Trauma, vielleicht durch einen Fall verursacht, stehen, ... die Möglichkeiten, daß das Kind vorsätzlich durch Ersticken oder Erwürgen in seinem Bettchen getötet wurde, nicht ausgeschlossen werden können.« (Vgl. dazu M. M. Baden, »The Lindbergh Kidnapping: Review of the Autopsy Evidence«, *Journal of Forensic Science* [JFSCA] 28, 4. Oktober 1983, S. 1071 ff.

23 Auszüge aus Anne Morrow Lindberghs Tagebucheintragungen, 13. bis 20. Mai 1932: *Stunden von Gold, Stunden von Blei*, S. 311 ff.

24 »Sein blauer Mantel«: ebd., S. 320.

25 »Es ist so friedlich«: ebd., S. 321.

26 »Er ist fort«: ebd., S. 364.

9 Opfer

1 »Als ob man«: Anne Morrow Lindbergh, *Stunden von Gold, Stunden von Blei*, S. 340.
2 »Ich betrachte sie«: ebd., S. 324.
3 »Ich glaube«: ebd., S. 336.
4 »Wie alte Damen«: ebd., S. 335.
5 »Wäre da nicht«: ebd., S. 341.
6 »Solange du dein ganzes Leben«: ebd., S. 341.
7 Während des Prozesses: Mosley, *Lindbergh*, S. 164.
8 »Dort ohne Hoffnung«: Anne Morrow Lindbergh, *Stunden von Gold, Stunden von Blei*, S. 351.
9 »Still und friedlich«: ebd., S. 315.
10 »Und ich ging voller Liebe«: ebd., S. 386.
11 »Die Ergebenheit dieses Hundes«: ebd., S. 360.
12 »Ich wußte immer schon«: ebd., S. 374.
13 »Eine Tür ins Leben«: ebd., S. 376.
14 »Ich merke, daß ich an dieses Baby denke«: ebd., S. 389.
15 »Keine berufliche Laufbahn«: ebd., S. 399.
16 »Das war die alte Elisabeth«: ebd., S. 403.
17 »*Es ist nicht geschehen*«: Anne Morrow Lindbergh, *Verschlossene Räume, offene Türen. Jahre der Besinnung*. (München: R. Piper Verlag, 1973), S. 35 f.
18 »Die Hervorhebung von Jahrestagen«: Anne Morrow Lindbergh, *Verschlossene Räume, offene Türen*, S. 41.
19 Psychologische Symptome bei Opfern von Gewaltverbrechen: Sherrye Henry, »Can a Marriage Survive Tragedy?« *Parade*, 15. Juli 1990, J. L. Barkas, *Victims* (New York: Charles Scribner's Sons, 1978).
20 »Ich dachte, mein Gott«: »Lindbergh«, in »American Experience«.

10 »Wo ist meine Welt?«

1 »Und über der Erde«: Anne Morrow Lindbergh, *Verschlossene Räume, offene Türen*, S. 49.
2 Als er vorbei war: »Crossing the Distance«, in »American Album«.
3 »Sie hatten für die kommerzielle Luftfahrt«: ebd.
4 Anders als die Lindberghs: John P. V. Heinmuller, *Man's Flight to Fly* (New York: Funk & Wagnalls, 1944), S. 183 ff., Mary S. Lovell, *Straight on Till Morning: The Biography of Beryl Markham* (New York: St. Martin's, 1987), S. 199.

5 James und Mary Haizlip: Zeitungsausschnitte unbekannter Herkunft.
6 »Nicht gut für dich«: Anne Morrow Lindbergh, *Verschlossene Räume, offene Türen*, S. 151.
7 »Verdammt, verdammt«: ebd., S. 146f.
8 »Aber in C's Welt«: ebd., S. 104.
9 »Ich... habe die ganze Zeit panische Angst«: ebd., S. 195f.
10 Florence Klingensmith: Zeitungsausschnitte unbekannter Herkunft.
11 Der tragische Tod von William Hopson: Boyne, *Smithsonian Book of Flights*, S. 115.
12 »Ich kann nicht erreichen«: Anne Morrow Lindbergh, *Verschlossene Räume, offene Türen*, S. 186.
13 »Während dieses ganzen Besuchs«: ebd., S. 169f.
14 Einzelheiten zu Bruno Hauptmanns Verhaftung: George Waller, *Kidnap: The Story of the Lindbergh Case* (New York: Dial, 1961), S. 212ff.
15 »Dies ist nur ein kleiner Brief«: Anne Morrow Lindbergh, *Verschlossene Räume, offene Türen*, S. 250.
16 »Ewigen Kampf«: ebd., S. 268.

11 »Die Geisha«

1 »Ein gewagtes Unternehmen«: Nicolson, *Diaries and Letters*, S. 175.
2 »Er ist ein stiller Mann«: Anne Morrow Lindbergh, *Verschlossene Räume, offene Türen*, S. 254.
3 »In dessen Gesicht«: Nicolson, *Diaries and Letters*, S. 131f.
4 »Anne wie eine Geisha«: ebd., S. 180.
5 Wenn er ihm in einer Unterhaltung: Lees-Milne, *Harold Nicolson*, S. 51.
6 »Er ist ein sehr bescheidener Mensch«: Harold Nicolson an Vita Sackville-West am 13. Okt. 1934. Sackville-West, V., Manuskripte, Lilly Library, Indiana University.
7 »Er amüsiert und verwirrt mich«: Nicolson, *Diaries and Letters*, S. 182f.
8 »Dieses dramatische Ereignis«: ebd., S. 184.
9 »Sie sollten wieder eine Reise machen«: Anne Morrow Lindbergh, *Verschlossene Räume, offene Türen*, S. 255.
10 »Das war ein plötzliches Erkennen«; ebd., S. 256.

11 »Anne ist immer so bescheiden«: Harold Nicolson an Vita Sackville-West am 14. Okt. 1934. Sackville-West, V., Manuskripte, Lilly Library, Indiana University.
12 »Ich habe Anne Lindberghs Artikel gelesen«: Vita Sackville-West am 28. Okt. 1934, ebd.
13 »Irgendein schreckliches Schicksal«: Harold Nicolson an Vita Sackville-West am 23./24. Nov. 1934. Sackville-West, V., Manuskripte, Lilly Library, Indiana University.
14 »Mich packt Entsetzen«. Anne Morrow Lindbergh, *Verschlossene Räume, offene Türen*, S. 264.
15 »Wie du weißt, Viti«: Nicolson, *Diaries and Letters*, S. 191.
16 »Das Leben, das vor mir lag«. Anne Morrow Lindbergh, *Verschlossene Räume, offene Türen*, S. 270.
17 »C. bei der Gerichtsverhandlung«: ebd., S. 280.

12 Zeugin

1 »Wie eine mattierte Ansichtskarte«: Zitiert in Julie Goldsmith Gilbert, *Ferber: A Biography* (Garden City, N. Y.: Doubleday, 1978), S. 324.
2 Prostituierte waren unterwegs: Mosley, *Lindbergh*, S. 188.
3 Anne Morrow Lindberghs direkte Befragung durch David Wilentz ist der Abschrift des Gerichtsverfahrens *State of New Jersey v. Bruno Richard Hauptmann* entnommen.
4 Auch der altgediente Reporter: Lee Israel, *Kilgallen* (New York: Delacorte, 1979), S. 40f.
5 »Mrs. Lindbergh wird bei diesem Prozeß«: Adela Rogers St. Johns, *The Honeycomb* (Garden City, N. Y.: Doubleday, 1969), S. 288.
6 Auszüge aus den Kolumnen von Adela Rogers St. Johns: Zitiert in Israel, *Kilgallen*, S. 43.
7 »Ich nahm die Person«: St. Johns, *The Honeycomb*, S. 344.
8 »Ich sah sie in jenen Tagen«: ebd., S. 291f.
9 »Alle, die ich nach dem eindrucksvollsten Moment«: ebd., S. 320.
10 »Wir, die wir in diesem Gerichtssaal sitzen«: ebd., S. 319.
11 »Der Prozeß gegen Hauptmann«: Alexander Woollcott, *The Portable Woolcott*, selected by Joseph Hennessey «New York: Viking, 1946), S. 575.
12 »Ich las die Zeitung«: Anne Morrow Lindbergh, *Verschlossene Räume, offene Türen*, S. 296.
13 »In höchstem Kummer«: St. Johns, *The Honeycomb*, S. 308f.

14 »Das blasse Profil«: Anne Morrow Lindbergh, *Verschlossene Räume, offene Türen*, S. 293.
15 Zeugenaussage des Holzexperten: Samuel G. Blackman, »The Trial of the Century«, Associated Press, *Doylestown Intelligencer*, 26. Jan. 1992; Waller, *Kidnap*; und Kennedy, *The Airman and the Carpenter*.
16 »Wie ungeheuerlich«: Anne Morrow Lindbergh, *Verschlossene Räume, offene Türen*, S. 294.
17 »Unter unseren Reportern«: St. Johns, *The Honeycomb*, S. 340.
18 »Daß es beim Lesen«: Harold Nicolson an Vita Sackville-West am 14. Febr. 1935. Sackville-West, V., Manuskripte, Lilly Library, Indiana University.
19 »Im Haus liefen zwei Radios«: ebd.
20 »Steckte Betty plötzlich ihren Kopf«: ebd.
21 »Das Gebrüll des Mobs«: Anne Morrow Lindbergh, *Verschlossene Räume, offene Türen*, S. 296.
22 »Ich gewann den Eindruck«: Brief an Autor vom 12. Juni 1990.

13 Interim

1 »Die Geschichte ist gut«. Anne Morrow Lindbergh, *Verschlossene Räume, offene Türen*, S. 318.
2 »Ich gehörte in diese Welt«: ebd., S. 319.
3 »Anne Lindbergh besitzt Gespür«: *Books*, 18. Aug. 1935, S. 1.
4 »Mrs. Lindbergh«: *Saturday Review*, 17. Aug. 1935, S. 6.
5 »*Ich fliege mit meinem Mann*«: Lewis Gannett, *St. Johns Herald Tribune*, 15. Aug. 1935, S. 16.
6 Harold Nicolson gefiel das Buch so gut: The Diary of Virginia Woolf, Band 4, 1931–1935, herausgegeben von Anne Olivier Bell (New York: Harcourt Brace Jovanovich, 1982), S. 335. Woolfs Reaktion auf *Ich fliege mit meinem Mann* ist nicht bekannt, doch ihr Ehemann Leonard, der Annes Werk mochte, verteidigte das Buch 1957 in einem Brief an einen Freund, der ihn für seine Wahl von Autoren kritisiert hatte, als »nicht... in geringstem Grade falsch – sentimental, ja, aber nicht falsch.« *Letters of Leonard Woolf*, herausgegeben von Frederic Spotts (San Diego: Harcourt Brace Jovanovich, 1989), S. 360.
7 »Sie sollten akademische Grade«: Anne Morrow Lindbergh, *Verschlossene Räume, offene Türen*, S. 301.

8 Daraufhin hatten einige Boulevardblätter: Akten der New Jersey Staatspolizei, Brief vom 13. Mai 1932 von Michael H. Crowley, Polizeipräsident, Boston, Massachusetts, an Colonel H. Norman Schwarzkopf.
9 (abgesehen von mehreren Vermächtnissen): Letzter Wille von Dwight W. Morrow datiert vom 27. Januar 1927, hinterlegt und beglaubigt am 23. Oktober 1931, Bergen County, New Jersey, B11957.
10 »Ich spüre plötzlich mein Erbe«: Anne Morrow Lindbergh, *Verschlossene Räume, offene Türen*, S. 336.
11 »Den man keines Wortes«: ebd., S. 336.
11 »Es verwirrt mich«: ebd., S. 312.
13 Der Mann, der das Foto gemacht hatte: Ferdinand Lundbergh, *Imperial Hearst: A Social Biography* (New York: Arno & New York Times, 1970), S. 307.

14 Himmlische Tage

1 »Die Fußböden waren so uneben«: Nigel Nicolson, *Portrait of a Marriage* (New York: Atheneum, 1973), S. 193f.
2 Nicht nur wegen seines ehrwürdigen Alters: Victoria Glendinning, *Vita: The Life of Vita Sackville-West* (New York: Knopf, 1983), S. 77.
3 »Breiter und ein wenig größer«: ebd., S. 286.
4 »Dann scheinen sich Klingen zu kreuzen«: Anne Morrow Lindbergh, *Blume und Nessel. Jahre in Europa* (München: R. Piper Verlag, 1984), S. 36.
5 In einem jener Vergleiche: ebd., S. 36.
6 »Ihre Ehe«: Nicolson, *Portrait of a Marriage*, S. IX.
7 »Harold, ich bin traurig«: ebd., S. 98f.
8 »Mit starken, schweigsamen, maskulinen Männern«: Glendinning, *Vita*, S. 131.
9 »Die Lindberghs«: Vita Sackville-West an Harold Nicolson am 4. März 1936. Sackville-West, V., Manuskripte, Lilly Library, Indiana University.
10 »Sie möglicherweise diesen Abend«: ebd., 2. Sept. 1936.
11 »Nein, Sir«: Nicolson, *Diaries and Letters*, S. 247.
12 »Als ob er den Blitz einladen wollte«: Waller, *Kidnap*, S. 591.
13 »Zeit und Raum«: Anne Morrow Lindbergh, *Blume und Nessel*, S. 32.

14 »Ich hatte das vorhergesehen«: ebd., S. 25.
15 »Wer bin ich denn«: ebd., S. 44.
16 »Die Ehe«: ebd., S. 62.
17 »Ich finde«: ebd., S. 128.
18 »Jene, die gemordet haben«: Alexis Carrel, *Man, the Unknown* (New York: Harper & Brothers, 1935), S. 318 f.
19 »Eine unheimliche Ähnlichkeit«: Mosley, *Lindbergh*, S. 220.
20 »Stimmt diese Überbetonung«: Anne Morrow Lindbergh, *Blume und Nessel*, S. 78 f.
21 »Frauen ihre Talente«: Carrel, *Man, the Unknown*, S. 89 f.
22 »Frauen eine höhere Erziehung«: ebd., S. 302.
23 »Weibchen, jedenfalls unter den Säugetieren«: ebd., S. 92.
24 »Handfest, munter«: Anne Morrow Lindbergh, *Blume und Nessel*, S. 58.
25 »Eine unglaublich starke«: ebd., S. 58.
26 »Den weiten Gesichtskreis«: ebd., S. 43.
27 »Seine ganze Erscheinung«: ebd., S. 47.
28 »Herrlich angezogen«: ebd., S. 48.
29 »In den letzten beiden Jahren«: Michael Bloch (Hg.), *Wallis & Edward: Letters 1931–1937, The Intimate Correspondence of the Duke and Duchess of Windsor* (New York: Summit Books, Simen & Schuster, 1986), S. 212.
30 »Aber mit meinem wohlbekannten Charme«: Zitiert in Nicolson, *Diaries and Letters*, S. 263.
31 »Im Namen von General Göring«: Zitiert in Mosley, *Lindbergh*, S. 210.
32 Neugierig geworden, antwortete Lindbergh: ebd., S. 211 f.

15 »Ein Paar Einhörner«

1 »Den Geschmack, die Ordnung«: Anne Morrow Lindbergh, *Blume und Nessel*, S. 71.
2 »Die Luftfahrt«: Zitiert in Mosley, *Lindbergh*, S. 216 f.
3 »Mit großem Unbehagen«: Anne Morrow Lindbergh, *Blume und Nessel*, S. 89.
4 »Für mich war das nationalsozialistische Deutschland«: Charles A. Lindbergh, *Stationen meines Lebens*, S. 208.
5 »Die Olympischen Spiele«: William L. Shirer, *The Rise and Fall of the Third Reich: A History of Nazi Germany* (New York: Simon & Schuster, 1960), S. 232 f.

6 »Ich war überrascht«: William L. Shirer, *The Nightmare Years, 1930–1940* (Boston, Little Brown, 1984), S. 136ff.

7 »Kannst du verstehen«: Vita Sackville-West an Harold Nicolson am 23. Juni 1937. Sackville-West, V., Manuskripte, Lilly Library, Indiana University, Bloomington, Indiana.

8 »*Mein Bruder*«: Anne Morrow Lindbergh, *Blume und Nessel*, S. 125.

9 Manuskript über die Perfusionspumpe: Nach fünfjähriger Arbeit gelang es Lindbergh, eine Perfusionspumpe zu entwickeln, die zu Versuchen eingesetzt werden konnte. Im April 1935 bearbeiteten er und Carrel ein komplettes Organ (die Schilddrüse einer Katze) zum ersten Mal erfolgreich im Versuchsglas. In den Folgemonaten gelang es Carrel und seinen Kollegen mit Hilfe von Lindberghs Pumpe, Nieren und Milz von Tieren zu durchschwemmen. Drei Jahre später, 1938, veröffentlichten Carrel und Lindbergh ein Buch mit dem Titel *The Culture of Organs*. Sie legten dar, daß es irgendwann möglich sein würde, »dem menschlichen Körper im Verlaufe einer Operation oder unmittelbar nach dem Tod Organe zu entnehmen, mit der Lindbergh-Pumpe wiederzubeleben und durch die künstliche Durchströmung erneut funktionstüchtig zu machen«. Lindberghs biochemisches Interesse rückte in den Hintergrund, als er sich gegen einen Eintritt der USA in den Zweiten Weltkrieg engagierte. Mitte der 60er Jahre stellten Wissenschaftler des Naval Medical Research Institute ein Duplikat der Lindbergh-Carrel-Perfusionspumpe her und versuchten, deren Experimente mit unterschiedlichem Erfolg zu wiederholen. Schließlich begab sich Lindbergh persönlich ins Labor und sorgte dafür, daß die Pumpe ordnungsgemäß arbeitete. In der Folge entwickelte er eine neue Perfusionspumpe, die jedoch niemals breite Anwendung fand, weil sie von Hand bedient werden mußte.

10 Bevor Lindbergh in die Vereinigten Staaten aufbrach: Zitiert in Wayne S. Cole, *Charles A. Lindbergh and the Battle Against Intervention in World War II* (New York: Harcourt Brace Jovanovich, 1974), S. 37.

11 »Dein Vater muß fort«: Anne Morrow Lindbergh, *Blume und Nessel*, S. 141.

12 »Die Lindberghs waren natürlich nicht da«: Vita Sackville-West an Harold Nicolson am 7. Dezember 1937. Sackville-West, V., Manuskripte, Lilly Library, Indiana University, Bloomington, Indiana.

13 »Mit seinem kleinen Jungen«: Interview der Autorin mit Nigel Nicolson.
14 »Wie ich Ihnen gesagt habe«: Zitiert in Theodore I. Malinen, *Surgery and Life: The Extraordinary Career of Alexis Carrel* (New York: Harcourt Brace Jovanovich, 1979), S. 145.
15 Die gesamten Aktien: ebd.
16 »Die Bäume sind so wunderbar«: Anne Morrow Lindbergh, *Blume und Nessel*, S. 316.
17 »Ich sah sie«: Anne Morrow Lindbergh, *Blume und Nessel*, S. 173.
18 »Ich denke, sie war in Long Barn«: Vita Sackville-West an Harold Nicolson am 24. Mai 1938. Sackville-West, V., Manuskripte, Lilly Library, Indiana University.
19 »Du weißt, daß die Lindberghs«: ebd., 14. Juni 1938.
20 »Nicolson, der entschieden gegen die Nazis war«: Nicolson hatte seine eigene kurze Berührung mit dem Faschismus. Während der Depression schloß er sich Sir Oswald Mosley, der später ein erklärter Faschist wurde, mit seiner New Party an, und wurde Redakteur der wöchentlich erscheinenden Publikation *Action*. Nicolson wurde jedoch rasch durch die anwachsende Identifikation der New Party mit Hitler und dem Nationalsozialismus desillusioniert. Obwohl er Mosley immer noch mochte, brach er die Verbindung ab. Nachdem Nicolson, ein ehemaliger Diplomat, seine Biographie über Dwight Morrow beendet hatte, nahm er seine politischen Aktivitäten wieder auf. 1935 wurde er als dem rechten Labourflügel zuzuordnender Abgeordneter in das House of Commons gewählt, und er wurde Ende der 30er Jahre bekannt, als er sich gegen Hitler und Mussolini stellte.
21 »Lindbergh ist höchst pessimistisch«. Nicolson, *Diaries and Letters*, S. 343.
22 »Lady Astor wünscht«: Charles A. Lindbergh, *Kriegstagebuch 1938–1945* (Wien: Verlag Fritz Molden, 1972), S. 26.
23 »Nicht so eine Art Mae West«: Anne Morrow Lindbergh, *Blume und Nessel*, S. 181.
24 »Den Verlust der europäischen Zivilisation«: Zitiert in Mosley, *Lindbergh*, S. 229f.
25 »Seine Schätzungen«: Anne Morrow Lindbergh, *Welt ohne Frieden*, S. 11.
26 »In Wirklichkeit hat Lindbergh«: ebd., S. 11.

27 »Ich bin mit der These«: Anne Morrow Lindbergh, *Blume und Nessel*, S. 269.
28 »Das ›einfache‹ Leben«: ebd., S. 10.
29 »Er… war wieder einmal«: ebd., S. 205.
30 »Mich lockt Rußland«: Anne Morrow Lindbergh, *Blume und Nessel*, S. 220.
31 »Ich blicke C. nach«: ebd., S. 221.
32 »Ich kam darauf«: Charles A. Lindbergh, *Kriegstagebuch 1938–1945*, S. 68.
33 »C. kam an diesem Abend«: Anne Morrow Lindbergh, *Blume und Nessel*, S. 285.
34 »Als Colonel Lindbergh«: Zitiert in Mosley, *Lindbergh*, S. 235.
35 »Die Geschichte von zehn Tagen«: *New York Times Book Review*, 16. Okt. 1938, S. 1.
36 »Mrs. Lindbergh schreibt hervorragend«: »*New Yorker*, 15. Okt. 1938, S. 92.
37 »Keiner weiß«: Anne Morrow Lindbergh, *Blume und Nessel*, S. 287.
38 »Die deutsch-jüdische Angelegenheit«: Joseph P. Lash, *A World of Love: Eleanor Roosevelt and Her Friends* (Garden City: N. Y.: Doubleday, 1982), S. 264.
39 »Man ist drauf und dran«: Anne Morrow Lindbergh, *Blume und Nessel*, S. 292.
40 »Ich finde es ekelhaft«: ebd., S. 303.
41 »Eigene freudige Überraschung«: ebd., S. 351.
42 »Ich bin innerlich voller Wut«: ebd., S. 351f.
43 »Das Überleben der Zivilisation«: Charles A. Lindbergh, *Kriegstagebuch 1938–1945*, S. 101.
44 »Wie kann die Demokratie«: ebd., S. 101.
45 »Sollte es einen Krieg geben«: Charles A. Lindbergh, *Stationen meines Lebens*, S. 244.
46 »Es ihm an staatsmännischer Weisheit fehlte«: ebd., S. 249.

16 »Arme Anne«

1 »Die präziseste Darstellung«: Anne Morrow Lindbergh, *Welt ohne Frieden. Tagebücher und Briefe 1939–1944* (München: R. Piper Verlag, 1984), S. XVII.
2 »Ich erblicke lediglich«: ebd., S. 32.
3 »Von der Romanze meines eigenen Lebens«: ebd., S. 42.

4 »Himmel, denke ich mir«: ebd., S. 45.
5 »Er erscheint, groß, leicht gebückt«: ebd., S. 45.
6 »Ich war vergnügt, befreit«: ebd., S. 46.
7 »Es war sehr aufregend«: ebd., S. 46 f.
8 »Diese lange und schreckliche Woche«: ebd., S. 66.
9 »Mit diesem Krieg«: ebd., S. 68.
10 »Doch schrittweise wird einem das volle Grauen«: ebd., S. 68 ff.
11 »Ich habe nicht die Absicht«: Charles A. Lindbergh, *Kriegstagebuch 1938–1945*, S. 133.
12 »Diese Kriege in Europa«: Zitiert in Mosley, *Lindbergh*, S. 259 f.
13 »Eine unfreundliche, persöniche Verleumdung«: ebd., S. 80.
14 »Nazi-Freund«: Steel, *Walter Lippmann*, S. 375.
15 Daß »er wie wild darum kämpfte«: *Spectator*, abgedruckt in der *New York Times*, 22. Okt. 1939.
16 »C. wird sträflich mißverstanden«: Anne Morrow Lindbergh, *Welt ohne Frieden*, S. 86.
17 »Lindberghs isolationistische Haltung«: ebd., S. 22.
18 »Gott sei Dank hat Anne den Mut«: Charles A. Lindbergh, *Kriegstagebuch 1938–1945*, S. 151.
19 »Das bei weiten beste«: ebd., S. 151.
20 »Doch hier bin ich und spreche«: »Prayer for Peace«. *Reader's Digest*, Jan. 1940, S. 1 ff.
21 »Im Verlaufe der nächsten zwanzig Jahre«: ebd.

17 Für Charles arbeiten

1 »Diesen Burschen Hauptmann«: Alexander Woollcott, *The Letters of Alexander Woollcott*, herausgegeben von Beatrice Kaufman und Joseph Hennessey (New York: Viking, 1944), S. 243.
2 »Fünf Tage nach der Rundfunkrede«: Chernow, *The House of Morgan*, S. 446.
3 »Ich bitte dringend darum«: Zitiert in »Elizabeth Cutter Morrow«, *Current Biography, Who's New and Why* (New York: H. W. Wilson, 1943), S. 539.
4 »In diesen Jahren«: Anne Morrow Lindbergh, *Welt ohne Frieden*, S. 8.
5 »Es war eine wunderbare, eine kämpferische Rede«: ebd., S. 11.
6 »Ein kluger Schachzug«: Zitiert in Chernow, *The House of Morgan*, S. 447.
7 Einer »sich verstärkenden Gefahr«: ebd.

8 Daß »er immer noch jung aussieht«: unveröffentlichte Tagebücher von Selden Rodman.

9 »C. wieder da«. Anne Morrow Lindbergh, *Welt ohne Frieden*, S. 129.

10 »Er nimmt sich das Register vor«: ebd., S. 138.

11 »Aber du verlangst zuviel«: ebd., S. 138.

12 »Das hysterische Geschwätz«: *New York Times*, 20. Mai 1940.

13 »Wellen-Metapher«: Davis, *The Hero*, S. 401.

14 »Ich mußte den Artikel schreiben«: Anne Morrow Lindbergh, *Welt ohne Frieden*, S. 150.

18 The Wave of the Future

1 »Doch es gibt andere Sünden«: ebd., S. 11.

2 »Die Bibel aller amerikanischen Nazis«: Zitiert in Mosley, *Lindbergh*, S. 275.

3 »Es gibt Menschen, die glauben«: Zitiert in Frank Freidel, *Franklin D. Roosevelt: A Rendezvous with Destiny* (New York: Little, Brown, 1990), S. 364.

4 »Ist die Sicherheit der Vereinigten Staaten«: Zitiert in Laurence Bergreen, *As Thousands Cheer: The Life of Irving Berlin* (New York: Viking, 1990), S. 383f.

5 »Wenn man zu Col. Lindberghs Reden«: *Washington Star*, 25. April 1941. Dorothy Thompsons Abneigung gegen Lindbergh scheint ihren Anfang genommen zu haben, als sie eines der Opfer seiner Streiche wurde. 1930, als sie und Lindbergh Gäste auf einer Dinnerparty waren, hatte der Flieger Mundwasser zu einem seltenen und erlesenen Burgunderwein gekippt, der dekantiert worden war und auf der Anrichte stand. Laut Vincent Sheean, Autor von *Dorothy and Red*, hatte Dorothy, die zu der Zeit schwanger war, »hohen Respekt vor gutem Wein« und hielt Lindberghs Witz »für scheußlich«. »Diese Begebenheit war prägend für ihren Eindruck von ihm; und zehn Jahre später, als er für die Isolationisten sprach… und sie zu einem frühen Stadium des Zweiten Weltkriegs eine der führenden Interventionalisten war, griff sie ihn zweimal gewaltig an«, schrieb Sheean. »Ich glaube nicht, daß Dorothy bei diesem Thema so wild geworden wäre, hätte sie nicht eine persönliche Abneigung in Erinnerung behalten, die auf der Erfahrung dieses Streichs beruhte. Für eine schwangere Frau auf einer Dinnerparty mit lauter fremden Menschen muß ein Glas Burgunder mit Mund-

wasser gemischt ein fürchterliches Übel gewesen sein.« (Vergleiche Vincent Sheean, *Dorothy and Red* [Boston: Houghton Mifflin, 1963], S. 172f.

6 »Ein geistesgestörter und böser Mann«: Alan Brinkley, *Voices of Protest: Huey Long, Father Coughlin, and the Great Depression* (New York: Knopf, 1982), S. 275.

7 Aufgrund »dieser Episode«: Cole, *Charles A. Lindbergh*, S. 230.

8 »Ich begegnete Lawrence Dennis«: ebd., S. 255.

9 »Dein Buch scheint«: Zitiert in Mosley, *Lindbergh*, S. 175f.

10 »Ich habe niemals gesagt«: Anne Morrow Lindbergh, *Welt ohne Frieden*, S. 175.

11 Wenn sie sich nicht besser ausdrückten konnte: Eisenhowr, *Special People*, S. 140.

12 »Die Besprechungen«: Anne Morrow Lindbergh, *Welt ohne Frieden*, S. 155.

13 »Ich hatte das Gefühl«: ebd., S. 158.

14 »Wenn ich meinen Abschied«: Charles A. Lindbergh, *Kriegstagebuch 1938–1945*, S. 224.

15 »Wenn das wahr ist«: Anne Morrow Lindbergh, *Welt ohne Frieden*, S. 185.

16 »Es ist sehr merkwürdig«: ebd., S. 201.

17 »Er ist ein stattlicher Mann«: ebd., S. 205f.

18 »Die Akten und anderes«: ebd., Bericht vom 21. Aug 1942, S. 5.

19 »Lieber General«: ebd., Brief vom 8. Sept. 1954.

20 »Im Dezember 1940 behauptete Dennis«: ebd., Bericht vom 29. Aug. 1942, S. 11.

21 »Lawrence Dennis ist bei weitem«: Anne Morrow Lindbergh, *Welt ohne Frieden*, S. 159f.

22 »Das FBI schlief«: Ovid Demaris, *The Director: An Oral Biography of J. Edgar Hoover* (New York: Harper's Magazine Press, 1975), S. 55f.

23 »Während der Prozeß gegen Hauptmann«: Curt Gentry, *J. Edgar Hoover: The Man and the Secrets* (New York: Norton, 1991), S. 163.

24 »Am 16. Mai 1940«: ebd., S. 225ff.

25 »Das dauert jetzt schon sechs Monate«: Anne Morrow Lindbergh, *Welt ohne Frieden*, S. 171.

26 »Lindbergh lebt auf einer Insel«: Charles Lindbergh, FBI-Akten, Bericht vom 11. Dezember 1941.

27 »Die meisten von uns wären dankbar«: ebd., Bericht vom 24. Dezember 1941.
28 »Ich kann durchaus verstehen«: Zitiert in *Des Moines Register*, 12. Sept. 1941.
29 Sie hielt es für höchst unklug, daß er »die Juden erwähnt«: Anne Morrow Lindbergh, *Welt ohne Frieden*, S. 226f.
30 »Absatz über die Juden«: ebd., S. 227.
31 »Die stärksten Angriffe«: Cole, *Charles A. Lindbergh*, S. 173f.
32 »Wie Lazarus«: Anne Morrow Lindbergh, *Welt ohne Frieden*, S. 229.
33 »Wieviel *Zeit* die Ehe«: ebd., S. 230.
34 »Und weil es bestenfalls«: ebd., S. 230.
35 Daß sie »diesem Land lieber einen Krieg«: ebd., S. 231.
36 »Ich hatte das Gefühl«: Charles A. Lindbergh, *Kriegstagebuch 1938–1945*, S. 252.
37 »Hat uns unser Freund Lindbergh«: Swanberg, *Norman Thomas*, S. 254.
38 »Großes Tam-Tam«: Anne Morrow Lindbergh, *Welt ohne Frieden*, S. 251.
39 »Ich wünsche mir noch eines«: Anne Morrow Lindbergh, *Welt ohne Frieden*, S. 254f.

19 Ausgestoßen

1 »Werde ich die Lüge«: Anne Morrow Lindbergh, *Welt ohne Frieden*, S. 370.
2 »Einem Autor«: ebd., S. 260.
3 »Lindberghs Angebot anzunehmen«: Brief von Harold L. Ickes an Franklin Delano Roosevelt, 30. Dez. 1941, zitiert in Mosley, *Lindbergh*, S. 308.
4 »Der Antisemitismus«: Robert Lacey, *Ford: The Men and the Machine* (Boston: Little, Brown, 1986), S. 229.
5 »Überraschung angesichts der allgemeinen Empörung«: ebd., S. 405.
6 Ihrem Freund Jim Newton zufolge: James D. Newton, *Uncommon Friends: Life with Lindbergh* (New York: Harcourt Brace Jovanovich, 1987), S. 218.
7 »Ein gedrungener kleiner Mann«: Anne Morrow Lindbergh, *Welt ohne Frieden*, S. 293.
8 »Ich vergesse jedes Mal«: ebd., S. 260.

9 »Ich bin durch diese Pseudoeleganz«: ebd., S. 281.
10 »Eine besondere Stille«: ebd., S. 292f.
11 »Es wird mir immer klarer«: ebd., S. 267f.
12 Sie und Lindbergh tauften ihn Scott: Mosley, *Lindbergh*, S. 318.
13 »Fortwährende Produktionsstops«: Lacey, *Ford*, S. 412f.
14 »Massenerschießungen«: Anne Morrow Lindbergh, *Welt ohne Frieden*, S. 315.
15 »Andere Völker«: ebd., S. 285.
16 »Aber die Teilnahme«: ebd., S. 424.
17 »Zum Großteil handelt es sich«: ebd., S. 429.
18 »Das Haupt geneigt«: ebd., S. 380.
19 »Wenn ich etwas schreibe«: ebd., S. 334.
20 »Das Schreiben mit seiner Konzentration«: ebd., S. 336.
21 »Ich begreife«: ebd., S. 339.
22 »Es gab keine große Diskussion«: Stephen Birmingham, *The Late John Marquand* (Philadelphia: Lippincott, 1972), S. 157ff.
23 »In zwei bis drei Jahren«: Anne Morrow Lindbergh, *Welt ohne Frieden*, S. 350.
24 »Alles, was diese Qualität hat«: ebd., S. 389.
25 »Wie lahmgelegt ist man«: ebd., S. 365.
26 »Mein Leben verläuft *ungut*«: ebd., S. 371.
27 »Das also war das Leben«: Anne Morrow Lindbergh, *Die Gefährtin* (Tübingen: Rainer Wunderlich Verlag Hermann Leins, 1951), S. 207.
28 »Es handelt sich um einen Flug«: Anne Morrow Lindbergh, *Welt ohne Frieden*, S. 343.
29 »Es wäre schade«: Amy Loveman, *Saturday Review*, 18. März 1944.
30 »Einer der fesselndsten Kurzromane«: *New Yorker*, 1. April 1944, S. 82.
31 »Als Abenteuergeschichte«: Beatrice Sherman, *New York Times Book Review*, 19. März 1944, S. 3.
32 »Alles zu geben«: Anne Morrow Lindbergh, *Welt ohne Frieden*, S. 375.
33 »Sie sind wie die Soldatenfrauen«: ebd., S. 375.
34 »Ich nähere mich den Vierzig«: ebd., S. 425.
35 »Wie ich wirklich bin«: ebd., S. 436.
36 »Wieder eine verläßliche«: ebd., S. 437.
37 »Der unwirklichen Zeitungsgestalt«: ebd., S. 450.

38 »Gemeine Freude darüber«: ebd., S. 450f.
39 »Was hatte es noch für einen Sinn«: ebd., S. 457.
40 »Charles bedeutet mir eine ganze Welt«: ebd., S. 458.
41 »Sich an die Tage ohne C. zurückzuerinnern«: ebd., S. 461.

20 Comeback

1 Man hatte ihnen auch verboten: Ross, *The Last Hero*, S. 351.
2 »Die Entführung«: »Lindbergh«, in »The American Experience«.
3 »Es war herrlich«: Alden Whitman, »Anne Morrow Lindbergh Reminisces About Life with Lindy«; *New York Times Magazine*, S. 28.
4 »Mein Vater schien mehr Sauerstoff zu brauchen«: Eisenhower, *Special People*, S. 131.
5 »Meine Mutter war ruhig«: ebd.
6 Nachdem seine verbitterte Witwe: Im Juni 1945 kehrte Madame Carrel in die Vereinigten Staaten zurück und besuchte die Lindberghs. Obwohl Madam Carrel etwas »mitgenommen und dünner« erschien, war Anne beeindruckt, daß sie »*erstaunlicherweise* immer noch dieselbe war. Sie strahlte immer noch eine enorme Stärke und Vitalität aus«.
7 Fünf Artikel: »The Flame of Europe«, *Reader's Digest*, Jan. 1948, S. 141–146; »One Starts at Zero«, *Reader's Digest*, Febr. 1948, S. 73–75; »Anywhere in Europe«, *Harper's*, April 1948, S. 300–302; »Airliner to Europe«, *Harper's*, Sept. 1948, S. 43–47; und »Our Lady of Risk«, *Life*, 9. Juli 1969, S. 80–91.
8 »Dieses Haus«: Anne Morrow Lindbergh, »The Flame of Europe«, *Reader's Digest*, Januar 1948, S. 143.
9 »Ich glaube, er war beim Militär«: »Lindbergh«, in »The American Experience«.
10 »Welches Recht haben wir«: Charles A. Lindbergh, *Kriegstagebuch 1938–1945*, S. 489.
11 »Hier war der Ort«: ebd., S. 522.
12 »Wir, die wir behaupten«: ebd., S. 524f.
13 Charles Lindbergh hielt: Mosley, *Lindbergh*, S. 335.
14 »Als ich die strategischen Bomber flog«: Charles A. Lindbergh, *Stationen meines Lebens*, S. 286.
15 »Wenn er zurückkam«: Aldan Whitman, »A Conversation with Anne Morrow Lindbergh«, *Ladies Home Journal*, Mai 1976, S. 186.

16 Der immer noch geistig labile Dwigth: Interview der Autorin mit Robert McKinstry, Richard Bissell und Lester Trauch.

17 Ungeachtet dessen, was Betty Morrow: *New York Times*, 12. Okt. 1956, S. 32.

18 »Gleichgültig, wie gut man«: Anne Morrow Lindbergh zu James Newton, 7. April 1955, zitiert in Newton, *Uncommon Friends*, S. 307.

19 »Beim Annähern«: Charles A. Lindbergh, *Mein Flug über den Ozean* (Frankfurt a. M.: S. Fischer Verlag, 1953), S. 331.

20 »Der Mond schien nicht«: Charles A. Lindbergh, *Wir Zwei* (Leipzig: F. A. Brockhaus, 1929), S. 150.

21 Erfolgreichstes und beständigstes Buch: In einer Umfrage der Library of Congress und des Book-of-the-Month Club 1991 nannten die Leser *Muscheln in meiner Hand* als eines der Bücher, die ihr Leben am meisten beeinflußt hätten (*Parade*, 29. Dez. 1991).

22 Strandhaus auf der Insel Captiva: Das Haus mit zwei Schlafzimmern am nördlichen Ende der Captiva Road, das Anne für ihre einwöchigen Ferien am Strand gemietet hatte, dürfte letztendlich doch nicht so einfach und bescheiden gewesen sein. Die gegenwärtigen Bewohner boten es kürzlich für 950000 Dollar zum Verkauf an (*Captiva Current*, 14. Sept. 1990).

23 »Mit seiner kleinen und vollkommenen Form«: *New York Times Book Review*, 20. März 1955, S. 1.

24 Pantheon Books: Pantheon, das später mit Random House zusammengelegt wurde, wurde 1942 von Kurt Wolff, einem gebildeten Berliner Verleger, der vor den Nazis geflohen war, gegründet. In den 50er Jahren führten er und seine Frau Helen den Verlag mit Bestsellern wie *Muscheln in meiner Hand, Doktor Schiwago* von Boris Pasternak, *Die Löwin Elsa* von Joy Adamsam, *Der Leopard* von Giuseppe Tomasi di Lampedusa und *Der König muß sterben* von Mary Renault zu großen Erfolgen. Unglücklicherweise gesellten sich zum Erfolg auch interne Machtkämpfe, so daß es bald zwischen Wolff und seiner Geschäftspartnerin Kyrill Schabert zu Streitigkeiten kam, denen Wolff schließlich damit ein Ende bereitete, daß er mit seinem Anteil an Pantheon bei Harcourt, Brace ins Geschäft kam. Als die Wolffs mit ihrem Imprint, Kurt and Helen Wolff Books, starteten, entschlossen sich eine ganze Reihe bedeutender Pantheon-Autoren, bei Wolff zu erscheinen. Darunter war auch Anne Morrow Lindbergh, deren Bücher mit Ausnahme von *Muscheln in*

meiner Hand bisher bei Harcourt, Brace herausgekommen waren. Nach dem Tode von Wolff im Jahre 1963 führte Helen, die als die Grande Dame der internationalen Literatur betrachtet wurde und eine hervorragende Verlegerin war, sein Werk fort.
In ihren Tagebüchern und Briefen erwähnt Anne an keiner Stelle, warum sie sich zu einem Verlagswechsel entschloß und wie sie auf die Wolffs kam. In den *Stationen meines Lebens* jedoch findet sich ein Hinweis. Charles erinnert sich an ein Treffen mit den Wolffs 1961 in der Schweiz bei Carl Jung, den er und Anne einige Jahre zuvor bereits besucht hatten. »Ein alter Magier, umgeben von Büchern, Mandalas und einer Sammlung von Talismanen, sprach zu uns und seinen Freunden Kurt und Helen Wolff, die seine Bücher in Verbindung mit der Bollingen Foundation veröffentlicht hatten«, schrieb Lindbergh. Aus diesem Eintrag geht nicht hervor, ob die Lindberghs dem gefeierten Verlegerehepaar zum ersten Mal begegneten oder nicht.

25 »Ich wünsche«: Anne Morrow Lindbergh, *Muscheln in meiner Hand*, in: *Das Schönste von Anne Morrow Lindbergh*, Bd. 1 (München: R. Piper Verlag, 1980), S. 12.

26 »Welche akrobatischen Kunststücke«: ebd., S. 15.

21 »Einen Schmetterling niederknüppeln«

1 »A Close Look at Unicorn«, *Saturday Review*, 12. Jan. 1957, S. 54f.

2 »Warum einen Baseballschläger«: ebd., 16. Febr. 1957, S. 24ff.

3 Ein Bibliothekar: Norman Cousins, *Present Tense: An American Editor's Odyssey* (New York: McGraw-Hill, 1967), S. 55.

4 »Unser Hauptstreitpunkt«: Norman Cousins, »John Ciardi and the Readers«, *Saturday Review*, 16. Febr. 1957, S. 23f.

5 »Die Pflicht des Rezensenten«: ebd., 16. Febr. 1957, S. 24f. und 54f.

6 »Ich versuche«: Anne Morrow Lindbergh, *Welt ohne Frieden*, S. 336.

7 Nur noch ein einziges Gedicht: Laut David Kirk Vaughan, dem Verfasser einer kritischen Studie über Anne Morrows Werk, erschien das Gedicht »Mid-Summer« neun Monate nach der Ciardi-Besprechung in der Dezember-Ausgabe 1957 von *Atlantic Monthly*.

22 »Das anziehendste Paar«

1 »Das anziehendste Paar«: Peter Collier und David Horowitz, *The Kennedys: An American Drama* (New York: Warner, 1984), S. 112.
2 Er prahlte sogar damit: ebd., S. 110.
3 »Der Mensch, auf dessen Anwesenheit«: »America's First Ladies Honour Charles Lindbergh«, *Good Housekeeping*, Juni 1977, S. 72.
4 »Weil ich ihr gerne zuhörte«: Claudia Alt Johnson, *A White House Diary*, by Lady Bird Johnson (New York: Holt, Rinehart and Winston, 1970), S. 63. Annes Portrait von Lady Bird Johnson, »As I see the First Lady«, wurde im Mai 1964 in *Look* veröffentlicht.
5 »Einer jener mageren stillen Jungen«; Anne Morrow Lindbergh, *Halte das Herz fest. Die Hochzeit*, (München: R. Piper Verlag, 1990), S. 42f.
6 »Er würde sie festnageln«: ebd., S. 49.
7 »Oh, natürlich«: ebd., S. 46.
8 »Mit ihnen konnte man reden«: ebd., S. 47.
9 »Ehe war anders«: ebd., S. 48.
10 »Wie war es zum Beispiel«: ebd., S. 68.
11 »Was war mit ihnen geschehen«: ebd., S. 220.
12 »Sie spürte das feste Band«: ebd., S. 239.
13 »Lieber Himmel«: ebd., S. 64.
14 »Mrs. Lindbergh gelingt es oft«: *Time*, 8. Juni 1962, S. 92.

23 »Argonauta«

1 »Der Primitive«: Charles A. Lindbergh, *Stationen meines Lebens*, S. 369f.
2 »Vermehrung, Wettkampf«: ebd., S. 363.
3 »Die meisten Menschen«: ebd., S. 364.
4 »Sie war die anmutigste«: Interview der Autorin mit Robert McKinstry.
5 »Er ist auf dem Gebiet der Meeresbiologie«: ebd.
6 Daß »Anne auch die charakteristische Gelassenheit«: Jean F. Mercier, »PW Interviews Anne Lindbergh«, *Publishers Weekly*, 27. Juli 1984, S. 147ff.
7 »Ich habe geschrieben«: ebd.
8 »Meiner Mutter«: ebd.

9 »Als ich in Radcliffe war«: Alden Whitman, »Anne Morrow Lindbergh Reminisces«, *New York Times Magazine*, 8. Mai 1977, S. 28.
10 »Es hat unsere Familie«: Eisenhower, *Special People*, S. 134.
11 Er erinnerte sich später: Zitiert in *Parade*, 5. Juli 1992, S. 2.
12 »Ich vertiefte mich«: *Time*, 23. Mai 1977.
13 Während der letzten Tage ihres Mannes: Newton, *Uncommon Friends*, Mosley, *Lindbergh*; »Lindbergh«, in »American Experience«; und andere Quellen.

24 »Die härteste Lektion«

1 Zum ersten Mal in ihrem Leben: Details aus Anne Morrow Lindberghs späteren Jahren stammen aus Alden Whitmans »Anne Morrow Lindbergh Reminisces About Life with Lindy«, *New York Times Magazine*, 8. Mai 1977; Julie Nixon Eisenhower, *Special People*; James Newton, *Uncommon Friends*; und aus Interviews mit ihren Freunden.
2 »Entsetzten mich meine politische Unwissenheit«: Anne Morrow Lindbergh, *Welt ohne Frieden*, S. 17.
3 »Die Briefe und Tagebücher«: Glendy Culligan, *Saturday Review*, 4. März 1972, S. 72.
4 »Der Entschluß«: Helen Bevington, *New York Times Book Review*, 27. Febr. 1972, S. 3.
5 »Anne, die die ganze Wahrheit schätzt«: Selden Rodman, *National Review*, 17. Okt. 1980, S. 1274.
6 »Bei Mrs. Lindbergh«: Kathleen Leverich, *Christian Science Monitor*, 12. Mai 1980, S. Bl.
7 »Es existiert so gut wie«: Vaughan, *Anne Morrow Lindbergh*, S. IX.
8 »ziemlich schaurig«: Walter Clemons, *Newsweek*, 13. Febr. 1978, S. 92f.
9 »Der Schönheit und Kraft«: Eric F. Goldman, *The New York Times Book Review*, 5. Febr. 1978, S. 10.
10 »Das Leben verschmolz«: Charles A. Lindbergh, *Stationen meines Lebens*, S. 168.
11 Metapher vom »lodernden Streichholz«: Anne Morrow Lindbergh, *Welt ohne Frieden*, S. 230.
12 Informationen zum 50. Jahrestag von Lindberghs Atlantiküberquerung: Lance Morrow, »Lindbergh: The Heroic Curiosity«, *Time*, 23. Mai 1977; Bexky Bylen, »The People's Choice«, *Air Line Pilot*, Juli 1978; Interview der Autorin mit Ruth Dobrescu.

13 »Sie ist sehr freundlich«: Interview der Autorin mit Ruth Dobrescu.
14 In diesem seltenen Interview: Whitman, »Anne Morrow Lindbergh Reminisces«, *New York Times Magazine*, 8. Mai 1977.
15 »Unseren Widerwillen«: Eisenhower, *Special People*, S. 144.
16 »Sie schien ruhig«: ebd., S. 145.
17 »Die Publicity«: Zitiert in Newton, *Uncommon Friends*, S. 323.
18 »Er war kein Halbgott«: Anne Morrow Lindberghs Interview mit Morley Safer, »Sixty Minutes«, 20. April 1980.
19 Irgendeines der in letzter Zeit erschienenen Bücher: Whitman, »Anne Morrow Lindbergh Reminisces«, *New York Times Magazine*, 8. Mai 1977.
20 »Charles mußte dem entfliehen«: »Lindbergh«, in »The American Experience«.
21 Ein lebendes Andenken: Es gibt Leute, die glauben, daß die fast völlig verweste Leiche, die der Lastwagenfahrer im Wald eine Meile von Hopewell entfernt gefunden hat, nicht die von Charles Augustus Lindbergh jr. gewesen ist. Nach diesen Theorien, die vollkommen aberwitzig sind, soll es sich um ein anderes Kind gehandelt haben, während Charles Lindbergh jr., von anderen Menschen großgezogen, immer noch lebt. Nach Angaben eines Mitglieds der Staatspolizei von New Jersey haben über die Jahre mindestens 27 Leute, darunter einige Frauen, beansprucht, der wirkliche Charles Augustus Lindbergh jr. zu sein. Nach Charles Lindberghs Tod haben wenigstens zwei Männer Anspruch auf sein Erbe erhoben und versucht, Teile seines Besitzes zu erlangen. Anne Lindbergh hat durch ihre Anwälte klarstellen lassen, daß sie überzeugt ist, daß ihr Kind in jener Nacht des 1. März 1932 gestorben ist und daß alle diese Antragsteller Betrüger sind.
22 Scott Berg: *Publishers Weekly*, 27. April 1990, S. 33 f.
23 Bei schlechter Gesundheit: Interview der Autorin mit Reeve Lindbergh.
24 Der Grund: Mark Perkiss, »Hauptmann Widow's Plea«, *Trenton Times*, 13. Juni 1990; Samuel G. Blackman, »The Trial of the Century«, *Doylestown Intelligencer*, 26. Januar 1992; und Kennedy, *The Airman and the Carpenter*.

Auswahlbibliographie

Allen, Frederick Lewis. *Only Yesterday: An Informal History of the 1920's*. New York: Harper & Row, 1931.

– *Since Yesterday: The Nineteen Thirties in America*. New York: Harper & Row, 1940.

Barkas, J. L. Victims. New York: Scribner's, 1978.

Bell, Millicent. *Marquand: An American Life*. Boston: Little, Brown, 1979.

Bergreen, Laurence. *As Thousands Cheer: The Life of Irving Berlin*. New York: Viking, 1990.

Birmingham, Stephen. *The Late John Marquand*. Philadelphia: Lippincott, 1972.

Bloch, Michael (Hg.). *Die Windsors: Briefe einer großen Liebe; die private Korrespondenz aus dem Nachlaß der Herzogin von Windsor*. München: Knaur, 1992.

Boyne, Walter. *Faszination Flugzeug*. München: Südwest, 1988.

Brinkley, Alan. *Voices of Protest: Huey Long, Father Coughlin, and the Great Depression*. New York: Knopf, 1982.

Brooks, John. *Once in Golconda: A True Drama of Wall Street, 1920–1938*. New York: Dutton, 1969.

Brown, Dorothy M. *Setting a Course: American Women in the 1920s*. Boston: Twayne, 1987.

Carrel, Alexis. *Der Mensch, das unbekannte Wesen*. München: List, 1955.

Cate, Curtis. *Antoine de Saint-Exupéry*. New York: Putnam, 1970.

Chernow, Ron. *The House of Morgan: An American Banking Dynasty and the Rise of Modern Finance*. New York: Atlantic Monthly Press, 1990.

Cole, Wayne S. *Charles A. Lindbergh and the Battle Against American Intervention in World War II*. New York: Harcourt Brace Jovanovich, 1974.

Collier, Peter und David Horowitz. *Die Kennedys: Ein amerikanisches Drama*. München: Goldmann (Siedler bei Goldmann), 1991.

Cousins, Norman. *Present Tense: An American Editor's Odyssey*. New York: McGraw-Hill, 1967.

Daley, Robert. *An American Saga: Juan Trippe and His Pan Am Empire.* New York: Random House, 1980.
Davis, Kenneth S. *The Hero: Charles A. Lindbergh and the American Dream.* Garden City, N. Y.: Doubleday, 1959.
Demaris, Ovid. *The Director: An Oral Biography of J. Edgar Hoover.* New York: Harper's Magazine Press, 1975.
Eisenhower, Julie Nixon. *Special People.* New York: Simon & Schuster, 1977.
Elledge, Scott. *E. B. White: A Biography.* New York: Norton, 1984.
Felsenthal, Carol. *Alice Roosevelt Longworth.* New York: Putnam, 1988.
Freidel, Frank. *Franklin D. Roosevelt: A Rendezvous with Destiny.* New York. Little, Brown, 1990.
Friedan, Betty. *Der Weiblichkeitswahn oder die Selbstbefreiung der Frau.* Reinbek bei Hamburg: Rowohlt, 1991.
Gilbert, Julie Goldsmith. *Ferber: A Biography.* Garden City, N. Y.: Doubleday, 1978.
Gill, Brandan. *Lindbergh Alone.* New York: Harcourt Brace Jovanovich, 1977.
Glendinning, Victoria. *Vita Sackville-West – Eine Biographie.* Frankfurt am Main: Frankfurter Verlagsanstalt, 1990.
Goldsmith, Barbara. *Little Gloria: Happy at Last.* New York: Knopf, 1980.
Heinmuller, John P. V. *Man's Fight to Fly.* New York: Funk & Wagnalls, 1944.
Higham, Charles. *The Duchess of Windsor. The Secret Life.* New York: McGraw-Hill, 1988.
Hobson, Laura Z. *Laura Z: A Life.* New York: Arbor House, 1983.
Hoyt, Edwin P. *Alexander Woollcott: The Man Who Came to Dinner.* New York: Abelard-Schuman, 1968.
Ickes, Harold L. *The Secret Diary of Harold L. Ickes.* Vols. 2 and 3. New York: Simon & Schuster, 1954.
Israel, Lee. *Kilgallen.* New York: Delacorte, 1979.
Johnson, Claudia Alta (Taylor). *A White House Diary*, by Lady Bird Johnson. New York: Holt, Rinehart and Winston, 1970.
Kennedy, Ludovic. *The Airman and the Carpenter: The Lindbergh Kidnapping and the Framing of Richard Hauptmann.* New York: Viking Penguin, 1985.

Ketchum, Richard M. *Will Rogers: His Life and Times*. New York: American Heritage, 1973.
Lacey, Robert. *Ford: Eine amerikanische Dynastie*. Düsseldorf: Econ Verlag, 1987.
Lamont, Corliss. *Yes to Life: Memoirs of Corliss Lamont*. New York: Horizon Press, 1981.
Larrabee, Eric. *Commander in Chief: Franklin Delano Roosevelt, His Lieutenants, and Their War*. New York: Harper & Row, 1987.
Larson, Bruce L. *Lindbergh of Minnesota: A Political Biography*. New York: Harcourt Brace Jovanovich, 1971.
Lash, Joseph. *A World of Love: Eleanor Roosevelt and Her Friends, 1943–1962*. Garden City, N. Y.: Doubleday, 1984.
Lees-Milne, James. *Harold Nicolson: A Biography, 1930–1968*. London: Chatto & Windus, 1981.
Lindbergh, Charles. *Stationen meines Lebens*. München: Goldmann, 1984.
– *The Spirit of St. Louis*. New York: Scribner, 1953.
– *Kriegstagebuch 1938–1945*. München. Goldmann, 1984.
– *Wir zwei; im Flugzeug über den Atlantik*. Leipzig: Brockhaus, 1927.
Lomax, Judy. *Women of the Air*. London: John Murray, 1986.
Lovell, Mary S. *The Sound of Wings: The Biography of Amelia Earhart*. New York: St. Martin's, 1989.
– *Leben für Afrika, Beryl Markham*. München: Goldmann, 1993.
Lundberg, Ferdinand. *Imperial Hearst: A Social Biography*. New York: Arno & New York Times, 1970.
Malinin, Theodore I. *Surgery and Life: The Extraordinary Career of Alexis Carrel*. New York: Harcourt Brace Jovanovich, 1979.
Masters, Anthony. *Nancy Astor: A Biography*. London: Weidenfeld & Nicholson, 1981.
McCarthy, Mary. *Die Clique*. München: Droemer-Knaur, 1964.
McCullough, David. »Aviator Authors: Saint-Exupéry's ›Wartime Writings‹ Recalls a Remarkable Body of Work.« *New York Times Magazine*, October 12, 1986.
Mencken, H. L. *The Diary of H. L. Mencken*. Edited by Charles A. Fecher. New York: Knopf, 1989.
Millett, Kate. *Sexual Politics*. Garden City, N. Y.: Doubelday, 1970.
Morgan, Ted. *FDR: A Biography*. New York: Simon & Schuster, 1985.
Morrow, Elizabeth. *Quatrains for My Daughter*. New York: Knopf, 1931.

Mosley, Leonard. *Lindbergh: A Biography*. Garden City, N. Y.: Doubleday, 1976.

Newton, James D. *Uncommon Friends: Life with Thomas Edison, Henry Ford, Harvey Firestone, Alexis Carrel and Charles Lindbergh*. New York: Harcourt Brace Jovanovich, 1987.

Nicolson, Harold. *Tagebücher und Briefe*. Frankfurt: Fischer, 1969.

– *Dwight Morrow*. New York: Harcourt, Brace, 1935.

Nicolson, Nigel. *Portrait of a Marriage*. New York: Atheneum, 1973.

O'Brien, P. J. *The Lindberghs: The Story of a Distinguished Family*. International Press, 1935.

Putnam, George Palmer. *Wide Margins: A Publisher's Autobiography*. New York: Harcourt, Brace, 1942.

Rainer, Tristine. *The New Diary*. Los Angeles: J. P. Tarcher, 1978.

Rich, Doris L. *Amelia Earhart: A Biography*. Washington, D. C.: Smithsonian Institution Press, 1989.

Ross, Walter S. *The Last Hero: Charles A. Lindbergh*. New York: Harper & Row, 1964.

Rothman, Sheila M. *Woman's Proper Place: A History of Changing Ideals and Practices, 1870 to the Present*. New York: Basic Books, 1978.

Saint-Exupéry, Antoine de. *Dem Leben einen Sinn geben*. München: DTV, 1988.

St. Johns, Adela Rogers. *The Honeycomb*. Garden City, N. Y.: Doubleday, 1969.

– *Some Are Born Great*. Garden City, N. Y.: Doubleday, 1974.

Scaduto, Anthony. *Scapegoat: The Lonesome Death of Bruno Richard Hauptmann*. New York: Putnam, 1976.

Sheean, Vincent. *Dorothy und Red – Die Geschichte von Dorothy Thomson und Sinclair Lewis*. München: Droemer-Knaur, 1964.

Shirer, William L. *Berliner Tagebuch*. Leipzig: Kiepenheuer, 1991.

– *Aufstieg und Fall des Dritten Reiches*. Herrsching: Pawlak, 1983.

– *Das Jahrzehnt des Unheils: Meine Erlebnisse und Erfahrungen in Deutschland und Europa 1930–1940*. München: dtv, 1989.

Sperber, A. M. *Murrow: His Life and Times*. New York: Bantam, 1986.

Steel, Ronald. *Walter Lippmann and the American Century*. Boston: Little, Brown, 1980.

Swanberg, W. A. *Citizen Hearst*. New York: Scribner's, 1961.

– *Norman Thomas: The Last Idealist*. New York: Scribner's, 1976.

Vaughan, David Kirk. *Anne Morrow Lindbergh*. Boston: Twayne, 1988.
Waller, George. *Der Fall Lindbergh*. Köln: Middelhauve, 1963.
Weeks, Edward. *Writers and Friends*. Boston: Little, Brown, 1981.
White, E. B. *Der Heuschnupfen. Amerika und ich*. München: Berlöwen, 1949.
Wolfe, Tom. *Die Helden der Nation*. Hamburg: Hoffmann und Campe, 1983.
Woolf, Virginia. *Gesammelte Werke / Tagebücher*. Frankfurt am Main: Fischer, 1990.
– *Orlando*. Leipzig: Insel, 1983.
– *Ein Zimmer für sich allein*. Berlin: Gerhardt, 1978.
Woollcott, Alexander. *The Letters of Alexander Woollcott*. Edited by Beatrice Kaufman and Joseph Hennessey. New York: Viking, 1944.
– *The Portable Woollcott*. Selected by Joseph Hennessey. New York: Viking, 1946.
Television Interviews with Anne Morrow Lindbergh
Television interview between Eric Sevareid and Anne Morrow Lindbergh, 1977 (Museum of Broadcasting, New York, New York).
Television interview between Morley Safer and Anne Morrow Lindbergh, »60 Minutes«, April 20, 1980 (Museum of Broadcasting, New York, New York).
»Crossing the Distance«, in »American Album«, David McCullough, host. Discovery Channel, 1990.
»Lindbergh«, in »The American Experience«, produced by Stephen Ives and Ken Burns, written by Geoffrey C. Ward. PBS, October 1, 1990.

Register